金融科技大数据风控方法介绍
——解释性、隐私保护与数据安全

李 华 袁先智 赵建彬 编著

科学出版社

北 京

内 容 简 介

本书是在大数据框架下,全面介绍金融科技在处理真实场景金融问题时需要掌握的最重要的几类机器学习方法,并将重点放在实施过程中需要用到的特征提取、可解释性、隐私保护与数据安全共享等相关内容的讨论上.

本书内容分三部分:第一部分由 1~6 章组成,主要讲常规情况下,机器学习在金融场景特别是大数据风控中的建模应用;第二部分由第 7 章和第 8 章组成,主要讲在数据隐私保护和安全要求下,机器学习如何进行人数据风控建模;第三部分由 9~16 章组成,主要讲如何基于吉布斯抽样算法建立特征提取的理论和标准框架及其在包含投资和融资等 7 个不同金融场景中的应用.

本书具有五个特点:一是面向应用需求,介绍机器学习在金融场景特别是大数据风控中的建模应用;二是紧扣应用,聚焦智能投顾和大数据信用评价两大领域;三是针对算法,重点讲逻辑回归和集成学习建模;四是针对数据安全和隐私保护问题,建立密文机器学习模型,实现数据共享;五是针对特征工程,基于吉布斯抽样算法,建立支持非线性特征提取的理论和标准框架.

本书既可作为高等院校金融科技相关课程的通用专业基础教材,也可作为金融科技培训用书,还可作为广大金融科技爱好者和金融科技软件开发人员自学金融科技的用书以及金融科技监管部门的专业参考资料.

图书在版编目(CIP)数据

金融科技大数据风控方法介绍:解释性、隐私保护与数据安全/李华,袁先智,赵建彬编著. —北京:科学出版社,2023.6
ISBN 978-7-03-074633-7

Ⅰ.①金… Ⅱ.①李… ②袁… ③赵… Ⅲ.①金融-科学技术-数据处理-风险管理-研究 Ⅳ.①F830

中国国家版本馆 CIP 数据核字(2023) 第 013214 号

责任编辑:张中兴　梁　清　孙翠勤／责任校对:杨聪敏
责任印制:赵　博／封面设计:无极书装

科学出版社 出版
北京东黄城根北街 16 号
邮政编码:100717
http://www.sciencep.com

三河市骏杰印刷有限公司印刷
科学出版社发行　各地新华书店经销

*

2023 年 6 月第 一 版　开本:720×1000　1/16
2025 年 1 月第四次印刷　印张:28 3/4
字数:580 000

定价:129.00 元
(如有印装质量问题,我社负责调换)

作者简介

李华，加拿大卡尔加里大学金融数学博士，现任郑州大学数学与统计学院教授，硕士生导师，河南省金融工程重点实验室执行主任，河南省科学技术协会第九届委员，郑州大学海外虚拟研究院博士生导师，中原银行博士后导师．兼任河南省金融工程学会秘书长，中国系统工程学会金融系统工程分会常务理事等．近年来专注于 AI 算法在金融大数据风控尤其是农业金融风控中的应用．主持完成科研项目 10 多项（包括国家基金和横向项目），获专利 4 项，出版专著 2 部，国内外权威期刊发表论文 40 余篇．多项智能风控成果被金融机构转化应用．

袁先智，博士，先后任同济大学、中山大学等高校与科研机构特聘教授，曾在毕马威、德勤等国际机构任业务负责人，在国内多家金融科技公司任首席科学家和业务负责人．目前是国际金融工程期刊 *Int.J.of Financial Engineering* 的主编．在 SCI 和 SSCI 学术刊物上发表 160 余篇专业论文，出版多部专著和专业教材．袁博士在非线性分析及应用及金融工程和金融数学的理论、实践、应用方面的研究，得到诺贝尔奖获得者斯坦福大学经济学教授 Ken Arrow (1972 年获诺贝尔奖) 和普林斯顿大学数学教授 John Nash (1994 年获诺贝尔奖) 等国际著名学者的高度评价和认可．

赵建彬，博士，郑州大学讲师，硕士生导师，主要从事金融工程、金融风险管理、金融科技和数据科学等研究和教学工作．公开发表 SCI、EI 收录论文 20 余篇，获河南省优秀科技论文奖一等奖 2 项、二等奖 2 项，河南省教育厅教学成果奖 3 项，河南省高等学校青年教师数学教学技能竞赛二等奖 1 项．长期讲授金融工程学、金融随机分析、高级金融时间序列分析、金融经济学、机器学习与深度学习、数据挖掘等研究生课程，教学经验丰富．

序 一

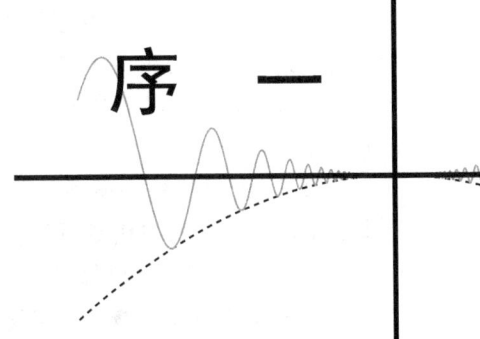

我非常高兴为这本由李华、袁先智和赵建彬三位作者编著的《金融科技大数据风控方法介绍》教材作序. 该书既可作为高等院校金融科技相关课程的通用专业基础教材, 也可作为金融科技培训用书, 还可作为广大金融科技爱好者和金融科技软件开发人员学习金融科技的自学用书以及金融科技监管部门的专业参考资料.

这本作者团队花了好几年时间完成的针对金融风控管理在大数据算法方面的著作, 是一本很有特色的教程或教学参考书. 从内容安排来看, 作者将重点放在金融科技专业发展本身及人才培养需要特别关注的算法技术基本原理与结合实际使用的系统性介绍上, 特别关注金融问题落地解决需要掌握的机器学习算法上, 同时, 作者还结合真实案例进行陈述和讲解. 所用的语言平实易懂, 对专业性强的问题通过举例进行比较生动的描述.

该书在大数据框架下系统介绍金融科技在金融问题实施落地过程中需要掌握的几类机器学习方法和算法, 特别将重点放在大数据框架下用金融科技方法解决问题时的风险特征提取、可解释性、隐私保护与数据安全共享等方面的算法问题和解决手段上. 该书讨论的算法是构成金融科技这个具有典型交叉特征的专业必备基础知识的核心内容之一.

该书由三部分组成. 第一部分是 1~6 章, 主要讲解在常规情况下, 人工智能算法特别是机器学习的几种主要方法和工具, 在金融大数据风控建模中的应用; 第二部分由第 7 章和第 8 章组成, 主要讲解在数据隐私保护和安全要求下, 机器学习如何进行大数据风控建模; 第三部分由 9~16 章组成, 主要讲解如何基于吉布斯抽样算法建立特征提取的理论框架, 及其在包含投资和融资等 7 个不同场景的具体应用. 这三部分内容, 为读者提供了培养大数据分析思维的基本素材, 即在异构异源数据融合的基础上, 建立对应的知识图谱平台, 从动态和全息画像的角度, 针对金融场景建立支持定价和风险分析的创新解决方案.

该书作为高年级本科生或研究生教材，至少有以下五个特点：

第一，充分结合目前金融科技领域在业界实践发展中面向应用的需求，讨论了如何建立金融科技风控理论体系的部分核心问题，介绍了机器学习在金融场景特别是大数据风控中的建模应用；

第二，紧扣应用问题和场景的解读，聚焦针对智能投顾和大数据信用评价两大领域的讨论；

第三，针对解决金融科技问题需要的算法进行了专门的讨论，并对逻辑回归、集成学习与配套的建模进行了比较全面和深入的讨论；

第四，从大数据处理的安全出发，针对监管的角度，也针对数据安全和隐私保护建立密文机器学习模型，实现数据共享等，从专业技术的层面进行了比较全面的讨论；

第五，从大数据(非结构化)特征工程的角度，结合基于吉布斯抽样算法，提供了多个以源数据为起始点的真实场景，比较系统地展示了对非结构化特征提取所需要的基本判断标准框架，实现了以全息画像多维度平台为基础的动态风险管理体系落地的大数据方案．

在附录提供的扩展阅读中，作者们以 Python 语言为基本工具，针对几种典型算法介绍了对应的代码实现，相信这些工作对读者深入掌握算法是有帮助的．

该书为高年级本科生、研究生和行业内专业人士提供了金融科技方向需要掌握的核心技术、处理手段和方法的同时，还特别关注金融科技本身的交叉性、综合性，内容安排基本保证自我完整，尽可能保持核心内容的前后逻辑性，行文中进行比较系统的陈述和对真实问题的讨论，展示金融科技的宏大气象及其欣欣向荣的前景．

我期待这本书能够成为一本推动中国金融科技从理论到实践创新落地、满足金融科技人才培养需求的有价值的教科书和参考书，真诚希望该书的出版成为推动金融科技人才培养和学科发展的动力．

汪寿阳博士

发展中国家科学院院士

中国科学院特聘研究员和教育部"高层次人才计划"

中国科学院预测科学研究中心主任和博士生导师

2023 年 3 月 6 日

序 二

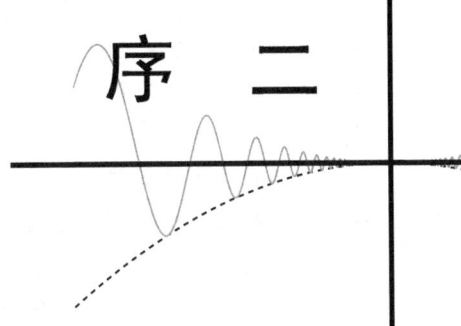

很高兴为《金融科技大数据风控方法介绍》写序,这本书由三位学界业界的专家李华、袁先智、赵建彬合作完成.作者团队写作本书是为高等院校金融科技相关课程提供一本通用的专业基础性教材,通读书稿以后,我发现本书还可以作为金融科技人才的培训用书,也可供广大金融科技爱好者、金融科技软件开发人员自学金融科技,还对政府金融科技监管部门有一定的参考价值.

金融科技可以理解成金融和科技有机融合的一门新兴学科,指通过利用各类科技手段创新传统金融行业所提供的产品和服务,提升效率和降低运营成本.这门新兴学科是基于大数据、云计算、人工智能、区块链等一系列技术创新,全面应用于支付清算、借贷融资、财富管理、零售银行、保险、交易结算等六大金融领域,它给金融业的未来提供了无限发展空间.因此,金融科技的一个核心工作是在大数据框架下,利用科技的力量和变革性思路来解决金融行业中一直存在的难题:支持普惠金融的落地实施.

尽管目前在人工智能研究与应用中有许多数理基础问题未能建立,比如大数据分析的统计学基础、大数据计算的基础算法、深度学习的数学机理、如何突破机器学习的先验假设、机器学习的自动化和知识推理与数据学习的融合等方面的问题.但是,人们期待金融科技通过利用更多的信息和数据,其中包括结构化数据和非结构化数据,比如关联信息,再加上机器学习,能给我们解决这一难题提供可能性.这就需要有一本从人工智能的角度,特别是提供机器学习实现的算法和工具出发,专门针对支持金融风控的大数据处理方法相关的几类重要的算法和建模工具进行比较系统介绍的教材和参考资料.

该书是在大数据框架下比较系统地介绍金融科技大数据风控管理涉及的机器学习算法和建模的工具,特别是将重点放在实施过程中需要用到的风险特征提取、可解释性、隐私保护与数据安全共享等问题和解决的手段上该书讨论的算法是构成金融科技这个具有典型交叉特征的专业必备基础知识的核心内容之一.

该书由三部分组成:第一部分(第1~6章)主要讲解在常规情况下,支持人工智能算法,特别是机器学习方法在金融大数据风控建模中应用;第二部分由第7章和第8章组成,主要讲解在数据隐私保护和安全要求下,机器学习如何进行大数据风控建模;第三部分(由第9~16章组成)主要讲解如何基于吉布斯抽样算法建立特征提取的理论和标准框架及其在包含投资和融资7个方面不同场景的具体应用.

全书系统性的讨论,为读者提供了如何培养大数据分析思维的方法.首先介绍培养大数据思维所需的最基本的算法和技术手段,通过异构异源数据的融合建立对应的新工具或新平台,从动态和全信息画像的角度,发展出针对金融场景在定价、风险分析特别是在信用风险评估等方面的数字金融资产在相关新形态、新场景下的创新解决方法,在为业界发展所需要的基础理论创新等方面为人才培养提供了可行的方法和丰富的理论支持.

该书讨论的丰富场景和案例,都是针对国内金融市场应用场景以及乡村信用体系建设的需要展开的,我期待该书的出版对金融科技人才的培养、金融科技理论与实践应用的发展起到积极的促进作用.

展开在读者面前的这本著作,是三位长期工作在学界和业界的优秀金融科技专家花费多年的时间完成的心血结晶.它体现了目前金融前沿科技在结合算法、融合应用创新的重要发展,专业性强,语言平实,并结合发生在中国大地的实践案例进行讲解,生动形象,是此领域中不可多得的好书,相信对金融科技感兴趣的读者一定会在该书中有所收获.

通过交流得知,作者们的写作初心是力求做到该书讨论的内容是金融科技目前的重要发展与需要考虑的核心问题(之一),并远离空洞的概念陈述和说教,给读者提供从金融科技角度解决金融问题需要掌握的最基础的知识和核心技术方法我想他们是成功的.

希望读者阅读该书以后,与我一样,感受到作者们的初心衷心希望这本理论与实践有机结合的书给学界、业界、政府和监管行业的专业人士带来启发和参考,也期待该书成为一本具有里程碑意义的金融科技教科书.

李祥林博士/Dr.David X. Li

上海交通大学上海高级金融学院教授

上海交通大学中国金融研究院副院长

执笔于 2023 年 3 月 6 日

前　言

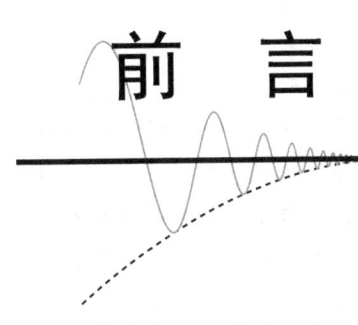

　　本书是一本把中国金融科技理论与实践创新落地相结合的实务教程，它为高年级本科、研究生和业界专业人士提供了金融科技人才需要掌握的核心技术的处理手段和方法. 在特别关注金融科技本身"交叉性和综合性"特征的前提下，内容安排按照全书知识自我基本完整的原则，尽可能远离口号式陈述和空洞概念讲解保持金融科技核心内容的讨论，将本书打造成一本贴近实务的金融科技教材和参考书!

　　本书有五个特点：一是面向应用需求介绍机器学习在金融场景特别是大数据风控中的建模应用；二是紧扣应用，聚焦智能投顾和大数据信用评价两大领域；三是针对算法，重点讲逻辑回归和集成学习建模；四是针对数据安全和隐私保护问题，建立密文机器学习模型，实现数据共享；五是针对特征工程，基于吉布斯抽样算法，建立支持非线性特征提取的理论和标准框架.

　　本书由三部分组成. 第一部分是 1~6 章，主要讲常规情况下，机器学习在金融场景特别是大数据风控中的建模应用；第二部分由第 7 章和第 8 章组成，主要讲在数据隐私保护和安全要求下，机器学习如何进行大数据风控建模；第三部分由 9~16 章组成，主要讲如何基于吉布斯采样算法建立特征提取的理论框架及其在包含投资和融资等 7 个不同金融场景中的应用.

　　第一部分安排如下：第 1 章对机器学习与金融科技应用进行了概括性介绍，目的是给读者一个总体认知. 第 2~6 章讲大数据风控建模的两类主要算法——逻辑回归算法和集成学习算法. 其中，逻辑回归模型简单、可解释性强一直都是大数据风控的行业标准模型；集成学习算法因其非线性信息捕捉能力和精度高的特点正在逐步取代逻辑回归模型第 2 章讲逻辑回归算法及如何利用逻辑回归算法建立信用评分卡第 3 章讲决策树算法，决策树算法是集成学习算法的基础. 第 4 章讲集成学习算法，包括梯度提升 (GBDT) 算法和极度梯度提升 (XGBoost) 算法，本章除了对集成学习算法做了系统性的理论推导、简洁明了的算法提炼外，还通过

"手工计算的算例"和"基于 Lending Club 的真实信贷数据的案例"两种实践应用方式,帮助读者深入理解集成学习算法的精髓. 第 5 章讲机器学习的可解释性,决策树和集成学习算法等非线性算法可解释性比较弱,这大大制约了其在可解释性要求比较高的金融场景中的应用. 本章重点讲基于博弈论的夏普利 (Shapley) 合作博弈可解释性框架,以及如何用于集成学习的模型解释,这不仅可以解释特征的影响大小,而且可以解释特征的影响方向. 这种可解释性框架对深度学习等所有非线性机器学习算法都适用,对复杂机器学习的应用起到积极的推动作用. 第 6 章讲机器学习建模的全过程,以大数据风控为例,进行模型设计、标签设计、数据预清洗、特征工程、模型训练、模型评价,并基于 Lending Club 的信贷数据进行了实证研究以及建模效果的对比.

第二部分解决数据孤岛所带来的数据隐私和安全保护问题以及共享的矛盾和进行机器学习建模的问题. 其中第 7 章讨论密文机器学习建模,以及如何基于区块链进行数据溯源. 这部分的工作在国内某商业银行完成了应用实践. 密文机器学习建模目前还存在训练比较慢,不能做密文比较等局限性,其大规模的工业应用也还不成熟. 第 8 章讨论联邦学习,联邦学习基于加密算法,实现了数据不出门、可用不可见、知识共创可共享,是一种解决数据隐私和安全保护问题的更先进的机器学习算法. 本章以国内某商业银行提供的开源框架为基础,通过联邦学习的算法、手工算例和应用案例深入浅出地对联邦学习进行剖析,让读者比较轻松掌握联邦学习这个让人望而却步,但在大数据安全法实施的背景下,不得不面对的机器学习算法.

第三部分主要内容如下: 第 9 章主要讨论在吉布斯算法框架下建立的、针对大数据的特征工程筛选的标准框架和真实场景的应用框架. 第 10~16 章主要讨论在吉布斯算法框架下不同金融场景中的特征提取应用. 第 10 章讨论针对基金的基金 (FOF) 关联风险的特征提取. 第 11 和 12 章分别讨论大宗商品铜和螺纹钢价格风险的特征提取. 第 13 章讨论公司财务欺诈行为的典型特征提取. 第 14 章讨论上市公司财务质量的特征提取. 第 15 章讨论信用风险的特征提取,并与 XGBoost 框架下的特征提取进行比价. 和第 16 章讨论刻画乡村农户贫困状态的特征因子筛选的框架建立与相关应用.

习近平总书记在党的二十大报告中指出:"必须坚持科技是第一生产力、人才是第一资源、创新是第一动力,深入实施科教兴国战略、人才强国战略、创新驱动发展战略,开辟发展新领域新赛道,不断塑造发展新动能新优势"."加快实施创新驱动发展战略"."加快实现高水平科技自立自强."[①] 而本书讨论的金融科技大数

[①] "党的二十大代表热议——加快实施创新驱动发展战略",人民日报,2022 年 10 月 22 日.

据方法是支持金融创新驱动发展的高水平科技的典型标志之一.

党的二十大擘画了全面建设社会主义现代化国家、全面推进中华民族伟大复兴的宏伟蓝图. 金融是现代经济的核心、实体经济的血脉, 关系发展和安全, 在推进中国式现代化进程中发挥着重要作用[①]. 同时, 党的二十大报告也特别指出, 要"全面推进乡村振兴"; 并强调"完善农业支持保护制度, 健全农村金融服务体系". 金融是实体经济的血脉, 但在广大乡村, 尤其是乡村产业薄弱的地区, 金融资源仍较匮乏, 健全农村金融服务体系是一项长期任务.

本书讨论的丰富案例, 都是针对国内金融市场的应用场景和乡村信用体系建设需要的风险特征因子的筛选展开的我们期待这些针对不同场景筛选风险特征因子的具体算法对金融科技理论创新与实践应用的发展起到积极的促进作用.

这本书是我们三位作者多年来带领团队对金融科技理论和实践探索的总结. 我们由衷感谢提供场景应用的多家金融机构和政府部门, 为解决这些应用场景中的难点、痛点、堵点而建立的标准体系和实现方法给本书写作提供了应用驱动的精准方向和靶子. 李华和赵建彬由衷感谢本书领衔作者袁先智教授, 他在金融科技理论层面的高度和实践层面的深度, 为这本教材注入厚重的业界和学界的价值与洞察. 同时, 我们全体作者感谢几年来所有参与本书编写的研究生们, 他们在数据收集和整理、算例算法、金融机构项目实施等工作中付出了辛勤努力, 在本书的编写中他们贡献了诸多的思考和智慧. 他们有的还在读书, 有的已经参加工作, 并且大部分工作后还在相关领域为本书稿持续提供改进和探索的助力他们是 (姓名不分先后): 郭亚丹、李嘉培、林锦昌、郑明浩、李浩杰、刘慧、周旭、曹雨蒙、李思文、揣雪雨、张燊阳、常悦、王怡心、叶慧敏、杨河、蔡一方、刘富杰、方月玲、闫智嘉、张高慧、孔家玥、刘明倩、周鑫、张广涛、刘俊楠、蒋璐璐、段亚男、董怡文、李星泽、刘赫、高静怡、闫鸿飞、白云潇、邱月、刘芳芳、孟凡丽、冯池、周云鹏、陈文、刘海洋、严诚幸、马长福、董冰、牟刚、蒋婷婷、马建静. 同时特别感谢汪寿阳、李祥林、马洪、彭实戈等老师们的支持和鼓励! 还有很多给予本书写作不可或缺的支持的师友们, 原谅不能一一列举, 在此表示真诚的感谢!

科学出版社编辑张中兴和团队成员梁清、孙翠勤对本书的出版工作从编辑加工、校对印刷到成书给予全程支持, 并付出辛勤劳动, 也一同表示感谢. 特别地, 袁先智博士感谢过去几十年里人生路上有幸遇到的老师、引路人和一起工作的同事、同行们的不离不弃! 也十分感谢众多有机会教过的年轻学生们, 这些充满活力的年轻人给予袁老师极大的热情和激情, 点燃了自己推进金融科技理论与实践相结合的创新工作中需要的动力"燃料"? 谢谢你们! 当然, 三位作者的家人默默支

[①] "贯彻落实党的二十大精神 推动首都金融高质量发展" (见:http://bj.people.com.cn/n2/2023/0328/c14540-40353964.html), 人民网, 2023 年 03 月 28 日.

持和付出, 遍布在成书途中的每一天, 在此就无需用语言来表述了.

感谢郑州大学重点专项前沿交叉基金 (129/32410380)、基础研究培育基金 (129/32211800), 教授团队助力企业高质量发展专项 (129/32212736), 三项国家自然科学基金资助项目 (U1811462、71971031 和 11501523), 以及河南省金融工程重点实验室多个业界合作项目基金对本书的编写和出版给予的支持.

生逢其时, 欣逢盛世. 谨以此书, 献给中华民族的伟大复兴和祖国的繁荣富强!

由于编者能力和水平有限, 本书难免存在纰漏, 还请读者批评指正, 以求不断完善.

李华　袁先智　赵建彬

执笔于 2022 年 12 月 20 日

目 录

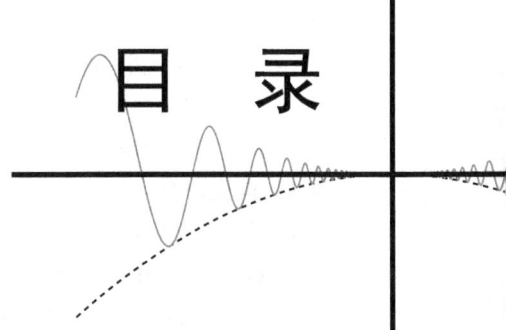

序一
序二
前言
绪论 ··· 1

第一部分　机器学习及金融应用

第 1 章　机器学习与金融科技应用介绍 ····································· 11
1.1　人工智能介绍 ··· 11
1.2　机器学习简介 ··· 13
 1.2.1　什么是机器学习 ·· 13
 1.2.2　机器学习建模简介 ··· 15
 1.2.3　本节小结 ·· 17
1.3　机器学习大数据智能风控应用介绍 ···································· 17
 1.3.1　人工智能在金融机构风险管理中的应用 ······················ 18
 1.3.2　深度学习算法将会被广泛采用 ·································· 19
 1.3.3　大数据框架下的多种形态数据将会被广泛应用 ············· 21
 1.3.4　基于网络的知识图谱(全息画像)形成落地解决方案 ······· 21
 1.3.5　联邦学习方法将会大规模落地使用 ···························· 22
 1.3.6　人工智能方法在大数据风控面临的挑战 ······················ 22
1.4　本章小结 ·· 27
练习题 ··· 28

第 2 章　逻辑回归 ·· 29
2.1　逻辑回归原理 ·· 29
 2.1.1　逻辑回归简介 ·· 29

  2.1.2 分类原理 ······ 30
  2.1.3 示例 ······ 33
 2.2 基于最优化方法的最佳回归系数确定 ······ 33
  2.2.1 最优化问题 ······ 33
  2.2.2 梯度下降法求解 ······ 34
  2.2.3 模型的拟合优度评估 ······ 35
 2.3 模型评估 ······ 36
 2.4 多分类问题 ······ 48
  2.4.1 多次逻辑回归 ······ 48
  2.4.2 对逻辑回归模型进行扩展 ······ 49
 2.5 逻辑回归评分卡 ······ 49
 2.6 场景应用 ······ 51
  2.6.1 数据描述 ······ 52
  2.6.2 模型建立与评估 ······ 52
  2.6.3 评分卡生成 ······ 54
 2.7 本章小结 ······ 58
 练习题 ······ 59

第 3 章 决策树 ······ 60
 3.1 决策树模型的原理 ······ 60
 3.2 特征选择 ······ 61
  3.2.1 ID3 算法 ······ 62
  3.2.2 C4.5 算法 ······ 63
  3.2.3 CART 算法 ······ 64
  3.2.4 不同决策树算法的比较 ······ 65
 3.3 示例 ······ 65
 3.4 过拟合与剪枝 ······ 70
  3.4.1 预剪枝 ······ 70
  3.4.2 后剪枝 ······ 71
 3.5 场景应用 ······ 73
  3.5.1 数据描述 ······ 73
  3.5.2 模型建立与评估 ······ 73
 3.6 本章小结 ······ 73
 练习题 ······ 74

第 4 章 集成学习算法 ... 75
4.1 随机森林 ... 76
4.1.1 随机森林算法简介 ... 76
4.1.2 场景应用 ... 77
4.2 GBDT 算法 ... 78
4.2.1 GBDT 算法简介 ... 78
4.2.2 GBDT 算法流程 ... 79
4.2.3 GBDT 示例 ... 82
4.2.4 Shrinkage 策略 ... 88
4.2.5 场景应用 ... 88
4.3 XGBoost 算法 ... 89
4.3.1 XGBoost 算法简介 ... 89
4.3.2 XGBoost 分类算法 ... 90
4.3.3 XGBoost 回归算法 ... 100
4.3.4 XGBoost 示例 ... 100
4.3.5 场景应用 ... 132
4.4 本章小结 ... 133
练习题 ... 133

第 5 章 机器学习模型的可解释性方法 ... 135
5.1 可解释性理论 ... 135
5.1.1 可解释性的重要性 ... 135
5.1.2 可解释性的分类 ... 136
5.1.3 解释的性质 ... 136
5.2 可解释性方法 ... 136
5.3 SHAP 解释法 ... 137
5.4 LIME 解释法 ... 143
5.4.1 LIME 算法特点 ... 144
5.4.2 LIME 实现步骤 ... 144
5.4.3 LIME 算法原理 ... 144
5.5 SHAP 与 LIME 解释法的对比 ... 145
5.6 本章小结 ... 147
练习题 ... 147

第 6 章 大数据风控机器学习建模 ... 148
6.1 标签设计 ... 149

6.1.1　Vintage 账龄分析 149
　　6.1.2　滚动率分析 151
　　6.1.3　好/坏/不确定定义 152
6.2　数据清洗 152
　　6.2.1　缺失值处理 152
　　6.2.2　同值化处理 153
　　6.2.3　标准化处理 153
6.3　特征工程概述 154
　　6.3.1　特征变量分箱 154
　　6.3.2　变量 WOE 转换 155
　　6.3.3　IV 值预测能力分析 155
　　6.3.4　相关性和关联性分析 156
　　6.3.5　VIF 方差膨胀因子分析 158
6.4　模型训练与评估 159
　　6.4.1　模型建立 159
　　6.4.2　参数优化 159
6.5　模型验证 159
　　6.5.1　模型稳定性 159
　　6.5.2　模型区分能力 160
6.6　实证研究 162
　　6.6.1　数据来源与处理 162
　　6.6.2　特征工程 167
　　6.6.3　模型训练与评估 182
　　6.6.4　模型预测结果的解释 186
　　6.6.5　可解释性结果与样本真实分布的对比 199
6.7　本章小结 201
练习题 201

第二部分　隐私保护和数据安全背景下的机器学习及金融应用

第 7 章　同态加密机器学习建模 205
7.1　同态加密简介 205
　　7.1.1　几种主流全同态加密方案对比 206
　　7.1.2　CKKS 加密方案应用 207
7.2　密文逻辑回归模型构建 208

####### 7.2.1 双方介绍 ·· 208
####### 7.2.2 密文逻辑回归的建模过程 ································ 208
####### 7.2.3 密文逻辑回归的预测过程 ································ 210
7.3 密文评分卡模型构建 ·· 211
####### 7.3.1 研究目的 ·· 212
####### 7.3.2 数据要求 ·· 212
####### 7.3.3 必备文件和源代码 ··· 213
7.4 密文评分卡建模流程 ·· 214
####### 7.4.1 双方介绍 ·· 214
####### 7.4.2 模拟数据 ·· 215
####### 7.4.3 密文评分卡自动化建模流程 ································ 215
7.5 本章小结 ·· 217
附录 I 代码流程操作详解 ·· 217
练习题 ·· 227

第 8 章 联邦学习建模 ·· 228
8.1 联邦学习适用的场景 ·· 228
8.2 联邦学习的分类 ··· 228
8.3 联邦学习框架下的机器学习算法 ······································ 230
####### 8.3.1 纵向安全联邦逻辑回归 ···································· 230
####### 8.3.2 Secureboost ··· 232
8.4 联邦学习实证 ·· 234
####### 8.4.1 Secureboost 示例 ··· 234
####### 8.4.2 场景应用 ·· 249
8.5 本章小结 ·· 253
练习题 ·· 254

第三部分 吉布斯抽样算法的特征提取及场景应用

第 9 章 吉布斯抽样方法和特征提取框架介绍 ································ 257
9.1 吉布斯抽样方法可以解决什么问题 ···································· 257
9.2 逻辑回归模型框架下的关联特征的提取方法 ······················· 259
9.3 实现吉布斯抽样特征提取的算法框架 ································ 261
9.4 集成学习模型框架下的关联特征提取步骤 ·························· 263
9.5 本章小结 ·· 263
附录 II 支持关联特征提取的比值比指标介绍 ······························ 264

练习题 ·· 265

第10章 筛选刻画 FOF 关联风险特征指标 ·· 266
10.1 基金自身关联风险因素介绍 ·· 267
10.2 影响基金的其他相关因素 ·· 268
10.3 筛选 FOF 关联特征的随机搜索算法框架建立 ····································· 269
10.3.1 金融产品(基金)业绩相关特征提取的基本思路 ································ 269
10.3.2 非结构性数据特征提取推断算法框架 ··· 270
10.3.3 核心特征的提取与筛选 ··· 275
10.4 基于 ROC 曲线的 AUC 测试的特征表现 ·· 277
10.5 本章小结 ·· 283
练习题 ·· 283

第11章 筛选影响大宗商品价格变化的特征指标 ·· 285
11.1 大宗商品价格因素相关背景介绍 ·· 286
11.2 期货铜特征因子分析 ·· 288
11.2.1 大宗商品期货铜价格数据介绍 ·· 288
11.2.2 预测大宗商品期货铜价格变化趋势的关联特征因子 ·························· 289
11.2.3 预测刻画影响铜价格变化的特征因子 ··· 290
11.3 本章小结 ·· 293
附录Ⅲ 支持特征提取的初始关联特征因子表 ·· 293
练习题 ·· 297

第12章 筛选影响螺纹钢期货价格变化的关联特征 ····································· 298
12.1 螺纹钢背景综述 ··· 298
12.1.1 背景 ··· 298
12.1.2 影响螺纹钢价格因素研究现状简述 ··· 299
12.2 影响螺纹钢期货价格的因素分析 ·· 300
12.2.1 螺纹钢期货价格影响因素分析 ·· 300
12.2.2 构建初始特征池 ·· 301
12.2.3 影响螺纹钢期货价格的风险特征提取与分析方法 ····························· 304
12.2.4 刻画螺纹钢期货价格变化实证分析 ··· 306
12.3 本章小结 ·· 312
练习题 ·· 313

第13章 筛选影响公司财务欺诈行为的关联特征 ·· 315
13.1 公司财务欺诈行为背景介绍 ··· 315
13.2 公司财务欺诈行为的特征指标 ·· 318

目录

- 13.2.1 上市公司财务欺诈风险特征介绍 318
- 13.2.2 特征提取方法简介 319
- 13.3 建立全面刻画公司财务欺诈的预警体系 320
  - 13.3.1 案例分析 321
  - 13.3.2 公司监事关联性 322
  - 13.3.3 建立有效预测财务欺诈框架 323
- 13.4 本章小结 324
- 练习题 324

第 14 章 针对上市公司财务欺诈行为的评估 326
- 14.1 基于舞弊三角理论的咖啡馆财务质量评估 327
  - 14.1.1 财务舞弊与财务欺诈 327
  - 14.1.2 舞弊三角理论 327
- 14.2 常见舞弊类型讨论 329
- 14.3 咖啡馆财务质量评估方法 330
  - 14.3.1 基本思想陈述 330
  - 14.3.2 核心指标 331
- 14.4 针对上市公司财务舞弊案例分析 332
  - 14.4.1 压力与动机 332
  - 14.4.2 机会与漏洞 333
  - 14.4.3 态度与借口 334
  - 14.4.4 结论和针对欺诈行为的特征刻画讨论 335
- 14.5 本章小结 336
- 练习题 337

第 15 章 筛选影响个人信用贷款的关联特征 338
- 15.1 背景 338
- 15.2 数据来源 339
- 15.3 算法选取：XGBoost 与吉布斯算法的异同表现 339
- 15.4 筛选的数据结果与讨论 340
- 15.5 本章小结 345
- 练习题 345

第 16 章 建立刻画乡村农户贫困状态特征因子的筛选框架 346
- 16.1 背景 346
- 16.2 特征指标筛选与分析流程框架建立思路 349
  - 16.2.1 基础指标池的构建 349

16.2.2 建立特征指标筛选框架的基本思路 ··· 350
16.2.3 针对特征指标的建模分析与甄别能力的有效性测试 ············· 350
16.3 支持特征提取的数据源样本描述 ··· 351
16.3.1 提取刻画乡村农户贫困状态特征的框架和分析 ··················· 352
16.3.2 刻画农户贫困状态的特征指标的筛选结果 ··························· 356
16.3.3 刻画农户贫困状态特征指标甄别的有效性测试 ··················· 357
16.4 结论的简要解读和讨论建议 ·· 359
16.5 本章小结 ··· 361
附录 Ⅳ 描述农户贫困状态特征指标的基本定义和解释 ··················· 362
练习题 ··· 363

参考文献 ·· 365
附录 A 基于 Python 语言对几种典型算法的基本功能代码实现 ·········· 376
A.1 线性回归模型简介 ··· 376
A.2 线性分类模型简介 ··· 382
A.3 决策树模型简介 ··· 393
A.4 集成模型简介 ··· 404
A.4.1 引导聚集 ·· 404
A.4.2 梯度提升 ·· 408
A.4.3 LightGBM 的超参数调整 ·· 409
A.4.4 集成模型用于分类 ·· 411
A.4.5 总结 ·· 412
A.5 神经网络模型简介 ··· 412
A.5.1 数据读取 ·· 413
A.5.2 多分类逻辑回归 ·· 416
A.5.3 分类模型的衡量 ·· 417
A.5.4 拟合不足与过拟合 ·· 419
A.6 深度学习介绍 ··· 433
A.6.1 近期人工智能热潮的关键推动力 ······························ 433
A.6.2 金融服务：工具赋能到知识赋能 ······························ 435
A.6.3 基于深度学习的知识服务 ·· 435

索引 ·· 437

绪 论

本书包含下面五个层面的内容：一是面向应用需求，尤其是介绍机器学习在金融场景特别是大数据风控中的建模应用；二是紧扣应用，聚焦智能投顾和大数据信用评价两大领域；三是针对算法，重点讲逻辑回归和集成学习建模；四是针对数据安全和隐私保护问题，建立密文机器学习模型，实现数据共享；五是针对特征工程，基于吉布斯抽样，建立支持非线性特征提取的理论框架. 下面我们进行简要的介绍.

第一，面向应用需求，利用机器学习建立大数据风控模型.

第四次工业革命不仅给中国教育，而且给整个世界高等教育都带来了前所未有的挑战，这个挑战就是知识生产的逆向流动，即由原来大学到社会的单向流动变成了社会向大学的逆向流动. 这是一种完全不同的知识产生的新模式，在这样的大背景下，大学需要与社会深度融合，社会也需要大学影响渗透的变革.

第四次工业革命的主要领域包括：以人工智能、量子信息、移动通信、互联网、区块链为代表的新一代信息技术加速突破应用；以合成生物学、基因编辑、脑科学、再生医学为代表的生命科学领域孕育新的变革；融合机器人数字化新材料的先进制造技术正在加速推进制造业向智能化、服务化、绿色化转型；以清洁高效、可持续为目标的能源技术加速发展，将引领全球能源变革；空间和海洋技术正在拓展人类生存发展的新疆域. 然而这些领域有些还没出现在当前大学学科目录和专业目录上，但它们未来将会改变世界的若干个领域.

这些新兴的学科领域，每一个都是多学科的交叉融合，行业领域之间的交叉融合，也是自然科学和人文社会科学的交叉与融合，这就是第四次工业革命的特点. 大学想继续引领社会，必须主动融入社会，利用大学多学科相互交叉的优势，利用大学基础研究的优势，和相关机构的需求紧密地结合起来，共同推动社会进步，共同培养社会未来发展所需要的人才.

金融科技是新一代信息技术与金融行业的交叉融合. 我国的金融科技发展非常迅速，领先于世界上其他国家金融科技的发展，且我国的金融科技呈现着科技公司倒逼金融机构的一种态势.

目前，金融科技的基础知识和理论不够完备，配套的技术体系并不完善. 金融科技的发展应基于大数据框架下数字经济的角度进行推进,与金融科技相关的大数据在获取、存储、管理、处理、分析等方面已取得显著进展,但是其技术体系尚不完善,大数据基础理论的研究仍处于萌芽期. 主要体现在: ① 大数据定义虽已达成初步共识,但许多本质问题仍存在争议,例如,基于大数据特征因子在"关联"与"因果"的辩证统一关系以及对应的差异、"全数据"的时空相对性、模型的可解释性与稳定性等; ② 针对特定数据集和特定问题域是否有可能形成"通用"或"领域通用"的基本知识和配套的技术体系等; ③ 基于区块链等去中心化的具有共识机制的新的金融生态,与之配套的诸如数字资产、数字确权、区块链生态下金融资产的定价、风险体系的建立等. 总而言之,金融科技本身的发展在基础理论与技术层面均存在如下三个方面的问题和挑战.

(一) 从数字经济的角度构建和推进金融科技体系发展. 目前,人们基本接受从大数据的角度推进数字经济发展 (林健武等, 2023; 姚前等, 2020),并认为金融科技本身就是数字经济发展的命脉,但是,相关的大数据获取、存储、管理、处理、分析、分布式共识技术 (比如区块链等)、分布式加密算法、分布式边缘计算等技术体系尚不完善,支持分布式生态场景智能合约落地的技术框架和技术手段,数据经济、数字金融等的基本元数据及其适用于新金融的应用场景,到目前为止尚未形成一个比较公认的核心内容和基本体系,同时更无基于基本概念的范式存在. 尽管现有文献对金融科技体系进行了较为全面的综合讨论 (林健武等, 2023),但远远未有定论 (徐宗本, 2021; 姚前等, 2020 等),因此许多针对金融科技体系的核心内容和基本概念处于待定状态.

(二) 构建金融科技核心内容. 金融科技的核心是在大数据框架下建立基于新生态 (特别是去中心化的区块链生态) 的针对数字资产 (含数字货币) 的金融体系,但是,目前对应的在共识机制下的金融生态环境要素如数字资产、数字确权,在区块链生态下的定价体系和风险体系需要的最基本的概念尚未得到充分讨论和发展. 尽管目前有《金融科技实务教程》(林健武等, 2023) 初步讨论了可用于支持基于区块链共识经济活动的共识博弈 (consensus games) 概念及其基本应用 (Di et al., 2021 和相关的文献讨论),但是对应的支持去中心化的针对新场景的共识经济学 (consensus economics) 理论 (Yuan, 2020 和相关文献的讨论),基于智能合约实现的基本内容、对应的功能实现、解决方案,都尚未形成知识体系. 也就是说,构建金融科技本身发展需要的金融体系的基本概念和体系还没有形成.

(三) 支持金融科技发展需要的配套的基础理论没有形成. 目前,金融科技发展的一个特点是"应用"(案例) 超前于理论和技术,目前,尽管在实践技术层面对大数据风控做了非常深入的探索 (梅子行等, 2020; 王青天等, 2020 等),但是,金融科技的解决方案和创建新场景的一个重要的手段是非机构化数据对应的金融风险特征的提取,以及对应新场景的风险描述和对应的定价方法的建立. 目前,统计学、数学、物理学及其他技术学科,都没有建立起支持针对非结构化数据特征提取的一般解决方案的基础知识、理论框架和核心概念,以致针对新场景数据分析的研究结论往往缺乏坚实的理论基础和核心的基本概念为支撑,即支持金融科技发展所需的基础理论和工具尚未形成,比如,建立大数据下风险因子特征提取的推断理论,或者筛选标准时,到底如何比较科学地定义"关联方"这个概念等基础问题. 尽管已有文献 (林健武等, 2023) 建立了基于人工智能吉布斯 (Gibbs) 抽样随机算法针对非结构化风险特征筛选与提取的初步标准框架和部分基本核心概念, 但是一般的、系统的理论基础部分还处于探寻和发展中, 支持金融科技核心内容的基本概念体系并没有形成. 因此, 金融科技本身正处在基本知识和核心内容的形成发展变化中, 对应的课程培养体系的建设也只有通过动态地合理调整加以完善, 以提升其科学性.

同时, 正如徐宗本 (2021) 指出的那样, 目前在人工智能研究与应用中有许多数理基础问题未能建立, 比如大数据分析的统计学基础、大数据计算的基础算法、深度学习的数学机理、如何突破机器学习的先验假设、机器学习的自动化、知识推理与数据学习的融合等方面的问题.

第二, 紧扣应用, 聚焦智能投顾和大数据信用评价两大领域.

金融, 通俗地讲, 就是为有钱人理财, 为缺钱人融资, 也就是投资和融资. 在第四次工业革命的背景下, 智能投顾和大数据信用评价分别是金融科技对投资和融资的赋能, 通过技术、数据和场景实现投融资能力的提升和效率的提升.

与智能投顾相比, 传统的投资顾问 (investment advisor) 是介于普通投资者与专业投资者之间的角色, 负责为缺乏专业投资能力的普通投资者提供投资建议. 随着财富的不断增长, 大众对投资顾问的需求越来越迫切, 然而个人的精力是有限的, 一位投资顾问仅能为有限的少数投资者提供咨询服务. 不同投资顾问水平也存在较大的差异. 另外, 由于利益的驱动, 即使有从业道德与法规约束, 也难以保证投资顾问的个人利益与其客户的利益不发生冲突.

智能投顾 (robo advisor) 的出现就比较好地解决了上述问题. 一方面, 通过计算机模型构建的虚拟投资顾问, 能够以较低的成本为大众提供服务, 而且还可以根据每位投资者自身的特点为其提供个性化的投资建议; 另一方面, 计算机模型能够不带感情地为所有人工作, 避免了投资顾问与客户之间的利益冲突. 智能投顾率先在美国兴起, 近年来出现的领先平台包括 Wealthfront、Betterment、FutureAdvisor 等. 随着互联网金融在中国的迅猛发展, 国内的智能投顾也如雨后春笋般崛起, 典型的有嘉实基金的嘉贝智投、招商银行的摩羯智投、京东金融的京东智投等.

金融的根本是信用, 信用 (风险) 建设是一切金融产品定价、风险管理和投资管理的基础. 传统的金融征信在辅助金融授信决策、防范信用风险和提升金融获得性等方面发挥着关键作用, 但是传统信用评价方式基于大量结构化的信贷历史数据, 对于大部分小微企业、个人消费以及农村金融等国民经济主战场相关的征信主体, 由于缺乏供信用评价的历史数据, 无法覆盖, 因此无法对其提供相应的金融服务.

数字技术的发展为解决这一难题提供了方案, 大数据信用评价是指通过对海量的、多样化的、实时的数据进行分析和挖掘, 并运用机器学习算法重新设计征信评价模型, 多维度对信用主体的 (全部信息) "画像" (简记为 "Hologram"), 呈现信用主体的违约率和信用状况的征信方式. 大数据征信具备覆盖人群广泛、信息维度多元、应用场景丰富和信用评估全面四个创新特点. 金融机构可以利用机器学习的方法, 以行为大数据替代抵押资产, 进行信用风险评估和防控. 大数据风控已在全球范围内被金融机构广泛关注, 正在引发金融领域的一场革命 (参见姚前等, 2020; Yuan et al., 2019; 袁先智, 2022 等文献).

因此, 本书主要聚焦于金融科技在投资和融资风险领域的应用, 建立智能投顾和大数据信用评价的应用与理论体系需要的在机器学习方面的核心工具.

第三, 针对算法, 重点讲逻辑回归和集成学习建模.

逻辑回归模型因其结构简单、解释力度较强等特性在金融风险管理领域得到了广泛的应用, 至今仍然是金融风险建模的行业标准模型. 然而逻辑回归模型需满足严格的假设条件, 比如指标间不存在多重共线性、服从正态分布等, 在实际应用中这些约束条件通常无法满足.

随着大数据和人工智能的发展, 金融风险建模方法, 正在从传统的统计方法到被数据驱动的机器学习方法代替. 与统计模型相比, 机器学习模型不过于关注模型的结构, 而更多地聚焦于如何通过多维度数据提高预测精度. 虽然机器学习算法如支持向量机、神经网络等在金融风险建模中已有不少研究, 但这些算法都属于弱学习算法. Kearns 和 Valian (1989) 提出了将多个简单的弱学习算法 "提升" 为强学习算法的集成学习方法. 同时, 集成梯度提升树 (gradient boosting decision tree, GBDT) 算法的原始想法由 Friedman (2001) 提出, 是一种基于梯度提升的集成决策树算法, 因其泛化能力和在特征选择方面的优势得到广泛应用. Chen 和 Guestrin (2016) 对 GBDT 进行了进一步提升和优化, 提出了基于极度梯度提升的集成学习算法 (XGBoost). 目前, XGBoost 算法因其更高效的学习能力一出现就备受业界青睐, 成为机器学习研究的热点. 与深度学习相比, XGBoost 算法对样本量和特征数据类型要求没那么苛刻, 尤其适用于金融风险建模.

然而复杂机器学习模型带来了较高的预测精度, 但是越复杂的模型, 可解释性就越差, 这让模型的实际应用价值大打折扣. 为了解释复杂的机器学习模型, Štrumbelj 和 Kononenko(2014) 运用灵敏度分析方法解释模型中各变量之间的交互和冗余. Datta 等 (2016) 采用定量输入影响测量方法分析输入的各个变量对输出结果的影响程度. Ribeiro 等 (2016) 提出了一种在局部学习可解释模型的技术 LIME, 该技术可用于解释任何分类器的预测结果. Lundberg 和 Lee (2017) 阐述了 SHAP 框架的解释性原理, 证明了 SHAP 评估框架具有稳定性、一致性和合理性的优点; 同时他们进一步对比了深度学习场景中其他的诸如 DeepLIFT、LIME、Layer-Wise Relevance Propagation 等算法和 SHAP 值的效果, 发现 SHAP 值更符合人们的理解和判断.

本书聚焦于逻辑回归模型这个金融行业的风险建模标准方法和作为机器学习在金融行业前沿应用的集成学习模型, 通过对比和讨论建立智能投顾和大数据信用评价的机器学习方法与金融科技学科相关的部分核心内容.

第四, 针对数据安全和隐私保护问题, 建立密文机器学习模型, 实现数据共享.

2020 年 3 月 30 日, 中共中央国务院出台《关于构建更加完善的要素市场化配置体制机制的意见》把数据作为新型生产要素, 与土地、劳动力、资本、技术并列为五个生产要素写入文件中. 然而, 数据与传统生产要素的最大区别是严格要求隐私保护, 不能随意公开共享. 2021 年 6 月 10 日, 中华人民共和国主席令 (第八十四号) 发布, 《中华人民共和国数据安全法》自 2021 年 9 月 1 日正式施行, 标志着我国在数据安全领域有法可依, 为各行业数据安全提供监管依据.

数据的开放共享又是数字经济发展的命脉之所在, 也是中国在下一轮国家间新技术竞争中取胜的关键. 因此, 数据成为生产要素的难点在于解决隐私保护和数据开放共享之间的矛盾.

全同态加密机器学习, 通过 "用数不见数", 解决隐私和数据安全问题, 同时让金融机构通过密文机器学习进行风险评估. 全同态加密允许直接对密文进行加减乘除和多项式浮点运算, 所得结果解密后与直接对明文进行同样的操作一样. 全同态加密算法 (CKKS)(Cheon et al., 2017) 从整体上覆盖已有经典同态加密算法, 但对机器学习中其他高级运算无法直接应用. 本书通过多项式逼近等构建密文机器学习算法, 开展密文特征工程、密文模型训练和评估研究, 最后针对贷款场景建立全同态加密机器学习风控模型.

联邦学习是一种基于同态加密的人工智能技术, 可以实现数据不出门, 并且用数不见数, 从而在保障大数据安全和隐私的前提下, 通过各参与方之间只交换模型参数, 不交换数据, 实现机器学习联合建模, 达到提升各参与方的模型性能的目的. 但是, 联邦学习需要一种去中心化分布系统来保证参数安全交换, 免受恶意攻击. 区块链作为一个去中心化、不可篡改、实现价值转移的分布式账本技术, 可以为联邦学习的参数交换保障数据一致性和安全性, 同时区块链的价值驱动激励机制能够提高各参与方的积极性.

本书通过基于区块链的联邦学习技术, 建立机构之间的大数据联合建模系统,从而利用数字技术, 对内提升智能风控能力, 对外实现数据输出和实现数据商业价值, 同时系统的数据共享的安全保障和价值激励机制自动实施功能, 为业务联合 (建模) 的可持续性提供有力保障.

第五, 针对特征工程, 基于吉布斯抽样, 建立支持非线性特征提取的理论框架.

在面对海量数据, 特别是大数据场景下, 通过算法来筛选或提取刻画给定场景现象或者行为表现的过程称为特征提取. 从统计学的角度, 相关性检验能够反映特征与刻画的对象是否具有或存在 (线性) 的相关性, 通常利用 (例如, 使用皮尔逊) 相关系数来定量描述. 但是在大数据框架下, 大量的特征与相关的刻画对象之间的关联性原则上是非线性的复杂关系, 难以通过统计学意义下的关联系数来描述.

另外, 在面对高维特征空间的时候, 很难通过变量之间的两两线性相关关系找到最适合用于建模的特征子集, 而遍历特征空间则会面临典型的 NP 问题 (non-deterministic polynomial 问题, 即多项式复杂程度的非确定性问题)(Paz et al., 1981). 这样, 算法会因为指数级的算法复杂度而在面对高维特征空间时失去计算可行性, 而正则化方法在特征空间维数接近甚至超过观测样本数量时极有可能面临无法收敛的情形.

综上所述, 在大数据的背景下, 对高维的特征空间进行特征提取时难以避免两个难题, 一是由于特征之间 (包括特征与响应变量) 的关联关系不再只是线性的相关关联关系; 二是特征空间维度过高而观测样本数量有限的矛盾. 为了解决上述两个难题, 并借鉴关联规则学习算法解决特征维度过高的思想, 在基于马尔可夫链–蒙特卡洛模拟 (MCMC) 框架下的吉布斯随机搜索算法 (Geman et al., 1984), 在观测样本量有限的条件下可以通过降低计算复杂度来完成针对需要的特征提取的工作, 本书也用比较大的篇幅介绍了基于吉布斯抽样的机器学习特征提取的基本思想, 并比较系统地介绍了如何针对逻辑回归模型和集成学习模型的吉布斯抽样进行特征提取需要的理论标准框架的建立问题, 这个特征框架其实是把过去一般的基于统计模型的方法推广到一般的针对大数据进行特征提取的场景处理, 是一个本质的方法创新 (袁先智等, 2020, 2021a, 2021b, 2021c; 祝世虎等, 2021 等相关的讨论).

综上, 目前金融科技的人才培养还没有成熟的教材体系, 外加文献资料主要以碎片化的形式存在, 但我们急需为金融科技人才培养提供在人工智能, 特别是机器学习方面的一本能够体现技术本身在金融科技这门学科中重要性的基础教程. 因此, 我们基于过去几年理论与实践相结合的工作积累, 编著了这本教材. 我们从金融科技大数据风控的角度, 从传统的逻辑回归开始, 有选择性地集中介绍了决策树、集成学习、同态加密、联邦学习等重要的几类核心机器学习和算法, 并以吉布斯方法为基本工具, 比较全面地展示如何针对不同金融场景在大数据风控框架下实现特征提取的实践与落地的实施与分析;还提供了实践应用的案例和(伪)代码,以满足金融科技人才培养和社会的基本需求.

PART ONE

第一部分

机器学习及金融应用

第 1 章 机器学习与金融科技应用介绍

■ 1.1 人工智能介绍

人工智能 (artificial intelligence, AI) 是研究、开发用于模拟、延伸和扩展人的智能的理论、方法、技术及应用系统的一门技术科学."人工智能"本身是"一门技术科学",它研究与开发的对象是"理论、方法、技术及应用系统",研究的目的是为了"模拟、延伸和扩展人的智能".我们现在看到的技术,如图像识别、自然语言处理 (natural language processing, NLP),其实依然没有脱离这个范围,就是"模拟人在看图方面的智能"和"模拟人在听话方面的智能",本质上和"模拟人在计算方面的智能"没啥两样,虽然难度有高低,但目的是一样的——模拟、延伸和扩展人的智能.

另外,人工智能在 20 世纪 50 年代就被提出了,其中机器学习是支持人工智能目标实现最主要的技术手段和工具,而深度学习又是机器学习最重要的组成部分.

- 机器学习

人们对计算机科学的期望越来越高,要求它解决的问题越来越复杂,已经远远不能满足人们的诉求了.于是有人提出了一个新的思路——能否不为难码农[①],让机器自己去学习呢?

机器学习就是用算法解析数据,不断学习,对发生的事做出判断和预测的一项技术,这项技术工作通常首先需要有程序设计能力并具有专业领域知识的专业人士来实现.这样,研究人员不需要亲手编写软件,确定特殊指令集,然后让程序完成特殊任务;相反,研究人员会用大量数据和算法训练机器,让机器学会如何执行任务.这里有三个重要的信息:① 机器学习是模拟、延伸和扩展人的智能的一

[①] 所谓"码农"(即 coding peasant(s)),是指在程序设计某个专业领域中的专业人士,或是从事软件撰写、程序开发、维护的专业人员.但一般 Coder 特指进行编写代码的编码员.随着时代的发展,对程序员的要求也在变化,需要他们掌握更多的知识与技能.

条路径, 所以是人工智能的一个子集; ② 机器学习是要基于大量数据的, 也就是说它的智能是用大量数据 "喂" 出来的; ③ 正是因为要处理海量数据, 所以大数据技术尤为重要, 机器学习只是大数据技术上的一个应用. 目前常用的十大机器学习算法为: 逻辑回归、决策树、随机森林、支持向量机 (support vector machines, SVM)、朴素贝叶斯、K 最近邻算法、K 均值算法、AdaBoost 算法、神经网络算法、马尔可夫算法.

下面我们简要介绍与神经网络等紧密相关的深度学习技术.

• 深度学习

相较而言, 深度学习是一个比较新的概念, 严格地说是 2006 年才提出的. 直观来讲, 深度学习是以建立、模拟人脑分析学习的神经网络为基本工具, 并模仿人脑的机制来解释数据的一种机器学习技术. 它的基本特点是试图模仿大脑的神经元之间传递、处理信息的模式. 最显著的应用是计算机视觉和自然语言处理领域. 显然, 深度学习与机器学习中的神经网络强相关, 神经网络也是其主要的算法和手段; 或者我们可以将深度学习称为改良版的神经网络算法. 深度学习又分为卷积神经网络 (convolutional neural network, CNN) 和深度置信网 (deep belief net, DBN). 其主要的思想就是模拟人的神经元, 每个神经元接收到信息, 处理完后传递给与之相邻的所有神经元即可, 所以看起来的处理方式有点像图 1.1 (想深入了解深度学习方面知识的读者可自行通过公共平台获得更多这方面的介绍).

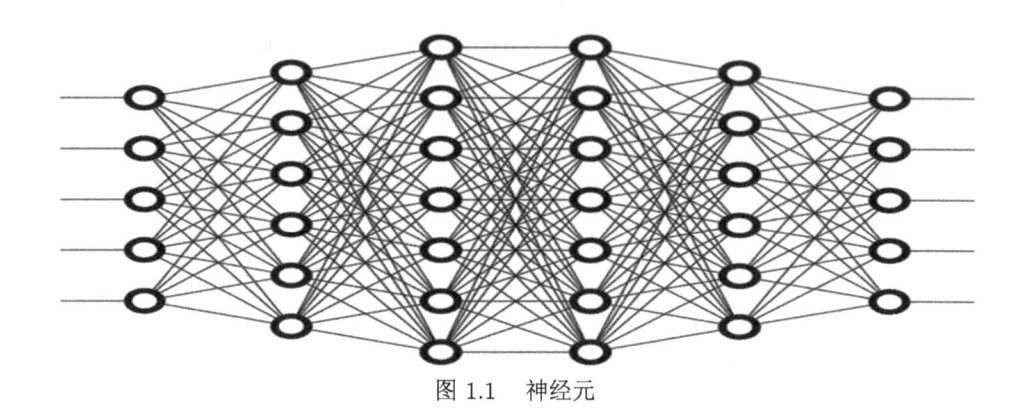

图 1.1 神经元

神经网络的计算量非常大, 事实上在很长时间里由于基础设施技术的限制进展并不大. 而图形处理器[①](GPU) 的出现让人看到了曙光, 也造就了深度学习的蓬勃发展, 比如, 击败著名围棋棋手李世石的 "AlphaGo" 即是深度学习的一个很好的示例; 另外, 谷歌的 TensorFlow 也是开源深度学习系统一个比较好的实现, 支

---

① 其英文名为 graphics processing unit, 缩写为 GPU.

持 CNN、RNN 和 LSTM 算法，是目前在图像识别、自然语言处理方面最流行的深度神经网络模型．事实上，提出深度学习概念的 Hinton 教授加入谷歌后，才有今天谷歌的标志性产品 "AlphaGo"．

总结 机器学习其实是一个很老的概念，它是人工智能的一个子集，深度学习又是机器学习的一个子集．机器学习与深度学习都是需要大量数据来 "喂"，是大数据技术上的一个应用，同时深度学习也需要更高更强的运算能力作为支撑．另外，我们需要指出的是支持人工智能发展的数理基础非常重要，因为当前人工智能技术和发展主要是靠 "算例、算法、算力" 所驱动的，其基础是数据，其核心是算法，这二者都深刻地以数学为基础．数学主要提供对所研究问题的形式化手段、模型化工具和科学化语言．没有形式化就没有程式化和计算机化，没有模型化就没有定量化和知识化，没有科学化就没有系统化和现代化．所以，数学在科学技术中具有独特的作用和价值．对人工智能而言，数学不仅仅是工具，还是技术内涵本身，而且常常也是最能体现本质、原始创新的部分．

1.2 机器学习简介

我们生活在数据爆炸的时代，人工智能的各种算法正是人类在面临海量数据时给出的最佳应对方法之一．人工智能近期的发展，主要归功于其子领域——机器学习的突破，机器学习正在改变我们的生活.

在本节中，我们主要介绍基本的针对机器学习的方式和配合机器学习需要考虑的建模关键部分．但在这之前，我们先引出与机器学习相关的关键概念和术语，为后面讨论机器学习算法和应用讨论打下了基础．

1.2.1 什么是机器学习

第一，计算机程序完成一些特定任务 "T"；第二，它没有外界显示的规则来规定机器应该怎么做；第三，计算机需要重复经历 "E" 来学习怎么完成任务．在这三个工作任务的基础上，目标是提高在新给予任务上的通用性能指标 "P"，这便是机器学习的特征．

以 AlphaGo Zero[①]为例，AlphaGo Zero 的任务 (记为 T) 是下围棋，其经历 (记为 E) 是自我对弈，最后优化的性能指标 (记为 P) 是获胜的概率．值得注意的是，AlphaGo Zero 并没有给定任何规则，换句话说，它并不是靠背棋谱等方式提高自己．这就是机器学习的典型案例．下面我们简要介绍在机器学习中经常用到的基本术语和概念．

[①] "AlphaGo Zero" 发布于 2017 年 10 月，是谷歌下属公司 Deepmind 开发的自学围棋程序．AlphaGo Zero 从空白状态学起，在无任何人类输入的条件下，能够迅速自学围棋，并以 100:0 的战绩击败 "前辈"，成为了世界上最好的棋类玩家．

1. 标签

在学习机器学习之前, 我们需要定义一些术语, 首先是标签. 标签是指我们要预测的真实事物: y. 例如新闻文本的类别, 属于金融新闻还是体育新闻. 再例如根据历史数据来预测金价 (连续值), 待预测黄金价格 y, 被预测的变量, 就是标签. 它可以是离散的, 也可以是连续的.

2. 特征

特征是指用于描述数据的输入变量: x. 以新闻文本为例, 要做分类, 我们需要把文本转化为向量, 所得到的向量便是特征. 特征是输入的变量, 标签是输出的变量. 通过找出特征和标签, 我们把一个实际的问题, 转化成一个数学问题.

3. 模型

模型描述特征与标签之间的关系. 特征是模型的输入, 标签是模型的输出, 给定模型, 输入特征, 得到标签, 这便是预测的过程. 例如, 把新闻文本转化为特征 x 后, 我们使用模型来预测该文本的标签, 即金融新闻或体育新闻. 标签、特征转化现实问题为数学问题, 模型解决这个数学问题.

4. 监督学习

监督学习 (supervised learning) 是指我们给定了一些数据特征及对应的真实标签, 对其他无标签数据进行预测. 例如给定历史的天气数据, 对未来的天气进行预测. 历史的天气有标签, 未来的天气没有标签. 再例如给定一些新闻文本和对应的类别, 对其他没有类别标签的新闻进行分类. 已有的文本我们可以人工阅读, 给它们打上标签, 但最终目的是预测其他没有标签的新闻.

5. 非监督学习

非监督学习 (unsupervised learning) 指我们没有给定数据特征的标签, 单纯依据数据特征本身的特性进行关系分析. 例如给定不同的基因, 来进行相似基因的自动聚类. 基因的数量非常多, 人工标注成本太高, 我们往往只根据基因本身的特性来聚类. 在金融领域, 我们也可以通过其历史价格波动把相关联的股票自动聚集在一起.

6. 监督学习的问题描述

假设 $x^{(i)}$ 为特征, $y^{(i)}$ 为标签或者目标变量. 假设有 m 个数据, 我们就有 m 对 $(x^{(i)}, y^{(i)})$, $i = 1, \cdots, m$. 监督学习便是学习一个数学函数来预测 $x^{(i)}, y^{(i)}$ 之间的关系: $h: X \to Y$. 其中 X 为输入特征空间, Y 是目标变量空间, 两者都是实数, $X = Y = R$.

如果待预测的 Y 是连续值,例如预测房价是多少,则我们称之为回归问题.
如果待预测的 Y 是离散值,例如预测给定图片是哪种动物,则我们称为分类问题.

1.2.2 机器学习建模简介

为了实现机器学习,配套的建模工作非常重要,这个机器学习建模通常有下面三个组成部分.

第一个是假设函数 (hypothesis function): 假设函数的作用是设定我们使用哪类模型.

第二个是损失函数 (loss function): 损失函数的作用是衡量模型目前表现怎么样.

第三个是优化过程 (optimization): 优化过程的作用是降低损失函数,让模型表现越来越好.

这其实是讲,假设函数锁定了模型的形态,损失函数给定了评价标准,优化过程就是训练模型的过程. 下面我们对这三个概念或流程进行简要的解读.

1. 假设函数

监督学习通常可以看作搜索一个将特征映射到标签的函数. 在机器学习中,假设函数可以看作很多备选的函数,我们要从中选取最好的一个. 假设函数和模型往往是同义词. 我们来看几个例子.

一元线性回归 如果我们认为标签可以用一元线性函数来表示,那么其假设函数如下:

$$y = ax + b \tag{1.1}$$

在学习过程中,我们会想办法找到最佳的 a, b.

多元线性回归 我们可以用多元线性函数来表示,假设函数如下:

$$y = w_0 + w_1 x_1 + w_2 x_2 + \cdots + w_n x_n \tag{1.2}$$

在学习过程中,我们会想办法找到最佳的 $w_i, i = 0, 1, 2, \cdots, n$.

在机器学习的领域,还有很多非线性的假设函数,例如我们未来会学习到的决策树回归,其假设空间是

$$f(x) = \sum_{m=1}^{M} c_m I \quad (x \in R_m) \tag{1.3}$$

$I(\cdot)$ 是指示函数 (indicator function). R_m 是区域,如果 X 在 R_m 区域内,那么 $I(x \in R_m) = 1$,反之为 0. 在学习过程中,我们会想办法找到最好的区域划分.

2. 损失函数

损失函数是评价模型表现好坏的方法, 如果模型表现很差, 则损失会很高, 反之, 损失会很低.

在回归问题中, 最常用的损失函数是均方误差 (mean square error). 我们计算每个预测值和真实值的差的平方, 然后求均值:

$$\text{MSE} = \frac{1}{n}\sum_{i=1}^{n}\left(Y_i - \hat{Y}_i\right)^2 \tag{1.4}$$

其中, Y_i 是真实值, $\hat{Y}_i$ 是预测值.

我们还可以使用平均绝对离差, 计算每个预测值和真实值之差的绝对值, 之后求均值:

$$\text{MAD} = \frac{1}{n}\sum_{i=1}^{n}\left|Y_i - \hat{Y}_i\right| \tag{1.5}$$

同样地, Y_i 是真实值, $\hat{Y}_i$ 是预测值.

3. 优化过程

优化过程是在损失函数的帮助下, 在假设函数中寻找最优模型的方法. 例如线性模型, 即使是最简单的一元线性模型, 也有无数种参数. 优化过程帮助我们找到最好的参数. 优化的目的是找到假设空间中最佳的参数, 使得损失函数最小.

一个例子是梯度下降算法. 梯度下降是最常用、最流行的优化过程之一, 尤其是在神经网络的建模中. 其主要步骤如下:

- 计算损失函数的梯度
- 确定优化的学习速率
- 根据梯度和学习速率向梯度的反方向移动

其公式如下:

$$\theta = \theta - \eta \times \nabla J(\theta) \tag{1.6}$$

其中, θ 是参数, η 是学习速率, $\nabla J(\theta)$ 是损失函数的梯度.

这里, 我们也简要讨论一下人工智能、机器学习、深度学习三者的关系: 机器学习是实现人工智能方法的总称, 而深度学习是一种实现机器学习的技术 (或方法), 这三者的关系并不是哈尔滨红肠的级联关系, 而是俄罗斯套娃的包含关系, 如图 1.2 所示 (祝世虎等, 2021).

但是, 我们也希望指出的是: 请不要产生 "机器学习的终点是深度学习" 这种判断误解. 其实, "技术无终点" 这句话让我们领会到: 科学 (技术) 的发展不是战争而是合作,任何学科(技术)的发展就是同行之间互相切磋学习,因此机器学习也是这样,它通过博采众长才能引领风骚,并不断创新.

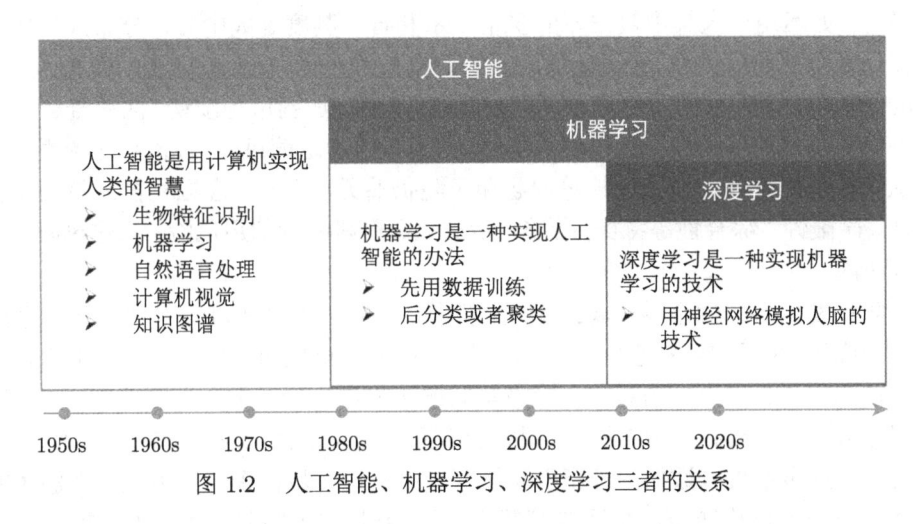

```
┌─────────────────────────────────────────────────────────┐
│                        人工智能                          │
│                  ┌──────────────────────────────────────┤
│                  │              机器学习                 │
│  人工智能是用计算机实现                                    │
│  人类的智慧         │                  ┌───────────────────┤
│  ➤ 生物特征识别     │                  │      深度学习     │
│  ➤ 机器学习        │  机器学习是一种实现人工              │
│  ➤ 自然语言处理     │  智能的办法       │  深度学习是一种实现机器│
│  ➤ 计算机视觉      │  ➤ 先用数据训练   │  学习的技术        │
│  ➤ 知识图谱        │  ➤ 后分类或者聚类 │  ➤ 用神经网络模拟人脑的│
│                  │                  │      技术          │
└─────────────────────────────────────────────────────────┘
  1950s  1960s  1970s  1980s  1990s  2000s  2010s  2020s
```

图 1.2　人工智能、机器学习、深度学习三者的关系

1.2.3　本节小结

本节中,我们检查了几个机器学习实际应用的例子,并学习了机器学习的基本概念.

在未来学习机器学习模型时,我们要随时问自己,这个模型的关键三部分是什么?它的假设函数是什么?它的损失函数是什么?它的优化过程是什么?

在面对实际问题的时候,我们要第一时间找出标签是什么?我们能够使用的特征是什么?这样,我们就可以将实际问题拆解成可以用机器学习解决的数学问题.

另外,人工智能、机器学习、深度学习三者的关系是一个互相切磋交叉,博采众长并不断创新发展的关系.

1.3　机器学习大数据智能风控应用介绍

我们知道,机器学习在大数据智能风控应用主要通过金融科技的技术手段和方法来实现. 这里,金融科技是指通过科技的创新及科技与金融的深度融合,对金融产品和服务、业务模式、商业模式、金融市场、金融监管等产生重大影响的技术. 根据巴塞尔委员会(BCBS)对金融科技的界定,金融科技活动主要分为支付结算、存贷款与资本筹集、投资管理、市场设施(包括分布式账户)四类; 前三类业务具有较明显的金融属性,一般纳入金融监管; 第四类并不是金融行业特有业务或技术应用,常被定为金融机构的第三方服务. 金融科技具有开放性、平等性、多元性等特征, 基于这些特征它可扩充金融业务覆盖对象、提升金融场景丰富程度及重构现有金融业态. 然而, 金融科技推动金融业创新的同时, 也伴生风险和隐患. 如运用于大集中数据库的安全技术和管理制度是大中心、分布式、数据云多元复合的结构体系, 未必能适应新的数据技术环境; 模型、算法、模式、产品等的相似性, 会带来同质化竞争, 引发顺周期问题, 加剧市场波动; 区块链、大数据等核心技术的垄断性, 进一步加剧技术垄断风险和道德风险; 技术程序错误、过度追求模型拟合度、技术失控等问题和风险仍然无法避免. 金融科技风险具有复杂性、隐蔽性、综合性等特征, 会进一步放大金融机构的信用风险、操作风险、系统性风险.

防止发生系统性金融风险, 保护投资者、存款人的根本利益是成熟国家金融监管的底线, 也是国际社会的共识. 同时, 科技赋能金融的合法性、信息采集合法性、信息使用合法性、信息安全隐患等问题正在进一步增加金融监管难度. 《商业银行大额风险暴露管理办法》《银行业金融机构反洗钱和反恐怖融资管理办法》和《银行业金融机构数据治理指引》等管理办法进一步在授信集中度、大额风险防控、系统性风险防范、穿透监管等方面对金融机构的风险管理提出更高要求, 科技赋能金融机构的风险管理和金融监管势在必行. 随着国家实力的发展和壮大, 人工智能、区块链、云计算、大数据等不断融入金融领域, 通过 "金融 + 科技" 的融合, 形成独立于传统金融机构与体系的金融科技, 已成为金融业的发展趋势.

人工智能、区块链、云计算、大数据是金融科技四大基础技术, 下面我们主要从人工智能 (机器学习) 的角度陈述相关的应用.

1.3.1 人工智能在金融机构风险管理中的应用

金融机构可以通过人工智能技术对庞大的源数据进行从非结构化到半结构化和结构化处理, 根据客户需求和合规要求对资产组合进行优化, 为客户匹配差异化风险偏好的产品和服务, 并为金融机构管理风险暴露提供更准确的测算, 为风险识别、监测、预警、报告、处置等提供更多元化的方案. 如人工智能通过分析客户的性别、年龄、教育、职业、收入等人口特征及金融经济领域海量的结构化和非结构化数据, 再利用机器学习分类方法和决策树方法进行预测分析, 对客户风险进行分类、分级管理, 为客户提供实时的、定制化的产品和服务, 最大限度防范风险、提高绩效; 如神经网络人工智能技术可结合智能决策系统, 模拟人类的决策过程, 进行人类思维模式的推理和判断, 对风险预测、计量模型无限迭代, 为风险最优管控策略提供支持.

所有金融机构都是反洗钱义务机构, 人工智能在反洗钱中的应用, 主要是可疑交易的监测和智能审理两个方面. 人工智能运用于可疑交易的监测主要是基于大数据基础，引入机器学习方法，建立可疑交易识别模型，对海量的交易行为进行分析，勾稽出交易行为之间的关系，基于事先设定的判定规则，筛查出可疑的交易行为．人工智能运用于智能审理主要是在于发现的可疑交易的报告，运用人工智能学习审理人员的经验，对可疑交易案件进行机器分析，并输出分析结果供审理人员参考．金融机构在反洗钱工作中使用大数据技术主要是使用于客户身份识别、账户分类、客户风险评级、可疑交易监测等方面，客户身份识别、账户分类、可疑交易监测在前面已有论述，不再赘述．客户风险评级主要是在大数据基础上，对异常交易地点、时间、集中度、年龄、教育程度、消费水平、兴趣等进行综合判定，并对客户实行风险等级排序．

以大数据为基础的量化模型在营销管理、客户定位、产品定价、贷款申请和审批、贷后管理和服务等整个客户管理的整个生命周期中均有应用．如机器学习算法及深度学习、决策树、随机森林算法、社交网络模型、神经网络模型等在金融机构风险管理中的应用，这些模型均以行为偏好类信息、网络信息、渠道、商圈、金融信贷类信息、政府公共类信息等多维数据为基础，以大数据为基础的模型在金融机构中的应用可大幅提高其风险识别能力、运营效率，减少运营成本及增加收益；如通过大数据对客户贷款申请材料进行审核验证，重点对客户的交易行为、违法犯罪行为、消费支付行为、资产情况等进行大数据的客户画像，结合信用风险模型评估客户的违约风险概率，有效防范欺诈、洗钱、信用和流动性风险．

1.3.2 深度学习算法将会被广泛采用

在大数据发展的今天，支持和实现在大数据框架下的智能风控的机器学习 (模型) 算法当然起到非常重要的作用，其对应人工智能的工具 (配套的算法) 到目前至少经历了三阶段 (祝世虎等, 2021): 第一阶段, 专家评分卡; 第二阶段, 逻辑回归 (高维逻辑回归); 第三阶段, 集成学习和深度学习．而对应人工智能机器学习算法在风险评估的应用和发展也对应为三个阶段: 第一阶段, 规则驱动, 多采用专家评分卡算法; 第二阶段, 规则 + 数据驱动, 多采用逻辑回归与高维逻辑回归算法; 第三阶段, 大数据驱动, 多采用集成学习与深度学习算法．

因此, 机器学习算法的选择, 要基于场景需求来展开和对症下药, 并基于场景的数据基础继续量体裁衣, 选择合适的机器算法实现需要的大数据智能风控 (如图 1.3).

智能风控依赖于智能算法在大数据框架下的特征提取，其数据源主要包括征信报告、资产状况、基本信息、多头借贷、运营商数据、地理信息、设备信息等．由于特征 (因子) 的相对稳定性，通过对上述数据源进行特征 (风险因子) 的提取，可以支持我们用特征 (因子) 的稳定性这个特点来刻画金融场景的 (风险) 状况，实现风险管理需要的功能．

特别是, 随着数据的丰富与算法能力 (简称为算力) 的不断提升, 深度学习模型的优势逐步体现. 比如, 随着数据的丰富与算力的不断提升, 传统的评分卡模型在大数据风控能力上的缺陷逐渐显露出来. 比如, 基于因子分机器法 (即 FM 算法, factorization machine) 和深度神经网络 (即 DNN) 结构相结合的 DeepFM 类与基于 Transformer 类的深度学习算法在智能风控领域的优势也不断显示出来. DeepFM 类的模型从广告推荐领域迁移而来, 由于其在自动化特征组合与客户 ID 类数据的优势, 在用户行为欺诈领域发挥越来越重要的作用; 而最新的 Transformer 类模型的发展, 平衡了深度学习模型表征能力强与可解释性弱的特点, 在智能风控领域也得到了越来越多的关注和应用.

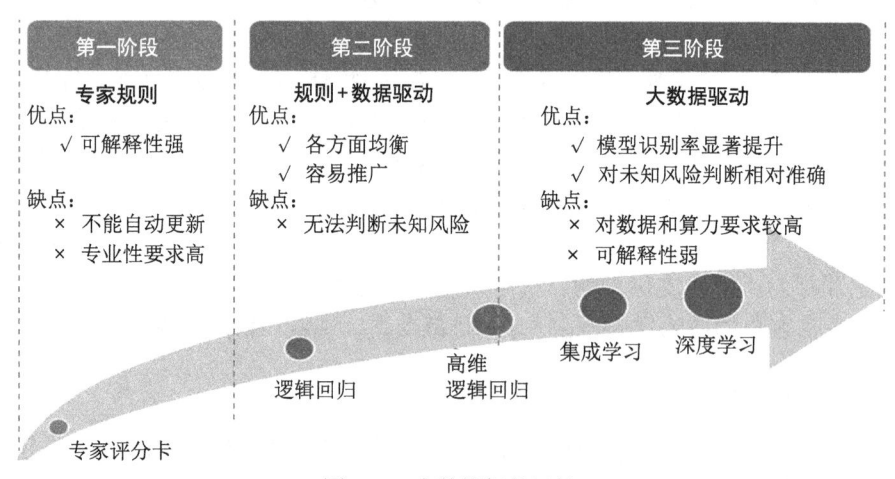

图 1.3 大数据智能风控

深度学习模型对于用户行为的表征能力强, 既可以实现自动化特征组合, 又可以对用户的行为进行精准细致的刻画. 深度学习模型一方面通过特征表征、元素点积、注意力机制等技术, 实现自动化的特征组合; 另一方面, 通过 RNN 等模型在用户行为的序列建模, 对用户的行为序列进行更加细致准确的刻画. 腾讯、FeedZai 等公司均利用 RNN 等模型进行交易反欺诈与信用评估, 该模型因为省去了特征处理环节, 大大提高了模型效率, 且模型精准度更高.

还有, 深度学习模型对于数据的可扩展性好, 在无标注数据、标注不准确数据、增量数据、不同分布数据、小样本数据等场景的建模, 相比其他算法有独特的优势. 在无标注数据、标注不准确数据、增量数据、不同分布数据、小样本数据下, 传统算法的效果大打折扣, 而深度学习模型通过神经网络的结构设计与损失函数的优化, 支持元学习、迁移学习、在线学习、半监督学习、持续学习等模型的场景应用, 可探索性与可配置性都很强.

1.3.3 大数据框架下的多种形态数据将会被广泛应用

算法的发展与数据的发展相互支持，数据成就了算法，算法也促进了数据多形态的发展．深度学习算法的发展，也将会有效推动多模态数据在风控领域的应用．

1) 从算法上看，传统的风控模型一般从用户的信贷记录上识别客户风险，深度学习模型可以从多模态的数据中挖掘隐藏的风险信息．

2) 从数据上看，图像、语音、文本等不同属性的数据作为结构化数据的有效补充，能够有效地将信贷记录上未察觉的风险识别出来．

所以，可以预见多种形态的数据将会在风控领域发挥越来越大的价值．

1.3.4 基于网络的知识图谱（全息画像）形成落地解决方案

首先，基于网络的知识图谱以颠覆性的关系视角来解决反欺诈问题．网络图谱用"事物间关系属性"来代替"事物本身的属性"，以表征事物的特征，使得网络图谱在识别团伙欺诈、线上反欺诈领域就能够发挥重要的作用．例如，相对金融机构熟悉的线下反欺诈，线上反欺诈主要针对团伙欺诈行为，团伙欺诈行为的主要特征是："羊"的还款意愿不取决于"羊的本身属性"，而是取决于"羊和羊头之间的关系属性"，这恰恰是网络图谱的视角．

目前，网络图谱衍生图谱特征在风控领域的深度应用至少可分为三类．

1) 基于专家经验的网络图特征 这类特征通常具有可解释性，通过业务经验构造网络节点与边的属性特征，用于后续风险预测模型的特征输入．由于可解释性强，业务应用便捷，目前已在众多金融机构落地．

2) 基于机器学习的网络图特征 这类特征通常是不可解释的，通过矩阵分解或者随机游走等图表示方法，将图网络刻画出的用户/企业风险水平进行结构化向量表达，用于下游不同场景下风险模型的特征输入．

3) 端到端的风险预测模型 这种方法融合结构化特征属性，通过图神经网络算法直接训练风险预测模型．

上面提到的 2) 和 3) 由于建模过程比较复杂，目前主要集中在互联网大厂应用，我们认为随着金融机构对于智能的认知与应用的不断加深，未来也会逐渐被金融机构接受并应用．

其次，网络图谱（全息画像图片）将成为金融机构新的数据源．比如在实践中，在原始数据特征上建立了一套评分体系，随后逐步尝试将这套评分体系构建在网络图谱特征上，发现两者效果具有一定的可比性．并且，随着图谱构建算法和方法论的进步，网络图谱能够基于有限的数据源挖掘出更多的内部关系，相当于形成了新的关系数据源．

1.3.5 联邦学习方法将会大规模落地使用

我们知道,数据是生产资料,模型算法形成生产力,联邦学习本质上是一种生产关系,它能够充分地调动数据生产资料,并集成模型算法而形成生产力.

联邦学习是在**保护数据隐私**的前提下,让数据和算力留在本地,并在此基础上进行联合模型训练的计算框架. 在金融领域,保护隐私和数据安全是一个永久的话题. 联邦学习在保护隐私和数据安全的前提下,带动了场景生态和金融生态跨领域、企业级的数据合作,催生了联合建模的新业态和新模式,在未来将会大规模落地实施.

另外,我们也希望指出的是机器学习算法的可解释性将会逐步提升和完善. 风控领域对模型解释性的要求高于其他领域,尤其在欺诈拒绝或者命中黑名单时,最好是能给出一定的解释,而机器学习(深度学习)模型在该方面的缺陷也恰好限制了其在风控领域的应用,对于可解释性的研究将会是智能风控领域的研究热点. 但是,我们也要看到,虽然可解释性在金融领域很重要,但不要一味追求可解释性,智能的本质就是利用算法从数据中发掘出那些被埋没的信息,通过隐藏信息被发现来体现针对场景(信息)的解释效果. 更多有关针对机器学习模型的解释方法将在本书的后面部分展开.

1.3.6 人工智能方法在大数据风控面临的挑战

我们现在也从人工智能方法结合从可解释性、隐私保护、安全与数据共享等方面简要概述在智能大数据风控在应用方面可能带来的挑战.

一方面,人工智能、区块链、云计算、大数据等金融科技基础技术正助力于金融机构的风险管理,重塑金融机构的风险管理架构、体系等;另一方面,金融科技应用所伴生的运营风险、操作风险、合规风险、技术风险及模型算法风险正在突破现有监管架构、体制等可能助长诸如洗钱等违法犯罪行为. 据国际货币基金组织统计,全球每年洗钱的数额约占全世界国内生产总值的 2%~5%,且每年以 1000 亿美元的数据不断增加[①]. 这些洗钱违法犯罪行为,在助长恐怖活动、毒品交易、涉黑活动、走私、贪污贿赂等的同时,扰乱并破坏了金融管理秩序,造成了资金流失和税收流失,影响了金融、经济及社会安全. 因此,反洗钱是金融机构重要的义务工作之一,金融科技在金融机构风险管控中的应用所面临的风险挑战,受到监管部门的密切关注. 下面我们就科技在金融机构风险管理中应用而带来的风险和在反洗钱管控应用中面临的挑战进行论述.

科技在风险管理中应用会带来诸多风险,从科技和金融的特性出发,主要会带来数据合规风险、技术合规风险、技术风险、操作风险、信息安全风险等,下面

---

① 欧阳卫民, 2006. 我国反洗钱若干重大问题(上)和(下). 财经理论与实践(双月刊), 27(141): 2-8; 27(142): 2-9.

我们进行简要陈述.

1) 合规风险

(1) **数据合规**　金融科技的发展依赖于数据的积累, 数据的可持续是金融机构运用科技进行风险管控的基础. 2015 年央行同意芝麻信用、腾讯征信等 8 家机构试行开展个人征信业务. 在 2018 年, 央行给由这 8 家机构作为股东的百行征信发放征信牌照, 牌照有效期 3 年 (但是并没有给予 8 家机构单独发放个人征信业务牌照). 由此可知, 国家对数据合规使用持谨慎态度. 首先, 获取的外部数据在收集、存储、使用等程序中若不符合国家法规要求, 将面临合规风险; 其次, 依靠外部数据验证的风控模型不可靠, 且风险的预判、预警对数据的及时性要求较高, 容易导致技术风险; 最后, 数据获取符合国家法规要求, 但监管法规、数据源等容易导致数据的获取存在不稳定性, 且数据的收集、存储等成本高, 若数据可使用率低, 容易导致运营风险.

(2) **技术合规**　技术合规指金融机构使用的金融科技与监管法规的符合. 一方面, 监管往往是对现有金融业务进行的, 很难做到提前监管; 另一方面, 金融机构应用新技术的目的往往是提高效率, 且新技术带来的负面影响具有滞后性. 因此, 监管合规与金融机构应用科技赋能业务的创新发展之间的矛盾往往难以调和. 如区块链去中心化和去信任化的特点与监管中心化和统一化的特性就存在矛盾; 数据挖掘技术往往会过度挖掘客户的财产状况、社会职务等信息; 非接触式支付技术的创新可能给客户造成财产的损失; 智能合同、智能投顾等与监管同样存在诸多矛盾.

2) 技术风险

技术风险是指人工智能、区块链、云计算、大数据、移动支付、物联网等技术在开发、测试、应用等各阶段可能出现的技术错误、开发环境、业务逻辑等造成的技术或信息安全风险. 如大数据技术要大量收集、存储客户的信息, 且对数据存储及运算的依赖度较高, 一旦开发、测试、应用等一个环节出现技术失误, 极易造成的信息泄露将严重影响客户的财产安全, 乃至人身安全; 如金融机构依赖外部科技型公司或平台型信息公司等提供的第三方技术服务, 一旦这些第三方服务公司或平台的技术出现错误, 或服务突然中断, 会放大外部风险和系统性风险.

3) 操作风险

操作风险是由于操作人员安全意识淡薄、安全操作标准规范缺失、安全部署与管理不规范出现的差错所导致的风险. 对金融机构自身而言: 一是若操作指引缺失、操作不规范、指令失误等, 会导致操作风险; 二是若有章不依、明知故犯则会导致道德风险. 对金融机构交易对手而言: 一是若对操作规程不熟悉、不了解、不知情, 仅程序化地选择同意与否, 会导致非恶意违约、不知情违约等风险, 将进一步放大系统性风险; 二是若联合其他交易对手方, 故意欺诈, 则会导致信用风险.

根据 Verizon 2020 年数据泄露报告[①]显示,已发生的数据泄露事件中,25%由内部人员操作风险或道德风险造成.

4) 信息安全风险

支付、互联网、物联网、区块链、大数据等几乎所有的金融科技基础技术的运行均严重依赖数据、机器、光纤等基础设施,所有这些技术和设施若在某些环节出现失误,则直接导致信息安全风险. 根据《2017 金融科技安全分析报告》显示,在金融行业的信息安全方面,大部分安全管理工作集中在运维、上线、测试阶段,而在需求、设计、编码阶段,对安全考虑欠缺. 一方面,金融机构在科技赋能的同时,由于技术的缺陷或自身运行环境的缺陷,容易被恶意攻击;另一方面,由于安全意识不能与时俱进,盲目相信技术或对技术不甚了解而容易被恶意攻击. 如技术的应用一般均通过基础网络开展,极易受到 DDOS、Web、APT 等攻击. 根据 2020 年上半年我国互联网网络安全监测数据分析报告[②]显示,至少 73.6%的网站遭遇过 Web 攻击,65.9%的网站遭遇过利用特定程序漏洞进行的攻击.

5) 监控范围及标准的挑战

我们也指出,金融机构在金融科技的使用上也面临监控范围及标准未统一的挑战. 比如,在基于金融科技在反洗钱管控中的应用也面临来自下面至少两个方面的挑战.

首先,中国对特定非金融行业反洗钱和反恐怖融资监管缺失,其中一个主要的原因就是我国对纳入洗钱监控范围的特定行业或机构尚未形成统一的标准,比如由于金融科技创新带来的 P2P、网络小贷等类金融平台,尚缺乏明确的反洗钱监管要求. 金融科技的快速创新使监管科技创新与改进稍显落后,反洗钱监管的标准、规则、机制尚未统一,难以发挥大数据、人工智能等技术识别洗钱犯罪行为的作用.

6) 监控成本过高

目前终止反洗钱行为或可疑交易的通用处理做法是发现可疑—拒绝服务—上报,但数量庞大的义务反洗钱机构产品场景和数据维度不尽相同,对可疑交易的判定就会不同. 根据实际情况来看,绝大部分的上报数据无法最终进入司法调查程序. 一是可疑数据太多,监管科技难以一一进行断定,用人工判断的成本过高,时间过长;二是对于犯罪主体而言,换一家机构继续犯罪成本极低,且各机构大多数据及信息不共享,难以追踪.

7) 金融科技本身在风险管理中面临的监管挑战

科技在金融机构的应用一直存在,且应用范围越来越广,正在重塑整个金融

---

① https://www.verizon.com/business/en-gb/resources/reports/2020-data-breach-investigations-report.pdf.

② https://www.cert.org.cn/publish/main/upload/File/2020Report(2).pdf.

业态,金融科技所带来的风险会进一步增加技术风险,并进一步放大系统性风险.因此,金融科技风险监管已成为监管的常态.金融科技的本质是金融,应纳入金融的监管下运作.如美国就规定,金融科技不论是以何种形式出现,均应按照金融的本质和所设计的金融业务,纳入现有金融监管范围,实行功能监管,我国目前也把金融科技纳入了金融的监管范围.

第一,金融科技的宏观监管.

金融科技已明确纳入金融监管范围,金融科技的宏观监管与金融业的宏观监管架构基本一致,其宏观监管架构应包括监管体制、监管政策及监管科技三个层面.

(1) **监管体制**　2004 年我国建立了由中国人民银行 (以下简称央行) 牵头,最高人民法院、最高人民检察院、外交部、公安部等 23 个部委参加的国务院反洗钱工作部际联席会议机制,建立了由央行、银监会、保监会、证监会和外汇局参加的金融监管部门反洗钱协调机制. 2017 年 5 月,央行金融科技委员会成立,并承担金融科技发展战略规划与政策指引、建立健全适合国情的金融科技创新管理机制、引导新技术在金融领域的正确使用、强化监管科技应用等职责. 2017 年 7 月,国务院金融稳定发展委员会设立. 2019 年 2 月,央行新增宏观审慎管理局;进一步明确央行牵头负责系统性金融风险防范和应急处置、金融基础设施建设规划、统筹互联网金融监管工作等与金融科技监管有关的职责;进一步明确金融市场司负责统筹互联网金融监管,评估金融科技创新业务. 较为明确的金融科技监管体制已形成:一是纳入以宏观审慎管理为主导的"一委一行两会"金融监管体制,明确和细化金融科技的监管部门点及职责;二是分为宏观审慎框架、微观审慎底线原则和监管科技三个层面,主要通过合规监管、行业基础设施监管、行为主体监管等对金融科技监管. 针对反洗钱的监管:一是要积极对接国际监管准则,进一步完善实践国际通行的反洗钱风险为本的原则和机制,采取 FATF 规定的组合机制提升受益所有权的透明度;二是明确监管范围和统一监管标准,对 P2P、网络小贷等类金融平台实行准入监管,明确准入标准,对客户身份识别、交易记录保存及报送、大额可疑交易报告等做出明确规定;三是健全和完善反洗钱合作机制,加强央行作为反洗钱主管部门的主导作用,加强对执法部门、反洗钱义务机构的协调,优化反洗钱资源的配置,建立监管信息共享平台,分享可疑交易判断标准、数据、成功经验等;四是加强横向合作,应加强跨机构、跨部门、跨行业的横向合作,在合法合规的前提下,分享可疑交易的判断标准、模型及数据,进一步挤压犯罪空间,提升判断的准确性.

(2) **监管政策**　《国务院关于积极推进供应链创新与应用的指导意见》、《中国金融业信息技术"十三五"发展规划》、《中国证监会监管科技总体建设方案》、《关于促进证券期货业金融科技健康发展的指导意见》、《区块链信息服务管理规定》、《关于互联网金融从业机构接入互联网金融反洗钱和反恐怖融资网络监测平台的公告》、《网络借贷信息中介机构业务活动管理暂行办法》和《网络借贷信息中介机构合规检查问题清单》(俗称 "网贷 108 条") 等宏观监管政策法规均已出台, 许多省、自治区、直辖市等也根据国家出台的相关政策制定符合自身实际、较为细化的执行政策, 金融科技监管政策体系基本与金融监管体制保持一致.

(3) **监管科技** 监管科技与金融科技相伴而生, 利用监管科技对金融科技进行监管已成为全球共识和必然趋势. 一方面, 监管科技使监管机构能更精准、快捷和高效地完成合规性审核, 实现对金融市场变化的实时监控, 进行监管政策和风险防范的动态匹配调整; 另一方面, 监管科技使金融机构能无缝对接监管政策, 及时自测与核查经营行为, 实现风险的主动识别与控制, 有效降低合规成本. 针对反洗钱的监管, 应加快监管科技的发展与应用, 如: 建立受益所有权信息登记系统, 对接国家企业信用信息公示系统、央行征信系统等, 运用区块链无法篡改、可溯源的技术特征对所有金融交易、金融产品等的最终受益所有权进行底层识别和全程跟踪, 提高受益所有权的透明度. 目前监管科技均以 "监管沙盒" 计划的形式在进行推进, 这里 "监管沙盒" 计划是指提供相对宽松的监管试点将金融科技创新、金融业务创新的冲击和影响置于试点环境运行, 在消除和解决了试验中可能遇到的风险和问题后, 将金融科技扩展到更大范围, 以可控方式最大限度地减少新技术应用可能带来的负面影响, 保证客户利益和金融系统平稳运行.

2018 年 5 月, 央行确定招商局集团、上海国际集团、北京金控集团、蚂蚁金服、苏宁云商集团为金融控股集团监管试点单位. 五家试点单位除了是典型的金融控股公司外, 金融科技对其发展具有重要推动作用, 如招商局集团、蚂蚁金服、苏宁云商集团均是国内金融科技巨头.

由此可知, 我国目前已进行 "监管沙盒" 计划. 未来监管科技从监管而言, 应构建包括监测预警体系、信息披露体系、大数据征信体系、社会评价体系、数据共享机制的 "四个体系一个机制" 联动的数字化监管系统, 建立数字化监管系统, 实行实时监管、行为监管和功能监管.

第二, 金融科技的中观监管.

行业自律是金融监管的重要途径和抓手, 金融行业是高度行业自律的行业, 金融科技的本质是金融, 应纳入相应的金融行业进行自律规范和管理. 然而, 金融科技具有跨国应用、跨界应用、跨部门监管等特征, 目前却尚未形成统一的行业技术标准、统一的法律法规、统一的监管部门. 目前, 全球重要的经济体, 如美国、加拿大、欧盟、英国、日本、中国等均制定了金融科技发展战略规划, 旨在赢得金融科技的战略竞赛和抢占行业标准的制高点. 巴塞尔银行监管委员会、金融稳定理事会对金融科技的主要活动、特征等进行了界定和分类, 并发布一些金融科技发展对银行和监管机构影响的实践经验, 供全球金融机构和监管部门参考. 目前,国内与金融科技较为对应的行业协会为中国互联网金融协会,该协会是经党中央、国务院同意,根据《关于促进互联网金融健康发展的指导意见》的要求,由央行会同银监会、证监会、保监会等有关部委于 2015 年 12 月成立的国家级互联网金融行业自律组织. 目前已发布一些行业自律规范章程, 金融科技可参考自律.

可以预见, 进一步明确金融科技发展的行业自律主体和规范章程, 实行功能性监管, 重点对金融科技的底层技术的研发与成果转化、标准化建设与指引、金融消费者保护与教育、金融科技人才从业管理、金融市场信息和信用等关键基础设施、应用场景的规范进行自律性指导与约束, 发挥行业自律的甄别风险、协助监管、上通下达的作用将是金融科技行业自律的重要内容.

第三, 金融科技的微观监管.

金融机构和金融科技公司是金融科技发展的主体, 对其的监管可从内外两个大的层面来看. 从对外而言, 主要是合规监管: 一是积极对接监管部门的监管系统, 响应监管要求; 二是充分调动自律监管的积极性, 对接行业监管系统, 响应行业自律要求. 对内而言, 主要是内控要求: 一是构建和完善风险治理架构, 搭建和健全全面风险管理体系, 重点监控和防范操作风险、技术风险、信息泄露等风险; 二是强化风险文化建设, 树立数据风险治理的意识; 三是搭建数据治理体系, 统一数据标准和风险视图; 四是完善金融科技风险监测、识别、测量、预警、处置等机制, 丰富风险缓释方法和工具; 五是培养金融科技风险管理团队, 注重懂风险、懂业务、懂科技的复合型人才的培养.

由前述分析可知, 金融科技助力金融机构的业务发展及风险管理已成为必然趋势, 实行牌照管理、持牌经营、行业自律是未来监管方向的必然选择. 金融机构应用科技的风险监管的重点和关键在于微观层面的监管. 从金融机构自身而言, 积极应用科技赋能业务发展的同时做好风险管控是必然选择; 从金融科技公司而言, 去金融化、突出主业、做好合规风险管控同样是必然选择. 然而, 金融科技助力金融机构的业务发展及风险管理是一个重大课题, 有许多问题亟待进一步研究解决. 如金融科技发展的去中心化与监管的中心化逻辑如何统一、如何提升监管科技能力、如何处理好监管与普惠金融的关系等, 尚需要各金融机构、金融科技公司、行业和监管部门的不断探索与实践.

1.4 本章小结

本章简述了本书的背景, 对人工智能、机器学习、智能风控等名词进行了解释, 提出了机器学习在大数据智能风控中的应用主要是通过金融科技的技术手段和方法来实现的, 最后也提到了人工智能方法在大数据风控面临的诸多挑战.

练习题

习题 1.1 利用 CiteSpace (引文空间) 等基于大数据的文献调研工具, 做机器学习或深度学习在金融信用评价、FOF 管理、基金管理、用户体验中的应用调研.

1.1.1 分别写一篇文献综述;

1.1.2 写出每个领域的机器学习最新进展, 以及存在的难点和可能的解决方案.

习题 1.2 陈述人工智能、机器学习和智能风控的关系.

习题 1.3 查阅全球金融科技新进展和发展趋势以及存在的问题.

第 2 章

逻辑回归

本章介绍评分卡的基准方法逻辑回归模型, 包含逻辑回归的原理、参数优化、多分类和利用逻辑回归建立评分卡的原理, 并给出应用实例.

■ 2.1 逻辑回归原理

2.1.1 逻辑回归简介

Cox (1958) 提出了逻辑 (Logistic) 回归 (分类) 模型, 迄今为止, 逻辑回归是最常用分类模型之一, 也是工业界建立评分卡模型的主流方法. 其模型经常用作基准模型, 用于衡量其他模型的效果.

假设有一些数据点, 如果用一条直线对这些点进行拟合 (该线称为最佳拟合直线), 这个拟合过程就称作线性回归. 利用逻辑回归进行分类的主要思想是: 根据现有数据对分类边界线建立回归公式, 以此进行分类. 这里的 "回归" 一词源于最佳拟合, 表示要找到最佳拟合参数集. 训练分类器时的做法就是寻找最佳拟合参数, 使用的是最优化算法.

1) 逻辑回归主要基于以下三个目的

① 预测结果等于 1(即坏样本) 的概率;

② 对结果或预测进行分类;

③ 评估模型预测的相关概率或风险.

2) 适用的数据类型

逻辑回归模型适用于数值型和标称型数据 (标称型数据一般在有限的数据中取, 且只存在是和否两种不同的结果, 一般用于分类), 主要解决线性可分的问题.

3) 适用情境

逻辑回归被广泛应用于医疗保健分析、医疗统计、信用评级、生态学、社会统计分析和计量经济学等相关领域. 另外, 由于在预测时计算简单, 在某些大规模分类问题, 如广告点击率预估 (CTR)、计算广告 (CA) 以及推荐系统 (RS) 等任务上得到了成功的应用. 在数据规模巨大、要求预测速度非常快的场景, 非线性核的支持向量机、神经网络等非线性模型无法使用, 此时逻辑回归成为为数不多的选择之一.

4) 主要用途

① 寻找因果关系 例如寻找某一疾病的危险因素等.

② 预测 若已经建立了逻辑回归模型, 则可以根据模型预测在不同的自变量情况下, 发生某病或者某种情况的概率有多大.

③ 判别 与预测类似, 根据逻辑回归模型判断某人患某种疾病或属于某种情况的概率有多大, 即看某人有多大的可能性患某种疾病.

5) 优点和缺点

(1) 优点

① 简单高效, 计算速度快, 易于理解和实现, 易并行, 在大规模数据情况下非常适用.

② 直接对分类可能性进行建模, 无需事先假设数据分布, 避免了假设分布不准确所带来的问题.

③ 以概率的形式输出, 而非只是 0 和 1 判定, 对许多利用概率辅助决策的任务很有用, 输出值自然地落在 0 到 1 之间, 有概率意义, 且背后的概率理论经得住推敲.

④ 具有很好的数学性质, 许多现有的数值优化算法都可以用来求最优解, 训练速度快.

⑤ 模型清晰, 它拟合出来的参数代表了每一个特征对结果的影响, 是一个理解数据的好工具.

(2) 缺点

① 虽然对自变量分布的假设条件要求没那么高, 但它对共线性却非常敏感, 当自变量之间存在高度的自相关时, 会导致估计的标准误差膨胀, 故在应用逻辑回归模型时需对是否存在共线性进行检验. 可采用方差膨胀因子 (variance inflation factor, VIF) 作为是否存在多重共线性的判断标准.

② 容易欠拟合, 大多数情况下需要手动进行特征工程, 构建组合特征, 分类精度可能不高.

③ 本质上是一个线性的分类器, 处理不好特征之间相关的情况.

2.1.2 分类原理

一般来说, 为使模型拟合得更好, 逻辑回归一般假定: 因变量彼此不相关; 它们明显与相应变量有关; 模型的观测或数据元素也不相关.

1) sigmoid 函数

逻辑回归源于一个非常朴素的想法: 对于二分类问题, 如果样本的输入是一

2.1 逻辑回归原理

个标量, 且设置样本的标签值为 1 或者 0, 能否直接预测出一个样本属于分类 1 的概率值？一个随机事件的概率 $P(A)$ 介于区间 $(0,1)$ 内, 可以将样本属于分类 1 的概率记为 $P(y=1|x)$, 即在已知样本的特征向量值为 x 的条件下, 其属于分类 1 的概率, 其中 x 的取值范围可以是 $(-\infty, +\infty)$, 因此我们需要构造一个函数, 将 $(-\infty, +\infty)$ 之内的实数值变换到区间 $(0,1)$ 上.

下面的函数就可以满足要求:

$$f(z) = \frac{1}{1+\mathrm{e}^{-z}} \tag{2.1}$$

这就是在机器学习中被广为使用的 logistic 函数, 也被称为 sigmoid 函数. sigmoid 函数具有如下性质:

(1) $0 < f(z) < 1, f(0) = 0.5$;
(2) 单增函数

$$f'(z) = \frac{\mathrm{e}^{-z}}{(1+\mathrm{e}^{-z})^2} = f(z)(1-f(z)) > 0$$

图 2.1 给出了 sigmoid 函数在不同坐标尺度下的两条曲线图.

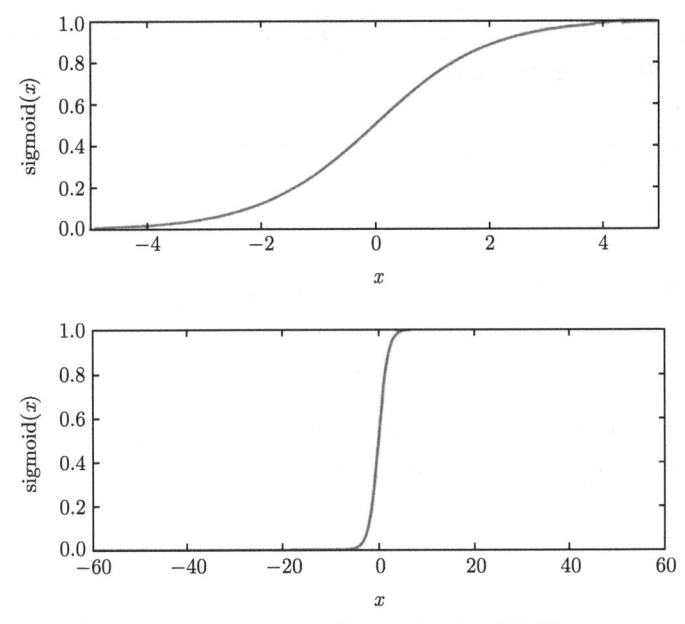

图 2.1 sigmoid 函数在两种尺度下的图像

但在实际应用中, 输入的样本特征向量一般是多维向量, 需要先将向量映射成标量后再代入 logistic 函数中预测, 最简单的可以使用线性映射.

如加权和
$$b + w_1x_1 + \cdots + w_nx_n$$
写成向量形式为
$$w^{\mathrm{T}}x + b \tag{2.2}$$

其中, w 为权重向量, b 为偏置项, 是一个标量.

至此, 设定 logistic 函数的条件分布函数为

$$\begin{aligned} P(y=1|x) &= f(w^{\mathrm{T}}x+b) = h(x) = \frac{1}{1+\mathrm{e}^{-(w^{\mathrm{T}}x+b)}} \\ P(y=0|x) &= 1 - f(w^{\mathrm{T}}x+b) = 1 - h(x) = \frac{\mathrm{e}^{-(w^{\mathrm{T}}x+b)}}{1+\mathrm{e}^{-(w^{\mathrm{T}}x+b)}} \end{aligned} \tag{2.3}$$

将上述公式合并为如下形式:

$$P(y|x,w,b) = (h(x))^y (1-h(x))^{1-y} \tag{2.4}$$

这实质上是 0-1 分布的分布律, 当 $y=1$ 时, 上式为 $h(x)$, 即样本属于分类 1 的概率; 当 $y=0$ 时, 上式为 $1-h(x)$, 即样本属于分类 0 的概率.

一般地, 任何大于 0.5 的数据被归入分类 1, 其余的则被归入分类 0. 所以逻辑回归也可以被看成是一种概率估计.

2) 分类规则

根据前面的定义, 一个样本属于分类 1 的概率为

$$P(y=1|x) = h(x) \tag{2.5}$$

由于不是分类 1 就是分类 0, 因此属于分类 0 的概率为

$$P(y=0|x) = 1 - h(x) \tag{2.6}$$

其中 y 为类别标签, 取值为 1 或者 0, 分别对应分类 1 和分类 0. 样本属于分类 1 和分类 0 概率值比的对数称为对数似然比:

$$\ln\frac{P(y=1|x)}{P(y=0|x)} = \ln\frac{h(x)}{1-h(x)} = \ln\frac{\dfrac{1}{1+\exp(-(w^{\mathrm{T}}x+b))}}{1-\dfrac{1}{1+\exp(-(w^{\mathrm{T}}x+b))}} = w^{\mathrm{T}}x+b \tag{2.7}$$

按照常理, 分类规则为, 如果分类 1 的概率大于分类 0 的概率, 即 $h(x) > 0.5$, 则样本被判定为属于分类 1; 否则被判定为属于分类 0. 而这等价于

2.2 基于最优化方法的最佳回归系数确定

$$\frac{h(x)}{1-h(x)} = \frac{P(y=1|x)}{P(y=0|x)} > 1 \tag{2.8}$$

即有

$$\ln \frac{P(y=1|x)}{P(y=0|x)} > \ln 1 = 0 \tag{2.9}$$

也即

$$w^{\mathrm{T}}x + b > 0 \tag{2.10}$$

因此逻辑回归本质上还是一个线性模型. 在预测时, 不需要用 logistic 函数进行映射, 只需要计算上面这个线性函数的值, 然后和 0 比较即可, 因为一个样本属于分类 1 的概率值大于 0.5 与上述线性函数的值大于 0 是等价的. 表面上看, 我们是使用了非线性的 logistic 函数, 但逻辑回归本质上是一个线性分类器.

2.1.3 示例

表 2.1 是一组数据, 考察一门考试之前学生的复习时间 t 与这个学生最后是否通过的关系 (1 表示通过考试, 0 表示未通过考试):

表 2.1 复习时间与考试是否通过的关系数据表

t	0.50	0.75	1.00	1.25	1.50	1.75	2.00	2.25	2.50	2.75	3.00
是否通过	0	0	0	0	0	0	0	1	0	1	1

通过这些数据, 利用 logistic 回归算法进行模型训练, 得到的模型结果如下:

$$P(t) = \frac{1}{1+\exp\left(-\left(1.0385t - 2.6727\right)\right)}$$

这样在预测时, 只需要输入复习时间, 就可以预测出通过的概率 (表 2.2).

表 2.2 预测结果

复习时间	通过考试的概率	是否通过
1	0.16	0
2	0.36	0
3	0.61	1
4	0.81	1
5	0.93	1

■ 2.2 基于最优化方法的最佳回归系数确定

2.2.1 最优化问题

前面介绍了逻辑回归的预测函数与分类规则, 接下来说明参数 w 和 b 是如何训练得到的. 为了简化表述, 在这里对向量进行扩充, 将 w 和 b 合并成一个向量, 将向量 x 也扩充一维, 其值固定为 1, 其中,

$$w = (w_1, w_2, \cdots, w_n)^{\mathrm{T}}$$
$$x = (x_1, x_2, \cdots, x_n)^{\mathrm{T}}$$

余下公式推导皆沿用上述参数, 下面不再赘述.

这样函数 (2.3) 可以写成

$$h(x) = \frac{1}{1 + \exp(-(w^{\mathrm{T}}x + b))} \tag{2.11}$$

逻辑回归预测的是样本属于某一类的概率, 样本的类别标签为离散的 1 或者 0, 这里可以通过最大似然估计的方法来确定参数. 由于样本之间相互独立, 训练样本集的似然函数为

$$L(w,b) = \prod_{i=1}^{l} p(y_i|x_i,w) = \prod_{i=1}^{l} \left((h(x_i))^{y_i}(1-h(x_i))^{1-y_i}\right) \tag{2.12}$$

对数似然函数为

$$\ln L(w) = \sum_{i=1}^{l} (y_i \log h(x_i) + (1-y_i) \log(1-h(x_i))) \tag{2.13}$$

要求该函数的最大值点, 等价于求解如下损失函数 $J(w)$ 的最小化问题:

$$\min_{w} J(w) = \min_{w}(-\log L(w)) \tag{2.14}$$

2.2.2 梯度下降法求解

由于优化的目标函数是凸函数, 因此可以使用梯度下降法求解, 优化算法能保证收敛到全局最优解, 先来求目标函数的梯度.

$$\nabla(-\log L(w)) = -\nabla \sum_{i=1}^{l} (y_i \log h(x_i) + (1-y_i) \log(1-h(x_i)))$$
$$= -\sum_{i=1}^{l} (y_i(1-h(x_i))x_i + (1-y_i)(-h(x_i)x_i))$$
$$= \sum_{i=1}^{l} ((h(x_i) - y_i)x_i) \tag{2.15}$$

最后得到权重向量 w 的梯度下降法的迭代更新公式为

$$w_{k+1} = w_k - \alpha \sum_{i=1}^{l} (h_w(x_i) - y_i)x_i \tag{2.16}$$

注意上述公式均可用 WOE 编码后的数据代替, 即可用 woe(x_i) 代替 x_i.

这样, 每次迭代结果都可以得到一个权重向量 w_{k+1}, 直到满足某种收敛条件时停止迭代.

初始值的设定: 一般地, 对于不带约束条件的优化问题, 我们可以将初始值设置为 0 或者随机数, 对于神经网络的训练, 一般设置为随机数.

学习速率 α(步长) 的设定: α 取值通常很小, 取值过大可能会导致无法收敛. 最简单地, 我们可以将学习速率设置为一个很小的正数, 如 0.001. 另外, 可以采用更复杂的策略, 即在迭代的过程中动态地调整学习速率, 比如前 1 万次迭代为 0.001, 接下来 1 万次迭代时设置为 0.0001.

除了梯度下降法外, 还可以使用牛顿法及其变种, 如 BFGS 算法等.

2.2.3 模型的拟合优度评估

选择最优回归模型的指导思想是从两个方面考察: 一个是似然函数最大化, 另一个是模型中的未知参数个数最小化. 似然函数值越大说明模型拟合的效果越好, 但是如果只用拟合精度衡量模型的优势, 就会导致模型中未知参数越来越多、模型越来越复杂, 造成过拟合现象. 因此, 一个好的模型应该是拟合优度 (Hosmer et al., 1980) 和未知参数个数的综合最优化配置, 通常采用 AIC (Akaike, 1974) 和 BIC (也记为 SBC) (Schwarz, 1978) 这两个准则评估模型, AIC 和 BIC (SBC) 取值越小, 模型拟合得越好.

1) AIC 准则

AIC 准则 (Akaike information criterion, 最小化信息量准则) 是由日本统计学家 Akaike(1974) 提出的, 它是拟合优度和参数个数的加权函数. 计算公式如下:

$$\text{AIC} = 2k - \ln(L) \tag{2.17}$$

其中 k 表示模型中参数的个数, L 表示模型的极大似然函数.

评价标准: 取值越小越好.

AIC 为模型选择提供了有效的评估规则, 但当样本容量很大时, 在 AIC 中拟合误差提供的信息就会受到样本容量的影响而放大, 而参数个数的惩罚因子却和样本容量没关系 (恒等于 2), 因此当样本容量很大时, 使用 AIC 选择的模型不收敛于真实模型, 它通常比真实模型所含的未知参数个数要多.

2) BIC (SBC) 准则

BIC 弥补了 AIC 的不足. BIC(SBC) 准则 (Bayesian information criterion, 贝叶斯信息准则) 是 Schwarz (1978) 在 1978 年根据贝叶斯理论提出的判别准则, 计算公式如下:

$$\text{BIC} = \ln(n) \cdot k - 2\ln(L) \tag{2.18}$$

其中 k 表示模型中参数的个数, L 表示模型的极大似然函数, n 表示数据量.

评价标准: 取值越小越好.

2.3 模型评估

在模型建立之后, 必须对模型的效果进行评估, 因为数据挖掘是一个探索的过程, 评估—优化是一个永恒的过程.

为什么不能仅看正确率? 可以这么想: 如果一批样本中, 正样本占到 90%, 负样本只占 10%, 那么即使模型什么也不做, 直接把全部样本都判定为正, 也能得到 90% 的正确率. 因此选择合适的评估指标是非常有必要的.

1. 混淆矩阵

表 2.3 为混淆矩阵.

表 2.3　混淆矩阵

	预测: 1 正	预测: 0 负
真实: 1 正	真正例 (TP)	假负例 (FN)
真实: 0 负	假正例 (FP)	真负例 (TN)

TP　真实为 1 且预测为 1 的数目.

FN　真实为 1 且预测为 0 的数目, 统计学上的第一类错误 (Type I Error).

FP　真实为 0 且预测为 1 的数目, 统计学上的第二类错误 (Type II Error).

TN　真实为 0 且预测为 0 的数目.

2. 例子

假设交警查酒驾, 以测试仪显示结果是否 ⩾ 20mg/100ml 为标准. 一共查了 200 人, 其中 170 人显示超过 20mg/100ml, 其中 163 人被证实喝酒, 7 人确实没喝酒. 剩余 30 人显示低于 20mg/100ml, 但交警发现时候, 其中有 3 人也喝过酒, 只是采取了一些特殊方式蒙骗了测试仪, 其余 27 人没喝过酒. 测试仪若显示浓度超标: 阳性, 测试仪若显示浓度正常: 阴性. 则混淆矩阵如表 2.4.

表 2.4　酒驾测试混淆矩阵

	预测: 喝酒了 正	预测: 没喝酒 负
真实: 喝酒了 正	真正例 (TP) 163	假负例 (FN) 3
真实: 没喝酒 负	假正例 (FP) 7	真负例 (TN) 27

2.3 模型评估

1) 准确率 (accuracy)

a. 定义　分类器对整个样本的判定能力, 即能将正样本预测为正、负样本预测为负的能力.

b. 计算公式

$$\text{accuracy} = \frac{\text{正对角线和}}{\text{表中总和}} = \frac{\text{预测正确的样本数}}{\text{样本总数}} = \frac{TP+TN}{TP+FP+TN+FN} \quad (2.19)$$

其中, 正对角和表示为

真正例(TP) 163	假负例(FN) 3
假正例(FP) 7	真负例(TN) 27

表中总和为

真正例(TP) 163	假负例(FN) 3
假正例(FP) 7	真负例(TN) 27

c. 评估标准　范围在 0 到 1 之间, 值越大越好.

d. 算例

$$\text{accuracy} = \frac{TP+TN}{TP+FP+TN+FN} = \frac{163+27}{200} = 0.95$$

2) 精准率 (precision)

a. 定义　针对预测结果, 预测为正的样本有多少是真正的正样本.

在有偏 (极度偏斜) 数据中, 通常将 1 作为真正关注的对象, 那么在这种情况下预测正确的概率就作为精准率. (比如: 我们真正关心的是预测出了多少癌症病人, 而实际上得癌症的又有多少人, 即我们预测患癌症的成功率为多少.)

b. 计算公式

$$\text{Precision} = \frac{\text{第一行第一列值}}{\text{第一列和}} = \frac{\text{预测正确的正例数}}{\text{预测的正例总数}} = \frac{TP}{TP+FP} \quad (2.20)$$

其中, 第一行第一列值为

真正例(TP) 163	假负例(FN) 3
假正例(FP) 7	真负例(TN) 27

第一列和为

真正例(TP) 163	假负例(FN) 3
假正例(FP) 7	真负例(TN) 27

c. 评估标准　范围在 0 到 1 之间, 值越大越好.

d. 算例

$$\text{precision} = \frac{\text{TP}}{\text{TP} + \text{FP}} = \frac{163}{163 + 7} = 0.96$$

3) 召回率 (recall)

a. 定义　预测对的正例数占真正的正例数的比率.

我们关注的事件真实地发生的情况下, 成功预测的概率, 比如现有的癌症患者有多少人, 而我们能预测出多少人.

b. 计算公式

$$\text{recall} = \frac{\text{第一行第一列值}}{\text{第一行和}} = \frac{\text{预测正确的正例数}}{\text{真正的正例总数}} = \frac{\text{TP}}{\text{TP} + \text{FN}} \tag{2.21}$$

其中, 第一行和为

真正例(TP) 163	假负例(FN) 3
假正例(FP) 7	真负例(TN) 27

c. 评估标准　范围在 0 到 1 之间, 值越大越好.

d. 算例

$$\text{recall} = \frac{\text{TP}}{\text{TP} + \text{FN}} = \frac{163}{163 + 3} = 0.98$$

4) 漏警概率 (missing alarm)

a. 定义　预测错误的正例数占真正的正例数的比率.

b. 计算公式

$$\text{漏警概率} = \frac{\text{第一行第二列值}}{\text{第一行和}} = 1 - \text{recall} = 1 - \frac{\text{TP}}{\text{TP} + \text{FN}} = \frac{\text{FN}}{\text{TP} + \text{FN}} \tag{2.22}$$

其中, 第一行第二列值和第一行和参照上述图解, 自行推论.

c. 评估标准　范围在 0 到 1 之间, 值越小越好.

d. 算例
$$漏警概率 = 1 - \text{recall} = 1 - 0.98 = 0.02$$

5) 虚警概率 (false alarm)
a. 定义　预测错误的正例数占预测的正例数的比率.
b. 计算公式

$$虚警概率 = \frac{第二行第一列值}{第一行和} = 1 - \text{precision} = 1 - \frac{\text{TP}}{\text{TP} + \text{FP}} = \frac{\text{FP}}{\text{TP} + \text{FP}} \quad (2.23)$$

其中, 第二行第一列值和第一列和参照上述图解, 自行推论.
c. 评估标准　范围在 0 到 1 之间, 值越小越好.
d. 算例
$$虚警概率 = 1 - \text{precision} = 1 - 0.96 = 0.04$$

6) F_1 分数
a. 定义　F_1 分数统计学中用来衡量二分类模型精确度的一种指标, 是模型精准率和召回率的调和均值.

一般地, 当召回率和精准率对性能影响的权重不同时, 通常采用 F_β 分数. F_β 的物理意义就是将精准率和召回率这两个分值合并为一个分值, 在合并的过程中, 召回率的权重是精准率的 β 倍. F_1 分数认为召回率和精准率同等重要, F_2 分数认为召回率的重要程度是精准率的 2 倍, 而 $F_{0.5}$ 分数认为召回率的重要程度是精准率的一半.

b. 计算公式

$$F_1 = \frac{2 \cdot \text{precision} \cdot \text{recall}}{\text{precision} + \text{recall}} \quad (2.24a)$$

$$F_\beta = (1 + \beta^2) \frac{\text{precision} \cdot \text{recall}}{(\beta^2 \cdot \text{precision}) + \text{recall}} \quad (2.24b)$$

其中 β 取值为 0, 0.5, 1.
c. 评估标准　范围在 0 到 1 之间, 值越大越好.
d. 算例

$$F_1 = \frac{2 \cdot \text{precision} \cdot \text{recall}}{\text{precision} + \text{recall}} = \frac{2 \times \frac{163}{170} \times \frac{163}{166}}{\frac{163}{170} + \frac{163}{166}} \approx 0.97$$

$$F_2 = (1 + 2^2) \frac{\text{precision} \cdot \text{recall}}{(2^2 \cdot \text{precision}) + \text{recall}} = \frac{5 \times \frac{163}{170} \times \frac{163}{166}}{4 \times \frac{163}{170} + \frac{163}{166}} \approx 0.98$$

$$F_{0.5} = (1+0.5^2) \frac{\text{precision} \cdot \text{recall}}{(0.5^2 \cdot \text{precision}) + \text{recall}} = \frac{1.25 \times \frac{163}{170} \times \frac{163}{166}}{0.25 \times \frac{163}{170} + \frac{163}{166}} \approx 0.96$$

7) KS 曲线和 KS 值

a. 定义　KS(Kolmogorov-Smirnov) 值用于模型风险区分能力的评估, 可以评估模型对好、坏客户的判别区分能力, 计算累计坏客户与累计好客户百分比的最大差距.

b. 计算方法

如图 2.2 所示, 一句话概括: KS 曲线是两条线, 横轴是阈值, 纵轴是 TPR 与 FPR 的值, 取值范围为 [0,1]; 两条曲线之间相距最远的地方对应的阈值, 就是最能划分模型的阈值.

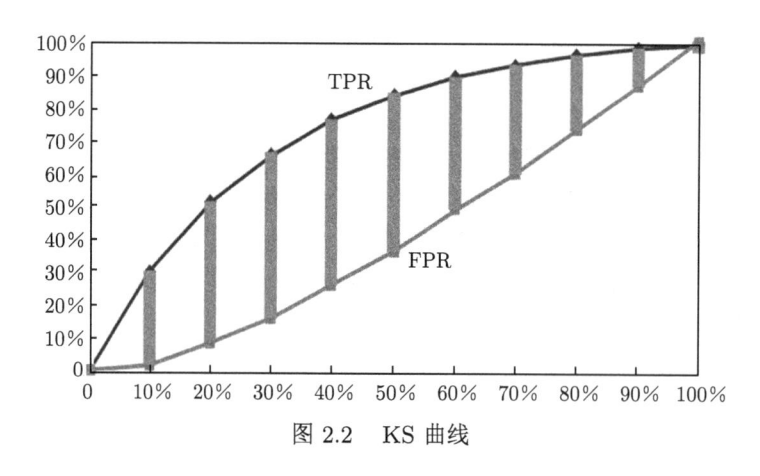

图 2.2　KS 曲线

• TPR　真正率 (true positive rate, TPR), 计算公式为 TPR=TP/(TP+FN), 刻画的是预测正确的正实例占所有真正的正实例的比例, 和召回率相同.

• FPR　假正率 (false positive rate, FPR), 计算公式为 FPR= FP/(FP + TN), 计算的是被预测为正例的负实例占所有真正的负实例的比例.

• 横轴　横轴的指标是阈值 (threshold). 分类器的输出一般都为 [0, 1] 内的概率 (probability), 那么多大概率我们认为会发生事件、多大概率我们认为不会发生事件, 界定发生与不发生的临界值, 就叫做阈值. 比如, 我们认为下雨概率大于等于 0.7 时, 天气预报就会显示有雨; 而下雨概率低于 0.7 时, 天气预报就不会显示有雨, 那么 0.7 就是阈值, 也就是 KS 曲线的横轴.

计算步骤如下.

i) 按照分类模型返回的概率 (注意是正例的概率值) 降序排列, 也可以直接是数据, 根据某一阈值判断为 1 或 0 即可.

ii) 把 0~1 等分为 N 份, 等分点为阈值, 计算 TPR 和 FPR (可以将每一个都作为阈值).

iii) 对 TPR 和 FPR 描点画图即可 (分别以 TPR 和 FPR 的值为纵坐标, 就可以画出两个曲线, 也就是 KS 曲线).

c. 评估标准　KS 值范围为 0%~100%, 值越大, 表示模型能够将正、负客户区分开的程度越大.

表 2.5　KS 值区分能力对照

KS 的取值范围/%	区分能力
0⩽ KS< 20	差
20 ⩽ KS < 40	一般
40 ⩽ KS < 50	好
50 ⩽ KS < 75	非常好
75 ⩽ KS ⩽ 100	过高, 需要谨慎验证模型

KS 值一般是很难达到 0.6 的, 在 0.2 到 0.6 之间都不错. 如果负样本对业务影响极大, 那么区分度肯定就很重要, 此时 KS 比 AUC 更适合用作模型评估, 如果没什么特别的影响, 那么用 AUC 就很好了.

d. 算例

$$\text{TPR} = \frac{\text{TP}}{\text{TP} + \text{FN}} = \frac{163}{163 + 3} \approx 0.98 = \text{recall}$$

$$\text{FPR} = \frac{\text{FP}}{\text{FP} + \text{TN}} = \frac{7}{7 + 27} \approx 0.21$$

8) precision-recall 曲线 (P-R 曲线)(图 2.3)

a. 定义　是由精准率和召回率的点连成的线, 横轴为 recall, 纵轴为 precision. 用来表现分类/检索的性能.

b. 计算　每一个阈值对应地可以算出一组 (recall, precision).

c. 评估标准　在 P-R 曲线中越右上凸越好, P-R 曲线想要 precision 和 recall 同时高.

9) ROC 曲线和 AUC 值

a. 定义　在一个二分类模型中, 每一个阈值对应的 (FPR, TPR) 在平面中的对应坐标点, 横轴为 FPR, 纵轴为 TPR.

如图 2.4 所示, AUC 为 ROC 曲线下的面积, 首先 AUC 值是一个概率值, 当随机挑选一个正样本以及一个负样本时, 当前的分类算法根据计算得到的 Score

值将这个正样本排在负样本前面的概率就是 AUC 值. 当然, AUC 值越大, 当前的分类算法越有可能将正样本排在负样本前面, 即能够更好地分类.

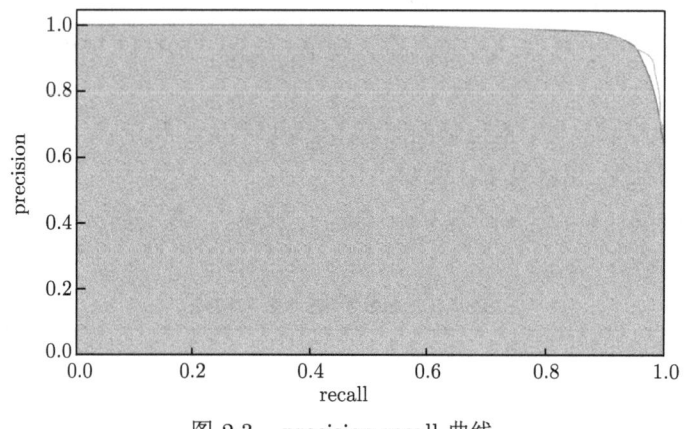

图 2.3 precision-recall 曲线

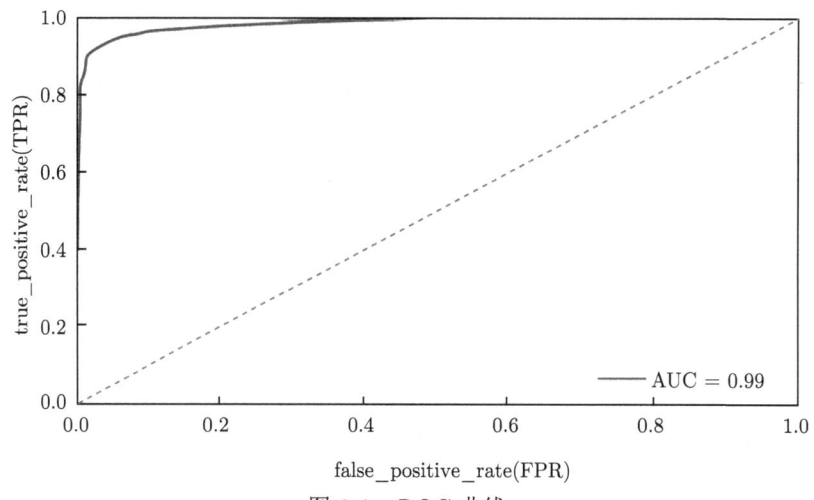

图 2.4 ROC 曲线

b. 计算 每一个阈值对应地可以算出一组 (FPR, TPR), 随着阈值的逐渐减小, TPR 和 FPR 会同时增大. 阈值最大时, 对应坐标点为 (0, 0), 阈值最小时, 对应坐标点为 (1, 1).

• ROC 曲线几个重要节点.

(0, 1) 点: 代表 FPR=0, TPR=1; 最好的情况, 表明所有正样本都被正确地预测了, 并且没有负样本被认为是正样本.

(1, 0) 点: 代表 FPR=1, TPR=0; 最坏的情况, 表明所有的正样本都被错误地认为是负样本.

■ 2.3 模型评估

(0, 0) 点: 代表 FPR=0, TPR=0; 表明分类器将所有的样本都判定为负样本.
(1, 1) 点: 代表 FPR=1, TPR=1; 表明分类器将所有的样本都判定为正样本.
c. 评估标准

- ROC 曲线　曲线离 45° 线越远, 表示分类效果越好.

ROC 曲线有个很好的特性: 当测试集中的正负样本的分布变化的时候, ROC 曲线能够保持不变. 在实际的数据集中经常会出现类不平衡 (class imbalance) 现象, 即负样本比正样本多很多 (或者相反), 而且测试数据中的正负样本的分布也可能随着时间变化.

图 2.5 为 ROC 曲线示例.

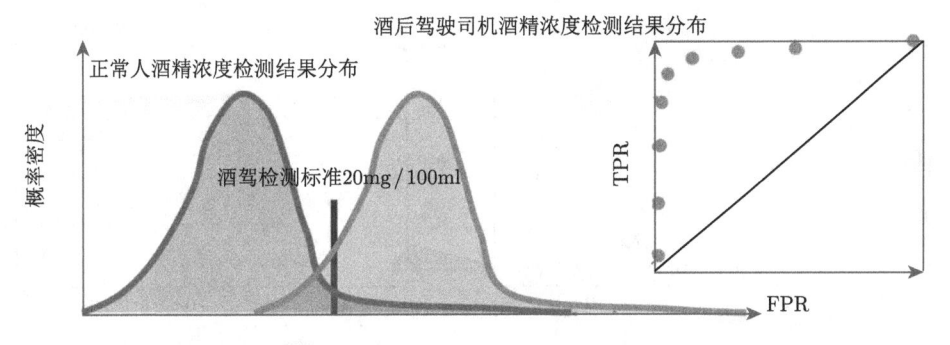

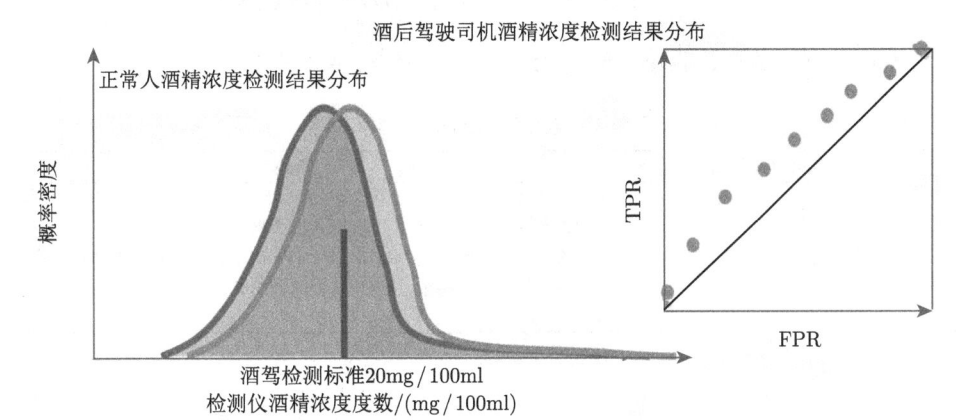

图 2.5　ROC 曲线示例

在图 2.6 中, (a) 和 (c) 为 ROC 曲线, (b) 和 (d) 为 precision-recall 曲线. (a) 和 (b) 展示的是分类器在原始测试集 (正负样本分布平衡) 的结果, (c) 和 (d) 是将测试集中负样本的数量增加到原来的 10 倍后, 分类器的结果. 可以明显地看出, ROC 曲线基本保持原貌, 而 precision-recall 曲线则变化较大.

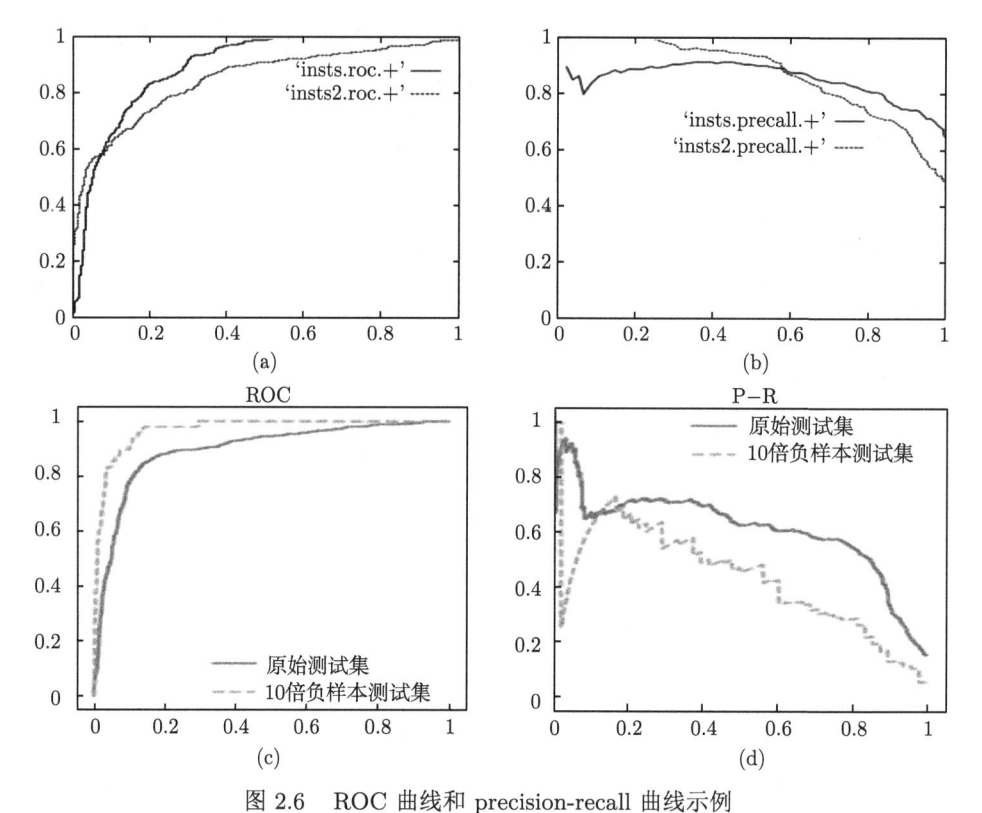

图 2.6 ROC 曲线和 precision-recall 曲线示例

- **AUC 值** AUC 值越大的分类器正确率越高 (表 2.6 和图 2.7).

表 2.6 AUC 值分类正确率对照

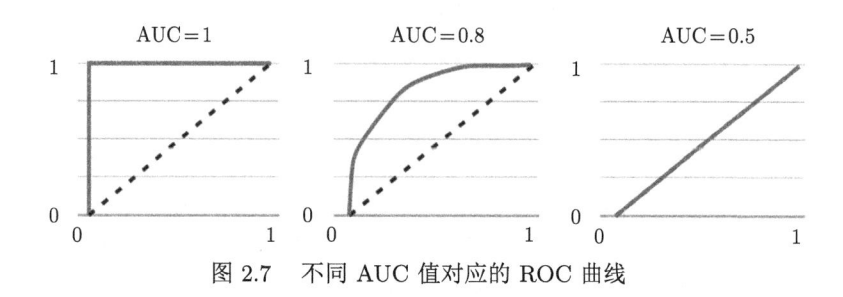

AUC 值的取值范围	分类正确率
AUC = 1	完美分类器, 采用这个预测模型时, 存在至少一个阈值能得出完美预测, 但绝大多数预测的场合, 不存在完美分类器
0.5 < AUC < 1	优于随机猜测. 这个分类器 (模型) 妥善设定阈值的话, 能有预测价值
AUC = 0.5	跟随机猜测一样 (例: 丢硬币), 模型没有预测价值
AUC < 0.5	比随机猜测还差; 但只要总是反预测而行, 就优于随机猜测

图 2.7 不同 AUC 值对应的 ROC 曲线

2.3 模型评估

10) Kappa 系数

a. 定义 Kappa 系数用于一致性检验, 也可以用于衡量分类精度. 它的计算是基于混淆矩阵的, 取值在 −1 到 1 之间, 通常大于 0.

分类问题中, 最常见的评价指标是准确率, 它计算简单且能够直接反映分正确的比例. 但是实际的分类问题中, 各个类别的样本数量往往不太平衡, 如不加以调整, 模型很容易偏向大类别而放弃小类别. 这时需要一种能够惩罚模型的偏向性的指标来代替准确率. 而根据 Kappa 的计算公式, 越不平衡的混淆矩阵, p_e 越高, Kappa 值就越低, 正好能够给偏向性强的模型打低分.

b. 计算公式

$$\text{Kappa} = \frac{p_0 - p_e}{1 - p_e} \tag{2.25}$$

其中, p_0 是每一类正确分类的样本数量之和除以总样本数, 也就是总体分类准确率.

假设每一类的真实样本个数分别为 $a_1, a_2, \cdots, a_c$, 而预测出来的每一类的样本个数分别为 $b_1, b_2, \cdots, b_c$, 总样本个数为 n, 则有

$$p_e = \frac{a_1 \times b_1 + a_2 \times b_2 + \cdots + a_c \times b_c}{n^2}$$

c. 评估指标 Kappa 计算结果为 $-1 \sim 1$, 但通常 Kappa 是落在 0~1, 可分为五组来表示不同级别的一致性, 见表 2.7.

表 2.7 Kappa 值一致性对照

KS 的取值范围/%	一致性
$0 \leqslant \text{Kappa} \leqslant 0.20$	极低
$0.20 < \text{Kappa} \leqslant 0.40$	一般
$0.40 < \text{Kappa} \leqslant 0.60$	中等
$0.60 < \text{Kappa} \leqslant 0.80$	高
$0.80 < \text{Kappa} \leqslant 1$	几乎一致

d. 算例

$$p_0 = \frac{\text{TP} + \text{TN}}{\text{TP} + \text{FN} + \text{FP} + \text{TN}} = \frac{163 + 27}{163 + 3 + 7 + 27} = 0.95$$

$$p_e = \frac{(\text{TP} + \text{FN}) \times (\text{TP} + \text{FP}) + (\text{FP} + \text{TN}) \times (\text{FN} + \text{TN})}{(\text{TP} + \text{TN} + \text{FP} + \text{FN})^2}$$

$$= \frac{166 \times 170 + 34 \times 30}{200 \times 200} = 0.731$$

因此,
$$\text{Kappa} = \frac{p_0 - p_e}{1 - p_e} = \frac{0.95 - 0.316}{1 - 0.316} = 0.8141$$

11) 基尼 (Gini) 系数

a. 定义 用于评判分类模型的预测能力时, 基尼系数指 ROC 曲线和中线围成的面积与中线之上面积的比例 (图 2.8).

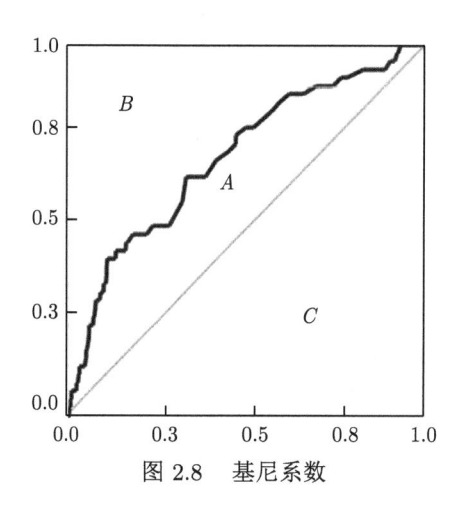

图 2.8 基尼系数

b. 计算公式
$$\text{Gini} = \frac{A}{A+B} = \frac{\text{AUC} - C}{A+B} = \frac{\text{AUC} - 0.5}{0.5} = 2 \cdot \text{AUC} - 1 \tag{2.26}$$

c. 评估标准 基尼系数越高, 表明模型的风险区分能力越强. 基尼系数大于 60%, 就算好模型.

12) 增益图和提升图

a. 定义 增益 (gain) 图是描述整体精准率的指标. 提升 (lift) 图衡量的是, 与不利用模型相比, 模型的预测能力变好了多少, 提升指数越大, 模型的运行效果越好.

b. 计算公式
$$\text{gain} = \frac{\text{TP}}{\text{TP} + \text{FP}} = \text{precision} \tag{2.27}$$

$$\text{lift} = \frac{\dfrac{\text{TP}}{\text{TP} + \text{FP}}}{\dfrac{\text{TP} + \text{FN}}{\text{TP} + \text{FP} + \text{TN} + \text{FN}}} \tag{2.28}$$

2.3 模型评估

c. 评估标准

i) 提升值始终大于 1. 若提升值在下降为 1 前, 一直保持较高的提升值 (大于 1), 也即曲线足够陡峭, 则表明模型的预测效果好.

图 2.9 的纵坐标是提升值, 横坐标是正例集百分比. 随着阈值的减小, 正例集百分比增加, 更多的客户被归为正例. 当阈值足够大时, 只有一小部分观测值会归为正例, 但这一小部分一定是最具有正例特征的观测值集合, 所以在这个设置下, 对应的提升值最大. 同样, 当阈值设定得足够小, 那么几乎所有的观测值都会被归为正例 (占比几乎为 100%), 相对应的提升值就接近于 1.

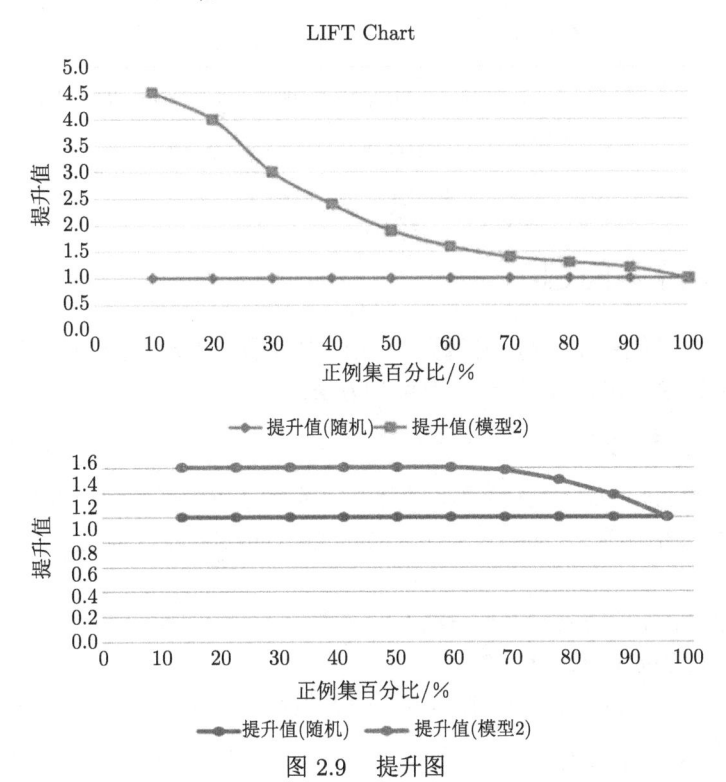

图 2.9 提升图

ii) 增益图是不同阈值下精准率的轨迹, 与提升图的区别在于纵轴刻度的不同 (图 2.10). 若 ━■━ 线快速升到 1, 即曲线足够陡峭, 则表明模型的预测效果好.

d. 算例

$$\text{gain} = \frac{\text{TP}}{\text{TP}+\text{FP}} = \frac{163}{163+7} = 0.96 = \text{precision}$$

$$\text{lift} = \frac{\dfrac{\text{TP}}{\text{TP}+\text{FP}}}{\dfrac{\text{TP}+\text{FN}}{\text{TP}+\text{FP}+\text{TN}+\text{FN}}} = \frac{\dfrac{163}{163+7}}{\dfrac{163+3}{200}} \approx 1.16$$

图 2.10 增益图

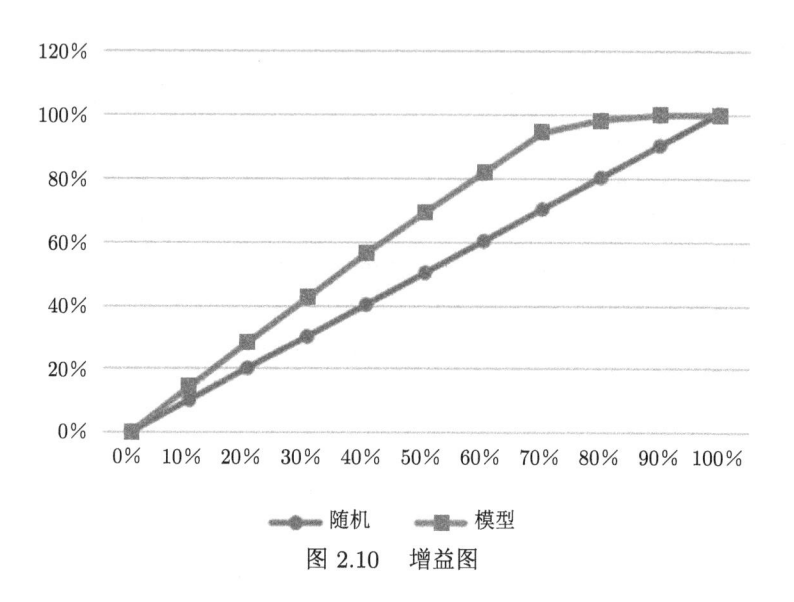

■ 2.4 多分类问题

逻辑回归只能用于二分类问题, 但生活中常需要处理多分类问题, 这时就需要对逻辑回归模型进行推广, 一般有两种方法.

2.4.1 多次逻辑回归

多次逻辑回归的基本思想是将多分类任务拆分成若干个二分类任务, 然后对每个二分类任务训练一个模型, 最后将多个模型的结果进行集成以获得最终的分类结果.

一般来说, 可以采取的拆分策略有两个.

1) OvO (One vs One) 策略

假设有 n 个类别, 该策略的基本思想就是针对两两类别建立二项分类器, 得到 $k = \dfrac{n(n-1)}{2}$ 个分类器. 对新数据进行分类时, 依次使用这 k 个分类器进行分类, 每次分类相当于一次投票, 分类结果是哪个就相当于对哪个类投了一票. 在使用全部 k 个分类器进行分类后, 相当于进行了 k 次投票, 选择得票最多的那个类作为最终分类结果. 图 2.11 为 OvO 策略示意图.

2) OvR (One vs Rest)/ OvA (One vs All) 策略

假设有 n 个类别, 该策略基本思想是建立 n 个二项分类器, 将第 i 种类型的所有样本作为正例, 将剩下的所有样本作为负例, 训练得到 n 个分类器. 进行预测时, 将样本提交给这 n 个分类器, 一共会获得 n 个预测结果, 选择其中概率最大的一个类别作为最终的预测结果. 图 2.12 为 OvR/OvA 策略示意图.

图 2.11 OvO (One vs One) 策略示意图

图 2.12 OvR (One vs Rest)/OvA (One vs All) 策略示意图

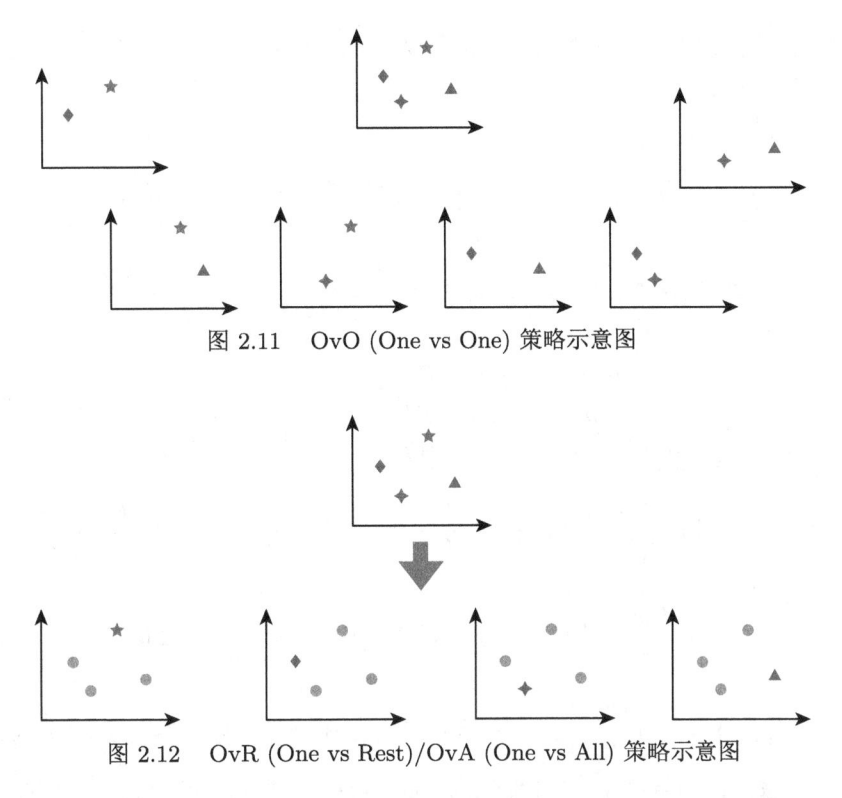

例 现需要把邮件分成工作邮件、朋友邮件和垃圾邮件:

(1) 将邮件分成工作/非工作邮件, 可以根据上文的算法得出该邮件属于工作邮件的概率;

(2) 将邮件分成朋友/非朋友邮件, 计算出该邮件属于朋友邮件的概率;

(3) 将邮件分成垃圾/非垃圾邮件, 计算出该邮件属于垃圾邮件的概率;

(4) 比较三个概率, 取最大的那个概率, 作为这个邮件的分类结果.

2.4.2 对逻辑回归模型进行扩展

对逻辑回归模型进行扩展可以得到处理多分类问题的 Softmax 回归, 类标签 y 可以取两个以上的值. 思路类似, 采用指数函数进行变换, 然后做归一化. 这种变换在神经网络, 尤其是深度学习中被广为使用, 对于多分类问题, 神经网络的最后一层往往是 Softmax 层 (不考虑损失函数层, 它只在训练时使用).

■ 2.5 逻辑回归评分卡

基于逻辑回归的评分卡 (Tian et al., 2004) 是评分卡的基准模型. 评分卡的建立过程如下.

假设标签为 G(好), B(坏); n 个特征为 $\{x_1, x_2, \cdots, x_n\}$, 记违约概率为 p. 已知 $P\{G|x_1, x_2, \cdots, x_n\} + P\{B|x_1, x_2, \cdots, x_n\} = 1$.

根据贝叶斯公式有

$$p = P\{B|x_1, x_2, \cdots, x_n\} = \frac{P(x_1, x_2, \cdots, x_n|B) \cdot P(B)}{P(x_1, x_2, \cdots, x_n)} \tag{2.29}$$

$$1 - p = P\{G|x_1, x_2, \cdots, x_n\} = \frac{P(x_1, x_2, \cdots, x_n|G) \cdot P(G)}{P(x_1, x_2, \cdots, x_n)} \tag{2.30}$$

故

$$\frac{p}{1-p} = \frac{P(B)}{P(G)} \times \frac{P(x_1, x_2, \cdots, x_n|B)}{P(x_1, x_2, \cdots, x_n|G)} \tag{2.31}$$

两边同时取对数 (假设特征相互独立), 则有

$$\ln \frac{p}{1-p} = \ln \frac{P(B)}{P(G)} + \ln \frac{P(x_1|B)}{P(x_1|G)} + \ln \frac{P(x_2|B)}{P(x_2|G)} + \cdots + \ln \frac{P(x_n|B)}{P(x_n|G)}$$

$$= \ln \frac{P_B}{P_G} + \text{WOE}(x_1) + \text{WOE}(x_2) + \cdots + \text{WOE}(x_n) \tag{2.32}$$

其中 $\text{WOE}(x_i) = \ln \frac{P(x_i|B)}{P(x_i|G)}$, 表示特征 x_i 在 "好" "坏" 客户分布中的差异, $\text{WOE}(x_i)$ 越大说明特征 x_i 区分度越高. 如果特征 x_i 具有 n 个分箱, 则 $\text{WOE}(x_i) = \delta_{i1}\text{woe}_{i1} + \delta_{i2}\text{woe}_{i2} + \cdots + \delta_{in}\text{woe}_{in}$, 其中, woe_{ij} 表示第 i 个特征的第 j 个分箱的 woe 值, $\text{woe}_{ij} = \ln \frac{n_{B_j}/n_B}{n_{G_j}/n_G}$, n_{B_j} 表示第 i 个特征的第 j 箱逾期样本个数, n_B 表示第 i 个特征逾期样本个数, n_{G_j} 表示第 i 个特征的第 j 箱没有逾期样本个数, n_G 表示第 i 个特征没有逾期样本个数, 示性函数

$$\delta_{ij} = \begin{cases} 1, & \text{第 } i \text{ 个特征第 } j \text{ 个取值} \\ 0, & \text{第 } i \text{ 个特征非第 } j \text{ 个取值} \end{cases}$$

假设 $X_{\text{woe}} = [\text{woe}(x_1), \text{woe}(x_2), \cdots, \text{woe}(x_n)]^{\text{T}}$, 我们用 X_{woe} 代替 X, 即用证据权重代替特征本身.

令

$$y = p = \frac{1}{1 + e^{-\beta^{\text{T}} X_{\text{woe}}}}$$

其中 $\beta = [\beta_0, \beta_1, \cdots, \beta_n]^{\text{T}}$ 则

$$e^{-\beta^{\text{T}} X_{\text{woe}}} = \frac{1}{p} - 1 = \frac{1-p}{p}$$

2.6 场景应用

取倒数得

$$e^{\beta^T X_{\text{woe}}} = \frac{p}{1-p}$$

取对数得

$$\beta^T X_{\text{woe}} = \ln \frac{p}{1-p}$$

即

$$\ln \frac{p}{1-p} = \beta_0 + \beta_1 \text{woe}(x_1) + \beta_2 \text{woe}(x_2) + \cdots + \beta_n \text{woe}(x_n)$$

假设评分卡形式为

$$F = A - B \times \ln \frac{p}{1-p} \tag{2.33}$$

则上式可以转化为如下形式:

$$\begin{aligned}
F &= A - B \times \ln \frac{p}{1-p} \\
&= A - B\left(\beta_0 + \beta_1 \times \text{WOE}(x_1) + \beta_2 \times \text{WOE}(x_2) + \cdots + \beta_n \times \text{WOE}(x_n)\right) \\
&= A - B \begin{pmatrix} \beta_0 \\ +\beta_1 \delta_{11} \text{woe}_{11} + \beta_1 \delta_{12} \text{woe}_{12} + \cdots + \beta_1 \delta_{1k_1} \text{woe}_{1k_1} \\ +\beta_2 \delta_{21} \text{woe}_{21} + \beta_2 \delta_{22} \text{woe}_{22} + \cdots + \beta_2 \delta_{2k_2} \text{woe}_{2k_2} \\ \cdots \cdots \\ +\beta_n \delta_{n1} \text{woe}_{n1} + \beta_n \delta_{n2} \text{woe}_{n2} + \cdots + \beta_n \delta_{nk_n} \text{woe}_{nk_n} \end{pmatrix} \\
&= A - B\beta_0 - B \begin{pmatrix} +\beta_1 \delta_{11} \text{woe}_{11} + \beta_1 \delta_{12} \text{woe}_{12} + \cdots + \beta_1 \delta_{1k_1} \text{woe}_{1k_1} \\ +\beta_2 \delta_{21} \text{woe}_{21} + \beta_2 \delta_{22} \text{woe}_{22} + \cdots + \beta_2 \delta_{2k_2} \text{woe}_{2k_2} \\ \cdots \cdots \\ +\beta_n \delta_{n1} \text{woe}_{n1} + \beta_n \delta_{n2} \text{woe}_{n2} + \cdots + \beta_n \delta_{nk_n} \text{woe}_{nk_n} \end{pmatrix}
\end{aligned} \tag{2.34}$$

注 在特征相互独立的情况下,可以得出 $\beta_i = 1, i = 1, 2, \cdots, n$.

2.6 场景应用

本节给出逻辑回归评分卡的建立过程,基于美国一家网络借贷平台 Lending Club 提供的公开数据,我们选用 2019 年第 3 个季度的全部个人贷款数据进行实证分析. 这个案例是数据包含 32892 条贷款数据, 1 个标签列 (即贷款状态) 和 149 个特征变量.

数据及代码详见: https://gitee.com/zzufinlab/bookcode/tree/master/Chapter_2.

2.6.1 数据描述

本节重点讲解逻辑回归评分卡的建立过程, 其中配套的数据是经过处理之后的数据, 针对数据处理的过程, 请详见 6.6.1 节和 6.6.2 节的讨论. 我们选用 2019 年第 3 个季度的数据作为总数据集, 建模使用的数据标签分类如表 2.8 所示.

表 2.8 标签分类

标签类别	样本个数	占比/%
好样本 ($y=0$)	23793	72.34
坏样本 ($y=1$)	9099	27.66

建模使用的特征变量如表 2.9 所示.

表 2.9 特征变量

序号	特征变量	中文含义
1	Installment	如果贷款产生, 借款人每月支付的款项
2	annual_inc	年收入
3	dti	贷款人负债比
4	revol_bal	信贷周转余额合计
5	open_il_24m	在过去 24 个月内开设的分期付款账户数
6	mths_since_rcnt_il	最近一次分期付款账户已开立月数
7	all_util	所有交易的信贷限额余额
8	avg_cur_bal	所有账户当前平均余额
9	bc_open_to_buy	开放购买的循环银行卡总数
10	mo_sin_old_il_acct	最古老的银行分期付款账户开通后至当前的月数
11	mo_sin_old_rev_tl_op	最老的循环账户开放的月数
12	mort_acc	按揭账户数目
13	num_il_tl	分期付款的账户数目
14	num_rev_tl_bal_gt_0	循环平衡交易的数量
15	percent_bc_gt_75	所有银行卡账户的百分比超过 75%
16	term	贷款期数
17	emp_length	就业年限
18	home_ownership	借款人在登记时提供的房屋拥有权情况. 包括租赁、自有、抵押、其他
19	verification_status	借款人的收入或收入来源是否已核实

2.6.2 模型建立与评估

采用逻辑回归模型, 原始数据有 149 个, 经过变量选择后保留了 19 个特征变量. 把原始数据集分为训练集和测试集, 2019 年第 3 个季度数据集随机抽取 80%

2.6 场景应用

作为训练集，20%作为测试集，各数据集的样本量如表 2.10.

表 2.10 样本统计

	标签类别	样本个数	占比/%
训练集	好样本 ($y=0$)	19016	72.27
	坏样本 ($y=1$)	7297	27.73
测试集	好样本 ($y=0$)	4777	72.61
	坏样本 ($y=1$)	1802	27.39

使用训练集数据训练模型，采用网格搜索的方法对逻辑回归模型中的参数进行优化，优化后的结果如表 2.11.

表 2.11 最优参数列表

模型	参数	最优取值
逻辑回归	C: 正则项的惩罚系数	2
	penalty: 选择哪种正则项来抑制过拟合	L2

使用训练好的模型对测试集数据进行预测，得到以下混淆矩阵 (表 2.12) 和评估指标 (表 2.13).

表 2.12 混淆矩阵

	预测为 1	预测为 0
标签为 1	1342	459
标签为 0	2053	2724

表 2.13 评估指标

模型	准确率	AUC 值	KS 值
逻辑回归	0.613467	0.713026	0.314816

ROC 和 KS 曲线[①] (其定义，参见本书后面章节的讨论) 如图 2.13.

[①] ROC 曲线是评判一个模型好坏的标准，有两个值要知道，FPR(假正率) 和 TPR(真正率)，ROC 曲线就是以这两个值为坐标轴画的。比如逻辑回归得到的结果是概率，那么就要取阈值来划分正负，这时候，每划一个阈值，就会产生一组 FPR 和 TPR 的值，在二维坐标系里，把这组值画成坐标轴上的一个点，这样，当选取多组阈值后，就形成了 ROC 曲线 (每次选取一个不同的阈值，我们就可以得到一组 FPR 和 TPR，即 ROC 曲线上的一点)，AUC 值就是 ROC 曲线下方的面积。

由于我们训练出来的模型，一般不是直接给出是正类还是负类的结果，给的是为正类的概率，我们还需要选择一个阈值，实例通过模型得到的概率大于阈值，判断为正类，小于阈值判断为负类。也就是说阈值的不同，以上的各个指标的值也是不同的。把阈值看成自变量，以上 TPR 和 FPR 看成因变量，在二维坐标系里面作关系曲线，这就是 KS 曲线。我们想要评估模型的能力，在阈值不同的情况下，TPR 和 FPR 又不一样，这个时候，需要找到一个唯一评判标准，最值有唯一性，其实这个值就是 TPR-FPR，其对应的最高点就是所谓的 KS 值，我们用 KS 值来作为评估模型区分能力的指标，KS 值越大，模型的区分能力越强。KS 值的公式为：KS 值 = max(TPR − FPR).

图 2.13 ROC 曲线和 KS 曲线

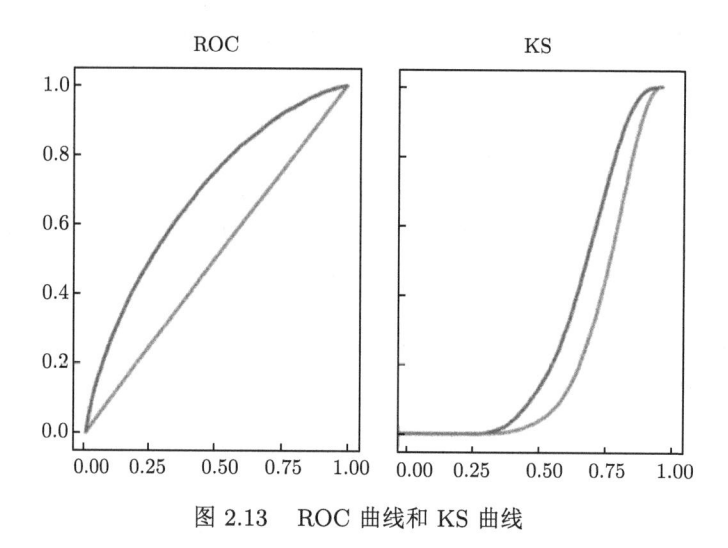

2.6.3 评分卡生成

模型训练结束后建立评分卡, 首先得到逻辑回归模型的权重与截距项, 可以直接通过 coef_ 与 intercept_ 分别得到模型训练好的权重与截距项, 如表 2.14 所示.

表 2.14 特征变量权重及截距项

特征变量	权重
installment	1.0129
annual_inc	0.1787
dti	0.8564
revol_bal	−0.2476
open_il_24m	−0.0242
mths_since_rcnt_il	0.4097
all_util	0.4627
avg_cur_bal	0.4810
bc_open_to_buy	0.8447
mo_sin_old_il_acct	0.0616
mo_sin_old_rev_tl_op	0.5537
mort_acc	0.2679
num_il_tl	0.8995
num_rev_tl_bal_gt_0	1.0671
percent_bc_gt_75	0.1157
term	0.9685
emp_length	0.9294
home_ownership	0.4781
verification_status	0.6938
截距项	0.1378

2.6 场景应用

根据分值计算公式:

$$\text{Score} = A - B \times \log(\text{Odds})$$

只需要给定在某个概率 (称为 Odds, 也参见后面第 9 章附录 II 中针对 Odds Ratio 的定义和讨论) 下希望得到的参考分值与翻倍分数, 即可以得到 A 和 B 的值, 然后计算基准点分值与各个变量的分值 (表 2.15)。

假设 Odds 在 1:60 时对应的参考分值为 600 分, 分值调整刻度为 20, 则计算得到分值转化的参数 $A = 481.86, B = 28.85$, 基础分为 478 分.

表 2.15 评分卡模型

变量	分箱类别	分值
基准分	−	$A - B\beta_0$
X_1	1	$-B\beta_1 w_{11}$
	2	$-B\beta_1 w_{12}$
	...	...
	k_1	$-B\beta_1 w_1 k_1$
X_2	1	$-B\beta_2 w_{21}$
	2	$-B\beta_2 w_{22}$
	...	...
	k_2	$-B\beta_2 w_2 k_2$
...	...	...
X_n	1	$-B\beta_n w_{n1}$
	2	$-B\beta_n w_{n2}$
	...	...
	k_n	$-B\beta_n w_n k_n$

调用评分卡函数 create_score(), 即可得到如表 2.16 所示的评分卡结果.

表 2.16 评分卡

特征	区间	分箱	各分箱分值
installment	(−inf, 161]	0	22.20
	(161, 238]	1	9.04
	(238, 334]	2	0.83
	(334, 527]	3	−2.53
	(527, inf)	4	−7.77
annual_inc	(−inf, 29533]	0	−1.83
	(29533, 56274]	1	−0.84
	(56274, 89306]	2	0.10
	(89306, inf)	3	0.97
dti	(−inf, 14]	0	6.49
	(14, 19]	1	2.15
	(19, 31]	2	−3.51
	(31, inf)	3	−9.44

续表

特征	区间	分箱	各分箱分值
	nan	4	−7.02
revol_bal	(−inf, 3241]	0	−1.49
	(3241, 6532]	1	−0.62
	(6532, 25811]	2	0.70
	(25811, 46499]	3	0.04
	(46499, inf)	4	−0.90
open_il_24m	(−inf, 0]	0	−0.14
	(0, 1]	1	−0.02
	(1, 3]	2	0.04
	(3, 7]	3	0.14
	(7, inf)	4	−0.15
mths_since_rcnt_il	(−inf, 2]	0	−1.33
	(2, 12]	1	1.40
	(12, 29]	2	−0.76
	(29, inf)	3	−2.24
	nan	4	−7.40
all_util	(−inf, 28]	0	7.92
	(28, 47]	1	2.47
	(47, 57]	2	−0.34
	(57, inf)	3	−2.88
	nan	4	13.19
avg_cur_bal	(−inf, 10542]	0	−2.71
	(10542, 32802]	1	2.80
	(32802, inf)	2	6.31
	nan	3	1.95
bc_open_to_buy	(−inf, 4551]	0	−8.11
	(4551, 11740]	1	−2.47
	(11740, 32108]	2	3.60
	(32108, inf)	3	14.55
	nan	4	−2.90
mo_sin_old_il_acct	(−inf, 33]	0	−0.63
	(33, 35]	1	−1.26
	(35, 91]	2	−0.22
	(91, inf)	3	0.17
	nan	4	−1.11

2.6 场景应用

续表

特征	区间	分箱	各分箱分值
mo_sin_old_rev_tl_op	(−inf, 85]	0	−5.25
	(85, 138]	1	−0.12
	(138, inf)	2	1.91
mort_acc	(−inf, 0]	0	−2.01
	(0, 1]	1	0.37
	(1, 3]	2	1.81
	(3, inf)	3	3.17
num_il_tl	(−inf, 1]	0	−14.17
	(1, 4]	1	−5.15
	(4, 8]	2	0.88
	(8, inf)	3	4.60
num_rev_tl_bal_gt_0	(−inf, 2]	0	7.77
	(2, 4]	1	3.05
	(4, 8]	2	−2.66
	(8, inf)	3	−9.67
percent_bc_gt_75	(−inf, 1]	0	0.95
	(1, 20]	1	0.12
	(20, 70]	2	−0.53
	(70, inf)	3	−1.28
	nan	4	−0.40
term	36 months	0	4.09
	60 months	1	−9.53
emp_length	< 1 year	0	6.30
	3 years, 5 years, 7 years	1	−0.09
	8 years, 10+ years	2	5.81
	1 year, 2 years	3	−1.71
	4 years, 6 years, 9 years	4	1.35
	nan	5	−11.65
home_ownership	MORTGAGE	0	3.23
	ANY%OWN	1	−1.12
	RENT	2	−3.58
verification_status	Not Verified	0	1.76
	Source Verified	1	1.10
	Verified	2	−6.80

得到评分卡之后，可以对样本计算得分，在本节对 2019 年第 3 个季度的样本进行评分，首先将原始数据进行分箱映射，然后对每个分箱结果进行分数映射，最后用基础分与每个变量的分值加和即为最终的评估分数，评分分数的分布如图 2.14 所示.

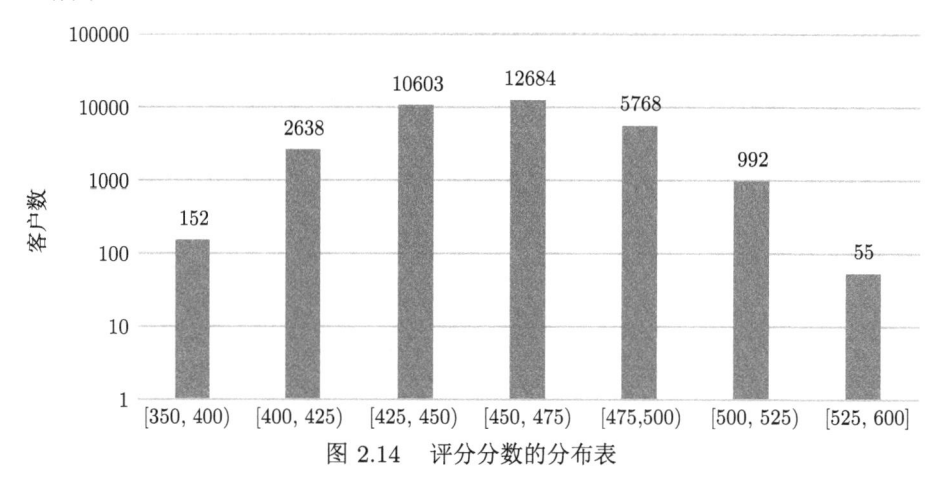

图 2.14 评分分数的分布表

针对以上不同分数区间，可以计算一些指标，比如分数区间的好样本数、坏样本数、区间占比、区间坏样本率等，统计结果如表 2.17 所示.

表 2.17 分值区间统计结果

分值分布	总样本数	好样本数	坏样本数	区间占比/%	坏样本占比/%
[350,400)	152	48	104	0.46	68.42
[400,425)	2638	1239	1399	8.02	53.03
[425,450)	10603	6491	4112	32.24	38.78
[450,475)	12684	9833	2851	38.56	22.48
[475,500)	5768	5180	588	17.54	10.19
[500,525)	992	948	44	3.02	4.44
[525,600]	55	54	1	0.17	1.82

2.7 本章小结

本章对逻辑回归的原理、参数估计及其建立评分卡的原理进行了介绍，在评分卡的原理部分给出了证据权重 (weight of evidence, WOE) 定义的概率基础，最后给出了建立评分卡的示例. 虽然逻辑回归是线性模型，但是在特征维数较高、训练样本量较大时具有速度上的优势. 特别地，利用逻辑回归建立的评分卡具有很好的解释性，这满足了金融监管对信贷模型的要求.

本章给出了建立评分卡的核心步骤，数据标签、数据预处理、特征工程、模型评价等详细流程在第 6 章详细介绍，希望读者通过本章阅读能够对评分卡具有初步认识. 虽然逻辑回归评分卡能够基本满足信贷业务, 但是集成模型能够满足更高的分类要求, 因此下面章节将介绍决策树和集成模型.

练习题

习题 2.1 表 Ex2.1 是关于某门功课学生复习时间 (t) 与考试是否通过的关系数据表, 其中 1 表示通过, 0 表示不通过. 请建立逻辑回归模型, 并回答以下问题.

表 Ex2.1 复习时间与考试是否通过的关系数据表

t/h	0.50	0.75	1.00	1.25	1.50	1.75	1.75	2.00	2.25	2.50	2.75	3.00
通过	0	0	0	0	0	0	1	0	1	0	1	1
t/h	3.50	3.75	4.00	4.25	4.50	4.75	4.75	5.00	5.25	5.50	5.75	6.00
通过	1	0	1	1	1	0	1	1	1	1	1	1
t/h	0.6	3.6	4.2	4.8	5.6	7	10					
通过	?	?	?	?	?	?	?					

2.1.1 写出考试通过概率 P 与复习时间 t 之间的关系表达式;

2.1.2 计算样本内所有 t 的通过概率 P, 判定是否通过, 并计算该模型的准确率;

2.1.3 对通过时间标 "?" 的样本外的 t 进行预测: 计算其通过概率 P, 并判断以及是否通过.

习题 2.2 训练集的好坏样本比例对模型影响很大, 利用 2.6 节中 2019 年第 3 个季度的全部个人贷款数据、选取的特征和 Python 代码, 固定坏样本的个数, 随机抽取好样本, 在分别满足好坏样本比例为 9:1, 8:1, 7:1, 6:1, 5:1, 4:1, 3:1 时, 建立逻辑回归模型和评分卡, 将全部数据作为验证集, 回答下面的问题.

2.2.1 写出概率 P 关于各个特征变量的权重及截距项;

2.2.2 写出各种比例下模型的混淆矩阵, 通过比较写出有什么规律?

2.2.3 比较各种比例下模型的 AUC 和 KS 值, 你能发现什么规律?

2.2.4 根据各种比例下的模型, 按照上述 2.6 节案例, 建立评分卡, 比较评分卡的异同;

2.2.5 对于你选取的固定个数的坏样本集, 利用 2.2.4 节中建立的评分卡进行评分, 比较准确率, 你能发现什么规律?

习题 2.3 陈述你理解的逻辑回归的基本特征, 如何推广到一般的 N 种分类器的构建?

第 3 章

决 策 树

决策树是一种基于规则的分类方法,在每个节点通过训练生成分裂规则,递归分裂过程生成一个树形结构. 依据分裂标准的不同,本章包含 ID3、C4.5 和 CART 分类树.

■ 3.1 决策树模型的原理

首先引入一个日常生活中的例子来描述决策树及其用途.

例 1 考虑环境因素对于是否进行出游活动的影响. 其训练数据集如表 3.1 所示.

表 3.1 环境因素对于是否进行出游活动的影响的训练数据集

序号	天气	温度	湿度	风速	是否出游
1	晴	炎热	高	弱	否
2	晴	炎热	高	强	否
3	阴	炎热	高	弱	是
4	雨	适中	高	弱	是
5	雨	寒冷	正常	弱	是
6	雨	寒冷	正常	强	否
7	阴	寒冷	正常	强	是
8	晴	适中	高	弱	否
9	晴	寒冷	正常	弱	是
10	雨	适中	正常	弱	是

通过一定的训练可以得到如图 3.1 所示的决策树.

这样的一个分支结构就是一个简单的决策树,决策树 (decision tree) 是一种非参数的监督学习方法,通过对训练集数据的学习,挖掘出一定的规则用于对新的数据集进行预测. 对于给定测试集,通过已建立的决策树,可以给出相应的判断.

决策树既可用于解决分类问题,也可用于解决回归问题,同时还适用于集成学习,例如随机森林. 在分类问题中,决策树是一种基于特征对实例进行分类的树形结构.

3.2 特征选择

该结构主要由节点和有向边两部分构成. 节点包括内部节点 (internal node) 和叶子节点 (leaf node). 单个内部节点代表了一个特征, 单个叶子节点代表了一个类.

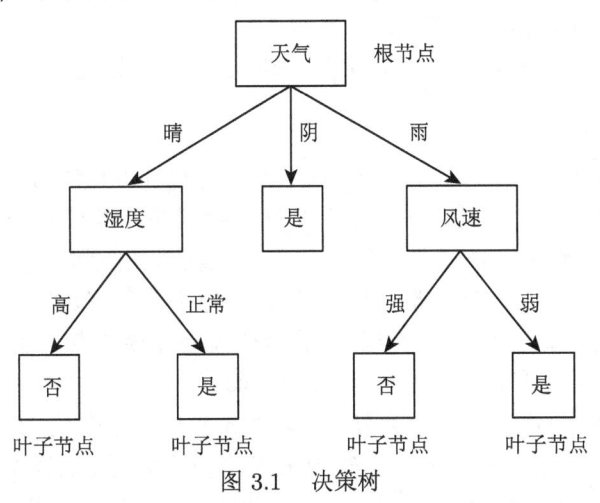

图 3.1 决策树

我们可以将决策树理解为一个 if-then 决策规则的集合. 从决策树的根节点出发到每一个叶子节点的路径都对应一条相应的规则, 每条路径上内部节点的特征对应着规则的条件, 而路径上的叶子节点对应着决策结果. 同时, 该集合将特征空间分割为有限个不相交的子区域, 落在同一区域的样本具有相同的预测值. 此外, 决策树还可以用来表示给定特征条件下类的条件概率分布, 通常由训练数据集来估算条件概率模型.

我们构建决策树是为了使分支节点所包含的样本尽可能属于同一类别, 分类更加准确. 决策树学习的算法一般通过递归选择最优特征, 并利用该特征对训练数据集进行分割, 使分割后的每一个子集都有一个最优的分类过程.

我们构建决策树是因为其有以下优点, 同时应注意克服其缺点.

表 3.2 决策树的优缺点

优点	缺点
速度快	容易过拟合
准确性高	忽略属性之间的相关性
可以处理连续字段和种类字段	各类别样本数量不一致的数据,
不需要任何领域知识和参数假设	信息增益偏向于取值较多的特征
适合高维数据	

■ 3.2 特征选择

决策树的生成主要由三个步骤组成: 特征选择、决策树生成和决策树剪枝. 特征选择是决策树生成的关键, 常用的特征选择度量有信息增益、信息增益率、基尼系数和均方误差. 其中, 前三个度量用于分类问题中特征的选择, 后一个度量用于回归问题中特征的选择. 决策树的典型生成算法有 ID3、C4.5 和 CART. 决策树剪枝通常为了防止模型过拟合.

下面将结合 ID3、C4.5 和 CART 这些算法, 介绍决策树学习的特征选择过程.

3.2.1 ID3 算法

ID3(interactive dicremiser versions3) 算法是 Quinlan (1986) 提出的, 这是决策树最基础的算法, 它是基于信息增益为度量指标的分类算法, 信息增益使用了信息理论中的熵, 熵表示的是信息的混乱程度, 熵越大的时候信息越混乱, 熵越小的时候信息越纯, 说明分类的效果越好, 所以在每个分裂节点选取特征时, 要选取熵值最小的特征, 即选取信息增益最大的特征作为分裂节点. 直到每个分裂的节点不能再往下分裂, 则建成决策树. 具体步骤如下.

假设参与训练的数据集为 D, $|D|$ 表示数据集样本总个数, 数据集是有 K 个分类, 每个分类为 $C_k, k = 1, 2, \cdots, K$, 数据集中分类为 C_k 的样本个数为 $|C_k|$, 设特征 A 有 j 个不同的取值 $\{a_1, a_2, \cdots, a_j\}$, 根据特征 A 可以将数据集 D 切分为 j 个子集 $D_1, D_2, \cdots, D_j$, 子集 D_i 的样本个数为 $|D_i|$, D_i 中分类为 C_k 的样本集合为 D_{ik}, D_i 中分类为 C_k 的样本个数为 $|D_{ik}|$.

(1) 对于总数据集 D, 总的信息熵为

$$\text{Entropy}(D) = -\sum_{k=1}^{K} p_k \log_2(p_k) = -\sum_{k=1}^{K} \frac{|C_k|}{|D|} \log_2 \left(\frac{|C_k|}{|D|} \right) \tag{3.1}$$

(2) 数据集 D 在特征 A 条件下的经验条件熵为

$$\text{Entropy}(D|A) = \sum_{i=1}^{j} p_i E(D|A = a_i) = \sum_{i=1}^{j} \frac{|D_i|}{|D|} \text{Entropy}(D_i) \tag{3.2}$$

(3) 将 (3.1) 代入 (3.2), 得

$$\begin{aligned}\text{Entropy}(D|A) &= \sum_{i=1}^{j} p_i E(D|A = a_i) \\ &= \sum_{i=1}^{j} \frac{|D_i|}{|D|} \text{Entropy}(D_i) \\ &= -\sum_{i=1}^{j} \frac{|D_i|}{|D|} \sum_{k=1}^{K} \frac{|D_{ik}|}{|D_i|} \log_2 \frac{|D_{ik}|}{|D_i|} \end{aligned} \tag{3.3}$$

■ 3.2 特征选择

(4) 求特征 A 的信息增益. 定义是集合 D 的信息熵 $\mathrm{Entropy}(D)$ 与数据集 D 在特征 A 条件下的经验条件熵 $\mathrm{Entropy}(D|A)$ 的差值:

$$\mathrm{Gain}(D,A) = \mathrm{Entropy}(D) - \mathrm{Entropy}(D|A) \tag{3.4}$$

(5) 由步骤 (1)~(4) 分别计算出每一个特征的信息增益, 把信息增益值最大的特征作为根节点, 以该特征的 j 个不同取值作为分支.

(6) 重复步骤 (1)~(5), 计算在上一个节点确定的情况下, 下一个节点的其余特征变量的信息增益, 依然把信息增益值最大的特征作为分裂的节点, 直到叶子节点的结果类别是唯一的, 即建立了一棵决策树.

3.2.2 C4.5 算法

Quinlan (1993) 在 ID3 算法基础上进行了改进, 称为 C4.5 算法, C4.5 能够处理连续型的数据, 也可以处理有缺失情况的数据集, 在选择分裂节点时使用了信息增益率作为度量指标, 信息增益率表示的也是信息的混乱程度, 同样是取信息增益率最大的特征作为分裂节点.

针对连续型的数据集, C4.5 算法常用的方法是将特征变量的值先进行排序, 然后选择在某个地方 (分割值为 V) 将数据集切分为两个部分, 分别为值大于 V 和值小于等于 V 的两部分. 算法的具体步骤如下.

假设参与训练的数据集为 D, $|D|$ 表示数据集样本总个数, 数据集是有 K 个分类, 每个分类为 $C_k, k = 1, 2, \cdots, K$, 数据集中分类为 C_k 的样本个数为 $|C_k|$, 设特征 A 有 j 个不同的取值 $\{a_1, a_2, \cdots, a_j\}$, 根据特征 A 可以将数据集 D 切分为 j 个子集 $D_1, D_2, \cdots, D_j$, 子集 D_i 的样本个数为 $|D_i|$, D_i 中分类为 C_k 的样本集合为 D_{ik}, D_i 中分类为 C_k 个数为 $|D_{ik}|$.

(1) 首先, 将数据集根据 A 中的值进行排序, 本节选择升序排列, 取每两个相邻值的平均值 V 作为分割点:

$$V = \frac{a_i + a_{i+1}}{2} \tag{3.5}$$

(2) 每一个分割点都可以把数据集分为大于 V 和小于等于 V 的两部分, D_1 是 $A \leqslant V$ 的元素集合, D_2 是 $A > V$ 的元素集合, 分别计算信息增益, 这样可以得到 $j - 1$ 个信息增益的值, 依然选择信息增益最大的作为这个具有连续型数据的特征变量的分割点.

(3) 连续型数据的特征变量分割之后, 基于 3.2.1 节的 ID3 算法的步骤 (1)~(4), 增加一步计算信息增益率. 信息增益率定义如下:

$$\mathrm{GainRate}(A) = \frac{\mathrm{Gain}(D,A)}{\mathrm{Split}(D)} \tag{3.6}$$

其中, $\text{Split}(D) = -\sum_{k=1}^{K} p_k \log_2(p_k) = -\sum_{k=1}^{K} \frac{|D_k|}{|D|} \log_2\left(\frac{|D_k|}{|D|}\right), K = 2.$

选择具有最大信息增益率的特征变量作为分裂节点.

(4) 重复步骤 (3), 计算在上一个节点确定的情况下, 下一个节点的其余特征变量的信息增益率, 依然把信息增益率最大的特征作为分裂的节点, 直到叶子节点的结果类别是唯一的, 即建立了一棵决策树.

3.2.3 CART 算法

Breiman 等 (1984) 提出了分类与回归树 (classification and regression trees, CART). 本节只涉及 CART 分类树, CART 分类树和其他算法生成的决策树最大区别是 CART 上每个节点的分支都只有两个, 即二叉树, 如图 3.2 所示. 它是基于基尼系数 (Raileanu, 2004) 的分类算法, 基尼系数可以看作是熵的近似替代, 表示数据集 D 的不确定性, 系数越大, 不确定性越大, 所以选择基尼系数最小的特征变量作为最佳分裂节点.

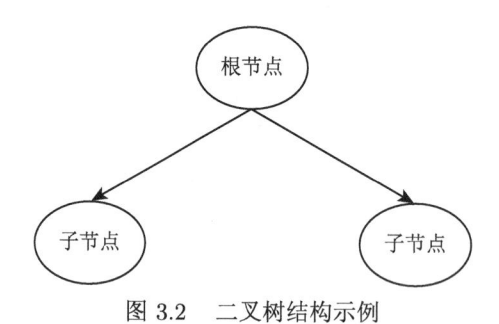

图 3.2 二叉树结构示例

CART 分类树的生成算法是在分裂节点时选择基尼系数最小的特征变量作为分裂节点, 具体步骤如下.

(1) 首先计算总数据集的基尼系数, 对于数据集 D, 有 K 个分类, 分类之后的样本集分别为 $C_1, C_2, \cdots, C_k$, 其基尼系数定义为

$$\text{Gini}(D) = 1 - \sum_{k=1}^{K} \left(\frac{|C_k|}{|D|}\right)^2 \tag{3.7}$$

(2) 计算每个特征变量的基尼系数, 总数据集 D 根据特征 A 的每个属性可能值被分割为 D_1 与 D_2 两部分, 则在特征 A 的条件下集合 D 的基尼系数定义为

$$\text{Gini}(D, A) = \frac{|D_1|}{|D|} \text{Gini}(D_1) + \frac{|D_2|}{|D|} \text{Gini}(D_2) \tag{3.8}$$

(3) 选择基尼系数最小的特征变量作为最佳分裂节点, 分支的值为可以得到最小基尼系数的属性分类, 生成两个分支.

(4) 重复以上步骤，直到达到分裂节点包含的类别唯一，可以生成 CART 分类树．

3.2.4 不同决策树算法的比较

三种决策树算法的比较如表 3.3．

表 3.3 三种决策树算法比较

算法名称	支持模型	特征选择	属性选择原则	连续值处理	缺失值处理	剪枝
ID3	分类	信息增益	越大越好	不支持	不支持	不支持
C4.5	分类	信息增益率	越大越好	支持	支持	支持
CART	分类回归	基尼系数均方差	越小越好	支持	支持	支持

3.3 示例

(1) 以表 3.4 中的数据为例，将表中的前 10 个数据作为训练集，后 4 个作为预测集，用决策树模型进行实例分析．根节点的基尼系数为

$$\text{Gini}(总) = 1 - \left(\frac{6}{10}\right)^2 - \left(\frac{4}{10}\right)^2 = 0.48$$

表 3.4 贷款数据算例

序号	房屋拥有权情况	工作年限	FICO 级别	贷款期限	是否违约
1	租赁	5~10 年	低	5 年	否
2	租赁	5~10 年	低	3 年	否
3	自有	5~10 年	低	5 年	是
4	抵押	大于 10 年	低	5 年	是
5	抵押	小于 5 年	高	5 年	是
6	抵押	小于 5 年	高	3 年	否
7	自有	小于 5 年	高	3 年	是
8	租赁	大于 10 年	低	5 年	否
9	租赁	小于 5 年	高	5 年	是
10	抵押	大于 10 年	高	5 年	是
11	租赁	大于 10 年	高	3 年	是
12	自有	大于 10 年	低	3 年	是
13	自有	5~10 年	高	5 年	是
14	抵押	大于 10 年	低	3 年	否

- 选取房屋拥有权情况进行划分

当选取房屋拥有权情况进行划分时，房屋拥有权情况有三种可能，分别对分组 {(抵押), (自有, 租赁)}, {(租赁), (自有, 抵押)}, {(自有), (租赁, 抵押)} 计算划分后的基尼系数 (表 3.5~ 表 3.7)．

表 3.5　房屋拥有权情况 1

是否贷款	房屋拥有权情况 1		总计
	(抵押)	(租赁, 自有)	
是	3	3	6
否	1	3	4
总计	4	6	10

$$\text{Gini}(房屋拥有权情况 1) = \frac{4}{10} \times \left[1 - \left(\frac{3}{4}\right)^2 - \left(\frac{1}{4}\right)^2\right] + \frac{6}{10} \times \left[1 - \left(\frac{3}{6}\right)^2 - \left(\frac{3}{6}\right)^2\right]$$
$$= 0.45$$

表 3.6　房屋拥有权情况 2

是否贷款	房屋拥有权情况 2		总计
	(租赁)	(自有, 抵押)	
是	1	5	6
否	3	1	4
总计	4	6	10

$$\text{Gini}(房屋拥有权情况 2) = \frac{4}{10} \times \left[1 - \left(\frac{1}{4}\right)^2 - \left(\frac{3}{4}\right)^2\right] + \frac{6}{10} \times \left[1 - \left(\frac{5}{6}\right)^2 - \left(\frac{1}{6}\right)^2\right]$$
$$= 0.32$$

表 3.7　房屋拥有权情况 3

是否贷款	房屋拥有权情况 3		总计
	(自有)	(租赁, 抵押)	
是	2	4	6
否	0	4	4
总计	2	8	10

$$\text{Gini}(房屋拥有权情况 3) = \frac{2}{10} \times \left[1 - \left(\frac{2}{2}\right)^2 - \left(\frac{0}{2}\right)^2\right] + \frac{8}{10} \times \left[1 - \left(\frac{4}{8}\right)^2 - \left(\frac{4}{8}\right)^2\right]$$
$$= 0.4$$

- 选取工作年限进行划分

当选取工作年限进行划分时, 工作年限有三种可能, 分别对分组 {(小于 5 年), (5~10 年, 大于 10 年)}, {(5~10 年), (大于 10 年, 小于 5 年)}, {(大于 10 年), (5~10 年, 小于 5 年)}, 计算划分后的基尼系数.

∎ 3.3 示例

$$\text{Gini}(\text{工作年限 1}) = \frac{6}{10} \times \left[1 - \left(\frac{3}{6}\right)^2 - \left(\frac{3}{6}\right)^2\right] + \frac{4}{10} \times \left[1 - \left(\frac{3}{4}\right)^2 - \left(\frac{1}{4}\right)^2\right]$$
$$= 0.45$$

$$\text{Gini}(\text{工作年限 2}) = \frac{3}{10} \times \left[1 - \left(\frac{1}{3}\right)^2 - \left(\frac{2}{3}\right)^2\right] + \frac{7}{10} \times \left[1 - \left(\frac{5}{7}\right)^2 - \left(\frac{2}{7}\right)^2\right]$$
$$= 0.42$$

$$\text{Gini}(\text{工作年限 3}) = \frac{7}{10} \times \left[1 - \left(\frac{4}{7}\right)^2 - \left(\frac{3}{7}\right)^2\right] + \frac{3}{10} \times \left[1 - \left(\frac{2}{3}\right)^2 - \left(\frac{1}{3}\right)^2\right]$$
$$= 0.48$$

- 选取 FICO 级别进行划分

$$\text{Gini}(\text{FICO 级别}) = \frac{5}{10} \times \left[1 - \left(\frac{2}{5}\right)^2 - \left(\frac{3}{5}\right)^2\right] + \frac{5}{10} \times \left[1 - \left(\frac{4}{5}\right)^2 - \left(\frac{1}{5}\right)^2\right] = 0.4$$

- 选取贷款期限进行划分

$$\text{Gini}(\text{贷款期限}) = \frac{3}{10} \times \left[1 - \left(\frac{1}{3}\right)^2 - \left(\frac{2}{3}\right)^2\right] + \frac{7}{10} \times \left[1 - \left(\frac{5}{7}\right)^2 - \left(\frac{2}{7}\right)^2\right]$$
$$= 0.42$$

由此可知,在上述房屋拥有权情况的所有划分中,第二种分法 {(租赁),(自有,抵押)} 的基尼系数最小. 所以选取 {(租赁),(自有,抵押)} 作为房屋拥有权情况的第一切分属性. 第一次切分可以得到图 3.3.

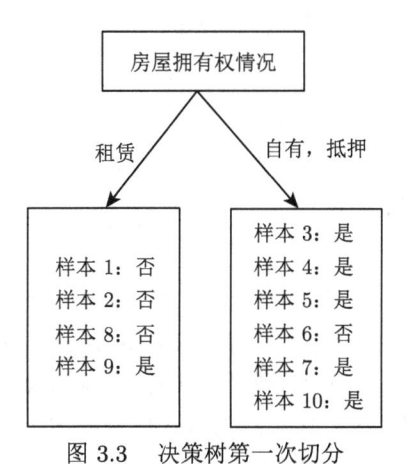

图 3.3 决策树第一次切分

(2) 然后再根据以上步骤继续对 "租赁" 和 "自有, 抵押" 进行划分, 计算此后另外三个特征划分后的基尼系数, 选择最小的基尼系数最小对应的特征作为第二步中的特征来划分数据集, 依次进行直到基尼系数极小或没有特征可以选择为止, 最终可以构成一棵 CART 决策树.

① 对房屋拥有权情况为 "租赁" 的样本进行划分, 见表 3.8.

表 3.8　房屋拥有权情况为 "租赁" 的样本划分情况

序号	房屋拥有权情况	工作年限	FICO 级别	贷款期限	是否贷款
1	租赁	5~10 年	低	5 年	否
2	租赁	5~10 年	低	3 年	否
8	租赁	大于 10 年	低	5 年	否
9	租赁	小于 5 年	高	5 年	是

• 当选取工作年限进行划分时, 工作年限有三种可能, 分组如下, {(小于 5 年), (5~10 年, 大于 10 年)}, {(5~10 年), (大于 10 年, 小于 5 年)}, {(大于 10 年), (5~10 年, 小于 5 年)}, 计算划分后的基尼系数.

$$\text{Gini}(\text{工作年限 1}) = \frac{1}{4} \times \left[1 - \left(\frac{1}{1}\right)^2 - \left(\frac{0}{1}\right)^2\right] + \frac{3}{4} \times \left[1 - \left(\frac{0}{3}\right)^2 - \left(\frac{3}{3}\right)^2\right] = 0$$

$$\text{Gini}(\text{工作年限 2}) = \frac{2}{4} \times \left[1 - \left(\frac{0}{2}\right)^2 - \left(\frac{2}{2}\right)^2\right] + \frac{2}{4} \times \left[1 - \left(\frac{1}{2}\right)^2 - \left(\frac{1}{2}\right)^2\right] = 0.25$$

$$\text{Gini}(\text{工作年限 1}) = \frac{1}{4} \times \left[1 - \left(\frac{0}{1}\right)^2 - \left(\frac{1}{1}\right)^2\right] + \frac{3}{4} \times \left[1 - \left(\frac{1}{3}\right)^2 - \left(\frac{2}{3}\right)^2\right] = 0.33$$

• 当选取 FICO 级别进行划分时,

$$\text{Gini}(\text{FICO 级别}) = \frac{3}{4} \times \left[1 - \left(\frac{0}{3}\right)^2 - \left(\frac{3}{3}\right)^2\right] + \frac{1}{4} \times \left[1 - \left(\frac{1}{1}\right)^2 - \left(\frac{0}{1}\right)^2\right] = 0$$

• 当选取贷款期限进行划分时,

$$\text{Gini}(\text{贷款期限}) = \frac{1}{4} \times \left[1 - \left(\frac{0}{1}\right)^2 - \left(\frac{1}{1}\right)^2\right] + \frac{3}{4} \times \left[1 - \left(\frac{1}{3}\right)^2 - \left(\frac{2}{3}\right)^2\right] = 0.33$$

由此可知, 在上述工作年限的所有划分中, 工作年限 1{(小于 5 年), (5~10 年, 大于 10 年)} 的基尼系数和 FICO 级别的基尼系数最小. 所以选取工作年限 1{(小于 5 年), (5~10 年, 大于 10 年)} 或者 FICO 级别作为切分属性. 当工作年限为小于 5 年时, 输出结果为是; 工作年限为 5~10 年或大于 10 年时, 输出结果为否.

② 对于房屋拥有权情况为 "自有, 抵押" 的样本进行划分 (表 3.9).

■ 3.3 示例

表 3.9 房屋拥有权情况为"自有，抵押"的样本划分情况

序号	房屋拥有权情况	工作年限	FICO 级别	贷款期限	是否贷款
3	自有	5~10 年	低	5 年	是
4	抵押	大于 10 年	低	5 年	是
5	抵押	小于 5 年	高	5 年	是
6	抵押	小于 5 年	高	3 年	否
7	自有	小于 5 年	高	3 年	是
10	抵押	大于 10 年	高	5 年	是

- 当选取工作年限进行划分时，工作年限有三种可能，分组如下，{(小于 5 年), (5~10 年, 大于 10 年)}, {(5~10 年), (大于 10 年, 小于 5 年)}, {(大于 10 年), (5~10 年, 小于 5 年)}, 计算划分后的基尼系数.

$$\text{Gini}(\text{工作年限 1}) = \frac{3}{6} \times \left[1 - \left(\frac{2}{3}\right)^2 - \left(\frac{1}{3}\right)^2\right] + \frac{3}{6} \times \left[1 - \left(\frac{3}{3}\right)^2 - \left(\frac{0}{3}\right)^2\right] = 0.22$$

$$\text{Gini}(\text{工作年限 2}) = \frac{1}{6} \times \left[1 - \left(\frac{1}{1}\right)^2 - \left(\frac{0}{1}\right)^2\right] + \frac{5}{6} \times \left[1 - \left(\frac{4}{5}\right)^2 - \left(\frac{1}{5}\right)^2\right] = 0.27$$

$$\text{Gini}(\text{工作年限 3}) = \frac{2}{6} \times \left[1 - \left(\frac{2}{2}\right)^2 - \left(\frac{0}{2}\right)^2\right] + \frac{4}{6} \times \left[1 - \left(\frac{3}{4}\right)^2 - \left(\frac{1}{4}\right)^2\right] = 0.25$$

- 当选取 FICO 级别进行划分时，

$$\text{Gini}(\text{FICO 级别}) = \frac{2}{6} \times \left[1 - \left(\frac{2}{2}\right)^2 - \left(\frac{0}{2}\right)^2\right] + \frac{4}{6} \times \left[1 - \left(\frac{3}{4}\right)^2 - \left(\frac{1}{4}\right)^2\right] = 0.25$$

- 当选取贷款期限进行划分时，

$$\text{Gini}(\text{贷款期限}) = \frac{2}{6} \times \left[1 - \left(\frac{1}{2}\right)^2 - \left(\frac{1}{2}\right)^2\right] + \frac{4}{6} \times \left[1 - \left(\frac{4}{4}\right)^2 - \left(\frac{0}{4}\right)^2\right] = 0.17$$

可知在所有划分中，贷款期限的基尼系数最小. 所以选取贷款期限作为切分属性. 在房屋拥有权情况为自有或抵押的条件下，当贷款期限为 5 年时，输出结果为是；贷款期限为 3 年时，输出结果为否或不确定.

③对贷款期限为"3 年"的样本继续进行划分 (表 3.10).

表 3.10 贷款期限为"3 年"的样本划分情况

序号	房屋拥有权情况	工作年限	FICO 级别	贷款期限	是否贷款
6	抵押	小于 5 年	高	3 年	否
7	自有	小于 5 年	高	3 年	是

此时样本特征工作年限、FICO 级别变量均相同，故无法继续进行划分，决策树的生成到此结束. 生成的决策树如图 3.4.

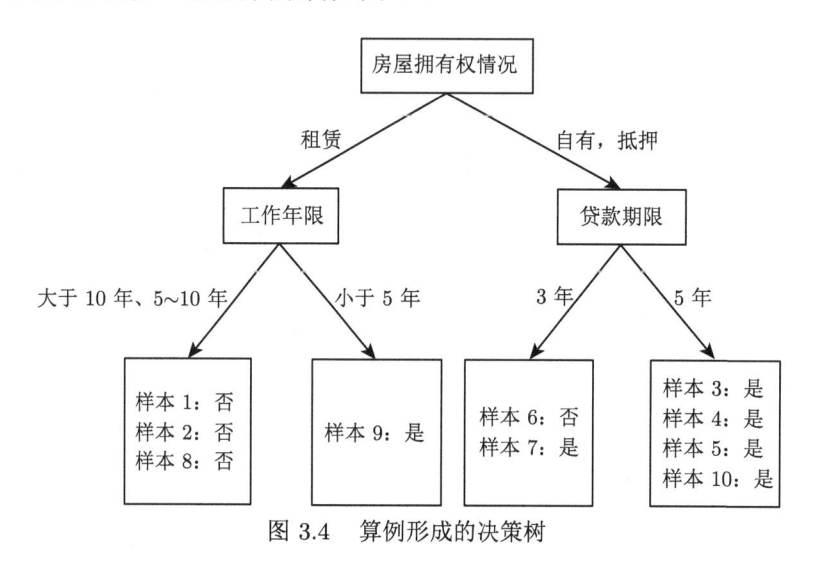

图 3.4 算例形成的决策树

3.4 过拟合与剪枝

我们知道决策树是通过递归算法产生的，然而这可能会出现过拟合 (overfitting)，也就是一味地拟合已知的训练数据集，可能会导致分类器过于复杂，对未知的数据分类并不准确，所以我们需要解决的问题是最终分类决策树的最优大小应该是什么. 树越大则越复杂，越容易导致过拟合，而树越小的话则可能会忽略掉样本空间中比较重要的结构信息. 其实，很难确定在构造决策树的时候，增加一个节点是否会提高分类能力，降低错误率. 通常的策略就是构造决策树之后，再进行剪枝以移除那些不重要的节点.

剪枝 (pruning) 是指通过移除决策树的某一部分以减少树的大小，被移除部分的分类能力比较弱，从而降低最终分类器的复杂度，提高泛化能力.

剪枝方法分为预剪枝 (pre-pruning) 和后剪枝 (post-pruning) 两大类.

3.4.1 预剪枝

预剪枝是在构建决策树的过程中，设定一个阈值，熵减小的数量小于这个阈值，即使还可以继续降低熵，也停止继续创建分支，从而避免过多的节点产生. 预剪枝方法虽然简单但实用性不强，因为很难精确地判断何时终止树的生长.

1) 预剪枝停止决策树生长的几种方法

①当树达到一定深度时停止生长；

②当到达当前节点的样本数量小于某个阈值时停止生长;
③计算每次分类对测试集的准确率的提升,当小于某个阈值时停止生长.

2) 预剪枝的优缺点

优点: 简单高效, 适合解决大规模问题.

缺点: ①深度和阈值这些值都很难准确估计, 针对不同问题会有很大差别;

②预剪枝存在一定局限性, 有欠拟合的风险, 虽然当前的划分会导致测试集准确率下降, 但在其基础上的后续划分可能会使显著性上升.

3.4.2 后剪枝

后剪枝是在决策树构建完成之后, 对那些置信度不达标的节点子树用叶子节点代替, 该叶子节点的类标号用该节点子树中频率最高的类标记. 核心思想是让算法生成一棵完全生长的决策树, 然后从底层向上计算是否剪枝 (剪枝是将子树删除, 用一个叶子节点代替, 节点类别按多数投票). 如果剪枝之后准确率有提升, 则剪枝. 后剪枝通常比预剪枝保留更多的分支, 其欠拟合风险较小, 因此后剪枝的泛化性能往往高于预剪枝决策树, 是目前最普遍的做法.

常见的后剪枝方法有错误率降低剪枝 REP(reduced error pruning)、悲观错误剪枝 PEP(pessimistic error pruning)、最小错误剪枝 MEP(minimum error pruning)、代价复杂度剪枝 CCP(cost complexity pruning) 等.

错误率降低剪枝法简称 REP 方法. 对于完全决策树中的每一个非叶子节点的子树, 我们尝试着把它替换成一个叶子节点, 该叶子节点的类别我们用子树所覆盖训练样本中存在最多的那个类来代替, 这样就产生了一个简化决策树, 然后比较这两个决策树在测试数据集中的表现, 如果简化决策树在测试数据集中的错误比较少, 那么该子树就可以替换成叶子节点. 该算法以 bottom-up 的方式遍历所有的子树, 直至没有任何子树可以替换使得测试数据集的表现得以改进时, 算法就可以终止.

悲观错误剪枝法简称 PEP 方法. PEP 方法也是根据剪枝前后的错误率来决定是否剪枝. 和 REP 不同之处在于: PEP 不需要新的验证集, 并且 PEP 是自上而下剪枝的. 该方法引入了统计学上连续修正的概念弥补 REP 中的缺陷, 在评价子树的训练错误公式中添加了一个常数, 假定每个叶子节点都自动对实例的某个部分进行错误的分类.

把一棵子树 (具有多个叶子节点) 的分类用一个叶子节点来替代的话, 在训练集上的误判率肯定是上升的, 但是在新数据上不一定. 于是我们需要把子树的误判计算加上一个经验性的惩罚因子. 对于一个叶子节点, 它覆盖了 N 个样本, 其中有 E 个错误, 那么该叶子节点的错误率为 $(E+0.5)/N$. 这个 0.5 就是惩罚因子, 那么一棵子树, 它有 L 个叶子节点, 那么该子树的误判率估计为

$$p = \frac{\sum_{i=1}^{L} E_i + 0.5L}{\sum_{i=1}^{L} N_i} \tag{3.9}$$

其中, E_i 表示该节点错误的个数, N_i 表示该节点样本的个数, L 表示叶子节点个数.

我们假设在子树中每一个样本的误判次数服从一个二项分布 $B(N,p)$, 其中 N 表示子树所包含的所有样本个数.

所以, 在剪枝前, 其误判次数均值为

$$E(剪枝前误判数) = Np \tag{3.10}$$

其误判的标准差为

$$\text{std}(剪枝前误判数) = \sqrt{Np(1-p)} \tag{3.11}$$

在剪枝之后, 把子树替换成叶子节点后, 该叶子的误判次数也服从伯努利分布, 其概率误判率 e 为 $(E+0.5)/N$, 因此叶子节点的误判次数均值为

$$E(剪枝后误判数) = Ne \tag{3.12}$$

当子树的误判个数大于对应叶子节点的误判个数一个标准差之后, 就决定剪枝. 剪枝条件为

$$E(剪枝后误判数) - \text{std}(剪枝前误判数) < E(剪枝前误判数)$$

代价复杂度剪枝算法简称为 CCP 方法. CCP 方法为子树 T_t 定义了代价 (cost) 和复杂度 (complexity), 以及一个衡量代价与复杂度之间关系的参数 α. 其中, 代价指的是在剪枝过程中因子树 T_t 被叶子节点替代而增加的错分样本, 复杂度表示剪枝后子树 T_t 减小的叶子节点数, α 则表示剪枝后树的复杂度降低程度与代价间的关系, 定义为

$$\alpha = \frac{R(t) - R(T_t)}{|N| - 1} \tag{3.13}$$

其中, $|N|$ 表示子树 T_t 中的叶子节点数; $R(t)$ 表示节点 t 的错误代价, 其计算公式为 $R(t) = r(t) \times p(t)$; $r(t)$ 表示节点 t 的错分样本率; $p(t)$ 表示落入节点 t 的样本占所有样本的比例; $R(T_t)$ 表示子树 T_t 错误代价, 其计算公式为 $R(T_t) = \sum R(i)$; i 表示子树 T_t 的叶子节点.

CCP 算法可以分为两个步骤.

步骤 1 按照上述公式从下到上计算每个非叶子节点的 α 值,然后每一次都剪掉具有最小 α 值的子树,直到剩下根节点. 从而得到一系列的剪枝树 $\{T_0, T_1, T_2, \cdots, T_M\}$,其中表 T_0 示完整的决策树,T_M 表示根节点;

步骤 2 根据真实的错误率在集合 $\{T_0, T_1, T_2, \cdots, T_M\}$ 中选出一个最好的决策树.

3.5 场景应用

3.5.1 数据描述

本节重点讲解决策树的建立过程,其中配套的数据是经过处理之后的数据,使用 Lending Club 的公开数据,我们选用 2019 年第 3 季度的数据进行实证分析,针对数据处理的过程,请详见第 6 章 6.6.1 节和 6.6.2 节的讨论.

数据及代码详见: https://gitee.com/zzufinlab/bookcode/tree/master/Chapter%_3.

3.5.2 模型建立与评估

把数据集随机抽取 80% 作为训练集,20% 作为测试集,训练好的模型对测试集数据进行预测,得到以下混淆矩阵 (表 3.11) 和评估指标 (表 3.12).

表 3.11 混淆矩阵

	预测为 1	预测为 0
标签为 1	1342	460
标签为 0	2411	2366

表 3.12 评估指标

模型	准确率	AUC 值	KS 值	PSI
决策树	0.5636	0.6688	0.2502	0.000006

ROS 曲线和 KS 曲线如图 3.5 所示.

3.6 本章小结

决策树依据 IF-THEN 规则生成的树形结构,包含一个根节点、若干内部节点和若干叶子节点. 在根节点和内部节点上采用不同的分裂标准进行贪婪算法,ID3 采用信息增益,C4.5 采用信息增益率,CART 采用基尼系数. 如果决策树的深度过大,容易产生过拟合,可以通过预剪枝和后剪枝防止过拟合. 决策树是随机森林的基础,读者通过本章的学习熟悉树形模型的建立,为第 4 章集成模型的学习打下坚实的基础.

图 3.5 ROC 曲线和 KS 曲线

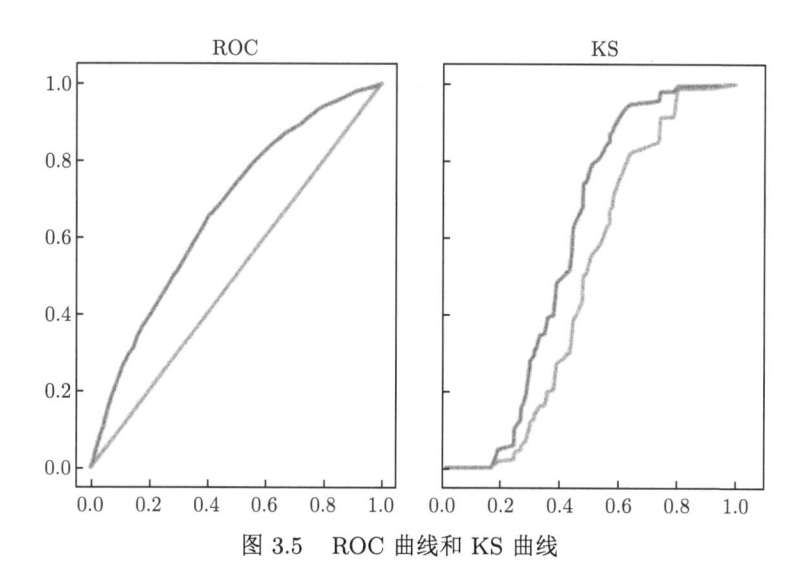

练习题

习题 3.1 参考本章示例 3.3(3.3 节), 对表 3.4 中的贷款数据, 利用全部 14 条数据, 采用 CART 算法, 建立决策树, 命名为 CART 决策树.

3.1.1 将建立的 CART 决策树与图 3.4 所示的示例 3.3 的决策树进行比较, 看看是否相同.

3.1.2 如果不同, 分别用两个决策树对表 3.4 中的所有样本进行预测, 比较准确率.

习题 3.2 参考示例 3.3, 对表 3.4 中的贷款数据, 利用全部 14 条数据, 采用 ID3 算法, 建立 ID3 决策树.

3.2.1 将建立的 ID3 决策树与以上习题 3.1 中的 CART 决策树进行比较, 看看是否相同.

3.2.2 分别用 2 个决策树对表 3.4 中的所有样本进行预测, 比较准确率.

习题 3.3 利用 Python 开源代码, 参考示例 3.3, 对表 3.4 中的贷款数据, 利用全部 14 条数据,

3.3.1 分别采用 CART 算法和 ID3 算法, 建立决策树, 对表 3.4 中的所有样本进行预测, 比较准确率.

3.3.2 分别与对应以上手算的 CART 决策树、ID3 决策树进行比较, 看看是否相同.

3.3.3 思考如何从模型本身的复杂度来处理过拟合的问题?

习题 3.4 训练集的好坏样本比例对模型影响很大, 利用 2.6 节案例的数据、选取的特征, 采用 Python 开源代码, 固定坏样本的个数, 随机抽取好样本, 在分别满足好坏样本比例为 9:1, 8:1, 7:1, 6:1, 5:1, 4:1, 3:1 时, 建立 CART 决策树, 将全部数据作为验证集, 回答下面的问题.

3.4.1 计算各种比例下模型的混淆矩阵, 通过比较写出有什么规律.

3.4.2 比较各种比例下模型的 AUC 和 KS 值, 你能发现什么规律?

3.4.3 对各种比例下的模型, 画出随着树的深度增加, 模型 AUC 和 KS 值的变化.

第 4 章

集成学习算法

本章首先介绍集成学习方法的基本思想,包含 Bagging、Boosting 和 Stacking 算法,然后介绍了基于 Bagging 方法的随机森林、基于 Boosting 方法的 GBDT 和 XGBoost 方法.

在实际的应用过程中,对于高维数据,传统单一的分类模型的分类结果往往不能达到最佳的效果,甚至会出现过拟合的现象,为了弥补这类不足,集成学习技术应运而生,并逐渐成为主流方法. 集成理论最早起源于 Kearns 和 Valiant(1989) 提出的强学习和弱学习的等价原理,其核心思想是将多个分类器模型组合在一起,得到一个具有更好泛化能力的强学习器模型,也可以把集成学习算法看成是将不同专家的决定通过一定的方法融合为一个结果,此时得到的多个专家进行判断的结果更加具有权威性. 这里所说的方法在集成学习算法中常用的是平均法和投票法. 集成算法主要包含三类: Bagging、Boosting 和 Stacking.

1) Bagging

Bagging 是把各个弱分类器的结果组织起来,具体实现也有很多种类型,Bagging 方法是从数据集中多次重复采样,根据不同的弱分类器对采样集进行训练,最终得到多个分类结果,再采用投票法得到结果最多的分类. 随机森林就是典型的应用 Bagging 方法的算法,随机森林是对决策树的集成,当对新的数据集进行判断时,让每一个决策树都得到一个分类结果,最终采取投票的方式选取分类结果较多的情况作为最终的类别.

2) Boosting

Boosting 是不断构建新模型,新模型更加关注前一个模型中被错误分类的样本,最终根据分类好的结果进行加权组合得到结果. Boosting 方法是比较好的一种分类方法,在实际应用中的效果会比 Bagging 好一些. 其中,较为典型的 AdaBoost 算法就是对分类错误的样本给予更大权重,再做下次迭代,直到收敛.

3) Stacking

Stacking 不是常用的方法,它属于分层的集成学习框架,即在形成最终预测前, 从一组学习器向另一组学习器提供信息. Stacking 算法一般分为两层, 第一层为初级学习器, 第二层为次级学习器 (或元学习器), 假设第一层有 N 个初级学习器, 在得到 N 个初级学习器对原始数据集的预测结果后, 将 N 个初级学习器预测结果与原始数据真实标签合并, 作为第二层的输入数据进行训练, 次级学习器的输出即为最终的预测结果.

4.1 随机森林

决策树在构建的过程中比较复杂, 在数据处理上很难实现泛化, 当数据出现干扰时, 将会对树的生成产生很大的影响, 比如过拟合现象的发生. 单个决策树极其不稳定, 通常在研究过程中发现, 决策树的生成经常能够达到局部的最优, 但是很难达到全局的最优. 这也就要求在研究的过程中不能只依靠单个决策树, 应该采用集成的思想, 使用多个分类器, 最后综合每个分类器的结果, 以便于能够得到更加合适的分类器.

4.1.1 随机森林算法简介

随机森林是一种基于决策树、随机子空间和 Bagging 类集成学习思想的机器学习算法 (Breiman, 2001), 简单来说, 它是包含了多棵决策树的组合模型. 随机森林采用决策树作为子分类模型, 其模型流程如图 4.1 所示. 假设随机森林模型共含有 n 个子模型, 则首先采用随机重复采样的方法从总数据集 D 中抽取子训练集, 重复 n 次 (每次均从总数据集 D 中抽取), 得到 n 个即将进入模型的训练集, 然后将这些训练集代入子模型中进行单独的训练, 且对于每一棵决策树子模型的每一个节点的分裂过程, 不同于单一的决策树模型需要遍历所有特征来进行特征选择, 随机森林对于每棵决策树的各节点, 统一采用随机取样的方式, 每次随机抽取一部分特征来选择分裂节点, 得到 n 个训练好的子模型输出的预测结果后, 通过投票法对结果进行统计, 最终得到最佳分类结果.

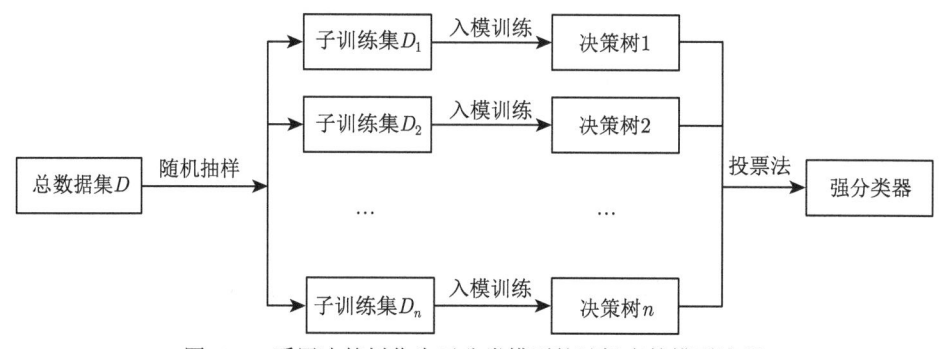

图 4.1 采用决策树作为子分类模型的随机森林模型流程

4.1 随机森林

随机森林模型的建模步骤包括以下几个部分:
① 随机选择样本 (放回抽样);
② 随机选择特征;
③ 构建决策树;
④ 重复①~③步骤 n 次, 产生 n 棵决策树;
⑤ 随机森林投票 (平均).

(1) 随机森林的优点

① 随机森林算法能解决分类与回归两种类型的问题, 并在这两方面都有相当好的估计表现, 且泛化性能优越.

② 随机森林对于高维数据集的处理能力很好, 并确定最重要的变量, 因此被认为是一个不错的降维方法. 此外, 该模型还能够输出特征的重要性程度, 这是一个非常实用的功能.

③ 可以应对缺失数据, 不需要归一化即可直接使用.

④ 当存在分类不平衡的情况时, 随机森林能够提供平衡数据集误差的有效方法.

⑤ 训练速度快, 高度并行化, 易于分布式实现.

(2) 随机森林的缺点

① 随机森林在解决回归问题时不能给出一个连续型的输出. 当进行回归时, 随机森林不能够做出超越训练集数据范围的预测, 这可能导致在对某些还有特定噪声的数据进行建模时出现过度拟合.

② 随机森林几乎无法控制模型内部的运行, 只能在不同的参数和随机种子之间进行尝试.

③ 忽略特征之间的相关性, 可能有很多相似的决策树, 掩盖真实的结果.

4.1.2 场景应用

本节重点讲解随机森林的建立过程, 其中配套的数据是第 3 章 3.5 节中的数据.

数据及代码详见: https://gitee.com/zzufinlab/bookcode/tree/master/Chapter_4/4_1.

同样把数据集随机抽取 80% 作为训练集, 20% 作为测试集, 训练好的模型对测试集数据进行预测, 得到以下混淆矩阵 (表 4.1) 和评估指标 (表 4.2).

表 4.1 混淆矩阵

	预测为 1	预测为 0
标签为 1	1349	453
标签为 0	2177	2600

表 4.2 评估指标

模型	准确率	AUC 值	KS 值	PSI
随机森林	0.6002	0.7027	0.2952	0.0001

ROC 曲线和 KS 曲线如图 4.2 所示.

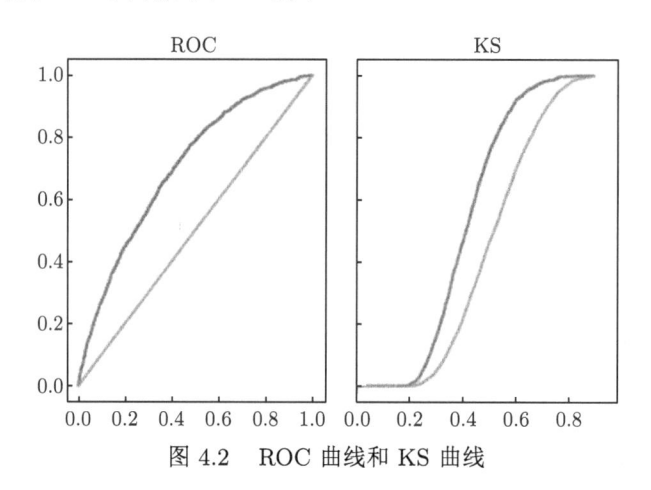

图 4.2 ROC 曲线和 KS 曲线

■ 4.2 GBDT 算法

4.2.1 GBDT 算法简介

机器学习算法中的梯度提升随机树 (GBDT) 模型的英文全称为 gradient boosting decision tree, 是 Friedman 在 1999 年提出的 (Friedman, 2001). 这个 GBDT 模型是一种迭代的决策树算法, 该算法由多棵决策树组成, 通常都是上百棵树, 而且每棵树的规模都较小 (即树的深度会比较浅, 通常为 4 到 6). 模型预测的时候, 对于输入的一个样本实例, 首先会赋予一个初值, 然后会遍历每一棵决策树, 每棵树都会对预测值进行调整修正, 将每一棵决策树的结果进行累加得到最后的预测结果.

Boosting 是 Kearns 和 Valiant(1994) 提出的一种分类学习方法. 首先会为每个训练样本赋予一样的权重值, 在每一次迭代进行训练模型时, 会提高分错样本的权重, 降低分对样本的权重, 然后迭代了 N 次之后, 得到 N 个弱的分类器, 最后集成起来成为一个强分类器.

Gradient Boosting 与 Boosting 的不同点在于, 每一次训练的目的都是为了减少上一次的残差, 为了不断地降低残差, 需要在减少残差的梯度方向训练一个新的模型. Gradient Boosting 训练每一个新的模型都是为了使之前模型的残差在梯度方向上降低.

■ 4.2 GBDT 算法

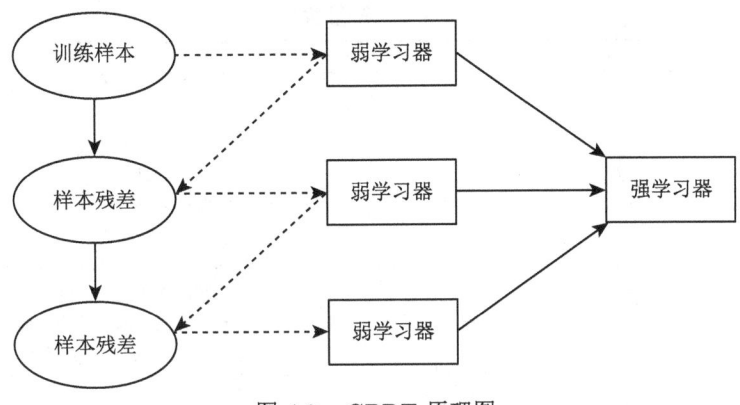

图 4.3 GBDT 原理图

在 GBDT 的迭代中，假设我们前一轮迭代得到学习器和损失函数，我们本轮迭代的目标是找到一个 CART 回归树模型的弱学习器，让本轮的损失最小．也就是说，本轮迭代找到决策树，要让样本的损失尽量变得更小．

GBDT 回归算法的损失函数需要根据样本具体的特点来选择，例如量级、噪声等．对不同样本，选用的损失函数会有所差别．常见的损失函数 $l(y_i, f(x_i))$ 及其负梯度如表 4.3 所示．

表 4.3　常见的损失函数及其负梯度

损失函数	负梯度
均方差损失函数 $l(y_i, f(x_i)) = \dfrac{1}{2}(y_i - f(x_i))^2$	$(y_i - f(x_i))$
绝对损失函数 $l(y_i, f(x_i)) = \|y_i - f(x_i)\|$	$\text{sign}(y_i - f(x_i))$
Huber 函数 $l(y_i, f(x_i))$ $= \begin{cases} \dfrac{1}{2}(y_i - f(x_i))^2, & \|y_i - f(x_i)\| \leqslant \delta \\ \delta\left(\|y_i - f(x_i)\| - \dfrac{\delta}{2}\right), & \|y_i - f(x_i)\| > \delta \end{cases}$	$r(y_i, f(x_i)) = \dfrac{y_i - f(x_i)}{\delta \cdot \text{sign}(y_i - f(x_i))}$
分位数函数 $L(y_i, f(x_i))$ $= \sum\limits_{y_i \geqslant f(x_i)} \theta\|y_i - f(x_i)\| + \sum\limits_{y_i < f(x_i)} (1-\theta)\|y_i - f(x_i)\|$	$r(y_i, f(x_i)) = \begin{cases} \theta, & y_i \geqslant f(x_i) \\ 1 - \theta, & y_i < f(x_i) \end{cases}$

GBDT 算法的优点：①既可以处理离散值又可以处理连续值；②调参时间短；③预测准确率相对较高；④损失函数较多，对异常值的鲁棒性较强．

4.2.2　GBDT 算法流程

假设训练样本集为 $D = \{(x_1, y_1), (x_2, y_2), \cdots, (x_n, y_n)\}$，损失函数为表 4.3 中的均方差损失函数 $l(y_i, f(x_i)) = \dfrac{1}{2}(y_i - f(x_i))^2$，弱学习器为 $f(x, \gamma)$．相关符号含义见表 4.4．

表 4.4 符号含义

符号	含义
x_i	且 $x_i \in R^m$ 包含了第 i 个样本全部特征信息
y_i	第 i 个样本的标签
n	训练样本总数
D	训练样本集
$x_{i,m}$	第 i 个样本的第 m 个特征, $m = 1, 2, \cdots, M$
M	特征总数
t	算法迭代轮数 $t = 1, 2, \cdots, K$
K	算法迭代的总轮数
y_i^t	第 t 轮迭代样本 i 的预测值
j	决策树的第 j 个叶子节点
γ_{jt}	第 t 轮迭代第 j 个叶子节点的预测值
R_{jt}	第 t 轮迭代第 j 个叶子节点的样本集合
$I(x \in R_{jt})$	指示函数, 当 $x \in R_{jt}$ 时 $I(x \in R_{jt}) = 1$; 否则为 0
r_{it}	第 t 轮迭代对样本 i 的残差
$l(y_i, f(x_i))$	第 i 个样本的损失函数

(1) 初始化弱学习器

$$f_0(x) = \arg\min_\gamma \sum_{i=1}^n l(y_i, \gamma) = \bar{y} \tag{4.1}$$

(2) 进行 K 轮迭代:

对第 t 轮进行迭代 $(t = 1, 2, \cdots, K)$,

① 对每个样本 $i = 1, 2, \cdots, n$, 计算负梯度, 即残差:

$$r_{it} = -\left[\frac{\partial l(y_i, f(x_i))}{\partial f(x_i)}\right]_{f(x) = f_{t-1}(x)} = y_i - f(x_i) \tag{4.2}$$

② 将得到的残差作为样本新的标签值, 即将数据 $(x_i, r_{it}), i = 1, 2, \cdots, n$ 作为训练数据, 得到一棵回归树 $f_t(x)$, 其对应的叶子节点区域为 $R_{jt}, j = 1, 2, \cdots, J$. 其中 J 为回归树 $f_t(x)$ 的叶子节点的个数.

训练数据集为 $D_t = (x_i, y_i^t), i = 1, 2, \cdots, n$, 递归地将每个区域划分为两个子区域, 并决定每个区域上的输出值, 构建二叉决策树.

对于样本的 M 个特征, 遍历每个特征的每个取值 s, 以 s 为划分节点, 将小于该数值的样本划分为一类, 大于等于该数值的样本划分为另一类, 记为 $R_1^t(m, s) = \{x | x_{i,m} < s\}, R_2^t(m, s) = \{x | x_{i,m} \geqslant s\}$.

两类均值分别为

$$\mu_1^t(m, s) = \frac{1}{|R_1^t(m, s)|} \sum_{x_i \in R_1^t(m, s)} y_i^t, \quad \mu_2^t(m, s) = \frac{1}{|R_2^t(m, s)|} \sum_{x_i \in R_2^t(m, s)} y_i^t$$

■ 4.2 GBDT 算法

其中, $|R_1^t(m,s)|$ 为 $R_1^t(m,s)$ 中样本的个数; $|R_2^t(m,s)|$ 为 $R_2^t(m,s)$ 中样本的个数. 两类方差分别记为

$$\mathrm{MSE}_1^t(m,s) = \frac{1}{|R_1^t(m,s)|} \sum_{x_i \in R_1^t(m,s)} (y_i^t - \mu_1^t(m,s))^2 \qquad (4.3)$$

$$\mathrm{MSE}_2^t(m,s) = \frac{1}{|R_2^t(m,s)|} \sum_{x_i \in R_2^t(m,s)} (y_i^t - \mu_2^t(m,s))^2 \qquad (4.4)$$

则切分特征及切分变量 (m,s) 对应方差为

$$\mathrm{MSE}^t(m,s) = \mathrm{MSE}_1^t(m,s) + \mathrm{MSE}_2^t(m,s) \qquad (4.5)$$

对于特征 m, 分别计算用任意特征值 s 将数据集划分成两部分之后的 $\mathrm{MSE}^t(m,s)$, 选取其中的最小值, 作为特征 m 得到的最优二分方案:

$$\min_{s \in m}(\mathrm{MSE}^t(m,s))$$

对于样本集 D, 计算所有特征的最优二分方案, 选取其中的最小值, 作为样本集 D 的最优二分方案:

$$\min_{m}(\min_{s \in m}(\mathrm{MSE}^t(m,s)))$$

直至生成 J 个叶子节点.

③ 对叶子区域 $j = 1, 2, \cdots, J$, 计算最佳拟合值

$$\gamma_{jt} = \bar{y}_\sigma, \quad \sigma = \{i | x_i \in R_{jt}\} \qquad (4.6)$$

④ 更新弱学习器

$$f_t(x) = f_{t-1}(x) + \sum_{j=1}^{J} \gamma_{jt} I(x \in R_{jt}) \qquad (4.7)$$

可以得到回归树 $f_t(x)$, 其中, $I(x \in R_{jt})$ 为指示函数, x 属于区间划分 R_{jt}, 则 $I(x \in R_{jt}) = 1$; 反之, $I(x \in R_{jt}) = 0$.

重复以上步骤①~④, 直至 K 轮.

(3) 得到强学习器

$$f(x) = f_K(x) = f_0(x) + \sum_{t=1}^{K} \sum_{j=1}^{J} \gamma_{jt} I(x \in R_{jt}) \qquad (4.8)$$

注 回归树的个数及 K 回归树的叶子节点个数 J 自己设置.

4.2.3 GBDT 示例

下面用一个例子来描述 GBDT 的过程 (表 4.5), 假设当前有 5 个样本, 其中每个样本有年龄、工作年限两个特征, 我们想通过这两个特征来估计样本的贷款额度. 本例选取前 4 条为训练样本, 训练样本集为

$$\{(26,3,5),(48,20,19),(32,10,12),(40,15,21)\}$$

最后一条为要预测的样本. 由于样本数较少, 故设置回归树的个数 $K=3$ 及回归树的叶子节点个数 $J=2$.

表 4.5 样本数据

编号	年龄/岁	工作年限/年	贷款额度/万元
1	26	3	5
2	48	20	19
3	32	10	12
4	40	15	21
5(要预测的)	30	6	?

(1) 初始化弱学习器:

$$f_0(x) = \arg\min_{\gamma} \sum_{i=1}^{n} l(y_i, \gamma)$$

训练样本为表 4.6.

表 4.6 训练数据样本 0

编号	年龄/岁	工作年限/年	$y_0(x)$
1	26	3	5
2	48	20	19
3	32	10	12
4	30	15	21

由于此时只有根节点, 样本 1,2,3,4 都在根节点, 如果我们选择均方差损失函数 $l(y_i, f(x_i)) = \frac{1}{2}(y_i - f(x_i))^2$, 此时要找到使得平方损失函数最小的参数 γ, 怎么求呢?

平方损失函数显然是一个凸函数, 直接求导, 令导数等于零, 得到 γ.

$$\frac{\partial l(y_i, \gamma)}{\partial \gamma} = \frac{\partial \left(\frac{1}{2}(y_i - \gamma)\right)^2}{\partial \gamma} = y_i - \gamma$$

4.2 GBDT 算法

令 $\sum_{i=1}^{n} y_i - n\gamma = 0$, 得 $\gamma = \overline{y}$.

所以初始化时, γ 取值为所有训练样本标签值的均值. $\gamma = \dfrac{5+19+12+21}{4}$ = 14.25, 此时得到初始学习器: $f_0(x) = \gamma = 14.25$.

(2) 更新弱学习器:

对迭代轮数 $t = 1, 2, \cdots, K$,

① 对迭代轮数 $t = 1$:

对迭代轮数 $t = 1$, 计算负梯度, 即残差 $r_{i1}, i = 1, 2, 3, 4$, $(r_{11}, r_{12}, r_{13}, r_{14}) = (-9.25, 4.75, -2.25, 6.75)$.

表 4.7 训练数据残差

编号	真实值	工作年限/年	残差
1	26	3	-9.25
2	48	20	4.75
3	32	10	-2.25
4	40	15	6.75

此时将残差作为样本的标签值训练, 即 $y_i^1 = r_{i1}(i = 1, 2, \cdots, 4)$, 并将数据 $(x_i, y_i^1)(i = 1, 2, \cdots, 4)$ 作为下棵树的训练数据, 即表 4.8 的数据.

表 4.8 训练数据样本 1

编号	年龄/岁	工作年限/年	$y^1(x)$
1	26	3	-9.25
2	48	20	4.75
3	32	10	-2.25
4	40	15	6.75

接着, 寻找回归树的最佳划分节点, 遍历每个特征的每个可能取值. 从年龄特征 26, 48, 32, 40, 到工作年限特征 3, 20, 10, 15, 分别计算方差, 找到使方差最小的那个划分节点, 即为最佳划分节点.

例如: 以年龄 32 为划分节点, 将小于 32 的样本划分为一类, 大于等于 32 的样本划分为另一类. 样本 1 为一组, 其方差记作 $\mathrm{MSE}_{12}^{\mathrm{age}}$, 样本 2, 3, 4 为一组, 其方差记作 $\mathrm{MSE}_{22}^{\mathrm{age}}$.

$\mathrm{MSE}_{12}^{\mathrm{age}} = 0$

$\mathrm{MSE}_{2}^{\mathrm{age}} = \dfrac{1}{3}\left[(4.75 - 3.0833)^2 + (-2.25 - 3.0833)^2 + (6.75 - 3.0833)^2\right] = 14.8889$

其中均值 $\mu_2 = \dfrac{1}{3}(4.75 - 2.25 + 6.75) = 3.0833$, 两组方差之和为 14.8889.

以年龄 40 为划分节点, 将小于 40 的样本划分为一类, 大于等于 40 的样本划分为另一类. 样本 1,3 为一组, 样本 2,4 为一组,

$$\text{MSE}_1^{\text{age}} = \frac{1}{2}\left[(-9.25-(-5.75))^2 + (-2.25-(-5.75))^2\right] = 12.25$$

其中均值 $\mu_1 = \frac{1}{2}(-9.25-2.25) = -5.75$;

$$\text{MSE}_2^{\text{age}} = \frac{1}{2}\left[(4.75-5.75)^2 + (6.75-5.75)^2\right] = 1$$

其中均值 $\mu_2 = \frac{1}{2}(4.75+6.75) = 5.75$, 两组方差之和为 13.25.

所有可能划分情况如表 4.9 所示.

表 4.9 所有可能划分情况 1

划分点	小于划分点的样本	大于等于划分点的样本	总方差
年龄 26	/	1,2,3,4	39.6875
年龄 48	1,3,4	2	42.8889
年龄 32	1	2,3,4	14.8889
年龄 40	1,3	2,4	13.25
工作年限 3	/	1,2,3,4	39.6875
工作年限 20	1,3,4	2	42.8889
工作年限 10	1	2,3,4	14.8889
工作年限 15	1,3	2,4	13.25

以上划分点总方差最小为 13.25, 有两个划分点: 年龄 40 和工作年限 15, 所以随机选一个作为划分点, 这里我们选年龄 40, 如图 4.4 所示.

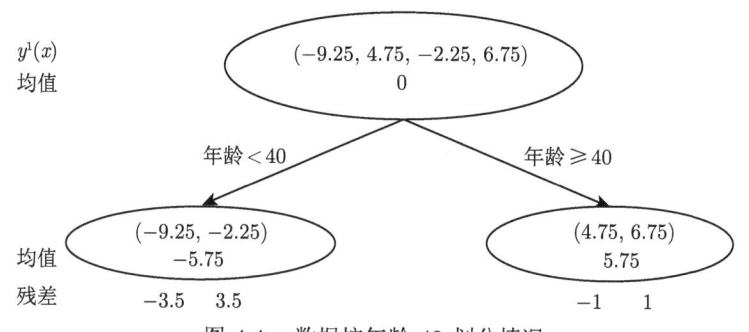

图 4.4 数据按年龄 40 划分情况

即 $(\gamma_{11}, \gamma_{21}) = (-5.75, 5.75)$, $(r_{12}, r_{22}, r_{32}, r_{42}) = (-3.5, -1, 3.5, 1)$, $f_1(x) = f_0(x) + \sum_{j=1}^{2} \gamma_{j1} I(x \in R_{j1})$.

■ 4.2 GBDT 算法

② 对迭代轮数 $t = 2$

将上步得到的残差作为样本新的标签值, 即 $y_i^2 = r_{i2}(i = 1, 2, \cdots, 4)$, 并将数据 $(x_i, y_i^2)(i = 1, 2, \cdots, 4)$ 作为下棵树的训练数据, 即表 4.10 的数据.

表 4.10 训练数据样本 2

编号	年龄/岁	工作年限/年	$y^1(x)$
1	26	3	-3.5
2	48	20	-1
3	32	10	3.5
4	40	15	1

接着, 寻找回归树的最佳划分节点, 遍历每个特征的每个可能取值. 从年龄特征 26, 48, 32, 40, 到工作年限特征 3, 20, 10, 15, 分别计算方差, 找到使方差最小的那个划分节点即为最佳划分节点.

所有可能划分情况如表 4.11 所示.

表 4.11 所有可能划分情况 2

划分点	小于划分点的样本	大于等于划分点的样本	总方差
年龄 26	/	1,2,3,4	6.625
年龄 48	1,3,4	2	8.3889
年龄 32	1	2,3,4	3.3889
年龄 40	1,3	2,4	13.25
工作年限 3	/	1,2,3,4	6.625
工作年限 20	1,3,4	2	8.3889
工作年限 10	1	2,3,4	3.3889
工作年限 15	1,3	2,4	13.25

以上划分点使得总方差最小为 3.3889, 有两个划分点: 年龄 32 和工作年限 10, 所以随机选一个作为划分点, 这里我们选工作年限 10, 如图 4.5 所示.

$y^2(x)$ 均值
$(-3.5, -1, 3.5, 1)$
0

工作年限 < 10 工作年限 $\geqslant 10$

均值 (-3.5) $(-1, 3.5, 1)$
        -3.5 1.1667

残差   0 -2.1667 2.3333 -0.1667

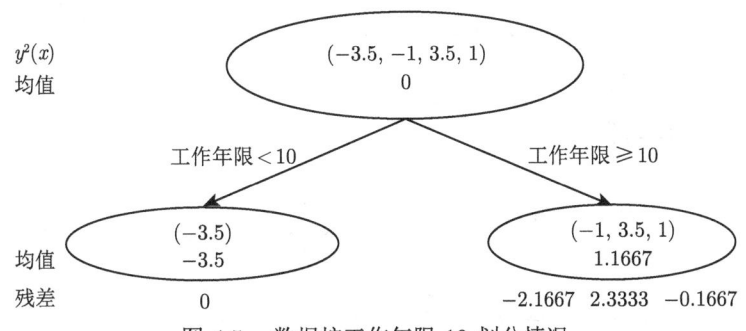

图 4.5 数据按工作年限 10 划分情况

即 $(\gamma_{12}, \gamma_{22}) = (-3.5, 1.1667)$, $(r_{13}, r_{23}, r_{33}, r_{43}) = (0, -2.1667, 2.3333, -0.1667)$, $f_2(x) = f_1(x) + \sum_{j=1}^{2} \gamma_{j2} I(x \in R_{j2})$.

③对迭代轮数 $t = 3$

将上步得到的残差作为样本新的标签值, 即 $y_i^3 = r_{i3}(i = 1, 2, \cdots, 4)$, 并将数据 $(x_i, y_i^3)(i = 1, 2, \cdots, 4)$ 作为下棵树的训练数据, 即表 4.12 的数据.

表 4.12 训练数据样本 3

编号	年龄/岁	工作年限/年	$y^3(x)$
1	26	3	0
2	48	20	-2.1667
3	32	10	2.3333
4	40	15	-0.1667

接着, 寻找回归树的最佳划分节点, 遍历每个特征的每个可能取值. 从年龄特征 26, 48, 32, 40, 到工作年限特征 3, 20, 10, 15, 分别计算方差, 找到使方差最小的那个划分节点即为最佳划分节点.

所有可能划分情况如表 4.13 所示.

表 4.13 所有可能划分情况 3

划分点	小于划分点的样本	大于等于划分点的样本	总方差
年龄 26	/	1,2,3,4	2.5417
年龄 48	1,3,4	2	1.3025
年龄 32	1	2,3,4	3.3889
年龄 40	1,3	2,4	2.3611
工作年限 3	/	1,2,3,4	2.5417
工作年限 20	1,3,4	2	1.3025
工作年限 10	1	2,3,4	3.3889
工作年限 15	1,3	2,4	2.3611

以上划分点使得总方差最小为 1.3025, 有两个划分点: 年龄 48 和工作年限 20, 所以随机选一个作为划分点, 这里我们选年龄 48, 如图 4.6 所示.

即 $(\gamma_{12}, \gamma_{22}) = (0.7222, -2.1667)$, $(r_{13}, r_{23}, r_{33}, r_{43}) = (-0.7222, 0, 1.6111, -0.8889)$, $f_3(x) = f_2(x) + \sum_{j=1}^{2} \gamma_{j3} I(x \in R_{j3})$.

(3) 得到强学习器

$$f(x) = f_K(x) = f_0(x) + \sum_{t=1}^{K} \sum_{j=1}^{J} \gamma_{jt} I(x \in R_{jt})$$

$$= 14.25 + \sum_{t=1}^{3} \sum_{j=1}^{2} \gamma_{jt} I(x \in R_{jt})$$

4.2 GBDT 算法

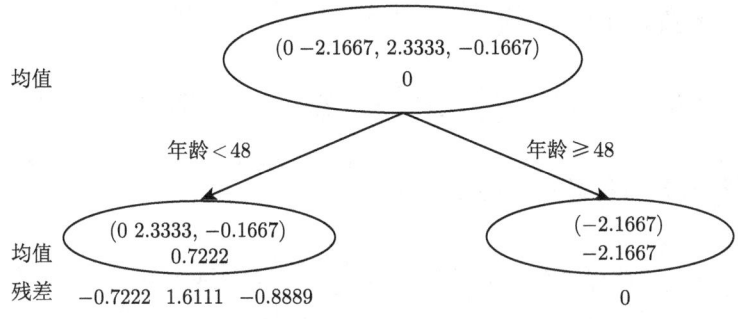

```
                    (0 −2.1667, 2.3333, −0.1667)
       均值                    0
                          /        \
                   年龄<48        年龄≥48
                     /               \
   均值      (0 2.3333, −0.1667)    (−2.1667)
                 0.7222              −2.1667
   残差   −0.7222  1.6111  −0.8889       0
```

图 4.6　数据按年龄 48 划分情况

使用上述得到的强学习器预测样本 5(表 4.14).

表 4.14　预测样本数据

编号	年龄/岁	工作年限/年	贷款额度/万元
5(要预测的)	30	6	?

由初始化弱学习器可知, 第 0 棵树对该预测样本的预测值为

$$f_0(x) = \gamma = 14.25$$

由该预测样本的年龄为 $30 \leqslant 40$, 第 1 棵树如图 4.7 所示.

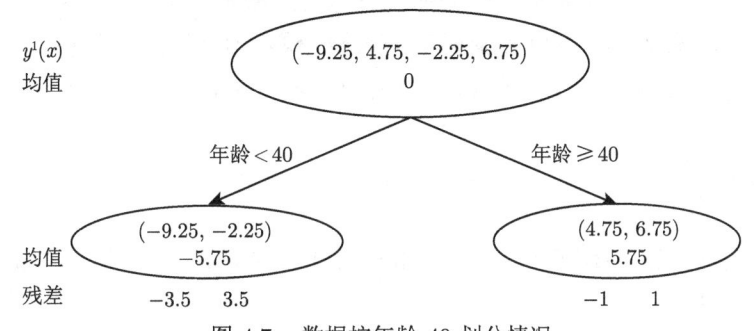

```
     y¹(x)           (−9.25, 4.75, −2.25, 6.75)
     均值                      0
                         /         \
                   年龄<40        年龄≥40
                     /              \
   均值        (−9.25, −2.25)      (4.75, 6.75)
                 −5.75              5.75
   残差       −3.5    3.5          −1     1
```

图 4.7　数据按年龄 40 划分情况

故该预测样本在第 1 棵树上的预测值为

$$f_1(x) = f_0(x) + \sum_{j=1}^{2} \gamma_{j1} I(x \in R_{j1}) = 14.25 - 5.75 = 8.5$$

同理可得, 第 2 棵树上的预测值为

$$f_2(x) = f_1(x) + \sum_{j=1}^{2} \gamma_{j2} I(x \in R_{j2}) = 8.5 - 3.5 = 5$$

第 3 棵树上的预测值为

$$f_3(x) = f_2(x) + \sum_{j=1}^{2} \gamma_{j3} I(x \in R_{j3}) = 5 + 0.7222 = 5.7222$$

最终由强学习器, 可得样本 5 的预测值为

$$f(x) = f_K(x) = f_0(x) + \sum_{t=1}^{K} \sum_{j=1}^{J} \gamma_{jt} I(x \in R_{jt})$$

$$= 14.25 - 5.75 - 3.5 + 0.7222 = 5.7222$$

由计算得到, 样本 5 的预测贷款额度为 5.7222 万元.

4.2.4 Shrinkage 策略

GBDT 可以采用 Shrinkage(缩减) 的策略通过参数设置步长, 避免过拟合. Shrinkage 的思想认为, 每次走一小步逐渐逼近结果的效果, 要比每次迈一大步很快逼近结果的方式更容易避免过拟合. 即它不完全信任每一棵残差树, 它认为每棵树只学到了真值的一小部分, 累加的时候只累加一小部分, 通过多学几棵树来弥补不足. Shrinkage 仍然以残差作为学习目标, 但对于残差学习出来的结果, 只累加一小部分 (步长 × 残差) 来逐步逼近目标, 步长一般都比较小, 导致各个树的残差是渐变的而不是陡变的. 本质上, Shrinkage 为每棵树 t 设置了一个权重 α_t, 累加时要乘以这个权重, 最终的模型为 $f(x) = f_K(x) = f_0(x) + \sum_{t=1}^{K} \sum_{j=1}^{J} \alpha_t \gamma_{jt} I(x \in R_{jt})$. Shrinkage 能减少过拟合发生是经验证明的, 目前还没有看到理论的证明.

4.2.5 场景应用

本节主要讲解 GBDT 算法在 Python 中的实现过程, 其中配套的数据是第 3 章 3.5 节中的数据.

数据及代码详见: https://gitee.com/zzufinlab/bookcode/tree/master/Chapter_4/4_2.

同样把 Lending Club 的 2019 年第 3 季度数据集随机抽取 80%作为训练集, 20%作为测试集, 训练好的模型对测试集数据进行预测, 得到以下混淆矩阵和评估指标 (表 4.15 和表 4.16).

表 4.15 混淆矩阵

	预测为 "1"	预测为 "0"
标签为 "1"	345	1457
标签为 "0"	318	4459

表 4.16 评估指标

模型	准确率	AUC 值	KS 值
GBDT	0.7586	0.7064	0.2978

ROC 和 KS 曲线如图 4.8 所示.

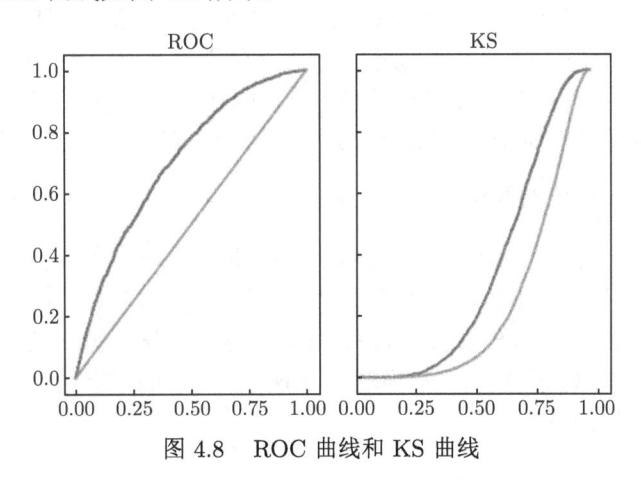

图 4.8 ROC 曲线和 KS 曲线

4.3 XGBoost 算法

4.3.1 XGBoost 算法简介

XGBoost 是一种高效的 Boosting 集成学习模型框架 (Chen and Guestrin, 2016), 起源于决策树模型, 利用树型分类器得到强大的分类结果和十分高效的运算效率, 由于分类和预测的高效性与准确性, 该算法不仅在国外数据竞赛平台 Kaggle 的比赛中多次取得好成绩, 且已被广泛用于银行破产预测、网络入侵检测等多个领域. 近年来, 学者开始将基于集成学习的信用评分技术应用于银行的信用评价问题 (Li et al., 2020), GBDT、XGBoost、AdaBoost、MultiBoost、随机森林等集成算法模型在信用评价领域得到了广泛使用.

XGBoost 的全称是极度提升树 (extreme gradient boosting), 是一种基于决策树 (CART) 的分布式高效梯度提升算法. 通过集成多个基学习器形成一个强学习器. 基学习器包括 CART 回归树 (GBTree) 和线性分类器 (GBLinear) 两种. 此处, 仅对基于 CART 回归树的 XGBoost 展开讨论.

XGBoost 的基本思想是: ①许多弱分类器的组合就是一个强分类器, 最终预测值为所有树预测值的加权和; ②不断在错误中学习, 用迭代来降低犯错的概率: 采用 GBDT 算法中基于残差建模的思想, 通过多次迭代达到较高的精确度.

XGBoost 效果好, 对于输入要求不敏感, 与逻辑回归 LR 相比有优势如下: 不需要做特征的归一化, 可自动进行特征选择, 可以适应多种损失函数如平方损失函数 SquareLoss, 对数损失函数 LogLoss 等, 是统计学家和数据科学家必备的工具之一. 最后, 因为它在计算速度和准确率上表现良好, 较 GBDT 有明显的提升且计算复杂度不高, 在工业界中也有大量的应用.

XGBoost 基于 GBDT 的优化包括: ①目标函数增加了正则项, 防止过拟合; ②目标函数的优化提升利用了自身损失函数关于预测函数的二阶导数, 增加了可利用信息量; ③XGBoost 在①和②的基础上又分别对节点分裂、数据处理、并行计算、计算机内存读取等方面进行了进一步优化和集成, 是算法的集大成者, 体系完整而庞杂, 因此不管是在数据处理还是运算速度上都有明显的优势.

4.3.2 XGBoost 分类算法

先举个例子, 我们要预测一家人对电子游戏的喜好程度, 考虑到和年龄较大的人相比, 年轻人更可能喜欢电子游戏, 以及男性和女性相比, 男性更喜欢电子游戏, 故先根据年龄大小区分小孩和大人, 然后再通过性别区分开是男是女, 逐一给各人在电子游戏喜好程度上打分, 如图 4.9 所示 (本节的示意图引自 XGBoost 原作者陈天奇的讲义 PPT).

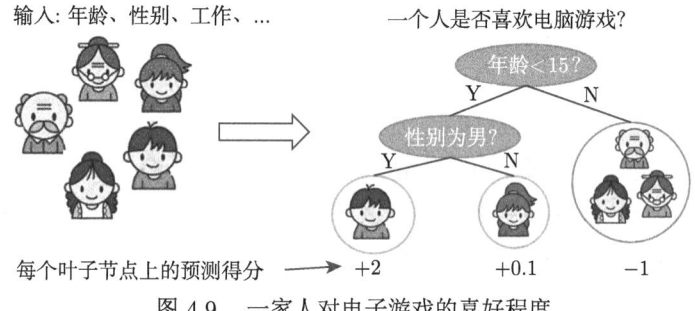

图 4.9 一家人对电子游戏的喜好程度

如图 4.10 所示, 训练出了 2 棵树 tree1 和 tree2, 类似之前 GBDT 的原理, 两棵树的结论累加起来便是最终的结论, 所以男孩的预测分数就是两棵树中小孩所落到的节点的分数相加: $2+0.9 = 2.9$. 爷爷的预测分数同理: $-1+(-0.9) = -1.9$. 具体如图 4.10 所示.

1. 模型函数表达

符号说明见表 4.17.

假设数据集 D 含有 n 个样本、m 个特征, 每个样本有唯一对应的标签 y. 数据集 D 可以表示为 $D = \{(x_i, y_i) | x_i \in R^m, y_i \in R\}$, $|D| = n$, 其中 $x_i = [x_{i1}, x_{i2}, \cdots, x_{im}]$ 是 m 维数组, 表示第 i 个样本的 m 个特征, y_i 为第 i 个样本对应的标签. 假设该模型共需迭代 K 次, 则目标函数如下:

4.3 XGBoost 算法

$$L(y, f_k(x)) = \sum_{i=1}^{n} l(y_i, \hat{y}_i) + \sum_{k=1}^{K} \Omega(f_k) \tag{4.9}$$

其中:

(1) 函数 $l(y_i, \hat{y}_i)$ 是损失函数, 损失函数揭示预测值和真实值的误差程度, 因此其值越小越好;

(2) $\Omega(f_k)$ 为衡量第 k 棵决策树的惩罚项, 正则化项 $\sum_{k=1}^{K} \Omega(f_k)$ 是衡量整个模型复杂度的惩罚项.

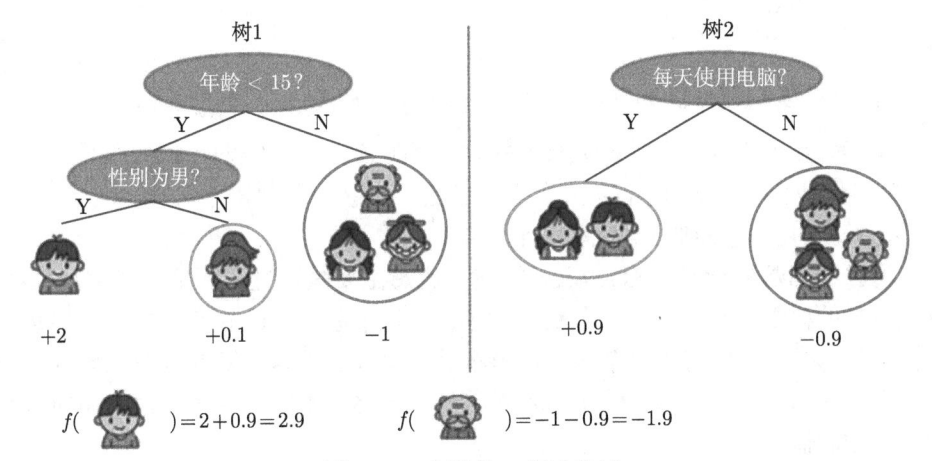

图 4.10 训练的 2 棵决策树

表 4.17 符号说明

符号	含义
n	样本总数 n
m	特征总数 m
t	算法迭代次数 $t = 1, 2, \cdots, K$
x_i	$x_i \in R^m$ 包含了第 i 个样本全部特征信息
y_i	第 i 个样本的标签, $y_i = 1$ 或 $y_i = 0$
p_i	第 i 个样本属于分类 1 的预测概率
$\hat{y}_i$	第 i 个样本的预测值
F	表示包含了所有决策树函数的函数空间
f_t	第 t 次迭代生成的第 t 棵决策树, $f_t \in F$
$l(y_i, \hat{y}_i^t)$	损失函数, 表示模型预测值和真实值的偏差
$L(y_i, f_t(x))$	目标函数
$\Omega(f)$	目标函数的正则项, 防止模型过拟合
j	决策树的第 j 个叶子节点

在梯度提升算法的迭代中, 每一次迭代会生成一个弱分类器 (即一棵决策树), 假设当前为第 t 次迭代, 此时目标函数是 $L(y, f_t(x))$, 则第 t 次迭代的目标函数

$L^{(t)}$ 是由前 $t-1$ 次迭代的结果与第 t 次迭代引入的决策树 $f_t(x)$ 计算所得. 显然, 我们的目标是要使得预测值尽量接近真实值 y, 那么我们本次迭代的目标是找到一个决策树模型 $f_t(x)$ 使本轮的目标函数 $L(y, f_t(x))$ 最小.

为了能够更好地逼近目标函数最小值, 我们考虑对目标函数 $L^{(t)}$ 进行二阶泰勒级数展开来近似优化, 最终得到第 t 次迭代的目标函数表达式 (4.9), 可近似表达为如下形式:

$$L^{(t)} \approx \sum_{i=1}^{n} \left[l\left(y_i, \hat{y}_i^{(t-1)}\right) + g_i f_t(x_i) + \frac{1}{2} h_i f_t^2(x_i) \right] + \sum_{k=1}^{K} \Omega(f_k) \tag{4.10}$$

其中:

(1) 二阶泰勒展开式为 $f(x + \Delta x) \approx f(x) + f'(x)\Delta x + \frac{1}{2}f''(x)\Delta x^2$;

(2) 定义 g_i 与 h_i 分别为损失函数 $l(y_i, \hat{y}_i)$ 关于 $\hat{y}_i^{(t-1)}$ 的一阶导数和二阶导数, 因此有 $g_i = \partial_{\hat{y}_i^{(t-1)}} l\left(y_i, \hat{y}_i^{(t-1)}\right)$, $h_i = \partial_{\hat{y}_i^{(t-1)}}^2 l\left(y_i, \hat{y}_i^{(t-1)}\right)$.

公式 (4.10) 的详细推导过程如下.

①**目标函数的确定**　XGBoost 的核心思想主要是通过不断地迭代来增加树, 每次添加的树都是在拟合上次预测的残差, 当训练完成得到 K 棵树时, 如果想要对样本进行预测, 只需将每个样本的特征代入模型, 样本在每棵树中会落到对应的一个叶子节点, 同时每个叶子节点对应一个分数, 最后将这些分数相加即可得到样本预测值.

由于该模型共迭代 K 次, 则在第 k 轮迭代中, 第 i 个样本的预测值 $\hat{y}_i$ 可以表示为已生成的前 k 个分类器结果之和, 因此可记作

$$\hat{y}_i = f(x_i) = \sum_{k=1}^{K} f_k(x_i), \quad f_k \in F \tag{4.11}$$

其中, f_k 表示第 k 次迭代生成的第 k 棵决策树, F 表示包含了所有决策树函数的函数空间. 该算法的目标函数 L 如式 (4.9), 由损失函数 $l(y, \hat{y})$ 和正则化项 $\Omega(f_k)$ 共同组成.

$$L(y, f_k(x)) = \sum_{i=1}^{n} l(y_i, \hat{y}_i) + \sum_{k=1}^{K} \Omega(f_k) \tag{4.9}$$

其中, 函数 $l(y, \hat{y})$ 可以是不同类型的损失函数, 如表 4.18 所示, 可以根据实际问题类型的不同 (回归或者分类) 来选取合适的损失函数. 我们希望模型的预测值尽量接近真实值, 而损失函数 $l(y, \hat{y})$ 通常用来衡量真实值 y 和预测值 $\hat{y}$ 之间不一致的程度, 因此损失函数值越小越好. 正则化项 $\Omega(f_k)$ 定义模型复杂度, $\sum_{k=1}^{K} \Omega(f_k)$ 则表示整个累加模型的复杂度, 值越小复杂度越低.

4.3 XGBoost 算法

表 4.18　回归问题与分类问题常用的几种损失函数

回归问题	均方差损失函数 $l(y, f(x)) = \frac{1}{2}(y - f(x))^2$
	绝对损失函数 $l(y, f(x)) = \|y - f(x)\|$
	Huber 函数 $l(y, f(x)) = \begin{cases} \frac{1}{2}(y - f(x))^2, & \|y - f(x)\| \leqslant \delta \\ \delta\left(\|y - f(x)\| - \frac{\delta}{2}\right), & \|y - f(x)\| > \delta \end{cases}$
	分位数函数 $l(y, f(x)) = \sum_{y \geqslant f(x)} \theta \|y - f(x)\| + \sum_{y < f(x)} (1 - \theta) \|y - f(x)\|$
分类问题	0-1 损失 (zero-one loss) $l(y, f(x)) = \begin{cases} 0, & yf(x) \geqslant 0 \\ 1, & yf(x) < 0 \end{cases}$
	Logistic 损失函数 $l(y, p) = -(y \log(p) + (1 - y) \log(1 - p))$, 其中 $p = \dfrac{1}{1 + e^{-f(x)}}$
	Softmax 损失函数 $l(y, p) = -\sum_{k=1}^{K} y_k \log p_k$, 其中 $p_k = \dfrac{e^{f_k(x)}}{\sum_{k=1}^{K} e^{f_k(x)}}$
	Hinge 损失函数 $l(y, f(x)) = \max(0, 1 - yf(x))$
	指数 (exponentia) 损失 $l(y, f(x)) = e^{-yf(x)}$
	Modified Huber Loss $l(y, f(x)) = \begin{cases} \max(1, 1 - yf(x))^2, & yf(x) \geqslant -1 \\ -4yf(x), & yf(x) < -1 \end{cases}$

②目标函数的近似优化　类似于 GBDT 的迭代方法, XGBoost 也是将多棵树的预测结果累加得到最终预测值. 假设当前为第 t 次迭代, 则本次迭代的模型预测值由前 $t-1$ 次迭代的结果与第 t 次迭代引入的决策树 $f_t(x)$ 相加所得. 因此可以对公式 (4.9) 中的目标函数 L 进行改写, 并对其进行二阶泰勒级数展开. 根据梯度提升算法, 迭代过程可由下式表示:

$$\begin{aligned}
\hat{y}_i^{(0)} &= 0 \\
\hat{y}_i^{(1)} &= f_1(x_i) = \hat{y}_i^{(0)} + f_1(x_i) \\
\hat{y}_i^{(2)} &= f_1(x_i) + f_2(x_i) = \hat{y}_i^{(1)} + f_2(x_i) \\
&\cdots\cdots \\
\hat{y}_i^{(t)} &= \sum_{k=1}^{t} f_k(x_i) = \hat{y}_i^{(t-1)} + f_t(x_i)
\end{aligned} \quad (4.12)$$

其中, $\hat{y}_i^{(t)}$ 为第 i 个样本在第 t 轮迭代中的预测值, 将其代入目标函数 L 进行二阶泰勒展开:

$$f(x + \Delta x) \approx f(x) + f'(x) \Delta x + \frac{1}{2} f''(x) \Delta x^2 \quad (4.13)$$

同时定义 $g_i = \partial_{\hat{y}_i^{(t-1)}} l\left(y_i, \hat{y}_i^{(t-1)}\right)$, $h_i = \partial^2_{\hat{y}_i^{(t-1)}} l\left(y_i, \hat{y}_i^{(t-1)}\right)$, 即 g_i 与 h_i 分别为损失函数关于 $\hat{y}_i^{(t-1)}$ 的一阶导数和二阶导数, 最后可以得到

$$L^{(t)} = \sum_{i=1}^{n} l(y_i, \hat{y}_i) + \sum_{k=1}^{t} \Omega(f_k)$$

$$\begin{aligned}
&= \sum_{i=1}^{n} l\left(y_i, \hat{y}_i^{(t-1)} + f_t(x_i)\right) + \Omega(f_t) + \sum_{k=1}^{t-1} \Omega(f_k) \\
&\approx \sum_{i=1}^{n} \left[l\left(y_i, \hat{y}_i^{(t-1)}\right) + g_i f_t(x_i) + \frac{1}{2} h_i f_t^2(x_i) \right] + \Omega(f_t) + \sum_{k=1}^{t-1} \Omega(f_k) \\
&= \sum_{i=1}^{n} \left[g_i f_t(x_i) + \frac{1}{2} h_i f_t^2(x_i) \right] + \Omega(f_t) + \left[\sum_{i=1}^{n} l\left(y_i, \hat{y}_i^{(t-1)}\right) + \sum_{k=1}^{t-1} \Omega(f_k) \right]
\end{aligned}$$
(4.14)

此处的难点是梳理清楚泰勒展开式各项与目标函数的对应关系，目标函数中的 $\hat{y}_i^{(t-1)}$ 对应 (4.13) 式泰勒展式 f 中的 x, $f_t(x_i)$ 对应 Δx，所以 f 对 x 求导数对应损失函数对 $\hat{y}_i^{(t-1)}$ 求偏导数.

由于在第 t 次迭代中，$\sum_{i=1}^{n} l\left(y_i, \hat{y}_i^{(t-1)}\right) + \sum_{k=1}^{t-1} \Omega(f_k)$ 代表第 $t-1$ 次迭代的结果，可以看作常数项，对目标函数求最优值点无影响，目标函数只依赖于损失函数 $l(y_i, \hat{y}_i)$ 关于 $\hat{y}_i^{(t-1)}$ 的一阶导数 g_i、二阶导数 h_i 以及第 t 次迭代的正则项. 因此目标函数可简记为

$$L^{(t)} = \sum_{i=1}^{n} \left[g_i f_t(x_i) + \frac{1}{2} h_i f_t^2(x_i) \right] + \Omega(f_t) \tag{4.15}$$

③**引入叶子节点得分和正则项**　定义 $I_j = \{i | q(x_i) = j\}$ 为决策树中第 j 个叶子节点上的样本点集合，其中结构函数 $q(x)$ 将样本点 x 映射到所在叶子节点位置 j, ω 表示叶子节点的得分，因此可以用 $\omega_{q(x)}$ 表示决策树的结果. 考虑到每棵决策树 $f(x)$ 都包含了一个独立的树结构 $q(x)$ 和该树的结果 $\omega_{q(x)}$，可将其记作

$$f(x) = \omega_{q(x)}, \quad \omega \in R^T, \quad q: R^d \to \{1, 2, \cdots, T\} \tag{4.16}$$

将公式 (4.16) 代入公式 (4.15) 可对目标函数进行改写，得

$$\begin{aligned}
L^{(t)} &= \sum_{i=1}^{n} \left[g_i f_t(x_i) + \frac{1}{2} h_i f_t^2(x_i) \right] + \Omega(f_t) \\
&= \sum_{i=1}^{n} \left[g_i \omega_{t,q(x_i)} + \frac{1}{2} h_i \omega_{t,q(x_i)}^2 \right] + \Omega(f_t)
\end{aligned} \tag{4.17}$$

接下来代入具体的正则项，为了计算方便和防止模型过拟合，通常选用叶子节点个数的惩罚函数和叶子节点得分的 L_2 范数来共同度量模型的复杂度，记作

$$\Omega(f_k) = \gamma T_k + \frac{1}{2} \lambda \sum_{j=1}^{T_k} \omega_{kj}^2 \tag{4.18}$$

4.3 XGBoost 算法

其中,T_k 表示第 k 棵树的叶子节点个数,γ 为叶子节点数 T 的收缩系数,ω_{kj} 表示第 k 棵树上第 j 个叶子节点的得分,λ 为叶子节点得分 ω 的惩罚系数,$\Omega(f_k)$ 的取值可以通过交叉验证方式进行寻优. 将 (4.18) 式代入 (4.17) 式,可以得到

$$\begin{aligned}
L^{(t)} &= \sum_{i=1}^{n}\left[g_i f_t(x_i) + \frac{1}{2}h_i f_t^2(x_i)\right] + \Omega(f_t) \\
&= \sum_{i=1}^{n}\left[g_i \omega_{t,q(x_i)} + \frac{1}{2}h_i \omega_{t,q(x_i)}^2\right] + \gamma T_t + \frac{1}{2}\lambda \sum_{j=1}^{T_t}\omega_{t,j}^2 \\
&= \sum_{j=1}^{T_t}\left[\left(\sum_{i\in I_j} g_i\right)\omega_{t,j} + \frac{1}{2}\left(\sum_{i\in I_j} h_i + \lambda\right)\omega_{t,j}^2\right] + \gamma T_t \\
&= \sum_{j=1}^{T_t}\left[G_j \omega_{t,j} + \frac{1}{2}(H_j + \lambda)\omega_{t,j}^2\right] + \gamma T_t
\end{aligned} \quad (4.19)$$

其中,定义 $G_j = \sum\limits_{i\in I_j} g_i$,$H_j = \sum\limits_{i\in I_j} h_i$. (4.19) 式中出现了中两种累加,一种是在叶子节点 j 上的所有样本的 g_i 和 h_i 的累加,一种是第 t 棵树中所有叶子节点的累加.

由于我们以二分类问题为例,样本的真实标签 y_i 的取值为 1 或 0,因此选择常用的 Logloss 函数作为损失函数,即

$$\begin{aligned}
l\left(y_i, \hat{y}_i^{(t)}\right) &= -(y_i \log(p_i) + (1-y_i)\log(1-p_i)) \\
p_i &= \frac{1}{1+e^{-\hat{y}_i}}
\end{aligned} \quad (4.20)$$

公式 (4.20) 的详细推导过程见此节的第④部分.

④二分类问题损失函数的推导 在 XGBoost 模型中,二分类问题常用的损失函数为 Logloss 函数.

已知样本 $(x_1, y_1), \cdots, (x_n, y_n)$,由于在二分类问题中,标签列 y_i 的取值为 0 或 1,则根据二项分布的概率公式可求得 n 个样本 $Y_i = y_i (i = 1, 2, \cdots, n)$ 的概率:

$$P\{Y_1 = y_1, Y_2 = y_2, \cdots, Y_n = y_n\} = \prod_{i=1}^{n} p_i^{y_i}(1-p_i)^{1-y_i} \quad (4.21)$$

为了使满足该条件的概率 P 最大 (极大似然),我们对公式 (4.21) 取对数得

$$L = \ln P = \sum_{i=1}^{n} y_i \ln p_i + \sum_{i=1}^{n}(1-y_i)\ln(1-p_i) \quad (4.22)$$

此时需要满足极大似然函数 L 最大, 若我们令损失函数为 $-L$, 即可等价为求损失函数的最小值, 如式 (4.20), 损失函数可以表示为

$$l\left(y_i, \hat{y}_i^{(t)}\right) = -\left(y_i \log(p_i) + (1-y_i)\log(1-p_i)\right)$$
$$p_i = \frac{1}{1+e^{-\hat{y}_i}}$$

因此, 可推导在 Logloss 函数下 g_i 与 h_i 的取值公式:

$$g_i = \partial_{\hat{y}_i^{(t-1)}} l\left(y_i, \hat{y}_i^{(t-1)}\right)$$
$$= 1 - y_i - \frac{e^{-\hat{y}_i^{(t-1)}}}{1+e^{-\hat{y}_i^{(t-1)}}} = p_i - y_i \tag{4.23}$$

由于 $\frac{1}{2}(H_j + \lambda) > 0$ 恒成立

$$h_i = \partial_{\hat{y}_i^{(t-1)}}^2 l\left(y_i, \hat{y}_i^{(t-1)}\right)$$
$$= \frac{e^{-\hat{y}_i^{(t-1)}}}{\left(1+e^{-\hat{y}_i^{(t-1)}}\right)^2} = p_i(1-p_i) \tag{4.24}$$

2. 关键问题

1) 确定叶子节点得分

这里先假设我们的树结构 $q(x)$ 固定不变, 根据公式 (4.19), 由于 $\frac{1}{2}(h_j + \lambda) > 0$ 恒成立, 因此目标损失函数 L 是关于叶子节点预测值 $\omega_{t,j}$ 的开口向上的抛物线. 进一步, 可以找到使 L 最小化的叶子节点预测值 $\omega_{t,j}^*$. 根据二次函数的最小值原理, 对公式 (4.19) 中的变量 $\omega_{t,j}$ 求导, 就可以找到使目标函数 $L^{(t)}$ 值最小化的最优点 $\omega_{t,j}^*$:

$$\omega_{t,j}^* = -\frac{G_j}{H_j + \lambda} \tag{4.25}$$

此时, 相应的目标函数 $L^{(t)}$ 的最小值为

$$\tilde{L}^{(t)*} = -\frac{1}{2}\sum_{j=1}^{T_t} \frac{G_j^2}{H_j + \lambda} + \gamma T_t \tag{4.26}$$

其中, $\tilde{L}^{(t)}$ 的值越小, 就代表这个树的结构 $q(x)$ 越好, 因此 $\tilde{L}^{(t)}$ 可以被看作是用来度量树结构 $q(x)$ 质量的评分函数. 换句话说, 只要能够确定树结构 $q(x)$, 就可以求得该结构下的最优值. 因此, 考虑使用贪婪算法来确定每一个叶子节点的分裂方式与终止条件, 从而确定树的结构 $q(x)$.

4.3 XGBoost 算法

2) 如何建树 (确定分叉方法)

由于第 t 棵树是基于第 $t-1$ 棵树的叶子节点对应的概率值 $p_i^{(t-1)}$ 和真实标签 y 构建的, 首先选取全部或部分特征作为候选特征, 在每一次迭代中使用贪婪算法 (在对问题求解时, 总是做出在当前看来是最好的选择. 也就是说, 不从整体最优上加以考虑, 算法得到的是在某种意义上的局部最优解). 从树深度 0 开始, 每一节点都遍历所有的特征, 比如年龄、性别等等, 然后对于某个特征, 再通过计算得分来寻找最佳分裂点, 直至达到停止条件, 整个建树过程也可以称为对树结构 $q(x)$ 的确定.

假设 I_L 和 I_R 分别表示某一个叶子节点分裂后的左、右节点上的样本集, 则有 $I = I_L \cup I_R$. $\tilde{L}^{(t)}$ 的值越小, 表示树结构越好. 因此, 在每一轮迭代中, 针对每一个特征, 可以计算叶子节点在不引入分裂时的评分函数值 $\tilde{L}_{\text{No-Split}}^{(t)}$ 和引入分裂后的评分函数值 $\tilde{L}_{\text{Split}}^{(t)}$. 根据公式 (4.26), 计算公式如下:

$$\tilde{L}_{\text{Split}}^{(t)} = -\frac{1}{2}\left[\frac{G_L^2}{H_L+\lambda} + \frac{G_R^2}{H_R+\lambda}\right] + \gamma T_{\text{Split}}$$

$$\tilde{L}_{\text{No-Split}}^{(t)} = -\frac{1}{2}\frac{(G_L+H_R)^2}{H_L+H_R+\lambda} + \gamma T_{\text{No-Split}} \tag{4.27}$$

其中, G_L, H_L 表示分裂后的左节点的一阶、二阶导数和, G_R, H_R 表示分裂后的右节点的一阶、二阶导数和. 令公式 (4.27) 中的 $\tilde{L}_{\text{No-Split}}^{(t)}$ 和 $\tilde{L}_{\text{Split}}^{(t)}$ 相减, 即可得到第 t 棵树的叶子节点在引入分裂后的损失增益 Gain(下文将 Gain 称为对应的特征得分):

$$\begin{aligned}
\text{Gain} &= \tilde{L}_{\text{No-Split}}^{(t)} - \tilde{L}_{\text{Split}}^{(t)} \\
&= \left\{-\frac{1}{2}\frac{(G_L+G_R)^2}{H_L+H_R+\lambda} + \gamma T_{\text{No-Split}}\right\} - \left\{-\frac{1}{2}\left[\frac{G_L^2}{H_L+\lambda} + \frac{G_R^2}{H_R+\lambda}\right] + \gamma T_{\text{Split}}\right\} \\
&= \frac{1}{2}\left[\frac{G_L^2}{H_L+\lambda} + \frac{G_R^2}{H_R+\lambda} - \frac{(G_L+G_R)^2}{H_L+H_R+\lambda}\right] - \gamma(T_{\text{Split}} - T_{\text{No-Split}}) \\
&= \frac{1}{2}\left[\frac{G_L^2}{H_L+\lambda} + \frac{G_R^2}{H_R+\lambda} - \frac{(G_L+G_R)^2}{H_L+H_R+\lambda}\right] - \gamma
\end{aligned} \tag{4.28}$$

对于当前根节点的确定, 需要先遍历计算全部或部分特征对应的值, 找到具有最大损失增益的特征节点作为当前的根节点. 在当前根节点, 把样本集一分为二, 得到两个子节点样本集; 再分别对两个子节点集合, 重复上述过程, 直到达到分裂的停止条件, 即可完成第 t 棵树的生成. 分裂的停止条件一般有 4 种:

① 引入节点的损失增益 Gain 为负, 或小于预设阈值;

②决策树达到最大深度;

③样本权重和小于设定阈值, 意为当一个叶子节点样本太少则终止分裂, 防止过拟合;

④达到预设 CART 分类树或回归树的最大数量.

在每棵树生成后, 将其加入到原有模型中计算得到更新后的预测值 $\hat{y}_i$, 并根据上述规则不断迭代, 最终完成整个模型的构建.

3. XGBoost 二分类具体算法

此处使用 Logloss 损失函数和 (4.18) 式的正则项.

1) 初始化

由公式 (4.23)、公式 (4.24) 知 $g_i = p_i - y_i$, $h_i = p_i(1 - p_i)$.

$\hat{y}_i^{(t-1)}$ 是截止到第 $t-1$ 棵树, 得到的对样本 x_i 的预测值, y_i 是 x_i 的真实值; 建立第一棵树的时候, 第 0 棵树对样本 x_i 的预测值 $\hat{y}_i^{(0)} = 0$. 则第 t 轮迭代的目标函数如下:

$$L^{(t)} = \sum_{i=1}^{n} \left[g_i f_t(x_i) + \frac{1}{2} h_i f_t^2(x_i) \right] + \Omega(f_t) \tag{4.29}$$

2) 确定分叉方法

对于当前根节点的确定, 需要先遍历计算全部或部分特征对应的 Gain 值, 找到具有最大得分值的特征节点作为当前的根节点, 迭代过程如图 4.11.

输入: I 是当前样本的总样本集, m 是特征变量的维度.
for $k=1$ to m do
$\quad G_L \leftarrow 0$, $H_L \leftarrow 0$
$\quad$ for j in sorted $(I, \text{by } \mathbf{x}_{jk})$ do
$\quad\quad G_L \leftarrow G_L + g_j$, $H_L \leftarrow H_L + h_j$
$\quad\quad G_R \leftarrow G - G_L$, $H_R \leftarrow H - H_L$
$\quad\quad score \leftarrow \max\left[score, \frac{1}{2}\left[\frac{G_L^2}{H_L+\lambda} + \frac{G_R^2}{H_R+\lambda} + \frac{(G_L+G_R)^2}{H_L+H_R+\lambda} \right] - \gamma \right]$
$\quad$ end
end
输出: 得分最高的特征节点.

图 4.11 XGB 迭代过程图

得分公式为

$$\text{SCORE} = \frac{1}{2}\left[\frac{G_L^2}{H_L+\lambda} + \frac{G_R^2}{H_R+\lambda} - \frac{(G_L+G_R)^2}{H_L+H_R+\lambda} \right] - \gamma \tag{4.30}$$

其中 G_L 为在此分点上第一类 (左边) 数据的导数 g_i 之和, H_L 为第一类的二阶导

4.3 XGBoost 算法

数 h_i 之和; G_R 为此分点上第二类 (右边) 数据的导数 g_i 之和, H_R 为第二类的二阶导数 h_i 之和.

3) 建立当前二叉树叶子节点集合

对当前根节点, 把样本集按第二步找到的最大得分特征, 一分为二, 得到两个叶子节点样本集; 再分别对两个叶子节点集合, 重复以上第二步过程, 直到 Gain 为负值 (Gain 越大, 针对该节点来说下一轮的损失函数就更小, 如果 Gain 为负值就没有意义了) 或满足某个停止条件 (一般会设树的深度), 得到整棵树.

4) 计算整棵树叶子节点的预测值

设 $\omega \in R^T$, ω 为叶子节点的权重序列, $q: R^d \to \{1, 2, \cdots, T\}$, q 为树的结构, 对于整棵树的每个叶子节点, $q(x)$ 表示样本 x 所落的叶子节点的位置.

根据公式 (4.25), 可知此时叶子节点的预测值为 $\omega_j = -\dfrac{G_j}{H_j + \lambda}$. 其中, I_j 表示第 j 个叶子节点里的样本集合, 即 $I_j = \{i\,|\,q(x_i) = j\}$. 因此, $f_t(x)$ 可以表示为

$$f_t(x) = \omega_{q(x)}, \quad \omega \in R^T \tag{4.31}$$

到此, 已经完成第 t 棵树的建立.

5) 建立 k 棵树

重复第一到第四步过程基于第 t 棵树的预测值进行第 $t+1$ 棵树的建立, 直到第 k 棵树为止.

对样本 x_i 的预测值, 是所有树上的 $\omega_{q(x_i)}$ 的和.

关于模型对样本的预测结果:

初始化 (模型中没有树时, 其预测结果为 0): $\hat{y}_i^{(0)} = 0$.

往模型中加入第 1 棵树: $\hat{y}_i^{(1)} = f_1(x_i) = \hat{y}_i^{(0)} + f_1(x_i)$.

往模型中加入第 2 棵树: $\hat{y}_i^{(2)} = f_1(x_i) + f_2(x_i) = \hat{y}_i^{(1)} + f_2(x_i)$.

往模型中加入第 t 棵树: $\hat{y}_i^{(t)} = \sum_{k=1}^{t} f_k(x_i) = \hat{y}_i^{(t-1)} + f_t(x_i)$.

其中 f_k 表示第 k 棵树, $\hat{y}_i^{(t)}$ 表示组合 t 棵树模型对样本 x_i 的预测结果.

6) 确定样本分类

将样本最终预测值 $\hat{y}_i^{(t)}$ 转化为概率, 利用公式 $p_i = \dfrac{1}{1 + e^{-\hat{y}_i^{(t)}}}$ 计算.

当 $p_i \geqslant 0.5$ 时, 样本分类为 1; 否则为 0.

综合以上六步, 我们了解到, 每一棵树都建立在前一棵树的预测结果基础之上, 这是为了使预测值在每一轮都更逼近真实值, 以此来提升模型的预测效果.

4. XGBoost 多分类具体算法

XGBoost 在处理多分类问题时, 需要将其转化为二分类问题.

假设当前标签值有 0,1,2 三种情况,可以将问题划分为以下三个类别:在 0 标签下的二分类问题,标签 0 的样本分为一类,标签 1 或 2 的样本分为一类;在 1 标签下的二分类问题,标签 1 的样本分为一类,标签 0 或 2 的样本分为一类;在 2 标签下的二分类问题,标签 2 的样本分为一类,标签 0 或 1 的样本分为一类. 三种类别同时进迭代建树,最后将每种类别的预测值转化为概率,概率值最大的类别即为该样本的预测类别.

多分类 XGBoost 算法与二分类算法的区别为选用的损失函数不同,多分类问题以 Softmax 作为损失函数:

$$L(y,p) = -\sum_{k=1}^{K} y_k \log p_k \tag{4.32}$$

其中 $p_k = \dfrac{e^{f_k(x)}}{\sum_{k=1}^{K} e^{f_k(x)}}$,$k$ 代表标签类别数,$p_k(x_i)$ 指标签为第 k 种类别的概率. 可以得出此时对应的 g_i, h_i 如下:

$$g_i = \partial_{F_k(x_i)} L(y_k, F_k(x_i)) = p_k(x_i) - y_k \tag{4.33}$$

$$h_i = p_k(1-p_k) \tag{4.34}$$

4.3.3 XGBoost 回归算法

回归 XGBoost 算法与二分类和多分类算法的区别为选用的损失函数不同,所以得到的 g_i, h_i 计算公式不同. 回归算法中,本节以均方差损失函数作为损失函数:

$$L(y, f(x)) = \frac{1}{2}(y - f(x))^2 \tag{4.35}$$

可以得到

$$g_i = \partial_{\hat{y}_i^{(t-1)}} \left[\frac{1}{2}\left(\hat{y}_i^{(t-1)} - y_i\right)\right]^2 = \hat{y}_i^{(t-1)} - y_i \tag{4.36}$$

$$h_i = \partial^2_{\hat{y}_i^{(t-1)}} \left[\frac{1}{2}\left(\hat{y}_i^{(t-1)} - y_i\right)\right]^2 = 1 \tag{4.37}$$

4.3.4 XGBoost 示例

1. 二分类示例

如表 4.19 所示的一组数据,共有 10 个样本,其中每个样本包含 3 个特征,即房屋拥有权、工作年限和 FICO 级别. 我们想通过这 3 个信息特征来预测是否贷款,标签值为 1 和 0,是为 1,否为 0.

4.3 XGBoost 算法

表 4.19 样本数据

序号	房屋拥有权	工作年限	FICO 级别	是否贷款	y_i
1	租赁	大于 10 年	低	否	0
2	租赁	大于 10 年	高	否	0
3	自有	大于 10 年	低	是	1
4	抵押	5~10 年	低	是	1
5	抵押	小于 5 年	低	是	1
6	抵押	小于 5 年	高	否	0
7	自有	小于 5 年	高	是	1
8	租赁	5~10 年	低	否	0
9	租赁	小于 5 年	低	是	1
10	抵押	5~10 年	低	是	1

通过这些数据,利用 Logloss 函数作为损失函数,进行 XGBoost 模型训练. 由于样本数量不多,所以此处设置树的数量为 3,树的深度为 2,$\lambda=0.5$. Logloss 函数: $L(y_i, \hat{y}_i^{(t)}) = -(y_i \log p_i + (1-y_i)\log(1-p_i))$,其中,$p_i = \dfrac{1}{1+\mathrm{e}^{-\hat{y}_i^{(t-1)}}}$.

1) 建立第 1 棵树

(1) **初始化**

$$g_i = \partial_{\hat{y}_i^{(t-1)}} L(y_i, p_i) = p_i - y_i$$

即一阶导数为由第 $t-1$ 棵树的预测值所计算出 p_i 的值减去真实值:

$$h_i = \partial^2_{\hat{y}_i^{(t-1)}} L(y_i, \hat{y}_i^{(t-1)}) = p_i(1-p_i)$$

其中 $\hat{y}_i^{(t-1)}$ 是截止到第 $t-1$ 棵树,得到的对样本 x_i 的预测值,y_i 是 x_i 的真实值;建立第 1 棵树的时候,第 0 棵树对样本 x_i 的预测值为 $\hat{y}_i^{(0)} = 0$,由此计算每个样本.

表 4.20 训练数据样本 1

编号	y_i	$\hat{y}_i^{(0)}$	p_i	g_i	h_i
1	0	0	0.5	0.5	0.25
2	0	0	0.5	0.5	0.25
3	1	0	0.5	−0.5	0.25
4	1	0	0.5	−0.5	0.25
5	1	0	0.5	−0.5	0.25
6	0	0	0.5	0.5	0.25
7	1	0	0.5	−0.5	0.25
8	0	0	0.5	0.5	0.25
9	1	0	0.5	−0.5	0.25
10	1	0	0.5	−0.5	0.25

$$G \leftarrow \sum_{i \in I} g_i = -1$$

$$H \leftarrow \sum_{i \in I} h_i = 2.5$$

(2) 确定分叉方法 寻找回归树的最佳划分节点, 遍历每个特征的每个可能取值. 从房屋拥有权开始, 到贷款等级高低结束, 分别计算 SCORE, 找到使 SCORE 最大的那个特征即为最佳划分特征.

例如: 以房屋拥有权是否租赁为判断特征, 将房屋拥有权为租赁的样本划分为一类, 自有和抵押的样本划分为另一类. 样本 1,2,8,9 为一组, $G_L = g_1 + g_2 + g_8 + g_9 = 1$, $H_L = h_1 + h_2 + h_8 + h_9 = 1$. 样本 3,4,5,6,7,10 为一组, $G_R = -2$, $H_R = 1.5$.

引入 (4.30) 得分公式 $\text{SCORE} = \frac{1}{2}\left[\frac{G_L^2}{H_L + \lambda} + \frac{G_R^2}{H_R + \lambda} - \frac{(G_L + G_R)^2}{H_L + H_R + \lambda}\right] - \gamma$, 因为下一步是比较不同划分点的得分大小, 为了计算便捷, 接下来的计算都将得分公式化简如下:

$$\text{SCORE} = \frac{G_L^2}{H_L + 0.5} + \frac{G_R^2}{H_R + 0.5} - \frac{G^2}{H + 0.5}$$

所有可能划分情况如表 4.21 所示.

表 4.21 样本 1 的回归树节点划分情况

划分点	是的样本	否的样本	G_L	G_R	H_L	H_R	SCORE
租赁	1,2,8,9	3,4,5,6,7,10	1	−2	1	1.5	2.3333
自有	3,7	1,2,4,5,6,8,9,10	−1	0	0.5	2	0.6667
抵押	4,5,6,10	1,2,3,7,8,9	−1	0	1	1.5	0.3333
小于 5 年	5,6,7,9	1,2,3,4,8,10	−1	0	1	1.5	0.3333
5∼10 年	4,8,10	1,2,3,5,6,7,9	−0.5	−0.5	0.75	1.75	−0.0222
大于 10 年	1,2,3	4,5,6,7,8,9,10	−0.5	−1.5	0.75	1.75	0.8667
贷款等级高	2,6,7	1,3,4,5,8,9,10	0.5	−1.5	0.75	1.75	0.8667

以上划分点得分值最大为 2.3333, 划分点: 房屋拥有权是否为租赁.

(3) 建立当前二叉树叶子节点集合 对当前根节点以房屋拥有权租赁和不租赁一分为二, 得到两个叶子节点样本集. 为方便理解及样本集大小的限制, 我们设置树的叶子节点个数为 4, 即第一步分叉树结构如图 4.12.

对于第一次分叉后的类别 1(样本 1, 2, 8, 9), 我们继续分叉, 其中除去共同特征, 计算剩余各特征划分得分, 计算如表 4.22.

■ 4.3 XGBoost 算法

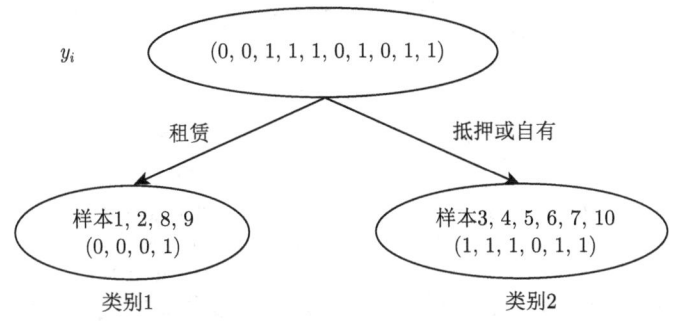

y_i (0, 0, 1, 1, 1, 0, 1, 0, 1, 1)

租赁 → 样本1, 2, 8, 9 (0, 0, 0, 1) 类别1

抵押或自有 → 样本3, 4, 5, 6, 7, 10 (1, 1, 1, 0, 1, 1) 类别2

图 4.12 样本 1 按房屋拥有权划分情况

表 4.22 样本 1 类别 1 的回归树节点划分情况

划分点	是的样本	否的样本	G_L	G_R	H_L	H_R	SCORE
小于 5 年	9	1,2,8	−0.5	1.5	0.25	0.75	1.4667
5∼10 年	8	1,2,9	0.5	0.5	0.25	0.75	−0.1333
大于 10 年	1,2	8,9	1	0	0.5	0.5	0.3333
贷款等级高	2	1,8,9	0.5	0.5	0.25	0.75	−0.1333

其中得分最高的划分为工作年限是否小于五年.

对于类别 2(样本 3, 4, 5, 6, 7, 10),计算各特征划分得分,计算如表 4.23.

表 4.23 样本 1 类别 2 的回归树节点划分情况

划分点	是的样本	否的样本	G_L	G_R	H_L	H_R	SCORE
自有	3,7	4,5,6,10	−1	−1	0.5	1	−0.3333
抵押	4,5,6,10	3,7	−1	−1	1	0.5	−0.3333
小于 5 年	5,6,7	3,4,10	−0.5	−1.5	0.75	0.75	0
5∼10 年	4,10	3,5,6,7	−1	−1	0.5	1	−0.3333
大于 10 年	3	4,5,6,7,10	−0.5	−1.5	0.25	1.25	−0.3810
贷款等级高	6,7	3,4,5,10	0	−2	0.5	1	0.6667

得分最高的特征是贷款等级高. 由此可得第 1 棵树的结构如图 4.13 所示.

(4) **计算整棵树叶子节点的预测值** 对于整棵树的每个叶子节点, 计算叶子节点的预测值, 其中 G_j 代表决策树的第 j 个叶子节点所有样本的 g 之和, H_j 代表决策树的第 j 个叶子节点所有样本的 h 之和:

$$\omega_j^* = -\frac{\sum_{i \in I_j} g_i}{\sum_{i \in I_j} h_i + \lambda} = -\frac{G_j}{H_j + \lambda}$$

①第 1 个叶子节点里的样本集合 $I_1 = \{9\}$, 对应的预测值为

图 4.13 第 1 棵树的结构

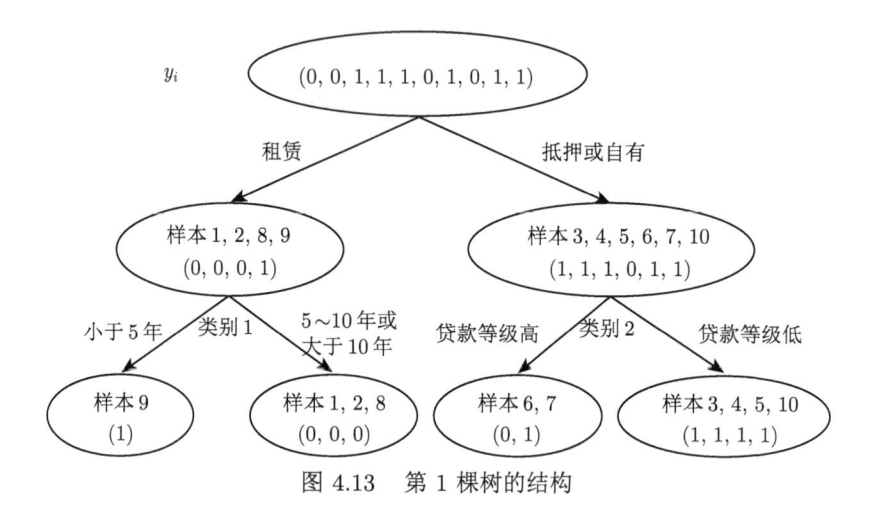

$$\omega_1^* = -\frac{\sum\limits_{i \in I_1} g_i}{\sum\limits_{i \in I_1} h_i + \lambda} = -\frac{G_1}{H_1 + \lambda} = 0.6667$$

②第 2 个叶子节点里的样本集合 $I_2 = \{1, 2, 8\}$, 对应的预测值为

$$\omega_2^* = -\frac{\sum\limits_{i \in I_2} g_i}{\sum\limits_{i \in I_2} h_i + \lambda} = -\frac{G_2}{H_2 + \lambda} = -1.2$$

③第 3 个叶子节点里的样本集合 $I_3 = \{6, 7\}$, 对应的预测值为

$$\omega_3^* = -\frac{\sum\limits_{i \in I_3} g_i}{\sum\limits_{i \in I_3} h_i + \lambda} = -\frac{G_3}{H_3 + \lambda} = 0$$

④第 4 个叶子节点里的样本集合 $I_4 = \{3, 4, 5, 10\}$, 对应的预测值为

$$\omega_4^* = -\frac{\sum\limits_{i \in I_4} g_i}{\sum\limits_{i \in I_4} h_i + \lambda} = -\frac{G_4}{H_4 + \lambda} = 1.3333$$

即第 1 棵树为图 4.14.

第 1 棵树上的预测值如表 4.24 所示.

2) 建立第 2 棵树

(1) 第 2 棵树基于第 1 棵树的样本特征值和样本残差 (x_i, r_1) 进行建立的.

■ 4.3 XGBoost 算法

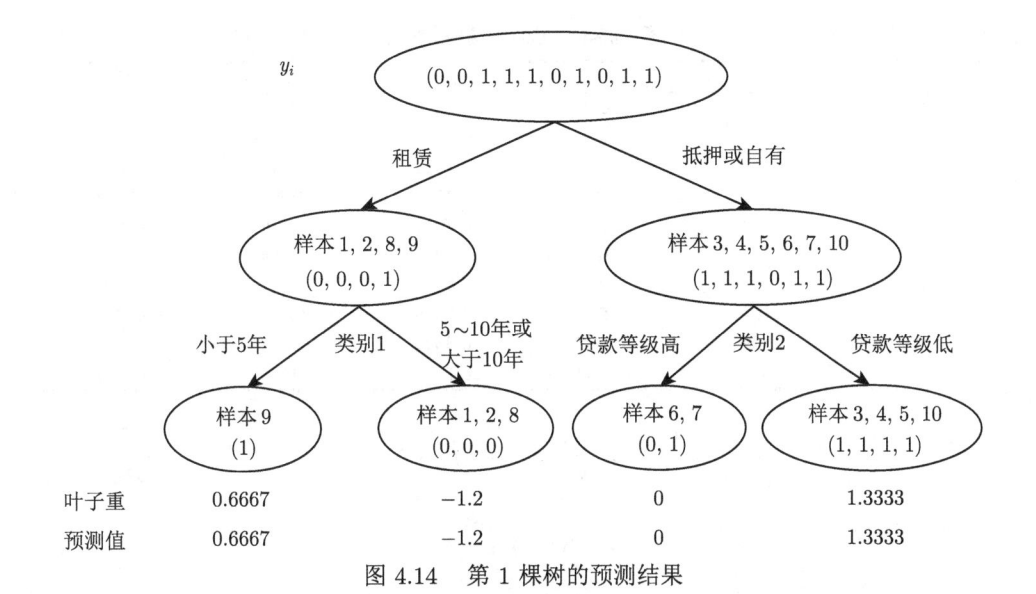

图 4.14 第 1 棵树的预测结果（节点说明）：

根节点 y_i: (0, 0, 1, 1, 1, 0, 1, 0, 1, 1)

- 租赁 → 样本 1, 2, 8, 9 (0, 0, 0, 1)
  - 小于5年（类别1）→ 样本 9 (1)，叶子重 0.6667，预测值 0.6667
  - 5～10年或大于10年 → 样本 1, 2, 8 (0, 0, 0)，叶子重 −1.2，预测值 −1.2
- 抵押或自有 → 样本 3, 4, 5, 6, 7, 10 (1, 1, 1, 0, 1, 1)
  - 贷款等级高（类别2）→ 样本 6, 7 (0, 1)，叶子重 0，预测值 0
  - 贷款等级低 → 样本 3, 4, 5, 10 (1, 1, 1, 1)，叶子重 1.3333，预测值 1.3333

图 4.14 第 1 棵树的预测结果

表 4.24 第 1 棵树的预测值

编号	y_i	$\hat{y}_i^{(0)}$	$\omega^{(1)}$	$\hat{y}_i^{(1)}$	r_1
1	0	0	−1.2000	−1.2000	1.2000
2	0	0	−1.2000	−1.2000	1.2000
3	1	0	1.3333	1.3333	−0.3333
4	1	0	1.3333	1.3333	−0.3333
5	1	0	1.3333	1.3333	−0.3333
6	0	0	0	0	0
7	1	0	0	0	1
8	0	0	−1.2000	−1.2000	1.2000
9	1	0	0.6667	0.6667	0.3333
10	1	0	1.3333	1.3333	−0.3333

注: 其中 $\hat{y}_i^{(1)} = \omega_i^{(1)} + \hat{y}_i^{(0)}$.

(2) 确定分叉方法 寻找回归树的最佳划分节点, 遍历每个特征的每个可能取值. 从房屋拥有权开始, 到贷款等级高低结束, 分别计算 SCORE, 找到使 SCORE 最大的那个特征即为最佳划分特征.

例如: 以贷款等级高低为判断特征, 将贷款等级高的样本划分为一类, 贷款等级低的样本划分为另一类.

样本 2, 6, 7 为一组, $G_L = g_2 + g_6 + g_7 = 0.2315, H_L = h_2 + h_6 + h_7 = 0.6779$. 样本 1, 3, 4, 5, 8, 9, 10 为一组, $G_R = -1.0322, H_R = 1.2403$, 其对应 SCORE $= \dfrac{G_L^2}{H_L + 0.5} + \dfrac{G_R^2}{H_R + 0.5} - \dfrac{G^2}{H + 0.5} = 0.3926$.

表 4.25　训练数据样本 2

编号	y_i	$\hat{y}_i^{(1)}$	p_i	g_i	h_i
1	0	-1.2000	0.2315	0.2315	0.1779
2	0	-1.2000	0.2315	0.2315	0.1779
3	1	1.3333	0.7914	-0.2086	0.1651
4	1	1.3333	0.7914	-0.2086	0.1651
5	1	1.3333	0.7914	-0.2086	0.1651
6	0	0	0.5000	0.5000	0.2500
7	1	0	0.5000	-0.5000	0.2500
8	0	-1.2000	0.2315	0.2315	0.1779
9	1	0.6667	0.3392	-0.6608	0.2241
10	1	1.3333	0.7914	-0.2086	0.1651

$$G \leftarrow \sum_{i \in I} g_i = -0.8007$$

$$H \leftarrow \sum_{i \in I} h_i = 1.9182$$

所有可能划分情况如表 4.26 所示.

表 4.26　样本 2 的回归树节点划分情况

划分点	是的样本	否的样本	G_L	G_R	H_L	H_R	SCORE
租赁	1,2,8,9	3,4,5,6,7,10	0.0337	-0.8344	0.7579	1.1603	0.1551
自有	3,7	1,2,4,5,6,8,9,10	-0.7086	-0.0921	0.4151	1.5031	0.2878
抵押	4,5,6,10	1,2,3,7,8,9	-0.1258	0.7354	-0.6749	1.1730	0.0199
小于 5 年	5,6,7,9	1,2,3,4,8,10	-0.8694	0.0687	0.8892	1.0290	0.2820
5~10 年	4,8,10	1,2,3,5,6,7,9	-0.1857	-0.615	0.5081	1.4101	-0.0329
大于 10 年	1,2,3	4,5,6,7,8,9,10	0.2544	-1.0551	0.5209	1.3973	0.3850
贷款等级高	2,6,7	1,3,4,5,8,9,10	0.2315	-1.0332	0.6779	1.2403	0.3926

以上划分点得分值最大为 0.3926, 划分点: 贷款等级高低.

(3) **建立当前二叉树叶子节点集合**　对当前根节点以贷款等级高和低一分为二, 得到两个叶子节点样本集. 为方便理解, 以及由于样本集大小的限制, 我们设置树的叶子节点个数为 4, 即第一步分叉树结构如图 4.15.

对于第一次分叉后的类别 1 (样本 2, 6, 7), 我们继续分叉, 其中除去共同特征, 计算剩余各特征划分得分, 计算如表 4.27.

表 4.27　样本 2 类别 1 的回归树节点划分情况

划分点	是的样本	否的样本	G_L	G_R	H_L	H_R	SCORE
大于 10 年	2	6,7	0.2315	0	0.1779	0.5	0.0336
租赁	2	6,7	0.2315	0	0.1779	0.5	0.0336
抵押	6	2,7	0.5	-0.2685	0.25	0.4279	1.1018
自有	7	2,6	-0.5	0.7315	0.25	0.4279	0.2249

4.3 XGBoost 算法

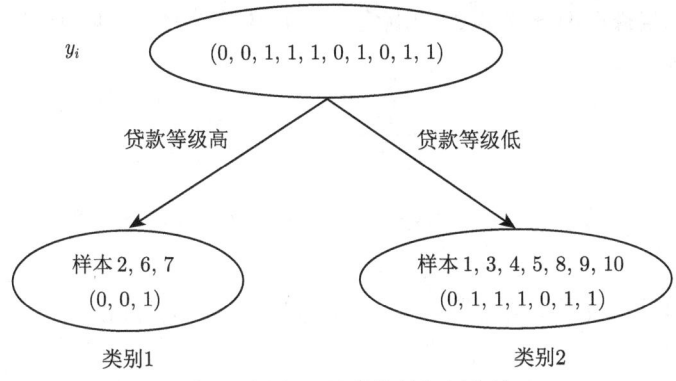

图 4.15 样本 2 按贷款等级划分情况

选取抵押为划分标准.

对于类别 2(样本 1, 3, 4, 5, 8, 9, 10), 计算各特征划分得分, 计算如表 4.28.

表 4.28 样本 2 类别 2 的回归树节点划分情况

划分点	是的样本	否的样本	G_L	G_R	H_L	H_R	SCORE
租赁	1,8,9	3,4,5,10	−0.1978	−0.8344	0.5800	0.6600	0.0240
自有	3	1,4,5,8,9,10	−0.2086	−0.8236	0.1651	1.0752	−0.1162
抵押	4,5,10	1,3,8,9	−0.6258	−0.4064	0.4953	0.7450	−0.0861
小于 5 年	5,9	1,3,4,8,10	−0.8694	−0.1628	0.3892	0.8511	0.2574
5∼10 年	4,8,10	1,3,5,9	−0.1857	−0.8465	0.5081	0.7322	0.0035
大于 10 年	1,3	4,5,8,9,10	0.0229	−1.0551	0.3430	−1.0551	0.1851

得分最高的特征是工作年限小于五年, 选取其为划分标准. 由此可得第 2 棵树的结构为图 4.16.

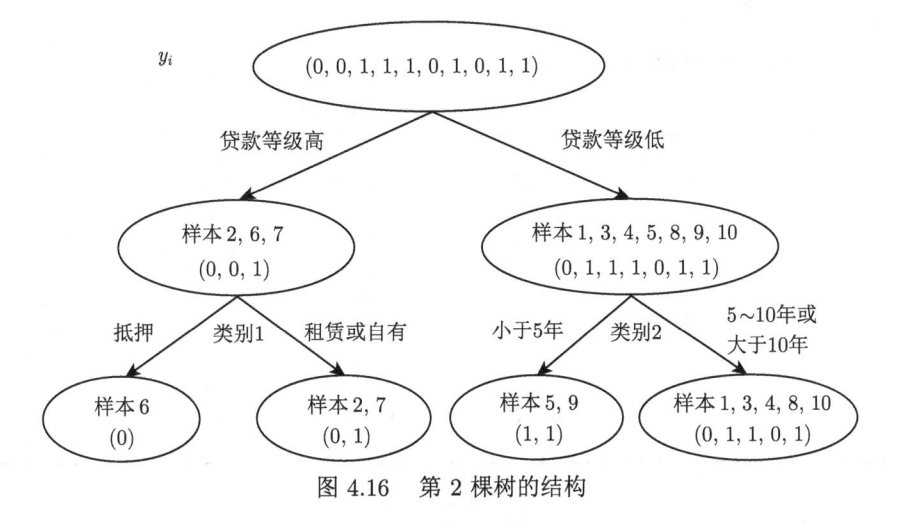

图 4.16 第 2 棵树的结构

(4) **计算整棵树叶子节点的预测值** 对于整棵树的每个叶子节点，计算叶子节点的预测值

$$\omega_j^* = -\frac{\sum\limits_{i \in I_j} g_i}{\sum\limits_{i \in I_j} h_i + \lambda} = -\frac{G_j}{H_j + \lambda}$$

①第 1 个叶子节点里的样本集合 $I_1 = \{6\}$, 对应的预测值为

$$\omega_1^* = -\frac{\sum\limits_{i \in I_1} g_i}{\sum\limits_{i \in I_1} h_i + \lambda} = -\frac{G_1}{H_1 + \lambda} = -0.6667$$

②第 2 个叶子节点里的样本集合 $I_2 = \{2, 7\}$, 对应的预测值为

$$\omega_2^* = -\frac{\sum\limits_{i \in I_2} g_i}{\sum\limits_{i \in I_2} h_i + \lambda} = -\frac{G_2}{H_2 + \lambda} = 0.2849$$

③第 3 个叶子节点里的样本集合 $I_3 = \{5, 9\}$, 对应的预测值为

$$\omega_3^* = -\frac{\sum\limits_{i \in I_3} g_i}{\sum\limits_{i \in I_3} h_i + \lambda} = -\frac{G_3}{H_3 + \lambda} = 0.9777$$

④第 4 个叶子节点里的样本集合 $I_4 = \{1, 3, 4, 8, 10\}$, 对应的预测值为

$$\omega_4^* = -\frac{\sum\limits_{i \in I_4} g_i}{\sum\limits_{i \in I_4} h_i + \lambda} = -\frac{G_4}{H_4 + \lambda} = 0.1205$$

即第 2 棵树为图 4.17.

第 2 棵树的预测值如表 4.29.

表 4.29　第 2 棵树的预测值

编号	y_i	$\omega^{(2)}$	$\hat{y}_i^{(1)}$	$\hat{y}_i^{(2)}$	r_2
1	0	0.1205	−1.2000	−1.0795	1.0795
2	0	0.2849	−1.2000	−0.9151	0.9151
3	1	0.1205	1.3333	1.4538	−0.4538
4	1	0.1205	1.3333	1.4538	−0.4538
5	1	0.9777	1.3333	2.311	−1.311
6	0	−0.6667	0	−0.6667	0.6667
7	1	0.2894	0	0.2894	0.7106
8	0	0.1205	−1.2000	−1.0795	1.0795
9	1	0.9777	0.6667	1.6444	−0.6444
10	1	0.1205	1.3333	1.4538	−0.4538

■ 4.3 XGBoost 算法

```
                           y_i        (0, 0, 1, 1, 1, 0, 1, 0, 1, 1)
                                     /                              \
                              贷款等级高                          贷款等级低
                                 ↓                                    ↓
                         样本 2, 6, 7                         样本 1, 3, 4, 5, 8, 9, 10
                          (0, 0, 1)                          (0, 1, 1, 1, 0, 1, 1)
                       /            \                        /            \
                    抵押           类别1/租赁或自有        小于5年/类别2    5～10年或大于10年
                     ↓              ↓                      ↓              ↓
                   样本6          样本 2, 7              样本 5, 9      样本 1, 3, 4, 8, 10
                   (0)            (0, 1)                 (1, 1)         (0, 1, 1, 0, 1)
     叶子重      −0.6667         0.2849                 0.9777          0.1205
```

图 4.17 第 2 棵树的预测结果

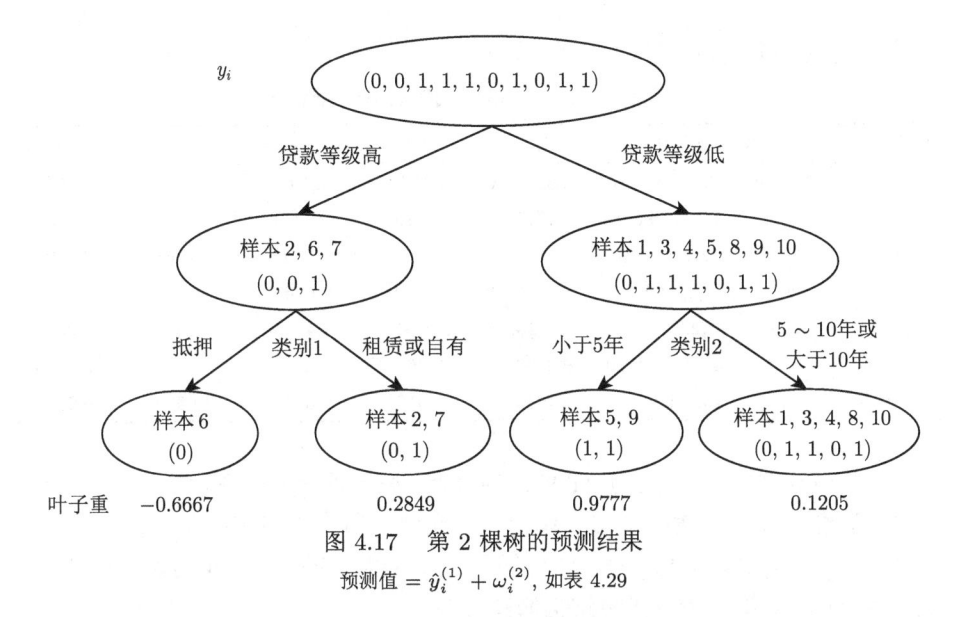

预测值 = $\hat{y}_i^{(1)} + \omega_i^{(2)}$, 如表 4.29

3) 建立第 3 棵树

(1) 第 3 棵树是基于第 2 棵树的样本特征值和样本残差 (x_i, r_2) 建立的.

(2) **确定分叉方法** 寻找回归树的最佳划分节点, 遍历每个特征的每个可能取值. 从房屋拥有权开始, 到贷款等级高低结束, 分别计算 SCORE, 找到使 SCORE 最大的那个特征即为最佳划分特征.

表 4.30 训练数据样本 3

编号	y_i	$\hat{y}_i^{(2)}$	p_i	g_i	h_i
1	0	−1.0795	0.2536	0.2536	0.1893
2	0	−0.9151	0.2860	0.2860	0.2042
3	1	1.4538	0.8106	−0.1894	0.1535
4	1	1.4538	0.8106	−0.1894	0.1535
5	1	2.311	0.9098	−0.0902	0.0821
6	0	−0.6667	0.3392	0.3392	0.2241
7	1	0.2894	0.5718	−0.4282	0.2448
8	0	−1.0795	0.2536	0.2536	0.1893
9	1	1.6444	0.8381	−0.1619	0.1357
10	1	1.4538	0.8106	−0.1894	0.1535

$$G \leftarrow \sum_{i \in I} g_i = -0.1161$$

$$H \leftarrow \sum_{i \in I} h_i = 1.7300$$

所有可能划分情况如表 4.31 所示.

表 4.31　样本 3 的回归树节点划分情况

划分点	是的样本	否的样本	G_L	G_R	H_L	H_R	SCORE
租赁	1,2,8,9	3,4,5,6,7,10	0.6313	−0.7474	0.7185	1.0115	0.6906
自有	3,7	1,2,4,5,6,8,9,10	−0.6176	0.5015	0.3983	1.3317	0.5559
抵押	4,5,6,10	1,2,3,7,8,9	−0.1298	0.0137	0.6132	1.1168	0.0092
小于 5 年	5,6,7,9	1,2,3,4,8,10	−0.3411	0.2250	0.6867	1.0433	0.1248
5∼10 年	4,8,10	1,2,3,5,6,7,9	−0.1252	0.0091	0.4963	1.2337	0.0097
大于 10 年	1,2,3	4,5,6,7,8,9,10	0.3502	−0.4663	0.547	1.183	0.2403
贷款等级高	2,6,7	1,3,4,5,8,9,10	0.1970	−0.3131	0.6731	1.0569	0.0900

以上划分点得分值最大为 0.6906, 划分点: 房屋拥有权是否租赁.

(3) 建立当前二叉树叶子节点集合　对当前根节点以租赁和非租赁一分为二, 得到两个叶子节点样本集. 为方便理解及样本集大小的限制, 我们设置树的叶子节点个数为 4, 即第一步分叉树结构如图 4.18.

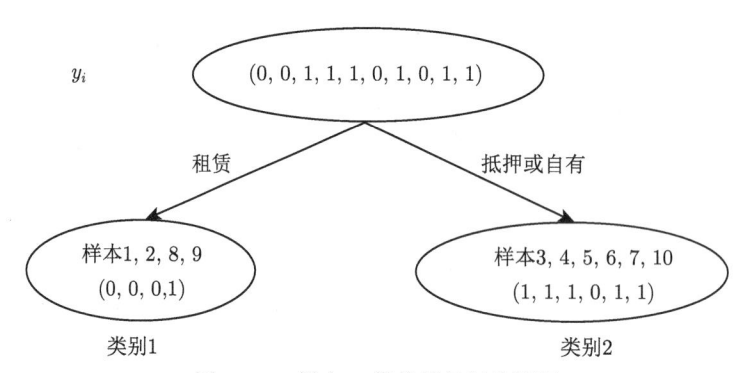

图 4.18　样本 3 贷款等级划分情况

对于第一次分叉后的类别 1(样本 1,2,8,9), 我们继续分叉, 其中除去共同特征, 计算剩余各特征划分得分, 计算如表 4.32.

表 4.32　样本 3 类别 1 的回归树节点划分情况

划分点	是的样本	否的样本	G_L	G_R	H_L	H_R	SCORE
小于 5 年	9	1,2,8	−0.1619	0.7932	0.1357	0.5828	0.2952
5∼10 年	8	1,2,9	0.2536	0.3777	0.1893	0.5292	−0.0952
大于 10 年	1,2	8,9	0.5306	0.0917	0.3935	0.325	0.0090
贷款等级高	2	1,8,9	0.2860	0.3453	0.2042	0.5143	−0.0934

其中得分最高的划分为小于 5 年.

对于类别 2(样本 3,4,5,6,7,10), 计算各特征划分得分, 计算如表 4.33.

4.3 XGBoost 算法

表 4.33 样本 3 类别 2 的回归树节点划分情况

划分点	是的样本	否的样本	G_L	G_R	H_L	H_R	SCORE
自有	3,7	4,5,6,10	−0.6176	−0.1298	0.3983	0.6132	0.0702
抵押	4,5,6,10	3,7	−0.1298	−0.6176	0.6132	0.3983	0.0702
5∼10 年	4,10	3,5,6,7	−0.3788	−0.3686	0.307	0.7045	−0.0790
大于 10 年	3	4,5,6,7,10	−0.1894	−0.5580	0.1535	0.858	−0.0854
小于 5 年	5,6,7	3,4,10	−0.1792	−0.5682	0.551	0.4605	−0.0029
贷款等级高	6,7	3,4,5,10	−0.0890	−0.6284	0.4689	0.5426	0.0544

得分最高的特征是自有和抵押, 这里我们选择抵押. 由此可得第 3 棵树的结构为图 4.19.

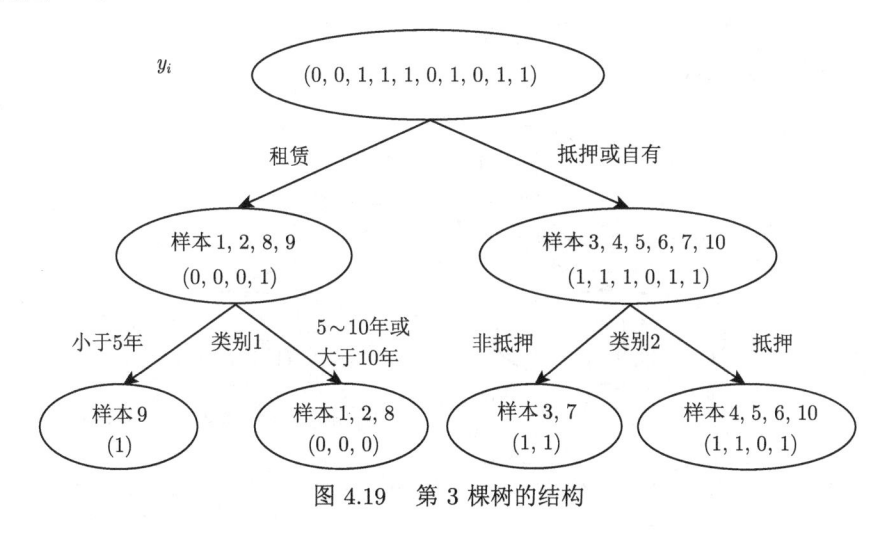

图 4.19 第 3 棵树的结构

(4) 计算整棵树叶子节点的预测值 对于整棵树的每个叶子节点, 计算叶子节点的预测值

$$\omega_j^* = -\frac{\sum_{i \in I_j} g_i}{\sum_{i \in I_j} h_i + \lambda} = -\frac{G_j}{H_j + \lambda}$$

①第 1 个叶子节点里的样本集合 $I_1 = \{9\}$, 对应的预测值为

$$\omega_1^* = -\frac{\sum_{i \in I_1} g_i}{\sum_{i \in I_1} h_i + \lambda} = -\frac{G_1}{H_1 + \lambda} = 0.2547$$

②第 2 个叶子节点里的样本集合 $I_2 = \{1, 2, 8\}$, 对应的预测值为

$$\omega_2^* = -\frac{\sum_{i \in I_2} g_i}{\sum_{i \in I_2} h_i + \lambda} = -\frac{G_2}{H_2 + \lambda} = -0.7325$$

③第 3 个叶子节点里的样本集合 $I_3 = \{3, 7\}$，对应的预测值为

$$\omega_3^* = -\frac{\sum\limits_{i \in I_3} g_i}{\sum\limits_{i \in I_3} h_i + \lambda} = -\frac{G_3}{H_3 + \lambda} = 0.6875$$

④第 4 个叶子节点里的样本集合 $I_4 = \{4, 5, 6, 10\}$，对应的预测值为

$$\omega_4^* = -\frac{\sum\limits_{i \in I_4} g_i}{\sum\limits_{i \in I_4} h_i + \lambda} = -\frac{G_4}{H_4 + \lambda} = 0.1166$$

即第 3 棵树为图 4.20.

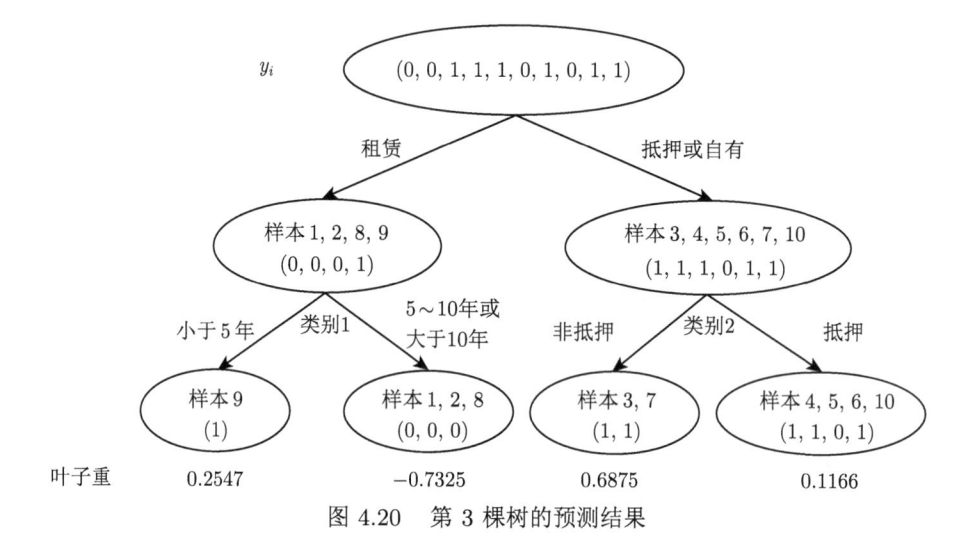

图 4.20　第 3 棵树的预测结果

预测值 $= \hat{y}_i^{(2)} + \omega_t^{(3)}$，如表 4.34.

表 4.34　第 3 棵树的预测值

编号	y_i	$\omega^{(3)}$	$\hat{y}_i^{(2)}$	$\hat{y}_i^{(3)}$	p	预测分类
1	0	−0.7325	−1.0795	−1.812	0.1404	0
2	0	−0.7325	−0.9151	−1.6476	0.1614	0
3	1	0.6875	1.4538	2.1413	0.8949	1
4	1	0.1166	1.4538	1.5704	0.8278	1
5	1	0.1166	2.311	2.4276	0.9189	1
6	0	0.1166	−0.6667	−0.5501	0.3658	0
7	1	0.6875	0.2894	0.9769	0.7264	1
8	0	−0.7325	−1.0795	−1.812	0.1404	0
9	1	0.2547	1.6444	1.8991	0.8698	1
10	1	0.1166	1.4538	1.5704	0.8278	1

4.3 XGBoost 算法

将预测值转化为预测概率 $p, p_i = \dfrac{1}{1+\mathrm{e}^{-\hat{y}_i^{(t)}}}$，当 $p \geqslant 0.5$ 时，样本取值为 1，当 $p < 0.5$ 时，样本取值为 0.

由表 4.34 的结果可以看出预测分类全部正确有一个样本，编号为 7.

2. 多分类示例

多分类 XGBoost 算法与二分类算法的区别为选用的损失函数不同，得到的 g_i, h_i 计算公式不同，多分类中，以 Softmax 函数作为损失函数：

$$L(y,p) = -\sum_{k=1}^{K} y_k \log P_k, \quad \text{其中 } p_k = \frac{\mathrm{e}^{f_k(x)}}{\sum\limits_{k=1}^{K} \mathrm{e}^{f_k(x)}}$$

k 代表标签类别数，$p_k(x_i)$ 指标签为第 k 种类别的概率，可以得出此时对应的 g_i, h_i 如下：

$$g_i = \partial_{f_k(x_i)} L(y_k, f_k(x_i)) = p_k(x_i) - y_k$$
$$h_i = p_k(1 - p_k)$$

表 4.35　贷款金额及状态

编号	1	2	3	4	5	6	7	8	9	10
x_i	6	18	20	65	31	40	2	100	101	54
y_i	0	0	0	1	1	1	1	2	2	2

x_i 是贷款金额，y_i 是目前的贷款状态，其中 $y_i = 0$ 是完全结清，$y_i = 1$ 是处于宽限期，$y_i = 2$ 是逾期状态. 通过这些数据，利用 XGBoost 方法中 Softmax 作为损失函数，进行模型训练，利用样本信息判断所属类别，三个类别分别用 0, 1, 2 表示.

由于样本数量不多，设置迭代轮数为 2，树的深度为 1，$\lambda = 0.5$. 由于所选数据集共有三个类别，故每轮迭代需要建立 3 棵树，迭代 2 轮共建立 $3 \times 2 = 6$ 棵树.

1) 建立第一组树

初始化　由于我们需要转化 3 个二分类的问题，所以需要先做一步独热 (One-Hot) 编码，见表 4.36.

表 4.36　One-Hot 编码

编号	1	2	3	4	5	6	7	8	9	10
x_i	6	18	20	65	31	40	2	100	101	54
y_i	0	0	0	1	1	1	1	2	2	2
$y_i(1)$	1	1	1	0	0	0	0	0	0	0
$y_i(2)$	0	0	0	1	1	1	1	0	0	0
$y_i(3)$	0	0	0	0	0	0	0	1	1	1

首先进行初始化 $f_{k_0}(x_i) = 0$, 对所有的样本.

① 对第一个类别 $(y_i = 0)$ 拟合第 1 棵树 (表 4.37 和表 4.38).

表 4.37　第一类 One-Hot 编码

x_i	6	18	20	65	31	40	2	100	101	54
$y_i(1)$	1	1	1	0	0	0	0	0	0	0

对于第一个分类进行二分, 计算每种划分所得的分数:

$$\text{SCORE} = \frac{G_L^2}{H_L + 0.5} + \frac{G_R^2}{H_R + 0.5} - \frac{G^2}{H + 0.5}$$

表 4.38　第一轮训练样本第一类数据

编号	x_i	$y_i(1)$	p_1	g_i	h_i
1	6	1	0.3333	-0.6667	0.2222
2	18	1	0.3333	-0.6667	0.2222
3	20	1	0.3333	-0.6667	0.2222
4	65	0	0.3333	0.3333	0.2222
5	31	0	0.3333	0.3333	0.2222
6	40	0	0.3333	0.3333	0.2222
7	2	0	0.3333	0.3333	0.2222
8	100	0	0.3333	0.3333	0.2222
9	101	0	0.3333	0.3333	0.2222
10	54	0	0.3333	0.3333	0.2222

表 4.39　第一轮训练样本第一类得分

节点	G_L	G_R	H_L	H_R	SCORE
2	0.3333	0.0000	0.2222	2.0000	0.1130
6	-0.3333	0.6667	0.4444	1.7778	0.2720
18	-1.0000	1.3333	0.6667	1.5556	1.6812
20	-1.6667	2.0000	0.8889	1.3333	4.1410
31	-1.3333	1.6667	1.1111	1.1111	2.7868
40	-1.0000	1.3333	1.3333	0.8889	1.7846
54	-0.6667	1.0000	1.5556	0.6667	1.0325
65	-0.3333	0.6667	1.7778	0.4444	0.4786
100	0.0000	0.3333	2.0000	0.2222	0.1130

取得分最高的节点 20 为划分点, 则第 1 棵树的结构如图 4.21 所示.

对于第 1 棵树的每个叶子节点, 计算叶子节点的预测值:

$$\omega_j^* = -\frac{\sum\limits_{i \in I_j} g_i}{\sum\limits_{i \in I_j} h_i + \lambda} = -\frac{G_j}{H_j + \lambda}$$

■ 4.3 XGBoost 算法

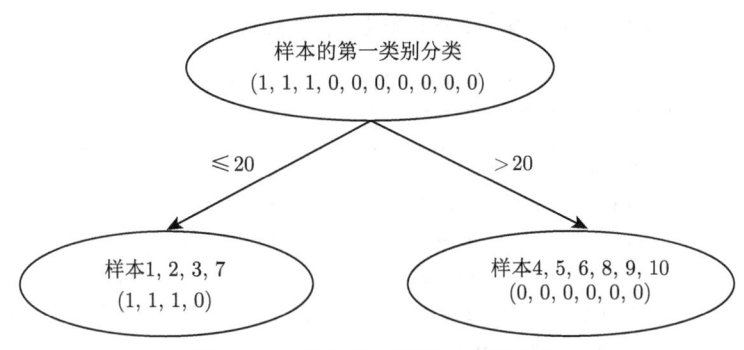

```
            样本的第一类别分类
           (1, 1, 1, 0, 0, 0, 0, 0, 0, 0)
              /              \
           ≤20              >20
           /                    \
   样本1, 2, 3, 7         样本4, 5, 6, 8, 9, 10
    (1, 1, 1, 0)           (0, 0, 0, 0, 0, 0)
```

图 4.21　样本第一类第 1 棵树分叉

第 1 个叶子节点里的样本集合 $I_1 = \{1, 2, 3, 7\}$，对应的预测值为

$$\omega_1^* = -\frac{\sum\limits_{i \in I_1} g_i}{\sum\limits_{i \in I_1} h_i + \lambda} = -\frac{G_1}{H_1 + \lambda} = 1.2$$

第 2 个叶子节点里的样本集合 $I_2 = \{4, 5, 6, 8, 9, 10\}$，对应的预测值为

$$\omega_2^* = -\frac{\sum\limits_{i \in I_2} g_i}{\sum\limits_{i \in I_2} h_i + \lambda} = -\frac{G_2}{H_2 + \lambda} = -1.0909$$

故第 1 棵树为图 4.22.

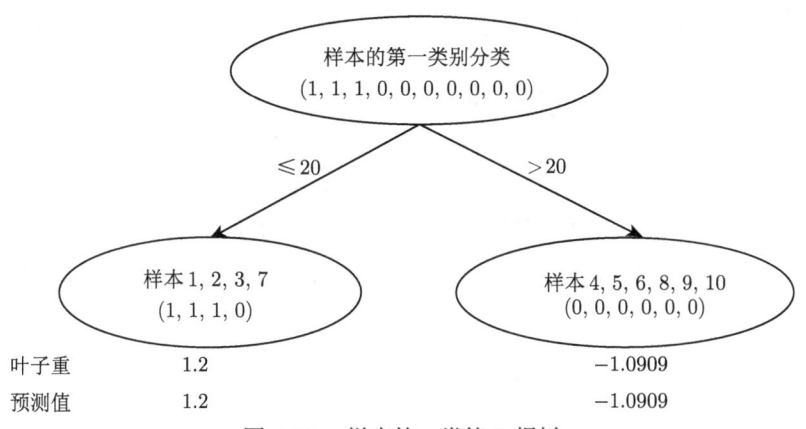

```
            样本的第一类别分类
           (1, 1, 1, 0, 0, 0, 0, 0, 0, 0)
              /              \
           ≤20              >20
           /                    \
   样本1, 2, 3, 7         样本4, 5, 6, 8, 9, 10
    (1, 1, 1, 0)           (0, 0, 0, 0, 0, 0)
```

叶子重　　　1.2　　　　　　　　　　　　−1.0909
预测值　　　1.2　　　　　　　　　　　　−1.0909

图 4.22　样本第一类第 1 棵树

②对第二个类别 $(y_i = 1)$ 拟合第 1 棵树.

表 4.40　样本第二类 One-Hot 编码

x_i	6	18	20	65	31	40	2	100	101	54
$y_i(2)$	0	0	0	1	1	1	1	0	0	0

对于第二个分类进行二分, 计算每种划分所得的分数.

表 4.41 第一轮训练样本第二类得分

节点	G_L	G_R	H_L	H_R	SCORE
2	−0.6667	0.0000	0.2222	2.0000	0.4521
6	−0.3333	−0.3333	0.4444	1.7778	0.0032
18	0.0000	−0.6667	0.6667	1.5556	0.0530
20	0.3333	−1.0000	0.8889	1.3333	0.4622
31	−0.3333	−0.3333	1.1111	1.1111	−0.0253
40	−1.0000	0.3333	1.3333	0.8889	0.4622
54	−0.6667	0.0000	1.5556	0.6667	0.0530
65	−1.3333	0.6667	1.7778	0.4444	1.0878
100	−1.0000	0.3333	2.0000	0.2222	0.3906

取得分最高的节点 65 为划分点, 则第 1 棵树的结构如图 4.23.

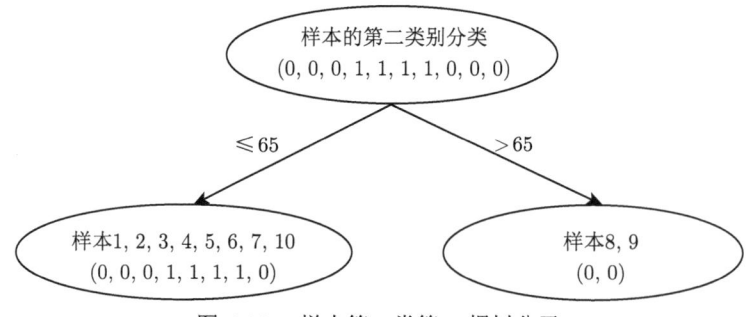

图 4.23 样本第二类第 1 棵树分叉

对于第 1 棵树的每个叶子节点, 计算叶子节点的预测值.

第 1 个叶子节点里的样本集合 $I_1 = \{1,2,3,4,5,6,7,10\}$, 对应的预测值为

$$\omega_1^* = -\frac{\sum\limits_{i \in I_1} g_i}{\sum\limits_{i \in I_1} h_i + \lambda} = -\frac{G_1}{H_1 + \lambda} = 0.5854$$

第 2 个叶子节点里的样本集合 $I_2 = \{8, 9\}$, 对应的预测值为

$$\omega_2^* = -\frac{\sum\limits_{i \in I_2} g_i}{\sum\limits_{i \in I_2} h_i + \lambda} = -\frac{G_2}{H_2 + \lambda} = -0.7059$$

故第 1 棵树为图 4.24.

■ 4.3 XGBoost 算法

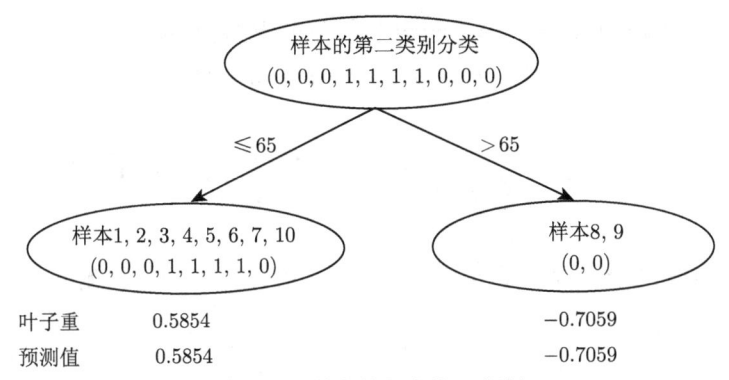

```
           样本的第二类别分类
          (0, 0, 0, 1, 1, 1, 1, 0, 0, 0)
              ⩽65          >65
       ↙                        ↘
 样本1, 2, 3, 4, 5, 6, 7, 10      样本8, 9
  (0, 0, 0, 1, 1, 1, 1, 0)        (0, 0)

 叶子重    0.5854                 −0.7059
 预测值    0.5854                 −0.7059
```

图 4.24　样本第二类第 1 棵树

③对第三个类别 ($y_i = 2$) 拟合第 1 棵树.

表 4.42　第一轮第三类 One-Hot 编码

x_i	6	18	20	65	31	40	2	100	101	54
$y_i(3)$	0	0	0	0	0	0	0	1	1	1

对于第二个分类进行二分, 计算每种划分所得的分数, 见表 4.43.

表 4.43　第一轮训练样本第三类得分

节点	G_L	G_R	H_L	H_R	SCORE
2	0.3333	0.0000	0.2222	2.0000	0.1130
6	0.6667	−0.3333	0.4444	1.7778	0.4786
18	1.0000	−0.6667	0.6667	1.5556	1.0325
20	1.3333	−1.0000	0.8889	1.3333	1.7846
31	1.6667	−1.3333	1.1111	1.1111	2.7868
40	2.0000	−1.6667	1.3333	0.8889	4.1410
54	1.3333	−1.0000	1.5556	0.6667	1.6812
65	1.6667	−1.3333	1.7778	0.4444	3.0610
100	1.0000	0.6667	2.0000	0.2222	0.9746

取得分最高的节点 40 为划分点, 则第 1 棵树的结构如图 4.25.

```
           样本的第三类别分类
          (0, 0, 0, 0, 0, 0, 0, 1, 1, 1)
              ⩽40          >40
       ↙                        ↘
  样本 1, 2, 3, 5, 6, 7           样本 4, 8, 9, 10
   (0, 0, 0, 0, 0, 0)             (0, 1, 1, 1)
```

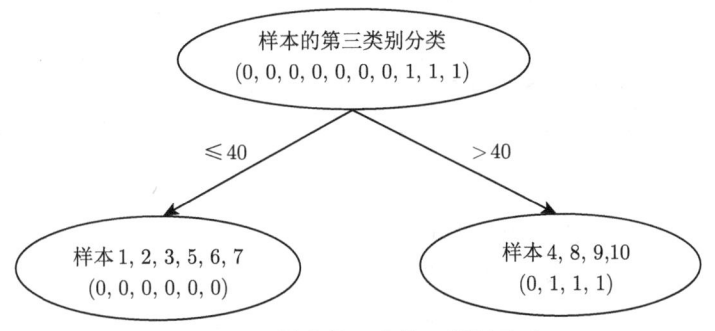

图 4.25　样本第三类第 1 棵树分叉

对于第 1 棵树的每个叶子节点, 计算叶子节点的预测值.

第 1 个叶子节点里的样本集合 $I_1 = \{1,2,3,5,6,7\}$, 对应的预测值为

$$\omega_1^* = -\frac{\sum\limits_{i \in I_1} g_i}{\sum\limits_{i \in I_1} h_i + \lambda} = -\frac{G_1}{H_1 + \lambda} = -1.0909$$

第 2 个叶子节点里的样本集合 $I_2 = \{4,8,9,10\}$, 对应的预测值为

$$\omega_2^* = -\frac{\sum\limits_{i \in I_2} g_i}{\sum\limits_{i \in I_2} h_i + \lambda} = -\frac{G_2}{H_2 + \lambda} = 1.2$$

故第 1 棵树为图 4.26.

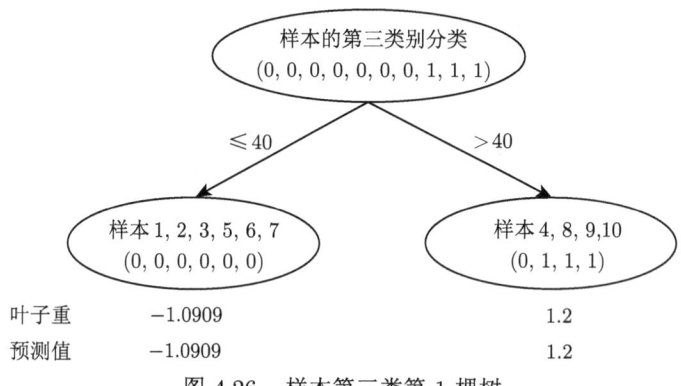

图 4.26 样本第三类第 1 棵树

此轮迭代预测值如表 4.44.

表 4.44 第一轮训练样本预测结果

编号	1	2	3	4	5	6	7	8	9	10
x_i	6	18	20	65	31	40	2	100	101	54
$\hat{y}_i(1)$	1.2	1.2	1.2	−1.0909	−1.0909	−1.0909	1.2	−1.0909	−1.0909	−1.0909
$\hat{y}_i(2)$	0.5854	0.5854	0.5854	0.5854	0.5854	0.5854	0.5854	−0.7059	−0.7059	0.5854
$\hat{y}_i(3)$	−1.0909	−1.0909	−1.0909	1.2	−1.0909	−1.0909	−1.0909	1.2	1.2	1.2

2) 建立第二组树

① 对第一个类别 $(y_i = 0)$ 拟合第 2 棵树.

对于第一个分类进行二分, 计算每种划分所得的分数:

$$\text{SCORE} = \frac{G_L^2}{H_L + 0.5} + \frac{G_R^2}{H_R + 0.5} - \frac{G^2}{H + 0.5}$$

4.3 XGBoost 算法

表 4.45 第二轮训练样本第一类数据

编号	x_i	$y_i(1)$	p_1	g_i	h_i
1	6	1	0.6090	−0.3910	0.2381
2	18	1	0.6090	−0.3910	0.2381
3	20	1	0.6090	−0.3910	0.2381
4	65	0	0.0616	0.0616	0.0578
5	31	0	0.1361	0.1361	0.1176
6	40	0	0.1361	0.1361	0.1176
7	2	0	0.6090	0.6090	0.2381
8	100	0	0.0809	0.0809	0.0744
9	101	0	0.0809	0.0809	0.0744
10	54	0	0.0616	0.0616	0.0578

表 4.46 第二轮训练样本第一类得分

节点	G_L	G_R	H_L	H_R	SCORE
2	0.6090	−0.6156	0.2381	1.214	0.7235
6	0.2180	−0.2246	0.4762	0.9759	0.0828
18	−0.1730	0.1664	0.7144	0.7378	0.047
20	−0.5640	0.5574	0.9525	0.4996	0.5298
31	−0.4279	0.4213	1.0701	0.382	0.3178
40	−0.2917	0.2851	1.1877	0.2644	0.1568
54	−0.2301	0.2235	1.2455	0.2066	0.101
65	−0.1685	0.1619	1.3033	0.1488	0.0561
100	−0.0875	0.0809	1.3777	0.0744	0.0155

取得分最高的节点 2 为划分点,

第 1 个叶子节点里的样本集合 $I_1 = \{7\}$, 对应的预测值为

$$\omega_1^* = -\frac{\sum\limits_{i \in I_1} g_i}{\sum\limits_{i \in I_1} h_i + \lambda} = -\frac{G_1}{H_1 + \lambda} = -0.8251$$

第 2 个叶子节点里的样本集合 $I_2 = \{1, 2, 3, 4, 5, 6, 8, 9, 10\}$, 对应的预测值为

$$\omega_2^* = -\frac{\sum\limits_{i \in I_2} g_i}{\sum\limits_{i \in I_2} h_i + \lambda} = -\frac{G_2}{H_2 + \lambda} = 0.3592$$

故第 2 棵树为图 4.27.

```
                    样本的第一类别分类
                  (1, 1, 1, 0, 0, 0, 0, 0, 0, 0)
                  ⩽2  ↙         ↘  >2
            样本7                    样本1, 2, 3, 4, 5, 6, 8, 9, 10
             (1)                    (1, 1, 1, 0, 0, 0, 0, 0, 0)
叶子重      −0.8251                         0.3592
```

图 4.27 样本第一类第 2 棵树

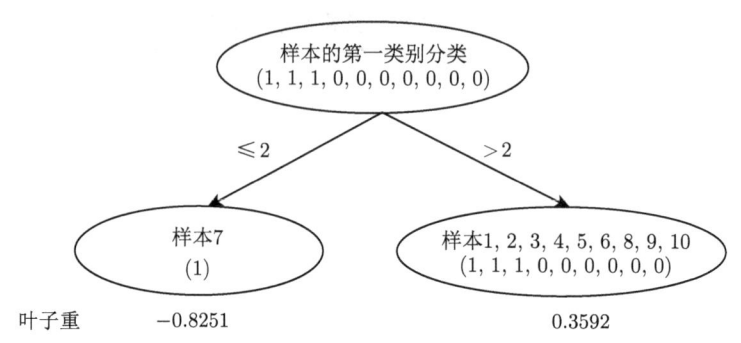

预测值 $= \hat{y}_i^{(1)}(1) + \omega_i^{(2)}(1)$

②对第二个类别拟合第 2 棵树 (表 4.47).

表 4.47 第二轮训练样本第二类数据

编号	x_i	$y_i(2)$	p_2	g_i	h_i
1	6	0	0.3294	0.3294	0.2209
2	18	0	0.3294	0.3294	0.2209
3	20	0	0.3294	0.3294	0.2209
4	65	1	0.3294	−0.6706	0.2209
5	31	1	0.7277	−0.2723	0.1981
6	40	1	0.7277	−0.2723	0.1981
7	2	1	0.3294	−0.6706	0.2209
8	100	0	0.1190	0.1190	0.1048
9	101	0	0.1190	0.1190	0.1048
10	54	0	0.3294	0.3294	0.2209

对于第二个分类进行二分, 计算每种划分所得的分数 (表 4.48).

表 4.48 第二轮训练样本第二类得分

节点	G_L	G_R	H_L	H_R	SCORE
2	−0.6706	0.3403	0.2209	1.7103	0.631369055
6	−0.3412	0.0109	0.4418	1.4895	0.078823409
18	−0.0119	−0.3185	0.6627	1.2686	0.012587894
20	0.3175	−0.6478	0.8836	1.0477	0.299176685
31	0.0453	−0.3756	1.0817	0.8495	0.060940436
40	−0.2270	−0.1033	1.2798	0.6514	−0.00665484
54	0.1024	−0.4327	1.5007	0.4305	0.161564045
65	−0.5682	0.2379	1.7216	0.2096	0.180240061
100	−0.4493	0.1190	1.8264	0.1048	0.065286146

取得分最高的节点 2 为划分点, 计算叶子节点的预测值.

■ 4.3 XGBoost 算法

第 1 个叶子节点里的样本集合 $I_1 = \{7\}$，对应的预测值为

$$\omega_1^* = -\frac{\sum\limits_{i \in I_1} g_i}{\sum\limits_{i \in I_1} h_i + \lambda} = -\frac{G_1}{H_1 + \lambda} = 0.9303$$

第 2 个叶子节点里的样本集合 $I_2 = \{1, 2, 3, 4, 5, 6, 8, 9, 10\}$，对应的预测值为

$$\omega_2^* = -\frac{\sum\limits_{i \in I_2} g_i}{\sum\limits_{i \in I_2} h_i + \lambda} = -\frac{G_2}{H_2 + \lambda} = -0.1540$$

所以第 2 棵树结构如图 4.28.

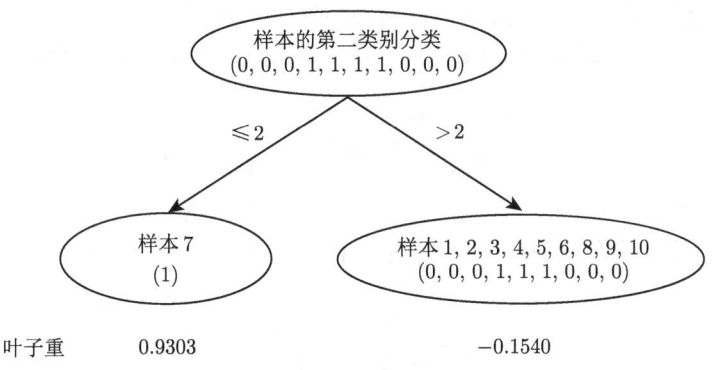

图 4.28　样本第二类第 2 棵树

预测值 $= \hat{y}_i^{(1)}(2) + \omega_i^{(2)}(2)$

③对第三个类别拟合第 2 棵树 (表 4.49).

表 4.49　第二轮训练样本第三类数据

编号	x_i	$y_i(3)$	p_3	g_i	h_i
1	6	0	0.0616	0.0616	0.0578
2	18	0	0.0616	0.0616	0.0578
3	20	0	0.0616	0.0616	0.0578
4	65	0	0.6090	0.6090	0.2381
5	31	0	0.1361	0.1361	0.1176
6	40	0	0.1361	0.1361	0.1176
7	2	0	0.0616	0.0616	0.0578
8	100	1	0.8001	−0.1999	0.1599
9	101	1	0.8001	−0.1999	0.1599
10	54	1	0.6090	−0.3910	0.2381

对于第三个分类进行二分. 计算每种划分所得的分数 (表 4.50).

表 4.50　第二轮训练样本第三类得分

节点	G_L	G_R	H_L	H_R	SCORE
2	0.0616	0.2753	0.0578	1.2048	−0.013136453
6	0.1232	0.2137	0.1156	1.1470	−0.012007628
18	0.1848	0.1521	0.1735	1.0892	0.000889446
20	0.2465	0.0904	0.2313	1.0313	0.024011195
31	0.3826	−0.0457	0.3489	0.9137	0.109519866
40	0.5187	−0.1818	0.4665	0.7961	0.239523536
54	0.1277	0.2092	0.7046	0.5580	−0.00949726
65	0.7367	−0.3998	0.9427	0.3199	0.506798063
100	0.5368	−0.1999	1.1027	0.1599	0.175971855

取得分最高的节点 65 为划分点, 计算叶子节点的预测值:

第 1 个叶子节点里的样本集合 $I_1 = \{1, 2, 3, 4, 5, 6, 7, 10\}$, 对应的预测值为

$$\omega_1^* = -\frac{\sum\limits_{i \in I_1} g_i}{\sum\limits_{i \in I_1} h_i + \lambda} = -\frac{G_1}{H_1 + \lambda} = -0.5107$$

第 2 个叶子节点里的样本集合 $I_2 = \{8, 9\}$, 对应的预测值为

$$\omega_2^* = -\frac{\sum\limits_{i \in I_2} g_i}{\sum\limits_{i \in I_2} h_i + \lambda} = -\frac{G_2}{H_2 + \lambda} = 0.4877$$

所以第 2 棵树为图 4.29.

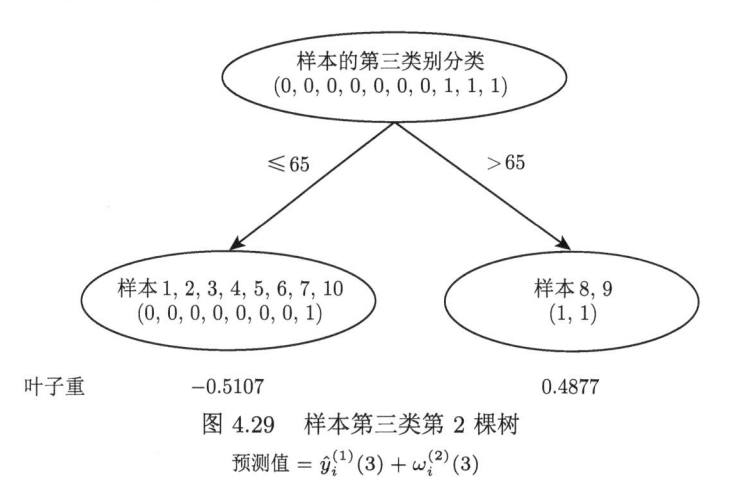

图 4.29　样本第三类第 2 棵树

预测值 $= \hat{y}_i^{(1)}(3) + \omega_i^{(2)}(3)$.

根据以上结果, 可以得出各样本值的最终预测值, 见表 4.51.

4.3 XGBoost 算法

表 4.51　第二轮训练样本预测结果

编号	x_i	$\hat{y}_i^{(2)}(1)$	$\hat{y}_i^{(2)}(2)$	$\hat{y}_i^{(2)}(3)$
1	6	1.5592	0.4314	−1.6016
2	18	1.5592	0.4314	−1.6016
3	20	1.5592	0.4314	−1.6016
4	65	−0.7317	0.4314	0.6893
5	31	−0.7317	0.4314	−1.6016
6	40	−0.7317	0.4314	−1.6016
7	2	2.0251	1.5157	−1.6016
8	100	−0.7317	−0.8599	1.6877
9	101	−0.7317	−0.8599	1.6877
10	54	−0.7317	0.4314	0.6893

根据最终预测值计算样本的每个分类的概率 (表 4.52).

表 4.52　训练样本每一类预测概率

编号	x_i	$y_i(1)$	$y_i(2)$	$y_i(3)$	p_1	p_2	p_3	预测分类	真实分类
1	6	1	0	0	<u>0.7320</u>	0.2370	0.0310	0	0
2	18	1	0	0	<u>0.7320</u>	0.2370	0.0310	0	0
3	20	1	0	0	<u>0.7320</u>	0.2370	0.0310	0	0
4	65	0	1	0	0.1199	0.3836	<u>0.4965</u>	2	1
5	31	0	1	0	0.2165	<u>0.6928</u>	0.0907	1	1
6	40	0	1	0	0.2165	<u>0.6928</u>	0.0907	1	1
7	2	0	1	0	<u>0.6145</u>	0.3692	0.0163	0	1
8	100	0	0	1	0.0762	0.0671	<u>0.8567</u>	2	2
9	101	0	0	1	0.0762	0.0671	<u>0.8567</u>	2	2
10	54	0	0	1	0.1199	0.3836	<u>0.4965</u>	2	2

其中加下划线的是每个分类概率中的最大概率. 由表 4.52 的计算结果可知, 使用最终预测值计算样本的每个分类的概率, 取最大的概率来判断分类的结果.

3. 回归示例

这里用一个例子来描述 XGBoost 回归树的过程, 如表 4.53 所示的一组数据是利用特征年龄、工作年限估计贷款额度, 特征维度有 2 个维度, 分别为年龄、工作年限, 贷款额度为标签值. 共有 5 条数据, 前四条为训练样本, 训练样本集为 $\{(26,3,5),(48,20,19),(32,10,12),(40,15,21)\}$, 最后一条为要预测的样本. 由于样本数较少, 故设置树的个数为 4 及树的叶子节点个数为 2, $\lambda = 0.5$.

表 4.53　训练样本

编号	年龄/岁	工作年限/年	贷款额度/万元
1	26	3	5
2	48	20	19
3	32	10	12
4	40	15	21
5(要预测的)	30	6	?

1) 建立第 1 棵树

(1) **初始化** 选用均方差损失函数 $L(y, f(x)) = \frac{1}{2}(y - f(x))^2$, 可以得到

$$g_i = \partial_{\hat{y}_i^{(t-1)}}(\hat{y}_i^{(t-1)} - y_i)^2 = \hat{y}_i^{(t-1)} - y_i$$

$$h_i = \partial^2_{\hat{y}_i^{(t-1)}}(\hat{y}_i^{(t-1)} - y_i)^2 = 1$$

其中 $\hat{y}_i^{(t-1)}$ 是截止到第 $t-1$ 棵树, 得到的对样本 x_i 的预测值, y_i 是 x_i 的真实值; 建立第 1 棵树的时候, 第 0 棵树对样本 x_i 的预测值 $\hat{y}_i^{(0)} = 0$, 有 $g_i = 0 - y_i = -y_i, h_i = 1$.

表 4.54 训练样本第一轮数据

编号	年龄/岁	工作年限/年	y_i	g_i	h_i
1	26	3	5	−5	1
2	48	20	19	−19	1
3	32	10	12	−12	1
4	40	15	21	−21	1

$$G \leftarrow \sum_{i \in I} g_i = (-5) + (-19) + (-12) + (-21) = -57$$

$$H \leftarrow \sum_{i \in I} h_i = 1 + 1 + 1 + 1 = 4$$

(2) **确定分叉方法** 寻找回归树的最佳划分节点, 遍历每个特征的每个可能取值. 从年龄特征的小于 26 开始, 到工作年限特征小于 20 结束, 分别计算 SCORE, 找到使 SCORE 最大的那个划分节点即为最佳划分节点.

例如: 以年龄 32 为划分节点, 将小于 32 的样本划分为一类, 大于等于 32 的样本划分为另一类.

样本 1 为一组, $G_L = g_1 = -5, H_L = h_1 = 1$; 样本 2, 3, 4 为一组, $G_R = g_2 + g_3 + g_4 = -52, H_R = h_2 + h_3 + h_4 = 3$, 其对应

$$\text{SCORE} = \frac{G_L^2}{H_L + 0.5} + \frac{G_R^2}{H_R + 0.5} - \frac{G^2}{H + 0.5} = 67.238$$

接下来分别以年龄 40、年龄 48、工作年限 20、工作年限 20、工作年限 10、工作年限 15 作为划分节点分别计算所对应的 SCORE 的大小见表 4.55.

以上划分点得分值最大为 67.238, 有两个划分点: 年龄 32 和工作年限 10, 所以随机选一个作为划分点, 这里我们选年龄 32.

(3) **建立当前二叉树叶子节点集合** 对当前根节点以年龄 <32 和年龄 $\geqslant 32$ 一分为二, 得到两个叶子节点样本集.

4.3 XGBoost 算法

表 4.55 训练样本第一轮得分

划分点	小于划分点的样本	大于等于划分点的样本	G_L	G_R	H_L	H_R	SCORE
年龄 32	1	2, 3, 4	-5	52	1	3	67.238
年龄 40	1, 3	2, 4	-17	-40	2	2	33.6
年龄 48	1, 3, 4	2	-38	-19	3	1	-68.762
工作年限 10	1	2, 3, 4	-5	-52	1	3	67.238
工作年限 15	1, 3	2, 4	-17	-40	2	2	33.6
工作年限 20	1, 3, 4	2	-38	-19	3	1	-68.762

为方便理解及样本集大小的限制, 我们设置树的叶子节点个数为 2, 即第一棵树结构如图 4.30.

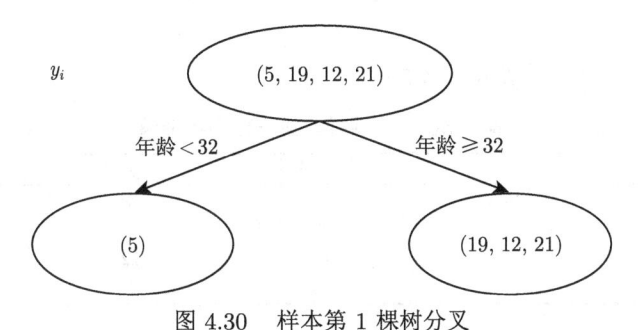

图 4.30 样本第 1 棵树分叉

(4) **计算整棵树叶子节点的预测值** 对于整棵树的每个叶子节点, 计算叶子节点的预测值:

$$\omega_j^* = -\frac{\sum_{i \in I_j} g_i}{\sum_{i \in I_j} h_i + \lambda} = -\frac{G_j}{H_j + \lambda}$$

① 第 1 个叶子节点里的样本集合 $I_1 = \{1\}$, 对应的预测值为

$$\omega_1^* = -\frac{\sum_{i \in I_1} g_i}{\sum_{i \in I_1} h_i + \lambda} = -\frac{G_1}{H_1 + \lambda} = 3.333$$

② 第 2 个叶子节点里的样本集合 $I_2 = \{2, 3, 4\}$, 对应的预测值为

$$\omega_2^* = -\frac{\sum_{i \in I_2} g_i}{\sum_{i \in I_2} h_i + \lambda} = -\frac{G_2}{H_2 + \lambda} = 14.857$$

即第 1 棵树为图 4.31.

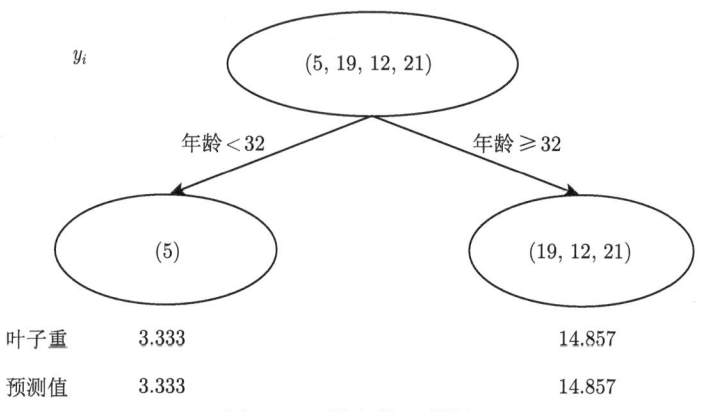

```
                       (5, 19, 12, 21)
        年龄<32                    年龄≥32
              ↙                         ↘
            (5)                      (19, 12, 21)

叶子重      3.333                     14.857
预测值      3.333                     14.857
```

图 4.31　样本第 1 棵树

第 1 棵树上的预测值为表 4.56.

表 4.56　训练样本第一轮预测结果

编号	年龄/岁	工作年限/年	y_i	$\hat{y}_i^{(1)}$
1	26	3	5	3.333
2	48	20	19	14.857
3	32	10	12	14.857
4	40	15	21	14.857

2) 建立第 2 棵树

(1)
$$\hat{y}_i^{(0)} = 0$$
$$\hat{y}_i^{(1)} = \hat{y}_i^{(0)} + f_1(x_i)$$
$$g_i = \hat{y}_i^{(1)} - y_i$$

表 4.57　训练样本第二轮数据

编号	年龄/岁	工作年限/年	y_i	$\hat{y}_i^{(1)}$	r_1	$g_i = -r_1$	h_i
1	26	3	5	3.333	1.667	−1.667	1
2	48	20	19	14.857	4.143	−4.143	1
3	32	10	12	14.857	−2.857	2.857	1
4	40	15	21	14.875	6.143	−6.143	1

$$G \leftarrow \sum_{i \in I} g_i = (-1.667) + (-4.143) + (2.857) + (-6.143) = -9.096$$
$$H \leftarrow \sum_{i \in I} h_i = 1 + 1 + 1 + 1 = 4$$

(2) **确定分叉方法**　所有可能划分情况如表 4.58 所示.

4.3 XGBoost 算法

表 4.58 训练样本第二轮得分

划分点	小于划分点的样本	大于等于划分点的样本	G_L	G_R	H_L	H_R	SCORE
年龄 32	1	2, 3, 4	−1.667	−7.429	1	3	−0.765
年龄 40	1, 3	2, 4	1.19	−10.286	2	2	24.501
年龄 48	1, 3, 4	2	−4.953	−4.143	3	1	0.066
工作年限 10	1	2, 3, 4	−1.667	−7.429	1	3	−0.765
工作年限 15	1, 3	2, 4	1.19	−10.286	2	2	24.501
工作年限 20	1, 3, 4	2	−4.953	−4.143	3	1	0.066

以上划分点得分值最大为 24.501, 有两个划分点: 年龄 40 和工作年限 15, 所以随机选一个作为划分点, 这里我们选工作年限 15.

(3) **确定当前二叉树集合** 对当前根节点以工作年限 <15 和工作年限 ⩾15 一分为二, 得到两个叶子节点样本集.

为方便理解及样本集大小的限制, 我们设置树的叶子节点个数为 2, 即第 2 棵树结构如图 4.32.

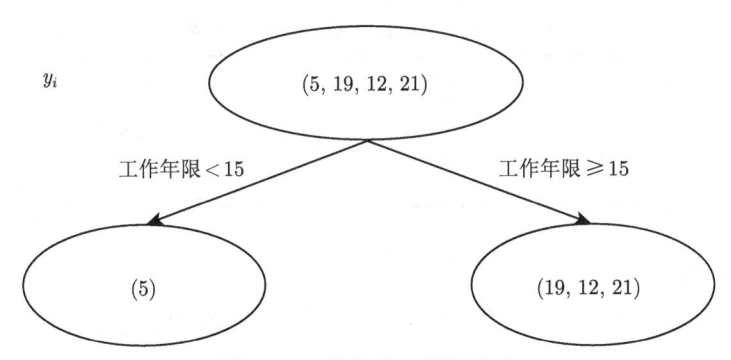

图 4.32 样本第 2 棵树分叉

(4) **计算整棵树叶子节点的预测值** 对于整棵树的每个叶子节点, 计算叶子节点的预测值:

$$\omega_j^* = -\frac{\sum_{i \in I_j} g_i}{\sum_{i \in I_j} h_i + \lambda} = -\frac{G_j}{H_j + \lambda}$$

①第 1 个叶子节点里的样本集合 $I_1 = \{1, 2\}$, 对应的预测值为

$$\omega_1^* = -\frac{\sum_{i \in I_1} g_i}{\sum_{i \in I_1} h_i + \lambda} = -\frac{G_1}{H_1 + \lambda} = -0.476$$

②第 2 个叶子节点里的样本集合 $I_2 = \{3, 4\}$, 对应的预测值为

$$\omega_2^* = -\frac{\sum_{i \in I_2} g_i}{\sum_{i \in I_2} h_i + \lambda} = -\frac{G_2}{H_2 + \lambda} = 4.1144$$

即第 2 棵树为图 4.33.

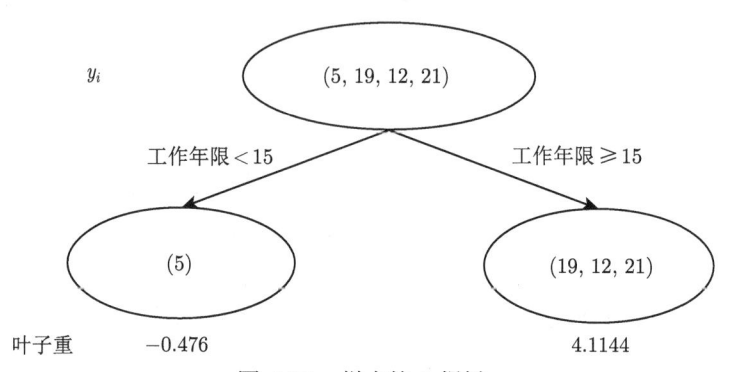

图 4.33 样本第 2 棵树

预测值 $= \hat{y}_i^{(1)} + \omega_i^{(2)}$，如表 4.59

表 4.59 训练样本第二轮预测结果

编号	年龄/岁	工作年限/年	y_i	$\hat{y}_i^{(1)}$	$\hat{y}_i^{(2)}$
1	26	3	5	3.33	3.33−0.476
2	48	20	19	14.857	14.857+4.1144
3	32	10	12	14.857	14.857−0.476
4	40	15	21	14.857	14.857+4.1144

3) 建立第 3 棵树

(1) 第 3 棵数是基于第 2 棵树的样本特征值和样本残差 (x_i, r_2) 建立的.

表 4.60 训练样本第三轮数据

编号	年龄/岁	工作年限/年	r_2	g_i	h_i
1	26	3	2.143	−2.143	1
2	48	20	0.0286	−0.0286	1
3	32	10	−2.381	2.381	1
4	40	15	2.0286	−2.0286	1

(2) **确定分叉方法** 所有可能划分情况如表 4.61 所示.

表 4.61 训练样本第三轮得分

划分点	小于划分点的样本	大于等于划分点的样本	G_L	G_R	H_L	H_R	SCORE
年龄 32	1	2, 3, 4	−2.143	0.324	1	3	2.356
年龄 40	1, 3	2, 4	0.238	−2.0572	2	2	0.98
年龄 48	1, 3, 4	2	−1.7906	−0.0286	3	1	0.181
工作年限 10	1	2, 3, 4	−2.143	0.324	1	3	2.356
工作年限 15	3	4	0.238	−2.0572	2	2	0.98
工作年限 20	3, 4	2	−1.7906	−0.0286	3	1	0.181

4.3 XGBoost 算法

以上划分点得分值最大为 2.356, 有两个划分点: 年龄 32 和工作年限 10, 所以随机选一个作为划分点, 这里我们选工作年限 10.

(3) **确定当前二叉树集合** 对当前根节点以工作年限 <10 和工作年限 $\geqslant 10$ 一分为二, 得到两个叶子节点样本集.

为方便理解及样本集大小的限制, 我们设置树的叶子节点个数为 2, 即第 3 棵树结构如图 4.34.

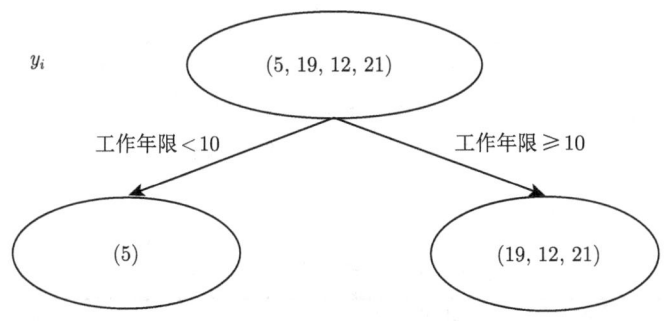

图 4.34 样本第 3 棵树分叉

(4) **计算整棵树叶子节点的预测值** 对于整棵树的每个叶子节点, 计算叶子节点的预测值:

$$\omega_j^* = -\frac{\sum\limits_{i \in I_j} g_i}{\sum\limits_{i \in I_j} h_i + \lambda} = -\frac{G_j}{H_j + \lambda}$$

① 第 1 个叶子节点里的样本集合 $I_1 = \{1\}$, 对应的预测值为

$$\omega_1^* = -\frac{\sum\limits_{i \in I_1} g_i}{\sum\limits_{i \in I_1} h_i + \lambda} = -\frac{G_1}{H_1 + \lambda} = 1.429$$

② 第 2 个叶子节点里的样本集合 $I_2 = \{2, 3, 4\}$, 对应的预测值为

$$\omega_2^* = -\frac{\sum\limits_{i \in I_2} g_i}{\sum\limits_{i \in I_2} h_i + \lambda} = -\frac{G_2}{H_2 + \lambda} = -0.0926$$

即第 3 棵树为图 4.35.

表 4.62 训练样本第三轮预测结果

编号	年龄/岁	工作年限/年	y_i	$\hat{y}_i^{(1)}$	$\hat{y}_i^{(2)}$	$\hat{y}_i^{(3)}$
1	26	3	5	3.33	3.33−0.476	3.33−0.476+1.429
2	48	20	19	14.857	14.857+4.1144	14.857+4.1144−0.0926
3	32	10	12	14.857	14.857−0.476	14.857−0.476−0.0926
4	40	15	21	14.857	14.857+4.1144	14.857+4.1144−0.0926

```
                    (5, 19, 12, 21)
         工作年限<10           工作年限≥10
          (5)                  (19, 12, 21)
叶子重    1.429                  −0.0926
```

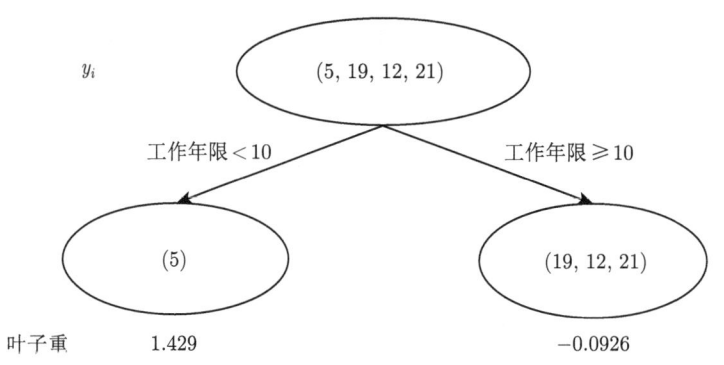

图 4.35　样本第 3 棵树

预测值 $= \hat{y}_i^{(2)} + \omega_i^{(3)}$，如表 4.62

4) 建立第 4 棵树

表 4.63　训练样本第四轮数据

编号	年龄/岁	工作年限/年	r_3	g_i	h_i
1	26	3	0.714	−0.714	1
2	48	20	0.1212	−0.1212	1
3	32	10	−2.288	2.288	1
4	40	15	2.0286	−2.0286	1

(1) 第 4 棵数是基于第 3 棵树的样本特征值和样本残差 (x_i, r_3) 建立的.

$$G \leftarrow \sum_{i \in I} g_i = (-0.714) + 0.1212 + (-2.288) + 2.0286 = -0.8522$$

$$H \leftarrow \sum_{i \in I} h_i = 1 + 1 + 1 + 1 = 4$$

(2) **确定分叉方法**　所有可能划分情况如表 4.64 所示.

表 4.64　训练样本第四轮得分

划分点	小于划分点的样本	大于等于划分点的样本	G_L	G_R	H_L	H_R	SCORE
年龄 32	1	2, 3, 4	−0.714	0.1382	1	3	0.272
年龄 40	1, 3	2, 4	1.574	−2.1498	2	2	2.766
年龄 48	1, 3, 4	2	−0.4546	−0.1212	3	1	−0.0048
工作年限 10	1	2, 3, 4	−0.714	0.1382	1	3	0.272
工作年限 15	1, 3	2, 4	1.574	−2.1498	2	2	2.766
工作年限 20	1, 3, 4	2	−0.4546	−0.1212	3	1	−0.0048

以上划分点得分值最大为 0.0296, 有两个划分点: 年龄 40 和工作年限 15, 所以随机选一个作为划分点, 这里我们选年龄 40.

4.3 XGBoost 算法

(3) **确定当前二叉树集合** 对当前根节点以年龄 <40 和年龄 ⩾40 一分为二, 得到两个叶子节点样本集.

为方便理解及样本集大小的限制, 我们设置树的叶子节点个数为 2, 即第 4 棵树结构如图 4.36.

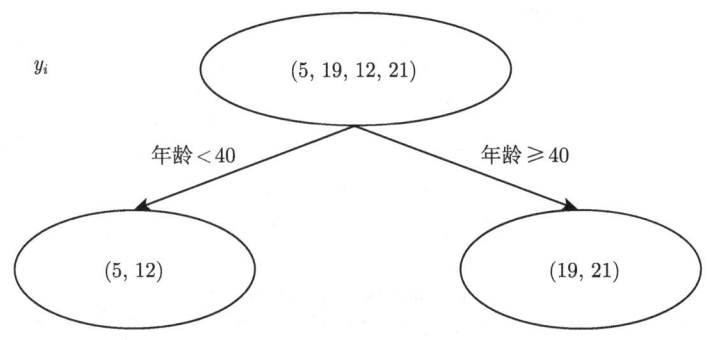

图 4.36 样本第 4 棵树分叉

(4) **计算整棵树叶子节点的预测值** 对于整棵树的每个叶子节点, 计算叶子节点的预测值:

$$\omega_j^* = -\frac{\sum_{i \in I_j} g_i}{\sum_{i \in I_j} h_i + \lambda} = -\frac{G_j}{H_j + \lambda}$$

①第 1 个叶子节点里的样本集合 $I_1 = \{1\}$, 对应的预测值为

$$\omega_1^* = -\frac{\sum_{i \in I_1} g_i}{\sum_{i \in I_1} h_i + \lambda} = -\frac{G_1}{H_1 + \lambda} = -0.6296$$

②第 2 个叶子节点里的样本集合 $I_2 = \{2,3,4\}$, 对应的预测值为

$$\omega_2^* = -\frac{\sum_{i \in I_2} g_i}{\sum_{i \in I_2} h_i + \lambda} = -\frac{G_2}{H_2 + \lambda} = 0.8599$$

即第 4 棵树为图 4.37.

表 4.65 训练样本第四轮预测结果

编号	年龄/岁	工作年限/年	y_i	$\hat{y}_i^{(1)}$	$\hat{y}_i^{(2)}$	$\hat{y}_i^{(3)}$	$\hat{y}_i^{(4)}$
1	26	3	5	3.33	3.33-0.476	3.33-0.476+1.429	3.33-0.476+1.429-0.6296
2	48	20	19	14.857	14.857+4.1144	14.857+4.1144-0.0926	14.857+4.1144-0.0926+0.8599
3	32	10	12	14.857	14.857-0.476	14.857-0.476-0.0926	14.857-0.476-0.0926-0.6296
4	40	15	21	14.857	14.857+4.1144	14.857+4.1144-0.0926	14.857+4.1144-0.0926+0.8599

y_i (5, 19, 12, 21)

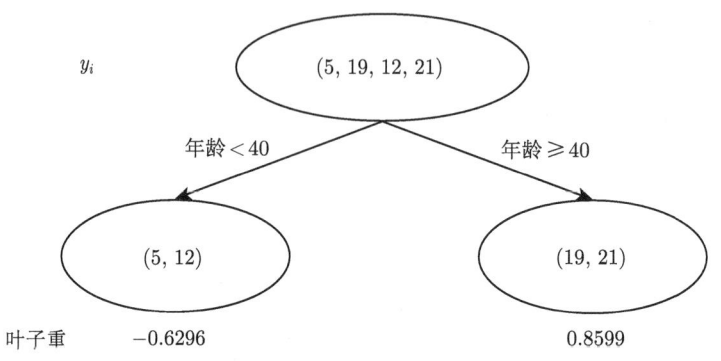

年龄 < 40   年龄 ⩾ 40

(5, 12)   (19, 21)

叶子重   −0.6296   0.8599

图 4.37 样本第 4 棵树

预测值 $= \hat{y}_i^{(3)} + \omega_i^{(4)}$, 如表 4.65

表 4.66 训练样本第四轮预测结果

编号	y_i	$\hat{y}_i^{(1)}$	$\hat{y}_i^{(2)}$	$\hat{y}_i^{(3)}$	$\hat{y}_i^{(4)}$
1	5	3.33	2.854	4.283	3.6534
2	19	14.857	18.9714	18.8788	19.7387
3	12	14.857	14.381	14.2884	13.6588
4	21	14.857	18.9714	18.8788	19.7387

看一下要预测的样本 5 (表 4.67).

表 4.67 预测结果

编号	年龄/岁	工作年限/年	贷款额度/万元 (标签值)
5(要预测的)	30	6	?

样本 5 利用加入 4 棵树的模型得到的预测值为

$$\hat{y}_5^{(4)} = \hat{y}_5^{(0)} + f_1(x_5) + f_2(x_5) + f_3(x_5) + f_4(x_5)$$
$$= 0 + 3.333 - 0.476 + 1.429 - 0.6296$$
$$= 3.6564(万元)$$

由计算得到, 样本 5 的预测贷款额度为 3.6564 万元.

4.3.5 场景应用

本节重点讲解 XGBoost 的建立过程，其中配套的数据是第 3 章 3.5 节中的数据.

数据及代码详见: https://gitee.com/zzufinlab/bookcode/tree/master/Chapter_4/4_3.

同样把 2019 年第 3 个季度的数据集随机抽取 80%作为训练集，20%作为测试集，训练好的模型对测试集数据进行预测，得到以下混淆矩阵 (表 4.68) 和评估指标 (表 4.69).

表 4.68　混淆矩阵

	预测为 1	预测为 0
标签为 1	261	1541
标签为 0	201	4576

表 4.69　评估指标

模型	准确率	AUC 值	KS 值
XGBoost	0.7352	0.7076	0.3095

4.4　本章小结

随机森林是一种基于 Bagging 思想的集成学习方法, 它由多棵决策树组成. 通过多个弱分类器 (决策树) 组成一个强分类器 (随机森林) 来提高模型的精度. 随机体现在每棵决策树的生产过程中样本和特征都是随机选取的, 这使得随机森林具有运算量小、实现简单的优点.

梯度提升树 (GBDT) 是一种基于 Boosting 思想的加法模型, 每棵新树都是利用前面模型的残差重新拟合的一棵决策树, 残差由损失函数的负梯度生成. 极度梯度提升树 (XGBoost) 的思想与 GBDT 相同, 区别在于 XGBoost 利用了损失函数的二阶导数的信息, 而 GBDT 仅仅考虑了一阶导数的信息, 这使得 XGBoost 具有更高的精度.

本章重点介绍的三个集成模型: 随机森林、GBDT、XGBoost 都能够得到特征的重要度排序, 这使得它们除了能够进行分类和回归之外, 还能够用来进行特征选择. 但是评分卡应用中, 集成模型的可解释性较差, 因此在第 5 章介绍了基于博弈论的 SHAP 可解释框架.

练习题

习题 4.1　对表 4.15 的样本数据, 建立包含 4 棵树的 GBDT 模型.

4.1.1　对所有 10 个样本, 利用建立的 GBDT 模型, 算出其违约概率预测值 P, 以及分类结果.

4.1.2　将以上过程与本章 4.3.4 节的 XGBoost 算例进行对比, 说出两种算法在分类问题上的区别与联系.

习题 4.2　对表 4.3 的样本数据, 利用前 4 个样本, 建立包含 3 棵树的 XGBoost 模型.

4.2.1 对第 5 个样本, 利用建立的 XGBoost 模型, 算出其违约概率预测值 P, 以及分类结果.

4.2.2 将以上过程与 4.2.3 节的 GBDT 算例结果进行对比, 说出两种算法在回归问题上的区别与联系.

习题 4.3 训练集的好坏样本比例对模型影响很大, 利用 2.5 节案例的数据、选取的特征, 采用 Python 开源代码, 固定坏样本的个数, 随机抽取好样本, 在分别满足好坏样本比例为 $9:1$, $8:1$, $7:1$, $6:1$, $5:1$, $4:1$, $3:1$ 时, 建立随机森林模型, GBDT 模型, XGBoost 模型, 将全部数据作为验证集, 回答下面的问题.

4.3.1 计算各种比例下三种模型、习题 2.2 逻辑回归模型以及习题 3.5 决策树模型的混淆矩阵, 通过比较写出有什么规律.

4.3.2 比较各种比例下三种模型、习题 2.2 逻辑回归模型以及习题 3.5 决策树模型的 ROC、AUC 和 KS 值, 你能发现什么规律?

4.3.3 对各种比例下三种模型, 画出其随着树的个数增加, 模型损失函数值、ROC、AUC 和 KS 值的变化.

习题 4.4 通过对比, 总结随机森林、GBDT 和 XGBoost 模型的优点和局限性.

习题 4.5 通过查阅文献, 了解 LightGBM 算法, 并与以上三种算法进行比较. 尝试利用 LightGBM 算法探索习题 4.3.

习题 4.6 通过查阅文献, 了解 CatBoost 算法, 并与以上四种算法进行比较. 尝试利用 CatBoost 算法探索习题 4.3.

第 5 章
机器学习模型的可解释性方法

机器学习模型的可解释性 (纪守领等, 2019; Li et al., 2020) 是机器学习模型在实践应用中的难点和热点. 大数据风控模型要求具有良好的可解释性, 这就限制了机器学习模型在大数据风控模型中的应用. 为了克服可解释性的困难, 本章建立了基于博弈论的机器学习模型可解释方法, 在 5.3 节和 5.4 节重点介绍了 SHAP 和 LIME 两种方法 (Lundberg and Lee, 2017).

■ 5.1 可解释性理论

机器学习业务应用以输出决策判断为目标, 可解释性是指人类能够理解决策原因的程度. 模型可解释性方面的研究, 在近两年的科研会议上成为关注热点, 在机器学习模型的实际应用中, 人们往往不会仅限于满足模型的效果, 而是会进一步思考模型结果产生的原因. 这些思考将会有助于对模型效果和特征选择的优化, 进而帮助人们更好地理解模型本身, 以及提升人们在使用模型时的体验感. 这正是每个机器学习流程中必须包含模型解释这一步的原因.

可解释性理论主要研究以下三个方面的问题.

(1) 从单个样本角度, 每一个特征是如何影响机器学习模型预测结果的.

(2) 从预测结果角度, 机器学习模型认为哪些特征是最重要的.

(3) 从整体样本角度, 每一个特征是如何影响机器学习模型进行预测的.

在对机器学习模型进行对比评估时, 如果某个模型的预测结果比其他模型的预测结果更容易让人理解, 则这个模型被认为比其他模型具有更好的可解释性.

5.1.1 可解释性的重要性

在解决机器学习问题时, 数据科学家往往倾向于关注模型性能指标, 如准确性、精确度和召回率等等. 但是, 指标只能说明模型预测决策的部分性能. 随着时间的推移, 由于环境中的各种因素导致的模型概念漂移, 性能可能会发生变化. 因此, 了解推动模型采取某些决策的因素至关重要.

当我们面对一个复杂的机器学习模型时,我们需要做出一个权衡:我们是仅仅只需要一个预测结果,还是必须关心模型为什么做出这样的预测.在某些情况下,我们只需要知道模型在测试数据集上的预测性能较好就足够了,但是在其他情况下,挖掘模型预测的内部机制能够帮助我们更好地理解所研究的问题、面对的数据和模型可能失败的原因.

了解预测背后的原因在评估信任方面非常重要,如计划基于预测采取行动,或者选择是否部署新模型.

无论人类是直接使用机器学习分类器作为工具,还是在其他产品中部署模型,仍然存在一个至关重要的问题:如果用户不信任模型或预测,他们就不会使用它.

5.1.2 可解释性的分类

(1) 从模型本身的角度,可解释性可以分为本质上的可解释性和事后的可解释性.

(2) 从适用范围的角度,可解释性可以分为指定模型的可解释性和与模型无关的可解释性.

(3) 从解释层面的角度,可解释性可以分为局部可解释性和全局可解释性.局部可解释性方法是解释单个样本的预测结果,即在解释每一个特征是如何影响机器学习模型对单个样本的预测结果的.全局可解释性方法是解释整个模型的预测行为.

5.1.3 解释的性质

我们要解释机器学习模型的预测,依赖于某个解释方法,一种生成解释的算法.解释 (explanation) 通常以一种人类可理解的方式将实例的特征值与其模型预测联系起来.单个解释方法有如下性质.

• 准确性 (accuracy):解释预测看不见的数据会如何?如果将解释代替机器学习模型进行预测,那么高准确性尤为重要.如果机器学习模型的准确性也很低,并且目标是解释黑盒模型的作用,那么低准确性就很好了.在这种情况下,只有保真度才是重要的.

• 保真度 (fidelity):解释对黑盒模型预测的近似程度如何?高保真度是解释的重要性质之一,毕竟低保真度的解释对解释机器学习模型是无用的.准确性和保真度密切相关.如果黑盒模型具有较高的准确性并且解释有高保真度,则解释也具有较高的准确性.

• 稳定性 (stability):类似实例之间的解释会有相似,一致性是比较模型之间的解释,而稳定性则比较同一模型的相似实例之间的解释.

■ 5.2 可解释性方法

XGBoost 是基于决策树的集成学习模型,本身模型结构比较复杂,但是其优势和先进性已经在理论层面被广泛证明和接受,在实践中因为其可解释性比较弱,因此还有待考验. 当我们面对 XGBoost 这样的复杂机器学习模型时,挖掘模型预测的内部机制能够帮助我们更好地理解所研究的问题、面对的数据和模型可能失败的原因. 只有当模型预测结果是可解释的,我们才能够对模型更加信任,而 SHAP 解释法和 LIME 解释法都可以完成对 XGBoost 模型预测结果的解释.

■ 5.3　SHAP 解释法

SHAP 解释法是解决模型可解释性的一种方法,是 Shapley(1952) 基于合作博弈理论首次提出的. 主要思想是:合作博弈中个体的边缘收益. 通过计算在合作中个体的贡献来确定该个体的重要程度. 计算方法是计算组合中包含某个特征的收益,减去该组合不包含这个特征时的收益,即可得到该特征在这种组合中的贡献度;再计算所有组合,加权平均,得到该特征的整体贡献度. 先由一个例子引入对 SHAP 解释法的理解,简单举例:

假设需要编写一个 100 行代码的程序,今天产品经理找了三个程序员来完成,按照完成量发奖金. 每一个程序员单独完成与相互合作的效率如下 (完整的见表 5.1):

L 程序员单独完成可以完成 10 行代码;

M 程序员单独完成可以完成 30 行代码;

N 程序员单独完成可以完成 5 行代码;

L 和 M 合作可以完成 50 行代码;

L 和 N 合作可以完成 40 行代码;

M 和 N 合作可以完成 35 行代码;

······

表 5.1　每个程序员单独完成及相互合作的完成情况

分组	完成代码行数
L	10
M	30
N	5
L, M	50
L, N	40
M, N	35
L, M, N	100

此时,会有 3!(6 种) 合作的可能性会发生,分别为

L 邀请 M 形成组织 S, M 邀请 N 进入组织 S;

L 邀请 N 形成组织 S, N 邀请 M 进入组织 S;

M 邀请 L 形成组织 S, L 邀请 N 进入组织 S;

……

对于每一种合作的方式，我们考虑他们的边际收益，即某人加入组织前后的收益变化. 下面的式子表示 i 加入集合 S 后的边际贡献，我们需要罗列出 S 所有的可能性:

$$\delta i(S) = V(S \cup \{i\}) - V(S) \tag{5.1}$$

我们说一下具体的例子，比如说我们要计算 L 的贡献值，那么所有 S 可能的集合有

S 为空集；

S 中只有一个元素，可以是 M，或是 N；

S 中有两个元素，可以是 M + N.

共有 5 种可能. 我们要分别计算这 5 种情况下的边际收益 (我们需要注意到的是，这 5 种情况不是等可能出现的)，所以对于每一个人的收益的计算过程如表 5.2 所示，我们只是改变了加入的顺序而已.

表 5.2　每个人的贡献程度

顺序	程序员 L 的贡献	程序员 M 的贡献	程序员 N 的贡献
L, M, N	$V(L)=10$	$V(L,M)-V(L)$ $=50-10=40$	$V(L,M,N)-V(L,M)$ $=100-50=50$
L, N, M	$V(L)=10$	$V(L,M,N)-V(L,N)$ $=100-40=60$	$V(L,N)-V(L)$ $=40-10=30$
M, L, N	$V(L,M)-V(M)$ $=50-30=20$	$V(M)=30$	$V(L,M,N)-V(L,M)$ $=100-50=50$
M, N, L	$V(L,M,N)-V(M,N)$ $=100-35=65$	$V(M)=30$	$V(M,N)-V(M)$ $=35-30=5$
N, L, M	$V(L,N)-V(L)$ $=40-5=35$	$V(L,M,N)-V(L,N)$ $=100-40=60$	$V(N)=5$
N, M, L	$V(L,M,N)-V(M,N)$ $=100-35=65$	$V(M,N)-V(N)$ $=35-5=30$	$V(N)=5$

计算所有可能性下的收益的平均值，见表 5.3.

表 5.3　每个人的 SHAP 值

程序员	程序员平均贡献	SHAP 值
L	1/6(10+10+20+65+35+65)	34.17
M	1/6(40+60+30+30+60+30)	41.7
N	1/6(50+30+50+5+5+5)	24.17

SHAP 算法原理如下.

SHAP 算法是一种机器学习模型解释方法，同时具备局部可解释性和全局可解释性. 假设第 i 个样本的第 j 个特征取值为 $x_{i,j}$，机器学习模型对第 i 个样本的

■ 5.3 SHAP 解释法

预测值是 $\hat{y}_i$, 模型的基础值是 ϕ_0, $x_{i,j}$ 的 SHAP 值是 $\phi_{i,j}$, 那么有下述等式成立:

$$\hat{y}_i = \phi_0 + \sum_{j=1}^{m} \phi_{i,j} = \phi_0 + \phi_{i,1} + \phi_{i,2} + \cdots + \phi_{i,m} \tag{5.2}$$

基本思想是考虑一个特征加入到模型时对模型预测值的边际贡献的均值, SHAP 值将解释指定为如下形式:

$$f(x_i) = F(z') = \phi_0 + \sum_{j=1}^{m} \phi_{i,j} z'_{i,j} \tag{5.3}$$

其中, $f(x_i)$ 是机器学习模型对样本 x_i 的预测值, F 是解释函数, $\phi_{i,j} \in R$ 是第 i 个样本, 第 j 个特征取值 $x_{i,j}$ 的 SHAP 值, $z'_{i,j} \in \{0,1\}^m$ 是特征组合向量, 输入 1 表示相应的特征值存在, 输入 0 表示相应的特征值不存在. 对于样本 x_i, 第 j 个特征值 $x_{i,j}$ 的 SHAP 值 $\phi_{i,j}$ 的计算, 满足下面的公式:

$$\phi_{i,j} = \sum_{s \subseteq M \setminus \{x_{i,j}\}} \frac{|S|!(m-|S|-1)!}{m!} [f_{x_i}(S \cup \{x_{i,j}\}) - f_{x_i}(S)], \quad j \geqslant 1 \tag{5.4}$$

其中, M 是数据集中所有特征的集合, 其维度为 m. S 是从 M 中抽取出来的子集, 其大小为 $|S|$. $f_{x_i}(S)$ 是只使用特征集合 S 时模型对样本 x_i 的预测值, 当 S 是空集时, $f_{x_i}(S)$ 的值称为基础值 ϕ_0, 相当于模型的预测值在所有样本上的平均值. 是在特征集合 S 的基础之上, 添加特征值 $x_{i,j}$ 时模型对样本 x_i 的预测值 $f_{x_i}(S \cup \{x_{i,j}\})$ 在所有样本中的平均值, $\dfrac{|S|!(m-|S|-1)!}{m!}$ 表示 $f_{x_i}(S \cup \{x_{i,j}\})$ 与 $f_{x_i}(S)$ 取值之差的权重. 由于 S 的取值可以有很多种情况, 因此由公式可以看出, 特征值 $x_{i,j}$ 的 SHAP 值 $\phi_{i,j}$ 是综合考虑了 S 的所有可能取值和除了特征值 $x_{i,j}$ 之外的其他特征对特征值 $x_{i,j}$ 的影响.

下面通过简单的树模型来展示 SHAP 值的计算过程.

假设如下决策树 (图 5.1):

根节点有 4 个样本, 第一次分叉之后左右节点各有 2 个样本, 第二次分叉之后 4 个叶子节点都只有 1 个样本. 叶子节点取值已知. 决策树模型包含两个特征贷款等级和贷款偿还期, 所有可能的特征组合 S 如下 (图 5.2~ 图 5.5).

{}
{贷款等级}
{贷款偿还期}
{贷款等级, 贷款偿还期}

对于给定样本 $x = \{$贷款等级: 高, 贷款偿还期: 3 年$\}$, 按照公式计算贷款等级的 SHAP 值 $\phi_{贷款等级}$, 贷款偿还期的 SHAP 值 $\phi_{贷款偿还期}$.

在本例中, $M = \{$贷款等级, 贷款偿还期$\}$, m 为特征个数, $m = 2$, j 表示第 j 个特征.

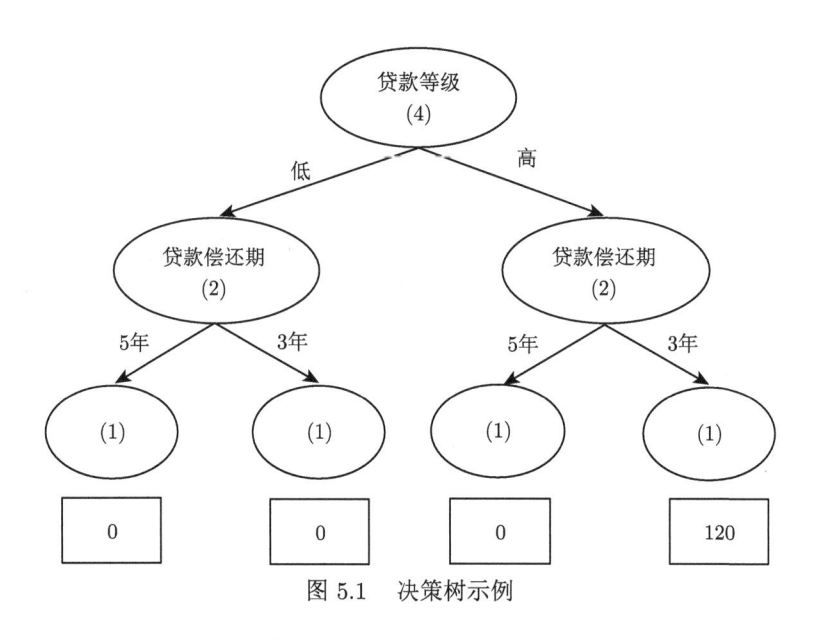

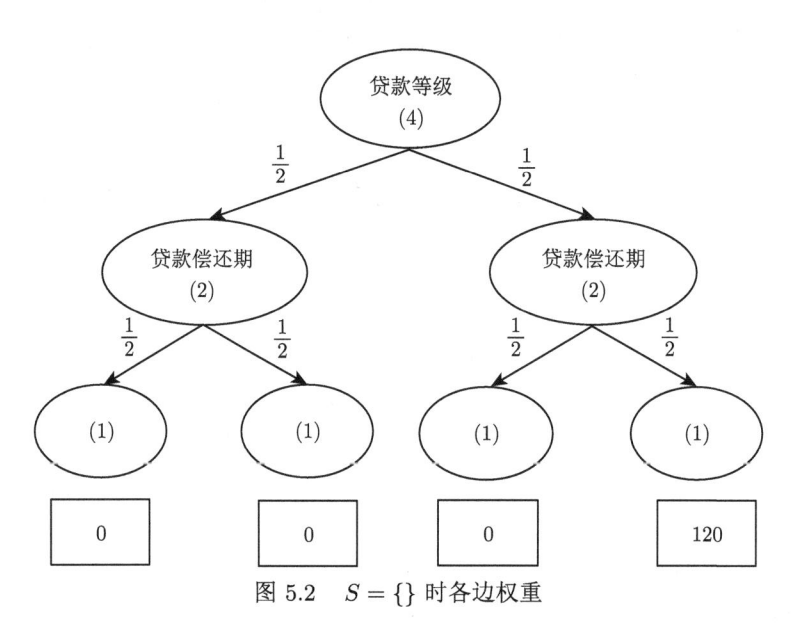

图 5.1 决策树示例

图 5.2 $S = \{\}$ 时各边权重

■ 5.3 SHAP 解释法

计算过程如下.

(1) 计算 $f_x(S)$.

① $S = \{\}$.

a. 各个边的权重按如下方式确定:
- 若特征 j 不在 S 中, 则权重为子节点样本数与父节点样本数之比.
- 若特征 j 在 S 中, 则权重为 1.

b. 决策树 4 个叶子节点的值已知.

c. 从叶子节点取值开始, 沿着决策路径, 根据边的权重, 计算根节点取值, 即 $f_x(S)$.

本例中, $f_x(S = \{\}) = \frac{1}{2} \times \left(\frac{1}{2} \times 0 + \frac{1}{2} \times 0\right) + \frac{1}{2} \times \left(\frac{1}{2} \times 0 + \frac{1}{2} \times 120\right) = 30.$

② $S = \{$贷款等级: 高$\}$.

$$f_x\left(S = \{贷款等级\}\right) = 1 \times \left(\frac{1}{2} \times 0 + \frac{1}{2} \times 120\right) = 60$$

③ $S = \{$贷款偿还期: 3 年$\}$.

$$f_x(S = (\{贷款偿还期: 3 \text{ 年}\}) = \frac{1}{2} \times (1 \times 0) + \frac{1}{2} \times (1 \times 120) = 60$$

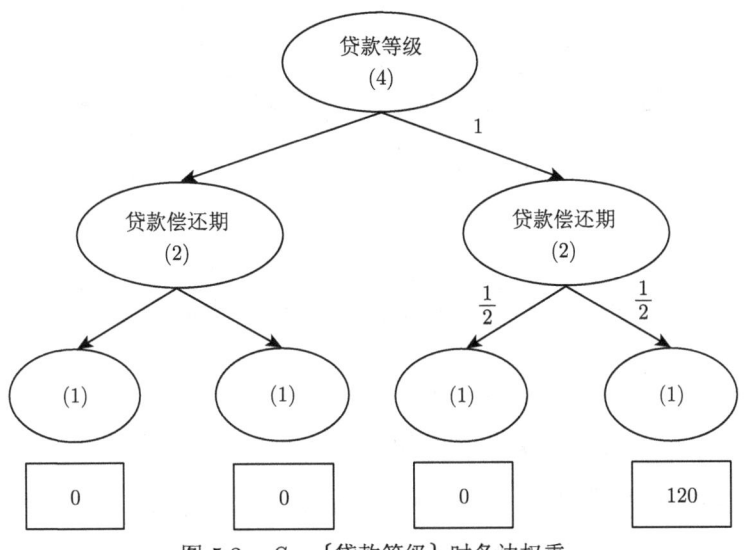

图 5.3 $S = \{$贷款等级$\}$ 时各边权重

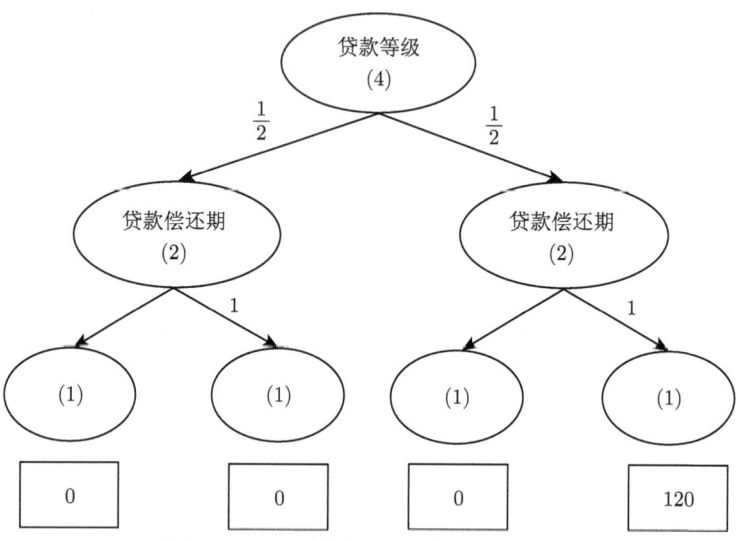

图 5.4　$S = \{贷款偿还期\}$ 时各边权重

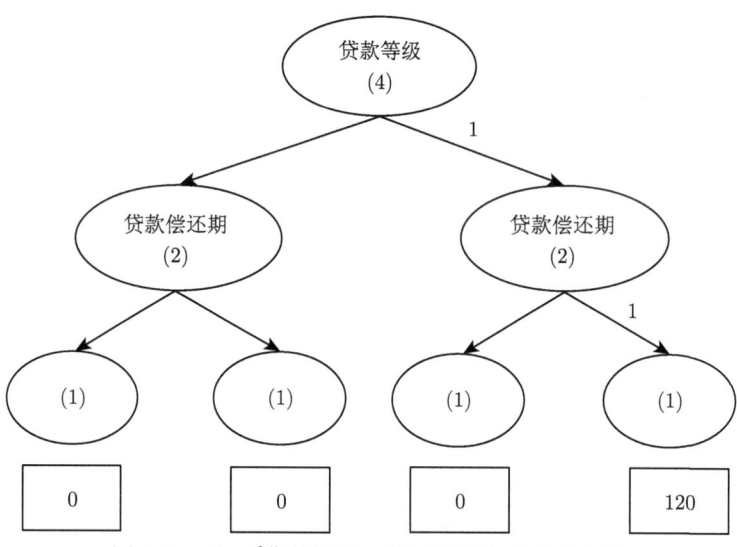

图 5.5　$S = \{贷款等级, 贷款偿还期\}$ 时各边权重

④ $S = \{贷款等级: 高, 贷款偿还期: 3 年\}$.
$$f_x(S = \{贷款等级, 贷款偿还期\}) = 1 \times (1 \times 120) = 120$$

(2) 计算 SHAP 值 $\phi_{贷款等级: 高}$ 和 $\phi_{贷款偿还期: 3 年}$.

$$\phi_{贷款等级: 高} = \frac{0! \times (2 - 0 - 1)!}{2!} \times [f_x(S = \{贷款等级高\}) - f_x(S = \{\})]$$

$$+ \frac{1! \times (2-1-1)!}{2!} \times [f_x(S = \{贷款等级: 高, 贷款偿还期: 3 年\})$$
$$- f_x(S = \{贷款偿还期: 3 年\})]$$
$$= \frac{1}{2} \times (60 - 30) + \frac{1}{2} \times (120 - 60)$$
$$= 45$$

$$\phi_{贷款偿还期: 3 年} = \frac{0! \times (2-0-1)!}{2!} \times [f_x(S = \{贷款偿还期: 3 年\}) - f_x(S = \{\})]$$
$$+ \frac{1! \times (2-1-1)!}{2!} \times [f_x(S = \{贷款等级: 高, 贷款偿还期: 3 年\})$$
$$- f_x(S = \{贷款等级: 高\})]$$
$$= \frac{1}{2} \times (60 - 30) + \frac{1}{2} \times (120 - 60)$$
$$= 45$$

$\phi_0 = f_x(S = \{\}) = 30.$

(3) 使用 SHAP 值对样本进行预测.

$$\hat{y} = \phi_0 + \phi_{贷款等级: 高} + \phi_{贷款偿还期: 3 年}$$
$$= 30 + 45 + 45$$
$$= 120$$

传统的特征重要度只告诉哪个特征重要, 但我们并不清楚该特征是怎样影响预测结果的. SHAP 值最大的优势是能对于反映出每一个样本中的特征的影响力, 而且还表现出影响的正负性. SHAP 值能提供极其强大的数据可视化功能, 来展示模型或预测的解释结果.

■ 5.4 LIME 解释法

局部可解释不可知模型 (LIME) 是一种算法, 是 Ribeiro 等 (2016) 提出的针对机器学习模型局部可解释性的一种具体实现方法, 它提供了一种新颖的技术, 以可解释和可信任的方式解释任何预测模型的结果. 它的工作原理是围绕想要解释的预测在本地训练可解释的模型.

通常情况下，LIME 的输入是一个样本的特征数据，输出是一个线性模型. LIME 会根据输入的样本数据产生一些扰动样本，并且获得需要解释的机器学习模型在这些样本上的预测值，这些样本和其预测值组成了一个新的数据集，在这个新的数据集上，LIME 训练了一个可解释的模型，通常是线性模型，该模型通过扰动样本和预测样本的近似程度进行加权，得到对复杂机器学习模型局部的良好近似，注意并不一定是对全局的良好近似. 之后 LIME 基于训练得到的近似模型的解释寻找样本预测结果在原模型上的决策依据，线性模型的权重，直接体现了每一个特征在当前预测结果中的重要程度.

5.4.1 LIME 算法特点

- 不对模型整体提供解释，而是局部对每一个样本单独进行解释;
- 即使机器学习模型训练过程会产生一些抽象的特征，但是解释基于当前输入数据的变量特征;
- 通过局部建立简单模型进行预测来对大多数重要特征进行解释 LIME 作用在单个样本上.

5.4.2 LIME 实现步骤

第一步，我们取出一个样本，并重复这个数据同时增加一些微小扰动，这样就得到了一个新的数据集，数据集中包含相似的样本，都基于取出来的那个样本. 对于这个新数据集中的每一个样本，我们可以计算它跟取出的样本之间的相似性，即在排列中它被调整了多大，所有的统计距离、相似性矩阵都可以用在这里，比如用指定宽度的指数内核将欧氏距离转化为相似度.

第二步，使用最初训练的复杂模型，在新数据上进行预测. 正因为新数据样本间的细微差别，我们可以跟踪那些微小扰动对预测结果的影响.

第三步，我们在新数据上训练出一个简单模型 (通常是线性模型)，并使用最重要的特征进行预测. 最重要的特征有不同的决定方法，在指定加入模型解释中的特征数量 (通常在 5 到 10 附近) 的前提下，可以:

- 选择在使用复杂模型进行预测时回归拟合上具有最高权重的特征;
- 运用正向选择，选择可以提高复杂模型的预测的回归拟合的变量;
- 在复杂的机器学习模型预测的基础上，选择正则化的收缩率最小的 Lasso 预测拟合的特征;
- 使用不多于我们已经选择了的特征的节点数量来构建决策树.

5.4.3 LIME 算法原理

假设第 i 个样本的第 j 个特征取值为 $x_{i,j}$，机器学习模型对第 i 个样本的预测值是 $\hat{y}_i$，LIME 训练出的线性模型的截距是 w_0，$x_{i,j}$ 的权重是 $w_{i,j}$，那么有下述等式成立：

$$\hat{y}_i = w_0 + \sum_{j=1}^{m} w_{i,j} \times x_{i,j} = w_0 + w_{i,1} \times x_{i,1} + w_{i,2} \times x_{i,2} + \cdots + w_{i,m} \times x_{i,m} \quad (5.5)$$

对于样本 x_i，LIME 通过下述目标函数来衡量解释模型与被解释模型之间的差异：

$$\xi(x_i) = \arg\min_{u \in U} L(f, u, \pi_{x_i}) + \Omega(u) \quad (5.6)$$

其中，f 是被解释的机器学习模型，u 是解释模型比如线性模型，π_{x_i} 定义了扰动样本和预测样本 x_i 之间的距离或者称为相似度，比如 L_2 范数距离，L 是损失函数，比如均方误差，衡量了解释模型 u 与被解释模型 f 的预测的接近程度，$\Omega(u)$ 是模型复杂度，衡量了解释模型 u 的复杂程度．最小化损失函数 L 保证了解释模型 u 能够很好地对被解释模型 f 进行局部的近似，同时解释模型 u 的复杂程度应该尽可能小，以保证 u 的可解释性良好．

5.5 SHAP 与 LIME 解释法的对比

对机器学习模型的可解释性方法的评估，即在评估可解释性方法的好坏或者说是评估解释结果的好坏．针对可解释性的评估问题目前尚处于初步研究阶段，还没有形成比较有共识性的评估方法．一般来说，可以从 3 个层面对可解释性进行评估．

(1) 应用级评估．在实际应用中，由专业人员对解释结果进行评判，检验可解释性方法给出的模型预测结果的解释与专业人员对同样样本的解释之间的差别．比如我们的信用评分模型，对贷款申请人进行评分之后，基于指定的可解释性方法给出评估结果的解释，另外请银行的客户经理或者是相关领域的专家对贷款申请人的结果进行解释，并对比两种解释之间的区别．

(2) 人员级评估．跟应用级评估类似，区别在于由普通人员对解释结果进行评判，这种做法降低了评估成本．比如我们的信用评分模型，对贷款申请人进行评分之后，基于指定的可解释性方法给出评估结果的解释，将解释告知贷款申请人，贷款申请人会选择令其满意的解释．

(3) 功能级评估．不需要通过人进行评估，而是基于一些指标来衡量解释的好与坏．不过截至目前，如何规范地计算这些指标，并且如何使用这些指标对可解释性方法的解释结果进行衡量还没有一个定论，可以说这是当前面对的一大挑战．

对机器学习模型预测结果的解释主要有以下几个性质．

(1) 保真度．解释结果相对于机器学习模型预测结果的近似程度．

(2) 一致性. 对于拥有相同学习任务和相似预测结果的不同机器学习模型, 基于某种可解释性方法的解释是否有差异.

(3) 稳定性. 描述具有相似预测结果的样本之间的解释的相似程度. 对于不同样本同一特征取值的微小变化, 如果基于某种可解释性方法的解释结果基本没有改变, 则意味着该种可解释性方法具有较高的稳定性. 较高的稳定性对于可解释性方法是非常重要的, 或者说, 可解释性方法不能受到待解释样本特征取值微小变化的影响, 除非这种微小变化同样引起了机器学习模型预测结果的改变.

(4) 可理解性. 解释结果对人是否友好, 即以人的视角是否容易理解. 虽然这个指标非常重要, 但是非常难以定义和衡量.

当然还有其他一些性质和相对应的评估方法, 在此不做过多阐述. 对于可解释性方法的评估问题是一个复杂且多样的问题, 而且截至目前尚未形成有共识性的方法. 我们可以从解释的本质上去理解这个问题, 并尝试寻求突破.

解释是解释者和被解释者或者解释的接受者之间的互动, 解释者可以是人或者机器, 解释的接受者通常情况下是人, 因此, 评估一个可解释性方法或者解释结果好坏的关键在于在人的角度看是好还是坏. 我们需要解释, 多数情况下是因为事情没有按照我们的心理预期发展, 比如, 贷款申请人申请贷款被拒绝了, 那么他大概率会问: 为什么拒绝我? 如果再追问的话, 将会是: 为什么拒绝我而没有拒绝某某某? 或者是: 我该怎样改变才会不被拒绝? 解释的接受者需要的解释往往是有对比性的, 通常人们发出提问的时候不会是问为什么是这种结果, 而是更倾向于问为什么是这种结果而不是另一种结果. 基于此, 本节将使用保真度和稳定性来对机器学习模型预测结果的解释进行评估.

本节将保真度计算方法定义如下: 引入混淆矩阵, 如表 5.4 所示.

表 5.4 混淆矩阵

	可解释性方法解释为好样本	可解释性方法解释为坏样本
机器学习模型预测为好样本	$n_{0,0}$	$n_{0,1}$
机器学习模型预测为坏样本	$n_{1,0}$	$n_{1,1}$

由表 5.4 可以计算保真度, 计算公式如下:

$$\text{保真度} = \frac{\text{解释与预测一致的样本数}}{\text{样本总数}} = \frac{n_{0,0} + n_{1,1}}{n_{0,0} + n_{0,1} + n_{1,0} + n_{1,1}} \tag{5.7}$$

其中, $n_{0,0}$ 为可解释性方法解释结果和机器学习模型预测结果一致且为好样本的样本个数, $n_{0,1}$ 为可解释性方法解释结果为坏样本, 机器学习模型预测结果为好样本的样本个数, $n_{1,0}$ 为可解释性方法解释结果为好样本、机器学习模型预测结果为坏样本的样本个数, $n_{1,1}$ 为可解释性方法解释结果和机器学习模型预测结果一致且为坏样本的样本个数.

本章将稳定性计算方法定义如下: 使用解释结果的标准差衡量样本之间解释的相似程度, 则可以说明稳定性的程度. 标准差越小, 意味着对样本之间的解释波动越小, 即对于具有相似预测结果的样本之间的解释的相似程度越高, 稳定性越好; 标准差越大, 意味着对样本之间的解释波动越大, 即对于具有相似预测结果的样本之间的解释的相似程度越低, 稳定性越差. 标准差计算公式如下:

$$\sigma = \sqrt{\frac{\sum_{i=1}^{n}(b_i - \bar{b})^2}{n}} \tag{5.8}$$

其中, b_i 为可解释性方法对第 i 个的解释结果, 即公式 (5.2) 和 (5.5) 中的 $\hat{y}_i$, $\bar{b}$ 为所有 b_i 的均值.

■ 5.6 本章小结

大数据风控模型与其他分类模型的最大区别是要求模型具有良好的可解释性, 也就是说, 当模型判定贷款客户违约风险较高时, 需要提供导致此客户违约风险较高的原因 (特征). 逻辑回归评分卡的优势在于良好的解释性, 而可解释性也成为集成模型在风控中推广应用的难点和痛点. 本章建立了基于博弈论的机器学习可解释性方法, 这将为集成模型在大数据风控中的应用打开一扇大门. 下一章将通过风控案例讨论可解释方法在集成学习中的应用.

练习题

习题 5.1 对习题 4.3 中利用第 2 章 2.5 节案例的数据、选取的特征, 采用 Python 开源代码, 固定坏样本的个数, 随机抽取好样本, 在分别满足好坏样本比例为 9:1, 8:1, 7:1, 6:1, 5:1, 4:1, 3:1 时, 建立的随机森林模型、GBDT 模型、XGBoost 模型, 将全部数据作为验证集, 回答下面的问题.

5.1.1 对各种比例下三种模型, 通过 SHAP 解释方法, 画出特征 SHAP 值, 通过保真度比较效果, 总结规律.

5.1.2 对各种比例下三种模型, 通过 LIME 解释方法, 画出特征 LIME 值, 通过保真度比较效果, 总结规律.

5.1.3 对各种比例下三种模型, 比较 SHAP 和 LIME 解释的效果.

5.1.4 对各种比例下三种模型, 比较 SHAP 框架下的特征重要度顺序与特征信息量顺序的异同, 并思考为什么?

第 6 章
大数据风控机器学习建模

本章先介绍了风控模型建模流程: 标签设计、数据清洗、特征工程、模型训练、模型评估、模型验证; 然后通过 Lending Club 的数据进行了实证研究, 并讨论 XGboost 模型的可解释性.

建模流程通常包括以下六个步骤 (不同项目步骤可能会有差别).

图 6.1　建模流程

步骤一: 数据分析/数据评估.
● 对当前数据和环境进行深入研究和分析, 了解数据是否符合项目要求, 并评估数据质量.
● 将根据数据收集和检测的标准以及方法, 并就数据进行有效的汇总.

步骤二: 模型设计.
● 讨论并定义评分模型的目标和开发参数.
● 讨论建模方法以及针对需求的设计方案, 包括对数据可获取性, 数据局限性和重要参数决策, 如排除标准、好/坏/不确定定义、观察窗口、表现窗口、抽样计划等.
● 模型设计详细描述了关于评分模型的设计要点和开发方法. 包括:
√ 数据获取情况
√ 建议的模型开发流程和方法
√ 观察窗口以及表现窗口
√ 好/坏标志定义
√ 模型开发

步骤三: 建模数据准备.

• 根据详细的数据分析结果以及开发所需的数据域, 为模型开发进行数据提取和准备.

• 数据推导, 针对不同信息项生成样本中的每个客户的预测变量、汇总变量以及好/坏/不确定.

步骤四: 细分分析.

• 识别最优的群体细分, 在此基础上开发一系列的评分模型, 使得整体评分模型体系的预测能力达到最大化.

• 将细分分析分成两个重要步骤: 生成潜在的细分和评估潜在的细分.

步骤五: 模型的确定和文档撰写.

• 模型的确定和文档撰写包括最终模型的开发和最终文档.

• 一旦评分模型子群体确定后, 将对进入模型的每个变量产生一份特征变量分析报告.

• 最终模型建立——最终模型将在决定的细分方案上开发, 从而将账户的风险与评分结果建立起函数关系.

步骤六: 模型验证.

• 将进行两种样本验证以保证模型的区分能力、排序能力和稳定性:

√ 群体稳定性分析

√ K 折交叉检验

√ KS 值

√ 基尼系数

6.1 标签设计

标签设计关键要素包括样本窗口 (观察窗口/表现窗口) 的确定、标签定义等等.

6.1.1 Vintage 账龄分析

Vintage 账龄分析源于葡萄酒酿造, 葡萄酒的品质会因葡萄生长的年份、气候差异而不同. Vintage 账龄分析是指评估不同年份的葡萄酒的品质随着窖藏时间的推移而发生的变化, 并且窖藏一定年份后, 葡萄酒的品质会趋于稳定. 借鉴葡萄酒 Vintage 账龄分析, 信用分析领域不仅可以用来评估客户好坏充分暴露所需的时间, 即成熟期, 还可以用来分析不同时期风控策略的差异等.

一个客户的好坏, 需要经过若干个还款周期后才能充分暴露, 如果表现期较短, 有可能将一个不是很坏的客户定义为坏, 也有可能将一个很坏的客户定义为好. 比如一个客户在开始的几个周期内发生了逾期后将逾期还清, 并且后面的周期不再发生逾期, 若表现期较短会将此客户定义为坏; 又比如一个客户刚开始一直正常还款, 但到后面发生了比较严重的逾期, 若表现期较短会将此客户定义为好. 另外, 可以通过比较不同时间的贷款在相同周期的逾期表现, 来分析不同时间的风控策略的差异、宏观形势的变化等.

引入样本窗口的概念, 包括观察窗口和表现窗口, 也称为观察期和表现期, 观察期和表现期的确定, 决定了要使用哪些时间段的样本数据, 如图 6.2 所示.

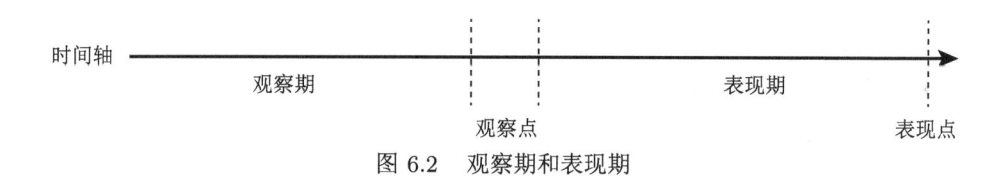

图 6.2 观察期和表现期

观察期代表的是决策时已知的信息, 位于时间轴左侧, 主要是用来生成用户特征的时间区间, 即用来确定 X 变量, 观察期的长短因模型和管理需要而异.

观察点是一个时间段, 表示的是客户申请贷款的时间, 用来搜集那些用来建模的客户样本, 在该时间段申请的客户会是我们用来建模的样本.

表现期用来定义用户是否好坏的时间区段, 即用来确定 Y 标签, 其代表的是决策时未知的但对决策效果非常重要而需要预测的信息, 表现期越长, 代表信用风险暴露得越彻底, 意味着观察期离当前越远, 使用的样本数据更久远, 不适合建模, 所以表现期的长短同样因模型和管理需要而异.

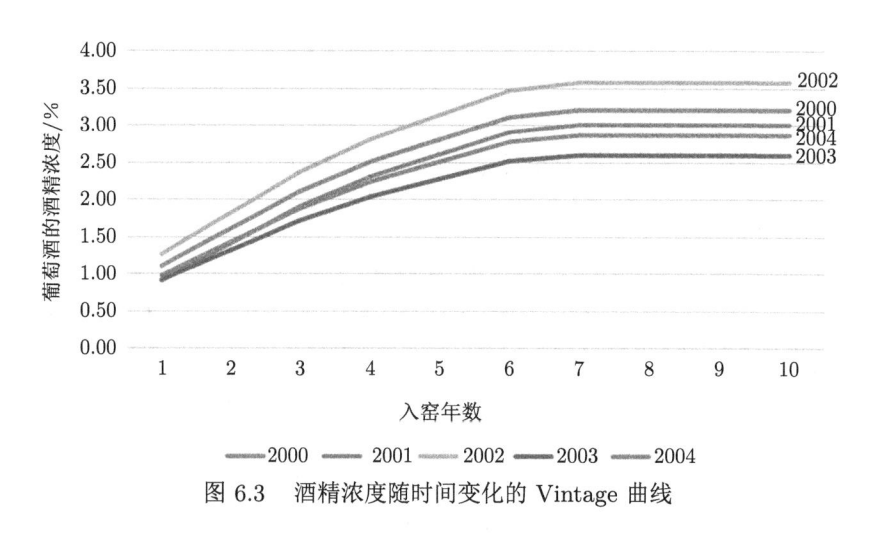

图 6.3 为葡萄酒的酒精浓度随时间变化的 Vintage 曲线.

图 6.3 酒精浓度随时间变化的 Vintage 曲线

从图 6.3 中可以看出, 不同年份入窖的葡萄酒在经过 6 年后酒精浓度趋于稳定, 也就是说表现期是 6 年. 同理, 放在客户的信用风险分析中, 通过 Vintage 账龄分析, 可以得到客户在过去的表现趋势, 达到稳定的时间, 以便于选取合适时间段内的入模数据进行分析.

6.1.2 滚动率分析

前面说的 Vintage 账龄分析可以用于分析客户表现的趋势、稳定的时间等, 对于客户好坏程度的定义没有涉及, 而通过滚动率分析可以对客户好坏程度进行定义.

滚动率分析就是从某个观察点之前的一段时间 (称为观察期) 的最坏的状态向观察点之后的一段时间 (称为表现期) 的最坏状态的发展变化情况. 统计客户从观察期到表现期的最大逾期的变化情况, 如表 6.1.

表 6.1 客户最大逾期变化情况

上月逾期状态	当月逾期状态							
	M0	M1	M2	M3	M4	M5	M6	M7
M0	99.55%	0.45%	0.00%	0.00%	0.00%	0.00%	0.00%	0.00%
M1	40.30%	6.53%	53.17%	0.00%	0.00%	0.00%	0.00%	0.00%
M2	21.79%	2.30%	4.13%	71.79%	0.00%	0.00%	0.00%	0.00%
M3	14.75%	1.01%	0.92%	9.30%	74.02%	0.00%	0.00%	0.00%
M4	11.65%	0.57%	1.24%	3.73%	1.81%	81.00%	0.00%	0.00%
M5	11.97%	0.14%	0.28%	3.66%	0.14%	0.85%	82.96%	0.00%
M6	5.19%	0.69%	0.52%	0.17%	0.35%	0.35%	1.38%	91.35%
M7	3.06%	0.07%	0.05%	0.15%	0.02%	0.12%	0.12%	96.41%

从表 6.1 可以看出:

(1) 上个月状态为正常的客户, 当月有 99.55% 会保持正常状态;

(2) 上个月状态为逾期 1 期的客户, 未来有 40.30% 会回到正常状态, 即从良率为 40.30%, 有 53.17% 会恶化;

(3) 上个月状态为逾期 2 期的客户, 从良率为 21.79%, 有 71.79% 会恶化;

(4) 上个月状态为逾期 3 期的客户, 从良率为 14.75%, 有 74.02% 会恶化;

(5) 上个月状态为逾期 4 期的客户, 从良率为 11.65%, 有 81.00% 会恶化;

(6) 上个月状态为逾期 6 期的客户, 从良率仅为 5.19%, 有 91.35% 会恶化.

Y 变量即为客户好坏标签变量, Y 变量要结合滚动率分析和 Vintage 账龄分析来定义, 滚动率分析用于对客户好坏程度进行定义, Vintage 账龄分析用于设置合适的表现期. 在对坏客户进行定义时, 应将坏客户定义得尽可能坏, 以与好客户尽可能区分开来, 因此可以将逾期 2 期及以上的定义为坏, 而逾期 1 期定义为不确定. 定义 Y 变量可以分为以下几步:

(1) 进行滚动率分析, 定义坏客户, 如上面所说的 M2+ 为坏客户;

(2) 然后统计出 M2+ 的 Vintage 数据表及 Vintage 图, 找出成熟期;

(3) 表现期大于成熟期的样本可以用于建模, 表现期小于成熟期的样本无法准确定义 Y 变量, 暂时舍弃.

当然, 在实际应用中, 根据业务需要, Y 变量的定义可以灵活变通. 比如在业务刚开展不久, 表现期较短, 此时无法根据上述方法定义 Y 变量, 可以暂将逾期大于 10 天、15 天或 30 天的客户定义为坏等等, 然后随着时间的推移不断修正 Y 变量及模型.

根据业务实际情况, 样本窗口和好坏定义可能会根据产品的不同而有不同的定义.

6.1.3　好/坏/不确定定义

最终将标签根据离散且互斥的 "好"、"坏" 和 "不确定" 分类进行定义, 好/坏定义会根据产品稍有不同, 一般选取 "好" 作为好样本, "坏" 作为坏样本. 在实际应用中, 对于有监督机器学习模型, 标签设计是必不可缺的步骤, 在本节的研究中, 因为数据集给定了当前的贷款状态, 可以直接根据贷款状态定义标签的类型.

■ 6.2　数据清洗

6.2.1　缺失值处理

研究发现, 数据有一部分缺失, 但不影响重要指标的选取. 缺失值是指由于某种原因没有获得数据的空单元格 (行/列交叉点), 在辨别数据中缺失值需要对处理现实生活中的数据有很好的理解. 比如对于调查数据来说, 一些观测可能没有被记录, 却对数据的分析十分重要, 只有理解缺失了什么样的值, 才能够决定在机器学习中怎样处理缺失值.

造成缺失值的原因是多方面的, 主要可能有以下几种.

(1) 有些信息暂时无法获取;

(2) 有些信息是被遗漏的;

(3) 有些对象的某个或某些特征是不可用的;

(4) 有些信息被认为是不重要的, 获取这些信息的代价太大;

(5) 系统实时性能要求较高.

面对含有缺失值的数据, 常用以下几种方法进行处理.

(1) 直接使用含有缺失值的特征: 当仅有少量样本缺失该特征或所采用的建模方法可以处理缺失值的时候可以使用.

(2) 去除缺失值所在的那些行或列, 即删除含有缺失值的样本或特征, 只留下全部被数据填满的完整的数据点.

(3) 填充缺失值, 最常见的是用列 (特征) 未缺失部分的众数、平均值或中位数填充缺失值.

6.2.2 同值化处理

经过以上处理之后的数据量还是很大, 而且指标变量比较多, 容易带入噪声信息, 所以对数据集继续进行特征提取. 如果某个特征的值是相同的, 那对于分类结果而言是没有意义的, 也没有区分的能力, 所以要进行同值化处理去掉同值化程度较高的特征变量.

6.2.3 标准化处理

我们的数据往往存在量纲不一样的问题, 如果不对这些数据进行处理直接入模, 就会出现 "大数吃小数" 的情况, 数据的标准化操作的目的是将数据中的样本和特征对齐并转换为一致的规则集, 确保所有样本和特征在机器学习的学习过程中得到平等的对待, 从而使数据的竞争环境变得更加公平. 例如, 一个常见的标准化是将所有定量特征转换为介于值的一致和静态范围之间 (例如, 所有值都必须介于 0 和 1 之间), 另外也可以采用数学规则, 例如, 所有特征都必须具有相同的平均值和标准差, 以便这些特征很好地出现相同的直方图.

重点介绍三种数据规范化方法.

1) Z-分数标准化

最常见的标准化技术——Z-分数标准化利用的是一个非常简单的 Z 值统计概念. 它的输出是缩放为均值为零、标准差为 1 的特征. 重新缩放特征来获得统一的均值和方差的公式: 对于每一特征, 用以下值替换该特征原始值,

$$Z = (x - \mu)/\sigma \tag{6.1}$$

其中, Z 是特征的新值 (Z 分数), x 是该特征原始值, μ 是该特征的均值, σ 为该特征的标准差.

2) 最小-最大比例法

最小-最大比例法类似于 Z-分数标准化, 因为它将使用公式将特征原始值替换为介于 0 和 1 之间的值. 在这种情况下, 该公式为

$$m = (x - x_{\min})/(x_{\max} - x_{\min}) \tag{6.2}$$

其中, m 是特征的新值, x 是该特征原始值, $x_{\min}$ 是该特征的最小值, $x_{\max}$ 是该特征的最大值.

3) 行标准化

行标准化方法是按行 (样本) 而不是按列 (特征) 工作的, 它不需要计算每列的统计信息, 平均值、最小值、最大值等, 行标准化方法将确保每一行数据都有一

个单位标准, 这意味着每行的向量长度相同. 假设每一行数据都属于一个 n 维空间, 每个空间都有一个向量范数或长度. 另一种说法是, 如果把每一行看作是空间中的向量:

$$x = (x_1, x_2, \cdots, x_n) \tag{6.3}$$

那么 L_2 标准范数计算公式为

$$\|x\| = \sqrt{x_1^2 + x_2^2 + \cdots + x_n^2} \tag{6.4}$$

其中, n 为特征的个数. 行标准化后样本值 $\tilde{x}$ 为

$$\tilde{x} = \frac{x}{\|x\|}. \tag{6.5}$$

6.3 特征工程概述

6.3.1 特征变量分箱

变量分箱时分为两种情况, 一种是对离散型变量进行分箱, 另一种是对连续型变量进行分箱.

(1) 离散型特征变量分箱

对于离散型变量, 例如婚姻关系, 包含多个变量属性, 如 "已婚"、"未婚" 和 "其他" 等, 可直接将每个属性作为一个分箱.

(2) 连续型特征变量分箱

常见的分箱方法有无监督分箱法 (包括等距分箱和等频分箱) 和有监督的分箱法 (卡方分箱).

① **等距分箱** 若期望依据某特征将总数据集分为 N 箱, 则需要将特征值排序后均分为 N 等份, 每个区间的长度为 $W = (B - A)/N$, 则区间边界值为 $A + W, A + 2W, \cdots, A + (N-1)W (A, B$ 分别为该特征最小、最大值), 等距分箱只考虑每箱的特征边界值, 每个分箱里面的样本数目一般是不同的.

② **等频分箱** 将特征值排序, 调整每箱的特征边界值, 使得每箱的样本数目大致相同.

③ **卡方分箱** 采用自底向上的思想首先将数据离散化, 此时分箱数目较多, 然后根据卡方检验将性质相近 (最小卡方值接近) 的两箱进行合并, 持续迭代, 直到满足预设的停止条件.

对于连续型变量, 首先按照频数或频率尽量平均分成多组, 保证每个分箱的账户数占总体的比例不低于 2%, 形成变量的初步分组, 随后在初步分组的基础上合并相似的组别形成最终分箱.

分组合并时, 通常需要考虑的几个标准如下:
a. 不同的分箱间好坏比率要有差异;
b. 每个分箱中的好/坏账户数量至少大于等于 5;
c. 每个分箱中的账户百分比大于 1%;
d. 每个分箱的好坏比率的排序需要和业务常识保持一致;
e. 分箱的取值要符合业务常识.

其中, 第 1 和 4 条通常都应当满足, 但第 2 条和第 3 条对账户数量以及账户百分比要求仅是通常情况下的 "门槛", 在特殊情况, 该要求将会适当地加严或者放松, 如坏账户数量充足, 则可适当提高各分箱坏账户数量要求.

6.3.2 变量 WOE 转换

在变量分箱完成后, 需针对变量分箱的结果将变量进行证据权重 (WOE) 转换生成新的变量, 即对每个变量, 按照其各个分组的 WOE 值, 将变量转换为分类变量, 其变量值根据不同的分组取各个分组的 WOE 值, 此转换为 WOE 转换.

WOE 用于衡量变量每一个分组中好坏样本的风险分布情况, 其中 WOE 的值为正数表示分组坏账率低于平均, 为负数表示分组坏账率高于平均. 计算公式如下所示:

$$\begin{aligned} \mathrm{WOE}_i &= \ln\left(\frac{p_{\mathrm{bad}}}{p_{\mathrm{good}}}\right) = \ln\left(\frac{B_i}{B} \bigg/ \frac{G_i}{G}\right) \\ &= \ln\left(\frac{B_i}{G_i} \bigg/ \frac{B}{G}\right) \end{aligned} \quad (6.6)$$

其中 p_{bad} 为本组内坏样本占此指标变量中所有坏样本的比例, p_{good} 为本组内好样本占此指标变量中所有好样本的比例; B 表示坏样本总数, B_i 表示第 i 组中所有坏样本个数, G 表示好样本总数, G_i 表示第 i 组中所有好样本个数. 从上述式子可以看出, WOE 表示的是分箱之后本组中坏样本占所有坏样本的比例和本组中好样本占所有好样本的比例的差额, 对比值进行变换之后, 可以看作是本组内坏样本和好样本的比值取自然对数与此指标变量中所有坏样本和好样本的比值取自然对数的差.

6.3.3 IV 值预测能力分析

在分类问题中, 常常要评判特征变量包含的信息量以及对于结果的预测能力, IV 值 (即 information value(信息量) 的简写) 体现的就是特征变量预测能力的强弱, IV 值的取值范围是 $[0, +\infty)$, 如果坏样本比例为 0 或者 100% 的情况时, IV $= +\infty$. IV 的取值及预测能力如表 6.2 所示.

表 6.2　IV 取值及对应预测能力

IV 值	预测能力
IV ⩽ 0.02	无预测能力
0.02 < IV ⩽ 0.1	预测能力弱
0.1 < IV ⩽ 0.3	预测能力中等
0.3 < IV ⩽ 0.5	预测能力强
IV > 0.5	预测能力最强

为了更好地计算 IV 值, 将用到上面介绍过的 WOE 编码, 对于某个特征变量中的每一个分组 i, 都有一个对应的 IV_i, 计算公式如下:

$$\begin{aligned}\text{IV}_i &= (p_{\text{bad}} - p_{\text{good}}) \times \text{WOE}_i \\ &= (p_{\text{bad}} - p_{\text{good}}) \times \ln\left(\frac{p_{\text{bad}}}{p_{\text{good}}}\right) \\ &= \left(\frac{B_i}{B} - \frac{G_i}{G}\right) \times \ln\left(\frac{B_i}{B} \bigg/ \frac{G_i}{G}\right)\end{aligned} \quad (6.7)$$

对于特征变量的 IV 值就是把每个分组的 IV_i 求和:

$$\text{IV} = \sum_i^n \text{IV}_i = \sum_i^n \left(\left(\frac{B_i}{B} - \frac{G_i}{G}\right) \times \ln\left(\frac{B_i}{B} \bigg/ \frac{G_i}{G}\right)\right) \quad (6.8)$$

其中 n 是分组的个数.

6.3.4　相关性和关联性分析

相关性是用来表示两个变量取值之间线性关系的一系列特定指标. 被考察的变量可以是连续变量或顺序变量. 关联性是对其他所有形式的非线性关系进行衡量的指标. 通常, 需要衡量变量间的相关性和关联性的原因有以下几条.

(1) 在模型中被用作预测指标的特征之间不能具有很强的相关性, 最好是完全不存在相关性.

(2) 如果某些特征相互之间具有很强的相关性或关联性, 则意味着它们包含大量相同的信息内容. 在一个模型中使用一系列具有很强相关性的变量作为入模特征变量, 即使建模算法允许, 最后得到的模型也只能根据有限数量的独立信息片段做出预测. 可以预见到这种模型做出的预测要比使用更广泛的特征变量数据建立的模型预测能力弱.

(3) 大多数信贷发放机构都会拥有丰富的客户数据, 这些数据以客户拥有的其他产品、交易记录以及人口统计数据的形式存在. 通常, 建模时优先选择与违约状态变量 (标签) 之间表现出很强关联性的特征.

6.3 特征工程概述

根据变量类型概括了衡量指标, 见表 6.3.

表 6.3　相关性和关联性分析

变量 x	变量 y		
	名义变量	顺序变量	连续变量
名义变量	皮尔森卡方统计 χ^2	皮尔森相关系数 ρ 斯皮尔曼相关系数 ρ_s	皮尔森相关系数 ρ 斯皮尔曼相关系数 ρ_s
顺序变量		皮尔森相关系数 ρ 斯皮尔曼相关系数 ρ_s	皮尔森相关系数 ρ 斯皮尔曼相关系数 ρ_s
连续变量			皮尔森相关系数 ρ 斯皮尔曼相关系数 ρ_s

1) 皮尔森相关系数

给定两个连续变量 x 和 y, 皮尔森相关系数 ρ 被定义为

$$\rho = \frac{\sum_{i=1}^{N}(x_i - \bar{x})(y_i - \bar{y})}{\sqrt{\sum_{i=1}^{N}(x_i - \bar{x})^2 \sum_{i=1}^{N}(y_i - \bar{y})^2}} \tag{6.9}$$

其中, $\bar{x}$ 和 $\bar{y}$ 分别表示变量 x 和 y 的均值. ρ 的取值范围是 -1 到 1. ρ 值越接近 1 或 -1 的两个变量的相关性越强.

2) 斯皮尔曼相关系数

斯皮尔曼相关系数 ρ_s 是利用取值的大小排序顺序计算的, 与本身的取值无关. 将取值从小到大排列, 此时对应的顺序即是计算斯皮尔曼相关系数时的取值. 例如, 有 4 个值: 17, 18, 10, 27, 则它们的计算斯皮尔曼相关系数时的取值就分别为 2, 3, 1, 4. 计算斯皮尔曼相关系数的计算公式与皮尔森相关系数的相似, 只是利用排列顺序代替了本身的取值. 即

$$\rho_s = \frac{\sum_{i=1}^{N}(R_i - \bar{R})(S_i - \bar{S})}{\sqrt{\sum_{i=1}^{N}(R_i - \bar{R})^2 \sum_{i=1}^{N}(S_i - \bar{S})^2}} \tag{6.10}$$

其中, R_i 和 S_i 分别是样本 i 的取值的排列顺序, $\bar{R}$ 和 $\bar{S}$ 分别是变量 x 和 y 的平均顺序, N 是样本的总数量.

3) 皮尔森卡方统计量

皮尔森卡方统计量, 用 χ^2 表示, 用于衡量两个名义 (类别) 变量之间的关联性, 其来自于列联表中的频率数. 考察两个名义变量 x 和 y, 变量 x 分为 r 类, 分

别用 $x_1, x_2, \cdots, x_r$ 表示; 变量 y 分为 c 类, 分别用 $y_1, y_2, \cdots, y_c$ 表示. 则其列联表见表 6.4.

表 6.4　变量 x, y 列联表

变量 x	变量 y			合计
	y_1	$\cdots$	y_c	
x_1	n_{11}	$\cdots$	n_{1c}	n_{1*}
$\cdots$	$\cdots$	$\cdots$	$\cdots$	$\cdots$
x_r	n_{r1}	$\cdots$	n_{rc}	n_{r*}
合计	n_{*1}	$\cdots$	n_{*c}	N

表中的条目 $n_{ij}, i=1,\cdots,r; j=1,\cdots,c$ 是记录的频率数, 其中变量 x 的取值是 x_i, 变量 y 的取值是 y_i, 每一行的合计频率数表示为 $n_{1*}, \cdots, n_{r*}$, 每一列的合计频率数表示为 $n_{*1}, \cdots, n_{*c}$ 数据集中观测值的总量是 N, 等于行或列的总和.

然后用列联表第 i 行和第 j 列中记录的总数计算第 i 行和第 j 列中的预期. 单元数为

$$\mu_{ij} = \frac{n_{i*} n_{*j}}{N} \quad (6.11)$$

则皮尔森卡方统计量的定义如下:

$$X^2 = \sum_{i=1}^{r} \sum_{j=1}^{c} \frac{(n_{ij} - \mu_{ij})^2}{\mu_{ij}}. \quad (6.12)$$

如果单元数很大, X^2 服从自由度为 $\mathrm{df} = (r-1)(c-1)$ 的卡方分布. 因此, 独立性假设成立的概率为

$$p_r(\text{independence}) = 1 - \chi^2(X^2, \mathrm{df}) \quad (6.13)$$

其中, $\chi^2(X^2, \mathrm{df})$ 是自由度为 df 的累积 X^2 概率分布函数. 上述公式表明, 当所有单元取其从行到列的期望值的总数时, 即当 $n_{ij} = \mu_{ij}, i=1,\cdots,r; j=1,\cdots,c$ 时, X^2 消失. 这种情况下, 两个变量 x 和 y 是独立的, 且计算的概率将恰好为 1.0.

6.3.5　VIF 方差膨胀因子分析

为控制预测指标变量中的多重共线性, 仍然要运用线性回归计算方差膨胀系数 (VIF, variance inflation factor).VIF 的计算是通过每个自变量对其他自变量的回归方法, 并计算其 R^2 值. R^2 越大, 则该变量通过模型中其他变量组合说明的可能性越大. VIF 和 R^2 直接相关可用 $1/(1-R^2)$ 表示, R^2 越高, 则 VIF 越高, 变量与模型中其他变量则可能出现多重共线性现象. 一般设定 VIF 值不可以高于 10. 如进行数学计算, 这意味着 R 小于或等于 0.95. 即可由其他变量组合说明的任何变量的方差百分比, 不可能超过 95%.

6.4 模型训练与评估

6.4.1 模型建立

选择合适的模型进行建模, 模型见第 2~4 章.

6.4.2 参数优化

一般选择网格搜索的方法寻找参数的最优区间, 再选择一组适合的参数作为训练模型的参数.

6.5 模型验证

6.5.1 模型稳定性

验证样本将被用于验证模型的稳健性. 一个好的风险模型应该对开发样本及验证样本显示出一致的排序能力. 评分模型开发结果必须进行验证. 在此评分模型开发项目中要进行以下验证:
- 群体稳定性分析
- K 折交叉检验

1. 群体稳定性分析

群体稳定性指标 (population stability index, PSI) 是衡量预测值与实际值偏差大小的指标.

举例: 比如训练一个逻辑回归模型, 预测时候会有个概率输出 P. 将测试集上的输出设定为 P_1, 将 P_1 从小到大排序后 10 等分, 如 0~0.1, 0.1~0.2, ⋯ (注: 除了按概率值大小等距 10 等分外, 还可以对概率排序后按样本数量 10 等分, 两种方法计算得到的 PSI 可能有所区别但数值相差不大). 然后用该模型对新样本进行预测, 预测结果为 P_2, 按照 P_1 的区间划分为 10 份.

实际占比就是 P_2 上各区间上的用户占比, 预期占比就是 P_1 上各区间的用户占比. 意义就是如果模型很稳定, 那么 P_1 和 P_2 上各区间的用户应该是相近的, 占比不会变动很大, 也就是预测出来的概率不会差距很大.

计算公式如下:

$$\text{PSI} = \sum \left((\text{实际占比} - \text{预期占比}) \cdot \ln\left(\frac{\text{实际占比}}{\text{预期占比}}\right) \right) \tag{6.14}$$

评估标准见表 6.5.

表 6.5　PSI 值与稳定性对照

PSI 取值范围	稳定性
PSI < 0.1	稳定性很高, 不需要进一步操作
$0.1 \leqslant$ PSI < 0.25	稳定性一般, 需要进一步研究, 检查一下其他度量指标
$0.25 \leqslant$ PSI	稳定性较差, 建议重做

高 PSI 值的特征变量将不被用于建模, 即使信息值表明预测功能很强. 从风险建模的方面来看, 不稳定的特征变量是不可取的, 而是仅使用稳定的特征变量, 可以获得更加稳健和稳定的评分模型供今后使用. 高 PSI 值的模型也是不可取的, 说明数据分布变动比较大, 当前模型不适合.

2. K 折交叉检验

将预留样本验证作为标准评分模型开发过程的一部分. 预留样本验证是通过用随机选取 80%(或其他比率) 的群体进行评分模型开发与用其余的 20%(或其他比率) 群体进行检验来验证是否同样有效的过程.

对第二个群体 (20%或其他比率) 应用评分模型的目的是, 用未在任何建模过程使用的独立样本来判断评分模型的识别力. 如果独立样本的评分与开发群体不同, 这个回归就基于对开发样本的模型产生过拟合 (over-fitted), 评分模型在业务环境中就不能很好地工作.

以 KS 检验为例, 评分模型开发样本的 KS 值与验证样本的 KS 值不可有太大的差异.

在模型训练完成后, 使用模型预测开发样本和验证样本的好坏. 通过构建预测值与实际值之间的混淆矩阵, 计算出模型在开发样本与验证样本之间的各项指标. 其中包括准确率、召回率、AUC、KS 等模型评价指标. 观察其在验证样本与开发样本中是否有差异, 如果差异较大, 则表示模型不够稳定, 应该调整参数或者更换模型; 否则表示模型稳定性强.

6.5.2　模型区分能力

1. KS 值

KS 统计值衡量的是好坏样本的累计分布之间最大的差距. 好账户与坏账户分布之间的差异越大, KS 指标越高, 表明模型的风险区分能力越强.

KS 值的计算步骤如下:

(1) 计算每个评分区间的好坏账户数.

(2) 计算每个评分区间的累计好账户数占总好账户数比率和累计坏账户数占总坏账户数比率.

(3) 计算每个评分区间累计坏账户占比与累计好账户占比差的绝对值, 然后对这些绝对值取最大值即得此评分卡的 KS 值.

6.5 模型验证

2. 基尼系数

20 世纪初意大利经济学家基尼 (Gini),根据洛伦茨曲线找出了判断分配平等程度的指标 (图 6.4).假设实际收入分配曲线和收入分配绝对平等曲线之间的面积为 A,实际收入分配曲线右下方的面积为 B.以 A 除以 $A+B$ 的商表示不平等程度.这个数值被称为基尼系数 (Gini coefficient) 或称洛伦茨系数.如果 A 为零,基尼系数为零,表示收入分配完全平等;如果 B 为零则系数为 1,收入分配绝对不平等.该系数可在 0 和 1 之间取任何值.收入分配越是趋向平等,洛伦茨曲线的弧度越小,基尼系数也越小,反之,收入分配越是趋向不平等,洛伦茨曲线的弧度越大,那么基尼系数也越大.

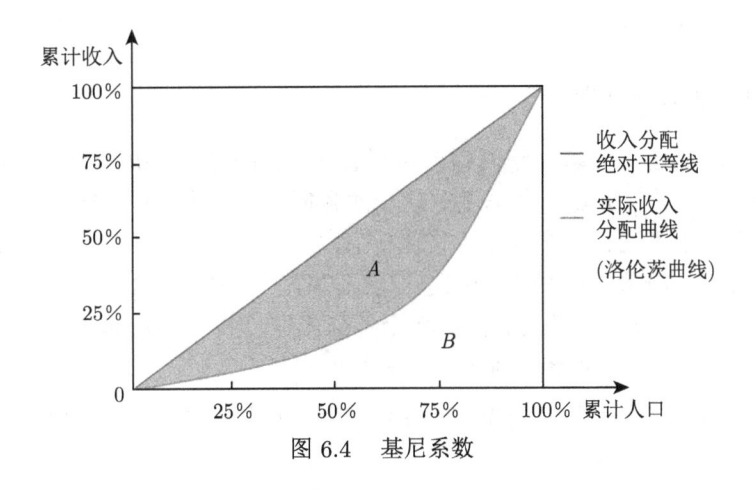

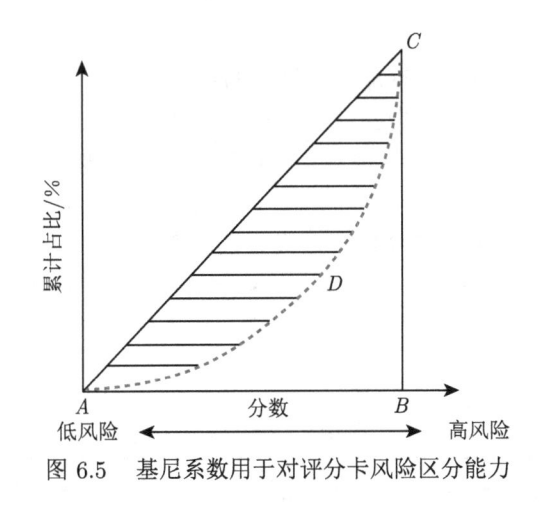

图 6.4 基尼系数

图 6.5 基尼系数用于对评分卡风险区分能力

基尼系数用于对评分卡风险区分能力进行衡量时,如图 6.5 所示,其中,横轴代表累计坏账户占比; 纵轴代表累计好账户占比.

基尼系数的计算步骤如下:

(1) 计算每个评分区间的好坏账户数;

(2) 计算每个评分区间的累计好账户数占总好账户数比率和累计坏账户数占总坏账户数比率;

(3) 按照累计好账户占比和累计坏账户占比得出图 6.5 所示的曲线 ADC;

(4) 计算出图中阴影部分面积, 阴影面积占直角三角形 ABC 面积的百分比, 即为基尼系数.

6.6 实证研究

6.6.1 数据来源与处理

本节选取美国的一家大型网络借贷平台 Lending Club 提供的公开数据作为实证数据集, 该平台每隔一个季度更新一次数据, 且包含信用卡贷款、医药贷款、车贷房贷等基于不同目的个人线上贷款信息, 本节选用 2018 年 1 月 1 日到 2019 年 12 月 31 日的全部个人贷款数据进行实证探究, 其中共包含 1013349 条贷款数据, 1 个标签列 y(即贷款状态) 和 149 个特征变量, 用 $\tilde{x}_{i,m}\,(m=1,2,\cdots,M)$, 表示第 i 个样本的第 m 个特征, 此时 $M=149$.

数据及代码详见: https://gitee.com/zzufinlab/bookcode/tree/master/Chapter%_6.

1. 定义标签

首先要制作标签, 根据所有样本数据中的贷款状态进行分类, 其中共含有 7 种类型: 完全结清 (fully paid), 贷款中 (current), 逾期在 15 天内 (in grace period), 逾期在 16 到 30 天内 (late(16~30 days)), 逾期在 31 到 120 天内 (late(31~120 天)), 逾期在 120 天以上 (default), 坏账 (charged off). 为了更好地进行分类, 根据贷款状态的含义, 本节将完全结清定义为违约概率较低的好样本, 取值为 0; 将逾期在 15 天内、late(16~30 天)、late(31~120 天)、逾期在 120 天以上和坏账定义为违约概率较高的坏样本, 取值为 1; 贷款中为不确定样本, 暂不考虑入模. 标签分类如表 6.6 所示.

表 6.6 标签分类

标签类别	样本个数	占比 /%
好样本 ($y=0$)	291751	73.92
坏样本 ($y=1$)	102946	26.08

6.6 实证研究

由表 6.6 可知，原始数据集中，好、坏样本比例约为 2.8:1，可以认为不存在样本不均衡的情况.

2. 数据预处理

本节将对原始数据集进行初步的处理，以得到较标准的数据集，方便下一步特征的选取. 预处理的过程主要包括删除缺失率和同值化比例较高的特征变量，删除记录贷后行为的特征变量，删除 Lending Club 公司给出的评估结果变量以及人工删除一些不适合入模的特征变量，并且对某些特征变量进行相应的数据类型转换.

1) 缺失率处理

根据 6.2.1 节，可以进行原始数据集的缺失率处理步骤，本次研究选取缺失率阈值为 50%，即删除了缺失值占总样本个数的 50% 以上的特征. 此步骤共计删除了 44 个特征变量，剩余 105 个特征变量，此时 $M = 105$. 删除的特征变量见表 6.7.

表 6.7 删除的特征变量列表

序号	特征变量	序号	特征变量
1	member_id	23	sec_app_collections_12_mths_ex_med
2	desc	24	sec_app_mths_since_last_major_derog
3	mths_since_last_delinq	25	hardship_type
4	mths_since_last_record	26	hardship_reason
5	next_pymnt_d	27	hardship_status
6	mths_since_last_major_derog	28	deferral_term
7	annual_inc_joint	29	hardship_amount
8	dti_joint	30	hardship_start_date
9	verification_status_joint	31	hardship_end_date
10	mths_since_recent_bc_dlq	32	payment_plan_start_date
11	mths_since_recent_revol_delinq	33	hardship_length
12	revol_bal_joint	34	hardship_dpd
13	sec_app_fico_range_low	35	hardship_loan_status
14	sec_app_fico_range_high	36	orig_projected_additional_accrued_interest
15	sec_app_earliest_cr_line	37	hardship_payoff_balance_amount
16	sec_app_inq_last_6mths	38	hardship_last_payment_amount
17	sec_app_mort_acc	39	debt_settlement_flag_date
18	sec_app_open_acc	40	settlement_status
19	sec_app_revol_util	41	settlement_date
20	sec_app_open_act_il	42	settlement_amount
21	sec_app_num_rev_accts	43	settlement_percentage
22	sec_app_chargeoff_within_12_mths	44	settlement_term

缺失率处理之后剩余的 105 个特征变量见表 6.8.

表 6.8 剩余的特征变量列表

序号	特征变量	序号	特征变量	序号	特征变量
1	id	36	total_pymnt	71	bc_open_to_buy
2	loan_amnt	37	total_pymnt_inv	72	bc_util
3	funded_amnt	38	total_rec_prncp	73	chargeoff_within_12_mths
4	funded_amnt_inv	39	total_rec_int	74	delinq_amnt
5	term	40	total_rec_late_fee	75	mo_sin_old_il_acct
6	int_rate	41	recoveries	76	mo_sin_old_rev_tl_op
7	installment	42	collection_recovery_fee	77	mo_sin_rcnt_rev_tl_op
8	grade	43	last_pymnt_d	78	mo_sin_rcnt_tl
9	sub_grade	44	last_pymnt_amnt	79	mort_acc
10	emp_title	45	last_credit_pull_d	80	mths_since_recent_bc
11	emp_length	46	last_fico_range_high	81	mths_since_recent_inq
12	home_ownership	47	last_fico_range_low	82	num_accts_ever_120_pd
13	annual_inc	48	collections_12_mths_ex_med	83	num_actv_bc_tl
14	verification_status	49	policy_code	84	num_actv_rev_tl
15	issue_d	50	application_type	85	num_bc_sats
16	pymnt_plan	51	acc_now_delinq	86	num_bc_tl
17	url	52	tot_coll_amt	87	num_il_tl
18	purpose	53	tot_cur_bal	88	num_op_rev_tl
19	title	54	open_acc_6m	89	num_rev_accts
20	zip_code	55	open_act_il	90	num_rev_tl_bal_gt_0
21	addr_state	56	open_il_12m	91	num_sats
22	dti	57	open_il_24m	92	num_tl_120dpd_2m
23	delinq_2yrs	58	mths_since_rcnt_il	93	num_tl_30dpd
24	earliest_cr_line	59	total_bal_il	94	num_tl_90g_dpd_24m
25	fico_range_low	60	il_util	95	num_tl_op_past_12m
26	fico_range_high	61	open_rv_12m	96	pct_tl_nvr_dlq
27	inq_last_6mths	62	open_rv_24m	97	percent_bc_gt_75
28	open_acc	63	max_bal_bc	98	pub_rec_bankruptcies
29	pub_rec	64	all_util	99	tax_liens
30	revol_bal	65	total_rev_hi_lim	100	tot_hi_cred_lim
31	revol_util	66	inq_fi	101	total_bal_ex_mort
32	total_acc	67	total_cu_tl	102	total_bc_limit
33	initial_list_status	68	inq_last_12m	103	total_il_high_credit_limit
34	out_prncp	69	acc_open_past_24mths	104	hardship_flag
35	out_prncp_inv	70	avg_cur_bal	105	debt_settlement_flag

2) 同值化处理

根据 6.2.2 节, 删除同值化比例较高的特征变量. 训练的模型是为了对数据集中的样本进行分类, 由于当一个特征变量对于全部不同的样本取值相同, 或者对于大量不同的样本取值相同, 意味着机器学习模型很难从该特征中学习到有用的信息, 该特征变量将没有太多的利用价值, 因而从数据集中剔除同值化比例达到 90% 及以上的特征变量. 此步骤共计删除了 15 个特征变量, 剩余 90 个特征变量, 此时 $M = 90$. 删除的特征变量参见表 6.9.

6.6 实证研究

表 6.9 删除的特征变量列表

序号	特征变量	序号	特征变量
1	pymnt_plan	9	delinq_amnt
2	total_rec_late_fee	10	num_tl_120dpd_2m
3	recoveries	11	num_tl_30dpd
4	collection_recovery_fee	12	num_tl_90g_dpd_24m
5	collections_12_mths_ex_med	13	tax_lien
6	policy_code	14	hardship_flag
7	acc_now_delinq	15	debt_settlement_flag
8	chargeoff_within_12_mths		

同值化处理之后剩余的 90 个特征变量见表 6.10.

表 6.10 剩余的特征变量列表

序号	特征变量	序号	特征变量	序号	特征变量
1	id	31	revol_util	61	open_rv_12m
2	loan_amnt	32	total_acc	62	open_rv_24m
3	funded_amnt	33	initial_list_status	63	max_bal_bc
4	funded_amnt_inv	34	out_prncp	64	all_util
5	term	35	out_prncp_inv	65	total_rev_hi_lim
6	int_rate	36	total_pymnt	66	inq_fi
7	installment	37	total_pymnt_inv	67	total_cu_tl
8	grade	38	total_rec_prncp	68	inq_last_12m
9	sub_grade	39	total_rec_int	69	acc_open_past_24mths
10	emp_title	40	total_bc_limit	70	avg_cur_bal
11	emp_length	41	total_bal_ex_mort	71	bc_open_to_buy
12	home_ownership	42	tot_hi_cred_lim	72	bc_util
13	annual_inc	43	last_pymnt_d	73	pct_tl_nvr_dlq
14	verification_status	44	last_pymnt_amnt	74	num_tl_op_past_12m
15	issue_d	45	last_credit_pull_d	75	mo_sin_old_il_acct
16	total_il_high_credit_limit	46	last_fico_range_high	76	mo_sin_old_rev_tl_op
17	url	47	last_fico_range_low	77	mo_sin_rcnt_rev_tl_op
18	purpose	48	pub_rec_bankruptcies	78	mo_sin_rcnt_tl
19	title	49	num_sats	79	mort_acc
20	zip_code	50	application_type	80	mths_since_recent_bc
21	addr_state	51	percent_bc_gt_75	81	mths_since_recent_inq
22	dti	52	tot_coll_amt	82	num_accts_ever_120_pd
23	delinq_2yrs	53	tot_cur_bal	83	num_actv_bc_tl
24	earliest_cr_line	54	open_acc_6m	84	num_actv_rev_tl
25	fico_range_low	55	open_act_il	85	num_bc_sats
26	fico_range_high	56	open_il_12m	86	num_bc_tl
27	inq_last_6mths	57	open_il_24m	87	num_il_tl
28	open_acc	58	mths_since_rcnt_il	88	num_op_rev_tl
29	pub_rec	59	total_bal_il	89	num_rev_accts
30	revol_bal	60	il_util	90	num_rev_tl_bal_gt_0

3) 人工筛选

删除一些对建立个人信用评分卡模型无意义的特征变量. 如贷后特征、平台的评估结果以及一些具有说明、描述性质的特征变量, 比如为贷款人分配的 ID、包含清单数据的链接、日期数据等. 此步骤共计删除了 23 个特征变量, 剩余 67 个特征变量，此时 $M=67$。删除的特征变量参见表 6.11。

表 6.11　删除的特征变量列表

序号	特征变量	序号	特征变量
1	initial_list_status	13	int_rate
2	last_credit_pull_d	14	id
3	last_pymnt_amnt	15	url
4	last_pymnt_d	16	addr_state
5	out_prncp	17	emp_title
6	out_prncp_inv	18	zip_code
7	total_pymnt	19	title
8	total_pymnt_inv	20	last_fico_range_high
9	total_rec_int	21	last_fico_range_low
10	total_rec_prncp	22	issue_d
11	grade	23	earliest_cr_line
12	sub_grade		

人工筛选处理之后剩余的 67 个特征变量见表 6.12。

表 6.12　剩余的特征变量列表

序号	特征变量	序号	特征变量
1	max_bal_bc	35	num_rev_tl_bal_gt_0
2	loan_amnt	36	mths_since_recent_bc
3	funded_amnt	37	num_rev_accts
4	funded_amnt_inv	38	pub_rec_bankruptcies
5	term	39	num_sats
6	tot_hi_cred_lim	40	application_type
7	installment	41	percent_bc_gt_75
8	num_actv_rev_tl	42	tot_coll_amt
9	total_bal_ex_mort	43	tot_cur_bal
10	open_rv_24m	44	open_acc_6m
11	emp_length	45	open_act_il
12	home_ownership	46	open_il_12m
13	annual_inc	47	open_il_24m
14	verification_status	48	mths_since_rcnt_il
15	num_op_rev_tl	49	all_util
16	total_il_high_credit_limit	50	total_rev_hi_lim
17	dti	51	inq_fi
18	delinq_2yrs	52	total_cu_tl
19	total_bc_limit	53	inq_last_12m
20	fico_range_low	54	acc_open_past_24mths
21	fico_range_high	55	avg_cur_bal
22	inq_last_6mths	56	bc_open_to_buy
23	open_acc	57	bc_util
24	pub_rec	58	pct_tl_nvr_dlq
25	revol_bal	59	num_tl_op_past_12m
26	revol_util	60	mo_sin_old_il_acct
27	total_acc	61	mo_sin_old_rev_tl_op
28	open_rv_12m	62	mo_sin_rcnt_rev_tl_op
29	num_accts_ever_120_pd	63	mo_sin_rcnt_tl
30	mths_since_recent_inq	64	mort_acc
31	purpose	65	num_bc_sats
32	il_util	66	num_bc_tl
33	num_actv_bc_tl	67	num_il_tl
34	total_bal_il		

6.6.2 特征工程

1. 分箱

分箱的第一步是先区分特征变量的性质,即是离散型变量还是连续型变量. 根据 6.3.1 节的区分变量性质的逻辑,可以把以上 65 个特征变量进行分类,分类结果详情参见表 6.13,其中,连续型特征变量 58 个,离散型特征变量 9 个.

表 6.13 特征变量的分类结果

序号	连续型特征变量	连续型特征变量	连续型特征变量	离散型特征变量
1	loan_amnt	total_bal_il	mths_since_recent_inq	term
2	funded_amnt	il_util	num_accts_ever_120_pd	emp_length
3	funded_amnt_inv	open_rv_12m	num_actv_bc_tl	home_ownership
4	installment	open_rv_24m	num_actv_rev_tl	verification_status
5	annual_inc	max_bal_bc	num_bc_sats	purpose
6	dti	all_util	num_bc_tl	application_type
7	delinq_2yrs	total_rev_hi_lim	num_il_tl	inq_last_6mths
8	fico_range_low	inq_fi	num_op_rev_tl	open_il_12m
9	fico_range_high	total_cu_tl	num_rev_accts	pub_rec_bankruptcies
10	open_acc	inq_last_12m	num_rev_tl_bal_gt_0	
11	pub_rec	acc_open_past_24mths	num_sats	
12	revol_bal	avg_cur_bal	num_tl_op_past_12m	
13	revol_util	bc_open_to_buy	pct_tl_nvr_dlq	
14	total_acc	bc_util	percent_bc_gt_75	
15	tot_coll_amt	mo_sin_old_il_acct	tot_hi_cred_lim	
16	tot_cur_bal	mo_sin_old_rev_tl_op	total_bal_ex_mort	
17	open_acc_6m	mo_sin_rcnt_rev_tl_op	total_bc_limit	
18	open_act_il	mo_sin_rcnt_tl	total_il_high_credit_limit	
19	open_il_24m	mort_acc		
20	mths_since_rcnt_il	mths_since_recent_bc		

第二步,特征变量分箱. 根据 6.3.1 节的分箱方法,选择最优 Chi-merge 卡方分箱变换的方法对特征变量进行分箱变换.

在进行特征变量分箱时,最优 Chi-merge 卡方分箱主要参数设置如下.

① 最小分箱数: mmin = 3.

② 最大分箱数: mmax = 12.

③ 最小样本数: bin_min_num = 20, 即分箱初始化后每个箱内的最小样本数不能少于 20 个, 否则进行分箱合并.

2. 相关性分析

相关性分析主要分析两个特征变量之间的相关关系, 考察特征变量之间的相互影响, 这种影响不存在方向性, 即变换两个变量的位置, 相关性不变. 相关系数是描述线性相关程度和方向的统计量, 对于不同类型的特征变量, 需选择不同的方法计算相关系数.

① 对于 58 个连续型特征变量, 采用原始取值数据计算皮尔逊相关系数. 由于篇幅的限制, 仅展示前 10 个特征变量相关系数矩阵的热力图, 参见图 6.6.

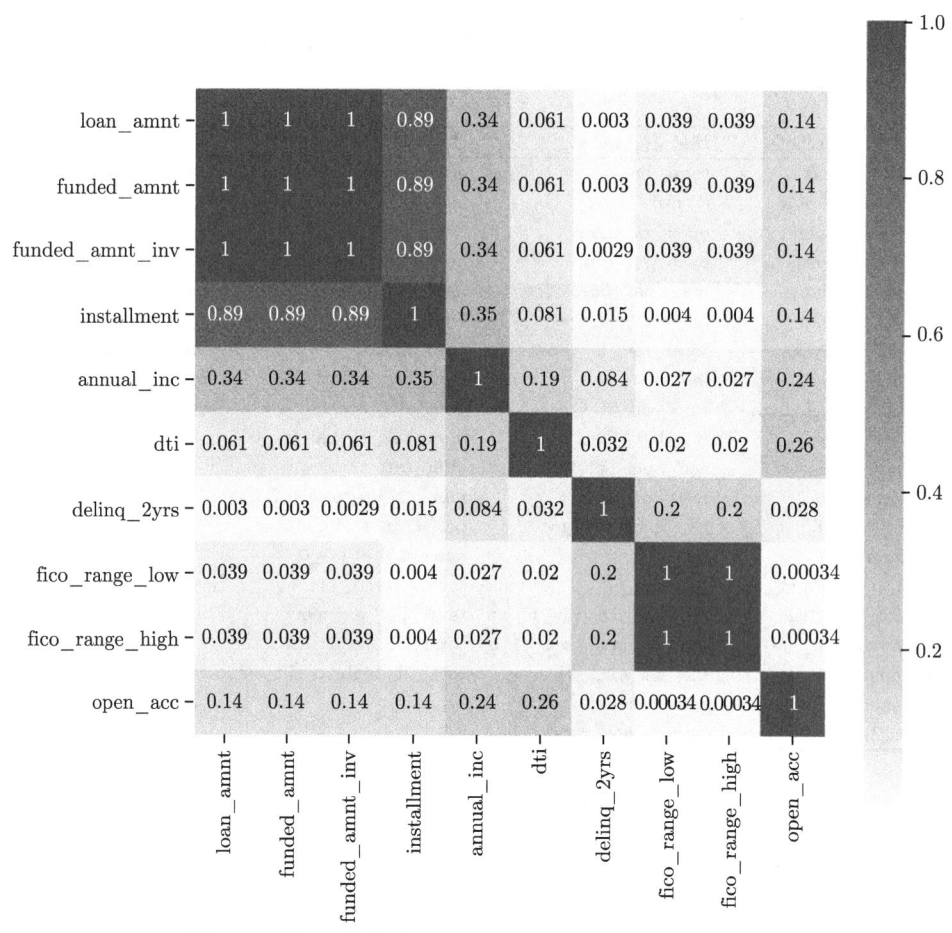

图 6.6 前 10 个连续型特征变量相关系数矩阵的热力图

② 对于 9 个离散型特征变量, 采用分箱码值计算斯皮尔曼相关系数. 9 个离散型特征变量相关系数矩阵的热力图参见图 6.7.

当两个特征变量相关性较高时, 需要删除其中一个变量, 这时要考虑具体的删除策略, 具体筛选策略如下. 对于相关系数大于等于 0.6 的一对特征变量, 我们选择删除 IV 值较小的那个特征变量, 也就是删除对结果预测能力弱的变量. 此步骤共计删除了 29 个特征变量, 剩余 38 个特征变量, 此时 $M = 38$. 删除的特征变

6.6 实证研究

量见表 6.14.

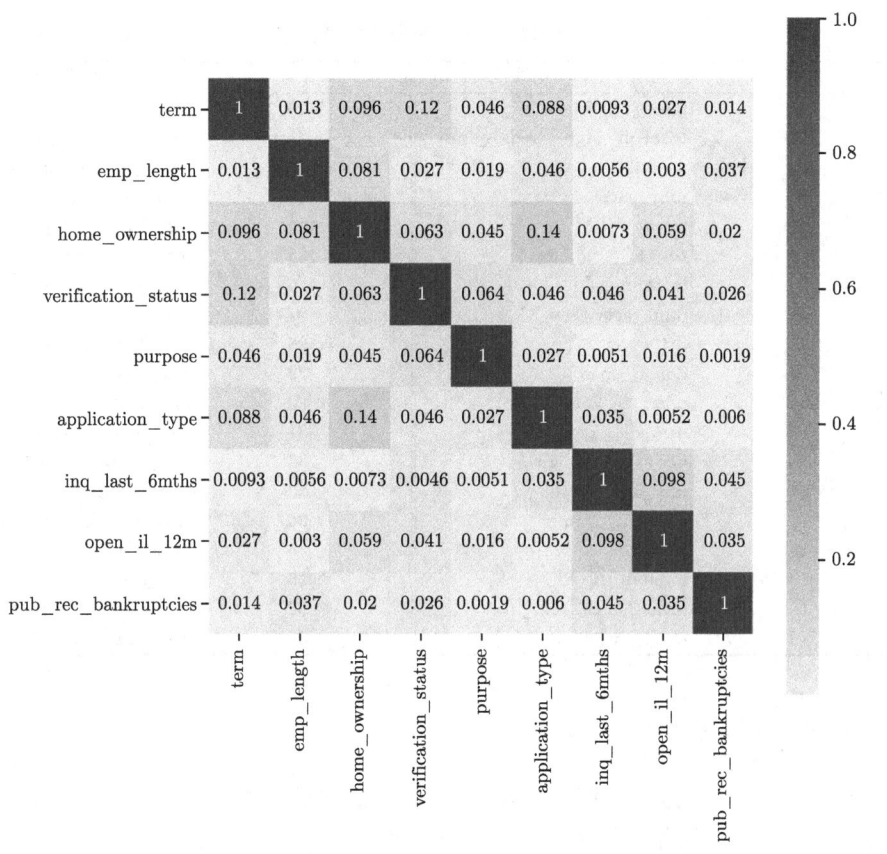

图 6.7 9 个离散型特征变量相关系数矩阵的热力图

表 6.14 删除的特征变量列表

序号	特征变量	序号	特征变量
1	loan_amnt	16	num_bc_tl
2	fico_range_low	17	percent_bc_gt_75
3	funded_amnt_inv	18	num_tl_op_past_12m
4	open_acc	19	num_rev_accts
5	num_rev_tl_bal_gt_0	20	num_bc_sats
6	tot_cur_bal	21	open_rv_12m
7	total_bal_il	22	num_op_rev_tl
8	funded_amnt	23	avg_cur_bal
9	total_bal_ex_mort	24	revol_bal
10	revol_util	25	total_acc
11	total_bc_limit	26	total_rev_hi_lim
12	num_sats	27	mths_since_recent_bc
13	num_actv_bc_tl	28	open_act_il
14	acc_open_past_24mths	29	all_util
15	num_accts_ever_120_pd		

相关性分析之后剩余的 38 个特征变量见表 6.15.

表 6.15　剩余的特征变量列表

序号	特征变量	序号	特征变量
1	max_bal_bc	20	tot_coll_amt
2	total_il_high_credit_limit	21	pct_tl_nvr_dlq
3	il_util	22	pub_rec_bankruptcies
4	mort_acc	23	purpose
5	term	24	application_type
6	tot_hi_cred_lim	25	open_acc_6m
7	installment	26	mo_sin_rcnt_rev_tl_op
8	num_actv_rev_tl	27	inq_fi
9	dti	28	total_cu_tl
10	delinq_2yrs	29	inq_last_12m
11	open_il_24m	30	home_ownership
12	mo_sin_rcnt_tl	31	verification_status
13	fico_range_high	32	bc_open_to_buy
14	inq_last_6mths	33	emp_length
15	open_il_12m	34	mo_sin_old_rev_tl_op
16	pub_rec	35	num_il_tl
17	annual_inc	36	bc_util
18	mths_since_rcnt_il	37	mths_since_recent_inq
19	open_rv_24m	38	mo_sin_old_il_acct

3. IV 值预测能力分析

根据 6.3.3 节的介绍, IV 值体现的就是特征变量预测能力的强弱, 选取 IV 值大于 0.02 的特征变量, 剩余 19 个特征变量, 此时 $M = 19$. 删除的特征变量见表 6.16.

表 6.16　删除的特征变量列表

序号	特征变量	序号	特征变量
1	max_bal_bc	11	pct_tl_nvr_dlq
2	total_il_high_credit_limit	12	pub_rec_bankruptcies
3	il_util	13	purpose
4	delinq_2yrs	14	application_type
5	open_il_24m	15	open_acc_6m
6	mo_sin_rcnt_tl	16	mo_sin_rcnt_rev_tl_op
7	open_il_12m	17	inq_fi
8	pub_rec	18	total_cu_tl
9	mths_since_rcnt_il	19	inq_last_12m
10	tot_coll_amt		

IV 值预测能力分析之后剩余的 19 个特征变量见表 6.17.

6.6 实证研究

表 6.17 剩余的特征变量列表

序号	特征变量	中文含义	IV 值结果
1	term	支付贷款的期限	0.1438
2	fico_range_high	借款人在贷款发放时的 FICO 分所处范围的上界	0.1106
3	installment	借款人在贷款发生时所欠的月供	0.0809
4	tot_hi_cred_lim	总高信用限额/信用限额	0.0718
5	mort_acc	按揭账户数目	0.0672
6	bc_open_to_buy	开放购买的循环银行卡总数	0.0604
7	home_ownership	借款人在登记时提供的房屋拥有权情况. 包括: 租赁、自有、抵押、其他	0.0493
8	verification_status	借款人的收入或收入来源是否已核实	0.0451
9	open_rv_24m	在过去 24 个月内开设的循环交易数目	0.0317
10	bc_util	所有银行卡账户的总余额与高信用额度的比值	0.0316
11	num_actv_rev_tl	现时活跃的循环交易数量	0.0306
12	mo_sin_old_rev_tl_op	自最早的循环账户开立以来的月数	0.0300
13	emp_length	工作年限 (以年为单位)	0.0294
14	num_il_tl	分期付款账户数量	0.0289
15	mo_sin_old_il_acct	开户时间最长的银行分期付款账户的月数	0.0256
16	annual_inc	借款人在登记期间自报的年收入	0.0248
17	dti	用借款人每月总偿债额与总债务 (不包括按揭贷款) 之比计算的比率	0.0224
18	inq_last_6mths	过去六个月的查询数目 (不包括汽车及按揭查询)	0.0224
19	mths_since_recent_inq	距最近一次调查的月数	0.0209

4. 特征的稳定性

本次研究中使用 PSI 来衡量特征的稳定性, 要先将原始数据集划分为训练集和多个测试集, 计算特征在不同测试集的 PSI, 以此来衡量特征是否稳定. 把 2018 年全年数据作为训练集, 从 2019 年数据中随机抽取一份作为测试集, 抽取出四份测试集, 看特征变量在训练集和测试集的 PSI 值. 训练集和测试集的样本量如表 6.18 所示.

表 6.18 训练集和测试集的样本量

数据集	标签类别	样本个数
训练集	好样本 ($y=0$)	194703
	坏样本 ($y=1$)	65446
测试集一	好样本 ($y=0$)	24217
	坏样本 ($y=1$)	9402
测试集二	好样本 ($y=0$)	24125
	坏样本 ($y=1$)	9470
测试集三	好样本 ($y=0$)	24548
	坏样本 ($y=1$)	9244
测试集四	好样本 ($y=0$)	24158
	坏样本 ($y=1$)	9383

每个特征在四个测试集的 PSI 结果如表 6.19 所示.

表 6.19 每个特征的 PSI 结果

数据集	特征变量	PSI 值	数据集	特征变量	PSI 值
测试集一	term	0.0015	测试集三	term	0.0014
	fico_range_high	0.0014		fico_range_high	0.0019
	installment	0.0015		installment	0.0016
	tot_hi_cred_lim	0.0001		tot_hi_cred_lim	0.0001
	mort_acc	0.0008		mort_acc	0.0008
	bc_open_to_buy	0.0008		bc_open_to_buy	0.0013
	home_ownership	0.0012		home_ownership	0.0024
	verification_status	0.0236		verification_status	0.0215
	open_rv_24m	0.0008		open_rv_24m	0.0005
	bc_util	0.0058		bc_util	0.0062
	num_actv_rev_tl	0.0001		num_actv_rev_tl	0.0004
	mo_sin_old_rev_tl_op	0.0007		mo_sin_old_rev_tl_op	0.0007
	emp_length	0.0119		emp_length	0.0098
	num_il_tl	0.0019		num_il_tl	0.0012
	mo_sin_old_il_acct	0.0048		mo_sin_old_il_acct	0.0048
	annual_inc	0.0006		annual_inc	0.0004
	dti	0.0002		dti	0.0001
	inq_last_6mths	0.0071		inq_last_6mths	0.0087
	mths_since_recent_inq	0.1488		mths_since_recent_inq	0.1422
测试集二	term	0.0019	测试集四	term	0.0018
	fico_range_high	0.0019		fico_range_high	0.0019
	installment	0.0032		installment	0.0031
	tot_hi_cred_lim	0.0002		tot_hi_cred_lim	0.0001
	mort_acc	0.0002		mort_acc	0.0007
	bc_open_to_buy	0.0007		bc_open_to_buy	0.0012
	home_ownership	0.0015		home_ownership	0.0022
	verification_status	0.0206		verification_status	0.0200
	open_rv_24m	0.0003		open_rv_24m	0.0006
	bc_util	0.0055		bc_util	0.0059
	num_actv_rev_tl	0.0001		num_actv_rev_tl	0.0001
	mo_sin_old_rev_tl_op	0.0004		mo_sin_old_rev_tl_op	0.0003
	emp_length	0.0108		emp_length	0.0118
	num_il_tl	0.0008		num_il_tl	0.0009
	mo_sin_old_il_acct	0.0035		mo_sin_old_il_acct	0.0038
	annual_inc	0.0004		annual_inc	0.0002
	dti	0.0001		dti	0.0002
	inq_last_6mths	0.0064		inq_last_6mths	0.0088
	mths_since_recent_inq	0.1483		mths_since_recent_inq	0.1500

由表 6.19 得出, 在四个测试集上的前 18 个特征的 PSI 值均小于 0.1, 适合入模, mths_since_recent_inq 的 PSI 值大于 0.1, 不建议入模.

5. 入模特征描述

回顾 6.6.1 节和 6.6.2 节, 原始数据中共包括 149 个特征变量, 其中 $\tilde{x}_{i,m}(m=1,2,\cdots,M)$ 表示第 i 个样本的 m 个特征, 即原始数据中 $M=149$. 在定义标

6.6 实证研究

签后, 先对原始数据预处理, 经过缺失率处理后 $M = 105$, 经过同值化处理后 $M = 90$, 经过人工筛选后 $M = 67$. 再进行特征工程, 将特征分箱并经过相关性分析后 $M = 38$, 经过分析 IV 值后 $M = 19$, 经过特征的稳定性分析之后 $M = 18$.

将处理后的数据定义为数据集 D, $D = \{(x_1, y_1), (x_2, y_2), \cdots, (x_n, y_n)\}$, 其中 $x_i = [x_{i,1}, \cdots, x_{i,m}, \cdots, x_{i,18}]$ 是 18 维数组, $x_{i,m}$ 表示第 i 个样本的第 m 个特征, y_i 为第 i 个样本对应的标签.

可以使用 bin_plot 函数画出 Bivar 图, 对比单变量的分箱结果. 卡方分箱可以将变量的 Bivar 图中负样本占比趋势调整为单调趋势, 然而部分情况下, 仍会有特殊值需要手动调整. 调整之后的分箱和 Bivar 图如下 (图 6.8).

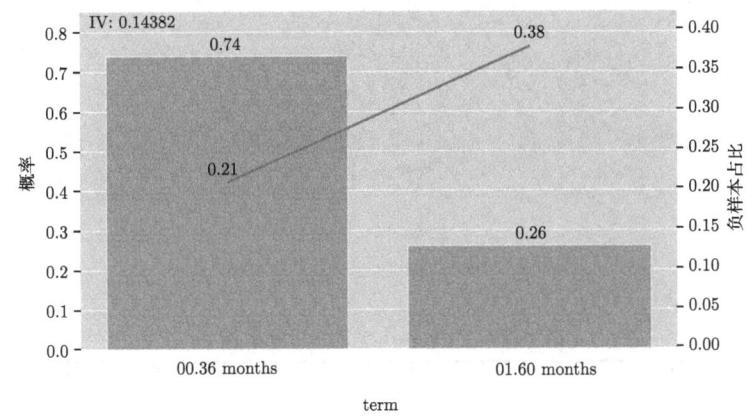

图 6.8　term 的 Bivar 图

① term 为支付贷款的期限, 见表 6.20.

表 6.20　term 的分箱情况

分箱码值	原始取值	样本个数
0	36 months	192364
1	60 months	67785
总计	—	260149

② fico_range_high 为借款人在贷款发放时的 FICO 分所处范围的上界, 见表 6.21 和图 6.9.
③ installment 为借款人在贷款发生时所欠的月供, 见表 6.22 和图 6.10.
④ tot_hi_cred_lim 为总高信用限额/信用限额, 见表 6.23 和图 6.11.
⑤ mort_acc 为按揭账户数目, 见表 6.24 和图 6.12.
⑥ bc_open_to_buy 为开放购买的循环银行卡总数, 见表 6.25 和图 6.13.

表 6.21　fico_range_high 的分箱情况

分箱码值	取值区间	样本个数
0	$(-\infty, 690]$	96886
1	$(690, 710]$	56204
2	$(710, 750]$	69787
3	$(750, 800]$	31261
4	$(800, +\infty)$	6011
总计	—	260149

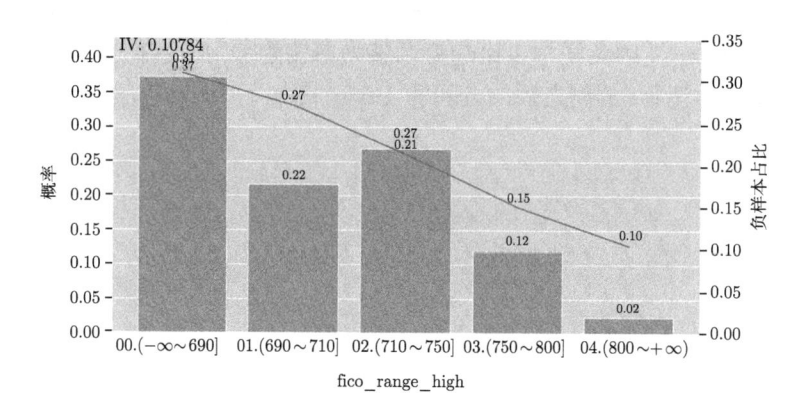

图 6.9　fico_range_high 的 Bivar 图

表 6.22　installment 的分箱情况

分箱码值	取值区间	样本个数
0	$(-\infty, 160]$	28857
1	$(160, 330]$	77731
2	$(330, 500]$	58811
3	$(500, 700]$	43537
4	$(700, +\infty)$	51213
总计	—	260149

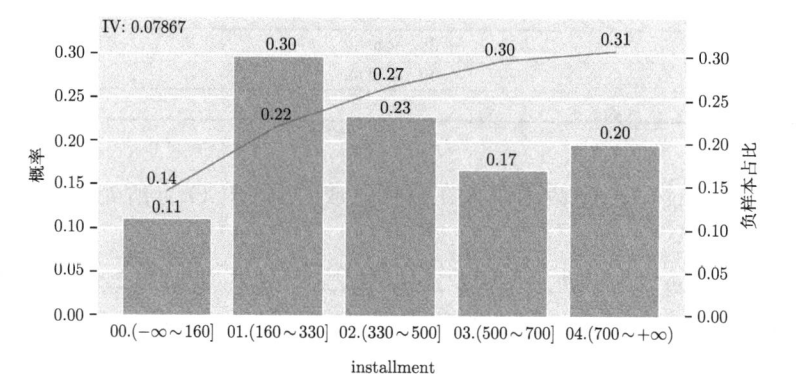

图 6.10　installment 的 Bivar 图

6.6 实证研究

表 6.23 tot_hi_cred_lim 的分箱情况

分箱码值	取值区间	样本个数
0	$(-\infty, 39000]$	43818
1	$(39000, 120000]$	86809
2	$(120000, 240000]$	52806
3	$(240000, 500000]$	60421
4	$(500000, +\infty)$	16295
总计	—	260149

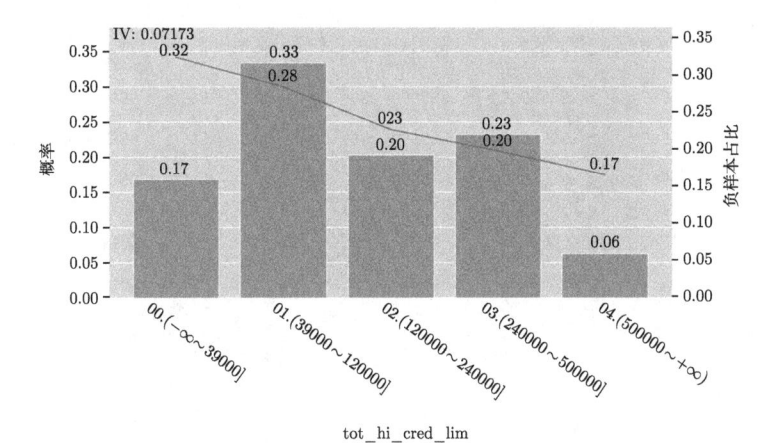

图 6.11 tot_hi_cred_lim 的 Bivar 图

表 6.24 mort_acc 的分箱情况

分箱码值	原始取值	样本个数
0	1	163917
1	2	38859
2	3	25936
3	3 以上	31437
总计	—	260149

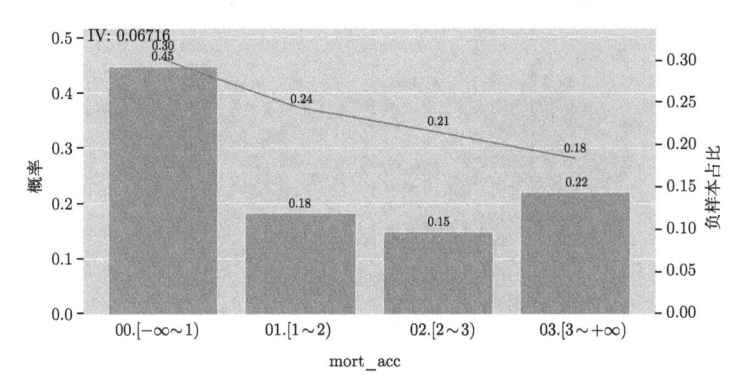

图 6.12 mort_acc 的 Bivar 图

表 6.25　bc_open_to_buy 的分箱情况

分箱码值	取值区间	样本个数
0	$(-\infty, 6000]$	102942
1	$(6000, 12000]$	50490
2	空	3760
3	$(12000, 20000]$	38464
4	$(20000, 40000]$	41079
5	$(40000, +\infty)$	23414
总计	—	260149

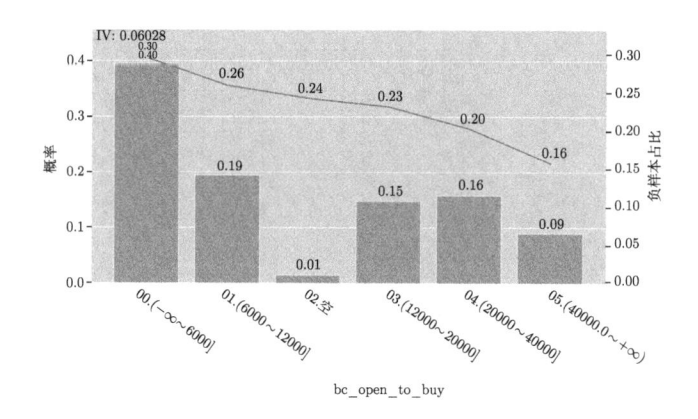

图 6.13　bc_open_to_buy 的 Bivar 图

⑦ home_ownership 为借款人在登记时提供的房屋拥有权情况, 见表 6.26 和图 6.14.

表 6.26　home_ownership 的分箱情况

分箱码值	原始取值	样本个数
0	'MORTGAGE'	126720
1	'OWN'	31624
2	'RENT', 'ANY'	101805
总计	—	260149

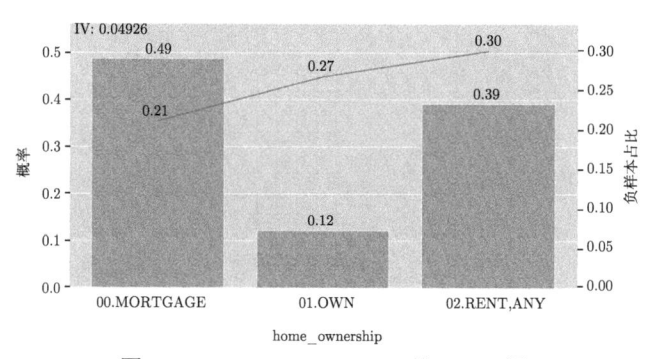

图 6.14　home_ownership 的 Bivar 图

6.6 实证研究

⑧ verification_status 为借款人的收入或收入来源是否已核实，见表 6.27 和图 6.15。

表 6.27　verification_status 的分箱情况

分箱码值	原始取值	样本个数
0	'Not Verified'	102128
1	'Source Verified'	104206
2	'Verified'	53815
总计	—	260149

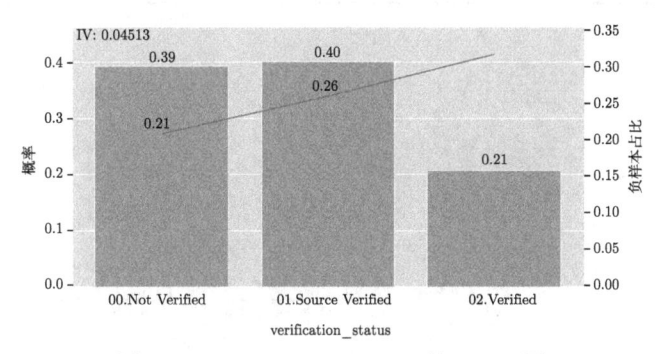

图 6.15　verification_status 的 Bivar 图

⑨ open_rv_24m 为在过去 24 个月内开设的循环交易数目，见表 6.28 和图 6.16。

表 6.28　open_rv_24m 的分箱情况

分箱码值	取值区间	样本个数
0	$(-\infty, 2]$	146663
1	$(2, 3]$	37059
2	$(3, 4]$	25566
3	$(4, 7]$	36098
4	$(7, +\infty)$	14763
总计	—	260149

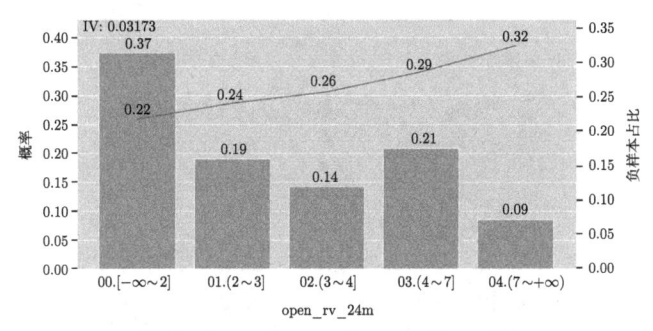

图 6.16　open_rv_24m 的 Bivar 图

⑩ bc_util 为所有银行卡账户的总余额与高信用额度的比值，见表 6.29 和图 6.17。

表 6.29 bc_util 的分箱情况

分箱码值	取值区间	样本个数
0	$(-\infty, 20]$	52918
1	$(20, 40]$	56518
2	空	4221
3	$(40, 55]$	40508
4	$(55, 70]$	35672
5	$(70, +\infty)$	70312
总计	—	260149

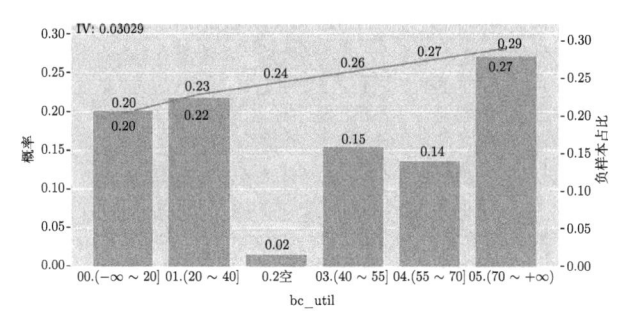

图 6.17 bc_util 的 Bivar 图

⑪ num_actv_rev_tl 为现时活跃的循环交易数量,见表 6.30 和图 6.18.

表 6.30 num_actv_rev_tl 的分箱情况

分箱码值	取值区间	样本个数
0	$(-\infty, 4]$	131302
1	$(4, 5]$	33438
2	$(5, 7]$	46036
3	$(7, 9]$	24393
4	$(9, +\infty)$	24980
总计	—	260149

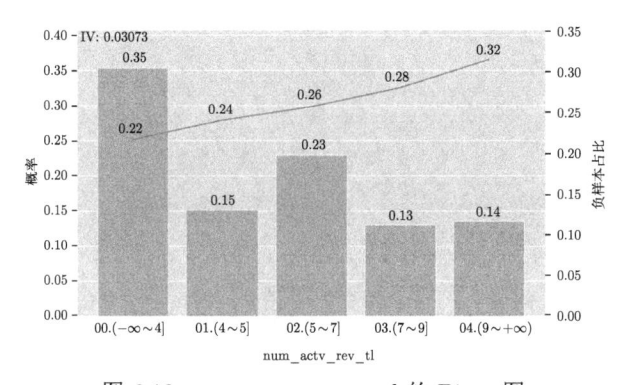

图 6.18 num_actv_rev_tl 的 Bivar 图

6.6 实证研究

⑫ mo_sin_old_rev_tl_op 为自最早的循环账户开立以来的月数见表 6.31，图 6.19。

表 6.31 mo_sin_old_rev_tl_op 的分箱情况

分箱码值	取值区间	样本个数
0	$(-\infty, 50]$	20205
1	$(50, 85]$	32652
2	$(85, 130]$	42463
3	$(130, 150]$	31071
4	$(150, +\infty)$	133758
总计	—	260149

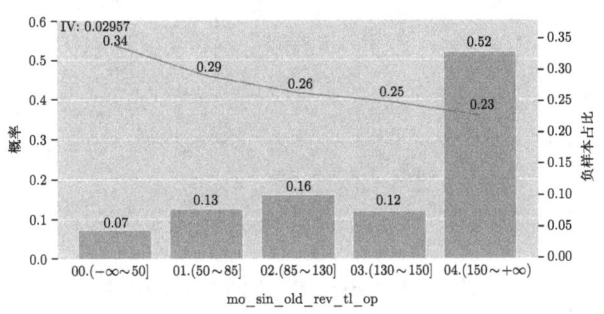

图 6.19 mo_sin_old_rev_tl_op 的 Bivar 图

⑬ emp_length 为工作年限，见表 6.32，图 6.20。

表 6.32 emp_length 的分箱情况

分箱码值	原始取值	样本个数
0	空	21628
1	'<1 year', '1 year'	40162
2	'2 year', '3 year', '4 year', '5 year'	79299
3	'6 year', '7 year', '8 year'	29704
4	'9 year', '10+ year'	89356
总计	—	260149

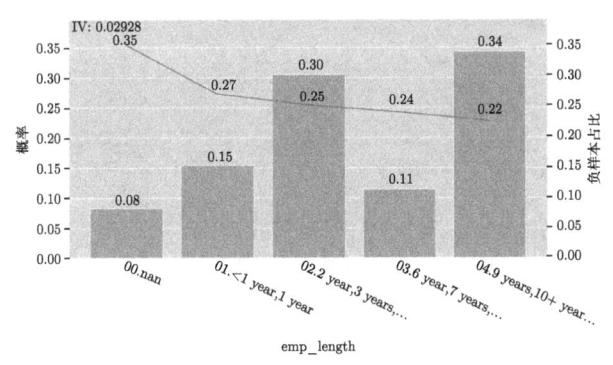

图 6.20 emp_length 的 Bivar 图

⑭ num_il_tl 为分期付款账户数量，见表 6.33 和图 6.21.

表 6.33 num_il_tl 的分箱情况

分箱码值	取值区间	样本个数
0	$(-\infty, 2]$	45350
1	$(2, 4]$	44328
2	$(4, 7]$	58227
3	$(7, 11]$	49435
4	$(11, +\infty)$	62809
总计	—	260149

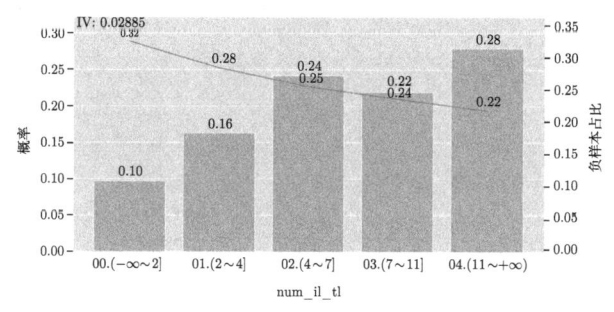

图 6.21 num_il_tl 的 Bivar 图

⑮ mo_sin_old_il_acct 为开户时间最长的银行分期付款账户的月数，见表 6.34, 图 6.22.

表 6.34 mo_sin_old_il_acct 的分箱情况

分箱码值	取值区间	样本个数
0	空	9091
1	$(-\infty, 30]$	13702
2	$(30, 70]$	35669
3	$(70, 95]$	25150
4	$(95, 130]$	54827
5	$(130, +\infty)$	121710
总计	—	260149

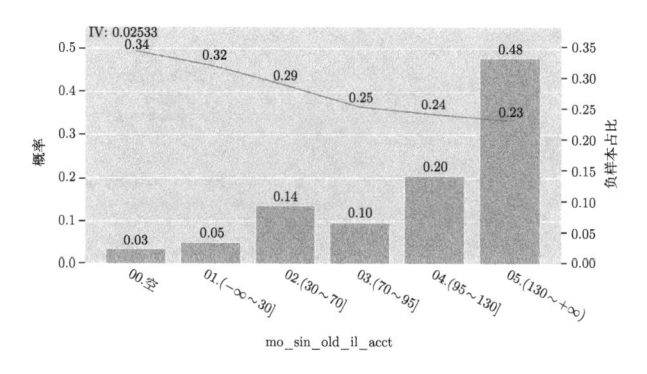

图 6.22 mo_sin_old_il_acct 的 Bivar 图

6.6 实证研究

⑯ annual_inc 为借款人在登记期间自报的年收入, 见表 6.35 和图 6.23.

表 6.35　annual_inc 的分箱情况

分箱码值	取值区间	样本个数
0	$(-\infty, 31000]$	23268
1	$(31000, 50000]$	58647
2	$(50000, 90000]$	107451
3	$(90000, 100000]$	16643
4	$(100000, +\infty)$	54140
总计	—	260149

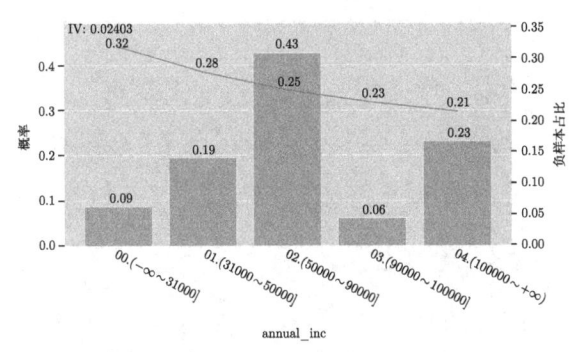

图 6.23　annual_inc 的 Bivar 图

⑰ dti 为用借款人每月总偿债额与总债务 (不包括按揭贷款) 之比计算的比率, 见表 6.36 和图 6.24.

表 6.36　dti 的分箱情况

分箱码值	取值区间	样本个数
0	空	641
1	$(-\infty, 15\%]$	94645
2	$(15\%, 25\%]$	95422
3	$(25\%, 35\%]$	50086
4	$(35\%, 45\%]$	13440
5	$(45\%, +\infty)$	5915
总计	—	260149

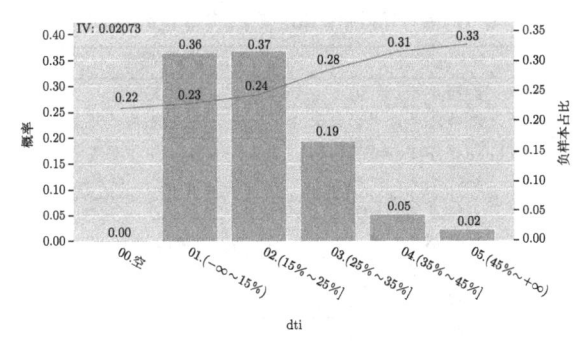

图 6.24　dti 的 Bivar 图

⑱ inq__last__6mths 为过去六个月的查询数目 (不包括汽车及按揭查询), 见表 6.37 和图 6.25.

表 6.37 inq__last__6mths 的分箱情况

分箱码值	原始取值	样本个数
0	0	167051
1	1	65748
2	2	20691
3	3, 4, 5	6659
总计	—	260149

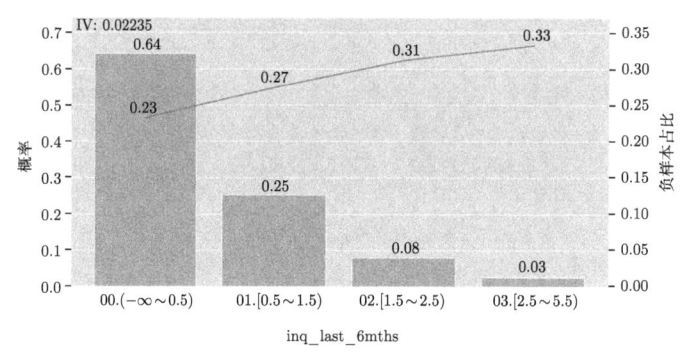

图 6.25 inq__last__6mths 的 Bivar 图

6.6.3 模型训练与评估

1. 模型训练

本节将针对经过筛选后含有 18 个特征变量的数据集 D 进行建模, 本节使用 2018 年作为训练集, 2019 年随机抽取四个测试集, 训练集和测试集样本分布情况如表 6.38.

表 6.38 训练集和测试集样本量统计表

数据集	标签类别	样本个数	总样本个数
训练集	好样本 ($y=0$)	194703	260149
	坏样本 ($y=1$)	65446	
测试集一	好样本 ($y=0$)	24217	33619
	坏样本 ($y=1$)	9402	
测试集二	好样本 ($y=0$)	24125	33595
	坏样本 ($y=1$)	9470	
测试集三	好样本 ($y=0$)	24548	33792
	坏样本 ($y=1$)	9244	
测试集四	好样本 ($y=0$)	24158	33541
	坏样本 ($y=1$)	9383	

6.6 实证研究

采用网格搜索方法,对 XGBoost 模型中树结构最大深度 max_depth、树的棵数以及学习速率 learning_rate 三个参数进行优化.

其中各参数待选区间如下.

① max_depth: [2, 3, 4, 5, 6, 7, 8, 9, 10].

② n_estimators: 250~450, 步长为 10.

③ learning_rate: 0.05~0.56, 步长为 0.01.

随着最大深度 max_depth 的变化,模型准确率的变化趋势如图 6.26 所示.

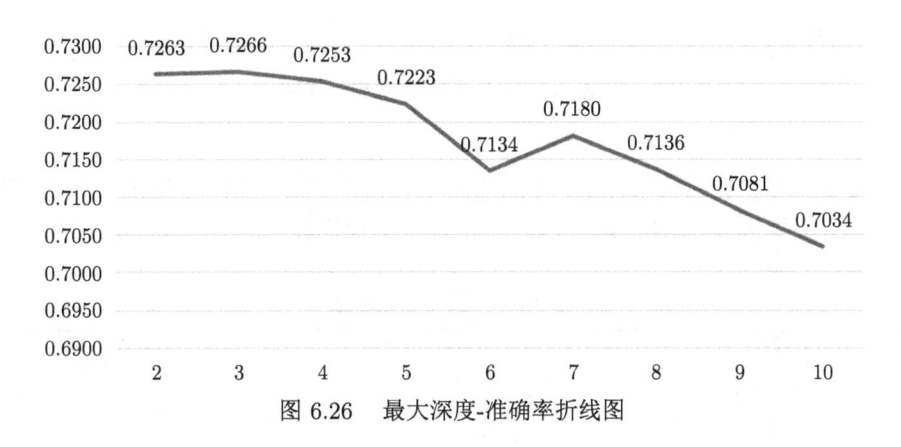

图 6.26 最大深度-准确率折线图

随着树的棵数 n_estimators 的变化,模型准确率的变化趋势如图 6.27 所示.

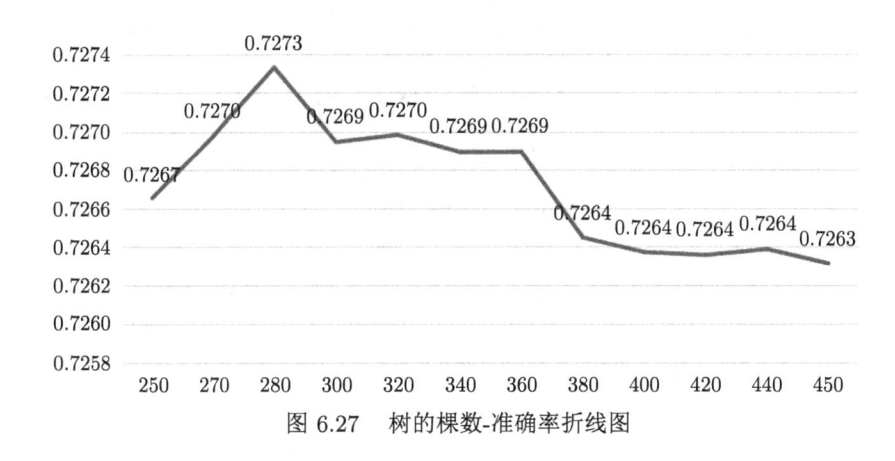

图 6.27 树的棵数-准确率折线图

随着学习速率 learning_rate 的变化,模型准确率的变化趋势如图 6.28 所示. 优化后的最优参数组合为

max_depth = 3, n_estimators = 280, learning_rate = 0.28

图 6.28 学习速率-准确率折线图

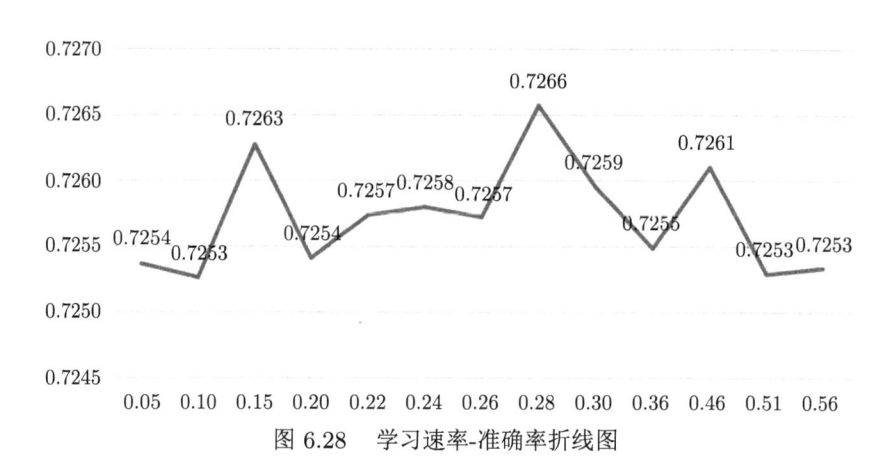

使用以上参数训练的方法, 分别建立逻辑回归模型、决策树模型、随机森林模型、GBDT 模型. 采用网格搜索方法, 训练的最优参数如表 6.39 所示.

表 6.39 最优参数列表

模型	参数	最优取值
逻辑回归	C: 正则项的惩罚系数	0.01
	penalty: 选择哪种正则项来抑制过拟合	$12(L_2)$
决策树	max_depth: 树的深度	8
随机森林	n_estimators: 树的棵数	100
	max_depth: 树的深度	9
	max_features: 最大特征数, 确定属性空间. 若为整数, 则该数值为最大特征数; 若为浮点数, 则用百分比乘以总的特征数的结果作为最大特征数	0.8
	min_samples_split: 每个决策树中每次分裂时节点的最小样本数	50
GBDT	n_estimators: 树的棵数	50
	max_depth: 树的深度	4
	learning_rate: 学习速率	0.41
	max_features: 最大特征数	0.8
XGBoost	max_depth: 树的深度	3
	n_estimators: 树的棵数	280
	learning_rate: 学习速率	0.28

2. 模型结果评估

使用训练的模型对训练集进行预测, 衡量模型针对本训练集是否有效, 混淆矩阵如表 6.40.

6.6 实证研究

表 6.40　训练集混淆矩阵

	预测为 0	预测为 1
标签为 0	187346	7357
标签为 1	54774	10672

评估指标如表 6.41.

表 6.41　评估指标

模型	准确率	AUC 值	KS 值
XGBoost	0.7612	0.7201	0.3182

从以上评估指标可以看出，模型对于训练集的预测结果较好，说明模型是有效的。

四个测试集的模型评估结果分别通过四个混淆矩阵和四组评估值来展示，以 XGBoost 模型为例.

① 混淆矩阵.

XGBoost 模型基于四个测试集的混淆矩阵如表 6.42 ~ 表 6.45.

表 6.42　XGBoost 模型混淆矩阵一

	预测为 0	预测为 1
标签为 0	23464	753
标签为 1	8220	1182

表 6.43　XGBoost 模型混淆矩阵二

	预测为 0	预测为 1
标签为 0	23769	356
标签为 1	8945	525

表 6.44　XGBoost 模型混淆矩阵三

	预测为 0	预测为 1
标签为 0	24166	382
标签为 1	8767	477

表 6.45　XGBoost 模型混淆矩阵四

	预测为 0	预测为 1
标签为 0	23803	355
标签为 1	8908	475

② 评估指标 (表 6.46).

表 6.46 评估指标

评估指标	测试集一	测试集二	测试集三	测试集四	均值
准确率	0.7331	0.7231	0.7293	0.7238	0.7273
AUC 值	0.7053	0.6528	0.6526	0.6513	0.6655
KS 值	0.3001	0.2203	0.2182	0.2219	0.2401
PSI	0.0037	0.0907	0.1014	0.1002	0.0740

由此, 可以仿照以上过程, 得到其他模型的评估指标, 评估指标的均值如表 6.47.

表 6.47 评估指标

模型	准确率均值	AUC 均值	KS 均值	PSI 均值
逻辑回归	0.7221	0.6355	0.1919	0.0014
决策树	0.6215	0.6669	0.2417	0.0018
随机森林	0.6420	0.6860	0.2719	0.0030
GBDT	0.7295	0.6972	0.2872	0.0037
XGBoost	0.7273	0.6655	0.2401	0.0740

6.6.4 模型预测结果的解释

由于以上训练的模型对四个测试集进行了预测, 在本节中只对第一个测试集的预测结果进行解释, 其他测试集同理.

1. 基于 SHAP 解释法的模型解释

1) 对单个样本的分析

针对单个样本进行解释, 分别举例好样本, 坏样本 SHAP 值分析 (Lundberg et al., 2017). 挑选测试集中实际为好样本且预测值为 0(预测为好样本), 挑选测试集中实际为坏样本且预测值为 1(预测为坏样本), 分别进行示例分析.

• 以测试集中第 31195 个样本为好样本的示例, 该样本数据详情如表 6.48.

对于每个预测样本, 模型都产生一个预测值, SHAP 值就是该样本中每个特征所分配到的数值, 整个模型的基线 $\phi_0 = -1.122$. XGBoost 模型对该样本的预测结果如下: 该样本为好样本的概率, 或者模型对该样本预测值为 0 的概率为 0.9943, 该样本真实标签值为 0, 模型对该样本的分类结果是正确的.

这样的预测结果可以根据公式 (5.2) 通过以下方式基于 SHAP 值得到: ϕ_0 与 18 个特征变量的 SHAP 值之和为 -5.16, 即 $\hat{y}_i = -5.16$. 由于本章所建立的模型是分类模型, 因此, 根据公式 (4.20), 当上述和 $\hat{y}_i$ 小于 0 时, 预测为 1 的概率 $p_i = \dfrac{1}{1+\mathrm{e}^{-\hat{y}_i}} = 0.0665 < 0.5$, 分类结果为 0, 通过 SHAP 值给出的解释结果和模型的分类结果一致. 我们可以这样理解, 每个特征变量的 SHAP 值反映了其对预

测结果的贡献度，每个特征变量都通过 SHAP 值将模型预测结果从基线 ϕ_0 推动到最终的预测结果 $\hat{y}_i$.

表 6.48　好样本示例

特征变量	原始取值	取值区间	分箱码值	SHAP 值
term	36 months	36 months	0	−0.2941
fico_range_high	824	(800, +∞)	4	−1.0799
installment	153.16	(−∞, 160]	0	−0.6616
tot_hi_cred_lim	857154	(500000, +∞)	4	−0.3730
mort_acc	4	3 以上	3	−0.1744
bc_open_to_buy	75094	(40000, +∞)	5	−0.5337
home_ownership	MORTGAGE	'MORTGAGE'	0	−0.0911
verification_status	Not Verified	'Not Verified'	0	−0.1348
open_rv_24m	5	(4, 7]	3	0.1636
bc_util	1.9	(−∞, 20]	0	0.1892
num_actv_rev_tl	4	(−∞, 4]	0	−0.0852
mo_sin_old_rev_tl_op	175	(150, +∞)	4	−0.0808
emp_length	4 years	'2 year', '3 year', '4 year','5 year'	2	−0.0480
num_il_tl	15	(11, +∞)	4	−0.3036
mo_sin_old_il_acct	155	(130, +∞)	5	−0.0500
annual_inc	100000	(90000, 100000]	3	−0.0966
dti	11.39	(−∞, 15%]	1	−0.2479
inq_last_6mths	0	0	0	−0.1405

下面以上述样本为例，详细解释模型对该样本的预测结果，深入挖掘模型是如何运作从而给出预测结果的.

首先，模型的基线 $\phi_0 = -1.122$，ϕ_0 小于 0，即初始预测结果为 0，应该将该样本分类为好样本.

第一个特征变量 term 的 SHAP 值为 −0.2941，它将模型的预测结果从 −1.122 推动到 −1.4161，小于 0，即将预测结果向 0 推动，促使模型将该样本分类为好样本. term 意为贷款人支付贷款的期限，该样本此特征取值为 36 months，处于分箱中的第一箱，是相对较低的一箱，说明该样本支付贷款的月份值较小，即支付贷款的时间较短，月份数越小代表信用越好，风险越低. 可以看出，该样本因为 term 取值较低，导致模型对其预测结果向 0 靠近，更倾向于将该样本分类为好样本.

第二个特征变量 fico_range_high 的 SHAP 值为 −1.0799，它将模型的预测结果从 −1.4160 推动到 −2.4960，小于 0，即将预测结果向 0 推动，促使模型将该样本分类为好样本. fico_range_high 意为借款人的 FICO 分所处范围的上界，该样本此特征取值为 824，处于分箱中的第五箱，是相对较高的一箱，说明该样本最近一次的 FICO 分所处范围的上界较高，而 FICO 分与我们所熟知的芝麻信用分类似，分数越高代表信用越好，风险越低. 可以看出，该样本因为 fico_range_high

取值较高, 导致模型对其预测结果向 0 靠近, 更倾向于将该样本分类为好样本.
......

样本中特征变量 open_rv_24m 的 SHAP 值为 0.1636, 它将模型的预测结果从 −3.2079 推动到 −3.1791, 虽然仍然小于 0, 没有改变预测结果, 但是将预测结果向 1 推动, 促使模型将该样本分类为坏样本. open_rv_24m 意为在过去 24 个月内开设的循环交易数目, 该样本此特征取值为 5, 处于第四分箱, 是相对较高的一箱, 说明该样本 24 个月内开设的循环交易数目较大, 数目越大风险越高. 而在实际生活中特征变量 open_rv_24m 会促使样本变坏, 该样本 open_rv_24m 取值为 5, 模型对其预测结果向 1 靠近, 更倾向于将该样本分类为坏样本.

以此类推, 依次考虑其余特征变量的 SHAP 值对模型预测结果的贡献. 18 个特征变量综合作用, 最终将模型的预测结果从基线 −1.122 推动到 −5.16, 小于 0, 促使模型将该样本分类为好样本. 该样本可视化如图 6.29 所示.

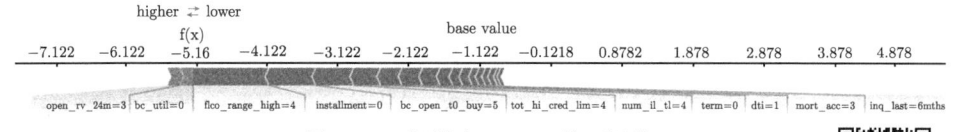

图 6.29 好样本 SHAP 值可视化

图 6.29 中展示了每个特征都有各自的贡献, 将模型的预测结果从基本值 −1.122 推动到最终的取值 −5.16. 将预测推高的特征用红色[①]表示, 将预测推低的特征用蓝色表示. 可以看到特征变量 fico_range_high 对样本的预测结果起负向最大作用, 即把样本推向好样本的贡献度最大, 依次是特征 installment, bc_open_to_buy, tot_hi_cred_lim, num_il_tl; 特征变量 bc_util 对样本的预测结果起正向最大作用, 即把样本推向坏样本的贡献度最大, 接下来是特征 open_rv_24m.

- 以测试集中第 2016 个样本为坏样本的示例, 该样本数据详情如表 6.49.

XGBoost 模型对该样本的预测结果如下: 该样本为坏样本的概率, 或者模型对该样本预测值为 1 的概率为 83.52%, 该样本真实标签值为 1, 模型对该样本的分类结果是正确的.

类似地, 可以按照上述对好样本示例的分析过程, 对坏样本示例的预测结果进行详细的解释, 在此不再赘述, 直接给出最终的结论. 18 个特征变量综合作用, 最终将模型的预测结果从基线 −1.122 推动到 1.62, 大于 0, 促使模型将该样本分类为坏样本, 通过 SHAP 值给出的解释结果和模型的分类结果一致.

图 6.30 展示了每个特征都各自有其贡献, 将模型的预测结果从基本值 −1.122

[①] 请扫描二维码查看彩图.

6.6 实证研究

推动到最终的取值 1.62, 这是一个坏的样本. 将预测推高的特征用红色表示, 将预测推低的特征用蓝色表示. 可以看到特征变量 num_actv_rev_tl 对样本的预测结果起负向最大作用, 即把样本推向好样本的贡献度最大. 特征变量 term 对样本的预测结果起正向最大作用, 即把样本推向坏样本的贡献度最大, 接下来是特征 installment, bc_open_to_buy, bc_util, home_ownership.

表 6.49 坏样本示例

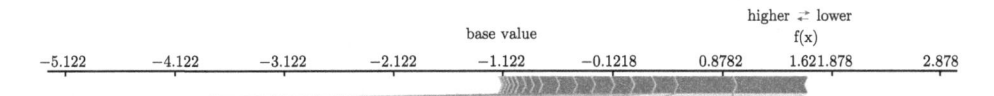

特征变量	原始取值	取值区间	分箱码值	SHAP 值
term	60 months	60 months	1	0.6500
fico_range_high	679	$(-\infty, 690]$	0	0.1547
installment	812.01	$(700, +\infty)$	4	0.5394
tot_hi_cred_lim	51635	$(39000, 120000]$	1	0.0655
mort_acc	0	1	0	0.0391
bc_open_to_buy	3412	$(-\infty, 6000]$	0	0.2021
home_ownership	RENT	'RENT', 'ANY'	2	0.1774
verification_status	Verified	'Verified'	2	0.0785
open_rv_24m	2	$(-\infty, 2]$	0	-0.0356
bc_util	5.4	$(-\infty, 20]$	0	0.1914
num_actv_rev_tl	7	$(5, 7]$	2	0.0331
mo_sin_old_rev_tl_op	79	$(50, 85]$	1	0.1751
emp_length	1 years	'<1 year', '1 year'	1	0.0254
num_il_tl	5	$(4, 7]$	2	0.0111
mo_sin_old_il_acct	154	$(130, +\infty)$	5	0.0734
annual_inc	37440	$(31000, 50000]$	1	0.0396
dti	35.13	$(35\%, 45\%]$	4	0.1592
inq_last_6mths	2	2	2	0.1656

图 6.30 坏样本 SHAP 值可视化

2) 对整体样本的分析

如图 6.31 所示, 每一行代表一个特征变量, 横坐标为 SHAP 值. 图中每个点代表一个样本, 颜色越红, 说明特征变量本身取值越大, 颜色越蓝, 说明特征变量本身取值越小. 例如对于 term(支付贷款的期限), 其取值越高 (这里是支付贷款期限为 60 个月)SHAP 值为正会推动模型更倾向于将样本分类为坏样本; 其取值越低 (这里是支付贷款期限为 36 个月)SHAP 值为负, 会推动模型更倾向于将样本分类为好样本. 此处的取值不是特征变量的原始取值, 而是其原始取值所处的分箱对应的码值.

接下来我们以 fico_range_high 为例, 深入探究 fico_range_high 在整体样本层面发挥了什么作用. 从图中可以看出, 对于特征变量 fico_range_high:

·190· 第 6 章 大数据风控机器学习建模

• 分箱码值越大, SHAP 值为负, 对应于图中第一行最左端的红色部分;
• 分箱码值越小, SHAP 值为正, 对应于图中第一行最右端的蓝色部分;
• 分箱码值居中, SHAP 值大部分处于 0 和 0.3 之间, 对应于图中第一行中间的紫色部分.

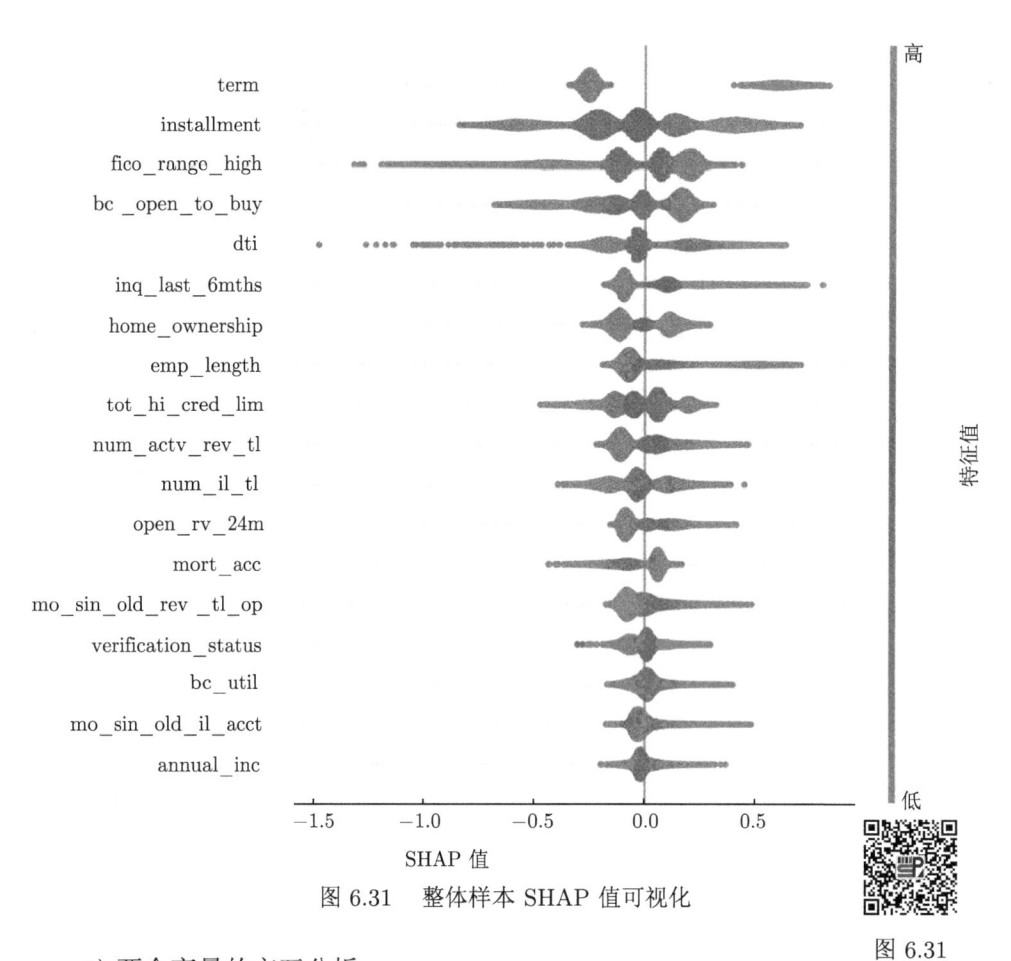

图 6.31　整体样本 SHAP 值可视化

图 6.31

3) 两个变量的交互分析

图 6.32 以特征变量 fico_range_high 和 term 两个变量交互分析为例.

如图 6.32 所示, 左侧纵坐标为 fico_range_high 的 SHAP 值, 右侧为 term 分箱码值, 线条由蓝到红表示分箱码值由大到小, 即数值由大到小, 这里为 36 months 和 60 months, 横坐标为 fico_range_high 的分箱码值, 图中每个点代表一个样本. 从图中, 我们可以清晰明了地看出:

• 当 fico_range_high 的分箱码值为 0 时, 对于所有样本, term 分箱码值由小到大, fico_range_high 的 SHAP 值由 0.50 到 0.00, SHAP 值由大到小但都大

于 0, 对样本起正向作用, 更倾向于将样本推向坏的样本.

- 当 fico_range_high 的分箱码值为 1 时, 对于所有样本, 随着 term 分箱码值的变化, fico_range_high 的 SHAP 值基本都大于 0, 对样本起正向作用, 更倾向于将样本推向坏的样本. 有一小部分小于 0 对样本起负向作用, 更倾向于将样本推向好的样本.
- 当 fico_range_high 的分箱码值为 2 时, 对于所有样本, 随着 term 分箱码值的变化, fico_range_high 的 SHAP 值基本都小于 0, 对样本起负向作用.
- 当 fico_range_high 的分箱码值为 3 时, 对于所有样本, 随着 term 分箱码值的变化, fico_range_high 的 SHAP 值都小于 0, 且 term 值越小, fico_range_high 的 SHAP 值越小, 对样本起的负向作用就越大.
- 当 fico_range_high 的分箱码值为 4 时, 对于所有样本, 随着 term 分箱码值的变化, fico_range_high 的 SHAP 值都小于 0, 对样本起负向作用.

综合图 6.32 及上述分析, term 值变化对 fico_range_high 的 SHAP 值有一定的影响, 但从对样本预测好坏来看, fico_range_high 值的大小对样本预测影响比 term 的影响要大.

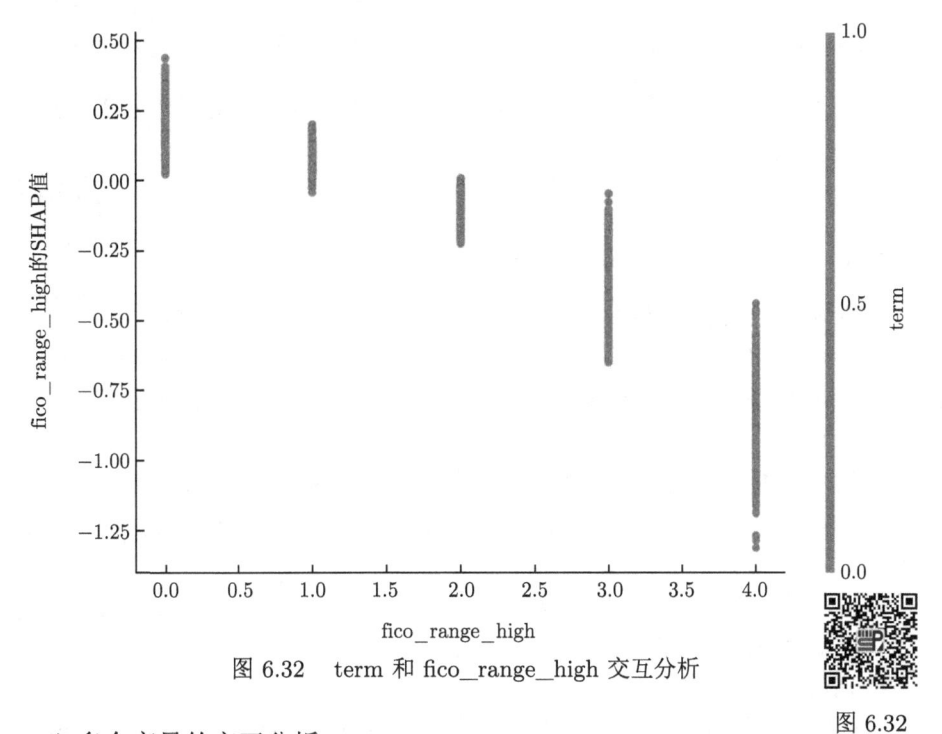

图 6.32 term 和 fico_range_high 交互分析

4) 多个变量的交互分析

如图 6.33 所示, 我们挑选了 9 个特征变量进行分析, 左侧纵坐标每一行代表一个特征变量, 横坐标为不同特征变量的 SHAP 值. 从图中可以得到不同特征变量对某个特定特征变量的 SHAP 值影响, 对应的每个点代表一个样本, 颜色越红, 说明特征变量本身取值越大, 颜色越蓝, 说明特征变量本身取值越小, 从图中可以清楚看出各变量之间的相互影响.

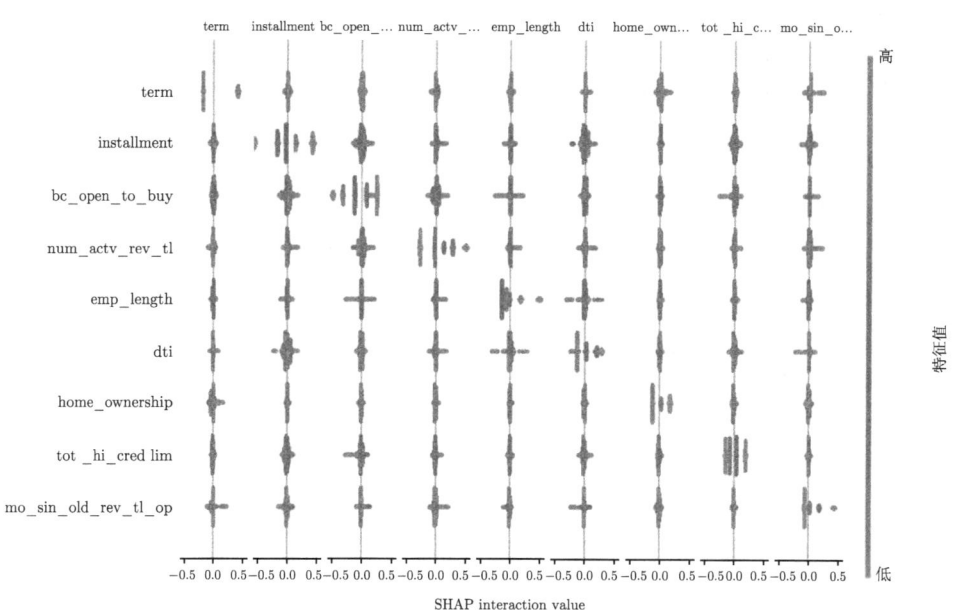

图 6.33 多个变量交互作用图

2. 基于 LIME 解释法的模型解释

本节将用 LIME 解释法对 XGBoost 模型结果进行解释和分析 (Ribeiro et al., 2016). 这里, 我们希望指出的是 LIME 就是 local interpretable model-agnostic explanations(局部可解释不可知模型) 的缩写, 其名字的每一部分反映了我们进行解释的意图. local 指的是局部保真, 也就是说我们希望解释能够真实地反映分类器在被预测样本上的行为. 这个解释要求是可以理解的, 即能够被人类读懂. LIME 能够解释任何模型, 而不需要进行模型适配, 所以是与模型无关的.

挑选测试集中预测为好样本概率最大的作为好样本的示例, 挑选测试集中预测为坏样本概率最大的作为坏样本的示例.

1) 对好样本的解释

以测试集中第 31195 个样本为好样本的示例, 该样本数据详情如表 6.50.

6.6 实证研究

表 6.50 好样本示例

特征变量	原始取值	取值区间	分箱码值	贡献度
term	36 months	36 months	0	−0.17
fico_range_high	824	(800, +∞)	4	−0.08
installment	153.16	(−∞, 160]	0	−0.10
tot_hi_cred_lim	857154	(500000, +∞)	4	−0.03
mort_acc	4	3 以上	3	−0.03
bc_open_to_buy	75094	(40000, +∞)	5	−0.05
home_ownership	MORTGAGE	'MORTGAGE'	0	−0.05
verification_status	Not Verified	'Not Verified'	0	−0.02
open_rv_24m	5	(4, 7]	3	0.04
bc_util	1.9	(−∞, 20]	0	0.02
num_actv_rev_tl	4	(−∞, 4]	0	−0.04
mo_sin_old_rev_tl_op	175	(150, +∞)	4	−0.03
emp_length	4 years	'2 year', '3 year', '4 year', '5 year'	2	0.03
num_il_tl	15	(11, +∞)	4	−0.04
mo_sin_old_il_acct	155	(130, +∞)	5	−0.01
annual_inc	100000	(90000, 100000]	3	0.00
dti	11.39	(−∞, 15%]	1	−0.04
inq_last_6mths	0	0	0	−0.05

基于 LIME 解释法对该样本进行解释, 如图 6.34 所示.

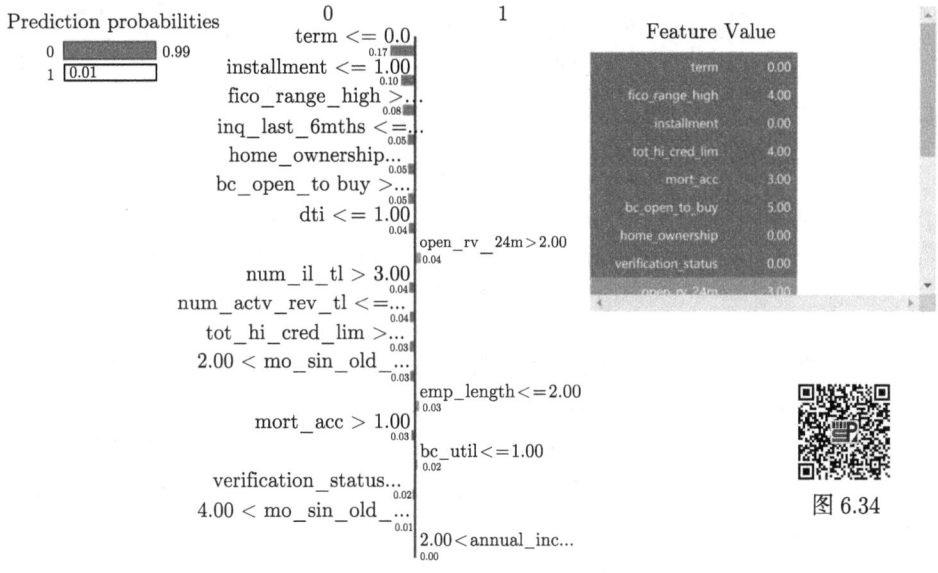

图 6.34 基于 LIME 解释法的好样本解释

通过观察图 6.34, 我们可以得到:

(1) 图的左上角显示, 模型将该样本分类为好样本的概率为 0.99, 该样本真实分类为好样本, 因此, 模型对该样本的分类结果是正确的;

(2) 图的最右部分表格展示了 18 个特征变量和其对应的分箱码值 (在此只显示了一部分). 其中, 橙色背景的特征变量, 导致模型对该样本预测结果向 1 靠近, 促使模型更倾向于将该样本分类为坏样本; 蓝色背景的特征变量, 导致模型对该样本预测结果向 0 靠近, 促使模型更倾向于将该样本分类为好样本;

(3) 图的中间部分展示了每一个特征变量对模型预测结果的贡献度及预测方向. 其中, 橙色柱子表示促使模型对该样本预测结果向 1 靠近, 即促使模型更倾向于将该样本分类为坏样本, 柱子的长短表示该特征变量对这样的预测结果的贡献度的大小; 蓝色柱子表示促使模型对该样本预测结果向 0 靠近, 即促使模型更倾向于将该样本分类为好样本, 柱子的长短表示该特征变量对这样的预测结果的贡献度的大小.

我们还可以通过权重图来展示每个特征变量对模型预测结果起到了多少作用. 对于该样本, 18 个特征变量的权重图展示如下 (图 6.35).

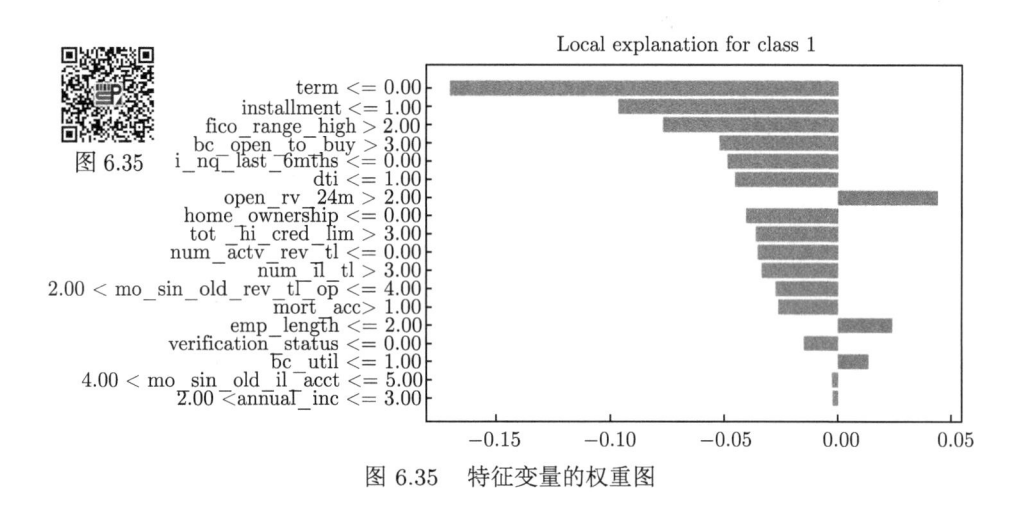

图 6.35

图 6.35　特征变量的权重图

如图 6.35 所示, 纵坐标为每个特征变量及其取值范围, 横坐标为权重值, 即贡献度. 绿色柱子表示该特征变量促使模型对该样本预测结果向 1 靠近, 即促使模型更倾向于将该样本分类为坏样本, 柱子的长短表示贡献度的大小; 红色柱子表示该特征变量促使模型对该样本预测结果向 0 靠近, 即促使模型更倾向于将该样本分类为好样本, 柱子的长短表示贡献度的大小.

从图中可以看出, 18 个特征变量中, term、installment、fico_range_high、i_nq_last_6mths、home_ownership、bc_open_to_buy、dti、num_il_tl、num_actv_rev_tl、tot_hi_cred_lim、mo_sin_old_rev_tl_op、mort_acc、verification_status 和 mo_sin_old_il_acct 共 14 个特征变量促使模型将该样本分类为好样本, 其中特征变量 term 对这样的预测结果有最大的贡献度. 另外 open_rv_

■ 6.6 实证研究

24m、emp_length、bc_util 和 annual_inc 促使模型将该样本分类为坏样本.

2) 对坏样本的解释

以测试集中第 2016 个样本为坏样本的示例,该样本数据详情如表 6.51.

表 6.51 坏样本示例

特征变量	原始取值	取值区间	分箱码值	贡献度
term	60 months	60 months	1	0.18
fico_range_high	679	$(-\infty, 690]$	0	0.06
installment	812.01	$(700, +\infty)$	4	0.13
tot_hi_cred_lim	51635	$(39000, 120000]$	1	0.04
mort_acc	0	1	0	0.03
bc_open_to_buy	3412	$(-\infty, 6000]$	0	0.06
home_ownership	RENT	'RENT', 'ANY'	2	0.05
verification_status	Verified	'Verified'	2	0.02
open_rv_24m	2	$(-\infty, 2]$	0	−0.03
bc_util	5.4	$(-\infty, 20]$	0	0.02
num_actv_rev_tl	7	$(5, 7]$	2	0.01
mo_sin_old_rev_tl_op	79	$(50, 85]$	1	0.03
emp_length	1 years	'<1 year', '1 year'	1	0.02
num_il_tl	5	$(4, 7]$	2	−0.01
mo_sin_old_il_acct	154	$(130, +\infty)$	5	−0.00
annual_inc	37440	$(31000, 50000]$	1	0.02
dti	35.13	$(35\%, 45\%]$	4	0.07
inq_last_6mths	2	2	2	0.07

基于 LIME 解释法对该样本进行解释,如图 6.36 所示.

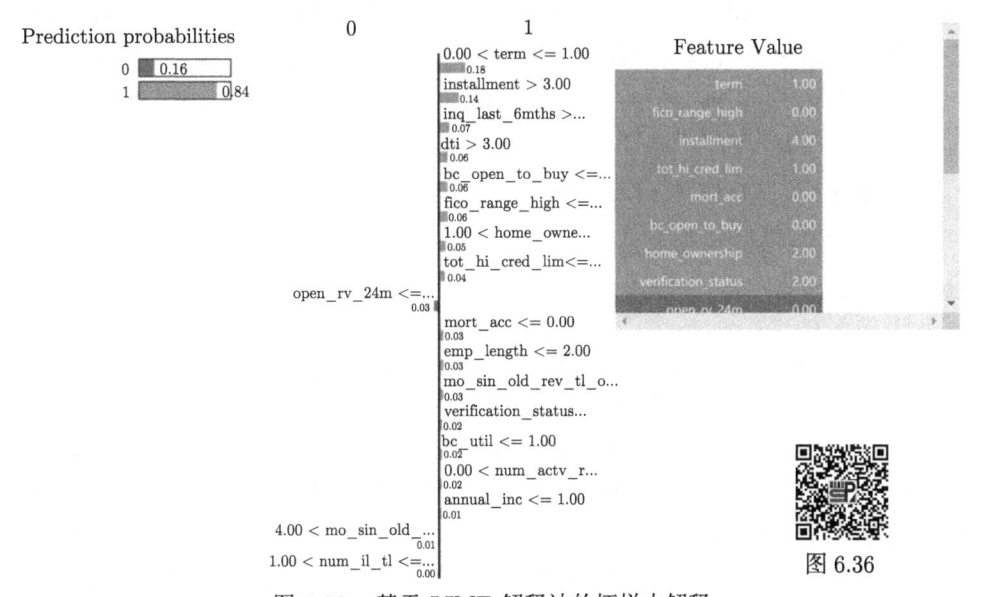

图 6.36 基于 LIME 解释法的坏样本解释

图 6.36 的左上角显示, 模型将该样本分类为坏样本的概率为 0.84, 该样本真实分类为坏样本, 因此, 模型对该样本的分类结果是正确的.

对于该样本, 18 个特征变量的权重图展示如图 6.37.

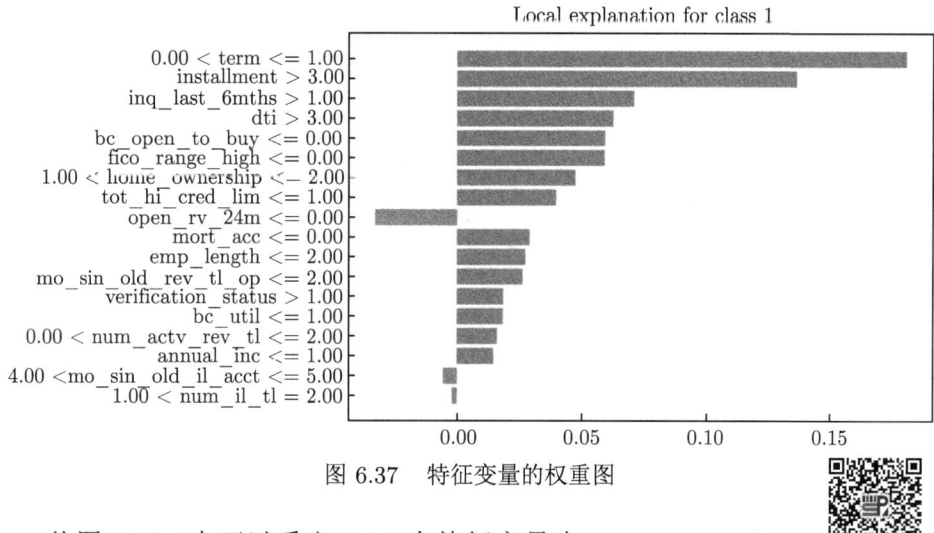

图 6.37 特征变量的权重图

从图 6.37 中可以看出, 18 个特征变量中, term、installment、dti、inq_last_6mths、fico_range_high、bc_open_to_buy、home_ownership、tot_hi_cred_lim、mo_sin_old_rev_tl_op、mort_acc、emp_length、annual_inc、verification_status、bc_util 和 num_actv_rev_tl 共 15 个特征变量促使模型将该样本分类为坏样本, 其中特征变量 term 对这样的预测结果有最大的贡献度. 另外 open_rv_24m、num_il_tl 和 mo_sin_old_il_acct 促使模型将该样本分类为好样本.

图 6.37

3. SHAP 与 LIME 解释结果的评估

本节将基于保真度和稳定性两个方面, 对 SHAP 与 LIME 两种可解释性方法进行对比分析.

1) 保真度

保真度, 即解释结果相对于机器学习模型预测结果的近似程度.

本节基于 SHAP 和 LIME 两种可解释性方法对 XGBoost 模型在测试集上的预测结果进行解释, 我们通过 SHAP 解释法中的 SHAP 值或者 LIME 解释法中的贡献度, 也可以实现对测试集样本的预测, 根据统计的结果, 计算解释结果与预测结果对应正确的比例, 称为保真度. 因此, 我们基于测试集数据, 验证通过两种可解释性方法给出的解释结果和 XGBoost 模型的预测结果之间的近似程度.

由表 5.4 可以得出混淆矩阵, 如表 6.52.

6.6 实证研究

表 6.52   两种可解释性方法的解释结果

	SHAP 解释法	
	SHAP 解释为 0	SHAP 解释为 1
XGBoost 预测为 0	31684	0
XGBoost 预测为 1	0	1935
	LIME 解释法	
	LIME 解释为 0	LIME 解释为 1
XGBoost 预测为 0	1923	29761
XGBoost 预测为 1	4	1931

因此, 由公式 (5.7) 可以计算 SHAP 和 LIME 两种可解释性方法对于 XGBoost 模型在测试集上的预测结果的保真度, 如表 6.53.

表 6.53   两种可解释性方法的保真度

	SHAP 解释法	LIME 解释法
保真度	100%	11.46%

由表 6.53 可以看出, 对于基于本节所用数据集的 XGBoost 模型预测结果的解释, SHAP 解释法的保真度为 100%, LIME 解释法的保真度仅为 11.46%, 由此可以看出 SHAP 的解释性比 LIME 要好很多.

2) 稳定性

稳定性, 即具有相似预测结果的样本之间的解释的相似程度. 本节引入一种计算稳定性的方法, 以预测概率的接近程度衡量样本预测结果的相似程度, 具体来说, 是以 XGBoost 模型对样本预测为 1 的概率为度量, 以 0.01 为间隔, 将区间 [0, 1] 等距划分为 100 个区间, 据此将测试集样本分为 100 组, 其中每一组内的样本可以被认为是具有相似预测结果的样本, 计算每一组样本的标准差, 以解释结果的标准差衡量组内样本之间解释的相似程度, 则可以说明稳定性的程度, 标准差越小, 意味着对组内样本之间的解释波动越小, 即对于具有相似预测结果的样本之间的解释的相似程度越高, 稳定性越好; 标准差越大, 意味着对组内样本之间的解释波动越大, 即对于具有相似预测结果的样本之间的解释的相似程度越低, 稳定性越差.

对每一组内样本的预测结果分别根据 SHAP 和 LIME 两种可解释性方法进行解释, 图 6.38 展示了 SHAP 和 LIME 两种可解释性方法在上述 100 组样本中每组解释结果的均值.

由图 6.38 可知, XGBoost 模型预测为 1 的概率在每组上的均值是呈现单调递增的, 反映在图中绿色线上. SHAP 解释法解释结果在每组样本上的均值也呈现出单调递增的趋势, 能很好地反映 XGBoost 模型预测概率的变化. 而 LIME 解释法解释结果在每组样本上的均值呈现出一定的波动, 不能较好地追踪 XGBoost

模型预测概率的变化.

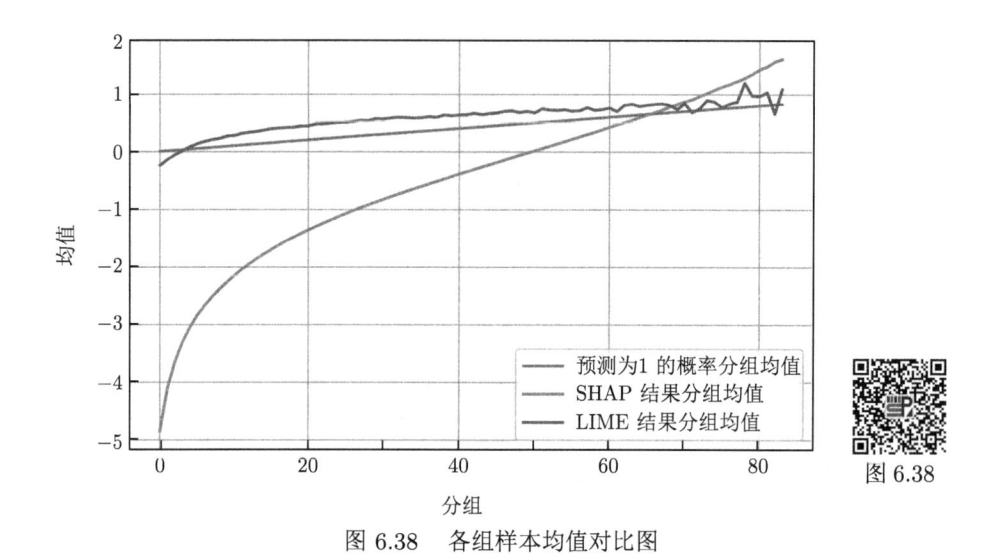

图 6.38　各组样本均值对比图

根据公式 (5.8) 计算并展示 SHAP 和 LIME 两种可解释性方法在上述 100 组样本中每组解释结果的标准差 (图 6.39).

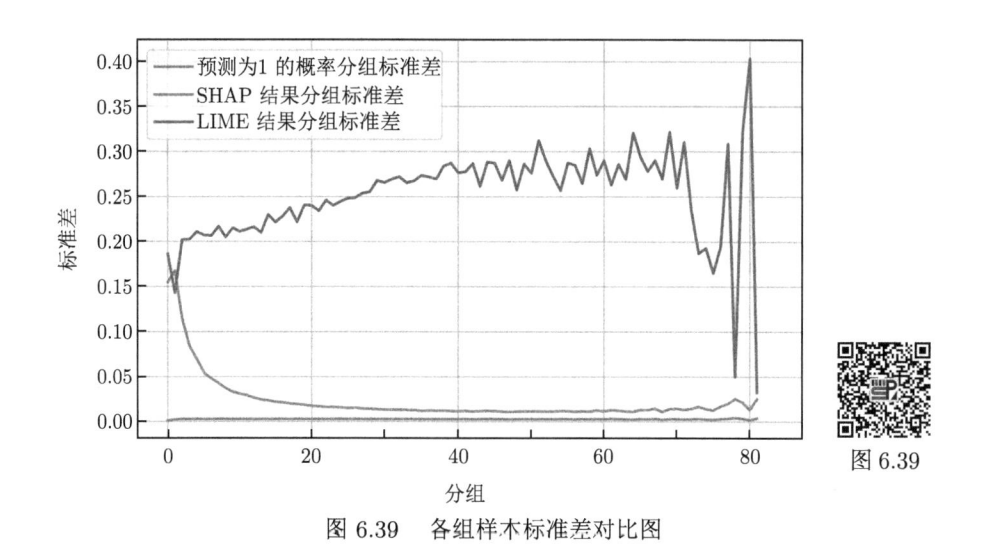

图 6.39　各组样本标准差对比图

由图 6.39 可知, XGBoost 模型预测为 1 的概率在每组上的标准差均处于很小的值. SHAP 解释法解释结果在每组样本上的标准差均处于 0.2 以下, 并且在大部分分组内和 XGBoost 模型预测为 1 的概率的标准差非常接近. 而 LIME 解释法解释结果在每组样本上的标准差整体处于 SHAP 可解释法之上, 意味着 LIME 解释法对组内样本之间的解释波动较大, 即对于具有相似预测结果的样本之间的解释的相似程度较低, 稳定性较差.

由此可见, 对于 XGBoost 模型预测结果的解释, SHAP 解释法在稳定性方面, 比 LIME 解释法具有明显的优势.

6.6.5 可解释性结果与样本真实分布的对比

将测试集中的 fico_range_high 的分箱情况展示如表 6.54, 以方便得到进一步的结论.

表 6.54 fico_range_high 的分箱情况

分箱码值	取值区间	样本个数
0	$(-\infty, 690]$	11896
1	$(690, 710]$	7403
2	$(710, 750]$	9404
3	$(750, 800]$	4224
4	$(800, +\infty)$	692
总计	—	33619

- 分箱码值越大, 比如为 4 的时候, 意味着样本的 FICO 分所处范围的上界较高, 根据上述结论, 此时对于所有样本来说, fico_range_high 的 SHAP 值为负, 其将模型预测值向低处推动, 即导致模型对样本的预测结果向 0 靠近, 更倾向于将样本分类为好样本.
- 分箱码值越小, 比如为 1 的时候, 意味着样本的 FICO 分所处范围的上界较低, 根据上述结论, 此时对于所有样本来说, fico_range_high 的 SHAP 值为正, 其将模型预测值向高处推动, 即导致模型对样本的预测结果向 1 靠近, 更倾向于将样本分类为坏样本.
- 分箱码值居中, 比如为 2 的时候, 意味着样本的 FICO 分所处范围的上界处于中游水平, 根据上述结论, 此时对于所有样本来说, fico_range_high 的 SHAP 值大部分处于 0 和 0.3 之间, 其将模型预测值向高处推动, 即导致模型对样本的预测结果向 1 靠近, 更倾向于将样本分类为坏样本.

总体来说, 对于 fico_range_high, 其取值越高, 会推动模型更倾向于将样本分类为好样本; 其取值越低, 会推动模型更倾向于将样本分类为坏样本.

图 6.40 展示了 fico_range_high 的真实分布.

从图 6.40 中可以看出, fico_range_high 的取值处于第 4 箱的样本, 89% 的样本为好样本; 处于第 1 箱中的样本, 30% 的样本为坏样本; 处于第 2 箱的样本, 76% 的样本为好样本. 真实分布情况揭示的现象与 SHAP 解释法给出的解释基本一致.

图 6.40　fico_range_high 分布图

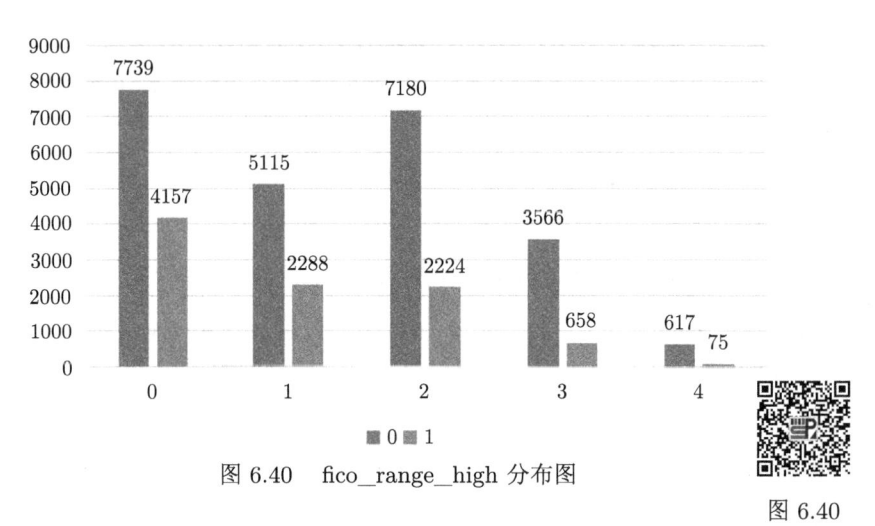

fico_range_high 的部分依赖图展示如下 (图 6.41).

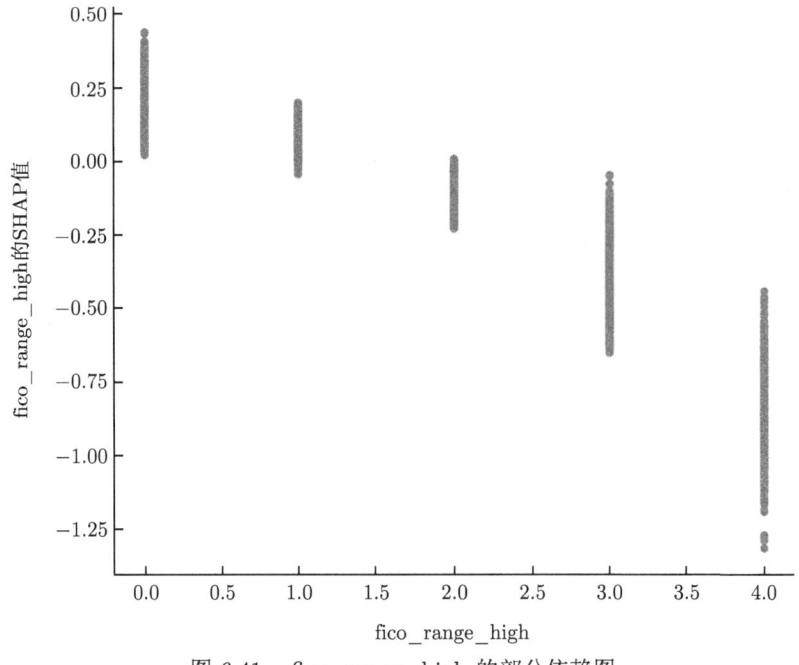

图 6.41　fico_range_high 的部分依赖图

如图 6.41 所示, 纵坐标为 SHAP 值, 横坐标为 fico_range_high 的分箱码值, 图中每个点代表一个样本. 从图中, 我们可以清晰明了地看出

• 当 fico_range_high 的分箱码值为 0 时, 对于所有样本, 其 SHAP 值处于 0.00 和 0.50 之间;

• 当 fico_range_high 的分箱码值为 1 时, 对于所有样本, 其 SHAP 值处于 0.00 和 0.25 之间;

• 当 fico_range_high 的分箱码值为 2 时, 对于所有样本, 其 SHAP 值处于 −0.25 和 0.00 之间.

• 当 fico_range_high 的分箱码值为 3 时, 对于所有样本, 其 SHAP 值处于 −0.75 和 0.00 之间.

• 当 fico_range_high 的分箱码值为 4 时, 对于所有样本, 其 SHAP 值处于 −1.25 和 −0.5 之间.

6.7 本章小结

本章给出风控模型的建模流程, 并利用 Lending Club 数据进行实证研究, 在实证中对比了基于逻辑回归、决策树、随机森林、GBDT 和 XGBoost 五个模型的准确率、AUC、KS 和 PSI 指标. 结果表明 GBDT、XGBoost 在准确率、AUC 和 KS 值上表现较好, 而在 PSI 上 XGBoost 表现更稳定. 同时, 给出了 XGBoost 的可解释性, 从样本、保真度、稳定性和解释性结果与真实样本分布的角度给出了 SHAP 解释和 LIME 解释, 这些为集成模型在风控中的应用提供了思路.

练习题

习题 6.1 特征工程是建模的关键, 利用本章案例的数据, 重复本章从数据清洗到特征选取的全过程, 尝试对特征工程进行改进, 选出可以用于建模的特征集.

习题 6.2 对于习题 6.1 中选出的特征集, 采用 Python 开源代码, 固定坏样本的个数, 随机抽取好样本, 在分别满足好坏样本比例为 9:1, 8:1, 7:1, 6:1, 5:1, 4:1, 3:1 时, 建立逻辑回归模型, 随机森林模型, GBDT 模型, XGBoost 模型, 将全部数据作为验证集, 回答下面的问题.

6.2.1 计算各种比例下模型的混淆矩阵, 通过比较发现这些模型的特点.

6.2.2 比较各种比例下模型的 AUC 和 KS 值等, 你能发现什么规律?

习题 6.3 对于习题 6.2 建立的模型, 利用 SHAP 解释框架, 回答下面的问题.

6.3.1 比较各种比例下模型的特征重要性顺序, 你能发现什么规律?

6.3.2 比较各种比例下模型的特定特征的 SHAP 值大小, 你能发现什么规律?

PART TWO

第二部分

隐私保护和数据安全背景下的机器学习及金融应用

第 7 章
同态加密机器学习建模

数据隐私保护和开放共享是一对天然的矛盾,这对矛盾形成了数据孤岛现象.而数据加密存储技术是解决这对矛盾的一把钥匙,在众多加密存储技术中,全同态加密算法能实现对明文所进行的任何运算加密,并且通过进行恰当运算可以转化相应密文获得解密结果.因此将同态加密算法用于大数据隐私存储保护,可以有效避免存储的加密数据在进行分布式处理时的加解密过程.本章介绍全同态加密在风控上的应用:密文逻辑回归模型的训练过程、密文逻辑回归模型的预测、密文逻辑回归模型的评分卡建模流程.

7.1 同态加密简介

同态加密的概念最早由 Rivest(1978) 提出,同态加密允许直接对密文进行特定的代数运算,得到的结果解密后,与直接对明文进行同样的操作得到的结果一样.这种性质能够实现"用数不见数",为数据的安全和隐私保护提供切实可行的解决方案.

同态加密分为半同态加密和全同态加密两种.如果一个密码学算法只满足乘法同态或者加法同态,称其为半同态加密,英文称为 SHE (somewhat homomorphic encryption) 或 PHE (partially homomorphic encryption).如果一个密码学算法既满足乘法同态又满足加法同态,我们就称其为全同态加密,英文称为 FHE (fully homomorphic encryption, FHE).

全同态加密技术近年来备受学术界和工业界的青睐,然而直到 2009 年,IBM 的研究人员 Gentry (2009) 才从数学上提出了基于理想格的全同态加密方案,这是同态密码学上的一个里程碑.全同态加密与实际应用结合的最大障碍是运算效率过低,大多数加密方案 (Brakerski et al., 2011, 2012) 都是因占用资源大且速度慢导致无法应用. Cheon 等 (2017) 提出的 CKKS 全同态加密算法能够支持浮点数的计算,且效率较高,从整体上覆盖已有的经典同态加密算法. Kim 等 (2017)

采用 CKKS 算法对加密样本执行训练逻辑回归模型验证了它的效率优势. 同年, 微软公司在 GitHub 上开源了基于 C++ 的同态加密库 SEAL, 它支持 BFV 和 CKKS 加密方案, 推动了同态加密技术的应用进程.

一般的加密方案关注的是数据存储的安全, 像云存储安全是云计算领域的重要安全问题之一, 为了解决用户隐私保护的问题, 常见的方法是由用户对数据进行加密, 把加密后的密文信息存储在服务端. 然而当用户需要服务器提供数据检索、分析、处理等功能时, 传统的加密方案难以实现, 但全同态加密却为之提供了实现的可能. 同态加密在安全外包计算、不同实体之间的安全协作以及其他安全系统等方面, 例如安全投票系统、电子政务、数字水印等, 均有着实际的应用价值.

7.1.1 几种主流全同态加密方案对比

目前学术界对同态加密方案的研究已经有了一定的进展, 这些加密方案包括 Gentry、BGV、BFV、GSW、CKKS 加密方案等. 最常用的全同态加密方案是 Brakerski-Gentry-Vaikuntanathan (BGV) 和 Brakerski-Fan-Vercauteren (BFV) 方案. 两者都允许对有限域元素的向量进行加密计算. 迄今为止, CKKS 加密方案已获得普及, 其允许对实数或复数进行近似加密计算, 非常适合统计和机器学习应用. 以下是几个主流加密方案的简介及对比 (表 7.1).

表 7.1　几个主流加密方案的简介及对比

加密方案	发展	特征	实际应用
Gentry 方案	第一代	一种基于电路模型的全同态加密算法, 支持对每个比特进行加法和乘法同态, 基本思想是构造支持有限次同态运算的加密算法, 总的来说性能较差	/
BGV 方案	第二代	BGV 是目前主流的全同态加密算法中效率最高的方案. 在 BGV 方案中, 密文和密钥均以向量表示. 并采用模交换技术控制密文同态运算产生的噪声增长. 在每次进行密文乘法运算后, 先需要通过密钥交换技术降低密文的维数, 然后通过模交换技术降低密文的噪声, 从而继续进行下一次计算	IBM HElib 开源库
BFV 方案	第二代	与 BGV 类似, 但 BFV 方案不需要通过模交换进行密文噪声控制, 但要通过密钥交换解决密文乘法带来的密文维数膨胀问题	微软 SEAL 开源库
GSW 方案	第三代	基于近似特征向量的全同态加密方案, 性能不如 BGV 加密方案. GSW 方案的密文是矩阵形式, 运算时不会导致维数的改变, 因此解决了密文向量相乘导致的密文维数膨胀问题, 无需进行用于降低密文维数的密钥交换过程	TFHE 开源库
CKKS 方案	2017 年提出的最新方案	支持针对实数或复数以及浮点数的加法和乘法同态运算, 得到的计算结果是近似值, 适用于机器学习模型训练等不需要正确结果的场景	HElib 和 SEAL

7.1.2 CKKS 加密方案应用

我们在此以 CKKS 加密方案为例, 因为 CKKS 方案允许对浮点型数据、实数或复数进行近似加密计算, 支持密文上的加减乘除和多项式计算, 效率很高, 并且非常适合统计和机器学习应用.

在实际的应用中, 涉及同态加密会经过编码、解码、加密和解密的过程. 以 CKKS 加密方案为例, 流程如图 7.1 所示.

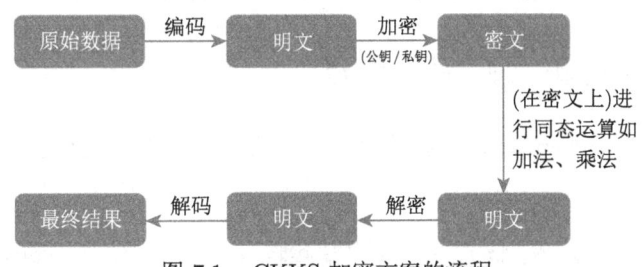

图 7.1 CKKS 加密方案的流程

数据提供方首先将原始数据编码为明文多项式, 编码过程也就是数据的形式转换, 把数据转换成利于后续计算机处理的形式. 原始数据经过编码处理后, 称之为明文. 之后在明文上再进行加密操作可得到密文. 在这个过程中会生成一对密钥, 称为公钥和私钥, 公钥是可以发送给其他合作方的, 私钥是需要数据拥有方私密保存的. 使用这对密钥时, 如果用其中一个密钥加密, 必须用另一个密钥解密. 这里的数据加密都是用公钥来加密, 私钥来解密. 常用的公私钥加密算法有 RSA 算法、DSA 算法.

在对明文加密得到密文后, 密文可发送到负责计算和建模的数据使用方, 数据使用方对密文数据进行模型训练的操作, 计算结果自然也是密文形式, 拥有私钥的一方可以对密文结果进行解密, 最后再解码得到想要的模型结果.

这个模型结果与直接训练且不经过加密解密操作所得到的模型结果近似, 且近似的精度控制在可接受范围内 (图 7.2).

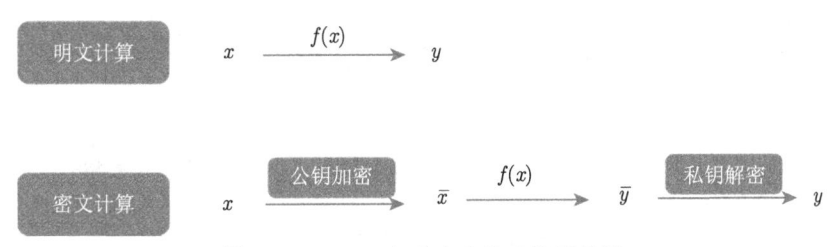

图 7.2 CKKS 加密方案的功能示意图

图 7.2 中, x 代表原始数据; $\bar{x}$ 代表原始数据 x 进行同态加密后得到的加密数据, 即密文; $f(x)$ 代表建模过程.

上述示意图 (图 7.2) 意味着拥有数据的一方对数据进行加密操作后, 负责运算和建模的一方可以在不用见到原始数据的情况下, 对加密数据进行建模, 得到的是密文上的模型结果, 这个结果由拥有私钥的数据拥有方解开, 就可得真实的结果, 这个真实的结果与建模人员对原始数据进行建模操作所得到的结果近似. 这样就实现了 "用数不见数" 的效果, 与此同时还能保证数据的安全与隐私.

7.2 密文逻辑回归模型构建

接下来以逻辑回归算法为例, 详细介绍同态加密机器学习模型的实际应用.

7.2.1 双方介绍

A 方是数据提供方, 拥有某类客户某些特征的数据, 但基于隐私保护的原则, A 方不希望将客户的真实数据直接交由其他公司使用, 故采用同态加密技术, 对数据进行加密, 将密文数据交由数据使用方建模分析.

B 方是数据使用方, 拥有客户的其他特征数据, 例如, 交易行为信息等. 除此之外, B 方还拥有客户的真实标签数据. 此时, 若想要建立一个高效精准的学习模型, 需要结合 A 方的数据, 利用同态加密技术, 在保证双方数据隐私的基础上, 建立一个全方位、多信息化的高效学习模型.

7.2.2 密文逻辑回归的建模过程

整个训练过程保持双方密切沟通, 保证权重在明文状态下更新图 7.3 和图 7.4 所示的流程.

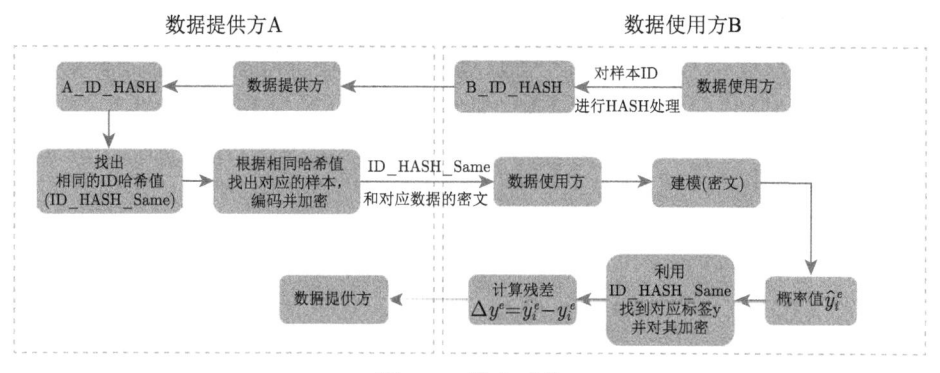

图 7.3 样本对齐

7.2 密文逻辑回归模型构建

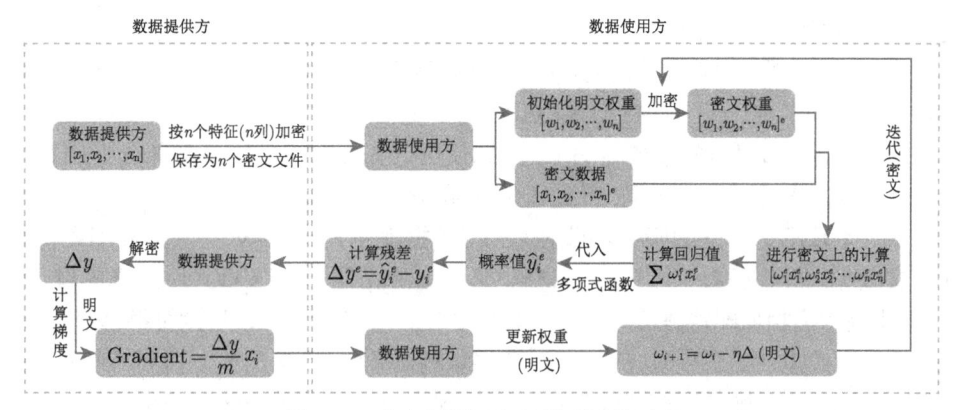

图 7.4 密文逻辑回归的模型训练过程

(1) **样本数据对齐** 由于自变量数据来自数据提供方 A, 标签来自数据使用方 B, 故在建模之前需要一个样本数据对齐的步骤, 用于找到相同的 ID 的样本数据, 这里我们采用哈希 (HASH) 算法实现目标. HASH 算法可以将任意长度的输入转变成固定长度的散列值输出, 具有确定性和单向性. 如果函数输出的 HASH 值不同, 则输入值一定不同, 并且在已知 HASH 值的情况下, 无法通过 HASH 函数求得原输入值, 有利于保护隐私数据. 下文以常用的 MD5HASH 算法为例, 具体过程如下.

① 数据使用方 B 利用 HASH(MD5) 算法对样本的 ID 进行处理, 如图 7.5 所示, 生成 B_ID_HASH, 并将其传给数据提供方 A.

```
import hashlib
data = '张三'
hashlib.md5(data.encode(encoding='UTF-8')).hexdigest()
```
'615db57aa314529aaa0fbe95b3e95bd3'

图 7.5 生成样本 ID 的 HASH 值

② 数据提供方 A 也对自己数据的 ID 进行 HASH (MD5) 处理生成 A_ID_HASH, 此时, 与 B_ID_HASH 对比找出哈希值的相同的样本 ID, 记为 ID_HASH_Same, A 方根据 ID_HASH_Same 找出对应的样本数据并加密. 然后, 将相同样本的 HASH 值 ID_HASH_Same 和对应样本数据的密文交给数据使用方 B.

数据使用方 B 利用对齐后的密文数据建立逻辑回归模型, 并输出概率值 $\hat{y}_i^e$; 利用 ID_HASH_Same 找到对应标签 y_i 并对其加密为 y_i^e, 计算残差 Δy^e, 并将残差交给数据提供方 A.

(2) **数据加密并保存 (数据提供方)** 数据提供方首先将分箱编码后的数据按

列 (特征) 加密, 分别保存为 n (特征数) 个文件, 交给数据使用方.

(3) **加载密文数据 (数据使用方)** 数据使用方拿到密文数据后, 将密文数据整合为 $[x_1^e, x_2^e, \cdots, x_n^e]$, 其中 x_i^e 为 m 维列向量 (m 为样本个数).

(4) **初始化权重 (数据使用方)** 数据使用方先在明文状态下初始化逻辑回归表达式权重, 然后再加密权重, 得到密义权重 $\omega^c = [\omega_0^c, \omega_1^c, \omega_2^c, \cdots, \omega_n^c]$.

(5) **计算密文下的回归值和残差 Δy^e (数据使用方)** 用对应权重分别乘以该列密文数据, 即得密文: $[\omega_0^e, \omega_1^e x_1^e, \omega_2^e x_2^e, \cdots, \omega_n^e x_n^e]$, 其中 $\omega_i^e x_i^e$ 为 m 维列向量. 然后, 将上述密文相加即得回归值: $\omega_0^e + \omega_1^e x_1^e + \omega_2^e x_2^e + \cdots + \omega_n^e x_n^e$. 最后, 将回归值代入由 Sigmoid 函数拟合的多项式 $f(x)$ 中, 即得预测概率值 $\hat{y}_i^e = f\left(\sum \omega_i^e x_i^e\right)$. 由于标签 y_i 在数据使用方, 故用公钥对真实标签 y_i 加密并计算密文下的残差 $\Delta y^e = \hat{y}_i^e - y_i^e$.

(6) **对残差进行解密并计算梯度 (数据提供方)** 将密文残差交还给提供方进行解密, 得到 Δy, 进而计算梯度: Gradient = $\dfrac{\Delta y}{m} \sum\limits_{i=1}^{m} x_i$, 以便于更新权重.

(7) **在明文下更新权重 (数据使用方)** 数据提供方将计算得到的梯度由明文形式交给数据使用方, 使用方直接在明文下更新权重: $\omega_{i+1} = \omega_i - \eta \Delta$, 其中 η 为学习速率.

(8) **进行迭代输出最终模型 (数据使用方)** 数据使用方将更新后的权重代入密文数据, 重新计算密文, 即返回步骤 (4), 重复以上流程, 反复迭代来更新权重, 沿梯度下降方向, 直至梯度小于某一给定阈值.

7.2.3 密文逻辑回归的预测过程

(1) **新客户样本对齐** 数据使用方根据需求提供想要预测的客户 ID, 而数据提供方不一定有这些客户的信息, 故在预测之前需要一个样本数据对齐的步骤, 用于找到相同的 ID 的样本数据, 具体过程如下.

① 数据使用方 B 利用哈希 (MD5) 算法对样本的 ID 进行处理, 生成 B_ID_HASH 并将其传给数据提供方 A.

② 数据提供方 A 也对自己数据的 ID 进行 HASH (MD5) 处理生成 A_ID_HASH, 此时, 与 B_ID_HASH 对比找出哈希值的相同的样本 ID, 若哈希值相同, 记为 ID_HASH_Same, 若双方没有样本可以匹配, 则输出 len=0. A 方根据 ID_HASH_Same 找出对应的样本数据并加密. 然后, 将相同样本的 HASH 值 ID_HASH_Same 和对应样本数据的密文交给数据使用方 B.

③ 数据使用方 B 利用对齐后的密文数据进行预测.

(2) **数据加密并保存 (数据提供方)** 数据提供方首先按列 (特征) 对数据进行加密, 分别保存为 n(特征数) 个文件, 交给数据使用方.

■ 7.3 密文评分卡模型构建

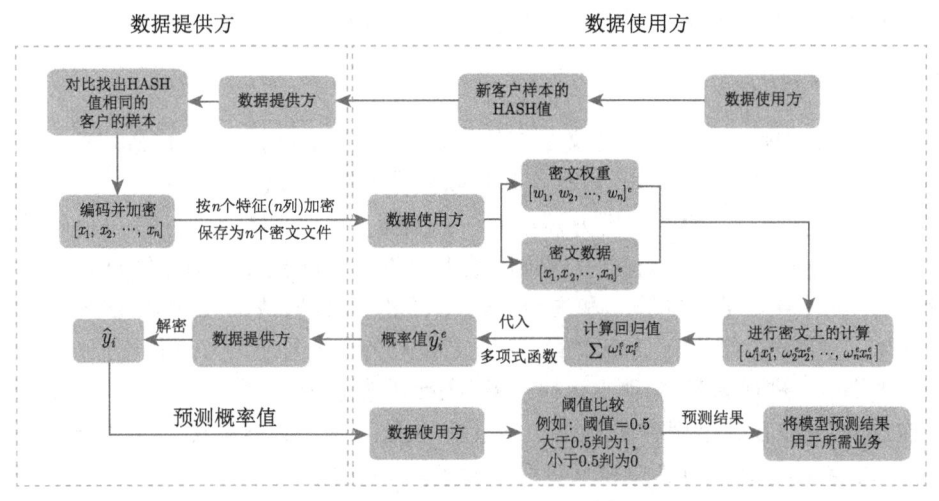

图 7.6 密文逻辑回归的预测过程

(3) **加载密文数据 (数据使用方)** 数据使用方拿到密文数据后, 将密文数据整合为 $[x_1^e, x_2^e, \cdots, x_n^e]$, 其中 x_i^e 为 m 维列向量 (m 为样本个数).

(4) **计算密文下的回归值和预测概率值 $\hat{y}_i^e$ (数据使用方)** 用对应权重分别乘以该列密文数据, 即得密文: $[\omega_0^e, \omega_1^e x_1^e, \omega_2^e x_2^e, \cdots, \omega_n^e x_n^e]$, 其中 $\omega_i^e x_i^e$ 为 m 维列向量. 然后, 将上述密文相加即得回归值: $\omega_0^e + \omega_1^e x_1^e + \omega_2^e x_2^e + \cdots + \omega_n^e x_n^e$. 最后, 将回归值代入由 Sigmoid 函数拟合的多项式 $f(x)$ 中, 即得预测概率值 $\hat{y}_i^e = f\left(\sum \omega_i^e x_i^e\right)$.

(5) **对概率值进行解密 (数据提供方)** 将概率值交还给提供方进行解密, 得到预测概率值 p.

(6) **将预测概率交还给数据使用方** 将预测概率值 p 与阈值 α 作比较, 若 $p > \alpha$ 则判别为 1; 反之即判为 0, 此处设置阈值 $\alpha = 0.5$.

与阈值比较得出预测标签值后, 由此能够判断好坏客户, 以便于今后开展各种所需业务.

■ 7.3 密文评分卡模型构建

近年来, 区块链技术慢慢走进大众视野, 成为当前信息技术领域的热点. 区块链的本质是一个共享数据库, 可以储存大量的数据信息, 具有去中心化、不可改造、可以追溯等特征. 而区块链又可分为公链、私链和联盟链三类, 它们的区别是公开程度不同. 联盟链的公开程度介于公链和私链之间, 各种信息只对联盟内部成员开放. 联盟链之间的节点有很好的连接和可靠的网络环境, 所以联盟链有效率高、成本低以及保护隐私的特点. 在接下来建立密文评分卡模型的过程中, 我们引入联盟链, 进一步确保建模过程中数据的溯源安全.

7.3.1 研究目的

基于密文评分卡的主要意义是在保证数据主权的同时, 实现数据共享. 我们旨在建立一个智能风控系统, 进行客户贷款精准营销, 实现贷款服务.

在实际案例中, 数据使用方需要客户的数据, 从而判断是否给客户提供贷款以及贷款额度. 基于隐私保护的原则, 数据提供方不能直接将原始数据发给数据使用方, 为了保证数据的隐私和安全, 同时又能实现数据共享, 我们采用全同态加密方案, 对客户数据进行加密, 然后将密文数据交给数据使用方进行建模, 最后再由数据提供方进行解密, 将明文建模结果返还到数据使用方, 数据使用方用明文结果开展各项业务, 在此过程中真正做到 "用数不见数", 确保数据主权, 实现数据共享.

本方案结合联盟链建立密文评分卡模型, 建模过程中的 "自动化" 优势主要体现在以下几步:

① 数据提供方保存加密数据后的上链过程;
② 数据使用方从联盟链下载所需要的且正确的密文数据;
③ 数据使用方保存密文模型结果后的上链过程;
④ 数据提供方从联盟链下载所需要的且正确的密文模型结果.

在自动化的流程中, 数据的下载以及核对检验由计算机直接完成, 极大地提高了联盟链的运作效率. 借助 HASH 值, RSA 算法验签以及时间戳, 能够确保数据的上传和下载是精确无误的. 因此, 基于联盟链的自动化数据共享过程是简单且可靠的.

7.3.2 数据要求

对于密文入模数据, 我们采用在明文上处理并分箱后的数据, 然后对此进行全同态加密, 形成密文后入模.

对于密文上的评分卡模型, 模型的建立完全依照明文上的过程, 即拥有相同的流程和模型参数, 区别仅仅在于明文上的评分卡模型使用明文数据直接进行建模, 密文上的评分卡模型对加密后的密文进行建模, 建模结束后再解密并和明文下的建模结果进行对比.

由于大部分算法是基于向量空间中的度量来进行计算的, 在回归、分类、聚类等机器学习算法中, 特征之间距离的计算或相似度的计算是非常重要的, 而我们常用的距离或相似度的计算都是在欧氏空间中的相似度计算. 为了使非偏序关系的变量取值不具有偏序性, 并且到原点是等距的, 使用 One-Hot 编码将离散特征的取值扩展到欧氏空间, 离散特征的某个取值就对应欧氏空间的某个点. 这样一来, 特征之间的距离计算更加合理. 离散特征进行 One-Hot 编码后, 每一维度的特征都可以看成是连续的特征. 就可以像连续型特征的归一化方法一样, 对每一维度的特征进行归一化. 比如归一化到 [−1, 1] 或归一化到均值为 0, 方差为 1.

One-Hot 编码的基本思想: 将离散型特征的每一种取值都看成一种状态, 若这一特征中有 N 个不相同的取值, 那么可以将该特征抽象成 N 种不同的状态, One-Hot 编码保证了每一个取值只会使得一种状态处于 "激活态", 也就是说这 N 种状态中只有一个状态位值为 1, 其他状态位值都是 0. 举个例子, 以学历为例, 我们想要研究的类别为小学、中学、大学、硕士、博士五种类别, 我们使用 One-Hot 对其编码就会得到: 小学 $[1, 0, 0, 0, 0]$, 中学 $[0, 1, 0, 0, 0]$, 大学 $[0, 0, 1, 0, 0]$, 硕士 $[0, 0, 0, 1, 0]$, 博士 $[0, 0, 0, 0, 1]$. 哑变量编码直观的解释就是将任意的一个状态位去除. 还是拿学历的例子来说, 我们用 4 个状态位就足够反映上述小学、中学、大学、硕士、博士 5 个类别的信息, 哑编码为小学 $[1, 0, 0, 0]$, 中学 $[0, 1, 0, 0]$, 大学 $[0, 0, 1, 0]$, 硕士 $[0, 0, 0, 1]$, 博士 $[0, 0, 0, 0]$. 也就是我们仅仅使用前四个状态位 $[0, 0, 0, 0]$ 就可以表达博士这个类别.

One-Hot 编码解决了分类器不好处理属性数据的问题, 在一定程度上也起到了扩充特征的作用. 它的值只有 0 和 1, 不同的类型存储在垂直的空间. 而哑编码在 One-Hot 编码的基础上去除一个状态位之后, 不仅能够代表原来的分类, 而且在进行欧氏空间中的计算时不冗余, 故采用哑编码的方法编码分箱后的原始数据.

7.3.3 必备文件和源代码

在建模之前, 数据提供方 A 和数据使用方 B 已经将用于签名的公钥生成并互传给对方, 传递过程如图 7.7.

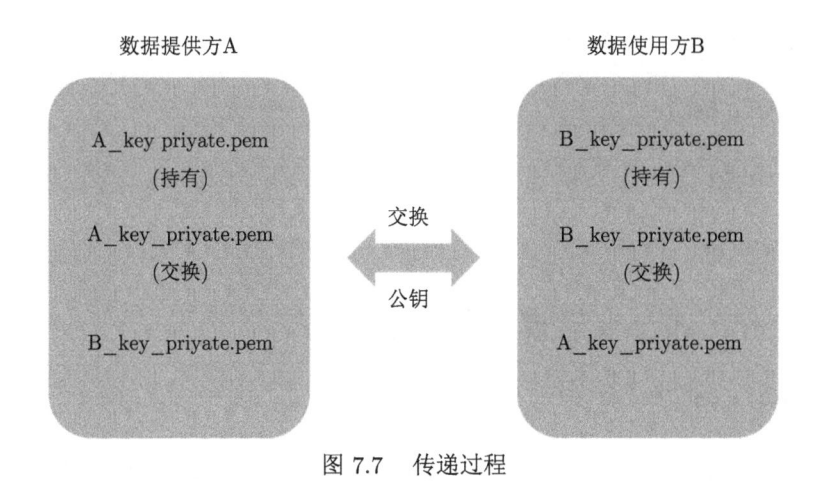

图 7.7 传递过程

(1) **必备文件** 建模流程的四个步骤分别对应四个文件: v1 测试、v2 测试、

v3 测试、v4 测试, 在 Juypter Notebook 中为以下文件:

📕 v1 测试.ipynb

📕 v2 测试.ipynb

📕 v3 测试.ipynb

📕 v4 测试.ipynb

在 data_bankfile 文件夹中存放着密钥文件, 分别用于数据使用方对数据的加密、计算及解密. 如下所示:

📄 secret_key

📄 relin_keys

📄 public_key

除此之外, 还包括建模所使用数据文件, 如下所示.
数据提供方拥有的样本数据:

📄 样本数据 20200615.xlsx

数据使用方随机生成的初始化权重:

📄 权重 (new).xlsx

(2) 源代码文件 在 Juypter Notebook 中源代码文件如下所示:

📄 automatic_jiami.py

📄 MyCipher.py

📄 tozip.py

📄 utils1.py

■ 7.4 密文评分卡建模流程

7.4.1 双方介绍

A 保险公司是数据提供方, 拥有某类客户的数据, 但基于隐私保护的原则, A 方不希望将客户的真实数据直接交由其他公司使用, 故采用同态加密技术, 对数据进行加密, 将密文数据交由数据使用方建模分析.

■ 7.4 密文评分卡建模流程

B 银行是数据使用方, 拥有客户的交易信息数据, 但想要实现对某类客户贷款的精准营销和金融贷款服务, 仅有的交易数据是远远不够的, 此时需要借助 A 方的数据, 结合交易数据, 建立一个全方位、多信息化的智能风控系统.

7.4.2 模拟数据

本次模拟评分卡建模, 采用数据文件《样本数据 0615》. 该数据文件来源于 Lending Club, 包含数据 200 条, 有 6 个特征, 分别为 id、gr14e、emp_length、annual_inc、fico_range_low、total_acc, 以及标签列 loan_status, 部分数据展示如图 7.8.

	id	gr14e	emp_length	annual_inc	fico_range_low	total_acc	loan_status
0	166795268	4	−1	1	1	1	Current
1	168699312	2	1	2	2	1	Current
2	167925465	1	1	2	4	2	Current
3	168689417	3	3	3	1	2	lssued
4	168694393	1	3	2	3	2	Current
...	...	...	...	...	...	...	...
195	168583274	1	1	3	2	1	Current
196	168608468	1	3	3	2	2	Current
197	168216438	1	3	3	2	1	Current
198	168545978	2	3	3	3	2	Current
199	168683449	2	3	2	2	2	Current

图 7.8 部分模拟数据展示

7.4.3 密文评分卡自动化建模流程

密文评分卡自动化建模流程如图 7.9 所示.

(1) **数据加密保存后, 上传所需信息至联盟链 (v1 测试)** 数据提供方对原始数据进行 One-Hot 编码后, 对编码后的数据分别按列 (除去 id 后的 5 个特征) 进行加密, 形成 5 个加密数据文件, 将这 5 个数据文件放入一个文件夹内, 并将此文件夹压缩并保存到本地, 然后上传至服务器上.

同时生成压缩文件夹的哈希值, 利用 RSA 私钥对哈希值签名. 此时, 保存压缩文件夹的哈希值、时间戳、签名以及压缩文件夹下载地址 URL, 并将其上传至联盟链.

(2) **下载所需密文数据, 建模并将密文建模结果上传至联盟链 (v2 测试)** 数据使用方根据压缩文件夹的下载地址, 先对比时间戳以确保下载最新的数据文件.

若找到时间戳最新的数据文件,再用 RSA 公钥对加密数据的哈希值签名并与联盟链中的哈希值的签名对比. 若两个签名核验通过,则可以通过压缩文件夹的下载地址 URL 下载密文压缩文件夹.

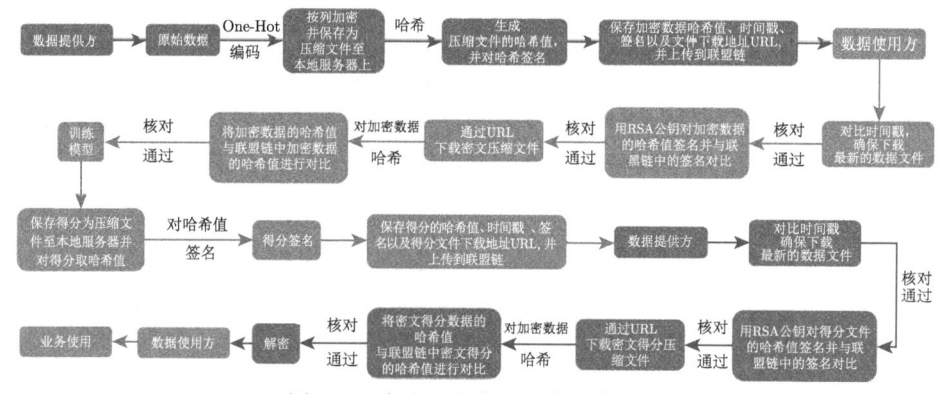

图 7.9 密文评分卡自动化建模流程

之后,对已下载的密文压缩文件夹进行哈希值处理,将此哈希值与联盟链中压缩文件夹的哈希值进行对比,若核验再次通过,说明此时下载到的为正确且最新的密文数据.

接下来,数据使用方利用密文数据建立评分卡模型,保存模型结果,即得分,放入一个文件夹内,将文件夹压缩至本地后,上传至服务器.

最后,对密文得分的压缩文件夹取哈希值,并利用 RSA 私钥对密文得分压缩文件夹的哈希值进行签名. 保存哈希值、时间戳、签名以及得分压缩文件夹的下载地址 URL,并上传到联盟链.

(3) **下载密文建模结果, 解密并上传至联盟链 (v3 测试)** 此时数据提供方重复以上下载数据时的核验步骤,先对比时间戳以确保下载最新的数据文件. 若找到时间戳最新的加密压缩数据文件,再用 RSA 公钥对加密压缩数据文件的哈希值的签名并与联盟链中的哈希值的签名对比,核验通过后,即可通过 URL 下载密文得分的压缩文件夹.

之后,对密文得分的压缩文件夹进行哈希处理,并将此哈希值与联盟链中的密文得分的哈希值对比,核验一致通过后,用私钥将建模结果解密成明文,并将明文结果保存为压缩文件至本地,然后上传至服务器.

最后,对明文结果的压缩文件夹取哈希值,并利用 RSA 私钥对密文得分的压缩文件夹的哈希值进行签名. 保存明文结果压缩文件夹的哈希值、时间戳、签名以及明文得分压缩文件夹的下载地址 URL,并上传到联盟链.

(4) **下载明文建模结果并使用 (v4 测试)** 数据使用方重复以上下载数据时的核验步骤,先对比时间戳以确保下载最新的数据文件. 若找到时间戳最新的数据文件, 再用 RSA 公钥对明文得分压缩文件夹的哈希值签名并与联盟链中的哈希值的签名对比, 核验通过后, 即可通过 URL 下载明文得分的压缩文件夹.

之后, 对明文得分的压缩文件夹进行哈希处理, 并将此哈希值与联盟链中的明文得分的哈希值对比, 核验一致通过后, 则说明本次下载的是所需的正确的明文得分数据.

■ 7.5 本章小结

本章给出了全同态加密的简介和全同态加密方法在风控建模过程的应用. 全同态加密可以解决建立风控模型过程中的数据孤岛现象, 实现 "用数不见数", 从而解决数据隐私保护问题. 本章重点在于介绍同态加密方案在风控上的应用, 并没有涉及全同态加密方法的原理, 感兴趣的读者可以进一步阅读有关文献.

本章以逻辑回归为例介绍了同态加密方案的应用过程, 使得读者能够对数据的隐私保护具有直观理解. 在后续工作中可以进一步考虑同态加密在集成模型上的应用, 以及同态加密之后集成模型的可解释性.

同态加密从数据存储角度解决隐私保护问题, 下一章将从模型角度提供隐私保护的方法.

附录 I 代码流程操作详解

(1) v1 测试 (数据提供方)

① 加载所需要的库

```
import automatic_jiami
from automatic_jiami import Automatic
from automatic_jiami import Jiami
```

```
import pandas as pd
import numpy as np
```

```
import tenseal as ts
import tenseal.sealapi as sealapi
from utils1 import *
```

② 定义变量

```
moto='yh' #数据去向
mfrom='bx' #数据来源
target='C:/网站/' #本地服务器, 路径
url="http://10.102.156.3:8080/proxy/bidbs-baoxian" #保险文件下载地址
myprivate_key='bx_key_private.pem' #数据提供方的签名私钥
```

moto 为数据的去向, 在本步骤中为数据使用方, target 为数据提供方本地服务器的路径, url 为下载数据文件的地址, 在本步骤中为数据提供方的 IP 地址, myprivate_key 为数据提供方提供的用于给加密数据的哈希值签名的私钥.

③ 加载数据并进行 One-Hot 编码

```
data = pd.read_excel('./data_bankfile/样本数据20200615.xlsx')
```

```
cols = ['gr14e', 'emp_length', 'annual_inc', 'fico_range_low', 'total_acc']
abnormal_value = [0, -1, 0, 0, 0]
abnormal_value_dict = dict(map(lambda x, y: (x, y), cols, abnormal_value))
Vector_df = pd.DataFrame()
for col in cols:
    x = X[col][X[col] != abnormal_value_dict.get(col)]
    bin_numbers = len(x.value_counts())

    Vector = []
    x_ = X[col]
    for i in range(len(x_)):
        Vector1 = np.zeros(bin_numbers)
        if x_[i] != abnormal_value_dict.get(col):
            Vector1[x[i] - 1] = 1
            Vector.append(Vector1)
        else:
            Vector.append(Vector1)

    Vector = pd.DataFrame(Vector)
    Vector_df = pd.concat([Vector_df, Vector], axis=1)

Vector_df.columns = range(len(Vector_df.columns))
datalen=len(Vector_df)
```

首先读取样本数据, 定义一个 for 循环, 对五个特征 ('gr14e'、'emp_length'、'annual_inc'、'fico_range_low'和'total_acc') 进行 One-Hot 编码.

④ 创建密钥、加密器和解密器

```
#设置参数parms
parms = sealapi.EncryptionParameters(sealapi.SCHEME_TYPE.CKKS)
poly_modulus_degree=8192
parms.set_poly_modulus_degree(poly_modulus_degree)
coeff = sealapi.CoeffModulus.Create(poly_modulus_degree, [60, 40, 40, 60])
parms.set_coeff_modulus(coeff)
#创建sealapi.SEALContext.Create类实例
context=sealapi.SEALContext.Create(parms, True,
sealapi.SEC_LEVEL_TYPE.TC128)
#创建密钥
keygen = sealapi.KeyGenerator(context)
public_key = keygen.public_key()
secret_key = keygen.secret_key()
relin_keys = keygen.relin_keys_local()
#创建加密器解密器
encryptor = sealapi.Encryptor(context, keygen.public_key())
decryptor = sealapi.Decryptor(context, keygen.secret_key())
```

附录 I 代码流程操作详解 ·219·

首先设置加密器的参数，之后，根据已设置的参数，创建一个 SEAL 实例.

利用 keygen 函数创建用于给数据加密的公钥 public_key、用于给加密数据解密的私钥 secret_key 以及用于密文计算的 relin_keys.

最后，基于公钥和私钥，创建相应的加密器和解密器.

⑤ **保存密钥至对应文件夹**

```
#filepath='./data_bankfile/hedata'
public_key.save('./data_bankfile/public_key')
secret_key.save('./data_bankfile/secret_key')
relin_keys.save('./data_bankfile/relin_keys')
```

保存上一步骤的密钥至对应的文件夹.

注意 ④和⑤两个步骤仅需要在第一次操作时运行，即只需要在首次创建公钥和私钥，将已创建密钥的保存之后，下次可以直接使用，无需再次进行④和⑤两个步骤.

⑥ **对数据加密并压缩**

```
#filepath='./data_bankfile/hedata'
#设置参数parms
parms = sealapi.EncryptionParameters(sealapi.SCHEME_TYPE.CKKS)
poly_modulus_degree=8192
parms.set._poly_modulus_degree(poly_modulus_degree)
coeff = sealapi.CoeffModulus.Create(poly_modulus_degree, [60, 40, 40, 60])
parms.set_coeff_modulus(coeff)
#创建sealapi.SEALContext.Create类实例
context=sealapi.SEALContext.Create(parms, True, sealapi.SEC_LEVEL_TYPE.TC128)
keygen = sealapi.KeyGenerator(context)
public_key = keygen.public_key()
secret_key = keygen.secret_key()
relin_keys = keygen.relin_keys_local()
public_key.load(context,'./data_bankfile/public_key')#加载本地秘钥
secret_key.load(context,'./data_bankfile/secret_key')
relin_keys.load(context,'./data_bankfile/relin_keys')
encryptor = sealapi.Encryptor(context, public_key)#初始化加密器
evaluator = sealapi.Evaluator(context)
decryptor = sealapi.Decryptor(context, secret_key)

auto=Automatic()#用来设置数据的信息，用来创建储存、删除文件的文件夹，还能把文件放到指定文件夹
auto.set_target_url(target,url,mfrom)
auto.removepath('./data_bankfile/v1')
auto.copyfile('./data_bankfile/public_key','./data_bankfile/v1')
auto.copyfile('./data_bankfile/relin_keys','./data_bankfile/v1')
```

没有文件夹：./data_bankfile/v1

首先设置加密参数，其次，创建一个密钥的类，由于每次生成的密钥是不相同的，故我们加载首次保存到本地的密钥，覆盖本次生成的类中的密钥，之后，用 public_key 和 secret_key 初始化数据加密器.

再次，设置一个自动化操作的类 auto，可以用来设置数据的信息，也可以创建一个可以进行储存和删除文件的文件夹，并且该类 auto 能够进行将文件放入指定

文件夹的操作. 利用 auto.removepath 命令, 删除原本的 v1 文件夹, 新建一个 v1 文件夹; 利用 auto.copyfile 命令, 把用于数据加密的公钥和用于密文计算的密钥 relin_key 放入指定的新建的文件夹 v1 中.

进行完初始化加密器和加载密钥的步骤之后, 可以进行数据的加密操作:

```
data = Vector_df
for i in range(len(data.columns)): #对每一列做加密
    x = data[data.columns[i]] #取出data中第i列
    plaintext = helper_encode(sealapi.SCHEME_TYPE.CKKS, context, x) #对x进行编码
    ciphertext = sealapi.Ciphertext(context) #密文类实例化
    encryptor.encrypt(plaintext, ciphertext) #通过加密器把明文加密至密文
    path = './data_bankfile/v1/x_encrypted' + '{}'.format(i) #存到指定路径并命名
    ciphertext.save(path)
```

```
#压缩文件
auto.zip_files('./data_bankfile/v1')
```

==压缩成功==

如上图, 定义一个 for 循环对每列数据进行编码并加密的操作, 并且将加密后的数据保存到指定的路径中, 并将该密文数据文件保存到 v1 文件夹内. 之后, 对 v1 文件夹压缩.

⑦ **压缩文件上链**

```
auto.data_on_chain(name='SEAL', files='./data_bankfile/v1'+'.zip',
                   to=mto, length=datalen, keyversion='123',
                   function='ScoreModel', private_key=myprivate_key)
```

将密文压缩文件夹 v1 的哈希值、时间戳、签名以及密文压缩文件下载地址 URL, 上传至联盟链, 并将这个信息框命名为 "SEAL".

(2) v2 测试 (数据使用方)

① **加载所需要的库并定义变量**

```
import automatic_jiami
from automatic_jiami import Automatic
from automatic_jiami import Jiami
```

```
import tenseal as ts
import tenseal.sealapi as sealapi
from utilsl import*
import pandas as pd
import numpy as np
```

附录 I 代码流程操作详解

```
mto='bx'
mfrom='yh'
target='C:/网站/'
url="http://218.28.220.236:9717/"
myprivate_key='yh_key_private.pem'
```

对于数据使用方来说，mto 为数据的去向，在该步骤中为数据使用方，target 为数据使用方本地服务器的路径，url 为下载数据文件的地址，在本步骤中为数据使用方的 IP 地址，myprivate_key 为数据使用方提供的用于给密文得分压缩文件夹的哈希值签名的私钥。

② **从联盟链上下载文件**

```
auto=Automatic()
auto.set_target_url(target,url,mfrom)
```

```
#下载数据信息
auto.download_information_from_chain(name='SEAL')
```

以上命令，下载数据提供方上传的 SEAL 框中的数据信息。在此过程中，已自动进行了对比时间戳，核验哈希值以及签名的过程。

```
#下载数据解压，返回解压地址
filesdir,tt=auto.condition_download(name='SEAL')
没有文件夹：./data_bankfile/ad7447b493251c33bc81d65c30d15643624c65081a
48cc5a19860048879179b2/
: 13.905791440263476%  Speed: 0.53759765625M/S
: 23.018442234223603%  Speed: 0.352294921875M/S
: 31.859544875626355%  Speed: 0.341796875M/S
: 41.20585338225213%   Speed: 0.361328125M/S
: 50.21114792985236%   Speed: 0.34814453125M/S
: 59.37431931033479%   Speed: 0.354248046875M/S
: 68.56275098407836%   Speed: 0.355224609375M/S
: 77.74486758450666%   Speed: 0.35498046875M/S
: 86.78173749868333%   Speed: 0.349365234375M/S
: 95.64178536003195%   Speed: 0.342529296875M/S
```

```
filesdir#下载文件的路径
```

'./data_bankfile/ad7447b493251c33bc81d65c30d15643624c65081a48cc5a19860
048879179b2/'

在核验通过后，下载数据压缩文件并自动解压；之后，将解压后的数据存放在 filesdir 所示的路径中。

③ 训练加密数据并保存

```
parms = sealapi.EncryptionParameters(sealapi.SCHEME_TYPE.CKKS)
poly_modulus_degree=8192
parms.set_poly_modulus_degree(poly_modulus_degree)
coeff = sealapi.CoeffModulus.Create(poly_modulus_degree, [60, 40, 40, 60])
parms.set_coeff_modulus(coeff)
#创建sealapi.SEALContext.Create类实例
context=sealapi.SEALContext.Create(parms, True, sealapi.SEC_LEVEL_TYPE.TC128)
keygen = sealapi.KeyGenerator(context)
public_key = keygen.public_key()
secret_key = keygen.secret_key()
relin_keys = keygen.relin_keys_local()
public_key.load(context,filesdir+'public_key')
relin_keys.load(context,filesdir+'relin_keys')
encryptor = sealapi.Encryptor(context, public_key)
evaluator = sealapi.Evaluator(context)
```

```
#加载明文权重,并转成数组方便计算
weights = pd.read_excel("./data_bankfile/权重(new).xlsx")
weights = weights['权重']
weights = weights.astype(float)
weights=np.array(weights)
weights
```

```
array([ 0.,  5., 10., 20.,  5., 10., 20.,  0.,  5., 10., 20.,  0.,  5.,
       10., 20.,  0.,  5., 10., 20.])
```

首先,数据使用方初始化加密的参数,并且加载从联盟链上下载的 public_key 和 relin_key,并创建加密器和评估器.

其次,加载初始的明文权重,此明文权重是随机生成的,该权重的输出结果如上.接下来,进行评分卡的建模过程的相关计算.

```
#计算wx再相加,得出得分
x_encrypted_list = []
plain_coeff_list = []
x_encrypted_coeff_list = []
for i in range(len(weights)):
    ciphertext = sealapi.Ciphertext(context)
    path=filesdir+'x_encrypted' + '{}'.format(i)
    #path='./data_bankfile/v1/x_encrypted' + '{}'.format(i)
    ciphertext.load(context,path)    #读取加密文件
    if weights[i]:
        weight = weights[i]
    else:
        weight = 1e-12

    plain_coeff = sealapi.Plaintext()
    plain_coeff=helper_encode(sealapi.SCHEME_TYPE.CKKS, context, weight)

    x_encrypted_coeff = sealapi.Ciphertext(context)

    ev=sealapi.Evaluator(context)#初始化评估器

    ev_multiply=ev.multiply_plain(ciphertext,plain_coeff,x_encrypted_coeff)#乘法,每一列乘各自的权重
    ev.rescale_to_next_inplace(x_encrypted_coeff) #?
    x_encrypted_coeff_list.append(x_encrypted_coeff)

score_encrypted = sealapi.Ciphertext(context)
ev=sealapi.Evaluator(context)
ev.add_many(x_encrypted_coeff_list, score_encrypted)
```

得到密文的得分结果之后, 需要将密文得分保存到文件夹 v2 内, 并把 v2 文件夹压缩至本地. 如下步骤所示:

```
auto.removepath('./data_bankfile/v2')

#把得出的密文得分放入文件夹
score_encrypted.save('./data_bankfile/v2/score_encrypted_v2')

#压缩文件
auto.zip_files('./data_bankfile/v2')
==压缩成功==
```

首先, 移除当前 v2 文件夹, 再新建一个文件夹 v2, 目的是使当前的 v2 文件夹中只有当前最新的得分文件. 然后将密文得分放入文件夹 v2 内, 再对文件夹 v2 进行压缩.

④ 密文得分结果上链

```
auto.data_on_chain(name='score', files='./data_bankfile/v2.zip', to=mto,
                   length=tt['len'], keyversion='123',
                   function='ScoreModel', private_key=myprivate_key)
```

将密文得分压缩文件的哈希值、时间戳、签名以及密文得分压缩文件下载地址 URL, 上传至联盟链, 并将这个信息框命名为 "score".

(3) v3 测试 (数据提供方)

① 加载所需要的库并定义变量

```
import automatic_jiami
from automatic_jiami import Automatic
from automatic_jiami import Jiami
import pandas as pd
import numpy as np
import tenseal as ts
import tenseal.sealapi as sealapi
from utils1 import*
```

```
mto='yh'
mfrom='bx'
target='C:/网站/'
url="http://10.102.156.3:8080/proxy/bidbs-baoxian/"
myprivate_key='bx_key_private.pem'
```

mto 为数据的去向, 在本步骤中为数据使用方, target 为数据提供方本地服务器的路径, url 为下载数据文件的地址, 在本步骤中为数据提供方的 IP 地址, myprivate_key 为数据提供方提供的用于签名的私钥.

② 从联盟链下载密文得分结果

```
auto=Automatic()
auto.set_target_url(target,url,mfrom)
```

```
#下载数据信息
auto.download_information_from_chain(name='score')
```

以上命令, 下载数据使用方上传的 score 信息框中的数据信息. 在此过程中, 已自动进行了对比时间戳、核验哈希值及签名的过程.

```
#下载数据
filesdir,tt=auto.condition_download(name='score')
```

没有文件夹:./data_bankfile/8dc697f05bcff4f3f30116200317a465143bb970032f5781ad0de92a7b605e82/

```
filesdir
```

'./data_bankfile/8dc697f05bcff4f3f30116200317a465143bb970032f5781ad0de92a7b605e82/'

在核验通过后, 下载密文得分的压缩文件并自动解压; 之后, 将解压后的数据存放在 filesdir 所示的路径中.

③ 将密文得分结果解密成明文

首先设置参数, 加载密钥, 并初始化评估器和解密器.

```
#数据解密
parms = sealapi.EncryptionParameters(sealapi.SCHEME_TYPE.CKKS)
poly_modulus_degree=8192
parms.set_poly_modulus_degree(poly_modulus_degree)
coeff = sealapi.CoeffModulus.Create(poly_modulus_degree, [60, 40, 40, 60])
parms.set_coeff_modulus(coeff)
#创建sealapi.SEALContext.Create类实例
context=sealapi.SEALContext.Create(parms, True, sealapi.SEC_LEVEL_TYPE.TC128)
keygen = sealapi.KeyGenerator(context)
public_key = keygen.public_key()
secret_key = keygen.secret_key()
relin_keys = keygen.relin_keys_local()
public_key.load(context,'./data_bankfile/public_key')
relin_keys.load(context,'./data_bankfile/relin_keys')
secret_key.load(context,'./data_bankfile/secret_key')
encryptor = sealapi.Encryptor(context, public_key)
evaluator = sealapi.Evaluator(context)
decryptor = sealapi.Decryptor(context, secret_key)
```

附录 I 代码流程操作详解 · 225 ·

读取密文得分文件并进行解密和解码的操作，操作步骤和部分解码结果如下图所示.

```
ciphertext = sealapi.Ciphertext(context)
ciphertext.load(context,filesdir+'score_encrypted_v2')  #读取加密文件

#解密
plaintext = sealapi.Plaintext()
decryptor.decrypt(ciphertext,plaintext)
#解码
result = helper_decode(sealapi.SCHEME_TYPE.CKKS, context, plaintext)

lastscore=result[:tt['len']]

lastscore=np.array(lastscore)
lastscore
```

```
array([19.99999993, 19.99999988, 35.0000001 , 45.00000011, 39.9999999 ,
       15.00000015, 39.99999996, 19.99999995, 24.99999999, 25.00000001,
       50.00000004, 40.00000022, 35.0000001 , 40.00000003, 39.99999999,
       19.99999996, 39.99999999, 34.99999999, 55.00000001, 35.00000002,
       24.99999991, 30.00000002, 20.00000008, 25.        , 49.99999997,
       24.99999993, 35.        ,           , 50.00000007, 50.00000001, 29.99999998,
       30.        , 20.        ,           , 20.00000005, 30.00000001, 40.00000006,
       25.        ,           , 20.00000003, 40.0000003 , 19.99999997, 44.99999992,
       20.00000005,  9.99999996, 25.00000004, 19.9999999 , 19.99999992,
       34.99999996, 34.99999993, 30.00000005, 35.00000005, 35.000001  ,
       35.00000007, 34.99999993, 30.00000001, 29.99999995, 50.00000004,
       34.99999987, 40.        ,           , 34.99999996, 15.00000004, 39.99999998,
        9.99999997, 44.99999999, 30.00000003, 40.00000006, 45.00000002,
       35.00000002, 19.99999994,  9.99999996, 24.99999983, 30.00000003,
       39.99999993, 25.        ,           , 59.99999997, 35.00000008, 44.99999998,
```

④ **保存明文得分结果**

得到明文的得分结果之后，需要将明文得分保存到文件夹 v3 内，并把 v3 文件夹压缩至本地. 如下步骤所示.

```
import pickle
```

```
auto.removepath('./data_bankfile/v3')
```
没有文件夹：./data_bankfile/v3

```
#把lastscore以二进制的形式存入文件夹
path='./data_bankfile/v3/score_v3'
f = open(path, 'wb')
pickle.dump(lastscore, f)
f.close()
```

```
#压缩文件
auto.zip_files('./data_bankfile/v3')
```
==压缩成功==

首先, 移除当前 v3 文件夹, 再新建一个文件夹 v3, 目的是使得当前的 v3 文

件夹中只有当前最新的明文得分文件. 然后将明文得分文件放入文件夹 v3 内, 再对文件夹 v3 进行压缩.

⑤ **明文得分结果上链**

```
auto.data_on_chain(name="lastscore",files='./data_bankfile/v3.zip',to=mto,
                   length=tt['len'],keyversion='123',function='ScoreModel',
                   private_key=myprivate_key)
```

将明文得分压缩文件夹的哈希值、时间戳、签名以及明文得分的压缩文件夹下载地址 URL, 上传至联盟链, 并将这个信息框命名为 "lastscore".

(4) v4 测试 (数据使用方)

① **加载所需要的库并定义变量**

```
import automatic_jiami
from automatic_jiami import Automatic
from automatic_jiami import Jiami
import pandas as pd
import numpy as np
```

② **下载明文得分结果**

```
auto=Automatic()
auto.set_target_url(target,url,mfrom)
```

```
#下载数据信息
auto.download_information_from_chain(name="lastscore")
```

以上命令, 下载数据提供方上传的 lastscore 框中的数据信息. 在此过程中, 已自动进行了对比时间戳、核验哈希值及签名的过程.

在核验通过后, 下载数据压缩文件并自动解压, 如下图:

```
#下载数据
filesdir,tt=auto.condition_download(name="lastscore")
```

没有文件夹: ./data_bankfile/1f96749c51fbe2cba04f5d976c6df76745fd2ab265ba1fa6a3a6682f811338ec/

```
filesdir
```

'./data_bankfile/1f96749c51fbe2cba04f5d976c6df76745fd2ab265ba1fa6a3a6682f811338ec/'

之后, 将解压后的明文得分数据存放在 filesdir 所示的路径中.

③ **查看下载的明文得分结果**

```
import pickle
f1 = open(filesdir+'score_v3', 'rb')
data1 = pickle.load(f1)
```

```
data1
```

打开本地路径中的明文得分文件,部分数据展示如下:

```
array([19.99999993, 19.99999988, 35.0000001 , 45.00000011, 39.9999999 ,
       15.00000015, 39.99999996, 19.99999995, 24.99999999, 25.00000001,
       50.00000004, 40.00000022, 35.00000001, 40.00000003, 39.99999999,
       19.99999996, 39.99999999, 34.99999999, 55.00000001, 35.00000002,
       24.99999991, 30.00000002, 20.00000008, 25.        , 49.99999997,
       24.99999993, 35.        , 50.00000007, 50.00000001, 29.99999998,
       30.        , 20.        , 20.00000005, 30.00000001, 40.00000006,
       25.        , 20.00000003, 40.00000003, 19.99999997, 44.99999992,
       20.00000005,  9.99999996, 25.00000004, 19.9999999 , 19.99999992,
       34.99999996, 34.99999995, 30.00000000, 35.00000005, 35.0000001 ,
       35.00000007, 34.99999993, 30.00000002, 29.99999995, 50.00000004,
       34.99999987, 40.        , 34.99999996, 15.00000004, 39.99999998,
```

至此,基于联盟链的密文评分卡的代码实现流程完毕.

练习题

习题 7.1 利用 CITESPACE 等基于大数据的文献调研工具,调研全同态加密技术的最新进展,并跟踪最新的开源代码.

习题 7.2 思考利用在 CKKS 全同态加密时,如何有效解决加密数据的比较.

习题 7.3 尝试借鉴本章附录密文评分卡建模流程,在两台服务器上构建密文评分卡.

第 8 章

联邦学习建模

随着对数据的重视程度不断提升, 跨组织以及组织内部不同部门之间的数据合作将变得越来越谨慎, 这造成了数据大量地以孤岛的形式存在. 这就诞生了联邦学习, 它的本质是基于数据隐私保护的一种分布式机器学习技术或机器学习框架. 联邦学习在保证数据隐私安全及合法合规的基础上, 在模型无损的前提实现共同建模, 提升 AI 模型的效果, 进行业务的赋能. 本章介绍了联邦学习适用的场景和分类, 以及联邦学习框架下的机器学习算法, 最后进行了实证分析.

■ 8.1 联邦学习适用的场景

联邦学习 (federated learning, FL) 概念 (McMahan et al., 2017) 最早由谷歌在 2016 年提出并将其成功应用于谷歌 Gboard 键盘系统, 随之联邦学习成为热门的研究和应用领域, 例如苹果在 iOS13 中使用跨设备的联邦学习来实现 QuickType 键盘和声音分类功能; Firefox 公司将联邦学习用于预测搜索词 (Smith et al., 2017); 计算机视觉领域的医学图像分析 (Liu et al., 2018) 也应用了联邦学习. Yang 等 (2019a, 2019b) 对联邦学习的研究和发展情况进行了详细的综述, 将现有的机器学习模型应用于联邦学习框架中成为一个新的研究方向.

■ 8.2 联邦学习的分类

我们把每个参与共同建模的企业称为参与方, 不同的参与方拥有数据的特征空间和样本 ID 空间可能不同, 根据不同参与方的特征空间和样本的分布情况, Yang 等 (2019a) 将联邦学习分为三类: 横向联邦学习 (horizontal federated learnig, HFL)、纵向联邦学习 (vertical federated learnig, VFL) 和联邦迁移学习 (transfer federated learnig, TFL), 三种类型的联邦学习分别如图 8.1~ 图 8.3 所示.

横向联邦学习, 也称为基于样本划分的联邦学习, 应用于各参与方数据集样本特征重叠较多, 但是样本重叠较少的场景. 比如两个不同地区的银行, 它们面对

8.2 联邦学习的分类

不同的客户群体, 所以两者之间交集较小; 但是两个银行业务模式相似, 二者数据集的用户特征是相似的. 这个时候, 两家银行就可以联合进行横向联邦学习建模, 扩大建模所需样本量, 以训练更好的风控模型.

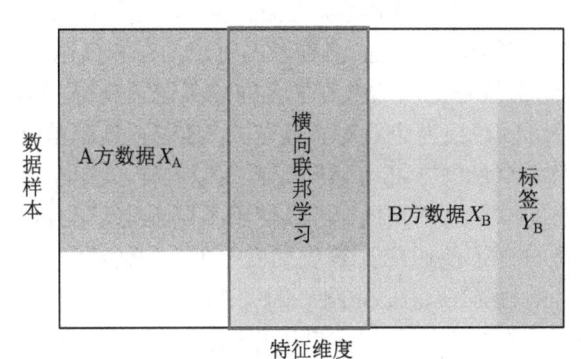

图 8.1 横向联邦学习

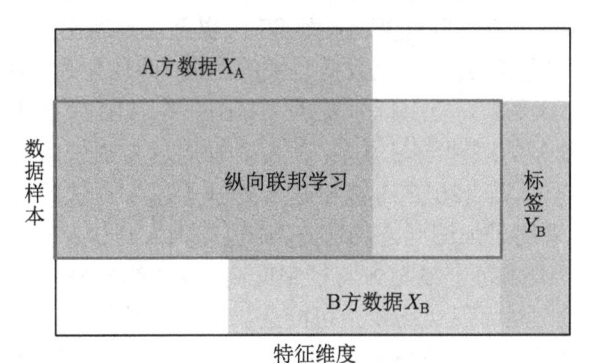

图 8.2 纵向联邦学习

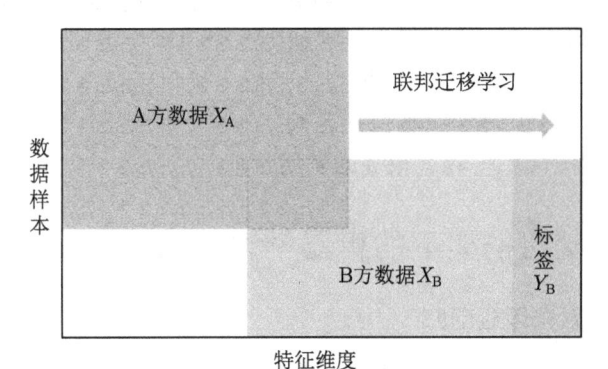

图 8.3 联邦迁移学习

横向联邦学习模型是基于样本的联合,各个参与方联合使用不同用户群体的数据,可以视为企业对消费者的范式 (B2C). 但是在很多实际场景中,联邦学习参与方拥有相同客户群体,但是开展业务不尽相同. 比如智慧消费金融 (smart consumer finance),在这个场景下,涉及消费者多方面特征,如资产信息、购买偏好、信用评级等,这些数据由不同的机构收集. 消费者的资产信息和信用信息可以从银行存款和信用卡中推断,购买偏好可以从电商平台的购买记录获得. 这些参与方合作建模提高自身业务水平可以被视为企业对企业范式 (B2B),这就是纵向联邦学习.

纵向联邦学习各个参与方拥有相同或者相似的样本空间,但是特征空间不同. 在此体系下,每个参与方地位相同,可以使用不同业态下的数据联合建立一个各方共同获益的模型. 为了使通信计算更加安全便利,联邦学习系统可能会引入一个半诚实的第三方 (semi-honest third party, STP) 来辅助进行联邦学习. STP 独立于各个参与方,无法与其他参与方串谋作弊,它仅仅用于对中间结果进行解密来计算梯度和损失值,并把结果传回各个参与方让他们更新本地模型. 由于传递给 STP 的数据是中间结果且经过加密处理,所以 STP 不能获取参与方的真实输入数据,只是作为第三方辅助计算,从而 STP 也无法推断出最终结果. 在学习过程中,各参与方只能够看到与本地数据有关的结果,即使是最终模型,也无法看到其他方具体的特征名称,只会用标号表示. Hardy 等 (2017) 提出了使用同态加密技术来保护数据隐私的联邦学习方案,使用泰勒逼近与损失函数结合来训练纵向逻辑回归模型. Yang 等 (2019b) 提出了一种基于拟牛顿法的逻辑回归纵向联邦学习框架,该框架采用了加法同态加密方案,可以大大减少计算复杂度.

横向联邦学习要求每个参与方特征空间高重叠,纵向联邦学习要求每个参与方样本空间高重叠. 然而现实场景中可能会出现各个数据源都没有足够的共同客户和共同特征的情况,在这种情况下建立联邦迁移模型,能够处理超出横向联邦和纵向联邦能力范围的问题. 迁移学习指的是把在某一领域学到的知识应用到另一领域,以此来提高泛化能力. 比如在研究近似的两个机器学习问题时,可以将其中一个问题已经训练好的模型参数迁移到另一个机器学习问题,形成新的模型来帮助其训练,这样就能够在预训练模型的基础上优化新模型参数. 联邦迁移学习是将传统的迁移学习扩展到隐私保护范畴,在这个系统下,人们可以使用较少的公共样本学习到有效模型,具有很高的实用价值.

■ 8.3 联邦学习框架下的机器学习算法

8.3.1 纵向安全联邦逻辑回归

联邦学习中的逻辑回归是基于安全联邦线性回归训练的,它通过安全梯度下降的方法,使用同态加密来作为隐私保护的方法保护各个参与方的本地数据. 因

8.3 联邦学习框架下的机器学习算法

为同态加密只能支持加法或者乘法运算,逻辑损失函数中存在指数部分,指数形式无法使用同态加密技术. 因此,如果要用同态加密算法 (Paillier 算法即是其中之一) 进行加密,需要对原公式进行一定的改造,使其仅用加法和乘法来表示. 解决方法就是用泰勒展开来近似,使指数部分变成多项式形式,满足加密条件. 变换后的结果如下:

$$\text{Loss} = \ln(1 + e^{-yW^{T}X}) \approx \ln 2 - \frac{1}{2}yW^{T}X + \frac{1}{8}(yW^{T}X)^{2} \tag{8.1}$$

$$\nabla \text{Loss} = -\frac{1}{2}yX + \frac{1}{4}(yW^{T}X)yX = \left(\frac{1}{2}yW^{T}X - 1\right)\frac{1}{2}yX = \hat{\beta}X \tag{8.2}$$

$$\hat{\beta} = \left(\frac{1}{2}yW^{T}X - 1\right)\frac{1}{2}y \tag{8.3}$$

上述式 (8.1) 中只含有加法和乘法,可以进行同态加密运算,用 $[[u]]$ 表示使用 Paillier 加密后的 u,Loss 加密后就是

$$[[\text{Loss}]] \approx [[\ln 2]] - \frac{1}{2}[[yW^{T}X]] + \frac{1}{8}[[(W^{T}X)^{2}]] \tag{8.4}$$

$$[[\nabla \text{Loss}]] = [[\hat{\beta}]][[X]] \tag{8.5}$$

在联邦学习中,以两方数据源联合建模为例,纵向逻辑回归的建模流程如图 8.4 所示. 其中 Party A、Party B 是联邦学习的两个数据源,设 B 为拥有 label 的一方,A 为只拥有特征的一方. 在此引入一个能够信赖的第三方 Collaborator C(C 方),主要负责对收到的数据进行解密,并协调训练过程. C 方不参与数据共享,仅在训练过程中辅助解密.

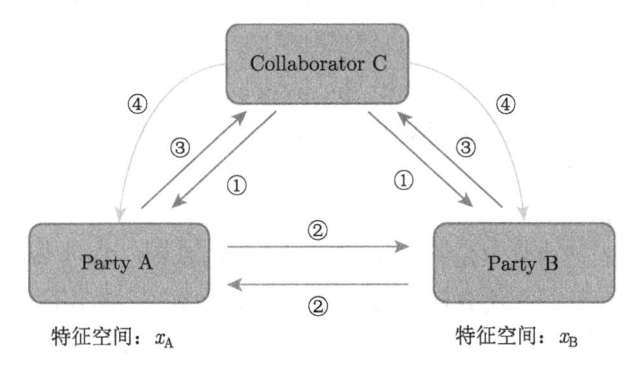

图 8.4 纵向逻辑回归训练流程

训练流程如下:

① A、B 各自使用己方数据在本地训练模型, 初始化参数 w_A 和 w_B; C 方把 Public Key(公钥), 分发给 A 和 B, C 自己还有私钥.

② A 用公钥加密 $w_A x_A$, 然后把结果发送给 B. B 把自己的 $w_B x_B$ 和标签 y 加密后与 A 发来的信息结合起来可以算出损失函数. B 再结合自己的特征 (也用公钥加密), 可以算出公式 (8.5) 的 $[[\hat{\beta}]]$ 和 B 端梯度 $[[\nabla \text{Loss}_B]]$. 然后 B 将 $[[\hat{\beta}]]$ 发给 A 方, A 方结合自己的特征能够算出 A 端梯度 $[[\nabla \text{Loss}_A]]$.

③ A、B 双方把 $[[\nabla \text{Loss}_A]]$ 和 $[[\nabla \text{Loss}_B]]$ 发给 C 方, C 方使用私钥对两方损失函数的梯度进行解密, 按行拼接后可以得到完整梯度.

④ C 方按照两方数据比例, 把解密后的梯度发送给 A 和 B, A 和 B 按照梯度更新自己的参数. 不断重复这个过程, C 方可以通过判断损失是否收敛来反馈给 A 和 B 是否停止训练. 这样就完成了纵向逻辑回归模型的训练.

在建模过程中, 由于认为 C 方是可信的, 所以即使 C 方有潜在信息泄露的可能性, 我们仍然不会认为 C 方的存在侵犯数据隐私. 但是为了进一步防止 C 方信息泄露, A 方、B 方可以在第③步向 C 方发送梯度信息时加入随机掩码来进一步保证信息安全. 在每一轮迭代中, C 方得到的信息都是经过随机掩码处理的梯度, 无法反推出 A、B 方的原始数据. 与此同时, 每一轮学习梯度更新参数时, 每一个参与方都只能得到与自身特征有关的梯度信息, 所以任意一方都无法学习到其他参与方的信息, 这保证了数据的安全性.

8.3.2 Secureboost

Secureboost 模型是杨强教授团队提出的安全联邦 XGBoost 模型, 以参与方只有两方为例, 沿用 Yang 等 (2019a) 的命名方式, Host 表示数据的提供者, 没有标签, Guest 表示数据的使用者, 拥有标签. 在保护数据隐私和安全的情况下, Guest 方使用 Host 方样本的特征来扩充自己已经拥有的样本特征, 来训练出更好的 XGBoost 模型.

我们以建树的过程为样例, 讨论 Secureboost 模型中的模型训练, 以方便读者了解各参与方是如何进行联邦建模的, 以及双方有哪些必要的计算过程和通信内容.

第一步 初始化.

(1) 建立第 1 棵树时, Guest 方根据样本 x_i 的真实标签 y_i 和第 0 棵树的预测值 $\hat{y}_i^{(0)}$(默认为) 计算出所有样本的 g_i 和 h_i. 类似地, 在建立第 t 棵树时, Guest 方则根据样本 x_i 的真实值 y_i 和第 $t-1$ 棵树的预测值 $\hat{y}_i^{(t-1)}$ 得到此轮迭代中所需要的 g_i 和 h_i.

(2) Guest 方把样本的 g 和 h 经过加法同态加密后随着 id 传给 Host 方. 用

8.3 联邦学习框架下的机器学习算法

$\langle v \rangle$ 表示经过同态加密后的 v, 即传送 $\{id_i, \langle g_i \rangle, \langle h_i \rangle\}$ 给 Host 方.

第二步 寻找全局最优分裂点.

(3) Guest 方明确当前节点的待分裂的样本集 S, 并把 S 中样本的 id 发送给 Host 方.

(4) Host 方根据 Guest 方发来样本集 S 的 id 以及自己所拥有的特征, 可知所有可能的分裂点, 并且一分为二, 则每个分裂点处可得两个分叉, 每个分叉上有若干样本, 我们把每个分叉上的样本集用 idset 表示. 然后 Host 方根据已知的每个样本的 $\langle g_i \rangle, \langle h_i \rangle$ 计算每个分叉上的 $\langle G \rangle$ 和 $\langle H \rangle$ 其中 $\langle G \rangle = \sum_{i \in S \cap \text{idset}} \langle g_i \rangle$, $\langle H \rangle = \sum_{i \in S \cap \text{idset}} \langle h_i \rangle$, 并把 $\langle G \rangle$ 和 $\langle H \rangle$ 连带着分叉上样本集的序号 idx(idset) 一起发送给 Guest 方.

(5) Guest 方根据收到的加密的 $\langle G \rangle$ 和 $\langle H \rangle$, 解密后计算每个分裂点的 L_{split} 函数, 取 L_{split} 值最大的分裂点为最佳分裂点, 这时 Guest 方可得全局最优的分裂点.

第三步 建立当前二叉树叶子节点集合.

(6) Guest 方根据最佳分裂点的阈值可以将当前节点的样本集 S 一分为二, 得到两个叶子节点样本集; 再分别对两个叶子节点集合, 重复以上第二步过程 (注意: Guest 方需更新当前待分裂的样本集 S), 直到达到停止标准 (一般会设树的深度), 得到整棵树.

第四步 计算整棵树叶子节点的预测值.

(7) Guest 方根据整棵树叶子节点的样本分布情况, 计算每个叶子节点的权重 $w_i^{(1)}$, 再由 $\hat{y}_i^{(t)} = \hat{y}_i^{(t-1)} + w_i^{(t)}$ 可得到第一棵树对样本 x_i 的预测值 $\hat{y}_i^{(1)}$. 这里 $w_i^{(1)}$ 可理解为第一棵树对初始预测值 $\hat{y}_i^{(0)}$ 的修正. 实际上整个建树过程都是在对上一轮迭代所得到的预测值的修正, 即 $\hat{y}_i^{(t-1)}$ 实际上是前 $t-1$ 棵树作为整体所产生的结果, $w_i^{(1)}$ 可看成是本棵树 (第 t 棵) 产生的值, 两者相加, 就得到这 t 棵树作为模型的整体所计算出的预测值 $\hat{y}_i^{(t)}$.

第五步 建立 K 棵树.

(8) 重复第一到第四步过程, 直到建成第 K 棵树. 可得对样本的最终预测值 $\hat{y}_i^{(K)}$.

第六步 确定样本分类.

(9) 将得到的样本最终预测值 $\hat{y}_i^{(K)}$ 利用公式 $p_i = \dfrac{1}{1+e^{-\hat{y}(K)}}$ 转化成概率, 当 p_i 大于模型设定的阈值时, 则样本分类为 1(正样本), 否则为 0.

综合以上六步, 9 个具体过程, 就是一个建立在 XGBoost 模型上纵向联邦学习的计算过程, 其中六步内容源自 XGBoost 模型的需要, 9 个具体过程则展示了联邦学习在建立 XGBoost 模型时具体的操作方法. 在现实的应用环节, 数据和隐私泄露的隐患通常发生在数据传输、存储和处理的过程中, 对于联邦学习的数据安全问题, 重点在于观察数据的传输内容和处理过程. 在整个模型训练的通信过程中, 双方没有原始数据的传输, 传输的是加密形式的梯度信息, 其中 Host 接收的是加密的梯度信息 $\langle g \rangle$ 和 $\langle h \rangle$, Guest 因为有私钥可以解密, 从而 Guest 方可得到每个分裂点分叉上的样本梯度信息加和 G 与 H. 这种将中间梯度信息进行加密和碎片化的形式进行传输的方式, 保证了参与方在整个训练过程中难以得到除计算结果外的其他信息, 也难以逆推出原始数据和隐私信息.

8.4 联邦学习实证

8.4.1 Secureboost 示例

此部分我们将通过示例来具体呈现 Secureboost 中的具体计算过程. 如表 8.1 所示的一组数据, 共有 10 个样本, 其中每个样本包含 3 个特征, 即房屋拥有权、工作年限和贷款等级, 其中房屋所有权、工作年限和是否贷款为 Guest 掌握, 贷款等级为 Host 掌握. 我们想通过联合 Guest 与 Host 的方法, 使用这 3 个特征来预测是否贷款, 标签值为 1 和 0, 是为 1, 否为 0.

表 8.1 样本数据

序号	房屋拥有权	工作年限	贷款等级	是否贷款	y_i
1	租赁	大于 10 年	低	否	0
2	租赁	大于 10 年	高	否	0
3	自有	大于 10 年	低	是	1
4	抵押	5~10 年	低	是	1
5	抵押	小于 5 年	低	是	1
6	抵押	小于 5 年	高	否	0
7	自有	小于 5 年	高	是	1
8	租赁	5~10 年	低	否	0
9	租赁	小于 5 年	低	是	1
10	抵押	5~10 年	低	是	1

注: 无下划线数据为 Guest 方所有, 有下划线数据为 Host 方所有.

通过这些数据, 利用 Logloss 函数作为损失函数, 进行 XGBoost 模型训练. 由于样本数量不多, 所以此处设置树的数量为 3, 树的深度为 2, $\lambda = 0.5$. Logloss 函数: $L(y_i, f_t(x_i)) = -(y_i \log p_i + (1 - y_i) \log(1 - p_i))$, 其中, $p_i = \dfrac{1}{1 + \mathrm{e}^{-f_{t-1}(x_i)}}$.

1. 建立第 1 棵树

1) 初始化

$$g_i = \partial_{\hat{y}_i^{(t-1)}} L(y_i, p_i) = p_i - y_i$$

(即一阶导数为由第 $t-1$ 棵树的预测值所计算出 p_i 的值减去真实值)

$$h_i = \partial^2_{\hat{y}_i^{(t-1)}} L(y_i, \hat{y}_i^{(t-1)}) = p_i(1 - p_i)$$

其中 $\hat{y}_i^{(t-1)}$ 是截止到第 $t-1$ 棵树, 得到的对样本 x_i 的预测值, y_i 是 x_i 的真实值; 建立第 1 棵树的时候, 第 0 棵树对样本 x_i 的预测值为 $\hat{y}_i^{(0)} = 0$, Guest 由此计算每个样本. 因为 Guest 方拥有标签数据, 故而此步骤由 Guest 独立计算完成.

表 8.2　训练数据样本 1

编号	y_i	$\hat{y}_i^{(0)}$	p_i	g_i	h_i
1	0	0	0.5	0.5	0.25
2	0	0	0.5	0.5	0.25
3	1	0	0.5	−0.5	0.25
4	1	0	0.5	−0.5	0.25
5	1	0	0.5	−0.5	0.25
6	0	0	0.5	0.5	0.25
7	1	0	0.5	−0.5	0.25
8	0	0	0.5	0.5	0.25
9	1	0	0.5	−0.5	0.25
10	1	0	0.5	−0.5	0.25

$$G \leftarrow \sum_{i \in I} g_i = -1$$

$$H \leftarrow \sum_{i \in I} h_i = 2.5$$

2) 确定分叉方法

寻找回归树的最佳划分节点, 遍历每个特征的每个可能取值. 从房屋拥有权开始, 到贷款等级高低结束, 分别计算 SCORE, 找到使 SCORE 最大的那个特征即为最佳划分特征.

例如: 以房屋拥有权是否租赁为判断特征, 将房屋拥有权为租赁的样本划分为一类, 自有和抵押的样本划分为另一类. 样本 1,2,8,9 为一组, $G_L = g_1 + g_2 + g_8 + g_9 = 1$, $H_L = h_1 + h_2 + h_8 + h_9 = 1$. 样本 3,4,5,6,7,10 为一组, $G_R = -2$, $H_R = 1.5$.

由得分公式 $\mathrm{SCORE} = \frac{1}{2}\left[\frac{G_\mathrm{L}^2}{H_\mathrm{L}+\lambda} + \frac{G_\mathrm{R}^2}{H_\mathrm{R}+\lambda} - \frac{(G_\mathrm{L}+G_\mathrm{R})^2}{H_\mathrm{L}+H_\mathrm{R}+\lambda}\right] - \gamma$, 因为下一步是比较不同划分点的得分大小, 为了计算便捷, 接下来的计算都将得分公式化简如下:

$$\mathrm{SCORE} = \frac{G_\mathrm{L}^2}{H_\mathrm{L}+0.5} + \frac{G_\mathrm{R}^2}{H_\mathrm{R}+0.5} - \frac{G^2}{H+0.5} = 2.3333$$

Guest 所有可能划分情况如表 8.3 所示.

表 8.3 样本 1 的回归树节点划分情况

划分点	是的样本	否的样本	G_L	G_R	H_L	H_R	SCORE
租赁	1,2,8,9	3,4,5,6,7,10	1	−2	1	1.5	2.3333
自有	3,7	1,2,4,5,6,8,9,10	−1	0	0.5	2	0.6667
抵押	4,5,6,10	1,2,3,7,8,9	−1	0	1	1.5	0.3333
小于 5 年	5,6,7,9	1,2,3,4,8,10	−1	0	1	1.5	0.3333
5~10 年	4,8,10	1,2,3,5,6,7,9	−0.5	−0.5	0.75	1.75	−0.0222
大于 10 年	1,2,3	4,5,6,7,8,9,10	−0.5	−1.5	0.75	1.75	0.8667
贷款等级高	2,6,7	1,3,4,5,8,9,10	⟨0.5⟩	⟨−1.5⟩	⟨0.75⟩	⟨1.75⟩	0.8667

以上无下划线数据为 Guest 方运算结果, 有下划线数据为 Host 方运算结果. 由于 Host 没有标签数据, 不能直接计算 g 和 h, 所以当需要计算贷款等级对应的得分时需要 Guest 用加法同态加密算法将样本的 g 和 h 加密并发送给 Host, 在当前节点, 即将

$$\{(1, \langle 0.5\rangle, \langle 0.25\rangle), (2, \langle 0.5\rangle, \langle 0.25\rangle), (3, \langle 0.5\rangle, \langle 0.25\rangle), (4, \langle 0.5\rangle, \langle 0.25\rangle),$$
$$(5, \langle 0.5\rangle, \langle 0.25\rangle), (6, \langle 0.5\rangle, \langle 0.25\rangle), (7, \langle 0.5\rangle, \langle 0.25\rangle), (8, \langle 0.5\rangle, \langle 0.25\rangle),$$
$$(9, \langle 0.5\rangle, \langle 0.25\rangle), (10, \langle 0.5\rangle, \langle 0.25\rangle)\}$$

发送给 Host(其中 $\langle v \rangle$ 表示经过同态加密的 g), 然后 Host 方根据得到的每个样本的 $\langle g_i \rangle$ 和 $\langle h_i \rangle$ 计算每个分叉上的 $\langle G \rangle$ 和 $\langle H \rangle$, 其中

$$\langle G \rangle = \sum_{i \in S \cap \mathrm{idset}} \langle g_i \rangle, \quad \langle H \rangle = \sum_{i \in S \cap \mathrm{idset}} \langle h_i \rangle$$

Host 将计算后密文形态上的 G_L 和 H_L 传送给 Guest, 即将 $\{1, \langle 0.5\rangle, \langle 0.75\rangle\}$ 发送给 Guest(其中 1 表示 Host 的分割特征的第一种方法), Guest 经过解密后可计算此划分点的 SCORE. 综合所有可能的划分点可知 SCORE 最大为 2.3333, 对应的划分点: 房屋拥有权是否为租赁, 此划分点为最优划分点.

■ 8.4 联邦学习实证

3) 建立当前二叉树叶节点集合

对当前根节点以房屋拥有权租赁和不租赁一分为二,得到两个叶子节点样本集. 为方便理解及样本集大小的限制, 我们设置树的叶子节点个数为 4, 即第一步分叉树结构如图 8.5 所示.

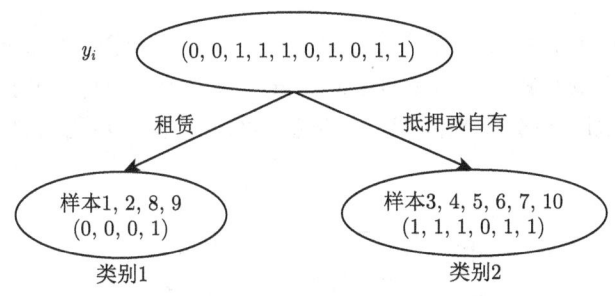

y_i (0, 0, 1, 1, 1, 0, 1, 0, 1, 1)

租赁 → 样本1, 2, 8, 9 (0, 0, 0, 1) 类别1

抵押或自有 → 样本3, 4, 5, 6, 7, 10 (1, 1, 1, 0, 1, 1) 类别2

图 8.5 样本 1 按房屋拥有权划分情况

对于第一次分叉后的类别 1(样本 1,2,8,9), 我们继续分叉, 其中除去共同特征, 计算剩余各特征划分得分, 计算如表 8.4.

表 8.4 样本 1 类别 1 的回归树节点划分情况

划分点	是的样本	否的样本	G_L	G_R	H_L	H_R	SCORE
小于 5 年	9	1,2,8	−0.5	1.5	0.25	0.75	1.4667
5∼10 年	8	1,2,9	0.5	0.5	0.25	0.75	−0.1333
大于 10 年	1,2	8,9	1	0	0.5	0.5	0.3333
贷款等级高	2	1,8,9	⟨0.5⟩	⟨0.5⟩	⟨0.25⟩	⟨0.75⟩	−0.1333

当使用到 Host 特征进行计算得分时, Guest 将当前节点梯度信息 {(1, ⟨0.5⟩, ⟨0.25⟩), (2, ⟨0.5⟩, ⟨0.25⟩), (8, ⟨0.5⟩, ⟨0.25⟩), (9, ⟨−0.5⟩, ⟨0.25⟩)} 发送给 Host, Host 计算过密文形态上的 G_L 和 H_L 后传送给 Guest 的, 即将 {1, ⟨0.5⟩, ⟨0.25⟩} 发送给 Guest (其中 1 表示 Host 的分割特征的第一种方法), Guest 经过解密后计算 SCORE, 最终得分最高的划分为工作年限是否小于五年.

对于类别 2(样本 3,4,5,6,7,10), 计算各特征划分得分如表 8.5 所示.

表 8.5 样本 1 类别 2 的回归树节点划分情况

划分点	是的样本	否的样本	G_L	G_R	H_L	H_R	SCORE
自有	3,7	4,5,6,10	−1	−1	0.5	1	−0.3333
抵押	4,5,6,10	3,7	−1	−1	1	0.5	−0.3333
小于 5 年	5,6,7	3,4,10	−0.5	−1.5	0.75	0.75	0
5∼10 年	4,10	3,5,6,7	−1	−1	0.5	1	−0.3333
大于 10 年	3	4,5,6,7,10	−0.5	−1.5	0.25	1.25	−0.3810
贷款等级高	6,7	3,4,5,10	⟨0⟩	⟨−2⟩	⟨0.5⟩	⟨1⟩	0.6667

当使用到 Host 特征进行计算得分时，Guest 将当前节点梯度信息

$$\{(3, \langle -0.5 \rangle, \langle 0.25 \rangle), (4, \langle -0.5 \rangle, \langle 0.25 \rangle), (5, \langle -0.5 \rangle, \langle 0.25 \rangle),$$
$$(6, \langle 0.5 \rangle, \langle 0.25 \rangle), (7, \langle -0.5 \rangle, \langle 0.25 \rangle), (10, \langle 0.5 \rangle, \langle 0.25 \rangle)\}$$

发送给 Host，Host 计算过密文形态上的 G_L 和 H_L 后传送给 Guest，即将 $\{1, \langle 0 \rangle, \langle 0.5 \rangle\}$ 发送给 Guest(其中 1 表示 Host 的分割特征的第一种方法)，Guest 经过解密后计算 SCORE，得分最高的特征是贷款等级高。由此可得第 1 棵树的结构为图 8.6。

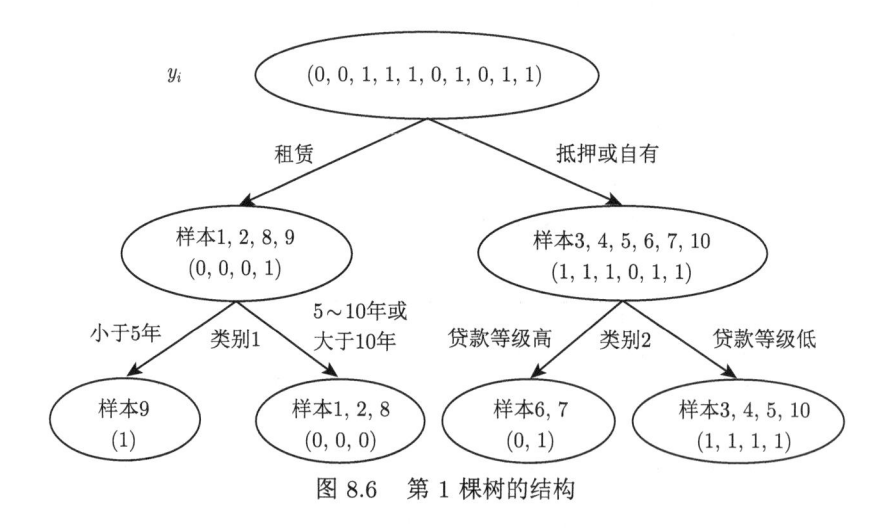

图 8.6　第 1 棵树的结构

4) 计算整棵树叶子节点的预测值

对于整棵树的每个叶子节点，计算叶子节点的预测值，其中 G_j 代表决策树的第 j 个叶子节点所有样本的 g 之和，H_j 代表决策树的第 j 个叶子节点所有样本的 h 之和：

$$\omega_j^* = -\frac{\sum_{i \in I_j} g_i}{\sum_{i \in I_j} h_i + \lambda} = -\frac{G_j}{H_j + \lambda}$$

① 第 1 个叶子节点里的样本集合 $I_1 = \{9\}$，对应的预测值为

$$\omega_1^* = -\frac{\sum_{i \in I_1} g_i}{\sum_{i \in I_1} h_i + \lambda} = -\frac{G_1}{H_1 + \lambda} = 0.6667$$

② 第 2 个叶子节点里的样本集合 $I_2 = \{1, 2, 8\}$，对应的预测值为

$$\omega_2^* = -\frac{\sum\limits_{i \in I_2} g_i}{\sum\limits_{i \in I_2} h_i + \lambda} = -\frac{G_2}{H_2 + \lambda} = -1.2$$

③ 第 3 个叶子节点里的样本集合 $I_3 = \{6, 7\}$，对应的预测值为

$$\omega_3^* = -\frac{\sum\limits_{i \in I_3} g_i}{\sum\limits_{i \in I_3} h_i + \lambda} = -\frac{G_3}{H_3 + \lambda} = 0$$

④ 第 4 个叶子节点里的样本集合 $I_4 = \{3, 4, 5, 10\}$，对应的预测值为

$$\omega_4^* = -\frac{\sum\limits_{i \in I_4} g_i}{\sum\limits_{i \in I_4} h_i + \lambda} = -\frac{G_4}{H_4 + \lambda} = 1.3333$$

即第 1 棵树为图 8.7.

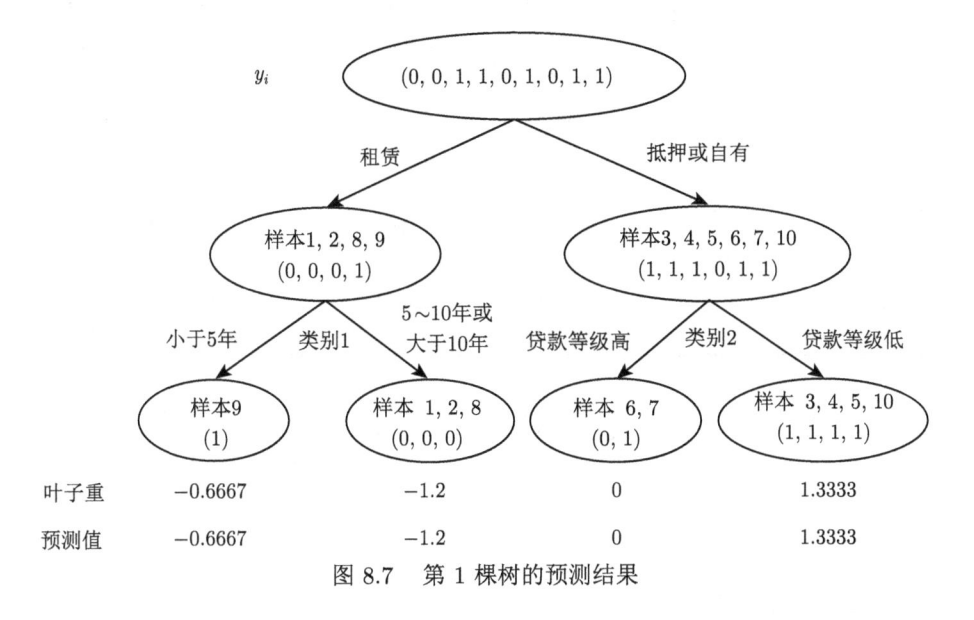

图 8.7　第 1 棵树的预测结果

第 1 棵树上的预测值为表 8.6.

表 8.6　第 1 棵树上的预测值

编号	y_i	$\hat{y}_i^{(0)}$	$\omega^{(1)}$	$\hat{y}_i^{(1)}$	r_1
1	0	0	-1.2000	-1.2000	1.2000
2	0	0	-1.2000	-1.2000	1.2000
3	1	0	1.3333	1.3333	-0.3333
4	1	0	1.3333	1.3333	-0.3333
5	1	0	1.3333	1.3333	-0.3333
6	0	0	0	0	0
7	1	0	0	0	1
8	0	0	-1.2000	-1.2000	1.2000
9	1	0	0.6667	0.6667	0.3333
10	1	0	1.3333	1.3333	-0.3333

注：其中 $\hat{y}_i^{(1)} = \omega_i^{(1)} + \hat{y}_i^{(0)}$.

2. 建立第 2 棵树

1) 第 2 棵树基于第 1 棵树的样本特征值和样本残差 (x_i, r_1) 建立 (表 8.7).

表 8.7　训练数据样本 2

编号	y_i	$\hat{y}_i^{(1)}$	p_i	g_i	h_i
1	0	-1.2000	0.2315	0.2315	0.1779
2	0	-1.2000	0.2315	0.2315	0.1779
3	1	1.3333	0.7914	-0.2086	0.1651
4	1	1.3333	0.7914	-0.2086	0.1651
5	1	1.3333	0.7914	-0.2086	0.1651
6	0	0	0.5000	0.5000	0.2500
7	1	0	0.5000	-0.5000	0.2500
8	0	-1.2000	0.2315	0.2315	0.1779
9	1	0.6667	0.3392	-0.6608	0.2241
10	1	1.3333	0.7914	-0.2086	0.1651

$$G \leftarrow \sum_{i \in I} g_i = -0.8007$$

$$H \leftarrow \sum_{i \in I} h_i = 1.9182$$

2) 确定分叉方法

寻找回归树的最佳划分节点, 遍历每个特征的每个可能取值. 从房屋拥有权开始, 到贷款等级高低结束, 分别计算 SCORE, 找到使 SCORE 最大的那个特征即为最佳划分特征.

8.4 联邦学习实证

例如：以贷款等级高低为判断特征，将贷款等级高的样本划分为一类，贷款等级低的样本划分为另一类。

样本 2,6,7, 为一组，$G_L = g_2 + g_6 + g_7 = 0.2315$，$H_L = h_2 + h_6 + h_7 = 0.6779$。样本 1,3,4,5,8,9,10 为一组，$G_R = -1.0322$，$H_R = 1.2403$，其对应的 score = $\frac{G_L^2}{H_L + 0.5} + \frac{G_R^2}{H_R + 0.5} - \frac{G^2}{H + 0.5} = 0.3926$。

所有可能划分情况如表 8.8 所示。

表 8.8 样本 2 的回归树节点划分情况

划分点	是的样本	否的样本	G_L	G_R	H_L	H_R	SCORE
租赁	1,2,8,9	3,4,5,6,7,10	0.0337	−0.8344	0.7579	1.1603	0.1551
自有	3,7	1,2,4,5,6,8,9,10	−0.7086	−0.0921	0.4151	1.5031	0.2878
抵押	4,5,6,10	1,2,3,7,8,9	−0.1258	0.7354	−0.6749	1.1730	0.0199
小于 5 年	5,6,7,9	1,2,3,4,8,10	−0.8694	0.0687	0.8892	1.0290	0.2820
5~10 年	4,8,10	1,2,3,5,6,7,9	−0.1857	−0.615	0.5081	1.4101	−0.0329
大于 10 年	1,2,3	4,5,6,7,8,9,10	0.2544	−1.0551	0.5209	1.3973	0.3850
贷款等级高	2,6,7	1,3,4,5,8,9,10	⟨0.2315⟩	⟨−1.0332⟩	⟨0.6779⟩	⟨1.2403⟩	0.3926

当使用到 Host 特征进行计算得分时，Guest 将当前节点梯度信息

$$\{(1, \langle 0.2315 \rangle, \langle 0.1779 \rangle), (2, \langle 0.2315 \rangle, \langle 0.1779 \rangle), (3, \langle -0.2086 \rangle, \langle 0.1651 \rangle),$$
$$(4, \langle -0.2086 \rangle, \langle 0.1651 \rangle), (5, \langle -0.2086 \rangle, \langle 0.1651 \rangle), (6, \langle 0.5 \rangle, \langle 0.25 \rangle),$$
$$(7, \langle -0.5 \rangle, \langle 0.25 \rangle), (8, \langle 0.2315 \rangle, \langle 0.1779 \rangle), (9, \langle 0.5 \rangle, \langle 0.25 \rangle),$$
$$(10, \langle -0.2086 \rangle, \langle 0.1651 \rangle)\}$$

发送给 Host，Host 计算过密文形态上的 G_L 和 H_L 后传送给 Guest，即将 $\{1, \langle 0.2315 \rangle, \langle 0.6779 \rangle\}$ 发送给 Guest(其中 1 表示 Host 的分割特征的第一种方法)，Guest 经过解密后计算 SCORE，以上划分点得分值最大为 0.3926，划分点：贷款等级高低。

3) 建立当前二叉树叶节点集合

对当前根节点以贷款等级高和低一分为二，得到两个叶子节点样本集。为方便理解及样本集大小的限制，我们设置树的叶子节点个数为 4，即第一步分叉树结构如图 8.8。

对于第一次分叉后的类别 1(样本 2,6,7)，我们继续分叉，其中除去共同特征，计算剩余各特征划分得分，计算如表 8.9。

y_i (0, 0, 1, 1, 1, 0, 1, 0, 1, 1)

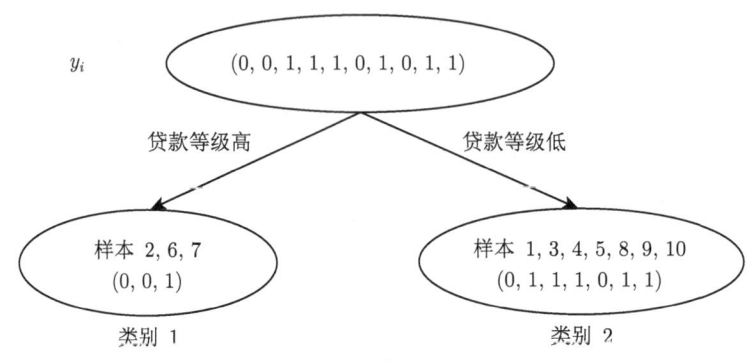

贷款等级高　　贷款等级低

样本 2, 6, 7　　样本 1, 3, 4, 5, 8, 9, 10
(0, 0, 1)　　(0, 1, 1, 1, 0, 1, 1)

类别 1　　类别 2

图 8.8　样本 2 按贷款等级划分情况

表 8.9　样本 2 类别 1 的回归树节点划分情况

划分点	是的样本	否的样本	G_L	G_R	H_L	H_R	SCORE
大于 10 年	2	6,7	0.2315	0	0.1779	0.5	0.0336
租赁	2	6,7	0.2315	0	0.1779	0.5	0.0336
抵押	6	2,7	0.5	-0.2685	0.25	0.4279	1.1018
自有	7	2,6	-0.5	0.7315	0.25	0.4279	0.2249

选取抵押为划分标准.

对于类别 2(样本 1,3,4,5,8,9,10), 计算各特征划分得分, 计算如表 8.10.

表 8.10　样本 2 类别 2 的回归树节点划分情况

划分点	是的样本	否的样本	G_L	G_R	H_L	H_R	SCORE
租赁	1,8,9	3,4,5,10	-0.1978	-0.8344	0.5800	0.6600	0.0240
自有	3	1,4,5,8,9,10	-0.2086	-0.8236	0.1651	1.0752	-0.1162
抵押	4,5,10	1,3,8,9	-0.6258	-0.4064	0.4953	0.7450	-0.0861
小于 5 年	5,9	1,3,4,8,10	-0.8694	-0.1628	0.3892	0.8511	0.2574
5~10 年	4,8,10	1,3,5,9	-0.1857	-0.8465	0.5081	0.7322	0.0035
大于 10 年	1,3	4,5,8,9,10	0.0229	-1.0551	0.3430	-1.0551	0.1851

得分最高的特征是工作年限小于五年, 选取其为划分标准. 由此可得第 2 棵树的结构为图 8.9.

4) 计算整棵树叶子节点的预测值

对于整棵树的每个叶子节点, 计算叶子节点的预测值

$$\omega_j^* = -\frac{\sum_{i \in I_j} g_i}{\sum_{i \in I_j} h_i + \lambda} = -\frac{G_j}{H_j + \lambda}$$

■ 8.4 联邦学习实证

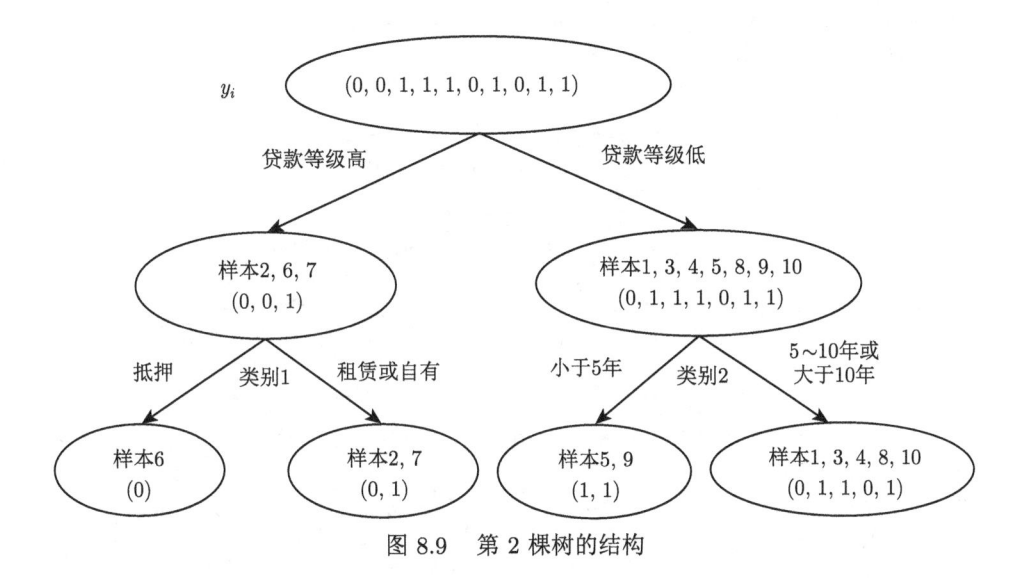

```
                    (0, 0, 1, 1, 1, 0, 1, 0, 1, 1)
      y_i                    
                 贷款等级高    贷款等级低
         样本2, 6, 7          样本1, 3, 4, 5, 8, 9, 10
          (0, 0, 1)            (0, 1, 1, 1, 0, 1, 1)
     抵押  类别1  租赁或自有   小于5年  类别2  5~10年或大于10年
    样本6   样本2, 7         样本5, 9      样本1, 3, 4, 8, 10
     (0)    (0, 1)           (1, 1)        (0, 1, 1, 0, 1)
```

图 8.9 第 2 棵树的结构

① 第 1 个叶子节点里的样本集合 $I_1 = \{9\}$,对应的预测值为

$$\omega_1^* = -\frac{\sum\limits_{i \in I_1} g_i}{\sum\limits_{i \in I_1} h_i + \lambda} = -\frac{G_1}{H_1 + \lambda} = -0.6667$$

② 第 2 个叶子节点里的样本集合 $I_2 = \{2, 7\}$,对应的预测值为

$$\omega_2^* = -\frac{\sum\limits_{i \in I_2} g_i}{\sum\limits_{i \in I_2} h_i + \lambda} = -\frac{G_2}{H_2 + \lambda} = 0.2849$$

③ 第 3 个叶子节点里的样本集合 $I_3 = \{5, 9\}$,对应的预测值为

$$\omega_3^* = -\frac{\sum\limits_{i \in I_3} g_i}{\sum\limits_{i \in I_3} h_i + \lambda} = -\frac{G_3}{H_3 + \lambda} = 0.9777$$

④ 第 4 个叶子节点里的样本集合 $I_4 = \{1, 3, 4, 8, 10\}$,对应的预测值为

$$\omega_4^* = -\frac{\sum\limits_{i \in I_4} g_i}{\sum\limits_{i \in I_4} h_i + \lambda} = -\frac{G_4}{H_4 + \lambda} = 0.1205$$

即第 2 棵树为图 8.10.

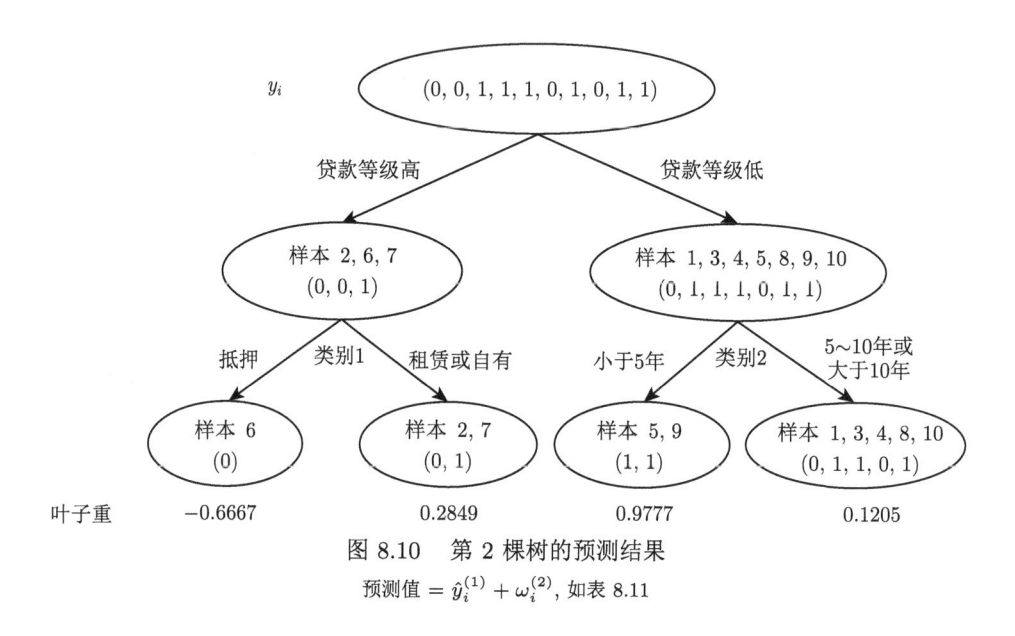

```
                              y_i  (0, 0, 1, 1, 1, 0, 1, 0, 1, 1)
                           贷款等级高        贷款等级低
                  样本 2, 6, 7              样本 1, 3, 4, 5, 8, 9, 10
                  (0, 0, 1)                 (0, 1, 1, 1, 0, 1, 1)
           抵押   类别1   租赁或自有      小于5年  类别2  5~10年或大于10年
         样本 6    样本 2, 7           样本 5, 9       样本 1, 3, 4, 8, 10
          (0)      (0, 1)              (1, 1)          (0, 1, 1, 0, 1)
叶子重   −0.6667   0.2849              0.9777           0.1205
```

图 8.10 第 2 棵树的预测结果

预测值 $= \hat{y}_i^{(1)} + \omega_i^{(2)}$, 如表 8.11

第 2 棵树上的预测值如表 8.11.

表 8.11 第 2 棵树上的预测值

编号	y_i	$\omega^{(2)}$	$\hat{y}_i^{(1)}$	$\hat{y}_i^{(2)}$	r_2
1	0	0.1205	−1.2000	−1.0795	1.0795
2	0	0.2849	−1.2000	−0.9151	0.9151
3	1	0.1205	1.3333	1.4538	−0.4538
4	1	0.1205	1.3333	1.4538	−0.4538
5	1	0.9777	1.3333	2.311	−1.311
6	0	−0.6667	0	−0.6667	0.6667
7	1	0.2894	0	0.2894	0.7106
8	0	0.1205	−1.2000	−1.0795	1.0795
9	1	0.9777	0.6667	1.6444	−0.6444
10	1	0.1205	1.3333	1.4538	−0.4538

3. 建立第 3 棵树

1) 第 3 棵树基于第 2 棵树的样本特征值和样本残差 (x_i, r_2) 建立 (表 8.12).

8.4 联邦学习实证

表 8.12　训练数据样本 3

编号	y_i	$\hat{y}_i^{(2)}$	p_i	g_i	h_i
1	0	−1.0795	0.2536	1.3331	0.1893
2	0	−0.9151	0.2860	1.2011	0.2042
3	1	1.4538	0.8106	−0.6432	0.1535
4	1	1.4538	0.8106	−0.6432	0.1535
5	1	2.311	0.9098	−1.4012	0.0821
6	0	−0.6667	0.3392	1.0059	0.2241
7	1	0.2894	0.5718	0.2824	0.2448
8	0	−1.0795	0.2536	1.3331	0.1893
9	1	1.6444	0.8381	−0.8063	0.1357
10	1	1.4538	0.8106	−0.6432	0.1535

$$G \leftarrow \sum_{i \in I} g_i = 1.0185$$

$$H \leftarrow \sum_{i \in I} h_i = 1.7300$$

2) 确定分叉方法

寻找回归树的最佳划分节点, 遍历每个特征的每个可能取值. 从房屋拥有权开始, 到贷款等级高低结束, 分别计算 SCORE, 找到使 SCORE 最大的那个特征即为最佳划分特征.

所有可能划分情况如表 8.13 所示.

表 8.13　样本 3 的回归树节点划分情况

划分点	是的样本	否的样本	G_L	G_R	H_L	H_R	SCORE
租赁	1,2,8,9	3,4,5,6,7,10	3.061	−2.0425	0.7185	1.0115	9.9844
自有	3,7	1,2,4,5,6,8,9,10	−0.3608	1.3793	0.3983	1.3317	0.7184
抵押	4,5,6,10	1,2,3,7,8,9	−1.6817	2.7002	0.6132	1.1168	6.5849
小于 5 年	5,6,7,9	1,2,3,4,8,10	−0.9192	1.9377	0.6867	1.0433	2.6797
5~10 年	4,8,10	1,2,3,5,6,7,9	0.0467	0.9718	0.4963	1.2337	0.0817
大于 10 年	1,2,3	4,5,6,7,8,9,10	1.891	−0.8725	0.547	1.183	3.4025
贷款等级高	2,6,7	1,3,4,5,8,9,10	⟨2.4894⟩	⟨−1.4709⟩	⟨0.6731⟩	⟨1.0569⟩	6.2072

当使用到 Host 特征进行计算得分时, Guest 将当前节点梯度信息

$\{(1, \langle 1.3331 \rangle, \langle 0.1893 \rangle), (2, \langle 1.2011 \rangle, \langle 0.2042 \rangle), (3, \langle -0.6432 \rangle, \langle 0.1535 \rangle),$
$(4, \langle -0.6432 \rangle, \langle 0.1535 \rangle), (5, \langle -1.4012 \rangle, \langle 0.0821 \rangle), (6, \langle 1.0059 \rangle, \langle 0.2241 \rangle),$
$(7, \langle 0.2824 \rangle, \langle 0.2448 \rangle), (8, \langle 1.3331 \rangle, \langle 0.1893 \rangle), (9, \langle -0.8063 \rangle, \langle 0.1357 \rangle),$
$(10, \langle -0.6432 \rangle, \langle 0.1535 \rangle)\}$

发送给 Host, Host 计算过密文形态上的 G_L 和 H_L 后传送给 Guest, 即将 $\{1,\langle 2.4894\rangle,\langle 0.6731\rangle\}$ 发送给 Guest(其中 1 表示 Host 的分割特征的第一种方法), Guest 经过解密后计算 SCORE, 以上划分点得分值最大为 9.9844, 划分点: 房屋拥有权是否租赁.

3) 建立当前二叉树叶子节点集合

对当前根节点以晴天和非晴天一分为二, 得到两个叶子节点样本集. 为方便理解及样本集大小的限制, 我们设置树的叶子节点个数为 4, 即第一步分叉树结构如图 8.11.

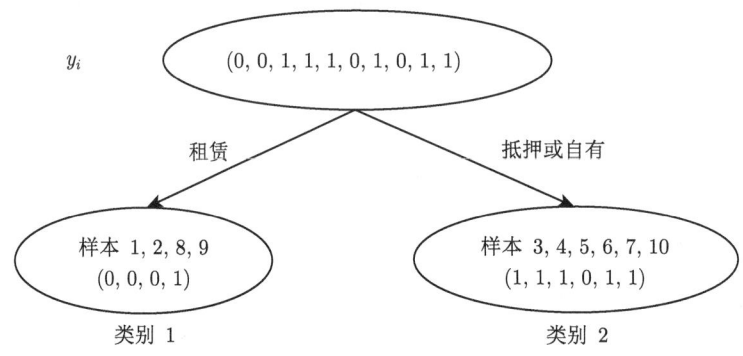

图 8.11 样本 3 贷款等级划分情况

对于第一次分叉后的类别 1(样本 1,2,8,9), 我们继续分叉, 其中除去共同特征, 计算剩余各特征划分得分, 计算如表 8.14.

表 8.14 样本 3 类别 1 的回归树节点划分情况

划分点	是的样本	否的样本	G_L	G_R	H_L	H_R	SCORE
小于 5 年	9	1,2,8	−0.8063	3.8673	0.1357	0.5828	7.9095
5∼10 年	8	1,2,9	1.3331	1.7279	0.1893	0.5292	−2.2104
大于 10 年	1,2	8,9	2.5342	0.5268	0.3935	0.325	−0.1655
贷款等级高	2	1,8,9	⟨1.2011⟩	⟨1.8599⟩	⟨0.2042⟩	⟨0.5143⟩	−2.2305

当使用到 Host 特征进行计算得分时, Guest 将当前节点梯度信息

$$\{(1,\langle 1.3331\rangle,\langle 0.1893\rangle),(2,\langle 1.2011\rangle,\langle 0.2042\rangle),$$
$$(8,\langle 1.3331\rangle,\langle 0.1893\rangle),(9,\langle\ 0.8063\rangle,\langle 0.1357\rangle)\}$$

发送给 Host, Host 计算过密文形态上的 G_L 和 H_L 后传送给 Guest, 即将 $\{1,\langle 1.2011\rangle,\langle 0.2042\rangle\}$ 发送给 Guest(其中 1 表示 Host 的分割特征的第一种方法), Guest 经过解密后计算 SCORE, 其中得分最高的划分为小于 5 年.

8.4 联邦学习实证

对于类别 2(样本 3,4,5,6,7,10),计算各特征划分得分,计算如表 8.15.

表 8.15 样本 3 类别 2 的回归树节点划分情况

划分点	是的样本	否的样本	G_L	G_R	H_L	H_R	SCORE
自有	3,7	4,5,6,10	−0.3608	−1.6817	0.3983	0.6132	−0.0746
抵押	4,5,6,10	3,7	−1.6817	−0.3608	0.6132	0.3983	−0.0746
5~10 年	4,10	3,5,6,7	−1.2864	−0.7561	0.307	0.7045	−0.2348
大于 10 年	3	4,5,6,7,10	−0.6432	−1.3993	0.1535	0.858	−0.6851
小于 5 年	5,6,7	3,4,10	−0.1129	−1.9296	0.551	0.4605	1.1286
贷款等级高	6,7	3,4,5,10	⟨1.2883⟩	⟨−3.3308⟩	⟨0.4689⟩	⟨0.5426⟩	9.5939

当使用到 Host 特征进行计算得分时,Guest 将当前节点梯度信息

$\{(3, \langle −0.6432\rangle, \langle 0.1535\rangle), (4, \langle −0.6432\rangle, \langle 0.1535\rangle), (5, \langle −1.4012\rangle, \langle 0.0821\rangle),$

$(6, \langle 1.0059\rangle, \langle 0.2241\rangle), (7, \langle 0.2824\rangle, \langle 0.2448\rangle), (10, \langle −0.6432\rangle, \langle 0.1535\rangle)\}$

发送给 Host,Host 计算过密文形态上的 G_L 和 H_L 后传送给 Guest,即将 $\{1, \langle 2.2883\rangle, \langle 0.4668\rangle\}$ 发送给 Guest(其中 1 表示 Host 的分割特征的第一种方法),Guest 经过解密后计算 SCORE,得分最高的特征是贷款等级高和贷款等级低.

由此可得第 3 棵树的结构为图 8.12.

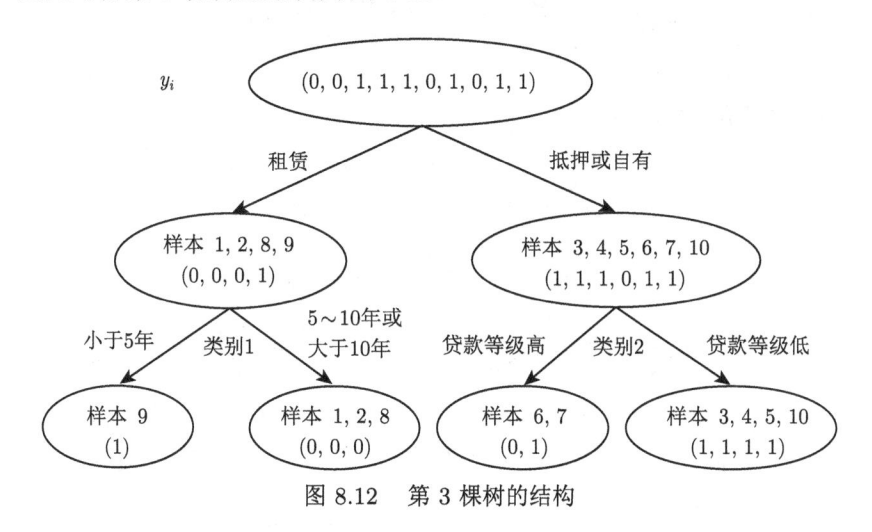

图 8.12 第 3 棵树的结构

4) 计算整棵树叶子节点的预测值

对于整棵树的每个叶子节点,计算叶子节点的预测值

$$\omega_j^* = -\frac{\sum_{i \in I_j} g_i}{\sum_{i \in I_j} h_i + \lambda} = -\frac{G_j}{H_j + \lambda}$$

① 第 1 个叶子节点里的样本集合 $I_1 = \{9\}$, 对应的预测值为

$$\omega_1^* = -\frac{\sum\limits_{i \in I_1} g_i}{\sum\limits_{i \in I_1} h_i + \lambda} = -\frac{G_1}{H_1 + \lambda} = 1.2684$$

② 第 2 个叶子节点里的样本集合 $I_2 = \{1, 2, 8\}$, 对应的预测值为

$$\omega_2^* = -\frac{\sum\limits_{i \in I_2} g_i}{\sum\limits_{i \in I_2} h_i + \lambda} = -\frac{G_2}{H_2 + \lambda} = -3.5716$$

③ 第 3 个叶子节点里的样本集合 $I_3 = \{6, 7\}$, 对应的预测值为

$$\omega_3^* = -\frac{\sum\limits_{i \in I_3} g_i}{\sum\limits_{i \in I_3} h_i + \lambda} = -\frac{G_3}{H_3 + \lambda} = -1.3297$$

④ 第 4 个叶子节点里的样本集合 $I_4 = \{3, 4, 5, 10\}$, 对应的预测值为

$$\omega_4^* = -\frac{\sum\limits_{i \in I_4} g_i}{\sum\limits_{i \in I_4} h_i + \lambda} = -\frac{G_4}{H_4 + \lambda} = 3.1947$$

即第 3 棵树为图 8.13.

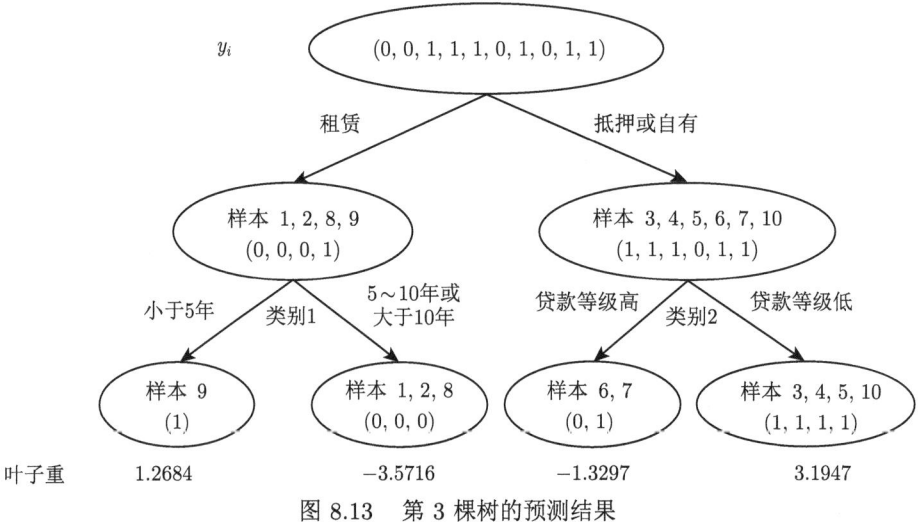

图 8.13 第 3 棵树的预测结果

预测值 $= \hat{y}_i^{(2)} + \omega_i^{(3)}$, 如表 8.16

8.4 联邦学习实证

将预测值转化为预测概率 $p, p_i = \dfrac{1}{1+\mathrm{e}^{-\hat{y}_i^{(t)}}}$, 当 $p \geqslant 0.5$, 样本取值为 1, 当 $p < 0.5$ 时, 样本取值为 0.

表 8.16 第 3 棵树的预测值

编号	y_i	$\omega^{(3)}$	$\hat{y}_i^{(2)}$	$\hat{y}_i^{(3)}$	p	预测分类
1	0	−3.5716	−1.0795	−4.6511	0.0095	0
2	0	−3.5716	−0.9151	−4.4867	0.0111	0
3	1	3.1947	1.4538	4.6485	0.9905	1
4	1	3.1947	1.4538	4.6485	0.9905	1
5	1	3.1947	2.311	5.5057	0.9960	1
6	0	−1.3297	−0.6667	−1.9964	0.1196	0
7	1	−1.3297	0.2894	−41.0403	0.2611	0
8	0	−3.5716	−1.0795	−4.6511	0.0095	0
9	1	1.2684	1.6444	2.9128	0.9485	1
10	1	3.1947	1.4538	4.6485	0.9905	1

由表 8.16 结果可以看出预测分类不准确的有一个样本, 编号为 7.

8.4.2 场景应用

1) 数据来源与数据准备

本节重点讲如何使用 Lending Club 数据建立基于联邦学习的 Secureboost 模型, 使用的是经过处理之后的数据, 具体处理数据的过程详见第 6 章 6.6.1 节和 6.6.2 节.

选用 2018 年全年的数据作为总数据集, 建模使用的总数据集好坏样本占比如表 8.17 所示. 联邦学习建模将总数据集的 70% 作为训练集, 30% 作为测试集.

表 8.17 标签分类

标签类别	样本个数	占比/%
好样本 ($y = 0$)	194703	74.84
坏样本 ($y = 1$)	65446	25.16

建模使用的特征变量如表 8.18 所示.

2) 模型训练与评估

为对比联邦学习的模型效果, 本章建立的四个模型分别是

• M1: 使用 Guest 方和 Host 方的数据联邦建模, 构建基于联邦学习框架下的 XGBoost 模型.

• M2: 把双方的数据直接集中在一起, 建立 XGBoost 模型.

• M3: 仅使用 Guest 方的数据建立 XGBoost 模型.

• M4: 使用 Host 方的数据和另外加入的样本标签数据来建立 XGBoost 模型.

表 8.18 特征变量

序号	特征	含义	所属方
1	bc_open_to_buy	可以使用循环银行卡购买的总额	Guest
2	bc_util	所有银行卡账户的当前总流动余额与高信用/信用限额之比	Guest
3	num_il_tl	分期付款账户数	Guest
4	tot_hi_cred_lim	信用限额	Guest
5	mo_sin_old_il_acct	最早一次分期付款至今的月数	Guest
6	mo_sin_old_rev_tl_op	最早一次循环账户开设至今的月数	Guest
7	num_actv_rev_tl	目前在用循环账户数	Guest
8	installment	借款人在贷款时，每月需支付款项	Guest
9	open_rv_24m	过去 24 个月开设的循环交易数	Guest
10	mort_acc	抵押账户数量	Host
11	verification_status	借款人收入或收入来源是否经过 LC 验证	Host
12	dti	借款人每月偿债额与总债务之比	Host
13	fico_range_high	借款人原始贷款时的 FICO 的上限范围	Host
14	inq_last_6mths	最近六个月的查询次数 (不包括按揭和汽车查询)	Host
15	annual_inc	年收入	Host
16	home_ownership	房屋所属于情况	Host
17	emp_length	工作年限	Host
18	term	申请还款期数	Host

3) 模型参数设置

树模型中的迭代次数 (或者称树的棵数) 对模型的影响较大, 由于联邦训练用时较久, 分析 M2 建模中迭代次数对损失的影响. 由图 8.14 可知, 当迭代次数达到 40 时, 测试集上损失已不再下降, 结合模型复杂度考虑选择迭代次数为 40.

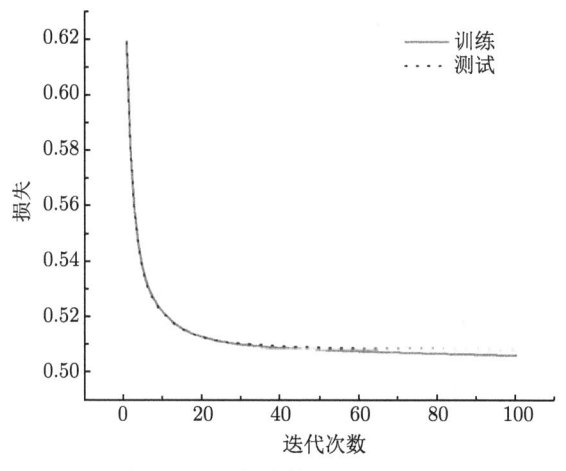

图 8.14 迭代次数对损失的影响

■ 8.4 联邦学习实证

四个模型的参数设置均相同, 其使用的主要参数取值情况为 learning rate:0.3; max depth:3; num trees:40.

4) 模型评估与对比

由于阈值的选择往往基于模型和本身数据进行权衡, 本章将选用与阈值无关的 AUC 和 KS 进行评估模型. 其中, AUC 为 ROC 曲线下的面积, 可以用来评价模型的整体训练效果, AUC 越大模型越好; KS 取的是 TPR 和 FPR 差值的最大值, KS 越大说明模型区分好坏样本的能力越强.

四种模型在测试集上得到的混淆矩阵如表 8.19 ∼ 表 8.22, 可看出 M1 与 M2 的混淆矩阵几乎一致, 说明联邦学习建模与直接集中建模的结果几乎一致; M3 和 M4 的混淆矩阵中对样本的预测能力明显差于 M1 和 M2. 从四个模型的混淆矩阵对比中可以看出, 联邦学习建模的 M1 模型效果几乎等同于数据集中建模的 M2, 但联邦学习建模的 M1 还能满足数据隐私保护, 集中建模的 M2 则是无隐私保护的数据集中; 联邦学习建模的 M1 模型效果优于仅使用一方数据的 M3 和 M4, 说明联邦学习建模的 M1 达到了数据共享后模型提升的目的.

表 8.19 M1 模型在测试集上的混淆矩阵

	预测为 0	预测为 1
标签为 0	56484	16905
标签为 1	2040	2616

表 8.20 M2 模型在测试集上的混淆矩阵

	预测为 0	预测为 1
标签为 0	56416	16798
标签为 1	2112	2723

表 8.21 M3 模型在测试集上的混淆矩阵

	预测为 0	预测为 1
标签为 0	58161	19064
标签为 1	363	457

表 8.22 M4 模型在测试集上的混淆矩阵

	预测为 0	预测为 1
标签为 0	57073	17815
标签为 1	1451	1706

四种模型训练集上 ROC 对比展示如图 8.15. 在图中, M1 与 M2 的 ROC 曲线几乎重合, 表明 M1 和 M2 在用 ROC 和 AUC 指标进行评价时几乎没有区别; M3 和 M4 的 ROC 差于 M1 的 ROC, 说明仅用单方数据建模效果弱于联邦模型.

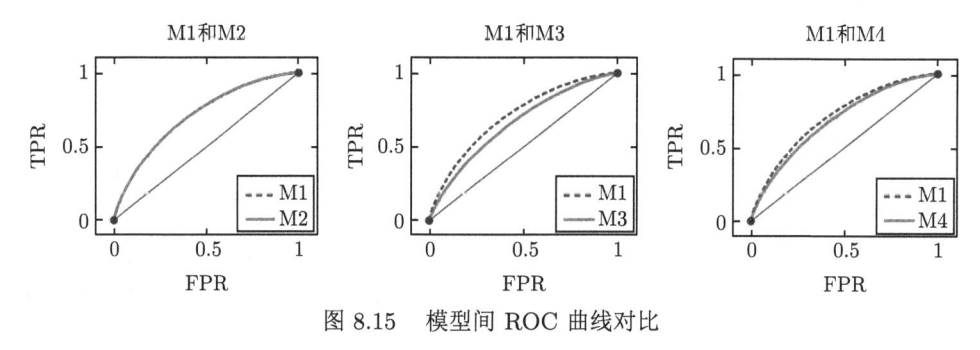

图 8.15 模型间 ROC 曲线对比

四种模型模型 KS 指标如图 8.16. 在图中, M1 与 M2 的 KS 曲线几乎重合, 表明 M1 和 M2 的 KS 指标差异很小; M3 和 M4 的 KS 曲线明显差于 M1 的 KS 曲线, 表明仅使用单方数据建模的 M3 和 M4 对好坏样本的区分能力弱于使用双方数据联邦建模的 M1.

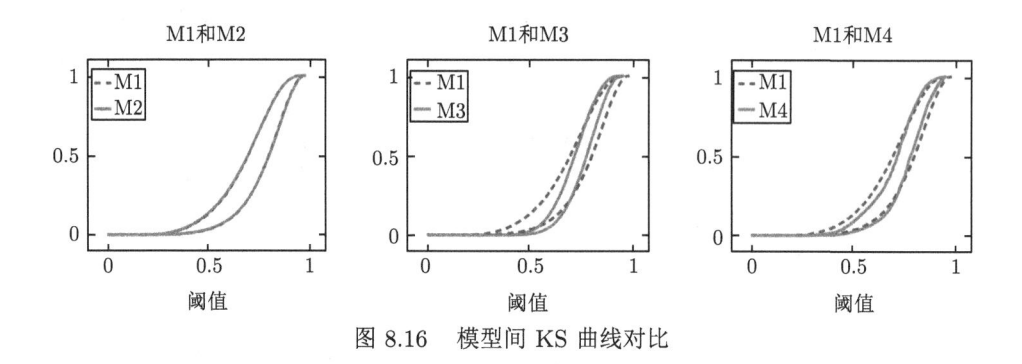

图 8.16 模型间 KS 曲线对比

四种模型对应的 KS 和 AUC 值如表 8.23, 直方图对比展示如图 8.17. 从表 8.23 中可看出, 在测试集上, M1 与 M2 的 AUC 相差 0.0001; KS 差异为 0.0007, 可见 M1 和 M2 在 AUC 和 KS 指标上近似一致; 同样对比 M1 和 M3、M4, 可知 M1 优于 M3、M4.

通过对四种模型进行了混淆矩阵、ROC、KS 和 AUC 的对比, 可知: 在模型效果方面, 联邦学习的模型 M1 与数据直接集中建模的 M2 模型效果近乎一致, 且均优于仅使用一方数据建模的 M3 和 M4, 说明数据共享有助于模型性能的提升; 在隐私保护方面, 数据直接集中建模的 M2 是无隐私保护的数据共享, 而联邦学习的 M1 是隐私保护下的数据共享. 综上, 在隐私保护和数据共享的双重需求下,

Secureboost 既能满足这双重需求, 模型效果又能与无隐私保护的 XGBoost 模型近乎一致.

表 8.23 各模型 AUC、KS 数值表

	M1 训练集	M1 测试集	M2 训练集	M2 测试集	M3 训练集	M3 测试集	M4 训练集	M4 测试集
AUC	0.7124	0.7090	0.7130	0.7091	0.6625	0.6584	0.6839	0.6828
KS	0.3055	0.3040	0.3077	0.3033	0.2336	0.2293	0.2597	0.2608

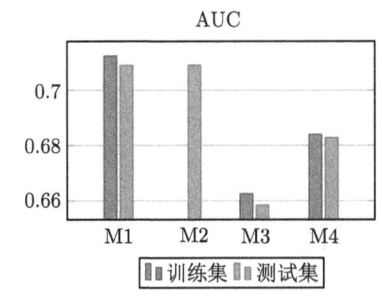

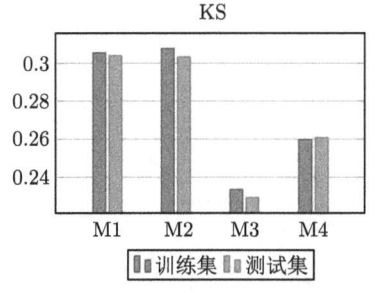

图 8.17 模型 AUC、KS 数值直方图

5) 结论

以上基于联邦学习中 Secureboost 模型, 选取 Lending Club 数据中的 18 个特征, 分别用联邦学习建模、集中建模和两方数据各自建模这四种方式建立模型并分析对比, 主要采用 AUC 和 KS 等指标评估模型效果. 实验结果表明, 联邦学习建模和集中建模的模型在 AUC 和 KS 指标上表现几乎一致, 且均优于两方数据各自建模. 联邦学习在保护了数据安全和隐私的情况下实现了数据的共享, 并且模型效果与数据直接集中建模效果几乎一致, 对金融行业发展信贷风控的数据困境提供了可行的方案, 具有广泛的应用前景.

8.5 本章小结

本章重点是纵向安全联邦逻辑回归和 Secureboost 模型的公式推导过程, 并通过示例来具体呈现 Secureboost 中的计算过程. 实验结果表明, 联邦学习建模和集中建模的模型在 AUC 和 KS 指标上表现几乎一致, 且均优于两方数据各自建模. 数据的孤岛分布对于数据的使用和管理是一大挑战, 联邦学习建模为人工智能的进一步发展提供了重要的渠道, 期待在不久的将来, 联邦学习能够打破数据孤岛的壁垒, 在保护数据安全和隐私的情况下, 实现数据的有效使用, 助力人工智能的发展.

练习题

习题 8.1 利用微众银行的联邦学习 FATE 开源包, 对 8.4.2 节的信用评价问题建立联邦逻辑回归模型, 并比较联邦逻辑回归和数据集中建模时的效果差异.

习题 8.2 利用微众银行的联邦学习 FATE 开源包, 对 8.4.2 节的信用评价问题建立联邦 XGBoost 模型, 并与本章中结果比较, 探索本章中方法的不足以及改进的方法.

习题 8.3 国内现有多种联邦学习开源包, 研究对比它们的特点以及适用场景.

PART THREE

第三部分

吉布斯抽样算法的特征提取及场景应用

第 9 章

吉布斯抽样方法和特征提取框架介绍

■ 9.1 吉布斯抽样方法可以解决什么问题

近十几年来,随着科技的进步和金融全球化,金融行业呈现出快速发展的趋势. 科技创新与金融的有机结合不断推动着全球数字经济的发展, 普惠金融、数字资产、量化投资和金融大数据等在金融行业中得到了广泛的应用, 不断扩张和高速发展的复杂信息网络, 使得海量的数据运用到金融领域. 大数据规模庞大, 诸多数据源不仅包含基于结构化数据, 还包含基于不同时间和不同领域融合的非结构化数据, 这些数据随着市场规模扩大和时间延伸呈几何级数递增, 在金融行业中形成了动态演化的复杂数据网络结构. 在金融行业中提取海量数据中的有效关联信息, 特别是对非结构化信息的处理, 并运用于风险管理、决策分析等领域, 具有重大的理论和实践价值. 本部分主要是在大数据框架下对业界场景, 特别是对以刻画金融行业真实场景为基础的风险特征因子的提取方法进行比较专门的系统讨论, 这正好是结合大数据思维处理非结构化数据风险特征筛选的一个全新处理方式的体现.

因此, 这部分的目的就是在大数据框架下, 系统地陈述如何将吉布斯抽样 (Gibbs sampling) 方法作为基本工具, 以大数据关联特征因子提取的推断判定标准为基础, 在业界特别是金融衍生品场景下, 对关联风险特征进行有效提取的思维和路径. 具体来讲, 我们在本部分比较系统地讨论如何以马尔可夫链蒙特卡洛 (MCMC) 框架下的吉布斯抽样算法为基础, 通过比值比 (Odds Ratio, 简记为 OR 值) 来定义不同程度的关联方这个概念, 针对大数据 (包含传统的结构化和非结构化数据) 一般框架下对高度关联特征因子提取推断标准框架的建立, 系统性地陈述从海量数据中通过随机搜索方法提取与金融衍生品价格或风险关联的高度风险特征因子实现的具体流程.

这里, 我们首先简单介绍一下吉布斯抽样 (采样) 方法的简要背景和基本思想. 吉布斯抽样是统计学中用于马尔可夫链蒙特卡洛理论的一种算法, 用于在难以直接采样时从某一多变量概率分布中近似抽取样本序列. 该序列可用于近似联合分布、部分变量的边缘分布或计算积分 (如某一变量的期望值). 我们知道, 抽样 (采样) 以一定的概率分布来描述可能要发生的事件, 因此吉布斯抽样常用于统计推断 (尤其是贝叶斯推断) 之中. 它是一种随机化算法, 从而与其他的 (比如最大期望算法等) 统计推断中的确定性算法相区别.

与其他算法一样, 吉布斯抽样 (采样) 从马尔可夫链中抽取样本, 可以看作是 Metropolis-Hastings 算法 (简称为 M-H 算法)[①] 的特例, 可以由马尔可夫链和概率转移矩阵的性质推出其采样分布最终收敛于联合分布. 该算法的名称源于约西亚·威拉德·吉布斯 (Josiah Willard Gibbs), 由斯图尔特·杰曼 (Stuart Geman) 与唐纳德·杰曼 (Donald Geman) 兄弟于 1984 年提出 (Geman et al., 1984). 吉布斯抽样适用于条件分布比边缘分布更容易采样的多变量分布, 特别是在统计学和统计物理学中, 吉布斯抽样是马尔可夫链蒙特卡洛理论中用来获取一系列近似等于指定多维概率分布 (比如 2 个或者多个随机变量的联合概率分布) 观察样本的算法.

吉布斯抽样算法识别模体的基本原理是通过随机采样不断更新模体模型及其在各条输入序列中出现的位置, 优化目标函数, 当满足一定的迭代终止条件或者达到最大迭代次数时就得到了最终所求的模体. 吉布斯采样算法是一种启发式学习方法, 它假定每一条序列只包含一个特定长度的模体实例, 在各条序列上随机选取一个模体的起始位置, 这样便得到了初始训练集, 然后通过更新步骤和采样步骤迭代改进模体模型.

在本部分, 结合宏观和微观的传统因素, 从大数据角度出发, 以业界真实场景, 特别是金融行业产品相关的非结构化和结构化风险特征数据作为初始特征因子, 在给定

[①] Metropolis-Hastings 算法, 即梅特罗波利斯-黑斯廷斯算法 (简记为 M-H 算法) 是较早出现且比较一般化的马尔可夫链蒙特卡洛 (MCMC) 方法, 最初由 Metropolis 等人在 1953 年提出, 之后由 Hastings 对其加以推广, 形成了今天的 "Metropolis-Hastings 方法". Metropolis 算法是蒙特卡洛方法中最著名的算法, 它的应用范围包括统计物理、量子色动力学 (Quantum Chromodynamics, QCD)、天体物理、物理化学、数学、计算生物等, 甚至包括社会科学. 1953 年, Nicolas Metropolis 连同 Arianna W. Rosenbluth、Marshall N. Rosenbluth、Augusta H.Teller、Edward Teller 在 The Journal of Chemical Physics 上发表了一篇题为 "Equations of State Calculations by Fast Computing Machines" 的文章 (1953, 21(1087)); doi: 10.1063/1.1699114), 提出了后来以 Nicolas Metropolis 的名字命名的算法, 这篇文章至今已被引用 4 万多次.

梅特罗波利斯-黑斯廷斯算法, M-H 算法是统计学与统计物理中的一种马尔可夫链蒙特卡洛方法, 用于在难以直接采样时从某一概率分布中抽取随机样本序列, 得到的序列可用于估计该概率分布或计算积分 (如期望值) 等. M-H 算法或其他 MCMC 算法一般用于从多变量 (尤其是高维) 分布中采样. 对于单变量分布而言, 常会使用自适应判别采样 (adaptive rejection sampling) 等其他能抽取独立样本的方法, 而不会出现 MCMC 中样本自相关的问题.

随机样本的误差容忍度下 (比如不超过 5% 的误差), 比较系统性地陈述基于吉布斯抽样的随机搜索, 实现提取金融风险高度关联特征的方法和推断标准的建立, 并进一步将特征进行强弱关联关系分类, 用于支持与金融产品管理评估、产品价格变化的趋势分析等具体应用. 我们讨论的特征提取和分类方法为在大数据复杂场景情况下进行业界金融风险特征因子的筛选和特征因子的分类以及对应场景和金融衍生品的分析与风险防范, 特别是在支持数字经济框架下的业务发展与风险对冲管理等方面提供了一种新的分析维度和问题解决的方法.

在实践中, 特别是大数据场景下, 面对海量数据, 通过算法来筛选或提取刻画给定场景现象或者行为表现的过程称为特征提取. 针对特征提取, 从统计学的角度, 相关性检验能够反映特征与刻画的对象是否具有或存在 (线性) 相关性, 通常利用相关系数 (例如, 皮尔逊相关系数) 来进行描述; 但是在大数据框架下, 大量的特征与刻画对象之间的关联性可能是非线性的复杂关系, 难以通过统计学意义下的相关系数关系来描述, 同时, 从特征筛选在面对高维特征空间的时候, 很难通过变量之间的两两线性相关关系找到最适合用于建模的特征子集, 而遍历特征空间则会面临典型的 NP 问题 (Non-deterministic polynomial problem, 即多项式复杂程度的非确定性问题, 简记为 NP 问题)(Paz et al., 1981). 这样, 算法会因为指数级增长的算法复杂度而在面对高维特征空间时失去计算可行性, 而正则化方法在特征空间维数接近甚至超过观测样本数量时极有可能面临无法收敛的情形. 综上所述, 在大数据的背景下, 对高维的特征空间进行特征提取时难以避免两个难题, 一是由于特征之间 (包括特征与响应变量) 的关联关系不再只是线性相关的关联关系; 二是特征空间维度过高而观测样本数量有限的矛盾.

为了解决上述两个难题, 并借鉴关联规则学习算法解决特征维度过高的思想, 基于马尔可夫链蒙特卡洛模拟 (Glasserman, 2013) 框架下的吉布斯随机搜索算法 (Geman et al., 1984) 在观测样本量有限的条件下, 可以通过降低计算复杂度来完成特征提取的工作, 下面我们简要陈述基于吉布斯抽样的机器学习特征提取的基本思想.

吉布斯抽样特征提取的基本思想: 其基本出发点是利用吉布斯随机抽样在复杂采样过程中不易造成偏差的特性, 从复杂的多元概率分布中产生随机向量, 实现对特征空间进行随机抽样的同时保证所抽取随机样本能够保持特征的原始信息, 从而将多项式复杂程度的非确定性的 NP 问题转化为多项式复杂度的问题, 这就可以解决高维特征空间中基于关联规则学习完成针对 (高度关联) 特征筛选和提取的问题.

9.2 逻辑回归模型框架下的关联特征的提取方法

以建立刻画公司财务欺诈行为表现的特征因子的提取为例, 样本特征如图 9.1

中所示的表格, 每一行是一个样本, 每一列是样本的一个特征, 我们的目标是在所有列中提取一个子集, 来有效代替特征全集.

证券简称	管理费率高	管理费率低	浮动管理费	托管费率高	托管费率前	销售服务费	销售服务费	费率优惠	机构类型	成立日期早	成立日期晚	法人与总经	券商派系	银行派系	保险、期货	非主流派系	国
汇添富添富	0	1	0	0	0	0	0	0	0	0	0	0	1	0	0	0	
汇添富添富	0	1	0	0	0	1	0	0	0	0	0	0	1	0	0	0	
汇添富添富	0	1	0	0	0	0	0	0	0	0	0	0	1	0	0	0	
东方稳健回	0	0	0	0	0	1	0	1	0	0	0	0	1	0	0	0	
华安核心优	0	0	0	0	0	1	0	1	0	1	0	0	0	0	1	0	
华安新丝路	0	0	0	0	0	1	0	1	0	1	0	0	0	0	1	0	
鹏华信用增	0	0	0	0	0	1	0	1	0	1	0	0	1	0	0	0	
鹏华信用增	0	0	0	0	0	0	1	0	0	1	0	0	1	0	0	0	
中欧鼎利	0	0	0	0	0	1	0	0	0	0	0	0	0	1	0	0	
鹏华货币A	0	1	0	0	1	0	0	0	0	1	0	0	1	0	0	0	
鹏华货币B	0	1	0	0	1	1	0	0	0	1	0	0	1	0	0	0	
鹏华兴鑫宝	0	1	0	0	1	0	0	0	0	1	0	0	1	0	0	0	
民生加银精	0	0	0	0	0	1	0	1	0	0	0	1	0	1	0	0	
大成景阳领	0	0	0	0	0	1	0	1	0	1	0	0	0	0	1	0	
大成竞争优	0	0	0	0	0	1	0	1	0	1	0	0	0	0	1	0	
中欧信用增	0	0	0	0	0	0	0	0	0	0	0	0	0	1	0	0	
富国安益	0	1	0	0	1	1	0	0	0	1	0	0	1	0	0	0	
万家增强收	0	0	0	0	0	0	1	0	0	1	0	0	1	0	0	0	
中欧睿尚定	0	0	0	0	0	1	0	1	0	0	0	0	0	1	0	0	
金鹰稳健成	0	0	0	0	0	1	0	1	0	1	0	0	1	0	0	0	
长盛添利宝	0	1	0	0	0	0	0	0	0	1	0	0	1	0	0	0	
长盛添利宝	0	1	0	0	0	1	0	0	0	1	0	0	1	0	0	0	
国联安货币	0	1	0	0	0	0	0	0	0	1	0	0	0	0	1	0	
国联安货币	0	1	0	0	0	1	0	0	0	1	0	0	0	0	1	0	

图 9.1 公司财务样本示例来自万得数据系统 (Wind)

基于逻辑回归模型框架, 在马尔可夫链蒙特卡洛框架下, 利用吉布斯随机抽样的特征因子提取方法是: 首先, 假定每个特征因子服从伯努利分布, 然后对特征空间 (所有可能的特征因子的集合) 进行随机抽样, 在随机抽取特征因子时, 保证随机抽取出的特征因子包含观测到的样本的初始特征 (这是实现路径的第一步); 然后, 通过利用 AIC 标准 (Akaike information criterion)(Akaike, 1974) 或 BIC 标准 (Bayesian information criterions) (Schwarz,1978) 实现对特征因子的随机抽样 (即, 实现路径的第二步); 同时, 在特征因子服从伯努利分布的假定下, 通常要求使用的吉布斯抽样方法结果的显著性表现误差不大于 5%(或者其他误差容忍度), 对应的设定控制误差的随机抽样样本次数为 400 次 (第三步), 这样就解决了特征空间复杂度高而且观测样本不足的问题, 并将 NP 问题通过吉布斯抽样方法中用到的随机搜索转化为多项式复杂度问题, 从而减少计算的复杂度. 汇总成一句话, 即在观测样本数量有限的条件下, 通过吉布斯抽样方法 (基于 AIC 或 BIC 准则构造转移矩阵) 对特征因子的所有情况 (构建成的幂集) 进行筛选, 提取可以刻画财务欺诈行为相关的风险因子, 即我们讲的特征因子 (袁先智等, 2021a, 2021b, 2021c).

在金融科技领域, 基于大数据框架下对多维海量数据的特征信息提取的方法运用还比较少, 特别是基于随机搜索方法及其应用, 以吉布斯抽样方法的研究应用为例, 尽管 S. Geman 和 D. Geman (1984)、Schwarz (1978) 以及 Qian 和 Field (2002) 先后完成了一系列基础性的工作, 但是比较全面的基于吉布斯抽样计算, 利用随机搜索方法, 针对金融衍生品的关联 (风险) 特征指标的提取方面的系统性研究和方法目前并不多见, 特别是在大数据框架下, 以多维度数据信息为基础, 控制误差容忍度 (比如不大于 5% 或者其他容忍度标准) 的前提下, 建立与基金业绩管理相关或与期货价格趋势变化的强弱关联关系相关的特征因子提取和关联程度分类方面的工作更是少见. 因此, 本部分希望比较系统性地讨论、提出支持金融衍生品特征风险因子提取的筛选方法, 并进一步将关联特征因子按强弱相关性进行强度的分类, 最终形成在大数据框架下针对金融衍生品的大数据 (非结构化和结构化数据) 复杂结构提取风险特征的一般方法论与实现步骤, 来填补目前在大数据框架下针对 (特别是非结构化数据) 的风险特征提取在筛选标准方面基本标准未建立的空缺!

■ 9.3 实现吉布斯抽样特征提取的算法框架

基于以上的思路, 本章把基于逻辑回归模型获得的关联关系强弱度用条件概率来进行描述, 然后按照吉布斯的抽样方法, 把每个步骤涉及的一个变量的值替换为以剩余变量的值为条件, 从这个条件概率分布中抽取对应变量的值. 本章将 z_i 替换为从概率分布 $p(z_i|z_{\setminus i})$ 中抽取的值 (其中 z_i 表示 z 第 i 个元素的指标变量, $z_{\setminus i}$ 表示 $z_1, z_2, \cdots, z_M$ 去掉 z_i 这一项). 这个步骤要么按照某种特定的顺序在变量之间循环, 要么每一步按照某个概率分布随机地选择一个变量进行更新. 这个吉布斯抽样的整体过程的实现流程可以表达如下.

初始化 $z_i, i = 1, 2, \cdots, M$. 对于 $\tau = 1, \cdots, T$ 进行如下步骤抽样: 抽样 $z_1^{(\tau+1)} \sim p(z_1|z_2^\tau, z_3^\tau, \cdots, z_M^\tau)$; 抽样 $z_2^{(\tau+1)} \sim p\left(z_2|z_1^{(\tau+1)}, z_3^\tau, \cdots, z_M^\tau\right)$; 抽样 $z_m^{(\tau+1)} \sim p\left(z_m|z_1^{(\tau+1)}, \cdots, z_{(m-1)}^{(\tau+1)}, z_{(j+1)}^\tau, \cdots, z_M^\tau\right)$; 抽样 $z_M^{(\tau+1)} \sim p\left(z_M|z_1^{(\tau+1)}, \cdots, z_{(M-1)}^{(\tau+1)}\right)$.

通过抽样得到随机变量组 $(z_1^1, z_2^1, \cdots, z_M^1), (z_1^2, z_2^2, \cdots, z_M^2), \cdots, (z_1^T, z_2^T, \cdots, z_M^T)$ 经过多次迭代后, 样本与初始状态的分布无关. 然而, 正如上面陈述的针对吉布斯算法的特殊性质 (Qian et al., 2002; 袁先智等, 2021a, 2021b, 2021c), 本部分将基于吉布斯抽样构建全新的大数据特征筛选方法, 用于支持特征指标的筛选和提取.

先对初始特征用逻辑回归建立初始模型, 以初始模型为基准模型.

第一步 建立基准模型, 构建初始特征集合. 随机抽取一个特征子集 I_0 用于初步的模拟建模, 将初始模型中系数不为 0 的特征记为 1, 系数为 0 的特征记为 0, 则有

$$I_0 = (0, 1, 1, \cdots, 0) \in \{0, 1\}^k$$

第二步 基于构建支持随机抽样的标准. 基于 AIC 或者 BIC 标准构建指标条件概率函数 $p(z)$ 如下所示:

$$P_c(j_s = 1|J_{-s}) = \frac{P_c(j_s = 1, J_{-s} \Rightarrow I_c)}{P_c(j_s = 1, J_{-s} \Rightarrow I_c) + P_c(j_s = 0, J_{-s} \Rightarrow I_c)} \quad (9.1)$$

其中, j_s 表示第 s 个特征, J_{-s} 表示除第 s 个特征之外的全部特征的组合, I_c 表示 J_{-s} 这一组合的确定值. 然后, 本章将分别基于 AIC 和 BIC 方法构建两组条件概率分布函数, 目的是在最后一步中比较两者的模型效果, 条件概率分布函数可表示为

$$\begin{cases} P_{\text{AIC}}(j_s = 1|J_{-s}) = \dfrac{\exp(-\text{AIC}(j_s = 1|J_{-s}))}{\exp(-\text{AIC}(j_s = 0|J_{-s})) + \exp(-\text{AIC}(j_s = 1|J_{-s}))} \\ P_{\text{BIC}}(j_s = 1|J_{-s}) = \dfrac{\exp(-\text{BIC}(j_s = 1|J_{-s}))}{\exp(-\text{BIC}(j_s = 0|J_{-s})) + \exp(-\text{BIC}(j_s = 1|J_{-s}))} \end{cases}$$
$$(9.2)$$

请注意, 针对非线性模型, 比如在集成模型中, 可以用损失函数代替这里提到的 AIC 或 BIC 标准, 来构建需要的条件概率函数; 而在树模型中, 可用信息增益或基尼系数来构建需要的条件概率函数.

第三步 构建支持随机抽样的样本量. 为了构建并设定在给定控制误差 (通常使用显著性表现误差小于 5%) 下需要实现的随机样本量, 进入抽样过程需要完成的随机模拟至少为 400 次 (袁先智等, 2021a,2021b,2021c), 推导如下.

计算每一个特征进入模型的频率, 这个频率即表示该特征与被预测变量之间的关联显著性. 对于各个特征的吉布斯抽样, 整个抽样过程是对所有特征构建的集合空间进行的抽样, 每个特征子集是否包含某一个特征由于假定服从伯努利分布, 根据蒙特卡洛模拟的标准差公式, 反映关联规则显著性的频率指标的标准差 $\text{Std}(p)$ 如下面等式所示:

$$\text{Std}(p) = \sqrt{\frac{p(1-p)}{M}} < \sqrt{\frac{1}{4M}} \quad (9.3)$$

由等式可知进行风险特征的提取在 2σ 的误差控制准则下 (当 $p = 1/2$ 时), 若要保证显著性表现误差小于 5%, 其对应的模拟需要进行至少 $M = 400$ 次的抽样.

第四步 通过计算关联显的显著性进行特征因子的分类. 即通过 OR 指标 (参见下面附录 II 中的介绍) 对特征因子与基金绩效或期货价格变化的关联强度进行关联度的分类, 可把基于吉布斯抽样得到的特征指标结果解释为每个特征进入模型的次数, 经过进一步计算可以得到关联显著性 (关联显著性 = 特征出现次数/抽样总次数)(比如, 400 次). 关联显著性表示一个参数的重要程度, 特征指标的关联显著性越高, 与特征关联性就越强, 但由于关联显著性存在误差, 为了更精确地反映特征与基金绩效或期货价格变化的相关性, 本书将应用 OR 指标来对特征因子与基金绩效或期货价格变化的相关性强弱进行分类. 在线性模型中, 我们

可以用 OR 指标来分类表征关联的强度; 在非线性模型中, 比如在树模型或集成模型中, 可以利用前面在第 5 章介绍的 SHAP 算法中因子的贡献度来表征 (分类) 关联特征的强度 (Lundberg et al., 2017; Li et al., 2020).

第五步 构建最终趋势分析模型并进行模型效果测试. 选择关联显著性大于某个设定水平 (根据实际工作的需要设定) 的特征指标建立逻辑回归模型, 分别在训练集合和测试集合中检验模型的效果.

9.4 集成学习模型框架下的关联特征提取步骤

第一步 以 XGBoost(XGB) 建立初始模型, 作为基准, 构建初始特征集合.

第二步 随机抽样的实现. 用带有正则项的损失函数:

$$L(y, f_k(x)) = \sum_{i=1}^{n} l(y_i, \hat{y}_i) + \sum_{k=1}^{K} \Omega(f_k) \tag{9.4}$$

代替逻辑回归框架下中的 AIC 或 BIC 标准, 构建条件概率函数, 对初始特征进行吉布斯抽样.

第三步 实现至少 400 次的抽样. 重复前两步至少 400 次, 这就保证了基于样本带来的显著性误差小于 5%.

第四步 通过关联显著性提取关联显著性强度高的特征. XGB 模型是集成学习模型, 属于非线性模型, 如果 OR 指标作为关联性度量不合适, 则可以用 SHAP 算法中的贡献度 (特征重要度) 来表征关联强度 (Lundberg et al., 2017) 和对应的解释性, 从而可把关联强度高的特征提炼出来.

第五步 用提取出的特征建立 XGBoost (XGB) 等模型进行预测.

这样, 以吉布斯抽样为工具, 通过随机搜索方法, 我们建立了基于大数据思维对金融场景针对关联特征提取的实现框架与配套的推断原理.

这里, 我们希望指出的是, 基于针对在一般大数据意义下的结合结构化和非结构化 "关联" 特征的提取, 通过 OR 指标 (参见本章后面附录 II 的介绍) 来定义的关联 (特征), 这是在统计学中经常用到的取值在区间 $[-1, 1]$ 的传统的相关系数的新概念, 它将在本书针对非结构化特征的提取 (筛选) 中起到非常大的作用. 作为应用, 下面我们将讨论利用本章介绍的方法和关联特征来建立真实金融场景风险特征对应的标准和刻画风险表现能力的测试工作.

9.5 本章小结

本章主要讨论在大数据框架下与金融相关的业界场景, 特别是与金融行业真实场景高度相关的风险特征因子提取方法的一般框架的建立. 结合大数据思维和数据处理手段可为日益复杂的场景问题提供可行的解决方案,特别是在处理非结构化风险因子特征数据方面可提供一个全新的角度和思维,是金融科技支持风险特征分析方法的一个具有显著特点的创新标志. 特别是, 这部分的中心目标就是在大数据框架下, 系统地陈述利用吉布斯抽样方法这一基本工具, 以大数据关联特征因子提取的推断判定标准为基础, 对业界, 特别是金融衍生品场景下对关联风险特征进行有效提取的思维和路径.

具体来讲, 我们基于马尔可夫链蒙特卡洛 (MCMC) 框架下的吉布斯抽样算法, 通过 "OR 值"(也称为 "比值比" 或 "优势比") 定义了不同程度的 "关联方" 这个概念, 并基于大数据 (包含传统的结构化和非结构化数据) 一般框架下对高度关联特征因子提取推断的原理, 系统性地陈述了从海量数据中提取与金融衍生品价格或者风险关联的高度风险特征因子的随机搜索方法.

附录 II 支持关联特征提取的比值比指标介绍

为了能够针对关联特征进行比较科学的分类, 我们在本附录介绍支持关联特征分类使用的比值比指标.

对于发生概率较小的风险事件 (例如, 违约、发病等) 而言, 比值比是相对危险度的精确估计值, 接下来以吸烟和某种疾病的发病与否的关系来解释比值比的意义. 表 II.1 解释吸烟与某种疾病的关系: 其中吸烟的病例样本占总样本比例为 A, 不吸烟的病例占总样本比例为 B; 对照组 (不发病的样本) 中吸烟的样本占总样本比例为 C, 不吸烟的样本占总样本比例为 D.

表 II.1 比值比案例

样本类型	吸烟者	不吸烟者
病例	A	B
对照	C	D

其中, 病例样本中吸烟样本数量与不吸烟样本数量的比值为

$$a = A/B \tag{9.5}$$

病例中吸烟样本所占的比例越大, 则该比值越大, 也就意味着吸烟组所占的优势越大. 但不能因这种优势较大就此简单认为吸烟就是提高了该疾病的发病风险. 为了分析吸烟是否与该疾病的发病具有显著关联还需要对对照组进行分析, 对照组中吸烟样本数量与不吸烟数量的比值为

$$b = C/D \tag{9.6}$$

两个比值的差异可以说明吸烟与该疾病的关联关系强弱, 因此两个比值的比 (即为 Odds Ratio, 简记为 OR 或 OR 值) 如等式 (9.7) 所示:

$$\text{Odds Ratio} = a/b = AD/BC \tag{9.7}$$

OR 值越接近 1, 则吸烟样本在病例组中吸烟样本所占的比例 (或优势) 的差异越小, 即吸烟与该疾病的关联关系越弱; OR 值越大或越接近 0, 则说明吸烟样本在病例组中吸烟样本所占的比例 (或优势, 即 Odds) 的差异越大, 即吸烟与该疾病的关联关系越强.

在逻辑回归模型中, 回归的因子通常为连续型变量 (或是被处理成为连续型变量的), OR 值所反映的是因子变化 1 个单位, 带来的相对风险的变化. 逻辑回归中 Odds 如等式 (9.8) 所示:

$$p/(1-p) = \exp(\beta_0 + \beta_1 x_1) \tag{9.8}$$

其中自变量为 x_1, 回归系数为 β_1. 若自变量 x_1 增加 1 个单位后的 Odds 如等式 (9.9) 所示:

$$q/(1-q) = \exp(\beta_0 + \beta_1(x_1+1)) \tag{9.9}$$

那么等式 (9.8) 与等式 (9.9) 的比值是特征为 x_1 的 OR 值, 如等式 (9.10) 所示:

$$\text{Odds Ratio} = \exp(\beta_1) \tag{9.10}$$

由等式 (9.10) 可见, 特征在逻辑回归中的 OR 值同样是一个常数, 它不受特征的绝对数值的影响.

本章建立在基于非结构化大数据的特征提取框架的基础上, 我们将在本部分下面各章中针对不同场景情况下的特征刻画和相关应用进行比较系统的讨论.

练习题

习题 9.1 利用 CITESPACE 等基于大数据的文献调研工具, 调研特征工程或特征提取方法的最新进展, 以及存在的问题.

习题 9.2 利用 CITESPACE 等基于大数据的文献调研工具, 调研吉布斯方法在特征提取方面的应用及其优缺点.

习题 9.3

9.3.1 陈述什么是 NP 问题, 并解释为什么讲吉布斯方法可以将 NP 问题转化为多项式复杂度问题来解决特征提取的问题?

9.3.2 简要陈述基于马尔可夫链蒙特卡洛框架的吉布斯抽样方法与一般的蒙特卡洛方法有什么不同?

9.3.3 陈述 AIC 准则和 BIC 准则的异同, 以及吉布斯抽样方法实现的流程.

习题 9.4 概述在集成学习模型框架下的关联特征提取步骤.

习题 9.5 概述比值比指标的统计学意义.

第 10 章
筛选刻画 FOF 关联风险特征指标

本章我们讨论在金融科技框架下,如何利用大数据思想提炼出刻画 FOF(基金的基金,简记为 FOF) 风险的特征指标. 在具体的分析技术层面, 我们通过使用马尔可夫链蒙特卡洛框架下的吉布斯抽样算法, 结合比值比作为关联分类的基本标准, 实现从多维数据中提取与基金业绩相关的特征因子再进行相关性分类, 从而建立刻画 FOF 风险的特征指标, 用来支持对构建 FOF 的基金进行选择. 本章的实证部分以国内 701 个债券型基金为样本, 从基金自身、基金管理人和基金关联实体三个维度出发, 建立包含 58 个影响基金业绩的特征的初始特征池, 利用吉布斯抽样方法得到 36 个与基金业绩相关的风险特征, 然后以优势比指标作为分类标准, 对相关的 36 个特征进行与基金业绩表现相关的强相关、一般相关和弱相关的分类. 我们的研究结果表明, 基金规模、历史投资业绩、声誉等信息可以直接反映基金的投资管理能力, 基金管理团队的能力和基金公司的经营状况也会对基金的投资管理能力产生重大影响. 我们的研究结论也为 FOF 基金池的建立提供了从理论到实证的特征指标的支持体系.[①]

2016 年 9 月 11 日, 中国证监会颁布并实行《公开募集证券投资基金运作指引第 2 号——基金中基金指引》, 从此公募基金正式迎来 FOF 新时代. FOF 的出现极大地丰富了我国金融产品体系, 为投资者提供了一个新的投资渠道, FOF 不仅能替普通投资者精选优质基金, 还能够对风险进行二次分散, 同时为更多投资者实现全球资产配置, 满足流动性宽裕的高净值用户的需求, 极大地推动了我国公募基金行业的发展. FOF 中的被选基金是否优质, 成为 FOF 构建的核心要素之一. 伴随着当前社会数据信息量急剧增长, 从海量杂陈的数据中挖掘出有价值的信息成为重要的研究方向. 在此背景下, 本章以 2018 年万得基金评级无缺失的 701 个债券型基金为样本, 从基金自身、基金经理和基金公司三个维度构建基金业绩有关的特征池, 在 5% 的误差容忍度下使用基于马尔可夫链蒙特卡罗的吉布斯

---

① 数据来自万得 (Wind), 万得是我国金融市场主要的数据和分析工具服务商之一.

抽样方法 (Qian et al., 2019) 对与基金业绩相关的特征再进行深入挖掘, 筛选出与基金业绩有关联的特征指标, 再通过比值比对这些筛选出的特征指标进行相关性分类 (强相关、一般相关、弱相关), 最后深入探讨筛选分类后的特征指标对基金业绩表现的预测能力, 为 FOF 选取 "好" 基金或识别 "坏" 基金, 快速建立基金池提供理论和实证支持.

本节讨论的主要内容为: 第一, 从基金自身、基金经理、基金公司三个维度构建刻画基金特征的基础指标体系, 在基金特征的构建中除了常用的财务信息外, 还包括基金、基金经理和基金公司的非结构化信息; 第二, 使用吉布斯抽样法对基金特征和基金业绩间的关联规则进行深入挖掘, 提出了基金特征提取的有效方法, 并通过比值比对特征相关性进行分类; 三是使用受试者工作特征 (receiver operating characteristic, ROC) 曲线 (Hanley et al., 1982) 对筛选后特征指标对基金业绩的预测能力进行了系统分析, 从而提出了在有多种可以影响基金业绩的特征因子, 又存在观测样本数据不全的情况下, 如何有效地进行特征提取, 并按与基金绩效的相关性进行分类, 实现构建 FOF 的基金池的一般方法, 为支持业界 FOF 建立优质基金池提供了一种新的思路.

10.1 基金自身关联风险因素介绍

我们知道, 基金的表现除了与基金本身的构建紧密相关外, 也与基金的经理人和所属的金融机构本身具有高度的关联, 因此, 提取出基金自身关联的风险因子 (因素) 就显得非常重要.

在他们的工作中, 许多学者 (Ippolito, 1993; Wermers, 2000) 认为基金历史业绩反映了基金经理的管理能力, 从而会影响基金未来业绩; 同时 Brennan 和 Hughes (1991) 的研究发现, 基金规模越大, 将有利于内部的资源整合, 可以大幅降低交易费用和交易成本, 从而提高业绩. 但 Elton 等 (1995) 的实证研究表明, 基金规模会侵蚀基金业绩, 即达到一定规模的基金会出现规模不经济. 学者 Chen 等 (2004) 则认为导致基金规模侵蚀基金业绩的原因在于流动性和组织不经济的相互作用. Sharpe(1966) 以美国 34 家共同基金为样本, 发现收取较低管理费的基金业绩表现更突出, 而 Golec(1996) 通过对基金的月度收益数据进行回归分析发现, 基金业绩与费用负相关.

梁珊等 (2016) 通过实证检验发现, 开放式股票型基金规模对基金选股能力和基金平均风格收益存在倒 U 型的影响. 关于基金费用对基金业绩影响的研究, 一般认为较高的费用代表基金管理者个人投入多, 实力强, 基金投资管理能力也应该较好, 投资业绩也较佳. 除此之外, 国内学者还关注于基金业绩和基金资金流量之间的关系并对 "赎回异象" 进行了分析, 即基金的净资金流随着基金业绩的增长

反而下降 (陆蓉等, 2007; 李志冰等, 2019). 但也有研究表明基金业绩和资金流量之间具有一定的正相关关系 (肖峻等, 2011; 刘京军等, 2016).

10.2 影响基金的其他相关因素

除了基金自身的因素外, 基金经理的个人特质、职业特质和能力特质也会影响基金的业绩. 就基金经理的性别而言, Barber 和 Odean (2001) 的研究表明, 男性基金经理比女性基金经理交易更加频繁, 而频繁交易所带来的交易成本的增加会使得男性基金经理的收益率较低, 与之相反, Bliss 等 (2008) 的研究则发现性别对风险调整后的收益没有明显影响. Chevalier 和 Elliso (1997) 采用了横截面法研究了基金经理个人特征对基金业绩的影响, 在被解释变量中加入了体现基金风格的代理变量, 结果显示管理基金业绩和基金经理毕业院校、成绩高度相关, 是否有 MBA 学历对基金业绩影响不显著.

学者徐琼和赵旭 (2008) 的研究则发现, 排名靠前的基金经理平均任职时间相对较长, 反映出投资经验丰富的基金经理在提高基金业绩和风险控制方面具有一定的竞争优势. 赵秀娟和汪寿阳 (2010) 的研究结果发现, 在我国基金市场发展的初始阶段, 与一般的基金经理相比, 经验丰富的基金经理获得了更高的投资收益率. 基金公司特征对基金业绩也会产生影响, 基金管理公司经营规模反映了基金管理公司的整体实力, 通常会认为基金管理公司规模越庞大, 实力越雄厚, 旗下基金数量越大, 基金整体水平可能较高, 存在规模效应 (Pollet, 2008; Gruber, 1996; Massa, 2003). 但 Elton 等 (1995) 认为, 规模越大, 相应地, 每只基金获得的支持和资源越分散, 最终会对基金产生负面影响.

基金的特征种类繁多, 海量的特征中包含非结构化的文本数据特征, 难以进行有效的量化判断. 王天思 (2016) 提出在大数据中, 相关关系是对因果派生关系的描述. 与大部分研究基金特征和基金业绩关系均基于回归分析所不同, 本节将从特征关联规则的角度进行特征筛选. 关联规则是对事物间存在的相互依存的关联关系的描述, 研究如何从海量随机数据中快速有效地挖掘有价值的关联规则信息具有重要的理论和实际意义.

到目前为止, 国内外学者对基金业绩的特征影响有了大量的研究成果, 但在金融科技领域, 利用多维数据的特征信息挖掘和提取的方法运用较少, 特别是基于随机搜索方法及相关的应用, 比如在吉布斯抽样方法的研究和应用方面, 除了 S.Geman 和 D.Geman (1984), Schwarz (1978) 以及 Qian 和 Field (2002) 等完成了一系列基础性的工作外, Qian 等 (2019) 也利用基于吉布斯抽样方法针对贝叶斯多变点问题进行了研究; Glasserman (2013) 利用马尔可夫链蒙特卡洛方法在计量金融方面进行了大量的应用研究; Narisetty 等 (2019) 讨论了一种用于支持模型选择的一致可伸缩吉布斯抽样算法. 但是目前比较全面的基于吉布斯抽样利用随机搜索方法对影响基金业绩的关联特征指标方面的系统性研究和方法展示并不多, 特别是在大数据范畴下, 以多维度数据信息为出发点, 并在设定控制误差容忍度 (比如不大于 5%) 情形下, 建立与基金业绩具有强弱关联关系的特征因子提取和分类方面的工作更是少见 (袁先智等, 2021a, 2021b, 2021c). 因此, 本节希望提出可以比较全面地刻画影响基金业绩的特征因子提取筛选并分类, 将分类样本按相关性排序, 支持构建 FOF 优质基金池的一般方法论.

10.3 筛选 FOF 关联特征的随机搜索算法框架建立

基于前述文献回顾和理论分析, 本节分两部分来阐述特征提取的基本思路和特征筛选算法.

10.3.1 金融产品 (基金) 业绩相关特征提取的基本思路

本节的重点是介绍建立影响基金业绩的主要特征指标提取的方法. 这里需要指出的是, 在本节讨论的提取影响基金业绩的特征的方法不是基于传统计量回归分析工具来直接实现的, 而是在面对多种可以影响基金业绩的特征因子存在的同时, 又面临样本观测量不够的客观现实困难情况下, 我们需要采用基于吉布斯抽样随机搜索算法和路径来实现特征的提取.

在通常情况下, 假定有 M 个可能影响基金业绩的变量, 最基本的筛选方法是考虑所有可能的组合情形. 但对这种考虑所有可能组合的方法, 即使只考虑线性组合, 也至少有 2^M 次的判断处理, 这就是典型的 NP 问题 (Paz et al., 1981). 另一方面, 如果使用统计回归分析方法, 可能会出现在建模时, 支持 M 个自变量的统计推断模型方法面临样本观测量不够的问题. 为了解决 NP 问题和样本观测量不够的困难, 从 20 世纪 50 年代开始, 在马尔可夫链蒙特卡洛模拟框架下的吉布斯抽样方法, 其实质是通过随机搜索的思想 (Glasserman, 2013), 就日趋流行和发展起来, 这种方法可以解决本节提到的面临 NP 问题和样本观测量数据不够的前提下的许多实践与应用问题.

因此本节的核心工作是在蒙特卡洛框架下利用吉布斯抽样方法来建立影响基金业绩的特征因子的提取, 即假定每个特征因子服从伯努利分布, 然后对特征空间 (所有可能的特征因子的集合) 进行随机抽样, 在随机抽取特征因子时, 保证随机抽取出的特征因子包含观测到的样本的初始特征, 然后通过引进 AIC 标准或 BIC 标准实现对特征因子的随机搜索. 同时, 在特征因子服从伯努利分布的假定下, 为了使吉布斯抽样方法结果的显著性表现误差不大于 5%, 我们判断需要设定控制误差的随机抽样样本量为 400(参见下面的 "非结构性数据特征提取推断算法框架"中的第三步的陈述), 这样就解决了特征空间复杂度高而且观测样本不足的问题, 并将 NP 问题通过吉布斯抽样方法中的随机搜索 (Qian et al., 2019) 转化为多项式复杂度问题, 从而减少计算的复杂度, 即在观测样本数量有限的条件下, 通过吉布斯抽样方法 (基于 AIC 或 BIC 准则构造转移矩阵) 对特征因子的所有情况 (构建成的幂集) 进行筛选, 筛选并得出与基金业绩相关的特征集.

在通常情况下可以得到许多与基金业绩相关的特征因子, 为了分解出与基金业绩高度关联的特征因子, 本节以逻辑回归模型为工具, 通过对应的比值比指标作为分类的标准参数, 将通过吉布斯抽样方法得出的影响基金业绩的特征因子进行分类. 在本节中将特征因子分为 "强相关特征", "一般相关特征" 和 "弱相关特征"(参见下面 "核心特征的提取与筛选" 一节 (10.3.3 节) 中的讨论). 在实现对影响基金业绩的特征因子的提取时, 本节通过吉布斯抽样的方法解决了基金绩效相关特征筛选时面临的 NP 问题和样本观测量不足的问题. 为了便于读者理解, 下面阐述吉布斯抽样方法的技术实现流程.

10.3.2 非结构性数据特征提取推断算法框架

在机器学习建模中, 平衡模型的准确性和可解释性是一个非常困难的过程. Qian 和 Field (2002) 首次在特征挖掘过程中使用了吉布斯抽样的方法, 给出了大数据框架下进行特征筛选的方向 (参见第 9 章给出的一般框架思路). 为了方便读者, 使其能够对金融场景作出实时、准确、有效、可解释的全面分析, 本节在针对基金业绩特征筛选方法的基础上, 比较详细地陈述如下的工作流程.

第一步 建立基准模型, 构建初始特征集合.

进行特征筛选前, 需要确定基础模型, 由于基金的分类是三分类结果, 因此本节将基于 Softmax 函数 (Bernardo et al., 2009) 建立基金表现的评价模型. 然后, 基于模型初步筛选部分特征作为初始特征, 样本存在 k 个特征. 构建初始特征集合 I_0, 将初始模型中系数不为 0 的特征记为 1, 系数为 0 的特征记为 0, 则有

$$I_0 = (0, 1, 1, \cdots, 0) \in \{0, 1\}^k \tag{10.1}$$

第二步 基于 AIC、BIC 准则构建特征分布函数.

在吉布斯抽样中, 对于分布函数的确定是非常重要的事情. 由于特征的复杂性本节无法直接构建概率分布函数 $P_c(J)$:

$$P_c(j_s = 1 | J_{-s}) = \frac{P_c(j_s = 1, j_{-s} = I_c)}{P_c(j_s = 1, J_{-s} = I_c) + P_c(j = 0, J_{-s} = I_c)} \tag{10.2}$$

其中, $s = 1, 2, \cdots, k$; J_{-s} 是 J 去除 J_s 的子向量, 即除 J_s 外所有特征的组合, J_s 表示第 s 个特征.

因此, 本节首先使用逻辑回归模型的预测准确性评分来构造马尔可夫链的转移概率. 此外, 本节还基于 BIC 和 AIC 两种信息量构建条件概率分布函数以进行模型稳健性分析.

$$\begin{cases} P_{\text{AIC}}(j_s=1|J_{-s}) = \dfrac{\exp(-\text{AIC}(j_s=1|J_{-s}))}{\exp(-\text{AIC}(j_s=0|J_{-s})) + \exp(-\text{AIC}(j_s=1|J_{-s}))} \\ P_{\text{BIC}}(j_s=1|J_{-s}) = \dfrac{\exp(-\text{BIC}(j_s=1|J_{-s}))}{\exp(-\text{BIC}(j_s=0|J_{-s})) + \exp(-\text{BIC}(j_s=1|J_{-s}))} \end{cases} \tag{10.3}$$

第三步 确定抽样次数, 进行重复抽样.

对于样本特征的吉布斯抽样, 由于假定所有样本特征服从伯努利分布, 所以其抽样误差可以用特征频率的标准方差 Std(p)(即 Sigma) 来表示:

$$\text{Std}(p) = \sqrt{\dfrac{p(1-p)}{M}} < \sqrt{\dfrac{1}{4M}} \tag{10.4}$$

若按照 2-Sigma 准则来控制模拟误差, 为了保持提取特征的显著性, 通常需要使模拟误差控制在 5% 以内, 则由式 (10.4) 可知需要进行 400 次抽样. 若选用更严格的误差控制准则 (如 3-Sigma 准则, 即 3 个标准差的误差标准) 或缩小误差控制范围, 则会需要更多的抽样次数. 本节中使用 2-Sigma 准则来控制模拟误差, 保证显著性的同时, 可以降低计算复杂度.

因此, 在确定好抽样次数 M 后, 进行吉布斯抽样, 具体过程如下.

① 生成初始状态 $J^{(0)} = \left\{f_1^{(0)}, f_2^{(0)}, \cdots, j_k^{(0)}\right\}$;

② 对 $t = 0, 1, 2, \cdots, M$, 对 $s = 1, 2, \cdots, k$ 循环进行抽样:

$$j_s^{(t+1)} \sim P_c\left(j_s|j_1^{(t+1)}, j_2^{(t+1)}\cdots\cdots, j_{s-1}^{(t+1)}, j_{s+1}^{(t)}, \cdots, j_k^{(t)}\right) \tag{10.5}$$

③ 得到 $(J^{(1)}, J^{(2)}, \cdots, J^{(M)})$.

第四步 计算特征频率, 并筛选入模指标.

特征指标的吉布斯抽样结果可以解释为每个特征进入模型的次数, 经过进一步计算, 本节可以得到 "特征频率"(指特征出现的频率 = 出现次数/400). "特征频率" 表示一个特征的重要程度, 这是传统机器学习方法无法给出的解释性指标, 通过特征频率可以分析特征对模型结果造成的影响程度. 本节将选取 "特征频率" 大于 0.5 的为进入模型的特征. 为了精确反映各特征之间的关联显著性, 本节用比值比对特征与基金业绩的相关性进行分类.

第五步 构建最终模型, 测试模型预测效果.

选择关联性强弱在某个设定水平区间的特征建立逻辑回归模型, 分别在训练集合和测试集合中检验模型的预测效果. 通过比较 "使用 AIC 构建分布函数" 的模型和 "使用 BIC 构建分布函数" 的模型结果, 确定最优模型.

这样, 上面的五大步就构建了我们在大数据框架下, 针对非结构性数据 (也包含结构化数据) 的 (风险) 特征提取, 建立了对应的推断框架. 由于本方法基于关联规则, 因此我们的大数据推断方法不同于传统的针对结构性数据建立的统计推理方法.

1) 初始特征设计

按照上面陈述的步骤, 为了实现我们针对 FOF 基金本质风险特征的提取, 第一步工作是需要建立基本的初始特征集合.

为了讨论方便, 我们选择万得基金评级无缺失的 701 个债券型基金样本, 用于特征挖掘及分类模型构建. 训练集和测试集的样本中 "好"、"中" 和 "坏" 3 个等级的样本比率相同, 并按照 3:1 的比例将总样本划分为训练集 (526 个样本) 和测试集 (175 个样本). 在本节的分析中, 训练集将用于特征挖掘、模型的参数估计与模型效果的初步检验, 测试集将用于模型效果的最终检验及 "坏" 样本的阈值划定.

基金的业绩表现通常从基金的投资收益与风险的角度进行衡量. 综合考虑基金投资收益与风险的指标中较为经典的三个指标分别为詹森指数、夏普比率、特雷诺比率 (Jensen, 1969; William et al., 2012; Treynor, 1965). 目前多家评级机构和学者都提出了较新的业绩评价体系和方法, 这些方法基本上都是对传统的经典方法的拓展和改进. 为了使分析结果符合中国市场的一般规律, 本节中对于基金业绩表现[①] 将基于万得资讯提出的万得基金评级给出. 万得基金评级是建立在投资者风险偏好的基础上的, 它通过投资者的风险厌恶指数对基金收益进行调整定义了万得风险调整收益 (WRAR), 再根据基金的 WRAR 的相对排名将基金划分为五个等级 (一星至五星), 其中一星最差, 五星最好. 本节基于基金样本中万得评级对基金业绩表现进行重新划分: 将评级为一星的定义为 "坏" 基金, 将评级为二星和三星的定义为 "中" 基金, 将评级为四星和五星的定义为 "好" 基金.

2) 影响基金业绩的特征因素分析

目前为止, 大多数对于基金的业绩表现评估的研究主要还是集中于财务类指标维度, 对于基金公司和基金经理维度方面的研究没有过多的涉及, 主要原因是对非结构化数据的处理存在一定的困难. 针对这些情况, 本节将从基金本身、基金经理和基金公司三个维度出发, 建立基础评分指标, 同时结合特征筛选方法提取与基金业绩表现高度相关的特征指标, 实现对基金业绩表现的评估.

3) 基金本身维度的特征

通过对文献的梳理可以发现, 基金本身的特征将会对基金业绩产生影响. 如前文所述基金历史业绩能够对基金未来业绩产生影响, Brennan 和 Hughes (1991)

[①] 基于基金业绩的表现, 基金将被分为 "好"、"中" 和 "坏" 三档.

10.3 筛选 FOF 关联特征的随机搜索算法框架建立

的研究认为基金规模的扩大能够带来费用和成本的降低, 对基金业绩产生积极影响. 基金的风险指标、投资结构及其他关联特征也有可能对基金的业绩表现产生影响, 特别是面临行情变化时前两者对基金业绩的影响就显得较为重要.

4) 基金经理维度的特征

基金经理维度特征由个人特质、职业特质和能力特质三方面的特征组成. Barber 和 Odean (2001) 通过男女投资经理的投资行为的对比发现男性经理投资行为更加积极, 高鹤等 (2014) 针对基金经理的性别、基金经理的教育背景与基金业绩表现的关系进行了研究, 结果显示性别和教育背景对基金业绩表现的影响并不显著. 赵秀娟等 (2011) 的研究表明基金经理经验和能力与基金业绩间存在正相关关系, 肖继辉和彭文平 (2012) 的研究进一步说明了基金经理的基金从业经验和教育程度等个人特征将影响投资者申赎行为, 与基金的超额收益存在正相关关系. 综上, 基金经理的业绩、声望、管理费激励等反映基金经理能力特质的因素也可以纳入与基金业绩有关联的特征指标池.

5) 针对基金公司维度的特征刻画

毛磊等 (2012) 的研究结果表明, 机构投资者表现出对企业社会绩效的持股偏好. 袁知柱等 (2014) 的研究结果表明, 机构投资者持股比例与真实盈余管理程度显著负相关, 与应计盈余管理程度显著正相关; 曾德明等 (2006) 的研究认为基金公司规模越大, 对每只基金的支持和提供的资源越分散, 进而对基金的业绩表现产生负面影响, Elton 等 (1995) 持有同样的观点. 但是 Pollet 和 Wilson (2008) 持有刚好相反的观点, 与 Gruber (1996) 一样, 他们认为基金公司规模越庞大, 整体水平越高. 本节认为基金公司维度特征由经营规模、财务指标、经营能力、基本信息、股权结构等方面的特征组成, 这些特征都有可能对基金的业绩表现产生不同程度的影响 (表 10.1).

表 10.1 基金初始特征明细

维度	指标来源	一级编号	一级指标	二级编号	二级指标	三级编号	三级指标
基金自身维度	1	1	基金财务指标	1	业绩指标	(1)	平均收益
						(2)	最大回撤
				2	基金规模	(3)	基金资产净值
				3	投资结构	(4)	股票市值占比
						(5)	其他资产市值占比
						(6)	投资集中度
						(7)	前 N 名重仓股占比
				4	基金风险	(8)	是否分级基金
						(9)	基金风险等级
				5	费用类	(10)	管理费率
						(11)	托管费率
						(12)	销售服务费

续表

维度	指标来源	一级编号	一级指标	二级编号	二级指标	三级编号	三级指标
基金自身维度		1	基金财务指标	5	费用类	(13)	费率优惠
						(14)	是否收取浮动管理费
		2	基金其他关联指标	6	其他关联特征类	(15)	基金类型
						(16)	是否初始基金
				7	基金声誉	(17)	成立年限
基金经理维度		3	基金经理个人特征	8	个人特质	(18)	基金经理国籍
						(19)	基金经理性别
						(20)	基金经理学历
				9	职业特质	(21)	基金经理平均工作年限
						(22)	基金经理最大工作年限
						(23)	基金经理人数
						(24)	基金经理管理基金数量
						(25)	基金经理是否有变更
						(26)	任职过基金公司数量
						(27)	任职天数
		4	基金经理个人业绩	10	业绩指标	(28)	几何平均年化收益率
						(29)	超越基准几何平均年化收益率
基金公司维度		5	基金公司经营指标	11	基金公司经营规模	(30)	注册资本（万元）
						(31)	基金只数
						(32)	全部基金市值
						(33)	股票型占比
						(34)	混合型占比
						(35)	特殊占比
				12	基金公司财务指标	(36)	资产负债率
						(37)	资产净利润率
						(38)	净资产收益率
						(39)	营业利润率
				13	基金公司经营能力	(40)	万得五星基金占比
						(41)	获奖情况
						(42)	基金经理人数
						(43)	团队稳定性
						(44)	基金经理成熟度
		6	基金公司基本信息	14	基金公司基本信息	(45)	成立日
						(46)	机构类型
						(47)	机构派系
						(48)	基本信息
						(49)	公司性质
		7	基金公司董监高信息	15	股权结构	(50)	独立董事占比
						(51)	股权集中度
						(52)	男/女比例
						(53)	董监人数比
						(54)	董投人数比
				16	董监高	(55)	董监高平均任期
				17	其他信息	(56)	总经理是否为法人
						(57)	总/副总经理是否为董事会成员
						(58)	是否有外籍主要成员

10.3.3 核心特征的提取与筛选

本节基于表现基金"较好"与"较差"的特征分类,基于上面提供的吉布斯特征筛选算法,第一步从 58 个初步特征中筛选出 36 个与基金表现之间存在显著关联性的特征. 第二步使用这些特征建立三分类逻辑回归模型,以逻辑回归模型中各个特征的比值比 (OR 值) 作为衡量特征与基金表现关联性的显著性衡量标准. 然后与使用全部 58 个特征构建的三分类逻辑回归模型进行对比来验证提炼出的特征结果的表现程度.

应用比值比对特征与基金表现 ("好"或者"不好") 的关联性强弱按照如下规则定义.

(1) 强关联: 对应特征的比值比小于 0.8 或大于 1.2 时,此特征与基金表现 ("好"或者"不好") 的关联性较强.

(2) 一般关联: 对应特征的比值比大于 1.1 且小于 1.2,或比值比大于 0.8 且小于 0.9 时,此特征与基金表现 ("好"或者"不好") 的关联性一般.

(3) 较弱关联: 对应特征的比值比大于 0.9 且小于 1.1 时,此特征与基金表现 ("好"或者"不好") 的关联性较弱.

基于上面的特征分析和对应好坏基金的特征刻画,本节根据 36 个特征与基金表现的关联性强弱来定义划分为"强相关特征"、"一般相关特征"和"弱相关特征"三类,分类结果见表 10.2.

表 10.2 特征筛选结果

相关性	序号	特征名称	比值比 (OR 值) 较差	比值比 (OR 值) 较好
强相关	1	浮动管理费	3.044	1.306
	2	基金分类	1.983	0.850
	3	平均收益	1.733	0.790
	4	基金公司基金只数	1.599	0.451
	5	成立年限	1.510	0.605
	6	风险评级	1.512	1.023
	7	基金经理学历	1.358	0.719
	8	托管费率	1.426	0.676
	9	任职过的基金公司数量	1.141	0.723
	10	几何平均年化收益率	0.617	1.819
	11	净资产收益率	0.588	1.243
	12	股票市值占比	0.589	1.450
	13	获奖情况	0.615	1.477
	14	基金类型	0.396	2.425
	15	基金经理人数	0.544	1.526
	16	最大回撤	0.244	5.109

续表

相关性	序号	特征名称	比值比 (OR 值) 较差	比值比 (OR 值) 较好
一般相关	17	基金经理性别	1.280	0.836
一般相关	18	营业利润率	1.174	0.914
一般相关	19	董监高平均任期	0.854	1.510
一般相关	20	基金经理最大工作年限	1.132	1.072
一般相关	21	费率优惠	1.084	1.346
一般相关	22	混合型占比	0.778	1.489
一般相关	23	基本信息	0.690	0.804
一般相关	24	基金经理成熟度	0.750	1.150
一般相关	25	团队稳定性	0.658	1.150
弱相关	26	资产净利润率	1.090	1.124
弱相关	27	总经理/副总经理是否为董事会成员	1.069	1.031
弱相关	28	董监人数比	0.977	0.867
弱相关	29	男/女比例	1.175	0.900
弱相关	30	股票型占比	0.997	1.055
弱相关	31	基金经理国籍	1.000	1.000
弱相关	32	基金经理管理基金数量	0.978	0.836
弱相关	33	董投人数比	0.942	1.141
弱相关	34	独立董事占比	0.899	1.099
弱相关	35	是否初始基金	0.832	0.964
弱相关	36	公司性质	0.883	1.123

从表 10.2 可以看出

(1) "强相关特征" 共有 16 个, 它们对基金业绩表现 "较好" 和 "较差" 都呈现出较强关联性.

(2) "一般相关特征" 共有 9 个, 它们包含两类. 第一类为对基金业绩表现为 "较差" 体现较强关联而对表现为 "较好" 呈现出弱关联的特征; 第二类为在基金业绩表现为 "较差" 和 "较好" 中都有呈现出一般关联的特征.

(3) "弱相关特征" 共有 11 个, 它们对基金业绩表现为 "较差" 呈现出较弱关联.

需要说明的是, 本节中 "强相关特征"、"一般相关特征" 和 "弱相关特征" 的定义不同于特征与基金业绩表现的关联性强弱, 它们是基于特征与基金业绩表现的关联性强弱来定义的, 因此使用 "相关性" 来命名, 从而与上文中使用的 "关联性" 区别开来.

对基于吉布斯抽样所得到的特征进行分析可以发现, 强相关特征与一般相关特征都能从基金评价的业务逻辑层面得到解释. 例如, 在 17 个强相关特征和 8 个一般相关特征从投资表现、风险管理、团队能力、公司经营状况四个方面反映了基金业绩表现.

(1) **投资表现** 投资表现是能够最直接从收益率中反映的. 平均收益率和几何平均年化收益率则毋庸置疑地反映了基金的投资表现; 净资产收益率则反映了基金在投资过程中对于杠杆的运用能力.

(2) **风险管理** 衡量基金管理团队成绩的另外一个重要的标准就是最大回撤, 它体现了管理团队对于风险的控制能力; 在我们的初始特征池中风险评级也是一个能有效反映风险管理能力的特征. 在我国, 证券投资基金大致可以分为股票型、债券型和混合型, 其中仅有混合型基金能够有效地利用各种不同的资产进行风险分散和对冲, 因此基金类型也能够有效反映基金的风险管理能力.

(3) **团队能力** 投资的表现和风险管理两个方面可以有效反映基金管理团队的能力, 但这两个方面都是要经过一段时间的任职才能观测到. 而基金经理的个人经历可以在其上任之前为我们提供关于管理团队能力的信息; 而基金经理学历、基金经理最大工作年限两个指标则从定性角度为刻画基金经理能力提供了信息, 学历较低、工作年限较短且风格青涩的基金经理很难领导一个优秀的基金管理团队; 基金经理曾任职基金公司数量越多则通常意味着其工作更换比较频繁, 有可能显示出其工作能力难以领导基金管理团队; 团队稳定性能够为投资策略和风险管理流程带来更好的一致性.

(4) **公司经营状况** 基金公司的经营状况是下属的基金团队表现的基础. 而董监高平均任期、成立年限则反映了基金公司的日常经营的稳定性; 公司获奖较多、托管费率较低则反映了基金公司在行业中的口碑和商务运营能力较强. 基金公司旗下基金只数多常意味着基金公司规模较大, 也能反映出基金公司经营状况的稳定性; 浮动管理费率和费率优惠则反映了基金团队的薪酬激励方式. 浮动管理费率和基础费率优惠越高基金管理团队的收入与其投资表现的关系越密切, 这也反映了基金团队对于自身能力的自信.

10.4 基于 ROC 曲线的 AUC 测试的特征表现

本节将使用逻辑回归模型对测试集中"较差"基金的预测能力来检验特征筛选效果. 首先, 使用筛选得到的 36 个特征进行逻辑回归建模, 并与使用初始特征集中的所有 58 个特征建立的逻辑回归模型的效果进行比较, 最后再比较使用不同的数据处理方法和建模方法的模型效果, 从而找出最佳的建模方案.

对于分类模型, 本节希望其能在准确预测出"坏"样本的基础上尽可能少地将"好"样本归类为坏样本 (即统计意义下的第一类误差), 因此使用 ROC 方法 (Hanley et al., 1982) 进行模型检验. ROC 曲线的横轴为假阳率 (false positive ration, FPR), 表示非"坏"样本被归类为"坏"样本的比率; ROC 曲线的纵轴为真阳率 (true positive ratio, TPR), 表示被识别出的"坏"样本在所有"坏"样本中所占比例.

本节选择使用假阳率为 0.1 和 0.2 时的真阳率衡量模型效果, 将其分为六个级别, 分类标准见表 10.3.

表 10.3 ROC 分类标准

级别	I	II-a	II-b	III-a	III-b	未达标
FPR=0.1	TPR>0.9	0.8<TPR<0.9	0.8<TPR<0.9	TPR<0.8	TPR<0.8	TPR<0.8
FPR=0.2	TPR>0.9	TPR>0.9	0.8<TPR<0.9	TPR>0.9	0.8<TPR<0.9	TPR<0.8

测试集的模型表现结果见表 10.4, 其中模型编号 1 至 4 分别表示使用相应的特征集合及建模方法得出的模型效果, 四个模型的 ROC 曲线见图 10.1 至图 10.4.

表 10.4 模型的测试集表现

模型编号	建模方法	特征集	TPR(FPR = 0.1)	TPR(FPR = 0.2)
1	二分类逻辑回归	标签化处理的初始特征集	0.529	0.706
2	二分类逻辑回归	标签化处理的筛选特征	0.684	0.789
3	二分类逻辑回归	归一化处理的筛选特征	0.857	0.904
4	三分类逻辑回归	归一化处理的筛选特征	0.842	0.894

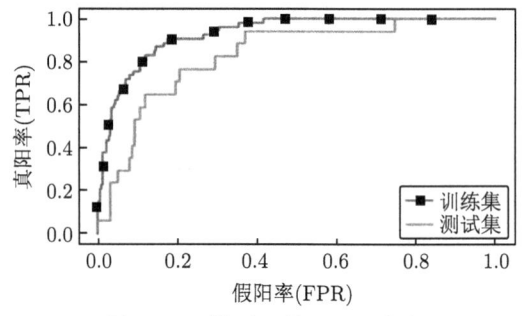

图 10.1 模型 1 的 ROC 曲线

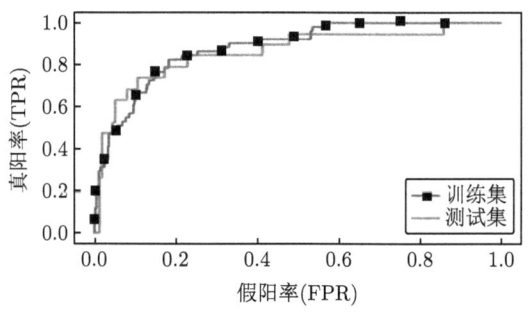

图 10.2 模型 2 的 ROC 曲线

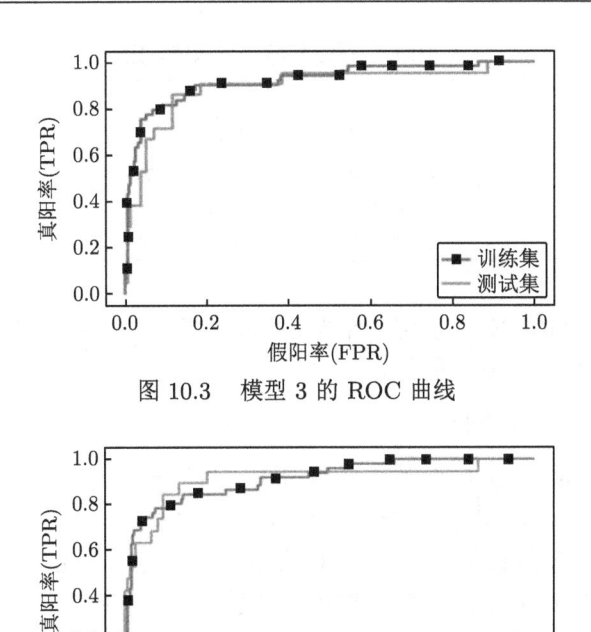

10.4 基于 ROC 曲线的 AUC 测试的特征表现

图 10.3 模型 3 的 ROC 曲线

图 10.4 模型 4 的 ROC 曲线

由表 10.4 可以发现, 模型 2 在假阳率为 0.1 或 0.2 时都有比模型 1 更高的真阳率, 证明风险基因筛得到的 36 个特征能够有效刻画基金的表现, 但模型效果仍未达标. 模型 3 在假阳率为 0.1 或 0.2 时都有比模型 2 更高的真阳率, 模型效果达到 II-a 级标准. 由此可以看出, 对筛选特征中的结构化数据进行归一化处理比对所有特征都做标签化处理更有利于建模, 这说明针对多维数据进行特征提取再进行分类对模型效果具有显著的提升. 模型 4 在假阳率为 0.1 或 0.2 时的真阳率都比模型 3 更低, 模型效果达到了 II-b 级标准, 由此可以看出, 二分类逻辑回归对 "坏" 样本的识别效率略优于三分类逻辑回归.

综上所述, 对比模型 1 与模型 2 的模型效果可见, 本节提出的大数据特征提取方法得到的特征子集能够更有效地识别 "较差" 基金. 再对比模型 2 与模型 3 的模型效果可见, 对结构化数据进行归一化处理, 对非结构化数据进行标签化处理对模型效果有非常显著的提升. 对比模型 3 和模型 4 可见, 在对某一类 ("较差") 基金进行识别的建模工作中, 二分类逻辑回归和多分类逻辑回归模型的效果差异不大, 但在本例中, 二分类逻辑回归会因其计算复杂度较低而体现出优势.

由于本节在评价模型时已经确定了对假阳率的容忍度为 0.2, 因此可以将假阳率为 0.2 时对应的逻辑回归概率作为判定的阈值, 阈值设定结果见表 10.5.

表 10.5　逻辑回归概率阈值划定

模型编号	模型	数据集	概率阈值
1	二分类逻辑回归	标签化 (全特征)	0.108
2	二分类逻辑回归	标签化 (筛选特征)	0.117
3	二分类逻辑回归	原始数据 (筛选特征)	0.070
4	三分类逻辑回归	原始数据 (筛选特征)	0.107

根据四个模型的 ROC 表现, 当模型的假阳率控制在 0.2 以内使真阳率达到最大时的概率阈值都在 0.1 左右.

特征提取的稳健性检验

本节将使用 AIC 和 BIC 构造马尔可夫链进行特征筛选, 并将比值比分类后的结果进行比较. 使用 AIC 和 BIC 进行特征筛选的流程与上文相同.

使用 AIC 进行特征筛选得到的 37 个特征, 经过比值比分类, 有 20 个与基金表现 "强相关"; 9 个特征与基金表现 "一般相关", 剩余 8 个特征则与基金表现 "弱相关", 特征筛选的效果参见表 10.6.

表 10.6　使用 AIC 准则进行特征筛选的效果

相关性	序号	特征名称	比值比 较差	比值比 较好
强相关	1	平均收益	7.2665	0.2498
	2	托管费率	3.3127	0.4407
	3	是否收取浮动管理费	2.4304	1.4481
	4	另类投资	1.7106	1.3144
	5	基金只数	1.6693	0.2085
	6	任职过基金公司数量	1.5067	0.3014
	7	董投人数比	1.4216	1.8932
	8	团队稳定性	0.7762	0.6171
	9	投资集中度	0.7595	0.6344
	10	净资产收益率	0.6746	0.772
	11	超越基准几何平均年化收益率	0.6663	3.3656
	12	成立年限	0.6443	0.5048
	13	几何平均年化收益率	0.6253	2.9197
	14	万得五星基金占比	0.6182	1.5751
	15	注册资本 (万元)	0.5908	1.5063
	16	基金资产净值	0.5134	2.0557
	17	其他资产市值占比	0.5113	1.3678
	18	基金类型	0.4992	1.7756
	19	获奖情况	0.2498	2.3928
	20	最大回撤	0.0228	99.0875
一般相关	21	是否分级基金	2.1213	1.0408
	22	基金风险等级	1.4055	0.9750
	23	成立日	1.3921	0.9165

■ 10.4 基于 ROC 曲线的 AUC 测试的特征表现

续表

相关性	序号	特征名称	比值比 较差	比值比 较好
一般相关	24	机构派系	1.3049	0.8099
	25	是否费率优惠	1.2677	1.1384
	26	营业利润率	1.1964	1.0248
	27	基金经理成熟度	0.7657	1.0514
	28	资产负债率	0.6262	0.9103
	29	基金经理人数	0.4105	1.1286
弱相关	30	基金经理学历	1.0244	0.9360
	31	基金经理平均工作年限	1.0017	0.7303
	32	董监人数比	0.9874	0.6491
	33	机构类型	0.9530	0.4750
	34	基金经理最大工作年限	0.9301	1.5901
	35	公司性质	0.9208	0.9116
	36	混合型占比	0.9095	1.9065
	37	董监高平均任期	0.8378	1.9680

使用 BIC 进行特征筛选得到的 18 个特征, 经过比值比指标的分类, 有 10 个与基金表现为"强相关", 5 个特征与基金表现为"一般相关", 其余 3 个则为"弱相关", 特征筛选的效果参见表 10.7.

表 10.7 使用 AIC 准则进行特征筛选的效果

相关性	序号	特征名称	比值比 较差	比值比 较好
强相关	1	平均收益	7.977	0.225
	2	是否收取浮动管理费	2.345	1.541
	3	基金只数	1.543	0.207
	4	成立年限	0.711	0.471
	5	基金类型	0.673	1.689
	6	超越基准几何平均年化收益率	0.668	4.204
	7	其他资产市值占比	0.543	1.290
	8	基金资产净值	0.475	2.200
	9	获奖情况	0.271	2.739
	10	最大回撤	0.018	127.580
一般相关	11	是否分级基金	2.172	1.061
	12	成立日	1.509	0.953
	13	是否费率优惠	1.285	1.145
	14	团队稳定性	0.606	1.013
	15	基金经理人数	0.442	1.167
弱相关	16	混合型占比	0.983	1.696
	17	董监高平均任期	0.923	1.936
	18	机构类型	0.899	0.343

相比于使用逻辑回归模型的预测准确性评分进行特征筛选得到的结果 (见表 10.6) 而言, 使用 AIC 或 BIC 进行特征筛选得到的 "强相关" 特征更多, 而 "弱相关" 特征更少.

由表 10.4 可知, 使用筛选后的特征子集, 并对其中的结构化数据进行归一化处理, 对其中的非结构化数据进行标签化处理后可以使逻辑回归模型对 "坏" 基金的识别效果达到最佳. 接下来使用 AIC 及 BIC 进行特征筛选得到的 "强相关" 与 "一般相关" 特征进行二分类逻辑回归建模. 建模方法和模型评价标准与前文相同, 模型效果见表 10.8, ROC 曲线见图 4.52 及图 4.53.

表 10.8　使用 AIC 和 BIC 准则进行特征筛选的模型效果

模型编号	建模方法	特征筛选准则	TPR(FPR=0.1)	TPR(FPR=0.2)	概率阈值
5	二分类逻辑回归	BIC	0.700	0.800	0.141
6	二分类逻辑回归	AIC	0.857	0.928	0.139

由模型 5(图 10.5) 和模型 6(图 10.6) 的效果可见, 使用 AIC 进行特征筛选优于使用 BIC 进行特征筛选的模型效果, 并且假阳率为 0.2 时的真阳率优于模型 3. 使用 BIC 进行特征筛选的特征子集中包含的特征数较少, 所以拟合效果劣于模型 3 和模型 5. 综上可知, 使用 AIC 进行特征筛选也可以得到较优的模型效果.

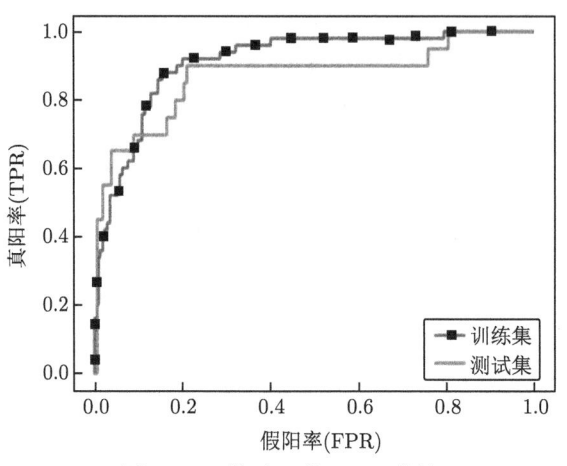

图 10.5　模型 5 的 ROC 曲线

图 10.6 模型 6 的 ROC 曲线

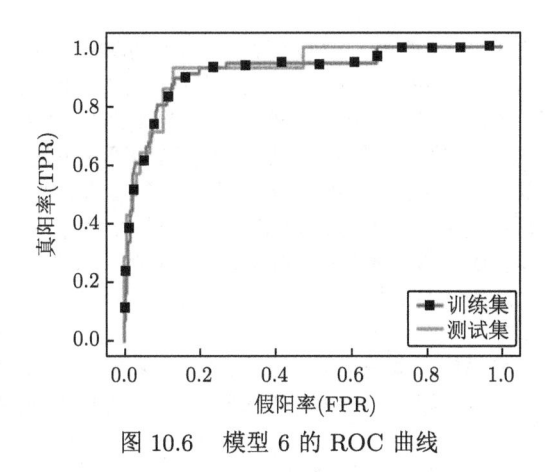

10.5 本章小结

本章基于影响基金业绩的多维度数据信息构建基础特征池,通过吉布斯抽样提出了多维数据信息下的有效特征提取方法,并以逻辑回归模型为工具,通过对比值比进一步对有效特征进行相关性分类,从而建立与基金业绩相关性强弱排序的特征集,用于支持对 FOF 中基金的选择.

基于万得评级的 701 个债券型基金样本做实证分析,得出以下主要结论.

(1) 本章提出的基于吉布斯抽样的特征挖掘方法能够有效地从初始特征集中筛选出与基金表现有关联的特征,通过对这些特征的再次分类,特征与基金表现的相关性可以从基础的业务逻辑中进行解读.

(2) 使用比值比进行进一步特征分类,得到的基金特征集来建立逻辑回归模型能够有效地对"较差"基金进行识别,验证了本章所提出的基于吉布斯抽样的特征挖掘方法的有效性.

(3) 本章还基于 ROC 方法提出了一套评价分类模型效果的标准,可以对预测误差进行定量分析,在真实的金融场景中更具有参考意义.

(4) 本章提出了从多维数据中建立基础特征池并针对有效特征进行筛选、再次对筛选的特征进行强弱关系分类的一般方法,该方法及研究结论为 FOF 基金池的建立提供了全面的理论基础和实证支持,也为业界提供了一种处理数据的新思路.

练习题

习题 10.1

10.1.1 刻画 FOF 风险特征至少应从哪几个维度展开?

10.1.2 陈述 "强相关"、"一般相关" 和 "弱相关" 分类的基本思路.

10.1.3 利用本章金融产品 (基金) 业绩相关特征数据、选取的特征, 采用 Python 开源代码, 尝试将基准模型由逻辑回归模型更改为随机森林模型、GBDT 模型、XGBoost 模型, 将 AIC/BIC 更改为模型的 Loss, 将全部数据作为验证集, 回答下面的问题.

习题 10.2 把上题三种模型作为基准模型, 使用吉布斯采样得到的特征分别与使用逻辑回归作为基准模型做吉布斯采样筛选得到的 FOF 关联特征进行对比, 总结规律.

习题 10.3 将模拟次数从 400 分别依次增大至 500, 600, $\cdots$, 1000, 甚至更多时, 观察特征与模拟次数为 400 时的变化, 总结规律.

习题 10.4

10.4.1 陈述 ROC(和 AUC) 与统计学中的第一类误差和第二类误差的关系.

10.4.2 陈述只用强关联, 以及强关联和一般关联特征在一起的 ROC 和 AUC 数值测试结果表现.

10.4.3 如何实现特征提取的稳健性检验?

第 11 章
筛选影响大宗商品价格变化的特征指标

本章的目的是在大数据框架下，针对异构异源数据特征提取的推断方法的基础上，讨论建立提取影响期货产品价格的特征风险因子的大数据方法，这将帮助我们通过价格变化的趋势来进行金融 (特别是，期货) 产品的预测.

本章在建立对影响大宗商品期货价格变化趋势的关联风险特征因子的提取框架和配套的推断逻辑原理的基础上，以金融科技中的大数据概念为出发点，以人工智能中的吉布斯随机搜索算法为工具，全面地陈述提取高度关联大宗商品期货价格变化的风险特征因子的流程和配套的逻辑原理，即采用在马尔可夫链蒙特卡洛框架下的人工智能中的吉布斯随机抽样算法，结合比值比作为关联分类和验证标准，实现从大量风险因子的数据中提取与大宗商品期货 (以期货铜为例) 价格趋势变化相关的特征因子并进行分类，从而可用于构建支持期货价格趋势变化分析的特征指标. 实证分析结果表明，该特征提取方法能够比较有效地刻画大宗商品期货价格的趋势变化，为业界进行大宗期货交易和风险对冲的管理提供了一种新的分析维度. 另外，从影响价格趋势变化的特征因子中筛选出高度关联的特征指标的大数据分析方法，与过去文献中对价格趋势分析的方法有不同之处和创新点.

我们知道 (大宗商品) 期货市场具有规避风险和价格发现的功能. 期货价格本身是期货交易的核心要素之一，同时也是反映整个期货市场运行状况的主要因素，合理有效的期货价格可以起到先导作用及弥补现货价格滞后的问题. 随着国内期货市场的不断完善和发展，期货市场在宏观经济运行中的作用也愈发突出，因此对于期货定价的研究具有重要意义.

大宗商品作为期货市场的主要标的，消费属性是大宗商品的基本属性. 不过，随着金融市场的不断发展以及期货期权、商品 ETF 等金融产品的不断丰富，大宗商品的金融化特征不断加强 (田利辉等, 2014)，除传统意义下的微观和宏观 (基本面)等因素①以外,更多影响因素②对大宗商品的价格产生的影响愈发明显. 同时,由于大数据时代带来的信息的量级递增, 许多高度关联大宗商品价格的关联因素以非结构化数据的形式出现, 对大数据的分析处理正成为解决和分析传统问题盲区的有效手段. 因此在大数据框架下, 以海量的结构化和非结构化的大宗商品数据为基础数据池, 通过大数据特征筛选和提取方法, 建立关于大宗商品价格 (变化) 趋势的影响因素研究, 尝试建立在给定的误差容忍度下与大宗商品价格 (趋势) 变化高度关联的特征风险因子. 这类通过大数据框架筛选提取出的高度关联的风险因子, 将帮助和改善针对大宗商品价格趋势变化的解释能力. 到目前为止, 尽管大多数的大宗商品定价模型能够在很大程度上拟合期货价格的期限结构以及价格变化规律, 但是这些传统模型对于期货价格变化的解释还存在许多问题, 比如不能很好地反映所有相关指标对期货价格的影响. 一个基本的原因在于目前的大宗商品定价模型只是基于传统的结构化数据信息通过因果关系来对商品价格的变化进行描述. 但是, 大宗商品的消费、金融二重属性给期货价格变化所带来的影响是复杂的, 传统的定价模型无法反映海量的非结构化数据提供的相关信息.

基于上述的介绍, 我们本章的工作重点是在给定的误差容忍度标准下, 提炼出与大宗商品价格变化具有高度相关的特征指标, 围绕大宗商品的基础指标、产业指标、宏观指标等指标建立一套完善的大宗商品价格特征指标体系, 为大宗商品的价格变化的预测, 提供一种基于大数据思维的全新方法.

本章以宏观因素及微观因素为影响因素, 以大数据框架下大宗商品期货相关的海量非结构化数据和结构化数据为基础, 提取超过 126 个与期货价格变化相关的特征因子, 作为初步风险因子数据池 (参见附录 III.1 中的陈述), 利用吉布斯随机搜索算法构建影响大宗商品期货价格变化的大数据特征筛选方法, 完成对大宗商品期货价格变化的特征提取, 然后以逻辑回归模型为工具构建基于特征集的特征权重比照, 形成对期货定价影响强弱的价格风险因子特征的排序, 最终进行实证检验. 我们的实证结果表明, 大数据特征提取算法能够有效地提取刻画沪铜指数合约价格趋势的特征, 这些特征包含基础特征、消费市场特征和宏观经济指标多个维度, 并支持我们实现对期货价格变化较好的预测性.

■ 11.1 大宗商品价格因素相关背景介绍

随着期货市场的不断发展与完善, 对于期货价格的研究也成为学术界的重点研究领域. 目前国内外对于大宗商品期货价格的研究主要集中在布朗运动模型及

---

① 微观因素与宏观因素包括经济发展对商品的需求、生产技术、地缘政治、气候以及事件风险等因素.
② 包括大宗商品市场与其他金融市场间的价格协整关系、资本市场和国际货币政策的变动、国际投机力量以及资本的流动性等原因.

11.1 大宗商品价格因素相关背景介绍

其扩展模型、大宗商品期货价格波动率、不同金融市场与期货价格之间联动性三个方面，但是基本没有考虑来自非结构化方面的因子.

在以布朗运动模型及其扩展模型为主的期货价格研究方面，Brennan 和 Schwartz (1985) 假设商品现货价格服从布朗运动，并提出了以现货价格为状态变量的单因素模型. Schwarz (1978) 提出了以现货价格和随机便利收益为状态变量的二因素模型，同时又以利率作为第三个状态变量提出了三因素模型. Cassassus 和 Collin-Dufresne (2005) 在 Schwarz(1978) 三因素模型的基础上提出了基于三因素仿射模型的仿射期限结构模型. 王苏生等 (2010) 在 Schwartz 和 Smith (2000) 的基础上提出了以短期偏离、中期偏离和长期均衡为状态变量的三因素模型. 韩立岩和尹力博 (2012) 也对能源商品期货进行了研究，提出了以现货价格、便利收益和长期收益为状态变量的三因素期限结构模型，杨胜刚等 (2014) 和朱晋 (2004) 也对基于三因素结构来研究期货价格与其他因素的关系提出了看法.

在针对大宗商品期货价格波动率变动方面的研究方面，张保银和陈俊 (2012)、董珊珊和冯芸 (2015)、黄健柏等 (2014) 分别通过建立 VEC 模型、分数协整向量自回归模型 (FC-VAR)、状态空间模型，基于实证分析认为我国沪铜商品期货价格波动具有尖峰厚尾、集聚性和长记忆性等特征. Hamilton 和 Susmel (1994) 将马尔可夫链引入自回归模型中，提出了 RS-ARCH 模型并进行了深入的研究.

在针对不同金融市场与期货价格之间的联动性方面，高辉和赵进文 (2007)、张屹山等 (2006) 以及郭树华等 (2006) 分别从格兰杰检验、协整分析、误差修正模型 (ECM) 等计量方法分析了国内外金属期货市场之间的价格联动性. 胡东滨和张展英 (2012) 等运用 DCC-GARCH 模型对金属期货与外汇、货币市场的动态相关性进行了深入研究. Yue 等 (2015) 采用 VAR-DCC-GARCH 模型，研究中国金属市场和 LME 市场金属价格间的动态联动性. 李洁和杨莉 (2017) 考虑不同期货市场、不同期货品种间的关联关系，对中英期货市场的期铜、期铝、期锌之间的价格交叉影响和风险传导进行了针对性的分析.

不同于上面的思路，针对金融市场和 FOF 等产品，袁先智等 (2021a) 完成了针对 FOF 和中小微企业风险关联特征的提炼和刻画 (特别是对于非结构化指标的提炼和刻画)，并应用于金融业界实践. 本章讨论的重点是如何建立影响大宗商品期货价格变化趋势的高度关联风险特征因子的提取框架和配套的实践流程. 与传统的计量分析方法相比，大数据特征提取方法更能有效地在高维度的特征空间中对商品期货价格变化趋势进行特征刻画，同时本章利用大数据特征提取得到的特征集合建立针对沪铜价格变化的趋势分析 (详细结论参见下面的讨论以及表 11.1 和表 11.2 的结果汇总).

11.2 期货铜特征因子分析

本节利用基于特征因子的筛选框架, 结合大宗商品期货产品铜和相关的真实市场和经济指标数据, 讨论如何从众多 (超过 126 个) 与期货铜价格相关的指标 (参见附录 III) 中筛选出不超过 10 个与价格趋势变化的关联风险特征, 来进行预测的刻画 (参见表 11.1 和表 11.2), 这是过去我们很难想象并且难以办到的事情. 但是, 在大数据下, 针对比较全面的数据进行有效的筛选, 我们在大宗商品期货铜价格趋势变化 (即价格变化的方向) 方面的预测可以达到超过 90% 的正确率.

11.2.1 大宗商品期货铜价格数据介绍

本小节将以 2011 年 7 月至 2019 年 6 月之间沪铜期货指数合约价格 (下文简称为沪铜价格) 的每月累计涨跌幅度的方向为被预测变量, 即我们的工作是在今天 (t 时间) 预测期货铜价格在将来时间 (大于 t) 价格变化的方向. 因此, 基于当下时间 t, 我们预测的将来价格的变化只有两种情况: ① 价格向上变化; ② 价格向下变化 (不失一般性, 我们假定价格不变的概率为零).

我们使用的描述大宗商品期货产品铜价格的指标为当前市场中正在交易的所有同品种期货合约价格以成交量为权重的加权平均. 通常而言, 剩余期限为 3 个月的期货合约持仓量最大 (图 11.1), 因此可以近似认为期货铜指数合约价格近似为 3 个月期货铜合约价格.

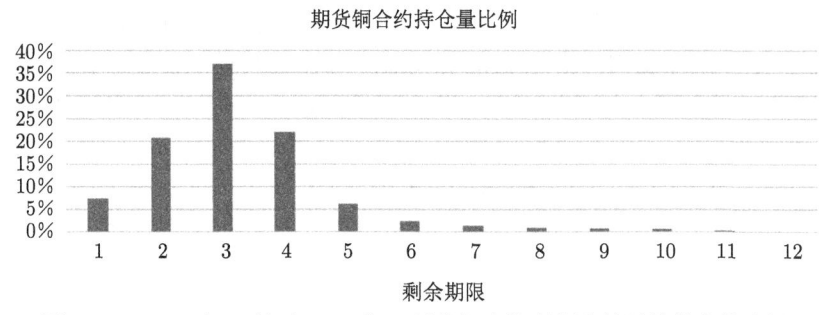

图 11.1 2011 年 7 月至 2019 年 6 月期间上期所铜合约日均持仓量比例

我们使用的其他解释变量则包括以下几个部分: 商品期货指数合约行情数据、人民币兑美元中间价、沪深 300 指数及其行业子指数、宏观经济数据、ICSG(国际铜业研究组织) 统计数据、精炼铜产量、出口量等数据.

由于我们的预测是针对价格 (将来) 的变化趋势, 我们自然需要考虑今天和基于以前 (针对时间序列的预测) 时间点的可预测的特征因子, 这是因为我们的预测只能由变量滞后于被预测变量实时点的信息进行预测工作. 以附录 A 中列出的 126(大) 类初始特征因子作为最基本的出发点, 考虑到因子滞后阶的四种情况: 1

个月、3 个月、6 个月和 12 个月, 这个构成了全部的初始因子 472 个作为最开始的备选解释变量 (下面称为初始特征), 下面讨论基于大数据特征提取方法获得的可以对期货 (沪) 铜价格变化的行情进行预测的具有强关联性的特征指标的表现情况 (本部分分析需要的数据全部来源于万得[①]).

11.2.2 预测大宗商品期货铜价格变化趋势的关联特征因子

我们将基于上文所述的大数据特征提取方法以二分类 (即 ① 价格向上变化和 ② 价格向下变化) 逻辑回归进行高度关联的特征提取.

为了研究沪铜价格趋势特征的变化情况, 我们以每 5 年为一个时间窗口分别进行特征提取, 因此我们分析的数据段分别为下面三个时间窗口: ① 2011 年 7 月至 2017 年 6 月 (简记为 11 年到 17 年); ② 2012 年 7 月至 2018 年 6 月 (简记为 12 年到 18 年); ③ 2013 年 7 月至 2019 年 6 月 (简记为 13 年到 19 年).

另外, 在每个自然月内, 若月内累计对数回报率大于 0 则记为 1, 表示当月沪铜行情为牛市, 月累计对数回报率小于 0 则记为 0, 表示当月沪铜行情为熊市.

根据在前面介绍的比值指标概念, 我们有下面基于吉布斯随机搜索算法筛选出的关联风险特征因子的分类.

(1) 强关联 (特征因子): 对应特征比值比小于 0.8 或大于 1.2.

(2) 一般关联 (特征因子): 对应特征比值比介于 1.1 与 1.2 之间, 或介于 0.8 与 0.9 之间.

(3) 弱关联 (特征因子): 对应特征比值比大于 0.9 且小于 1.1.

我们首先考虑基于吉布斯框架下, 附录 III 中那些具有 "关联显著性" 表现的因子. "关联显著性" 是指在吉布斯随机抽样过程中, 特征因子在模型中出现的概率 (即公式 (10.2) 中定义的特征空间 I_0). 表 11.1 是具有关联显著性表现的前 14 个因子的汇总名单 (基于附录 III 中 126 个与铜价格相关的关联因子).

如果我们把表 11.1 中与铜价格变化相关的强关联特征因子分为三类, 则有下面的基本解读.

第一类为基础特征 (表 11.1 中编号 1 至 5): 为反映沪铜的需求和供给的特征, 同时也是沪铜交易者们最为关注的特征, 经过大数据特征提取可见, 铜产能缺口、精炼铜、铜材产量分别在不同年份中体现出与沪铜价格的强关联性.

第二类为消费市场特征 (表 11.1 中编号 6 至 9): 为从产业链角度反映铜消费情况的特征, 通过大数据特征提取发现家电行业 (彩电、冷柜产量)、房地产面积 (房地产竣工面积同比增长率)、基础设施建设 (电网设施建设完成率) 等特征同样是与沪铜价格趋势存在强关联的特征. 由消费市场类特征的关联显著性可见, 随时间推移, 家电产量增长率、房地产竣工面积增长率与沪铜价格趋势的关联显

---

① 参见万得官方网址: https://www.wind.com.cn/.

著性逐渐增强, 而电网基本建设投资完成额同比增长率与沪铜价格趋势的关联显著性逐渐减弱. 这一现象与我国当前电网建设逐渐趋向完善, 国民消费升级的经济转型大趋势相吻合.

表 11.1 [1] 与铜价格变化趋势相关的表现出关联显著性的 14 个因子名单

编号	价格关联特征 (因子)	2011 年到 2017 年	2012 年到 2018 年	2013 年到 2019 年
1	前 1 个月沪铜价格涨跌幅	100.00%	98.50%	99.75%
2	前 1 个月 ICSG[2]: 期间库存变化	99.25%	86.00%	17.50%
3	前 1 个月铜材产量同比增长率	89.25%	53.25%	17.00%
4	前 1 个月精炼铜产量同比增长率	54.25%	55.50%	86.50%
5	前 6 个月精炼铜产量 (矿产) 平均同比增长率	53.75%	39.75%	93.25%
6	前 1 个月精炼铜 (再生) 同比增长率	64.25%	32.00%	96.00%
7	前 1 个月彩电产量同比增长率	56.50%	98.25%	52.75%
8	前 3 个月冷柜产量平均同比增长率	51.00%	57.25%	90.00%
9	前 1 个月房地产竣工面积同比增长率	99.50%	80.25%	37.75%
10	前 1 个月新增固定资产同比增长率	31.00%	93.25%	32.00%
11	前 1 个月商务活动指数平均值	14.75%	11.25%	11.50%
12	前 1 个月 PMI	13.00%	12.50%	9.75%
13	前 1 个月 CPI 平均增长率	12.50%	10.50%	13.00%
14	前 12 个月 GDP 累计值同比增长率	11.25%	13.50%	11.00%

第三类为宏观经济指标 (表 11.1 中编号 10 至 14): 为反映宏观经济情况的常用指标. 通过大数据特征提取后宏观指标并没有体现出很强的关联显著性, 但是由于宏观经济指标具有对经济整体状况的刻画能力, 同时能够影响市场预期, 因此在进一步对沪铜价格趋势的预测建模中仍将使用宏观经济指标作为特征.

下面我们分析和讨论基于吉布斯随机搜索算法筛选出的、可以刻画铜价格变化趋势的、与特征因子选取相关联的数据背后包含的金融和经济逻辑.

11.2.3 预测刻画影响铜价格变化的特征因子

为了检验我们基于吉布斯随机搜索算法筛选出的、对铜价格变化趋势可进行预测的、高度关联的特征因子的有效性, 我们对筛选出的特征进行二分类逻辑回归建模, 筛选出具有预测能力的关联方因子.

在检验过程中, 我们使用 2011 年 7 月至 2017 年 6 月的数据作为训练集, 利

---

[1] 这里关联显著性是指在我们在 10.3.2 节中建立的吉布斯随机抽样过程中, 特征因子出现的概率 (即, 公式 (10.2) 中定义的特征空间 I_0).

[2] CSG, 即国际铜研究组织 (International Copper Study Group), 是该项指标的数据来源.

11.2 期货铜特征因子分析

用 2017 年 7 月至 2019 年 6 月的数据为测试集检验我们提取的特征对样本外数据的预测效果的可靠性.

基于上面的讨论, 我们在建模过程中采用二分类逻辑回归模型: 将铜价格收涨的月份作为正例, 记为 1; 将收跌的月份作为负例, 记为 0. 同时, 为了降低特征共线性对模型预测效果的影响, 我们采用 "L_1" 和 "L_2", 两种正则化方法[①]分别建模, 基于模型对测试集数据预测效果的好坏, 来验证我们建立的特征提取方法是否具备对沪铜价格变化趋势的预测能力. 基于表 11.1 和表 11.2 的预测结果, 我们有下面的基本结论.

表 11.2　沪铜价格趋势分析模型系数

编号	特征名称	L_1 正则化	L_2 正则化
1	前 1 个月沪铜价格涨跌幅	2.8675	2.1117
2	前 1 个月 ICSG: 期间库存变化	−0.1769	−0.2143
3	前 1 个月铜材产量同比增长率	−0.0080	−0.0103
4	前 1 个月精炼铜产量同比增长率	−0.1493	−0.1031
5	前 6 个月精炼铜产量 (矿产) 平均同比增长率	0.0000	0.0353
6	前 1 个月精炼铜 (再生) 同比增长率	0.1025	0.0838
7	前 1 个月彩电产量同比增长率	−0.0043	0.0024
8	前 3 个月冷柜产量平均同比增长率	0.0000	0.0493
9	前 1 个月房地产竣工面积同比增长率	0.0399	0.0588
10	前 1 个月新增固定资产同比增长率	0.1416	0.1520
11	前 1 个月商务活动指数平均值	0.0000	−0.2931
12	前 1 个月 PMI	0.0000	−0.4079
13	前 1 个月 CPI 平均增长率	0.0000	0.0563
14	前 12 个月 GDP 累计值同比增长率	0.0000	0.0096
15	常数项	0.0000	−0.0012
	预测正确率 (测试集数据)	95.83%	91.67%

结论 1　在 L_1、L_2 两种正则化方法下建立的沪铜价格趋势预测模型, 对沪铜价格趋势预测的准确率分别为 95.83% 和 91.67%, 两种模型均能较好地预测沪铜价格的未来的变化趋势 (参见表 11.2 中的明细结果).

结论 2　从预测模型的模型系数来看, 反映沪铜市场供需状态的基本特征 (表 11.2 中编号 1~4) 具有最强的解释能力; 消费市场特征 (表 11.2 中编号 6~9) 能够在模型中对铜价格趋势的预测形成有效的补充; 而宏观因子 (表 11.2 中编号 10~14) 的系数接近或等于 0, 同时说明宏观因子与其他特征具有共线性, 月度的宏观经济数据中的信息可以由基础特征和消费市场特征的线性组合所替代 (至少在训练集样本数据内), 即基本特征与消费市场特征已经反映了宏观因子对沪铜期

[①] 正则化作为机器学习中常用的手段之一, 本质是通过对拟合函数的损失函数添加一个正则化项, 从而避免拟合函数出现过拟合的情况, 并将拟合函数某些与结果不相关的自变量系数压缩为 0. L_1 正则化时, 对应的惩罚项为 L_1 范数, 即 $\Omega(\omega) = \|\omega\|_1 = \sum_i |\omega_i|$; L_2 正则化时, 对应的惩罚项为 L_2 范数, 即 $\Omega(\omega) = \|\omega\|_1^2 = \sum_i \omega_i$.

货未来价格的影响,其结果与数据特征提取中显示出的结果相吻合.

结论 3 通过对比基于 L_1 正则化方法和 L_2 正则化方法建立的模型结果,我们发现基于 L_1 正则方法的模型能够更好地对沪铜期货价格趋势进行预测,同时能够对指标进行进一步的提炼 (参见表 11.2 和表 11.3 中明细结果比较).

表 11.3　沪铜价格趋势模型比值比 (基于 L_1、L_2 正则化)

编号	特征名称	比值比 (L_1 正则化)	比值比 (L_2 正则化)
1	前 1 个月沪铜价格涨跌幅	17.5930	8.2623
2	前 1 个月 ICSG: 期间库存变化	0.8379	0.8071
3	前 1 个月铜材产量同比增长率	0.9920	0.9898
4	前 1 个月精炼铜产量同比增长率	0.8613	0.9020
5	前 6 个月精炼铜产量 (矿产) 平均同比增长率	1.0000	1.0359
6	前 1 个月精炼铜 (再生) 同比增长率	1.1079	1.0874
7	前 1 个月彩电产量同比增长率	0.9957	1.0024
8	前 3 个月冷柜产量平均同比增长率	1.0000	1.0505
9	前 1 个月房地产竣工面积同比增长率	1.0407	1.0606
10	前 1 个月新增固定资产同比增长率	1.1521	1.1642
11	前 1 个月商务活动指数平均值	1.0000	0.7459
12	前 1 个月 PMI	1.0000	0.6650
13	前 1 个月 CPI 平均增长率	1.0000	1.0579
14	前 12 个月 GDP 累计值同比增长率	1.0000	1.0096
15	常数项	1.0000	0.9988
	预测正确率 (测试集数据)	95.83%	91.67%

综合起来,基于上面的 3 个结论并结合表 11.2 和表 11.3 的结果,以及对应关联特征因子的比值比指标,有如下的结论: 六个高度关联的风险特征可以用来刻画期货铜价格变化趋势的预测 (即对价格变化趋势的方向正确性达到 90% 以上).

(1) 前 1 个月沪铜价格涨跌幅;

(2) 前 1 个月 ICSG: 期间库存变化;

(3) 前 1 个月精炼铜产量同比增长率;

(4) 前 1 个月精炼铜 (再生) 同比增长率;

(5) 前 1 个月房地产竣工面积同比增长率;

(6) 前 1 个月新增固定资产同比增长率.

如果只是基于常规的计量分析的方法和手段,很难会发现 "(5) 前 1 个月房地产竣工面积同比增长率" 和 "(6) 前 1 个月新增固定资产同比增长率" 会成为描述铜价格变化趋势的高度关联的特征刻画指标,这是大数据分析多维度信息融合的优点的体现.

11.3 本章小结

本章的目的是对影响大宗商品期货价格变化趋势关联的 (结构和非结构化) 风险特征因子提取框架并陈述配套的推断逻辑原理. 本章以金融科技中大数据概念为出发点, 以人工智能中的吉布斯随机搜索算法为工具, 全面地陈述了提取高度关联大宗商品期货价格变化的风险特征因子的流程和配套的逻辑原理, 即采用在马尔可夫链蒙特卡洛框架下的人工智能中的吉布斯随机抽样算法, 结合比值比作为验证标准, 从大量风险因子的数据中提取与大宗商品期货 (铜) 价格趋势变化相关的特征因子并进行分类, 从而可用于构建支持期货价格趋势变化分析的特征指标.

我们的实证结果表明, 大数据特征提取算法能够有效地提取刻画沪铜指数合约价格趋势的特征, 这些特征包含基础特征、消费市场特征和宏观经济指标多个维度. 本章利用这些特征为沪铜指数月度行情进行建模分析, 最终实现了较好的预测准确性.

特征挖掘的结果说明能够反映铜市场供需平衡状态的基础特征是对大宗市场进行预测分析的最有效特征, 而消费市场特征能够在预测分析中做到有效的补充.

基于从 2011 年到 2019 年的真实数据, 针对消费市场特征的变化进行分析, 我们发现, 用于能够刻画沪铜价格趋势变化的消费市场特征伴随着我国经济发展而变化, 特别是随着基建设施的逐步完善, 电网建设完成额与沪铜价格变化的关联性逐渐减弱; 而随着消费升级的趋势, 家电行业与沪铜价格的关联性逐渐增强.

我们的特征提取算法也表明: 宏观经济指标与沪铜价格的变化关联性不强, 但是宏观经济指标具有对经济整体状况的刻画能力, 同时能够影响市场预期, 因此保留宏观经济指标作为特征因子是一个比较好的选择.

最后, 我们希望基于大数据框架下对刻画铜期货价格趋势变化 (分析) 的风险特征提取方法不只是理论上的创新, 同时其结果可以用于业界实践指导铜期货的交易、风险管理和相关的资产投资业务的实践工作中.

附录 III 支持特征提取的初始关联特征因子表

下面是本章需要的进行支持特征提取的初始关联特征因子表.

表 III 支持调整提取的初始关联特征因子表

编号	特征名称	各时间窗内关联显著性		
		2011~2017 年	2012~2018 年	2013~2019 年
1	前 1 个月沪铜价格涨跌幅	100.00%	98.50%	99.75%
2	前 1 个月房地产竣工面积同比增长率	99.50%	80.25%	37.75%

续表

编号	特征名称	各时间窗内关联显著性		
		2011~2017 年	2012~2018 年	2013~2019 年
3	前 1 个月 ICSG(期间库存变化)	99.25%	86.00%	17.50%
4	电网基本建设投资完成额 (累计同比)	96.25%	94.25%	33.25%
5	前 1 个月铜材产量同比增长率	89.25%	53.25%	17.00%
6	精炼铜 (铜)(当月同比)	79.75%	58.50%	79.75%
7	前 1 个月精炼铜 (再生) 同比增长率	64.25%	32.00%	96.00%
8	前 1 个月冷柜产量同比增长率	56.50%	30.75%	33.25%
9	前 1 个月彩电产量同比增长率	56.50%	98.25%	52.75%
10	前 1 个月精炼铜产量同比增长率	54.25%	55.50%	86.50%
11	前 6 个月精炼铜产量 (矿产) 平均同比增长率	53.75%	39.75%	93.25%
12	前 3 个月冷柜产量平均同比增长率	51.00%	57.25%	90.00%
13	前 1 个月汽车产量同比增长率	46.75%	19.50%	27.00%
14	前 3 个月彩电产量同比增长率	38.50%	18.25%	96.00%
15	前 1 个月铜材库存同比增长率	32.50%	23.25%	35.50%
16	前 1 个月新增固定资产同比增长率	31.00%	93.25%	32.00%
17	出口数量 (精炼铜/当月值)	25.00%	57.00%	33.75%
18	中央项目固定资产投资完成额 (累计增长)	25.00%	28.50%	24.75%
19	精炼铜 (铜)(矿产/当月同比)	24.25%	35.50%	75.50%
20	房屋施工面积 (累计增长)	21.50%	69.75%	76.00%
21	空调产量 (当月同比)	19.75%	16.50%	25.75%
22	ICSG: 期间库存变化 (当月值)	19.25%	77.50%	57.25%
23	人民币兑美元中间价涨跌幅	15.75%	12.50%	12.00%
24	出口数量 (未锻造的铜及铜材/当月值)	15.50%	19.25%	14.75%
25	锌合约	15.50%	15.75%	10.25%
26	房地产开发投资额 (累计增长)	15.25%	16.25%	44.00%
27	沪深 300 可选消费指数	15.25%	12.75%	10.25%
28	苹果合约	14.75%	14.00%	13.50%
29	玉米淀粉合约	14.75%	10.50%	11.75%
30	ICSG(期末精铜库存/当月值)	14.75%	10.25%	11.75%
31	前 1 个月商务活动指数平均值	14.75%	11.25%	11.50%
32	纸浆合约	14.50%	14.50%	12.25%
33	纤维板合约	14.25%	11.50%	13.75%
34	沪深 300 主要消费指数	14.25%	15.00%	12.25%
35	豆粕合约	14.25%	15.50%	11.50%
36	石油沥青合约	14.25%	11.00%	9.75%
37	ICSG(全球精炼铜产能/当月值)	14.00%	10.50%	13.50%
38	精炼铜 (铜)(再生/当月值)	14.00%	15.50%	10.25%

续表

编号	特征名称	各时间窗内关联显著性		
		2011~2017 年	2012~2018 年	2013~2019 年
39	沪深 300 医药卫生指数	13.75%	11.75%	15.00%
40	RU 天然橡胶合约	13.75%	12.25%	9.00%
41	彩电产量 (当月值)	13.50%	14.50%	14.50%
42	ZC 动力煤合约	13.50%	13.50%	12.50%
43	ICSG(再生精炼铜产量/当月值)	13.50%	9.50%	11.50%
44	PM 普麦合约	13.50%	12.50%	11.25%
45	进口数量 (精炼铜/当月值)	13.25%	13.25%	16.75%
46	JM 焦煤合约	13.25%	10.00%	13.75%
47	I 铁矿石合约	13.25%	12.50%	11.75%
48	出口平均单价 (未锻造的铜及铜材/当月值)	13.25%	10.50%	11.75%
49	BB 胶合板合约	13.25%	11.00%	11.50%
50	RO 菜籽油合约	13.25%	10.75%	10.75%
51	精炼铜 (铜)(矿产/当月值)	13.25%	10.50%	10.75%
52	月度 CPI	13.00%	13.00%	17.75%
53	ICSG(原生精炼铜产量/当月值)	13.00%	12.50%	11.50%
54	前 1 个月 PMI	13.00%	12.50%	9.75%
55	地方项目固定资产投资累计完成额同比增长率	12.75%	14.75%	21.25%
56	铜材产量 (当月值)	12.75%	12.00%	15.75%
57	B 豆二合约	12.75%	12.25%	14.50%
58	AU 黄金合约	12.75%	14.50%	14.00%
59	CJ 红枣合约	12.75%	11.75%	13.75%
60	TC 动力煤合约	12.75%	12.50%	13.00%
61	沪深 300 原材料指数	12.75%	14.75%	12.50%
62	精炼铜 (铜)(当月值)	12.75%	9.25%	12.50%
63	WT 硬白小麦合约	12.75%	12.00%	11.25%
64	月度 GDP	12.75%	11.75%	10.50%
65	沪深 300	12.75%	13.00%	10.25%
66	PTA 合约	12.50%	14.25%	13.25%
67	ICSG(全球矿山产能/当月值)	12.50%	13.00%	13.00%
68	RI 早籼稻合约	12.50%	12.00%	12.75%
69	前 1 个月 CPI 平均增长率	12.50%	10.50%	13.00%
70	ICSG(全球精炼铜产量 (原生 + 再生)/当月值)	12.25%	13.75%	11.50%
71	ICSG(精炼铜产能利用率/当月值)	12.25%	13.25%	11.00%
72	RM 菜籽粕合约	12.00%	12.50%	13.00%
73	沪深 300 公用事业指数	12.00%	11.25%	13.00%
74	LR 晚籼稻合约	12.00%	12.25%	11.75%

续表

编号	特征名称	各时间窗内关联显著性		
		2011~2017 年	2012~2018 年	2013~2019 年
75	JR 粳稻谷合约	12.00%	13.00%	11.00%
76	AG 白银合约	12.00%	15.00%	10.00%
77	冷柜产量 (当月值)	11.75%	12.25%	16.50%
78	P 棕榈油合约	11.75%	11.75%	14.75%
79	RB 螺纹钢合约	11.75%	12.25%	14.75%
80	进口数量 (未锻造的铜及铜材/当月值)	11.75%	12.75%	14.25%
81	沪深 300 信息技术指数	11.75%	11.25%	13.50%
82	WH 强麦合约	11.75%	10.75%	13.25%
83	AL 铝合约	11.75%	10.25%	12.75%
84	V 聚氯乙烯合约	11.50%	10.00%	13.50%
85	CY 棉纱合约	11.50%	12.75%	13.25%
86	NI 镍合约	11.50%	16.00%	12.75%
87	FU 燃料油合约	11.50%	10.50%	11.75%
88	SC 原油合约	11.50%	11.25%	11.00%
89	FG 玻璃合约	11.50%	12.00%	10.50%
90	MA 甲醇合约	11.50%	15.00%	10.00%
91	汽车产量 (当月值)	11.25%	13.25%	17.00%
92	RS 油菜籽合约	11.25%	11.25%	13.50%
93	沪深 300 工业指数	11.25%	14.25%	13.00%
94	PB 铅合约	11.25%	10.75%	12.25%
95	SN 锡合约	11.25%	13.25%	12.00%
96	ICSG(全球精炼铜消费量/当月值)	11.25%	13.25%	11.50%
97	JD 鸡蛋合约	11.25%	13.25%	11.25%
98	CF 棉花合约	11.25%	11.50%	10.25%
99	进口平均单价 (未锻造的铜及铜材/当月值)	11.25%	13.25%	8.25%
100	前 12 个月 GDP 累计值同比增长率	11.25%	13.50%	11.00%
101	空调产量 (当月值)	11.00%	8.50%	16.00%
102	HC 热轧卷板合约	11.00%	13.75%	14.00%
103	电网基本建设投资完成额 (累计值)	11.00%	11.25%	14.00%
104	EG 乙二醇合约	11.00%	8.00%	13.00%
105	沪深 300 电信业务指数	11.00%	14.50%	12.25%
106	SM 锰硅合约	11.00%	10.50%	10.75%
107	PP 聚丙烯合约	11.00%	12.00%	10.25%
108	商务指数	10.75%	16.50%	39.50%
109	国内生产总值同比 (累计值)	10.75%	13.00%	12.75%
110	Y 豆油合约	10.75%	11.00%	12.25%

续表

编号	特征名称	各时间窗内关联显著性		
		2011~2017 年	2012~2018 年	2013~2019 年
111	ICSG(矿山产能利用率/当月值)	10.75%	9.50%	10.75%
112	SF 硅铁合约	10.50%	12.00%	16.00%
113	CPI 同比 (与去年同期相比) 增长率 (用 cpi_yoy 表示)	10.50%	14.50%	15.00%
114	销量: 汽车: 当月值	10.50%	11.00%	12.75%
115	C 玉米合约	10.50%	13.25%	12.25%
116	沪深 300 金融地产指数	10.50%	11.50%	11.00%
117	L 聚乙烯合约	10.50%	9.75%	10.25%
118	SR 白糖合约	10.25%	11.50%	13.00%
119	A 豆一合约	10.25%	13.50%	11.50%
120	PMI	10.00%	13.50%	19.00%
121	ER 早籼稻合约	10.00%	12.00%	13.75%
122	沪深 300 能源指数	10.00%	11.75%	13.50%
123	OI 菜籽油合约	10.00%	8.75%	12.00%
124	WR 线材合约	9.75%	10.00%	12.00%
125	GN 绿豆合约	9.25%	13.25%	10.75%
126	J 焦炭合约	9.00%	12.50%	12.00%

练习题

习题 11.1

11.1.1 陈述大宗商品的两大属性和影响大宗商品价格变化的初级大类特征因素.

11.1.2 陈述可以刻画影响铜价格变化的强关联 (特征因子).

11.1.3 简要陈述正则化在机器学习中的重要性.

习题 11.2

11.2.1 利用本章期货铜特征因子数据, 采用 Python 开源代码, 尝试将基准模型由逻辑回归模型更改为随机森林模型、GBDT 模型、XGBoost 模型, 将 AIC/BIC 更改为模型的 Loss, 将全部数据作为验证集, 回答下面的问题.

11.2.2 将以三种模型作为基准模型, 使用吉布斯采样得到的特征分别与以逻辑回归作为基准模型, 使用吉布斯采样筛选出对铜价格变化趋势可进行预测的高度关联的特征因子进行对比, 总结规律.

习题 11.3 将模拟次数从 400 分别依次增大至 500, 600, ···, 1000, 甚至更多时, 观察特征与模拟次数为 400 时的变化, 总结规律.

第 12 章

筛选影响螺纹钢期货价格变化的关联特征

本章讨论在马尔可夫链蒙特卡洛框架下利用吉布斯抽样算法,通过比值比 (OR 值) 作为验证标准,从海量数据中提取与大宗商品期货螺纹钢价格趋势相关的特征因子并进行分类,用于构建支持期货价格趋势变化分析的特征指标. 实证分析结果表明,本章讨论的特征提取方法能够比较有效地刻画螺纹钢期货价格的趋势变化, 这为业界进行大宗期货交易和风险对冲的管理提供了一种新的分析维度.

■ 12.1 螺纹钢背景综述

12.1.1 背景

上海期货交易所 (下文简称 "上期所") 的螺纹钢、热轧板等钢铁期货产品已经发展成为全球最大商品期货产品之一, 成为国内期货市场不可分割的重要组成部分. 由于微观层面的交易成本、交易类型和宏观层面的政策导向等市场因素带来的影响, 螺纹钢期货价格的影响因素呈现多样性和复杂性的特点. 诸多影响因素不仅包含基于因果关系的逻辑信息, 还包含基于不同时间和不同领域融合的关联信息, 这些信息随着市场规模的扩大呈几何递增, 与螺纹钢价格共同形成了动态演化的复杂网络结构. 如何有效地提取和运用海量数据下的有效信息, 建立模拟期货价格衍化机制下的动态模型, 成为实现期货价格涨跌趋势分析和完善期货市场价格发现功能的重要前提.

大宗商品期货与现货的价格作为期货市场的主要标的之一, 通常表现出一致性, 田利辉和谭德凯 (2014) 指出大宗商品的金融属性正随着大数据时代海量信息的融合而不断地丰富和完善, 诸如商品 ETF、期货期权等金融产品被人们熟知. 正是在大数据信息时代的背景下, 除了传统因素对大宗商品价格产生影响之外, 更多的影响因素也变得与大宗商品的价格高度相关 (Aiube et al., 2019), 其中很多关联因素夹杂在海量的数据中以非结构化的数据形式呈现. 对非结构化数据的分析处理成为建立大宗商品影响因素研究的重要组成部分, 该类数据与结构化数据的融合量化方法 (Yuan et al., 2019; 袁先智等, 2021a) 也成为改善或优化基于传统因素建立模型分析期货价格趋势的重要因素.

到目前为止, 传统的大宗商品定价模型在一定程度上能够解释或拟合期货价格期限结构及变化趋势, 但依然存在解释不完整的问题. 本节结合宏观和微观的传统因素, 从海量数据中将大宗商品期货相关的非结构化数据和结构化数据作为初始特征因子, 在给定随机样本的误差容忍度下 (比如不超过 5% 的误差) 给出了提取有效特征的方法, 并将特征进行强弱关联关系分类, 用于支持价格变化的趋势分析, 实证分析表明了方法的可靠性.

12.1.2 影响螺纹钢价格因素研究现状简述

近十年, 随着中国与国际接轨的步伐加快, 期货市场在中国的发展越来越迅速和稳健, 国内对于期货相关的商品定价及价格趋势演变的研究也成为学术界研究的重点领域. 从全球的相关研究中可以发现, 单因素模型中以现货的价格为变量, 并假设其价格服从布朗运动, 被 Brennan 和 Schwartz (1985) 提出用来解释期货价格变化相关的问题. Schwarz (1978) 提出的由现货价格和随机便利收益两个状态变量来决定期货定价的两因子模型也是判断和预测期货价格的一种方法, 同时 Schwarz(1978) 在两因子中加入了利率的状态变量, 形成了三因子模型, Cassassus 和 Collin-Dufresne (2005) 提出了三因子仿射期限结构模型, 都是为了研究和解决期货价格变化的问题. 部慧 (2016) 构建了期货价格期限结构的两因子模型, 针对铜期货市场期货价格期限结构进行了研究, 也证实了 Schwarz (1978) 两因子模型适用于拟合我国的铜期货价格合约. 王苏生等 (2010) 以及韩立岩和尹力博 (2012) 在三因子的选择和研究中, 分别加入了短、中期偏离, 长期均衡的影响因素来判断期货价格走势, 还运用了便利和长期收益与现货价格之间的关系来构建模型, 目的是为了在期货价格变化因子无规律的假设前提条件下, 找到对期货价格影响的重要因素.

学术界和业界对于大宗商品期货的价格影响因素分析也存在着诸多的研究, 试图从中找到解释其价格变化的方法. Bhar 和 Hamori (2004) 通过黄金期货合约交易量和价格之间的关系分析, 希望找出解释两者之间和黄金价格波动的关系. Hamilton 和 Susmel (1994) 提出了 RS-ARCH 模型, 用以刻画随时间变化下的期货价格波动规律. Tully 和 Lucey (2007) 利用 GARCH 模型对 1982~2002 年间 COMEX 黄金期货数据进行检验, 发现其收益率波动呈现明显的日历效应. 汪灏等 (2019) 从供求因素、金融因素和投机因素三个方面对国际黄金期货的价格方向和强度进行了研究分析. 部慧等 (2008) 从国际期货交易商行为的角度实证分析了国际基金行为与国际期货价格之间的关系,为国际期货的价格分析和风险管理提供了方法.

刘轶芳等 (2006) 采用 GARCH-EWMA 模型来预测期货价格,对衰减因子进行确定,来区分不同期货商品的预测模型. 刘立霞和马军海 (2008) 提出了基于最小二乘支持向量机的石油期货价格预测模型,用于简化神经网络预测的复杂性问题. 董晓娟等 (2018) 研究了铜铝锌期货价格的联动关系,并得到了多个网络拓扑结构的演化特征和期货联动价格之间的关系. 周伟和王强强 (2016) 通过 Granger 因果检验、GARCH 模型分析了贵金属与其他金属期货之间的价格联动关系,给出了不同前置条件下的价格传导效应发生的时间先后及方向性分类. 陈海鹏等 (2017) 提出了基于产业链的多元线性回归来预测螺纹钢价格的模型. 朱晋 (2004) 提出了多元模型分析,强调影响期货价格的因素太多,用多元模型分析找出关联因素,用来反映期货价格变动,实现预测.

到目前为止,国内外对于期货的价格趋势变化和价格波动的研究出现了一大批深刻的研究成果,但多维度海量数据的信息挖掘和特征提取的方法运用相对较少,特别是基于随机搜索方法以及相关应用方面. 比如在吉布斯抽样方法的研究和应用方面,除了 S.Geman 和 D.Geman (1984)、Schwarz (1978), Qian 等 (2016) 以及 Qian 和 Field (2002) 完成了一系列基础性的工作外, Qian 等 (2019) 也利用基于吉布斯抽样方法针对贝叶斯多变点问题进行了研究; Glasserman (2013) 利用马尔可夫链蒙特卡洛方法在计量金融方面进行了大量的应用研究; Narisetty 等 (2019) 讨论了一种用于支持模型选择的一致可伸缩吉布斯抽样算法的研究; 袁先智等 (2021a) 最近利用吉布斯抽样方法对刻画大宗商品钢期货价格趋势变化的关联特征指标研究进行了初步的尝试. 但是基于吉布斯抽样的随机搜索方法对影响大宗商品期货 (螺纹钢) 价格趋势变化的关联特征风险指标方面比较全面的系统性研究和方法展示目前并不多,特别是在属于大数据范畴下以多维度数据信息为出发点,并在设定控制误差容忍度 (比如不大于 5%) 情形下,建立与期货价格趋势变化之间的强弱关联关系的特征因子方面的工作更是少见. 因此,本节希望比较系统地阐述开展这方面工作的一般方法.

■ 12.2 影响螺纹钢期货价格的因素分析

12.2.1 螺纹钢期货价格影响因素分析

本节通过梳理国内外文献中的期货价格影响因素 (见表 12.1),从以下 3 个方面对螺纹钢期货价格影响因素进行分析.

1) 影响期货价格趋势变化的宏观经济因素

宏观经济因素反映了经济发展状况,包括我国各个季度的 GDP、每个月的 CPI、PMI、货币供给 (包括 M0、M1、M2) 等数据,这些指标一方面反映了过去一段时间内经济发展状况,另一方面也会对数据公布后一段时间的经济发展预期构成影响,本节将这些指标纳入初始特征池. 顾秋阳等 (2019) 的研究也指出生产价格指数、采购经理人指数、人民币对美元汇率、同业间银行拆借利率对我国螺纹钢期货价格的影响. 蔡慧和华仁海 (2007) 对商品期货与 GDP 指数间的关系进行了相应的研究. Frankel(1984)、郑尊信和徐晓光 (2009) 的研究说明了货币政策与商品价格之间存在一定的关系. 除了上述的宏观经济指标外, 本节还将黑色金属、采矿、煤炭等行业的工业增加值纳入初始特征池. 工业增加值是使用生产法核算 GDP 的基础, 即各个行业部门的总产出减去该部门的中间投入, 反映了各个行业的发展状况, 因此将工业增加值纳入初始特征池, 能够更准确地刻画黑色金属行业的发展状况.

2) 影响期货价格趋势变化的市场供需关系因素

供需关系是反映行业结构的有效途径. 一个行业的上游产品的供需关系反映了该行业的生产成本, 而下游行业的供需关系反映了市场对该行业的盈利状况. 从钢铁冶炼的行业关系网络看, 其上游原材料铁矿石、煤炭的开采、进口依赖于采矿、冶炼和航运, 因此采矿、航运、炼钢设备制造等行业的情况都会直接影响到钢铁冶炼的成本. 陈海鹏等 (2017) 的研究提出铁矿石期货结算价格和焦煤期货结算价对螺纹钢价格的分析作用, 伍景琼等 (2012) 进一步提出运费等对铁矿石影响铁矿石价格的因素, 胡建兰和高瑜 (2019) 的研究表明钢铁库存对钢铁价格的影响. 从产业链角度出发, 本节将铁矿石、焦炭的进口量、人民币汇率、航运成本 (由波罗的海干散货指数反映) 这些对钢铁冶炼行业产生显著影响的因素纳入初始特征池.

从需求端看, 螺纹钢需求量主要由基础设施建设、房地产开发等因素决定, 因此房地产开发相关的指标 (如开工面积、竣工面积)、固定资产投资完成额等指标应该纳入初始特征池进行特征提取. 顾秋阳等 (2019) 的研究也发现房地产指标对我国螺纹钢期货价格的变动有着一定程度的影响.

3) 影响期货价格趋势变化的金融市场和其他因素

随着中国金融市场的逐步发展完善, 中国的钢铁产品的金融属性也在逐渐增强, 也有许多相关的研究指出螺纹钢期货价格与股票市场存在联动性. Bodie 和 Rosansky (1980) 指出股指与期货之间存在一定程度的关联关系, 金剑峰 (2019) 指出螺纹钢期货价格与钢铁类股票具有互动关系, 同时中国螺纹钢期货市场与沪深 300 股指期货之间存在较强的联动性. 因此本节在考虑金融市场因素时还需要将沪深 300 指数、上证 180 基建指数、沪深 300 房地产指数等纳入初始特征池.

12.2.2 构建初始特征池

为了最大限度地发现、挖掘和筛选出尽可能多与期货价格变化高度关联的特征因子, 根据到目前为止分散于学术文献和业界实践的知识经验积累, 本节从宏观经济、市场供需、金融市场三个方面构建了由 236 个特征因子组成的初始特征因子特征池,构建与筛选方式如下.

首先通过梳理国内外相关文献研究结果 (参见表 12.1 "指标来源" 列的编号及对应文献), 本节并没有直接选取文献中原始的指标描述, 而是根据文献研究的同一描述维度下去扩展出对应的指标 26 个, 并给出了相应的指标分类 (表 12.1).

表 12.1　26 个基础特征指标及分类

一级编号	指标分类	指标来源	二级编号	描述维度	三级编号	指标名称
(一)	宏观经济因素	蔡慧和华仁海 (2007)	1	GDP 指数	(1)	当季度 GDP
					(2)	当季度 GDP 同比增长率
		郑尊信和徐晓光 (2009)	2	货币政策与货币环境	(3)	流通中现金 (M0) 供应量同比增长率
		Frankel (1984)			(4)	货币 (M1) 供应量同比增长率
					(5)	货币和准货币 (M2) 供应量同比增长率
		顾秋阳等 (2019)	3	采购经理人指数	(6)	非制造业采购经理指数
					(7)	制造业采购经理指数
			4	人民币兑美元汇率	(8)	人民币兑美元中间价
(二)	市场供需关系		5	商品房销售面积	(9)	房地产竣工面积
					(10)	房地产开发投资完成额
					(11)	房地产施工面积
					(12)	房地产新开工施工面积
		伍景琼等 (2012)	6	海运费	(13)	波罗的海干散货指数 (BDI)
					(14)	好望角型运费指数 (BCI)
				铁矿石供需	(15)	铁矿石进口数量当月值 (澳大利亚)
					(16)	铁矿石进口数量当月值 (巴西)
					(17)	铁矿石进口数量当月值 (合计)
					(18)	铁矿石进口数量当月值 (南非)
					(19)	铁矿石进口数量当月值 (印度)
		胡建兰和高瑜 (2019)	7	钢铁库存	(20)	螺纹钢库存
		陈海鹏等 (2017)	8	铁矿石期货结算价	(21)	大商所铁矿石指数合约价格
			9	焦煤期货结算价	(22)	大商所焦煤指数合约价格
					(23)	郑商所动力煤指数合约价格
(三)	金融以及其他	Bodie et al. (1980); 金剑峰 (2019)	10	股票指数	(24)	沪深 300 指数
					(25)	上证 180 基建指数
					(26)	沪深 300 金融地产指数

12.2 影响螺纹钢期货价格的因素分析

其次, 除表 12.1 中的 26 个初始特征指标外, 本节进一步从 "宏观经济、市场需求、金融市场" 三个层面选取 33 个特征指标 (这部分指标是否影响螺纹钢期货价格不需要特别考虑, 因为本节的目的之一就是从大量特征指标中筛选出对螺纹钢期货价格有影响的特征指标), 将初始特征指标扩展到 59 个, 然后对每个特征考虑 4 个不同的滞后阶数①, 这样就形成了 236 个带时间标签的特征指标. 综合相关文献研究成果和本节对初始特征指标进行的拓展, 建立表 12.2 的可能有效的特征因子 (59 个特征因子及分类组成 (不含滞后阶数)).

表 12.2　59 个初始特征指标及分类

序号	指标名称	所属分类
1	流通中现金 (M0) 供应量同比增长率	宏观经济因素
2	非制造业采购经理人指数	宏观经济因素
3	制造业采购经理指数	宏观经济因素
4	人民币兑美元中间价	宏观经济因素
5	货币和准货币 (M2) 供应量同比增长率	宏观经济因素
6	当季度 GDP	宏观经济因素
7	当季度 GDP 同比增长率	宏观经济因素
8	货币 (M1) 供应量同比增长率	宏观经济因素
9	电力、热力的生产和供应业增加值 _ 同比增长	宏观经济因素
10	煤炭开采和洗选业增加值 _ 同比增长	宏观经济因素
11	燃气生产和供应业增加值 _ 同比增长	宏观经济因素
12	石油和天然气开采业增加值 _ 同比增长	宏观经济因素
13	石油加工、炼焦及核燃料加工业增加值 _ 同比增长	宏观经济因素
14	黑色金属矿采选业固定资产投资完成额累计同比增长率	宏观经济因素
15	黑色金属矿采选业固定资产投资完成额累计同比增长率	宏观经济因素
16	黑色金属矿采选业增加值 _ 同比增长	宏观经济因素
17	黑色金属冶炼及压延加工业增加值 _ 同比增长	宏观经济因素
18	固定资产投资完成额累计同比增长率	宏观经济因素
19	固定资产投资完成额累计同比增长率	宏观经济因素
20	非金属矿采选业增加值 _ 同比增长	宏观经济因素
21	非金属矿物制品业增加值 _ 同比增长	宏观经济因素
22	金属制品业增加值 _ 同比增长	宏观经济因素
23	开采辅助活动增加值 _ 同比增长	宏观经济因素
24	通用设备制造业增加值 _ 同比增长	宏观经济因素
25	有色金属矿采选业增加值 _ 同比增长	宏观经济因素
26	有色金属冶炼及压延加工业增加值 _ 同比增长	宏观经济因素

---

① 为了使模型具有预测能力, 需要保证被预测变量是相对解释变量 (特征) 存在滞后效应, 本节对月度数据选择滞后 1 个月、3 个月、6 个月、12 个月, 对季度数据则选择滞后 1 至 4 个季度.

续表

序号	指标名称	所属分类
27	波罗的海干散货指数 (BDI)	市场供需关系
28	好望角型运费指数 (BCI)	市场供需关系
29	铁矿石进口数量当月值 (澳大利亚)	市场供需关系
30	铁矿石进口数量当月值 (巴西)	市场供需关系
31	铁矿石进口数量当月值 (合计)	市场供需关系
32	铁矿石进口数量当月值 (南非)	市场供需关系
33	铁矿石进口数量当月值 (印度)	市场供需关系
34	螺纹钢库存	市场供需关系
35	房地产竣工面积	市场供需关系
36	房地产开发投资完成额	市场供需关系
37	房地产施工面积	市场供需关系
38	房地产新开工施工面积	市场供需关系
39	房地产开发投资完成额累计同比增长率	市场供需关系
40	大商所铁矿石指数合约价格	市场供需关系
41	大商所焦煤指数合约价格	市场供需关系
42	郑商所动力煤指数合约价格	市场供需关系
43	焦炭及半焦炭出口数量当月值	市场供需关系
44	焦炭及半焦炭进口数量当月值	市场供需关系
45	炼焦煤出口数量当月值	市场供需关系
46	炼焦煤进口数量当月值	市场供需关系
47	黑色金属矿采选业用电量当月值	市场供需关系
48	黑色金属冶炼及压延加工业用电量当月值	市场供需关系
49	钢材产量当月值	市场供需关系
50	钢材出口数量当月值	市场供需关系
51	钢筋出口数量当月值	市场供需关系
52	基础设施建设投资累计同比增长率	市场供需关系
53	基础设施建设投资累计同比增长率	市场供需关系
54	热轧螺纹钢出口数量当月值	市场供需关系
55	热轧螺纹钢进口数量当月值	市场供需关系
56	上期所螺纹钢指数合约价格	市场供需关系
57	沪深 300 指数	金融以及其他
58	上证 180 基建指数	金融以及其他
59	沪深 300 金融地产指数	金融以及其他

12.2.3 影响螺纹钢期货价格的风险特征提取与分析方法

下面介绍影响螺纹钢期货价格变化的特征提取的基本思路.

12.2 影响螺纹钢期货价格的因素分析

本节的重点是介绍针对影响螺纹钢期货价格变化的主要特征指标 (变量) 的提取方法. 需要指出的是, 提取影响螺纹钢期货价格趋势的特征不是基于传统统计计量回归分析工具来直接实现, 在考虑多种可以影响螺纹钢期货价格变化的特征因子的同时, 又面临样本观测量不够的客观现实困难, 因此本节需要采用新的实现方法和路径.

如上面所述, 影响期货价格的因素非常多, 本节在数据复杂、观测数据有限的前提下, 采用在马尔可夫链蒙特卡洛框架下的吉布斯抽样算法, 通过 OR 指标作为验证标准参数, 实现大宗商品期货螺纹钢价格趋势相关的特征因子的提取和分类, 从而支持对期货价格趋势变化的分析. 正如第 9 章关于吉布斯抽样方法技术实现流程的基础上, 我们简要陈述对影响期货价格特征因子提取方法的实现步骤.

第一步 建立初始化模型, 构建初始特征集合. 随机抽取一个特征子集 I_0 用于初步的模拟建模, 将初始模型中系数不为 0 的特征记为 1, 系数为 0 的特征记为 0, 则有

$$I_0 = (0, 1, 1, \cdots, 0) \in \{0,1\}^k \tag{12.1}$$

第二步 与前面讨论的一样, 构建支持随机抽样的标准. 基于 AIC 或 BIC 构建指标条件概率函数 (如等式 (12.2) 和等式 (12.3) 所示).

$$P_C(j_s = 1 \mid J_{-s}) = \frac{P_C(j_s = 1, J_{-s} = I_C)}{P_C(j_s = 1, J_{-s} = I_C) + P_C(j_s = 0, J_{-s} = I_C)} \tag{12.2}$$

其中, j_s 表示第 s 个特征, J_{-s} 表示除第 s 个特征之外的全部特征的组合, I_C 表示 J_{-s} 这一组合的确定值. 然后, 本节将分别基于 AIC 和 BIC 方法构建两组条件概率分布函数, 目的是在最后一步中比较两者的模型效果, 条件概率分布函数可表示为

$$\begin{cases} P_{\text{AIC}}(j_s = 1 \mid J_{-s}) = \dfrac{\exp[-\text{AIC}(j_s = 1 \mid J_{-s})]}{\exp[\text{AIC}(j_s = 0 \mid J_{-s})] + \exp[-\text{AIC}(j_s = 1 \mid J_{-s})]} \\ P_{\text{BIC}}(j_s = 1 \mid J_{-s}) = \dfrac{\exp[-\text{BIC}(j_s = 1 \mid J_{-s})]}{\exp[-\text{BIC}(j_s = 0 \mid J_{-s})] + \exp[-\text{BIC}(j_s = 1 \mid J_{-s})]} \end{cases} \tag{12.3}$$

第三步 构建支持随机抽样的样本量. 为了构建并设定在给定控制误差 (通常使用显著性表现误差小于 5%) 下需要实现的随机样本量, 进入抽样过程需要完成的随机模拟至少为 400 次.

第四步 通过计算关联显著性进行特征因子的分类. 即通过比值比指标对特征因子与期货价格的关联强度进行分类. 可以把基于吉布斯抽样得到的特征指标结果解释为每个特征进入模型的次数, 经过进一步计算可以得到关联显著性 ("关联显著性"定义为"特征出现次数/抽样总次数 (400)"). 关联显著性表示一个参数的重要程度, 特征指标的关联显著性越高, 与特征关联性就越强, 但由于关联显著性存在误差, 为了更精确地反映特征与期货价格的关联性, 也与前节讨论的一样, 应用比值比来分类特征因子与期货价格的关联性强弱程度.

第五步 构建最终趋势分析模型并进行模型效果测试. 选择关联显著性的大于某个设定水平 (根据实际工作的需要设定) 的特征指标建立逻辑回归模型, 分别在训练集合和测试集合中检验模型的效果.

12.2.4 刻画螺纹钢期货价格变化实证分析

1) 使用的样本数据描述

为了验证基于本节方法提取的刻画螺纹钢价格变化趋势的有效性和可靠性, 本节用于实证的市场数据源时间段为 2016 年 1 月至 2019 年 6 月, 下面是支持本节结果进行实证的基本描述.

本节使用的数据获取自万得, 它包含宏观经济数据、钢铁行业上下游数据、期货及股票行情数据. 本节使用 2016 年 1 月至 2019 年 6 月的上期所螺纹钢指数合约月度涨跌幅度 (下文中简称 "螺纹钢月度行情") 和上期所螺纹钢指数合约季度涨跌幅度 (下文中简称 "螺纹钢季度行情"), 作为训练和被预测变量的数据源, 支持本节对螺纹钢月度和季度行情特征提取的分析. 其中期货合约数据选取了 "期货指数合约" 的每日收盘价格来计算每月或每季度的价格变化趋势, "期货指数合约" 是当前交易所中所有相同标的物的期货合约按照持仓量大小为权重的加权平均, 通常在每个月的第一个交易日时, 剩余期限为 5 个月的合约持仓量占所有同标的物合约持仓量的比例最大[①](见图 12.1), 因此本节可以近似地认为期货指数合约价格代表了 "(剩余) 期限为 5 个月左右的期货价格".

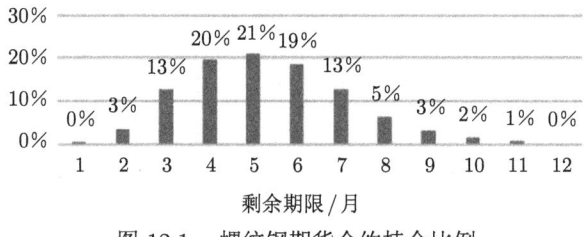

图 12.1 螺纹钢期货合约持仓比例

---

① 每天持仓量最大的合约被称为主力合约, 本节之所以选择指数合约而非主力合约价格是为了避免主力合约换月造成的价格跳跃.

12.2 影响螺纹钢期货价格的因素分析

2) 影响期货价格趋势变化的特征提取效果

基于大数据特征提取结果,可以发现螺纹钢价格趋势变化是多方面作用的结果. 无论是月度数据还是季度数据,各个特征与螺纹钢行情的关联显著性差距并不明显,如图 12.2 和图 12.3 所示,所有 236 个与螺纹钢行情 (季度和月度) 的价格变化关联的特征因子呈现高度抱团现象:关联性分布非常集中,基本保持在 35% 到 47% 之间. 因此螺纹钢价格变化关联特征因子与上节 (也可以参见袁先智等, 2021a) 对上期所铜期货价格变化的行情刻画显示出极大的差异性[①]. 这与螺纹钢的消费属性是相符合的,由于螺纹钢最主要的用途是基础设施建设方面,这一方面的用途的影响范围相较铜更为广泛,进而能够影响到螺纹钢行情的特征数量也需更多的因子来进行可靠的刻画. 因此本节将按照关联性强弱将关联特征划分为三类:强关联特征、一般关联特征和弱关联特征.

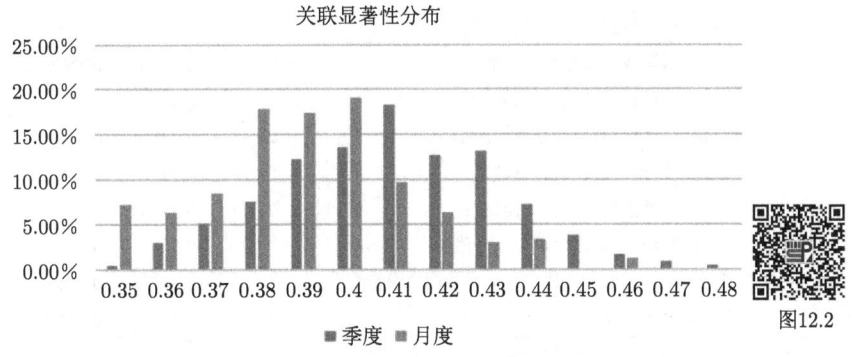

图 12.2 螺纹钢季度和月度行情特征关联显著性分布

基于各个特征的关联显著性强弱,本节挑选出 44 个与螺纹钢季度行情关联度为核心和高度关联的特征因子, 44 个与螺纹钢月度行情关联度为核心和高度关联的特征因子 (见表 12.3 和表 12.4),通过逻辑回归模型来刻画螺纹钢行情 (价格变化方向),根据模型系数计算各个特征的比值比,来衡量各个特征与螺纹钢行情的关联显著性.

对于不同区间的比值比指标做如下的定义:高于 1.1 或低于 0.9 的特征定义为 "核心关联特征";介于 0.9 与 1.1 之间但不等于 1 的特征定义为 "高度关联特征";并把其他定义为 "弱关联特征". 基于这个标准,本节得到用来刻画螺纹钢季度价格变化趋势行情的核心关联特征为 15 个,用来刻画螺纹钢月度价格变化趋势行情的核心关联特征为 23 个. 在月度行情的预测中需要更多的特征是因为在

[①] 袁先智等 (2021a) 研究发现刻画上期所 "铜期货价格" 变化趋势的特征因子呈现从高度关联到低度关联的分布;另外,用于有效刻画铜期货价格变化的特征因子一般不超过 20 个,远远少于用于螺纹钢价格变化趋势刻画的特征因子个数.

越短的时间内, 对行情构成冲击的因素更复杂, 自然需要更多的特征来刻画其价格的趋势变化; 相对于期限较长的螺纹钢期货, 其价格趋势变化更趋于稳定, 因此可用较少的关联特征因子来进行有效刻画.

表 12.3　螺纹钢期货指数合约关联显著性特征列表 (季度)

序号	特征名称	滞后阶数(季度)	关联显著性	比值比	关联类型
1	铁矿石进口数量当月值 (印度)	2	0.4250	1.4548	
2	房地产施工面积	3	0.4300	1.2079	
3	钢材出口数量当月值	2	0.4300	1.1591	
4	上期所螺纹钢库存量	2	0.4300	1.1531	
5	开采辅助活动增加值 _ 同比增长	3	0.4225	1.1216	
6	电力、热力的生产和供应业增加值 _ 同比增长	1	0.4125	1.1166	
7	基础设施建设投资累计同比增长率	3	0.4600	0.8978	核心关联特征
8	炼焦煤出口数量当月值	3	0.4525	0.8806	
9	铁矿石进口数量当月值 (合计)	2	0.4125	0.8664	
10	铁矿石进口数量当月值 (巴西)	2	0.4300	0.8486	
11	房地产开发投资完成额	2	0.4175	0.7581	
12	房地产新开工施工面积	2	0.4450	0.6796	
13	焦炭及半焦炭出口数量当月值	1	0.4350	0.6771	
14	黑色金属矿采选业固定资产投资完成额累计同比增长率	1	0.4450	0.6753	
15	固定资产投资完成额累计同比增长率	1	0.4175	0.6180	
16	钢筋出口数量当月值	4	0.4325	1.0959	
17	热轧螺纹钢出口数量当月值	4	0.4250	1.0936	
18	燃气生产和供应业增加值 _ 同比增长	3	0.4450	1.0921	
19	黑色金属冶炼及压延加工业增加值 _ 同比增长	3	0.4575	1.0541	
20	钢材产量当月值	2	0.4725	1.0474	
21	有色金属冶炼及压延加工业增加值 _ 同比增长	2	0.4275	1.0399	
22	热轧螺纹钢进口数量当月值	4	0.4275	1.0290	
23	房地产开发投资完成额累计同比增长率	2	0.4300	1.0169	
24	有色金属矿采选业增加值 _ 同比增长	3	0.4325	1.0096	高度关联特征
25	大商所焦煤指数合约价格	3	0.4650	1.0019	
26	大商所铁矿石指数合约价格	3	0.4425	1.0006	
27	上证 180 基建指数	2	0.4350	1.0001	
28	石油和天然气开采业增加值 _ 同比增长	4	0.4200	0.9993	
29	炼焦煤进口数量当月值	4	0.4250	0.9971	
30	郑商所动力煤指数合约价格	2	0.4375	0.9970	
31	固定资产投资完成额累计同比增长率	3	0.4325	0.9941	
32	黑色金属矿采选业用电量当月值	4	0.4400	0.9901	

12.2 影响螺纹钢期货价格的因素分析

续表

序号	特征名称	滞后阶数(季度)	关联显著性	比值比	关联类型
33	金属制品业增加值_同比增长	1	0.4150	0.9851	
34	黑色金属矿采选业增加值_同比增长	3	0.4225	0.9849	
35	非金属矿采选业增加值_同比增长	2	0.4500	0.9822	
36	非制造业采购经理人指数	2	0.4375	0.9821	
37	制造业采购经理指数	4	0.4200	0.9790	
38	通用设备制造业增加值_同比增长	4	0.4300	0.9789	高度关联特征
39	波罗的海干散货指数 (BDI)	1	0.4625	0.9718	
40	非金属矿物制品业增加值_同比增长	3	0.4575	0.9710	
41	焦炭及半焦炭进口数量当月值	1	0.4250	0.9695	
42	货币 (M1) 供应量同比增长率	2	0.4300	0.9339	
43	铁矿石进口数量当月值 (南非)	2	0.4125	0.9231	
44	黑色金属冶炼及压延加工业用电量当月值	3	0.4175	0.9110	

表 12.4 螺纹钢期货指数合约关联显著性特征列表 (月度)

序号	特征名称	滞后阶数(月度)	关联显著性	比值比	关联类型
1	焦炭及半焦炭出口数量当月值	3	0.4375	1.5595	
2	石油加工、炼焦及核燃料加工业增加值_同比增长	1	0.4150	1.5149	
3	钢材产量当月值	1	0.4050	1.4035	
4	房地产新开工施工面积	6	0.3950	1.2720	
5	石油和天然气开采业增加值_同比增长	1	0.4000	1.1984	
6	开采辅助活动增加值_同比增长	12	0.3975	1.1752	
7	钢材出口数量当月值	6	0.3950	1.1746	
8	热轧螺纹钢出口数量当月值	12	0.3975	0.8974	
9	当季度 GDP 同比增长率	1	0.3925	0.8849	强关联特征
10	流通中现金 (M0) 供应量同比增长率	12	0.3875	0.8804	
11	上期所螺纹钢库存量	6	0.4125	0.8755	
12	人民币兑美元中间价	3	0.4000	0.8488	
13	大商所焦煤指数合约价格	3	0.3775	0.8390	
14	上证 180 基建指数	3	0.3950	0.8357	
15	沪深 300 金融地产指数	3	0.3900	0.8347	
16	大商所铁矿石指数合约价格	1	0.3900	0.8333	
17	郑商所动力煤指数合约价格	3	0.4175	0.8264	
18	房地产竣工面积	1	0.4050	0.8093	
19	黑色金属冶炼及压延加工业增加值_同比增长	3	0.4150	0.8066	

续表

序号	特征名称	滞后阶数(月度)	关联显著性	比值比	关联类型
20	钢筋出口数量当月值	1	0.3875	0.7231	
21	基础设施建设投资累计同比增长率	1	0.4325	0.7184	
22	房地产施工面积	3	0.4000	0.5598	
23	炼焦煤出口数量当月值	1	0.4225	0.4569	
24	燃气生产和供应业增加值_同比增长	6	0.4150	1.0918	
25	煤炭开采和洗选业增加值_同比增长	3	0.4175	1.0549	
26	非金属矿采选业增加值_同比增长	6	0.4375	1.0438	
27	有色金属矿采选业增加值_同比增长	12	0.4075	1.0418	
28	非制造业采购经理人指数	1	0.4375	1.0204	
29	金属制品业增加值_同比增长	6	0.4000	1.0087	
30	货币(M1)供应量同比增长率	3	0.4050	1.0067	
31	房地产开发投资完成额	12	0.4325	0.9993	一般关联特征
32	当季度 GDP	12	0.4175	0.9976	
33	黑色金属矿采选业固定资产投资完成额累计同比增长率	12	0.3950	0.9863	
34	黑色金属冶炼及压延加工业用电量当月值	12	0.3975	0.9810	
35	非金属矿物制品业增加值_同比增长	12	0.4025	0.9732	
36	有色金属冶炼及压延加工业增加值_同比增长	1	0.4075	0.9692	
37	通用设备制造业增加值_同比增长	3	0.4175	0.9629	
38	黑色金属矿采选业增加值_同比增长	1	0.4200	0.9591	
39	电力、热力的生产和供应业增加值_同比增长	12	0.3825	0.9553	
40	上期所螺纹钢指数合约价格	12	0.4550	0.9552	
41	沪深 300 指数	12	0.4375	0.9534	
42	货币和准货币(M2)供应量同比增长率	6	0.4250	0.9505	
43	制造业采购经理指数	6	0.4175	0.9436	
44	波罗的海干散货指数 (BDI)	12	0.4550	0.9269	

3) 基于大数据风险特征提取的价格趋势分析

使用筛选得到的高关联特征建立逻辑回归模型对上期所螺纹钢季度和月度行情建立预测模型. 本节随机地将 2018 年 6 月 30 日作为分水岭, 即将 2016 年 1 月至 2018 年 6 月的月度数据和 2015 年 1 月至 2018 年 6 月的季度数据作为训练集建立螺纹钢价格趋势分析模型, 将 2018 年 7 月至 2019 年 6 月的行情数据作为测试集检验模型的预测性能, 表 12.5 的 "测试 1" 表明月度行情的预测准确率为 66.67%, 季度模型的预测准确率为 50%, 这说明提取的特征因子并不能够有效地刻画螺纹钢行情, 进行价格变化趋势的分析预测.

12.2 影响螺纹钢期货价格的因素分析

表 12.5 2015 年 1 月至 2018 年 6 月训练集的测试结果

测试结果	数据频率	训练集时间段	测试集时间段	测试集样本数	测试样本正确数	预测正确率
测试 1	季度	2015 年 1 月 2018 年 6 月	2018 年 7 月 2019 年 6 月	4	2	50.00%
	月度			12	8	66.67%

但是考虑到"去产能政策"的提出时间是 2015 年 12 月，本节推断 2016 年是螺纹钢市场发生深刻变化的一年．实际数据显示，2016 年底我国宣布基本完成钢铁行业的"去产能"任务，从 2017 年 1 月开始，螺纹钢市场进入一个与 2016 年底之前不同的市场．图 12.3 的数据信息正好印证了本节的推断．

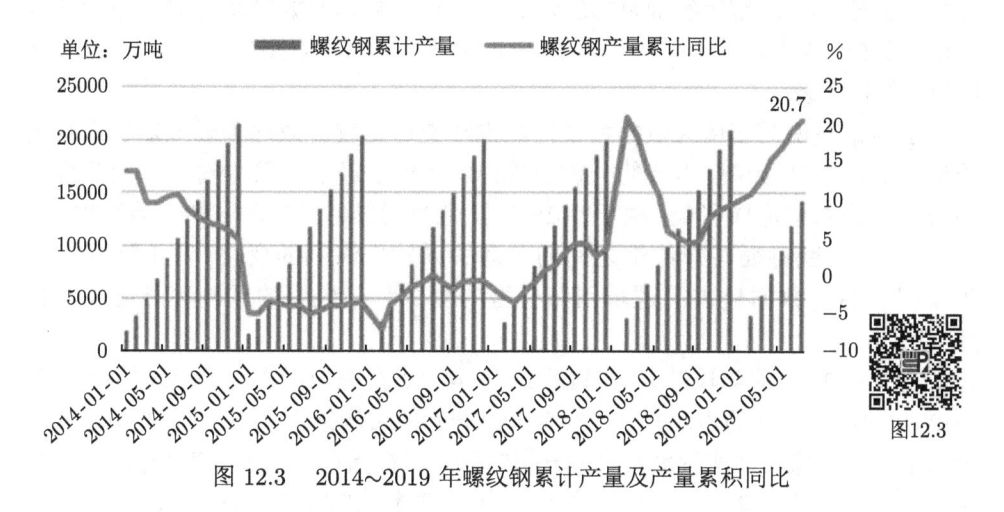

图 12.3 2014~2019 年螺纹钢累计产量及产量累积同比

来自中国钢铁工业协会的数据表明：在 2015 年，中国钢材总产量 (粗钢) 在 9 亿吨左右，其中螺纹钢产量为 5000 万吨左右．在 2016 年"去产能政策"的影响下，2016 年螺纹钢行情触底，2017 年年初开始反弹，钢铁行业"供给侧结构性改革"轰轰烈烈，随着中频炉全面退出，"地条钢"全面清退，国内螺纹钢供应略显紧张，同时也支撑螺纹钢价格在 2017 年上半年持续上涨，随后在旺季需求下，叠加"取暖季限产"预期，2017 年下半年螺纹钢现货再度掀起一轮牛市行情，螺纹钢和钢价重回历史高位．

根据数据可知，2016 年底是螺纹钢市场的分水岭，一个合理的实证测试是将 2017 年 1 月到 2019 年 6 月的市场数据为一个整体进行测试．基于这个基本思路，本节仍将 2018 年 6 月作为切入点，即用 2017 年 1 月到 2018 年 6 月的市场真实数据作为训练集，用来测试 2018 年 7 月到 2019 年 6 月前的市场价格的趋势变化．表 12.6 为"测试 2"的数据结果．

表 12.6 2017 年 1 月至 2018 年 6 月训练集的测试结果

测试结果	数据频率	训练集时间段	测试集时间段	测试集样本数	测试样本正确数	预测正确率
测试 2	季度	2017 年 1 月~2018 年 6 月	2018 年 7 月~2019 年 6 月	4	3	75.00%
	月度			12	10	83.33%

"测试 2" 的结果表明, 本节提取的刻画月度行情预测模型的预测可靠性达到约 83%, 而季度行情预测模型的预测可靠性达到 75%. 这二组数据结果表明 2016 年年底是螺纹钢市场的分水岭的判断是合理的. 该模型的测试结果也说明在较短的历史数据的前提下, 本节提取的月度和季度的螺纹钢期货价格变化趋势的关联特征因子对价格变化趋势的刻画是较为有效的 (对样本外数据达到 75% 以上的有效性). 另外, 本节的实证也表明从 2017 年 1 月开始, 螺纹钢进入一个与原来不同的市场结构状态.

上述结果说明使用大数据特征提取方法能够比较有效地刻画上期所螺纹钢的价格变化趋势, 同时, 本节的分析结果说明了宏观经济政策会对大宗商品价格趋势的关联结构形成影响. 由于 2016 年正是我国推行 "三去一降一补" 的实施阶段, 基本关联特征与螺纹钢之间的关联关系发生深刻的变化, 因此使用 2017 年 1 月以后的数据建立的逻辑回归模型的测试具有更强的预测可靠性和解释能力.

基于表 12.6 的测试结果和讨论, 2016 年 12 月是中国螺纹钢市场的分水岭, 即 2016 年 12 月前的市场与 2017 年 1 月开始的市场结构是不一样的. 因此, 对于本节构建的螺纹钢期货价格趋势分析的风险特征指标, 一个比较合理的测试是用 2017 年 1 月到 2018 年 6 月的数据 (4 个样本) 来测试 2018 年 7 月到 2019 年 6 月时间段的表现. 这是由于螺纹钢市场结构在 2016 年年底发生了本质变化, 不能用 2016 年 12 月前的历史数据来训练风险特征指标, 进而测试对从 2017 年开始的螺纹钢期货价格趋势分析的市场预测能力. 在本章数据选取的方法不存在投机的嫌疑, 是符合市场结构情况下的模型体现. 另外, 基于 2016 年中国推行的 "三去一降一补" 政策, 不同行业受到的影响不一样, 市场结构发生的变化也不一样, 因此在本节也没有考虑对一般市场指数进行预测分析 (如果不同行业市场结构变化不一样, 传统统计学的测试方法对大数据风险特征因子的测试方法不一定有效).

■ 12.3 本章小结

本章利用属于大数据范畴的多维度数据信息构建基本的数据池 (对应影响价格变化的初始特征因子), 假定每个特征因子服从伯努利分布, 介绍了如何在设定控制误差情况下, 通过吉布斯抽样方法来实现对影响期货价格变化趋势的特征的挖掘和筛选; 然后以逻辑回归模型为工具, 通过对应的比值比指标作为定义的标准, 将通过吉布斯抽样方法得出的影响价格趋势变化的特征因子进行分类 ("核心关联特征"、"高度关联特征" 和 "弱关联特征"), 从而建立与期货价格趋势变化之间的强弱关联关系的特征因子, 并利用强关联的特征因子来达到对影响价格趋势变化的解释目标.

本章以上海期货交易所螺纹钢期货指数合约月度行情为例, 基于大数据方法对影响螺纹钢期货指数合约价格的关联特征进行提取, 对大宗商品价格变化的方向趋势进行了特征刻画, 并由此构建了螺纹钢期货指数合约每月行情的价格变化方向的预测模型. 实证分析结果显示, 本节讨论的特征提取方法能够更加全面和可靠地刻画螺纹钢期货价格的趋势变化, 为业界进行大宗期货交易和风险对冲提供了一种实用的新的分析工具.

希望指出的是, 尽管表 12.3 和表 12.4 的结果显示, 似乎所有 "特征指标" 都是传统的 "结构性变量", 但正是基于大数据分析思维的吉布斯抽样 (在马尔可夫链蒙特卡洛框架下) 的算法, 通过比值比指标作为特征指标的分类, 实现了对高维度、多关联海量数据中的有效特征的提取和分类, 并用于期货价格趋势分析. 更进一步的应用可以用来研究衡量宏观经济政策、自然环境等众多因素变化对于某个商品价格的影响程度, 从而建立更加全面的基于非结构化特征因素对产业结构的影响预测模型.

另外, 本节也解释了基于上述方法提炼出的螺纹钢期货价格趋势分析的风险特征指标的时间范围的选取, 一个比较合理的测试时间范围是用 2017 年 1 月到 2018 年 6 月的数据用来测试 2018 年 7 月到 2019 年 6 月时间段的表现. 这是由于螺纹钢市场结构在 2016 年底发生了本质变化, 我们不建议用 2016 年 12 月前的历史数据来训练风险特征指标去测试对 2017 年开始的螺纹钢期货价格趋势分析的市场变化预测的能力.

练习题

习题 12.1 陈述影响螺纹钢价格变化的主要因素.

习题 12.2

12.2.1 陈述螺纹钢期货价格影响的初始特征池的构建.

12.2.2 利用本章影响螺纹钢期货价格的风险特征数据, 采用 Python 开源代码, 尝试将基准模型由逻辑回归模型更改为随机森林模型、GBDT 模型、XGBoost 模型, 将 AIC/BIC 更改为模型的 LOSS, 将全部数据作为验证集, 回答下面的问题.

12.2.3 以上述三种模型作为基准模型, 分别使用吉布斯采样得到的特征与使用逻辑回归作为基准模型做吉布斯采样筛选出的影响螺纹钢期货价格的风险特征进行对比, 总结规律.

习题 12.3 如果理解 2016 年底是螺纹钢市场的分水岭, 这可以解释的宏观背景因素是什么?

12.3.1 将模拟次数从 400 分别依次增大至 500, 600, ⋯, 1000, 甚至更多时, 观察特征与模拟次数为 400 时的变化, 总结规律.

第 13 章

筛选影响公司财务欺诈行为的关联特征

本章的目的是讨论可以刻画公司财务欺诈的特征因子指标, 并结合实证层面的数据结果来解读其甄别财务欺诈的表现能力.

正如前面介绍的, 特别是在大数据框架下, 所有的金融场景都可以通过结构化和非结构化数据来进行描述. 为了提取可以刻画公司财务欺诈的特征指标, 并保证提取或筛选出的风险特征具有甄别财务欺诈的解读性和可靠性, 就需要有对应的推断原理和实施标准作为支撑, 即, 从关联关系的角度出发, 我们需要建立针对非结构化关联关系用于刻画不同金融场景的 (结构化和非结构化) 特征提取的推断理论. 尽管目前基于大数据框架下的特征提取还不成熟, 但是在本书的第 9 章, 我们比较系统地介绍了如何在大数据框架下, 基于人工智能 (吉布斯抽样) 的随机搜索方法进行特征提取的一般框架与标准的建立 (见 Qian et al., 2002; 袁先智等, 2020, 2021a). 因此本章的主要工作是讨论刻画公司财务欺诈需要考虑的因素和对应的基于大数据方法筛选出的 8 个显著指标的表现实证, 也参见文献 (袁先智等, 2021c) 中的比较系统的分析和讨论.

■ 13.1 公司财务欺诈行为背景介绍

随着大数据时代的到来和金融科技的发展, 大数据的思维框架和机器学习方法的快速发展为财务欺诈识别提出了新的解决思路. 在量化投资逐渐成为主流的今天, Beneish(1999) 提出的 M-Score 方法[①]为基于量化分析进行财务欺诈风险建模提出了初步的框架与模拟方法, 但在更一般的财务欺诈风险识别与管理的领域, 需要量化分析工具为服务于不同目的的尽职调查工作提供指引, 因此也对财务欺诈风险的模型计量与刻画方法提出了更高的要求. 为了满足于各种不同应用场景下的需求, 在大数据的背景下需要一种能够根据不同的目的而进行特征提取的方法, 从而更有效地支持服务于不同目标的财务欺诈识别与风险管理等应用场景.

上市公司的财务欺诈风险不仅会对股东利益造成巨大损害, 也由于其自身的商务和规模效应等关联因素的连锁反应而引发系统风险. 在业界实务实践中, 公司的财务欺诈风险识别一般需要从会计、财务、法务、税务、内控管理等多个方面进行系统的分析和尽职调查, 在金融科技快速发展的今天, 在大数据的框架下, 对企业的经营、财务、金融、生态等多个维度进行全息画像的融合处理, 除了可以加强更全面的尽职调查和风险评估外, 还可以提高和完善对财务欺诈的识别与风险管理的处理能力.

我们知道, 对企业运营管理表现好坏的分析和评估, 最具代表性的方法是 Palepu 等 (2000) 提出的从战略、会计、财务、前景四个方面对公司进行全面分析, 即有名的哈佛分析框架. 哈佛分析框架的核心思想是基于多维度的融合分析方法, 即对公司进行分析不能孤立地从财务或其他单一的方面进行, 而是应该根据各方面信息来得出综合的分析结论, 同时它也强调了会计报表质量对于公司评估的重要性, 因为如果公司财务报表不能够反映其商务和业务运行的真实情况就意味着公司可能存在财务欺诈的风险, 这对公司、投资人、行业和社会都会带来不可估量的损失和伤害.

美国注册会计师协会 (AICPA)(2002) 在其标准 SAS99(和 SAS82)《财务报表审计中对欺诈的考虑》中把财务欺诈定义为 "在财务报表中蓄意错报、漏报或泄露以欺骗财务报表使用者". 纵观全球资本市场, 上市公司财务欺诈都是资本市场中不可忽视的一类事件. 一方面由于财务欺诈事件会给投资者带来巨大的损失, 另一方面是上市公司通常都是具有一定影响力的 (集团或实体) 公司, 这些公司的财务欺诈所引发的连锁反应可能演化成为系统风险. 在国内, 自 1990 年上海和

[①] "M-Score" 是一种用于表示企业财务造假倾向性或可能性的数值指标, 由 Beneish(1999) 提出. 因为其全名为 Messod D.Beneish, 故该指标简称为 "M-Score". 简单来说, M-Score 的核心方法是提出了 8 项能够表示企业财务操纵行为的指标, 并用 Probit 模型回归估计出指标所预示的企业进行了财务操纵的概率. 至今为止, M-Score 仍是识别财务操纵的最流行的量化指标之一, 原因除了它简单明易于计算之外, 还有就是当年该文献发表于 *Financial Analysts Journal*, 至今都有 CFA 协会在其教材中介绍推广. M-Score 模型包括的 8 项指标为: 基于应收账款的日销售指数 (days sales in receivables index, DSRI); 毛利率指数 (gross margin index, GMI); 资产质量指数 (asset quality index, AQI); 销售增长指数 (sales growth index, SGI); 折旧指数 (depreciation index, DEPI); 销售及行政开支指数 (sales general and administrative expenses index, SGAI); 杠杆指数 (leverage index, LVGI) 和总计负债对总资产比例 (total accruals to total assets, TATA).

另外, 针对财务造假预测模型, 除了影响比较大的 M-Score 模型 (Beneish, 1999) 外, 在安然公司造假事件后, Dechow 等 (2011) 在 M-Score 基础上也建立了称为 "F-Score" 的刻画财务造假的预测模型.

深圳两大证券交易所先后成立,我国资本市场蓬勃发展的同时,上市公司的财务欺诈风险也同样成为我国资本市场中投资者与监管者不得不面对的课题, Niu 等 (2019) 对中国市场的实证研究发现公司欺诈行为会对投资者行为方式产生重大的影响,使得投资者变得更加保守,从而对资本市场造成伤害. 另外公司财务欺诈风险的分析,涉及公司的经营、管理、财务、法务、公司治理、信息披露和监管等方方面面,因此在实务中对公司的欺诈风险进行甄别时需要根据不同的目标进行繁杂的专业分析和配套的各种尽职调查. Healy 和 Palepu (2001) 从信息不对称的角度对公司信息披露进行了研究,提出了对公司披露信息进行分析研究的方法框架,并对各类信息披露监管法规、披露渠道方面的研究进行了梳理和总结,此外他们的研究还发现了许多在业界实践中尚未得到的落地实施和需要解决的基础性问题. Defond 和 Zhang (2014) 从衡量审计质量的角度进行了研究,提出了衡量审计质量的方法框架. Donovan 等 (2014) 在他们的基础上对审计质量评估的方法进行了进一步的研究. Yang 和 Lee (2020) 从法务会计的角度对企业欺诈风险管理进行了研究,提出了以平衡评分卡为基础的评估方法,为公司治理、反欺诈等提供了决策工具. Vanhoeyveld 等 (2019) 对税务层面的欺诈行为进行了研究,通过无监督异常检测的方法对增值税欺诈的问题提出了解决方案. Nurhayati (2016) 以及 Goode 和 Lacey(2011) 也讨论了公司内控管理制度与财务欺诈风险之间的关联关系.

本章聚焦上市公司财务欺诈的问题,以大数据框架下的吉布斯随机搜索方法为工具,我们克服了因财务报表勾稽的复杂关系而产生的维数过高问题带来的数据处理灾难,从财务报表数据以及各财务数据的勾稽关系中,提取出了 8 个与财务欺诈高度关联的风险特征因子 (袁先智等, 2021c; 袁先智, 2021, 2022), 分别是

(1) 扣非净资产收益率;
(2) 在建工程增长率;
(3) 预付款项增长率;
(4) 利息费用 (财务费用)/营业总收入;
(5) 投资净收益/营业总收入;
(6) 其他收益/营业总收入;
(7) 其他应收款 (含利息和股利)/总资产;
(8) 长期借款/总资产.

这 8 个特征因子能够有效地刻画上市公司的财务欺诈风险,同时,结合这 8 个特征指标对应的比值比和其背后的会计含义进行分析发现,与上市公司财务欺诈风险具有高度关联性的特征通常与公司的会计政策选择、公司治理等因素具有高度的关联性,这一点与传统的财务报表分析框架相符. 同时,结合中国 A 股市场 3500 多家公司的真实样本,对应的数据分析显示本章建立的刻画财务欺诈风

险的特征指标具有显著的差异性表现.

我们希望指出的是：结合本章讨论的公司监事会人数多少与公司表现基本无关的事实 (即公司监事会人数介于 5 到 9 人之间的情况下基本不会带来公司表现的巨大差异), 对于一个公司, 只有在比较全面的 "董监高" 治理框架下, 才可以用筛选出的特征来有效实现针对公司财务在欺诈方面的探测与预测 (detecting and predicting) 功能. 正如 Beasley (1996) 在 1996 年发现的那样, 公司的董事会成员不超过 5 人, 或者董事会中外部人员占比少于 50%, 或者其审计委员会成员不超过 2 人, 这些都是可能引发财务欺诈的红线, 见 (袁先智等, 2021c; 袁先智, 2021, 2022) 和相关文献的深入讨论.

■ 13.2 公司财务欺诈行为的特征指标

财务分析是进行财务欺诈识别的工作中一个极其重要的环节, 但在真实的场景中财务欺诈活动具有高度的动态性和不确定性, 需要综合财务与非财务的因素进行分析才能得出最终的结论. 针对这种动态性和不确定性, 本节认为在大数据的框架下应该通过对财务欺诈的特征刻画来模拟一家公司的财务欺诈风险, 而不是定性判断一家公司是否在其真实的业务活动和信息披露中存在财务欺诈. 但为了实现大数据框架下的财务欺诈风险特征刻画, 我们首先需要在传统的分析方法中构建相对一般化的初始特征, 或者说寻找通过基于人工智能大数据分析的方法来构造初始特征集合. 同时, 考虑到初始特征集合可能包含的关联因子比较多, 各个特征之间还会存在交互效应使得特征筛选工作面对典型的 NP 问题[①], 为了克服 NP 问题, 我们采用基于人工智能的吉布斯随机搜索算法来完成针对刻画公司财务欺诈风险的特征筛选.

13.2.1 上市公司财务欺诈风险特征介绍

上市公司进行财务欺诈活动的原因可能是多种多样的, 其表现形式和实施手段也是随着社会、经济的发展进程而持续演化的, 因此财务欺诈活动具有高度的不确定性和动态性. 陈竞辉和罗宾臣 (2015) 针对亚洲上市公司财务欺诈案例进行研究后, 指出各类不同的财务欺诈案例都显示出公司治理的不足是财务欺诈的重要特征, 但是由于行业特点、监管要求等各种因素的变化, 每一家公司中的公司治理问题也会以完全不同的形式表现出来. 叶金福 (2018) 基于国内财务欺诈样本进行研究也得出了类似的结论, 指出复杂的股权结构、资金流动缺乏痕迹、业务环节难以验证、高风险的会计政策等是财务欺诈的重要风险因子, 同时, 他的研究还

---

① "NP" 的全称是 "Non-deterministic Polynomial", 即多项式复杂程度的非确定性问题.

指出由于经济活动的组织形式随着社会发展的步伐也在不断演化,而且在不同行业的财务欺诈也会有不同的表现形式和特征,而很多行业的经营特征难以在短时间内形成一般性的经验和结论. 刘姝威 (2013) 则系统阐述了财务欺诈识别需要从财务分析、基本面分析 (包含宏观经济、行业特征、公司治理、管理能力、经营特征等多方面因素)、现场调查综合分析后才能得出结论, 同时指出现场调查应该是判断财务欺诈的核心环节. 结合真实的案例来看, 对于公司业务线相对清晰的公司如银广夏、蓝田股份、康得新、雏鹰农牧等 (刘姝威, 2013), 分析人员可以对公司的财务数据、业务数据、资产凭证等信息进行综合分析来定位财务欺诈的原因, 并查找相关证据. 但是对于多元化经营的集团而言, 错综复杂的集团生态网络关系很可能掩盖其中的利益输送等问题, 对于其中是否存在财务欺诈的问题同样难以定性. 王昱和杨珊珊 (2020) 在研究上市公司财务困境时对财务数据指标体系也进行了分类研究, 发现资产规模、资本结构、偿债能力等 21 个财务比率可以建立财务预测指标体系. 洪文洲等 (2014) 也在 2004~2013 年的时间段中选择了 44 家财务欺诈舞弊的公司和 44 家正常经营的上市公司进行了财务舞弊指标 (27 个)的对比验证. 周利国等 (2019) 则将公司的财务数据 (利息保障倍数、总资产周转率等) 作为研究企业集团信用风险传染效应的微观协变量, 结合宏观协变量确定公司的违约距离. 以上的文章尽管研究的焦点不同, 但是涉及公司是否存在违约、欺诈以及财务困境, 都离不开对公司底层财务数据的分析.

基于上述的研究和商务、财务、会计报表之间的关系, 可以知道所有的财务欺诈活动都会在财务报表及关联方信息中留下线索和痕迹, 这就使得通过财务大数据的全息画像方法对上市公司的财务欺诈进行多维度的刻画成为可能. 面对财务欺诈的高度不确定性和动态性, 在大数据框架下进行特征刻画时不应该从定性判断的角度入手, 而是应该从风险计量的角度来模拟上市公司存在财务欺诈的风险. 这种风险特征刻画的思想可以在更高效地规避风险的同时, 节省大量用于投资研究的时间, 在金融科技快速发展、量化分析逐渐占据主流的今天, 更能满足量化投资、信用评级等现实应用场景中的实际需求.

13.2.2 特征提取方法简介

在面对海量数据时, 通过算法自动发现的特征之间的关联关系即为特征提取. 在大数据的背景下, 对高维的特征空间进行特征提取时难以避免两个难题, 一是由于特征之间 (包括特征与响应变量) 的关联关系不再只是线性的相关关系; 二是特征空间维度过高而观测样本数量有限的矛盾, 为了解决上述两个难题, 我们采用逻辑回归的方法来刻画上市公司的财务欺诈风险, 并借鉴关联规则学习算法解决特征维度过高的思想, 在观测样本量有限的条件下, 基于马尔可夫链蒙特卡洛模拟框架下的吉布斯随机搜索算法降低了计算复杂度. 另外, 关联规则学习是显示数据中特征之间关联关系的技术,目前被广泛地应用于零售、金融、Web 用户行为分析等领域.例如,通过对用户的网页浏览数据进行分析可能会发现常在购物网站搜索剃须刀的用户同时还可能需要搜索什么别的商品,从而准确地向用户推送相关产品网页链接.由于这些应用场景中常会面对大于观测样本数量的特征数量(即上文提到的特征维度过高而观测样本数量有限的矛盾),因此关联规则学习中通常都会针对这一问题提出解决方案.

这里,我们简要陈述在大数据框架下基于人工智能吉布斯随机抽样的特征挖掘算法和实现流程实施的基本思想:其基本出发点是利用吉布斯随机抽样在复杂采样过程中不易造成偏差的特性,从复杂的多元概率分布中产生随机向量,实现对特征空间进行随机抽样的同时,保证所抽取随机样本能够保持特征的原始信息,从而将 NP 问题转化为多项式级复杂度的问题,这就解决了高维特征空间中的关联规则学习问题 (Geman et al., 1984).

其核心是在马尔可夫链蒙特卡洛框架下利用吉布斯随机抽样方法来建立刻画公司财务欺诈行为表现的特征因子的提取,即假定每个特征因子服从伯努利分布,然后对特征空间 (所有可能的特征因子的集合) 进行随机抽样,在随机抽取特征因子时,保证随机抽取出的特征因子包含观测到的样本的初始特征 (这是实现路径的第一步);然后通过利用 AIC 标准或 BIC 标准实现对特征因子的随机搜索(即实现路径的第二步);同时,在特征因子服从伯努利分布的假定下,通常要求使用的吉布斯抽样方法结果的显著性表现误差不能大于 5%,需要设定控制误差的随机抽样样本次数为 400 次 (参见第 9 章或第 10 章中关于吉布斯随机抽样方法中的讨论,即实现路径的第三步的推导解释),这样就解决了特征空间复杂度高而且观测样本不足的问题,并将 NP 问题通过吉布斯抽样方法中用到的随机搜索 (stochastic search) 转化为多项式级复杂度问题,从而减少计算的复杂度.汇总成一句话,即在观测样本数量有限的条件下,通过吉布斯抽样方法 (基于 AIC 或 BIC 准则构造转移矩阵) 对特征因子的所有情况 (构建成的幂集) 进行筛选,筛选并得出与财务欺诈行为相关的特征因子.

■ 13.3 建立全面刻画公司财务欺诈的预警体系

在本节,基于舞弊审计准则 (SAS99) 财务欺诈舞弊的 "财务欺诈三角形" 理论[①]为出发点,结合公司董监事会的治理框架,梳理和汇总管理层是否有机会参与财务报表

---

① 关于企业舞弊行为的成因,理论界提出了企业舞弊形成的三角理论 (其他有 GONE 理论和企业舞弊风险因子理论等许多著名的理论). 该理论由美国注册舞弊核师协会 (ACFE) 的创始人、现任美国会计学会会长史蒂文·阿伯雷齐特 (W. Steve Albrecht) 提出, 他认为, 企业舞弊的产生的三要素是压力 (pressure)、机会 (opportunity) 和自我合理化 (rationalization), 就像必须同时具备一定的热度、燃料、氧气这三要素才能燃烧一样, 缺少了上述任何一项要素都不可能真正形成企业舞弊. 压力可能是经营或财务上的困境以及对资本的急切需求.

进行舞弊的行为表现, 并结合前面讨论的刻画财务欺诈风险指标, 建立有效的财务欺诈风险预警和管理. 下面我们首先讨论支持刻画欺诈风险特征提取的实证计算表现.

13.3.1 案例分析

1) 案例数据与初始特征描述

• 黑白样本数据　从 CSMAR[①]违规处罚数据中筛选证监会、交易所因上市公司在 2017 和 2018 两个年度中的财务报告披露不规范或真实性存疑而发出的问询函件数据, 将被问询的上市公司作为黑样本. 其余在 2019 年 1 月 1 日以前上市的公司中若未在以上两个年度中被问询则作为白样本.

• 特征数据的核心指标　本节采用的特征构造方法基于财务报表之间的勾稽关系出发, 利用公司在粉饰财务一部分科目时可能引起财务报表其他科目数据异常来进行财务报告异常的识别, 因此主要特征的基础数据为上市公司的主要财务比率、各个财务报表科目的同比增长率、百分比报表三个部分.

2) 刻画财务欺诈风险特征提取的数值表现

• 筛选特征的甄别能力结果表现　选取关联显著性指标高于 0.5 的特征作为建模特征进行建模, 得到 8 个特征都与上市公司的财务舞弊风险存在显著的关联性 (图 13.2). 再结合模型的 ROC 表现 (参见图 13.1) 可见, 模型能够有效地甄别出具有较高财务舞弊风险样本公司, 样本内外的 AUC 值分别为 0.771 和 0.766. 同时, 这 8 个指标也从正负两个方面来刻画公司财务是否真实的风险: 比如, 利息费用占营业总收入的比例、其他应收款占营业收入的比例、其他应收款占总资产的比例与上市公司的财务舞弊风险存在显著的正向关联性, 而其余特征如扣非净资产收益率、在建工程增长率、预付款项增长率、投资收益和其他收益占营业总收入的比例、长期借款占总资产的比例则与上市公司的财务舞弊风险存在显著的负相关性.

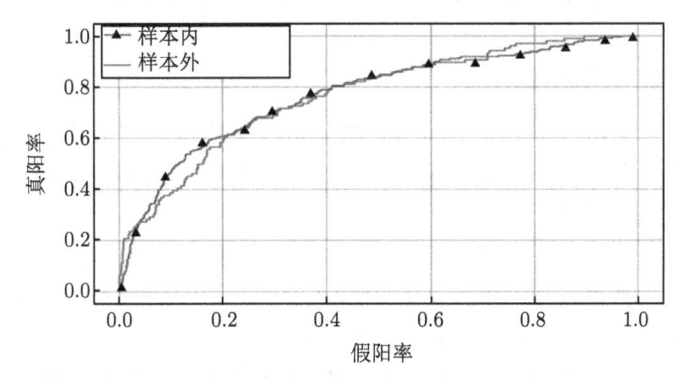

图 13.1　财务欺诈样本内外平均值比较图示

• 欺诈风险的 8 大特征对中国 A 股市场的显著性表现

---

① CSMAR 是一个提供中国金融和相关市场金融财务数据信息的数据公司平台 (www.gtadata.com).

基于本节筛选出用于刻画财务欺诈的 8 大特征, 结合 3549 家上市公司样本的 2018 年年报信息, 通过针对指标的离散化分析, 我们有图 13.2 表现的高关联特征指标值 (其中样本外公司 353 家, 样本内公司 3196 家). 同时, 图 13.2 也表明, 除 "长期借款/总资产" 对应的样本内外差异显著性值较小外 (此指标包含在 8 大指标中的一个本质原因是公司的长期债务比是公司稳定运行的一个核心基础标杆), 其余 7 项筛选的特征从数值的绝对值上都能体现出样本内外的显著差异性, 这表明我们筛选出的 8 个特征指标能够对公司财务欺诈现象进行甄别, 针对刻画财务欺诈风险模型的 ROC 测试也表明这些指标有比较有效的预测能力 (对应的样本内和样本外的 AUC 值都在 0.76 左右), 即本节筛选出的 8 个特征可以有效地支持公司财务欺诈行为的探测与预测功能的落地实现.

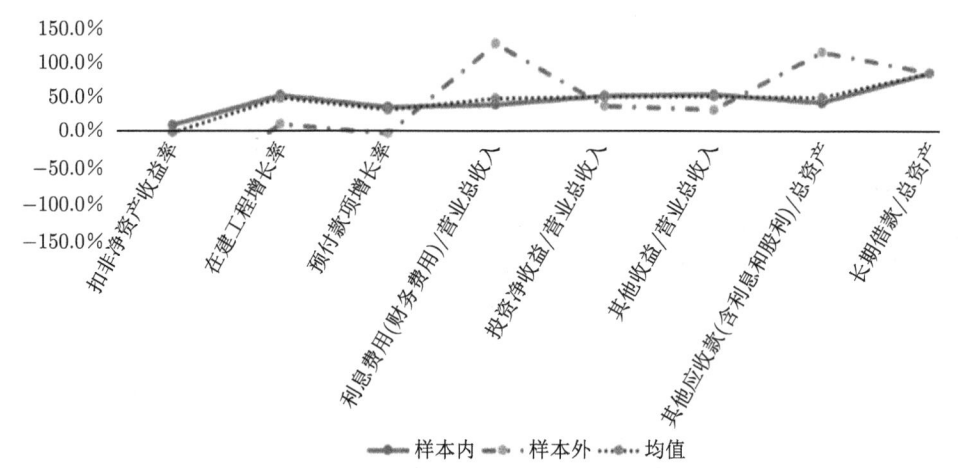

图 13.2　财务欺诈风险的 8 大特征对中国 A 股市场的显著性实证表现

13.3.2　公司监事关联性

以 3549 家上市实体公司为样本, 在公司具有比较合理的监事会人数情况下 (即介于 5 到 9 人之间), 测试结果表明: 公司监事会人数多少与公司财务欺诈无本质关联 (表 13.1 和图 13.3).

统计数据分析和测试结果也表明 (参见表 13.1 和图 13.3), 在公司具有比较合理的监事会人数情况下 (即介于 5 到 9 人之间), 公司监事会人数多少除了与公司资质无本质关联性外, 对于一般的实体企业, 不管是处于 A 类 (从 A、AA 到 AAA 的信用评级), 或 B 类 (从 B、BB 到 BBB 的信用评级) 或 C 类 (从 C、CC 到 CCC 的信用评级) 的公司, 在一般情况下, 25% 左右的公司其董事会成员为 7 人, 46% 左右的公司其董事会成员为 9 人, 二者相加表明, 70% 左右的公司其董事会成员为 7 或者 9 人. 同时, 对于监事会, 80% 左右的公司其监事会成员为 3 人,另外 14% 左右的公司其监事会成员为 5 人.

表 13.1 公司董监事会人数与公司资质关系

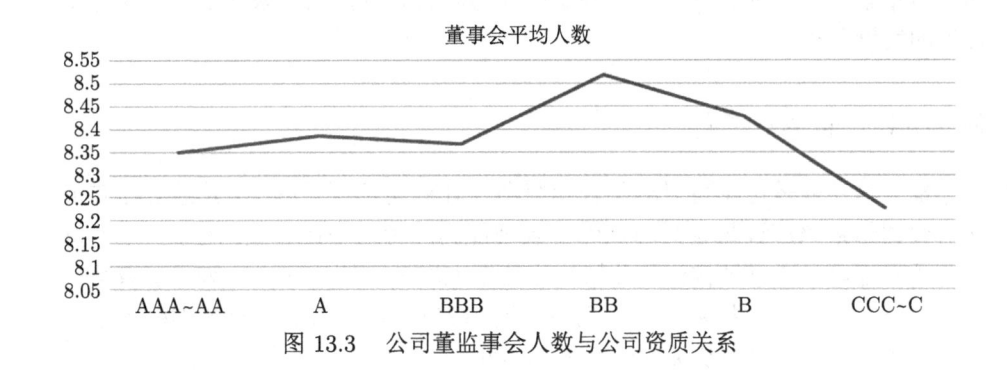

公司等级	实体公司 (不包含金融机构) 董事会平均人数与信用资质 (信用评级) 的关系											
	平均人数	5	6	7	8	9	10	11	12	13	14	15	17	18	总计
AAA~AA	8.35	7	9	35	13	61	2	9	5	1	0	1	0	0	143
A	8.39	19	20	116	36	225	10	18	9	1	5	3	0	0	462
BBB	8.37	43	31	217	70	402	22	46	19	1	0	7	1	0	859
BB	8.52	26	27	135	68	295	13	48	11	3	3	8	0	0	637
B	8.43	32	30	172	77	359	16	43	16	2	5	4	0	0	756
CCC~C	8.23	41	36	186	55	326	11	32	10	1	1	5	0	1	705
总计		168	153	861	319	1668	74	196	70	9	14	28	1	1	3562

图 13.3 公司董监事会人数与公司资质关系

13.3.3 建立有效预测财务欺诈框架

在大数据框架下利用吉布斯随机搜索方法为工具,提出了基于上市公司财务报表数据分析的财务欺诈特征提取方法,解决了由于考虑财务报表勾稽关系 (通过财务报表科目的两两交互项) 而产生的维数灾难问题,从财务报表数据以及各财务数据的两两交互项中提取出 8 个特征因子,它们是 ① 扣非净资产收益率; ② 在建工程增长率; ③ 预付款项增长率; ④ 利息费用 (财务费用) / 营业总收入; ⑤ 投资净收益 / 营业总收入; ⑥ 其他收益 / 营业总收入; ⑦ 其他应收款 (含利息和股利) / 总资产; ⑧ 长期借款 / 总资产.

这 8 个特征因子能够有效地刻画上市公司的财务欺诈风险,同时,结合这 8 个特征指标背后的会计含义进行分析发现,与上市公司财务欺诈风险具有高度关联性的特征通常与公司的会计政策选择、公司治理等因素具有高度的关联性,这与传统的财务报表分析框架相符.

基于大数据和人工智能算法, 以财务准则 No.99 号 (SAS99) 标准为基本框架, 利用支持解读财务欺诈的 "舞弊三角理论" 为基础, 结合结构化和非结构化信息, 充分利用主体生态的信息, 可以实现针对公司财务在欺诈方面的甄别与预测, 建立动态的评估风险指标, 支持业界动态预警与业务管理. 但是也应该从公司 "董监高" 的治理框架入手, 结合发生财务欺诈坏样本的历史长度, 基于非结构化的十多种分类的描述, 特别要思考如何充分利用人工智能的深度学习, 找出刻画公司在下面 3 类信息与财务欺诈的本质特征关系: ① 公司审计委员会 (和有效性管理, 比如, 开会 (解决问题) 的频率); ② 内部审计委员会成员和其有效性工作; ③ 独立的外部理事成员数和工作的有效性信息等, 这些都是我们完善公司财务欺诈指标体系建设需要继续工作的重要内容和目标.

在下一章, 我们将从公司治理和管理的角度来讨论刻画公司欺诈行为的 (非结构化) 风险特征因子的筛选和指标的构建方法; 并且以上市公司的事件为例子, 结合本章建立的刻画上市公司财务欺诈行为的关联特征指标来甄别公司财务不良行为的案例分析.

■ 13.4 本章小结

本章的目的是讨论可以刻画公司财务欺诈的特征因子指标, 并结合在实证层面的数据结果来解读甄别财务欺诈的表现能力. 特别是在大数据框架下, 所有的金融场景都可以通过结构化和非结构化数据 (语言) 来进行描述. 为了提取可以刻画公司财务欺诈特征指标, 并保证提取或筛选出的风险特征具有甄别财务欺诈的解读行和可靠性, 我们从关联关系的角度出发, 以针对非结构化关联关系用于刻画不同金融场景的 (结构化和非结构化) 特征提取的推断方法 (理论) 为基础, 我们讨论了刻画公司财务欺诈需要考虑的因素和对应的我们基于大数据方法筛选出的 8 个显著指标的表现实证.

练习题

习题 13.1 陈述财务欺诈与财务舞弊的不同之处, 陈述 M-Score 的基本思想.

习题 13.2

13.2.1 上市公司发生财务欺诈主要有哪些方面的表现?

13.2.2 刻画公司财务欺诈行为的 8 个特征指标是哪些?

习题 13.3

13.3.1 陈述公司监事关联性因素和如何建立全面刻画公司财务欺诈的预警体系.

13.3.2 利用本章公司财务欺诈行为的特征指标数据, 采用 Python 开源代码, 尝试将基准模型由逻辑回归模型更改为随机森林模型、GBDT 模型、XGBoost 模型, 将 AIC/BIC 更改为模型的 LOSS, 将全部数据作为验证集, 回答下面的问题.

13.3.3 利用吉布斯抽样得到的特征,分别建立基于随机森林模型、GBDT 模型、XGBoost 模型、逻辑回归模型的公司财务欺诈预警系统,并进行对比,总结规律.

13.3.4 简要陈述如何建立有效预测财务欺诈框架.

13.3.5 将模拟次数从 400 分别依次增大至 500, 600, $\cdots$, 1000, 甚至更多时,观察特征与模拟次数为 400 时的变化,总结规律.

第 14 章

针对上市公司财务欺诈行为的评估

在本章,以在大数据框架下结合人工智能算法构建的咖啡馆 (CAFÉ) 风险评估体系为出发点,以基于刻画企业财务欺诈风险特征的筛选框架 (袁先智等, 2021c, 2021d; 袁先智, 2021, 2022) 为基本工具,我们针对在 2020 年第 3 季度某实业股份有限公司 (简记为 "A 公司") 的财务欺诈事件,从公司治理结构的角度结合案例分析,进行公司欺诈行为的风险评估.

然后,我们指出基于财务欺诈行为指标这一出发点,结合针对公司治理框架的非结构化特征指标可以建立针对公司欺诈行为特征刻画的一般框架体系.

2020 年 9 月 30 日, A 公司艰难开板,早盘以 4.20 元低开,跌幅逾 9%,随后股价渐有向好趋势,跌幅收至 5%. 然而,午盘后 A 公司股价一路下挫,再度逼近跌停. 截至当日收盘, A 公司股价跌至 4.17 元/股,跌幅 9.74%,三天累计跌幅超过 27%.

A 公司股价暴跌的背后是公司一系列负面消息的公布: 9 月 21 日, A 公司披露涉诉公告,涉及第三方使用公司商票质押借款的问题; 9 月 24 日, A 公司披露地块交储补偿款的进展情况及公司因资金紧张出现部分债务逾期情况; 9 月 27 日, A 公司披露第一期债权融资计划兑付情况,并对 5.72 亿元库存货物可能涉及风险的相关事项进行信息披露. 9 月 25 日、9 月 28 日, A 公司连收深交所两份关注函,要求其对债务逾期、涉诉、存货风险等事项做出书面说明. 其中,造成股价连续下跌的根本原因还是公司 5.72 亿元存货的 "不翼而飞". A 公司 2019 年分别与某物流有限公司 (以下简称 "B 公司")、某石化有限公司 (以下简称 "C 公司") 签订多份仓储合同约定存货仓储事宜. 存货清查小组于 2020 年 9 月 23 日、24 日前往 B 公司、C 公司调查了解情况,并与两家公司法定代表人进行了会谈,两家公司均否认保管 A 公司储存的货物,涉及存货价值 5.72 亿元. 之后,仓储合同造假事件的尘埃落定,引发了市场投资者对 A 公司的财务真实性问题的关注.

A 公司的存货造假事件警告投资者财务信息真实性的重要性. 据不完全统计, 仅 2017~2019 年间就有超过 300 家上市公司因披露不实、虚构利润等财务异常行为收到证监会的问询及处罚, 涉及问询函数量超过 1500 封, 如何识别财务舞弊问题是投资者规避投资风险的有效途径. 财务舞弊问题不是简单的舞弊与否的问题, 换一句话说, 每一家公司出于自身利益考虑均可能存在一定的财务舞弊风险 (李清等, 2016). 基于这一思路, 本章从财务舞弊三角理论 (Cressey, 1953) 出发, 结合公司财务数据、治理数据、董监高信息等相关数据, 形成对上市公司财务质量的评估方法, 结合 A 公司进行相关的案例分析, 希望对上市公司财务风险起到评估和预警的作用.

■ 14.1 基于舞弊三角理论的咖啡馆财务质量评估

14.1.1 财务舞弊与财务欺诈

财务舞弊是指企业管理过程中管理当事人为操纵或篡改用于编制财务报表的底稿文件和会计凭证、不实披露或遗漏重要的财务信息、不正当的会计处理等行为; 财务欺诈是指企业管理部门有意地通过财务报告披露错误或具有误导性的信息的行为.

美国注册会计师协会通过 SAS 99 (Metrejean, 2011) 指出欺诈是一个法律概念, 审计师不应该做出公司是否存在欺诈的相关判断, 但是审计师应该关注于财务报表重大错误陈述 (或误导性陈述), 而财务报表中的重大错误陈述与财务欺诈是高度关联的. 同时 SAS 99 还指出有以下两类的错误陈述可以被认为是财务欺诈.

第一类: 人为操纵或篡改用于编制财务报表的底稿文件和会计凭证、不实披露或遗漏重要的财务信息、不正当的会计处理.

第二类: 通过侵吞或占用公司资产.

以上两种财务欺诈行为中第一类也是财务舞弊行为, 而第二类则是由于公司在内控、审计等方面的缺陷以及内部的腐败等因素造成的. 换句话说, 财务舞弊与财务欺诈是难以分割又不完全相同的两个概念, 对于公司来说, 财务舞弊行为往往与财务欺诈行为是共同存在的.

14.1.2 舞弊三角理论

学者 Cressey (1953) 的舞弊三角理论为财务舞弊的识别提供了一个基本的框架, 理论认为公司舞弊压力、机会以及借口三个维度的因素共同作用的结果. 其中压力可能来源于迎合第三方预期而承受的过度压力, 也可能来源于盈利目标压力或受到竞争者威胁而产生的压力, 抑或是资本市场的利益诱惑压力. 但是仅有压力存在还不够, 还需要有促使舞弊发生的机会因素, 比如企业内部控制存在缺陷, 或者对于管理层的监督失效等. 以及, 再加上一个合理化的解释或借口加以掩盖, 三个因素最终促使了财务舞弊的发生. Skousen 和 Wright (2008) 进一步拓展了财务舞弊三角理论, 结合 SAS 99 文件对财务舞弊的预警信号的描述, 对财务舞弊预测的指标化模型进行了研究, 此外还有诸多文献对舞弊三角理论的指标化进行了研究.

1. 压力/动机指标

SAS 99 中提到了四类可能导致财务舞弊的压力, 分别是财务稳定性、外部压力、个人需要以及财务目标. 当财务稳定性或盈利能力受到影响时, 管理者在压力环境下可能进行财务舞弊, Loebbecke 等 (1989) 和 Bell 等 (1991) 的研究证实, 公司的增长情况低于预期时, 将可能操纵财务报表以显示公司稳定的增长, Hopwood 等 (2011) 和 Well (2005) 发现销售收入、应收账款和总资产之间的勾稽关系对于发现公司的财务舞弊行为有着一定的作用. 外部压力主要是公司上市要求、偿还债务或某些契约条件带来的, 公司现金流充裕、财务杠杆不大时管理层承受的外部压力相对较小 (Dechow et al., 1998; DeAngelo et al., 1994), 因此财务舞弊的可能性也相对较低. 管理人员在于公司有着显著的经济利益关系时 (一般是股权关系或激励制度), 为了满足自身的利益要求管理人员有着较大的舞弊动机. 不切实际的财务目标通常也是管理层或经营人员为了自身利益不受损害而进行财务舞弊的重要原因 (Dunn, 2004; Sweeney, 1998). 基于这些研究, 本节将采用以下 9 个指标作为可用于财务舞弊风险预警的"压力/动机"的风险预警指标, 参见表 14.1.

表 14.1 基于舞弊三角理论的财务舞弊风险预警指标——压力/动机维度

因素	分类	因素简记 (英文)	因素定义 (中文)
压力/动机	财务稳定性	SGROW	销售收入变化 − 行业平均销售收入变化
		AGROW	欺诈行为发生两年之前的资产百分比变化
		SALAR	销售收入 / 应收账款
		SALTA	销售收入 / 总资产
	外部压力	FREEC	经营活动净现金流 − 现金股利 − 资本性支出
		LEVERAGE	总负债 / 总资产
	个人需要	OWNERSHIP	管理层持股比例
		5%OWN	持股 5%以上管理层持股比例
	财务目标	ROA	扣非净利润 / 总资产

2. 机会/漏洞指标

标准 SAS 99 中提到了四类可能导致财务欺诈的机会, 分别是用行业属性、无效监督、组织结构和内部控制. 研究表明, 跨国业务增加了公司业务的复杂度和审计难度, 从事跨国业务的企业有着更多财务舞弊的机会 (Hopwood et al., 2011). 监督机制方面, 独立董事和审计委员会制度是公司内部监督的重要制度, 相关研究表明独立董事占比较高、有着较高独立性的审计委员会的上市公司,发生财务舞弊的可能性较低 (Beasley et al., 2000; Abbott et al., 2000; Abbott et al., 2000). 此外,董事长和 CEO(或总裁) 都是对公司经营有着举足轻重影响的岗位,若董事长兼任 CEO(或总裁),那么强有力的对决策的控制权无疑会滋生财务舞弊的机会 (Loebbecke et al., 1989; Dunn, 2004; Beasley et al., 2000). 从业务、监督和组织层面,本章选用了 7 个指标作为可用于财务舞弊风险预警的 "机会/漏洞" 的风险预警指标,参见表 14.2.

表 14.2 基于舞弊三角理论的财务舞弊风险预警指标——机会/漏洞维度

风险因素	分类	因素简记 (英文)	因素定义 (中文)
机会/漏洞	行业属性	FOROPS	海外销售收入 / 销售收入
	无效监督	BOUTP	独立董事数量 / 董事会人数
		AUDCOMM	是否有内部审计委员会 (1: 有; 0: 没有)
		AUDCSIZE	审计委员会人数 / 董事会人数
		IND	审计委员会中独立董事数 / 审计委员会人数
		AUDMEET	审计委员会开会次数
	组织结构	CEO	董事长是否任 CEO 或总裁 (1: 是; 0: 不是)

3. 借口/态度指标

借口/态度,即个人对财务舞弊行为的合理化是舞弊三角理论中最难量化的指标,已有的文献一般从审计这一较为客观的角度来对这一主观层面进行描述. 现有的研究表明,公司在更换审计师后审计失败的概率和涉诉概率会有较大的提高,审计师是否变更可以作为评估舞弊三角理论中 "借口/态度" 这一维度的指标 (Anderson, 1984). 此外, Beneeish (2012) 的研究认为以权责发生机制为代表的管理层的决策为应计利润的操纵提供了一个合理的借口,同时权责发生机制通常被过度用于操纵应计利润. 基于这些文献可以形成以下三个指标,参见表 14.3.

表 14.3 基于舞弊三角理论的财务舞弊风险预警指标——借口/态度维度

风险因素	分类	因素简记 (英文)	因素定义 (中文)
借口/态度	审计维度	AUDCHANG	审计师是否变更 (1: 是; 0: 不是)
		AUDREPORT	是否无保留审计意见 (1: 是; 0: 不是)
		TATA	应计利润 / 总资产

14.2 常见舞弊类型讨论

黄世忠等 (2020) 通过对 2010~2019 年间的 113 家财务舞弊的公司进行统计,发现上市公司往通过多种舞弊方法操纵经营业绩. 除常规的收入、成本费用舞弊

(包含成本舞弊、费用舞弊) 外, 货币资金、投资收益、资产减值、营业外收支等科目也是逐渐成为管理层操纵业绩的对象 (参见表 14.4). 这几类财务舞弊表面上看似相互独立, 实际上它们之间也是相互关联的. 首先, 收入舞弊与成本费用舞弊的目的都是为了提高公司的盈利表现, 提高外界对公司的市值预期. 其次, 在操纵收入的过程中, 为了满足勾稽关系, 通常会对成本费用进行调整. 最后, 虚增的收入、费用和成本需要通过虚假的现金流加以掩饰. 也正是这样, 多种财务舞弊方式经常是共同出现的.

表 14.4 舞弊类型分布

舞弊类型	数量	占比	舞弊类型	数量	占比
收入舞弊	77	68.14%	减值舞弊	13	11.50%
费用舞弊	25	22.12%	营业外收支舞弊	10	8.85%
货币资金舞弊	24	21.24%	投资收益舞弊	7	6.19%
成本舞弊	17	15.04%	其他舞弊	2	1.77%

注: 舞弊科目以影响主要会计科目为统计口径, 如收入舞弊同时引起成本及其他资产科目变动, 则仅统计收入科目. 一家公司可能涉及多种舞弊类型, 如同时进行收入虚增和费用虚减, 二者之间相互独立, 则分别作为财务舞弊类型统计, 故上表中占比合计数不为 100%.

14.3 咖啡馆财务质量评估方法

我们的咖啡馆财务质量评估方法是基于 14.1 节中的财务舞弊三角理论, 结合财务舞弊的会计基本原理与相关实践, 利用大数据方法实现的对公司财务质量评估的方法, 下面我们将简要阐述本方法的基本思想以及核心指标体系 (袁先智等, 2021a, 2021b, 2021c; 袁先智, 2021, 2022).

14.3.1 基本思想陈述

为了建立更有效的财务舞弊识别方法, 我们从财务舞弊三角理论出发, 结合大数据方法的全息画像的基本概念 (Yuan et al., 2019) 形成从特征数据收集到风险因子挖掘, 再到模型构建, 最后形成综合体系的咖啡馆财务质量评估方法. 在特征数据收集阶段利用上市公司财务数据、治理数据、董监高信息等数据构造初始特征池. 风险因子挖掘即为在初始特征池中进行特征提取, 对于筛选得到的特征因子要基于基本会计原理和相关实践经验的解释, 根据特征因子所反映的底层逻辑. 模型构建部分的主要目标是在吉布斯抽样方法的基本框架下使用特征因子对公司的舞弊风险进行特征刻画 (Qian et al., 2016) 形成有效且相对稳定的预测模型，同时尽可能照顾到模型的可解释性；综合方法基于模型评估结果，结合舞弊三角理论、舞弊手段分析等基本分析方法，形成综合的财务质量评估方法.

特征数据收集
- 基于舞弊三角理论和数据源情况构建初始特征池

风险因子挖掘
- 对基础数据进行指标构造和特征编码形成初始特征空间
- 通过吉布斯抽样的方法进行风险因子挖掘
- 基于舞弊三角对风险特征进行分析并适合的支持模型构建

模型构建
- 基于数据情况和风险特征因子进行模型构建
- 对模型进行检验

综合方法
- 基于模型评估结果，结合分析框架形成最后的财务质量评估方法

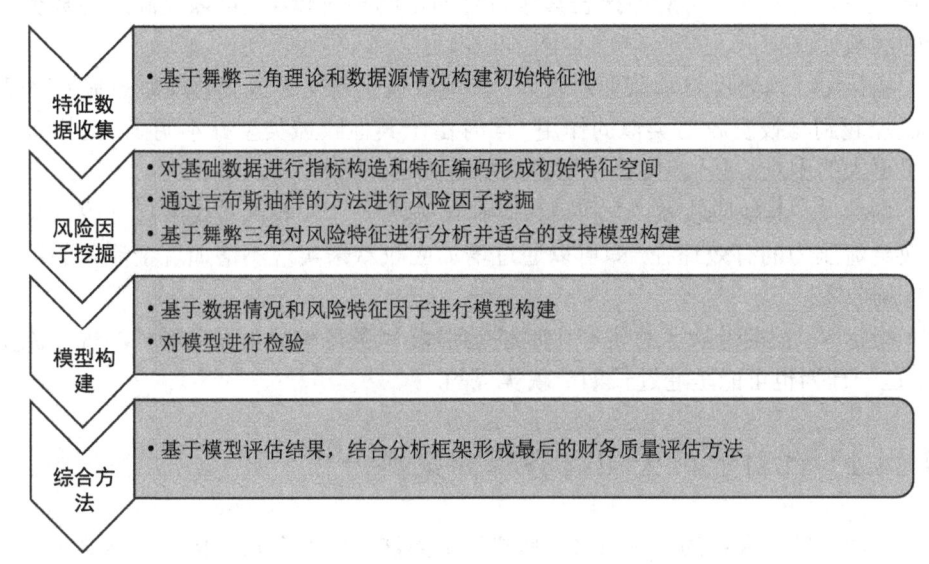

图 14.1　咖啡馆财务质量评估方法基本框架

14.3.2　核心指标

以在大数据框架下结合人工智能算法构建的咖啡馆风险评估体系为出发点，通过基于刻画企业财务欺诈风险特征的筛选框架，正如在文献 (袁先智等, 2021c) 中的讨论，我们通过对财务指标维度的风险特征提取，得到以下面 8 个财务指标为核心指标的财务质量评分模型，可用于评估上市公司及发债企业的财务质量. 这 8 个指标分别是：

指标 1：扣非净利润增长率. 扣非净利润是衡量公司盈利能力的重要指标，也是衡量公司经营状况的重要指标，如果长期扣非净利润表现不佳，则管理层面临较大的业绩压力，从而可能导致财务舞弊行为的发生.

指标 2：在建工程增长率. 在建工程是常见的会计操纵科目之一. 可以通过增加在建工程金额或减少在建工程金额来调整公司的资产负债情况.

指标 3：预付款项增长率. 预付账款是常见的会计操纵科目之一. 可以通过增加预付款或减少预付款来调整公司的资产负债情况.

指标 4：利息费用 (财务费用)/ 营业总收入. 财务舞弊中, 虚增的收入不是独立存在的, 需要外部资金支撑对应的现金流, 这部分资金必然带来额外的利息费用 (财务费用), 这是难以避免的.

指标 5：投资净收益 / 营业总收入. 投资收益是交易造假类舞弊的常见手段，与一般交易不同的是，投资收益可以通过关联方等渠道实现虚增收益，不需要对主营业务进行调整，对财务报表其他科目的影响相对较小，可以提高财务舞弊行为的隐蔽性.

指标 6：其他收益 / 营业总收入. 其他收益也是交易造假类舞弊的常见手段，不仅能起到与投资收益类似的作用，同时由于其他收益类型并不明确，给审计带来了更大的困难，进一步提高了财务舞弊行为的隐蔽性.

指标 7：其他应收款 (含利息和股利) / 总资产. 应收款是缓解虚增收入带来的现金流压力的有效途径，即可以通过增加应收款来实现不增加现金流入的情况下虚增收入.

指标 8：长期借款 / 总资产. 前文提到过，财务舞弊行为需要额外的现金流支撑，这一行为也可能是通过长期借款实现的.

14.4 针对上市公司财务舞弊案例分析

下面将结合我们的咖啡馆财务质量评估方法，对 A 公司案例进行其欺诈行为的解读分析.

14.4.1 压力与动机

2020 年半年报显示，A 公司报告期内亏损 1.15 亿元，较去年同期下降 538.66%，营业收入 38.88 亿元，同比下降 43.36%. 进一步观察公司 2015~2019 年的盈利状况，公司五年平均实现净利润 4836.16 万元 (参见图 14.2、表 14.5)，值得关注的是，2018 年净利润近乎翻番，与存货激增的时间点一致. 但在扣除非经常性损益后，公司扣非净利润整体呈现下降趋势，同时扣非净利润所有者权益比呈现逐年下降趋势，公司存在较大的业绩压力. 作为一家上市公司，A 公司存在粉饰财务数据，增强公司业绩表现的理由. 特别是 2018 年以后，A 公司的净利润较之前有明显改善，但与此对应的是，扣非净利润并未有所改善，因此公司盈利指标显示公司具有在盈利压力下的财务舞弊的可能性.

此外，A 公司已经面临长期的股价下跌. A 公司前十大股东中，蒋某某于 2017 年三季度首次 "亮相"A 公司，买入 310.72 万股，成本价在每股 7.8~8.1 元. 吴某某则早在 2013 年第三季度便以 133.46 万股的持股规模 "杀入"A 公司的前十大股东榜单，此后一个季度又大举增持至 662.90 万股，直至 2015 年初开始小幅减持，这期间持股数量大多维持在 488.84 万股至 662.90 万股之间. 吴某某便以 133.46 万股的持股规模 "杀入"A 公司的前十大股东榜单，此后一个季度又大举增持至 662.90 万股，直至 2015 年初开始小幅减持，期间持股数量大多维持在 488.84 万

14.4 针对上市公司财务舞弊案例分析

股至 662.90 万股之间. 三位主要股东持股多年长期亏损可能对管理层施加额外的压力, 进一步加剧了公司舞弊的可能性[①].

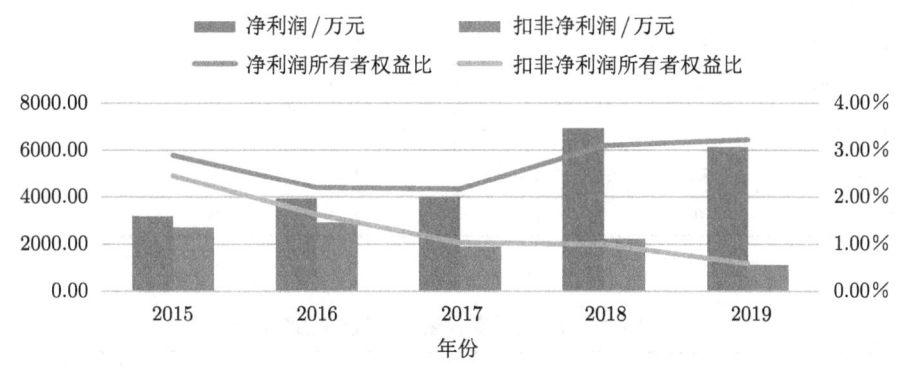

图 14.2 A 公司 2015~2019 年营收状况统计

表 14.5 A 公司 2015~2019 年营收状况统计

年份	净利润/万元	扣非净利润/万元	净利润所有者权益比/%	扣非净利润所有者权益比/%
2019	6135.59	1115.72	3.22	0.59
2018	6936.67	2219.79	3.10	0.99
2017	3997.30	1893.11	2.17	1.03
2016	3927.16	2905.21	2.20	1.63
2015	3184.07	2707.57	2.89	2.46

14.4.2 机会与漏洞

目前已知的情况来看, 财务舞弊的重要时间节点是 2018 年, 这一年公司增加了 10.09 亿元的存货. 公司 2018 年年报显示, 公司共有董事 7 人 (其中独立董事 3 人)、监事 3 人 (其中独立监事 1 人), 董事会与监事会规模均属于上市公司中较小的一类, 同时副董事长陈某某长期兼任总经理一职, 公司董事会与管理层之间并没有较好的独立性, 因此董事会及管理层对公司的把控能力较强. 此外, 监事会会议次数已多年未对外披露, 公司内部审计监督制度可能名存实亡. 这些情况表明, 公司的治理结构与人员结构存在较大漏洞, 管理层和董事会核心成员对公司的把控过强, 给了财务舞弊的机会, 使得 A 公司的财务舞弊风险大大增加.

---

① 实际上, 财务舞弊案件事发前, 三位股东已经退出十大股东之列, 有借着财务舞弊退出的可能性.

表 14.6　A 公司董事会、监事会会议次数

时间	董事会会议	监事会会议	时间	董事会会议	监事会会议
2001-12-31	4	3	……	……	……
2002-12-31	13	7	2015-12-31	9	
2003-12-31	9	5	2016-12-31	5	
2004-12-31	8	3	2017-12-31	6	
2005-12-31	12	4	2018-12-31	9	
2006-12-31	9	2	2019 12 31	9	

表 14.7　A 公司审计委员会成员轮换情况

委员会名称	开始时间	结束时间	成员名称
审计委员会	2014-6-20	2015-8-18	吕××
审计委员会	2014-6-20	2015-8-18	王××
审计委员会	2014-6-20	2015-8-18	李××
审计委员会	2015-8-18	2017-6-30	符××
审计委员会	2015-8-18	2017-6-30	王××
审计委员会	2015-8-18	2017-6-30	李××
审计委员会	2017-6-30	2020-7-30	符××

14.4.3　态度与借口

从内部审计来看，公司的审计委员会成员在 2020 年 6 月以前也已有多年未得到有效轮换，对公司监督的有效性以及内部审计的独立性值得商榷. 加之公司于 2018 年更换了审计机构，并于当期增加了巨额存货，因此从态度和借口来看，A 公司存在相当大的财务舞弊可能性.

模型评估结果显示：与同行业公司相比，A 公司的 2017~2019 年的财务质量评分分别为 27.48、22.09、53.53. 财务舞弊是一个动态的不断积累的过程，A 公司的财务舞弊行为最早应该发生于 2017 年之前，2018 年的财务舞弊行为是之前行为的延续. 而 2019 年由于某些原因公司财务质量较之前有所提高，但还是处于一个相对较低的水平.

进一步从模型的核心指标来看，A 公司有这么几个核心指标 (指标 1~3 和指标 5~6) 与存在财务质量的黑样本高度相似，特别是指标 1、指标 5、指标 6 这三个指标，说明 A 公司存在为了提高公司净利润虚增收益的情况. 前面表 14.5 中的数据也表明 A 公司的扣费净利润与净利润之间存在着不正常的现象，能够解释相关指标的异常.

表 14.8　A 公司指标偏离度分析

特征	黑样本	白样本	A 公司指标行业偏离度			
			2017 年	2018 年	2019 年	均值
指标 1	103.89%	8.10%	−84.49%	−85.09%	−91.12%	−86.90%
指标 2	9.48%	51.62%	−80.31%	−41.94%	42.29%	−26.65%
指标 3	−4.69%	34.13%	−1.42%	1967.61%	−42.19%	−21.80%
指标 4	127.56%	38.22%	−47.09%	−28.80%	15.98%	−19.97%
指标 5	35.96%	51.07%	−93.54%	−101.15%	45.33%	−80.01%
指标 6	30.69%	52.79%	−44.59%	−50.68%	−66.79%	−54.02%
指标 7	115.54%	41.36%	17.76%	55.33%	19.68%	30.92%
指标 8	84.62%	85.22%	—	—	2.08%	—

注: 由于 2018 年 A 公司的预付款项较前一年的 4.60 亿元增加了 9.37 亿元, 在扣非净利润变化不大的情况下, 认为这一增长显然是较为异常的, 因此在计算行业偏离度均值的时候忽略这一个值. 同时, 由于 A 公司长期不存在长期借款, 在计算均值时候这一指标不纳入对比范围.

14.4.4　结论和针对欺诈行为的特征刻画讨论

再回过头来看 2018 年之前的财务数据, 2017 年公司资产合计 48.13 亿元, 较 2016 年增加 6.43 亿元, 主要来自于应收账款及应收票据的增加, 这也是常见的造假科目之一, 特别是 2016∼2017 年 A 公司的应收款及应收票据增速要高于营业总收入增速 12% 以上, 这一情况对于公司存在较大的风险, 也存在应收款项造假的可能性. 这表明 A 公司的财务舞弊行为应与预测结果一致, 即 A 公司的财务舞弊行为很可能最早发生于 2017 年之前.

这也说明财务舞弊事件的爆发不是一个突发事件, 财务舞弊的爆发是可以提前预测的. 基于舞弊三角理论、全息画像和大数据量化分析方法的咖啡馆财务质量评估框架能够有效地对上市公司的财务质量进行全方位评估, 特别是对于上市公司的财务舞弊行为能够及时地揭露, 帮助投资者避免更大的损失.

我们希望支持的是比较完整和全面的针对公司财务欺诈风险特征筛选框架的建立和应用, 请参见文献 (袁先智等, 2021c) 和 (袁先智, 2021, 2022) 中的较系统的讨论. 特别地, 通过考虑公司大股东、管理层、董事会、监事会按照持股比例、担任的身份、内外的比例分类分析, 利用证据权重和信息价值信息量来解释对评估对象可能会发生欺诈行为风险的影响, 正如袁先智 (2021, 2022) 所讨论的, 我们有下面的一个基本的针对公司治理框架结构评估标准, 即公司股权结构是影响公司财务欺诈风险的重要因素, 并通过可以由下面四个特征从公司治理框架的角度来预警可能带来欺诈行为的表现 (袁先智, 2021, 2022):

第一, 大股东和企业法人的持股比例在 5% 到 50% 之间;

第二, 大股东累计持股比例不超过 60%;

第三, 管理层的大股东持股比例小于 1%;

第四, 董事会中大股东比例不超过 12%.

针对本节的案例, 我们特别地结合 A 公司在 2020 年间公司大股东、管理层、董事会、监事会按照持股比例、担任的身份、内外比例分类的具体情况, 我们有下面的对应判断结果 (见表 14.9).

表 14.9　A 公司治理结构特征指标偏离度测试

序号	公司治理结构特征指标	A 公司指标	A 公司测试结果
1	大股东和企业法人的持股比例在 5%到 50%之间	45.0%	落入预值范围内
2	大股东累计持股比例不超过 60%	49.0%	落入预值范围内
3	管理层的大股东持股比例小于 1%	0.0%	落入预值范围内
4	董事会中大股东比例不超过 12%	0.0%	落入预值范围内

表 14.9 测试结果表明, A 公司在公司治理框架上的结构也落入上面建立的第一、第二、第三和第四个非结构化的特征指标预值之内. 因此, 本章讨论的针对 A 公司的欺诈行为的表现从财务到公司治理框架层面的针对财务舞弊行为的特征刻画是具有去预警功能的.

本案例的分析过程显示, 公司财务舞弊事件的爆发不是一个突发事件, 而是在一个过程中形成的. 如果我们有能力贯穿和打通公司治理结构与商务生态运营、业务发展并结合专业的特征指标和非结构化特征指标跟踪分析, 常见的公司财务舞弊的行为和相关的财务异常状态爆发是可以提前预测的, 即本章讨论的基于舞弊三角理论、大数据特征提取方法, 针对上市公司的财务质量进行全方位评估体系的建立是能够对上市公司的财务舞弊行为和财务异常状态爆发进行及时揭露和预警的, 从而可以帮助行业的健康发展并为投资者避免欺诈带来的潜在损失.

因此, 本章用到的针对 8 个刻画财务欺诈行为的特征指标的案例分析, 并结合针对公司治理框架得到的上面第一、第二、第三和第四个 (非结构化) 的特征指标刻画, 我们基本构建了针对公司欺诈行为所需要的从财务到公司治理框架的一般特征刻画体系.

■ 14.5　本章小结

在本章, 以大数据框架下, 结合人工智能算法构建的咖啡馆风险评估体系为出发点, 以基于刻画企业财务欺诈风险特征的筛选框架为基本工具, 针对在 2020 年第 3 季度 A 公司的财务欺诈事件从公司风险评估的角度进行了案例分析. 最后,我们指出以财务欺诈行为指标为出发点，结合针对公司治理框架的非结构化特征指标可以构成针对公司欺诈行为特征刻画的一般框架体系.

练习题

习题 14.1　仿照本章案例，选择一家上市公司做相应财务欺诈行为的评估与案例分析.

习题 14.2　陈述中国市场公司常见的舞弊类型.

习题 14.3

14.3.1　陈述咖啡馆财务质量评估方法.

14.3.2　从公司治理的角度全面陈述欺诈行为的特征刻画.

第 15 章

筛选影响个人信用贷款的关联特征

■ 15.1 背景

本章讨论在大数据框架下, 我们如何利用吉布斯抽样方法实现针对网络借贷平台中的个人信贷的风险评估, 支持信贷业务的日常管理.

我们知道, 在面对海量数据, 特别是大数据场景下, 通过算法来筛选或提取刻画特定场景现象或者行为表现的过程称为特征提取. 另外, 在大数据的背景下, 对高维的特征空间进行特征提取时, 我们会面临两个难题. 一是特征之间 (包括特征与响应变量) 的关联关系不再只是线性相关的关联关系; 二是特征空间维度过高而观测样本数量有限的矛盾 (Zheng et al., 2019).

为了解决上述两个难题, 并借鉴关联规则学习算法解决特征维度过高的思想, 基于马尔可夫链蒙特卡洛模拟框架的吉布斯随机搜索算法, 在观测样本量有限的条件下, 可以通过降低计算复杂度来完成特征提取的工作, 在此我们使用基于吉布斯抽样的机器学习特征提取的方法, 在大数据风控方面进行分析 (Geman et al., 1984). 对应本章讨论的细节, 也请参见相关文献 (Yang et al., 2021).

为了讨论方便, 我们沿用文献 Yang 等 (2021) 中使用的符号和标识, 同时, 我们在表 15.5 中列出了需要用到的特征指标的分类和对应的中文释义 (定义). 在表 15.5 的第一列为全部中文英文名 (本部分所使用的 31 个特征加上 1 个待预测的贷款状态变量); "before_18" 为基于 "传统特征工程筛选方法" 筛选出的 18 个特征 (见下段的陈述和解释); "gibbs_logistic_18" 为基于逻辑回归的吉布斯采样筛选出的 18 个特征; "gibbs_logistic_13" 为基于逻辑回归的吉布斯采样筛选出的 13 个特征; "gibbs_xgb_18" 为基于 XGBoost 的吉布斯采样筛选出的 18 个特征.

特别指出的是, 在上段我们提到的 "传统的特征工程筛选方法" 是指对于给定

的数据样本 (不管是结构化或者非结构化数据), 先将特征中缺失比率大于 50% 的特征删除, 然后将同值率大于 90% 的特征删除, 接着对特征进行分箱, 计算其 IV 值; 然后根据相关系数计算特征两两间的相关性 (连续型特征选用 Pearson 相关系数, 离散型特征选用 Spearman 相关系数), 将高相关性的两个特征中删除低 IV 值的特征, 然后将 IV 值小于 0.02 的特征删除, 最后计算在测试集与训练集上的特征稳定性 PSI (即 population stability index, 群体稳定性指标, 用来衡量分数分布的变化)(Yurdakul et al., 2020), 删除 PSI 大于 0.1 的特征变量, 最终筛选出 18 个特征用于本节的对比讨论. 本章代码详见：https://gitee.com/zzufinlab/bookcode/tree/master/Chapter_15.

15.2 数据来源

本章实证研究的数据选取 Lending Club 平台 2018 年四个季度 Q1~Q4 的数据, 基于 Yang 等 (2021) 的工作, 其中逻辑回归拟合模型部分使用原始数据的 WOE 映射值, XGBoost 拟合模型部分使用原始数据预处理后的分箱数据 (Chen et al., 2016), 其中好坏样本比例约为 4:1, 我们可以得到的数据结果如图 15.1 和图 15.2 所示.

	term	fico_range_high	installment	tot_hi_cred_lim	mort_acc	bc_open_to_buy	home_ownership	verification_status	open_rv_24m	bc_util
0	0.5847	0.3094	0.2830	-0.1403	-0.4001	-0.1053	0.0767	0.0433	0.1783	-0.0756
1	-0.2489	-0.1973	0.2830	-0.1403	-0.4001	-0.1053	0.0767	0.3207	-0.1855	0.1234
2	-0.2489	0.1174	-0.6841	0.1650	0.2471	0.2281	0.2370	-0.2413	-0.1855	0.2002
3	-0.2489	-0.1973	-0.1749	-0.1403	-0.0460	-0.1053	-0.2348	0.0433	0.0320	-0.2614
4	-0.2489	-0.5256	0.0711	-0.5220	-0.2080	-0.0467	-0.2348	0.0433	0.0320	-0.0650

图 15.1 特征 WOE 值

	term	fico_range_high	installment	tot_hi_cred_lim	mort_acc	bc_open_to_buy	home_ownership	verification_status	open_rv_24m	bc_util	n
0	1	0	3	2	2	3	1	1	3	1	
1	0	2	3	2	3	3	1	2	0	5	
2	0	1	1	3	0	0	2	0	0	5	
3	0	2	1	2	0	3	0	1	1	1	
4	0	3	2	4	1	2	0	1	1	2	

图 15.2 特征分箱值

15.3 算法选取：XGBoost 与吉布斯算法的异同表现

按照 Yang 等 (2021) 的工作, 传统特征工程筛选出 18 个特征为图 15.3 的 before_18 列, 本部分根据传统特征工程步骤, 基于 IV 值选择 IV 排行前 31 的特征, 分别以逻辑回归模型和 XGBoost 模型为基准模型进行吉布斯采样, 以逻辑回归模型为基准模型进行吉布斯采样,然后根据 confidence>0.5 筛选得到的 18 个特征 (如图 15.3 的 logistic_18 列所示),以 XGBoost 模型为基准模型进行吉布斯采样 (Qian et al., 2002; 袁先智等, 2021a),然后根据 confidence>0.52 筛选得到的 18 个特征 (如图 15.3 的 xgb_18 列所示).

	before_18	logistic_18	xgb_18
0	annual_inc	dti	all_util
1	bc_open_to_buy	emp_length	bc_open_to_buy
2	bc_util	fico_range_high	bc_util
3	dti	fico_range_low	dti
4	emp_length	home_ownership	emp_length
5	fico_range_high	installment	fico_range_low
6	home_ownership	mo_sin_old_il_acct	funded_amnt_inv
7	inq_last_6mths	mo_sin_old_rev_tl_op	installment
8	installment	mort_acc	mo_sin_old_rev_tl_op
9	mo_sin_old_il_acct	num_actv_rev_tl	mort_acc
10	mo_sin_old_rev_tl_op	num_il_tl	num_actv_rev_tl
11	mort_acc	num_rev_tl_bal_gt_0	open_rv_12m
12	num_actv_rev_tl	open_rv_12m	open_rv_24m
13	num_il_tl	term	percent_bc_gt_75
14	open_rv_24m	tot_cur_bal	revol_util
15	term	total_bc_limit	tot_cur_bal
16	tot_hi_cred_lim	total_rev_hi_lim	tot_hi_cred_lim
17	verification_status	verification_status	total_rev_hi_lim

图 15.3 特征展示

■ 15.4 筛选的数据结果与讨论

以逻辑回归为基准模型的吉布斯采样得到的 criterion_value, 也就是每一轮迭代的损失函数 (逻辑回归的损失函数为 AIC 或者 BIC)(Akaike, 1974; Schwarz, 1978), 如图 15.4 所示.

	1	2	3	4	5	6	7	8	9
fico_range_low2	22350.036354	20942.073802	20848.358084	20843.811705	20825.060310	20808.978124	20816.466344	20814.540481	20807.125918
fico_range_low3	22309.057009	20918.818622	20831.384662	20851.768164	20832.214761	20812.766760	20818.736913	20814.540481	20812.545745
tot_cur_bal2	22301.450757	20976.053047	20838.797487	20844.970925	20841.766034	20812.523671	20826.213063	20824.080492	20809.278388
dti3	22301.450757	20918.818622	20838.797487	20835.992201	20832.214761	20812.523671	20821.638498	20824.080492	20809.278388
open_rv_12m1	22265.492587	21000.280879	20834.141627	20851.768164	20825.060310	20821.910147	20818.736913	20826.213063	20807.125918

图 15.4 逻辑回归损失函数

15.4 筛选的数据结果与讨论

以 XGBoost 为基准模型的吉布斯采样得到的 criterion_value, 也就是每一轮迭代的损失函数 (此处的损失函数为 XGBoost 的 logloss 损失函数) 如图 15.5 所示.

	1	2	3	4	5	6	7	8	9	10	...
avg_cur_bal5	0.309892	0.079287	0.104388	0.083758	0.106233	0.102957	0.094790	0.087577	0.078475	0.083635	...
mo_sin_old_il_acct4	0.289545	0.083454	0.079504	0.101202	0.105049	0.097667	0.107488	0.088358	0.099299	0.089754	...
annual_inc3	0.258545	0.090799	0.098671	0.078817	0.109956	0.109494	0.088795	0.087577	0.083617	0.084571	...
total_bc_limit1	0.258545	0.092163	0.081609	0.077630	0.098647	0.104323	0.092172	0.103397	0.083127	0.083167	...
tot_hi_cred_lim1	0.248996	0.090440	0.076544	0.082612	0.112588	0.106819	0.087857	0.087312	0.075012	0.091885	...

图 15.5　XGBoost 损失函数

根据特征选取部分的结果, 将以传统特征工程筛选出的 18 个特征的 WOE 值拟合逻辑回归模型, 得到的结果为表 15.1 logistic_before_18 行所示; 将以逻辑回归为基准模型的吉布斯采样筛选出的 18 个特征的 WOE 值拟合逻辑回归模型, 得到的结果为表 15.1 logistic_gibbs_18 行.

表 15.1　逻辑回归评价指标对比 1

	Accuracy	AUC	KS
logistic_before_18	0.8007	0.7020	0.2911
logistic_gibbs_18	0.8018	0.7052	0.2945

可以看到, 逻辑回归模型经吉布斯采样后的各个指标均有略微提高, 但是提高的幅度并不明显, 为此将置信度 confidence 值从 0~1 进行遍历, 找出拐点, 图 15.6 横坐标为置信度值, 纵轴为使用当前置信度值进行筛选得到的特征拟合逻辑回归模型时得到的 AUC 值.

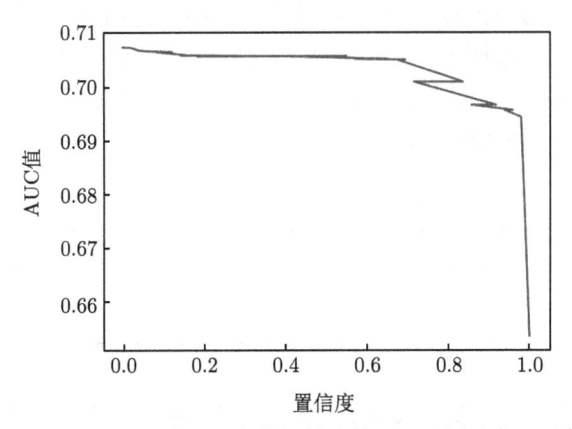

图 15.6　不同置信度下对应特征筛选的 AUC 测试表现示意图

从图 15.6 中可以看出, 当 "confidence" 为 0.7 左右时是明显的拐点, 此时筛选得到 13 个特征, 使用这 13 个特征拟合逻辑回归模型得到的评价指标与原 18 个特征进行对比, 将以传统特征工程筛选出的 18 个特征的 WOE 值拟合逻辑回归模型, 得到的结果如表 15.2 logistic_before_18 行所示; 将以逻辑回归为基准模型的吉布斯采样筛选出的 13 个特征的 WOE 值拟合逻辑回归模型, 得到的结果如表 15.2 logistic_gibbs_13 行所示.

表 15.2 逻辑回归评价指标对比 2

	Accuracy	AUC	KS
logistic_before_18	0.8007	0.7020	0.2911
logistic_gibbs_13	0.8016	0.7004	0.2892

可以看出, 传统特征工程筛选出的 18 个特征与吉布斯采样筛选出的 13 个特征得到的结果基本一致, 特征数减少了近 1/3, 但是最终结果却相差不多.

以传统特征工程筛选出的 18 个特征的分箱值拟合 XGBoost 模型, 得到的结果如表 15.3 xgb_before_18 行所示; 以 XGBoost 为基准模型的吉布斯采样筛选出的 18 个特征的分箱值拟合 XGBoost 模型, 得到的结果如表 15.3 xgb_gibbs_18 行所示.

表 15.3 XGBoost 评价指标对比 (1)

	Accuracy	AUC	KS
xgb_before_18	0.8035	0.7293	0.3325
xgb_gibbs_18	0.8003	0.6954	0.2833

可以看到, XGBoost 模型经吉布斯采样后的各个指标均有略微下降, 可见树模型可能不适合做吉布斯采样, 使用以逻辑回归模型为基准模型得到的 13 个特征拟合 XGBoost 模型与传统特征工程筛选出的 18 个特征的分箱值拟合 XGBoost 模型得到的结果对比如表 15.4.

表 15.4 XGBoost 评价指标对比 (2)

	Accuracy	AUC	KS
xgb_before_18	0.8035	0.7293	0.3325
xgb_gibbs_logistic_13	0.8049	0.7256	0.3288

由表 15.4 可见, 与逻辑回归部分得到的结论基本一致, 传统特征工程筛选出的 18 个特征与吉布斯采样筛选出的 13 个特征得到的结果基本一致, 特征数减

15.4 筛选的数据结果与讨论

少了近 1/3, 但是最终结果却相差不多, 甚至吉布斯采样筛选出的 13 个特征拟合模型得到的准确率还略高于传统特征工程筛选出的 18 个特征拟合模型得到的准确率.

特征中文释义如表 15.5 所示, 其中特征英文名称和全部中文名称为本部分所使用的 31 个特征加上一个待预测的贷款状态, before_18 为传统特征工程筛选出来的 18 个特征, gibbs_logistic_18 为基于逻辑回归的吉布斯采样筛选出的 18 个特征, gibbs_logistic_13 为基于逻辑回归的吉布斯采样筛选出的 13 个特征, gibbs_xgb_18 为基于 XGBoost 的吉布斯采样筛选出的 18 个特征.

表 15.5 特征中文释义

编号	特征英文名称	全部中文名称	before_18	gibbs_logistic_18	gibbs_logistic_13	gibbs_xgb_18
1	all_util	所有交易的信用额度				all_util
2	annual_inc	借款人在申请贷款时提供的自我报告的年收入	annual_inc			
3	avg_cur_bal	所有账户的平均流动余额				
4	bc_open_to_buy	开放购买的循环银行卡总数	bc_open_to_buy			bc_open_to_buy
5	bc_util	所有银行卡账户的总余额与高信用额度的比值	bc_util			bc_util
6	dti	用借款人的每月总债务付款额除债务和所要求的信用证贷款(不包括抵押贷款)的总债务除以借款人的自我报告的月收入	dti	dti	dti	dti
7	emp_length	工作年限 (以年为单位). 可能的值在 0 到 10 之间, 其中 0 表示少于 1 年, 10 表示 10 年或 10 年以上	emp_length	emp_length	emp_length	emp_length
8	fico_range_high	借款人在申请贷款时的 FICO 分所处范围的上界	fico_range_high	fico_range_high		
9	fico_range_low	借款人在申请贷款时的 FICO 分所处范围的下界		fico_range_low		fico_range_low
10	funded_amnt	在该时间点对该贷款承诺的贷款总额				
11	funded_amnt_inv	投资者在该时间点对该贷款承诺的贷款总额				funded_amnt_inv

续表

编号	特征英文名称	全部中文名称	before_18	gibbs_logistic_18	gibbs_logistic_13	gibbs_xgb_18
12	home_ownership	借款人在注册过程中提供的房屋拥有权情况.包括的值是:租赁、自有、抵押、其他	home_ownership	home_ownership	home_ownership	
13	inq_last_6mths	过去6个月的查询数量(不包括汽车和抵押贷款查询)	inq_last_6mths			
14	installment	借款人在贷款发生时所欠的月供	installment	installment	installment	installment
15	loan_amnt	借款人申请贷款的金额. 如果在某个时间点, 信贷部门减少了贷款金额, 那么它将反映在该值中				
16	mo_sin_old_il_acct	开户时间最长的银行分期付款账户的月数	mo_sin_old_il_acct	mo_sin_old_il_acct		
17	mo_sin_old_rev_tl_op	自最古老的循环账户开立以来的月数	mo_sin_old_rev_tl_op	mo_sin_old_rev_tl_op	mo_sin_old_rev_tl_op	mo_sin_old_rev_tl_op
18	mort_acc	按揭账户数目	mort_acc	mort_acc	mort_acc	mort_acc
19	num_actv_rev_tl	现时活跃的循环交易数量	num_actv_rev_tl	num_actv_rev_tl	num_actv_rev_tl	num_actv_rev_tl
20	num_il_tl	分期付款账户数量	num_il_tl	num_il_tl	num_il_tl	num_il_tl
21	num_rev_tl_bal_gt_0	余额大于0的循环交易数量		num_rev_tl_bal_gt_0		
22	open_rv_12m	在过去12个月内开设的循环交易数目		open_rv_12m	open_rv_12m	open_rv_12m
23	open_rv_24m	在过去24个月内开设的循环交易数目	open_rv_24m			open_rv_24m
24	percent_bc_gt_75	所有银行卡账户>限额的75%的比例				percent_bc_gt_75
25	revol_util	循环利用率,即借款人使用的相对于所有可用循环信贷所使用的信贷金额				revol_util
26	term	支付贷款的期限,可以是36个月,也可以是60个月	term	term	term	
27	tot_cur_bal	所有账户的总流动金额		tot_cur_bal	tot_cur_bal	tot_cur_bal
28	tot_hi_cred_lim	总高信用限额/信用限额	tot_hi_cred_lim			tot_hi_cred_lim
29	total_bc_limit	银行卡总高信用额度/信用限额		total_bc_limit		

续表

编号	特征英文名称	全部中文名称	before_18	gibbs_logistic_18	gibbs_logistic_13	gibbs_xgb_18
30	total_rev_hi_lim	总周转信用限额/信用额度		total_rev_hi_lim	total_rev_hi_lim	total_rev_hi_lim
31	verification_status	指示借款人的收入或收入来源是否已核实	verification_status	verification_status	verification_status	verification_status
32	loan_status	贷款的当前状况（待预测变量）				

15.5 本章小结

在本章，基于 XGBoost 算法和吉布斯随机算法的非线性特点，它们在特征提取方面比传统的特征工程筛选方法的表现要好. 我们的数值结果也表明，基于集成学习的 XGBoost 算法和吉布斯随机采样方法在特征提取 (筛选) 的表现方面，各有千秋.

练习题

习题 15.1 陈述筛选刻画个人信用贷款的关联特征的基本思路.

习题 15.2 利用本章影响个人信用贷款的关联特征数据，采用 Python 开源代码，尝试将基准模型由逻辑回归模型更改为随机森林模型，GBDT 模型，将全部数据作为验证集，回答下面的问题.

15.2.1 在吉布斯采样中，对比基准模型为随机森林、GBDT、XGBoost 和逻辑回归模型得到的特征，总结规律.

15.2.2 将模拟次数从 400 分别依次增大至 500, 600, $\cdots$, 1000, 甚至更多时，观察特征与模拟次数为 400 时的变化，总结规律.

习题 15.3

15.3.1 陈述刻画个人信用贷款的 (强) 关联特征.

15.3.2 陈述 XGBoost 与吉布斯算法在筛选刻画个人信用贷款关联特征的异同表现.

第 16 章

建立刻画乡村农户贫困状态特征因子的筛选框架

■ 16.1 背景

2021 年 2 月 25 日,习近平总书记在全国脱贫攻坚总结表彰大会上庄严宣告:"经过全党全国各族人民共同努力,在迎来中国共产党成立一百周年的重要时刻,我国脱贫攻坚战取得了全面胜利,现行标准下 9899 万农村贫困人口全部脱贫,832 个贫困县全部摘帽,12.8 万个贫困村全部出列,区域性整体贫困得到解决,完成了消除绝对贫困的艰巨任务,创造了又一个彪炳史册的人间奇迹!"[①] 据统计,2020 年底中国建档立卡贫困人口人均纯收入达到了 10740 元,远远超过国际极端贫困标准.

2021 年 4 月 7 日,农业农村部、发展改革委、财政部等各部委下发《关于推动脱贫地区特色产业可持续发展的指导意见》(以下简称 "意见"),实现巩固拓展脱贫攻坚成果同乡村振兴有效衔接,让脱贫基础更加稳固、成效更可持续. 意见指出,要稳定并加强产业扶持政策,创新金融服务,调整完善针对脱贫人口的小额信贷政策. 为此,需要定量特征指标 (因子) 体系来刻画乡村脱贫人口的经济状态,有效地制定精准配置的政策和真正落地的实施方案. 本章在大数据框架下,结合国内某地真实的数据源,以前面介绍的 "分类回归树"(英文简记为 CART) 分析方法和吉布斯抽样人工智能算法为工具,我们讨论如何筛选出刻画脱贫人口的经济状态的 12 个高度关联的特征因子,并针对筛选出的特征因子的甄别能力进行基于 ROC 曲线的 AUC 测试. 我们的分析结果表明:在乡村振兴的道路上,更加重要的解决思路是通过 "传帮带" 的乡村合作等方式,让乡村脱贫人口能够尽快拥有支持其持续工作的基本技能和就业能力. 本节基于人工智能算大数

---
① 参见《人民日报》(2022 年 08 月 22 日第 01 版)

16.1 背景

据方法刻画乡村脱贫人口经济状态的特征因子, 通过建立 "信用评价" 可以缓解农村小微企业融资难问题, 从而可支持比如 "政银企十多方"(简记为 "N 方") 资产收益扶贫等模式, 在提高脱贫人口经济情况等方面提供具体的思考维度和行动指南.

在家庭经济状况大幅改善的情况下, 脱贫对象 "两不愁三保障" 目标完成后, 如何保证脱贫后不返贫, 需要从理论上搞清楚一个问题: 哪些特征因子 (指标) 能够比较有效地刻画乡村脱贫农户经济状态? 并通过这些特征指标来帮助政府制定精准配置政策和实施方案, 从而推动 "乡村持续振兴" 计划的成功实现.

到目前为止, 有许多文献研究精准扶贫政策和效果评估, 尹志超和郭沛瑶 (2021) 专门讨论了精准扶贫政策效果评估; 汪三贵和孙俊娜 (2021) 以 2018 年中国住户调查数据为基础, 针对在全面建成小康社会后关于相对贫困标准指标的制定, 测量与瞄准的标准方面进行了比较全面的探索; 郭君平等 (2018) 从 "收入—消费—多维" 的视角, 研究进城农民工家庭贫困的测量与分析; 林万龙和陈蔡春子 (2020) 从满足基本生活需求视角, 讨论在新时期我国农村扶贫标准; 潘文轩和阎新奇 (2020) 论述了在 2020 年后针对农村贫困新标准制定的问题; 王小林和冯贺霞 (2020) 从国际经验与政策取向的角度, 讨论了 2020 年后中国多维相对贫困标准的制定; 周力 (2020) 专门讨论了相对贫困标准划定的国际经验与相关的经验启示.

最近, 田甜等 (2021) 从自然生态环境限制、区域经济因素影响、结构困境、制度依赖、贫困文化、家庭和个人原因角度, 讨论了这些客观存在的现象和事实因素是低收入群体陷于贫困陷阱, 无脱贫机会、能力和意愿的重要原因; 胡俊波等 (2021) 也讨论了信用评价的确能够缓解农村小微企业融资难的问题; 冯子纯和李凯杰 (2021) 讨论的 "政银企 + N" 扶贫模式的首要问题是需要确定真正的贫困户, 这是工作展开的第一步. 但这些建议和解决方案的落地实施, 需要以刻画乡村农户贫困状态特征因子为前提才可能得到实现.

从国际范围来看, 学者 Alkire 和 Santos(2014) 也全面讨论过如何衡量发展中国家的贫困问题, 但是几乎所有这些文献都没有讨论如何寻找刻画乡村农户贫困状态的特征指标 (因子) 和对应的筛选框架以及配套的分析流程. 本节是在大数据框架下, 利用人工智能算法, 建立刻画乡村农户贫困状态的关联特征、一般框架与分析流程. 我们期待通过刻画农户贫困状态特征因子的构建, 建立 "信用评价" 体系, 缓解农村小微企业融资难, 支持 "政银企 + N" 资产收益扶贫模式在确定贫困户等方面提供具体的思考维度和行动指南, 从而推进乡村振兴方案设计和配套政策精准制定.

在本章, 我们以来自国内某省所属地区基于乡村建档立卡 (户/人/地区) 数据库中覆盖 367 个地区的 31116 家农户样本量 (对应 138080 个人) 脱敏过后的 18 类数据为出发点, 结合 CART 和吉布斯抽样两种人工智能算法的应用, 筛选出用于刻画乡村农户贫困状态的 11 种高度关联的特征指标; 同时, 我们进行了针对筛选出的 11 个特征指标, 在甄别贫困与非贫困能力方面, 基于 ROC 曲线和 AUC 数值测试 (Hanley et al., 1983; Macmillan et al., 2015; Fawcett, 2006), 我们的分析结果表明, 本章提取 (筛选) 出的 11 个特征 (在没有考虑 "农户的教育程度" 这个指标情况下, 见表 16.7), 能够比较有效地刻画和甄别农村农户贫困状态 (参见附录 Ⅳ 中关于指标的进一步描述). 我们期待本节研究对推进国家持续振兴农村方案的落地, 政策的制定等方面起到积极的作用.

事实上, 基于这 11 个特征指标 (和第 12 个指标 "教育程度") 针对贫困的特征刻画指标, 我们有下面针对持续支持乡村振兴在一般指导意义下的基本解读.

(1) 农户家庭成员中健康人数少于 3 人时, 脱贫相对较为困难.

(2) 家庭人口少于 3 人时脱贫较为困难, 通常这种情况也面临缺乏劳动力的问题, 进一步增加了脱贫的阻力.

(3) 家庭成员中若有人患有 25 种大病之一时候, 脱贫较为困难, 因病致贫是农村脱贫工作中需要面临的问题.

(4) 现居住房屋鉴定等级为 B 级, 说明农户比较贫困, 无财力保证基本的房屋安全.

(5) 如果农户享受 "农改"(即获得 "农村危房改造补助"), 这自然是对原 (曾) 处于贫困状态的描述和反映.

(6) 通过 "专项资金解决就业" 和 "灵活就业" 方式的农户, 其实更容易返贫, 一个主要的原因就是本身的就业能力不强, 选择性也低, 这其实直接又和当事人的教育程度紧密相关. 这除了说明基于 "专项资金解决就业" 和 "灵活就业" 不具有可持续性外, 一个最重要的事情是考虑如何通过 "传帮带" 的乡村合作等方式让贫困户有能够支持其持续工作的基本技能.

(7) 对于致贫原因为缺资金的农户, 其脱贫工作不存在太大阻力, 需要制定相配套的支持农村振兴的持续政策和可落地的能够产生经济收益的解决方案.

正如最近潘文轩和阎新奇 (2020) 讨论的, 如何在 2020 年后建立农村贫困新标准, 如何结合以相对贫困标准为方向、以多维贫困标准为核心, 包含国家与地方双层标准的体系建设, 如何安排由绝对贫困标准向相对贫困标准转变的渐进方式, 设立过渡性质的一般贫困标准等方面的问题, 是我们国家现在制定政策和配套实施方案用于支持农村振兴持续发展以及预防返贫等方面面临的巨大挑战和问题. 但是, 我们坚信, 制定农村贫困新标准的最基本的依据是必须要有能力识别以家庭为单位的贫困状态的刻画指标, 因此这也是我们本节工作的目的和动力所在, 即在大数据框架下建立刻画乡村农户贫困状态的特征因子的筛选框架, 为从 2021 年开始的持续支持农村振兴计划的成功实现, 提供有用的分析工具和相关解读结论, 为配套的可以落地实施方案的制定提供参考 (对应的详细讨论, 参见 Yuan 等 (2022) 的工作).

■ 16.2 特征指标筛选与分析流程框架建立思路 · 349 ·

基于本节 12 个刻画乡村贫困的特征指标 (参见表 16.8)，我们的基本结论是

第一，"人口不足、劳动力不足、致贫原因 (老弱病残)"(即前面 9 个指标) 是阻碍乡村农户脱贫的主要原因;

第二，"农改" 政策 (农村住房改造补助) 对于农户脱贫起到了积极影响, 同时, 实施 "缺乏资金致贫农户" 的政策对脱贫工作是行之有效的;

第三，尽管 "专项资金支付岗位补贴" 和 "灵活就业" 对农户脱贫有正面的积极推进作用, 但是这二种方式应该不具有持续性, 其原因是通过 "专项资金解决就业" 和 "灵活就业" 方式脱贫的乡村农户, 他们的工作能力不强, 面临的选择性也不高 (这其实直接又和当事人的教育程度紧密相关), 因此他们的就业工作具有极大的不可持续性!

因此, 在乡村振兴的道路上, 一个可能更加重要的解决思路是考虑如何通过 "传帮带" 的乡村合作等方式让乡村贫困户能够尽快拥有能支持其持续工作的基本技能和就业能力.

我们期待本节讨论的刻画农户贫困状态特征因子的建立, 在国家持续推进乡村振兴的道路上, 对落地实施的方案设计和配套政策的精准制定等方面起到积极的推进作用, 基于人工智能大数据方法与目前流行的其他分析手段不同, 它能够为问题的解决在路径实现上提供新的思考维度和行动指南.

■ 16.2 特征指标筛选与分析流程框架建立思路

本节建立的特征提取方法与评估主要有基础指标池的构建、特征指标的筛选及模型建模与特征甄别能力测试三个方面, 这就形成了在大数据框架下针对刻画乡村农户贫困状态的特征因子提取的框架和普通分析流程的建立以及我们现在对应的基本思路和落地实现的讨论和陈述.

16.2.1 基础指标池的构建

基于某省乡村建档立卡户的基本数据情况, 从下面表 16.1 中的 18 类数据源中挑出样本数据较为完备的指标, 以家庭为单位构建基本可用的数据指标池 (总数为 31116 个样本). 在得到的 47 种数据指标中, 其中属于定量指标的数据源有 15 种、定性指标 32 类 (这基本属于在大数据框架下的非结构数据范围). 由于定性指标无法直接用于目前流行的计量分析构建回归模型, 我们的思路是通过构造哑变量将 32 类定性指标扩展为 201 个更加细化的定性指标. 然后借助在大数据框架下基于分类与回归树 (CART) 的人工智能算法, 结合我们建立的针对非结构化风险特提取的筛选标准, 到达能够刻画乡村贫富的 (高) 关联特征, 并进行对应的特征甄别能力的测试. 根据我们可使用的数据, 在本节的分析中, 我们把农户的状态定义为两类: ① 农户已经脱贫; ② 返贫.

另外,我们希望说明的是,由于使用的数据源在"农户的教育程度"这个指标上无信息(其对应字段的"值"基本为"无"或"未知"),因此本节直接基于数据源筛选出的刻画乡村农户贫困特征指标的结果中无"教育程度"这个指标. 但是基于一个基本的共识,"教育程度"无疑应该是刻画乡村农户贫困的一个重要指标,它作为我们结论的第 12 个特征指标. 其实针对乡村农户教育程度与贫困的关联关系,有大量的文献进行研究,其结果基本是一致的,比如李昊源和崔琪琪 (2015) 以及冯怡琳 (2019) 也独立论证了"家庭劳动力成员中受教育水平越高,家庭贫困的概率越小"这个基本事实和表现特征.

16.2.2 建立特征指标筛选框架的基本思路

在大数据框架下,我们要讨论的针对刻画乡村农户贫困状态的 (关联) 特征因子 (指标) 的提取通过下面的两个步骤来完成.

第一步,针对定量指标进行分箱处理. 通过"分类与回归树"(CART) 方法对初始指标进行分箱处理, 将定量指标转化为定性指标, 细化非结构化指标, 为大数据框架下的非结构化的风险特征的提取做准备, 并结合在 CART 处理工程中得到的信息价值 (IV) 对数据样本的初始指标进行初步的筛选.

第二步,针对原有的定性指标和上面第一步通过分箱处理生成的定性指标进行汇总筛选. 在针对非结构化风险特征筛选标准下 (袁先智等, 2021, 2022), 结合吉布斯抽样的人工智能算法, 通过关联显著性由高到低的标准筛选出刻画乡村农户贫困状态的特征指标, 然后对筛选出的特征因子进行针对贫困状态甄别能力的有效性进行基于 ROC 曲线的 AUC 数值测试.

16.2.3 针对特征指标的建模分析与甄别能力的有效性测试

为了检验提取的刻画乡村农户贫富状态特征的甄别性,我们需要针对筛选出的 11 个特征指标 (见表 16.7 或表 16.8) 在甄别贫困能力中的表现进行基于 ROC 曲线的 AUC 数值测试: 首先按照测试集与训练集样本比为 7 : 3 的方式将总数为 31116 的样本分解成训练集样本数 21781 个、测试集样本数 9335 个; 然后, 在建模分析方面, 基于训练集数据的 11 个指标, 以农户状态 ("已脱贫农户"标签记为 "1", "返贫农户"标签记为 "0") 的标签为出发点, 使用测试集数据和筛选出的特征指标进行逻辑回归的建模分析, 并应用训练集对筛选的特征因子进行测试分析 (AUC 值) 来完成针对提取的特征因子对农户贫富状态甄别的有效性测试.

这样通过上面 3 个流程就构建了支持特征提取的框架.

16.3 支持特征提取的数据源样本描述

1) 数据源样本介绍

本节采用的数据源来自国内某省所属地区基于乡村建档立卡 (户/人/地区) 数据库通过脱敏而得到的 18 类数据 (对应 281 个指标字段). 这 18 类数据覆盖 367 个地区的 31116 家农户并对应 138080 个人, 其数据类别及对应样本量的基本情况见表 16.1.

表 16.1 基本数据源样本基本情况 (清单)

序号	数据类别	表名	样本量
1	家庭数据	贫困户信息	31116
2		生产生活条件	31116
3		住房保障	24889
4		饮水情况	31116
5		家庭收入信息	31116
6	个人数据	贫困人员信息表	138080
7		已就业人员信息	40539
8		人员技能培训信息	6746
9		就业信息 _ 返岗回流	40539
10		一折通涉农补贴	68078
11		社会兜底	138080
12		基本教育信息	9518
13		教育补贴信息	24420
14		医保参保信息	138080
15		医保报销明细	695228
16	地区数据	地区基本贫困信息	367
17		医疗统计	22
18		卫生室信息	516

2) 样本标签的定义

在进行特征筛选前, 需要首先针对样本进行标签的定义, 针对乡村农户贫困的状态来划分不同状态的样本, 样本总数为 31116 个, 其中返贫样本数为 3991 个, 已脱贫样本数为 27125 个. 为了便于处理, 把 "农户状态显示已脱贫" 标记为 "1", "农户处于返贫状态" 标记为 "0".

3) 原始的初始指标

基于 18 类数据样本和对应样本的 281 个指标字段, 剔除重复字段以及数据缺失严重的指标字段, 选取 47 个指标用于基础初始指标的构建, 其中, 定量指标有 15 个, 定性指标有 32 个, 见表 16.2 和表 16.3.

表 16.2　15 个定量指标

序号	指标名称	指标解释	指标性质
1	与村主干路距离	农户家庭住宅与村主干路的距离	
2	住房面积: 平方米	农户家庭住宅的面积	
3	医保保内费用	农户家庭看病花费的费用中属于保内费用的金额合计值	
4	医疗救助金额	农户家庭看病花费的费用中享受医疗救助金额合计值	定量指标
5	基本医疗报销金额	农户家庭看病花费的费用通过基本医疗保险报销的金额合计值	
6	大病医疗保险金额	农户家庭看病花费的费用通过大病医疗保险报销的金额合计值	
7	家庭人口	农户家庭人口数量合计	
...	......	......	
15	退耕还林面积·亩 [①]	农户家庭实现退耕还林的面积	

注: 表中部分指标因脱敏要求, 用 "·" 和 "······" 进行省略, 下表同.

表 16.3　32 个定性指标

序号	指标名称	指标解释	指标性质
1	主要供水方式	实现该农户家庭供水的主要供水方式	
2	主要燃料类型	农户家庭主要使用的燃料类型	
3	住房保障方式	农户家庭住房保障的方式	
4	个人健康状态	个人的家庭成员的健康状态	
5	入户路类型	农户家庭住宅的入户道路类型	
6	再就业地址	个人再就业所在区域	
7	再就业方式	个人再就业方式	
8	分散供水方式	农户家庭供水采用分散式供水时的具体供水方式	定性指标
9	存在其他致贫原因	农户家庭是否存在其他致贫因素	
10	学历信息 (最新)	个人的最新学历	
11	安装净水设施	农户家庭供水是否安装了净水设施	
12	就业区域	个人就业所在的局域	
13	就业培训机构	个人接受就业培训的场所/机构	
14	就业培训项目	个人接受的就业培训项目	
15	就业收入区间	个人的收入区间	
16	就业渠道	个人实现就业的渠道	
...	......	......	
32	非入户供水方式	农户供水设施不入户时候的供水方式	

16.3.1　提取刻画乡村农户贫困状态特征的框架和分析

1) 初始指标的构建

考虑到定性指标无法直接用于构建回归模型, 我们通过构造哑变量的方法, 将 32 个定性指标扩展为 201 个定性指标. 结合原有的 15 个定量指标, 共获得 216 个基础指标用于特征指标的筛选.

使用哑变量指标构建方法见图 16.1. 以农户房屋结构为例, 农户房屋结构共有砖混结构、砖木结构、石结构、木结构、土坯结构和其他结构共 6 类, 因此我们构造 5 个哑变量.

---

① 1 亩 ≈666.67m^2.

16.3 支持特征提取的数据源样本描述

农户 1 的房屋结构为砖混结构, 则砖混结构指标等于 1, 其他指标等于 0;
农户 2 的房屋结构为砖木结构, 则砖木结构指标等于 1, 其他指标等于 0;
……;
农户 6 的房屋结构为其他结构, 则所有指标均等于 0.

2) 利用 CART 方法对初始变量进行分箱处理

本节讨论通过 CART 方法, 对定量指标进行分箱处理 (将连续变量划分为若干个区间), 再通过构建哑变量的方法, 将定性指标转化为定量指标, 同时结合指标 IV 值对初始特征指标进行筛选. 这样, 通过缓解农户状态对指标变化的敏感性, 利用 CART 处理方法将定性指标转化为定量指标完成对特征指标的筛选, 同时可以促进配套评分卡体系的构建.

房屋结构	
农户1	砖混结构
农户2	砖木结构
农户3	石结构
农户4	木结构
农户5	土坯结构
农户6	其他结构

	砖混结构	砖木结构	石结构	木结构	土坯结构
农户1	1	0	0	0	0
农户2	0	1	0	0	0
农户3	0	0	1	0	0
农户4	0	0	0	1	0
农户5	0	0	0	0	1
农户6	0	0	0	0	0

图 16.1 哑变量构造过程和映射

第一, 为了讨论方便, 我们对 CART 方法再次进行简要回顾. 我们知道 CART 是由 Friedman 等 (1984) 在 1984 年提出的, 此方法既可用于分类也可用于回归, 本节主要介绍用于分类的 CART 方法, 它是数据挖掘领域内里程碑式的算法.

对于分类问题, CART 算法使用基尼指数来度量节点的不纯度 (基尼系数越小, 则不纯度越低), 对应的特征就越好, 因此使用基尼指数的一个比较低的下降值作为节点分裂评价的标准值. 对于回归问题, 使用节点数据的目标特征的方差作为不纯度的度量, 方差下降值作为节点分裂的评价标准, 这样, 我们就可采用 CART 算法来解决基于样本的分类问题, 即, 对指标进行分箱处理 (将连续指标划分为若干个区间), 与之相配套的有两个指标, 证据权重值 (WOE) 和信息价值 (IV) 支持我们进行具有显著关联特征指标的筛选 (Loh, 2011; Bishop, 2007).

在这里, 第一个重要的指标为 WOE, 用于表示当前分箱中黑白样本的各自占总的黑白样本比例的差异, 即, 如果 WOE 的绝对值越大, 这种差异就越明显, 绝对值越小就表明差异不明显; 如果 WOE 为 0, 则说明该分箱中黑白样本比例等于随机黑样本和白样本比值, 此时这个分箱就无预测能力, 其 WOE 的计算公式如下:

$$\text{WOE}_i = \ln\left(\frac{B_i}{B_\text{T}} \bigg/ \frac{G_i}{G_\text{T}}\right) \tag{16.1}$$

其中, B_i 是第 i 箱中黑样本的数量, B_T 是黑样本总数, G_i 是第 i 箱中白样本的数量, G_T 是白样本总数.

此外, 另外一个重要的指标为 IV, 它是预测模型中选择重要变量的方式之一, 它能根据预测变量的重要性对预测变量进行排序, IV 值计算公式如下:

$$\text{IV} = \sum_i^n \left(\frac{B_i}{B_T} - \frac{G_i}{G_T} \right) \times \text{WOE}_i \tag{16.2}$$

其中, B_i 是第 i 箱中黑样本的数量, B_T 是黑样本总数, G_i 是第 i 箱中白样本的数量, G_T 是白样本总数.

第二, 我们针对基于 CART 分箱处理的结果进行讨论. 利用 CART 算法, 针对上面准备的 216 个初始指标, 我们以 IV 值大于等于 0.02 为基本标准, 得到基于分箱结果描述农村农户贫困状态的 42 个指标, 见表 16.4. 由于 IV 值反映了指标与结果的关联显著性, 基于 IV 值将特征指标依照关联显著性分为下面 4 类:

关联显著性较高的指标, 定义为其 IV 值大于等于 0.30;
关联显著性一般的指标, 定义为其 IV 值大于等于 0.20, 小于 0.30;
关联显著性较低的指标, 定义为其 IV 值大于等于 0.10, 小于 0.20;
关联显著性很低的指标, 定义为其 IV 值大于等于 0.02, 小于 0.10.

在此基础上, 我们得到下面从高到低的关联显著性指标的分类清单, 见表 16.4.

表 16.4 基于 CART 分箱处理的指标与 IV 值 (指标 IV 值大于或等于 0.02 的部分)

序号	指标名称	IV 值	关联性分类
1	健康状态 _ 健康	1.26	很高
2	家庭人口	1.09	很高
3	致贫主因 _ 缺劳力	1.03	很高
4	致贫主因 _ 缺技术	0.73	较高
5	住房面积: 平方米	0.30	较高
6	再就业方式 _ 专项资金支付岗位补贴	0.23	一般
7	就业渠道 _ 专项资金支付岗位补贴	0.23	一般
8	再就业地址 _ 省外	0.21	一般
9	就业区域 _ 省外	0.21	一般
10	门诊/住院 _ 门诊	0.20	一般
...	......	0.15	较低
41	医疗救助金额	0.02	很低
42	是否通广播电视 _ 是	0.02	很低

根据表 16.4 的信息, 以基于分箱计数得到 IV 值最高的五类指标 1~5 为出发点, 通过 WOE 值进行指标关联显著性的筛选分析, 我们得到下面表 16.5 中结合其对应的 IV 值最大的 16 个特征指标, 实际上这 16 个指标提供了下面针对农村农户贫富状态可刻画的一般解释意义.

当家庭无健康人士时候, 该家庭的 WOE 值为 −2.65, 这说明在这种情况下时候, 农户状态为未脱贫的概率要比平均水平高, 说明家庭无健康人士是脱贫的一大阻力, 同时家庭健康人数少于 3 人时都会影响农户的脱贫;

当家庭人口少于 3 人的时候, 家庭脱贫会相对较为困难;

当致贫主因为缺劳动力的时候, 家庭脱贫会相对较为困难, 同时当情况 1 和情况 2 出现可能导致情况 3 的出现, 缺劳动力应该是影响农户脱贫的最直接的原因之一;

当致贫主因为缺劳动力的时候, 家庭脱贫相对较为容易, 也说明国家推行技术扶贫举措的有效性;

住房面积与农户状态具有较高的关联性, 通常农户收入水平更高倾向于建设面积更大的住宅满足生活需求.

表 16.5 基于 CART 分箱结果 WOE 值的特征因子的筛选

序号	指标名称	分箱区间	区间样本占比	WOE 值
1	健康状态 _ 健康	家庭无健康人士	3.60%	−2.65
2		家庭健康人数 1 人	8.12%	−1.63
3		家庭健康人数 2 人	11.26%	−0.55
4		家庭健康人数 3 人及以上	77.02%	0.84
5	家庭人口	家庭人口 1 人	6.45%	−2.29
6		家庭人口 2 人	9.36%	−1.12
7		家庭人口 3 人	17.07%	0.20
8		家庭人口 4 人及以上	67.13%	0.78
9	致贫主因 _ 缺劳力	致贫主因不是缺劳力	92.48%	0.44
10		致贫主因就是缺劳力	7.52%	−2.51
11	致贫主因 _ 缺技术	致贫主因不是缺技术	31.20%	−0.95
12		致贫主因就是缺技术	68.80%	0.82
13	住房面积: 平方米	住房面积小于 45 平方米	1.67%	−2.44
14		住房面积为 45∼51 平方米	1.22%	−1.43
15		住房面积为 51∼68 平方米	4.67%	−0.85
16		住房面积为 68 平方米以上	92.44%	0.18

结合上面基于表 16.4 和表 16.5 通过分箱方法得到的结果, 我们对表 16.4 中的 42 个指标进行合箱处理 (针对已经筛选出特征指标中那些具有 "相似性" 或者基于 WOE 值 "一致性" 的相邻分箱区间的特性指标进行可能的合并处理). 作为合箱处理的结果, 在 "收入" 和 "是否接通广播电视" 二类指标中减少了 4 个指标. 表 16.5 中基于 42 个指标经过合箱处理后调整为表 16.6 中呈现的 38 个特征指标.

现在以这 38 个筛选出的特征因子 (指标) 作为出发点, 下节讨论在大数据框架下, 基于针对非结构化 (风险) 特提取的筛选规则为标准, 即按照基于数据样本量带来的模拟误差控制在 5% 以内的原则, 通过 400 次吉布斯抽样算法, 完成刻画农村农户贫富状态的特征因子的提取.

表 16.6 合箱筛选后的 38 个指标

序号	指标	序号	指标
1	家庭健康人数少于 3 人	20	耕地面积小于 1.025 亩
2	家庭人口少于 3 人	21	家庭累计基本医疗报销金额在 84~44600 元
3	致贫主因 _ 因病	22	致贫主因 _ 因学
4	致贫主因 _ 缺劳力	23	家庭累计基本医疗报销金额在 0~84 元
5	致贫主因 _ 因残	24	家庭人员去医院次数不超过 2 次
6	致贫主因 _ 缺资金	25	家庭看病医保保内费用累计在 88~61570 元
7	是否享受农改 _ 是	26	家庭看病医保保内费用累计小于 88 元
8	现居住房屋鉴定等级 _B	27	家庭看病总费用在 120~61400 元
9	家庭成员中有人患有 25 种大病之一	28	林地面积小于 1.085 亩
...	......		
19	就业培训时长为 0	38	家庭去某家庭职业学校培训人数

16.3.2 刻画农户贫困状态的特征指标的筛选结果

根据上述表 16.6 中的 38 个指标, 基于上面陈述的四个步骤, 结合针对非结构化 (风险) 特提取的筛选标准为工具, 通过 400 次的吉布斯抽样的人工智能算法, 按照 "关联置信度值不低于 0.667"(即 "三分之二" 原则) 为基本标准 (关联置信度值越大, 表明指标与农户贫困状态的关联程度越高), 我们筛选出下面 11 个刻画农户贫困状态高度关联的特征指标, 见表 16.7 中 1~11.

针对这 11 个和教育程度指标, 描绘乡村农户贫困状态的特征指标可以归类为下面 6 类指标.

家庭人口: 家庭人口少于 3 人.

劳动力与就业: 致贫主因 _ 缺劳力、再就业方式 _ 灵活就业大于等于 2 人.

家庭资金情况: 致贫主因 _ 缺资金.

致贫主要原因 (老弱病残): 家庭健康人数少于 3 人、致贫主因 _ 因病、致贫主因 _ 因残、家庭成员中有人患有 25 种大病之一.

相关政策扶持: 是否享受农改 _ 是、再就业方式 _ 专项资金支付岗位补贴.

教育程度: (尽管本数据源无此信息) 家庭收入能力和就业工种严重依赖于家庭主人的教育程度.

16.3 支持特征提取的数据源样本描述

表 16.7 基于吉布斯方法指标抽样结果

序号	指标	关联置信度
1	家庭健康人数少于 3 人	0.998
2	家庭人口少于 3 人	0.998
3	致贫主因 _ 因病	0.998
4	致贫主因 _ 缺劳力	0.998
5	致贫主因 _ 因残	0.995
6	致贫主因 _ 缺资金	0.988
7	是否享受农改 _ 是	0.975
8	现居住房屋鉴定等级 _B	0.958
9	家庭成员中有人患有 25 种大病之一	0.953
10	再就业方式 _ 专项资金支付岗位补贴	0.683
11	再就业方式 _ 灵活就业大于等于 2 人	0.673
12	教育程度 (本数据源无信息)	高

16.3.3 刻画农户贫困状态特征指标甄别的有效性测试

本节的目的是讨论针对刻画农户贫困的特征因子甄别能力的数值测试.

为了对表 16.7 中筛选出的刻画农户贫困状态的前 11 个特征因子的甄别能力进行测试, 我们将首先将总样本 31116 按照测试集与训练集样本比为 7 : 3 的原则分为测试集和训练集两部分, 即得到训练集样本数为 21781 个和测试集样本数为 9335 个. 然后, 以农户状态 (已脱贫定义为 "1", 未脱贫/返贫定义为 "0") 为标签, 首先利用下面的逻辑回归模型进行建模分析:

$$P(y=1|x;\theta) = \frac{1}{1+e^{-\theta^{\mathrm{T}}x}} \qquad (16.3)$$

其中, P 为事件发生的概率, x 为指标向量, θ 为对应指标的系数.

其模型可以进一步表示为

$$\ln\left(\frac{p}{1-p}\right) = \omega_0 + \omega_1 x_1 + \omega_2 x_2 + \cdots + \omega_{11} x_{11} \qquad (16.4)$$

其中, ω_0 为常数项, $x_1, x_2, \cdots, x_{11}$ 表示表 16.8 中的指标 1~11, $\omega_1, \omega_2, \cdots, \omega_{11}$ 是 $x_1, x_2, \cdots, x_{11}$ 对应的系数, 见表 16.8.

基于逻辑回归模型的分析得到的数据结果如表 16.8 所示. 从 P 值来看, 提取的 11 个刻画贫困的特征指标基于逻辑回归模型分析能够对农户贫困状态起到解释作用; 从统计模型回归分析的系数来看, 有下面的基本结论.

表 16.8 中指标 1 到 9 这 9 个指标的模型系数为负值, 表明指标与农户状态 (是否脱贫) 负相关, 即 "人口不足、劳动力不足、致贫原因 (老弱病残)" 等情况是

阻碍农户脱贫的主要原因; 我们也期待这 9 个刻画农户贫困状态的特征因子的提取会对国家推进乡村振兴的落地实施和配套政策的制定等方面将起到积极作用.

表 16.8 中指标 10 和指标 11 两个指标的模型系数为正, 表明与农户状态 (实现脱贫) 正相关, 即 "农改政策 (农村住房改造补助)" 对于农户脱贫起到了积极影响, 同时对 "缺乏资金致贫农户" 的脱贫工作是可行的, 并行之有效. 但是, 尽管 "专项资金支付岗位补贴" 和 "灵活就业" 对农户脱贫有正面的积极推进作用, 但是这两种方式应该不具有持续性, 我们建议这种方式不应该成为支持农户脱贫的长期实施政策.

表 16.8　基于逻辑回归模型的分析得到的数据结果

序号	指标	系数	标准差	Z	$P>|z|$	置信区间 [0.025	0.975]
1	再就业方式 _ 专项资金支付岗位补贴	−3.086	0.112	−27.518	0.000	−3.306	−2.866
2	致贫主因 _ 缺劳力	−2.586	0.072	−35.739	0.000	−2.728	−2.444
3	致贫主因 _ 因残	−1.697	0.085	−19.984	0.000	−1.864	−1.531
4	致贫主因 _ 因病	−1.673	0.095	−17.594	0.000	−1.860	−1.487
5	家庭人口少于 3 人	−0.826	0.086	−9.641	0.000	−0.994	−0.658
6	家庭成员中有人患有 25 种大病之一	−0.707	0.148	−4.787	0.000	−0.997	−0.418
7	家庭成员中健康人数少于 3 人	−0.662	0.083	−8.003	0.000	−0.824	−0.500
8	现居住房屋鉴定等级 _B	−0.272	0.059	−4.636	0.000	−0.386	−0.157
9	再就业方式 _ 灵活就业大于等于 2 人	−0.226	0.068	−3.328	0.001	−0.358	−0.093
10	是否享受农改 _ 是	0.327	0.055	5.930	0.000	0.219	0.435
11	致贫主因 _ 缺资金	1.181	0.288	4.099	0.000	0.616	1.746
12	常数项	3.228	0.060	54.107	0.000	3.111	3.345

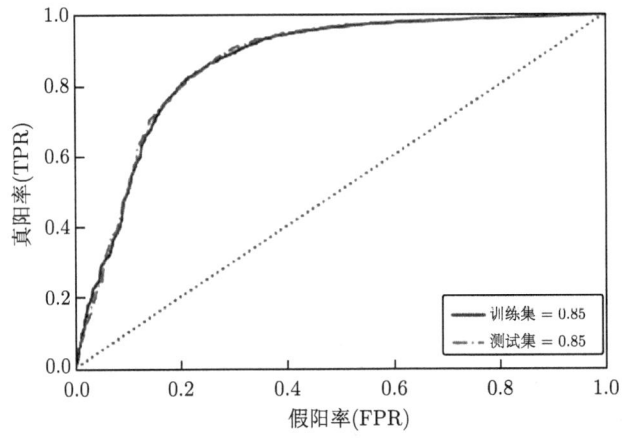

图 16.2　模型 ROC 曲线与 AUC 值

最后,针对训练集和测试集构造的 ROC 曲线,并对 AUC 值进行计算. 正如图 16.2 所示, 其结果显示, 针对训练集的 AUC 值为 0.85, 针对测试集的 AUC 值为 0.85, 说明在本节中筛选出的 11 个特征指标对农户贫困状态的刻画具有较好的甄别性和预测性.

16.4 结论的简要解读和讨论建议

本节利用真实的国内某省所属地区基于乡村建档立卡 (户/人/地区) 数据库通过脱敏而得的 18 类数据, 对应 281 个指标字段, 数据覆盖 367 个地区的 31116 家农户样本量 (对应 138080 个人), 在大数据框架下, 结合 CART 和吉布斯抽样算法, 我们建立了提取刻画乡村贫困状态的关联特征提取的基本框架和流程, 并进行了针对提取特征的甄别能力的测试. 分析结果表明本节提取出的 12 个特征能够比较有效地刻画和甄别农户贫困状态 (本节筛选了 11 个特征, 第 12 个指标 "农户主人教育程度" 的解释如下段所述), 这些特征将对国家在推进乡村振兴的落地方案和政策制定等方面的工作起到非常积极的作用 (参见表 16.7 或表 16.8).

另外, 尽管本样本数据源来自西南某地区, 具有比较强的地方色彩, 本节的分析和针对筛选的特征进行甄别验证表明这 12 个指标能够比较有效地刻画乡村农户贫困状态.

我们希望指出的是, 尽管在本节的讨论中由于样本数据源没有提供农户教育程度的详细信息, 考虑到本样本数据源来自欠发达的西部省份的边缘山区, 其对应字段取值基本为 "无" 或 "未知", 其实这可解读为当事农户主人 "未取得初中毕业证书", 这与尹志超和郭沛瑶 (2021) 在文献中得出的贫困农户的 (平均) 教育时间不超过 6 年的教育基本相当 (冯怡琳, 2019). 在不失去一般情况下, 针对中国广大的农村, 一个不争的事实是教育程度绝对是刻画农户贫困的高度关联的特征因子之一, 因此用于刻画农户贫困状态的特征指标可以用表 16.9 中的 12 个指标来进行描述:

其实, 我们得出的 12 个特征因子也与王小林和冯贺霞 (2020) 的讨论中指出的中国在乡村基层工作中针对农户贫困识别标准的 "四大看法" 是一致的. 即, "一看房", 包括住房安全、人均住房面积、出行工具、饮水和用电条件; "二看粮", 包括人均经营耕地面积、种植结构、人均占有粮食、人均经营收入等; "三看劳动力强不强", 包括劳动力占家庭人口的比例、健康状况、劳动力素质、人均务工收入等; "四看家中有没有读书郎", 包括教育负债、教育回报等, 只不过我们筛选出的刻画贫困的特征指标更加精简和容易掌握与辨别. 另外李昊源和崔琪琪 (2015) 以及冯怡琳 (2017) 也独立论证了 "家庭劳动力成员中受教育水平越高, 家庭贫困的概率越小"这个基本事实和表现特征.

我们在本节得到的刻画农村贫困户的 12 个特征指标其实也是针对田甜等 (2021) 讨论内容的定量化处理的体现, 这些特征指标对建立 "信用评价" 来缓解农村小微企业融资难, 支持 "政银企 + N" 资产收益扶贫模式在确定贫困户等方面在路径实现上是可以起到提供具体的思考维度和行动指南的支持作用.

表 16.9 刻画农户贫困状态的 12 个特征因子

序号	指标	关联置信度
1	家庭健康人数少于 3 人	高度关联
2	家庭人口少于 3 人	高度关联
3	致贫主因 _ 因病	高度关联
4	致贫主因 _ 缺劳力	高度关联
5	致贫主因 _ 因残	高度关联
6	致贫主因 _ 缺资金	高度关联
7	是否享受农改 _ 是	高度关联
8	现居住房屋鉴定等级 _B	高度关联
9	家庭成员中有人患有 25 种大病之一	高度关联
10	再就业方式 _ 专项资金支付岗位补贴	高度关联
11	再就业方式 _ 灵活就业大于等于 2 人	高度关联

基于筛选出的表 16.8 中的 12 个刻画乡村农户贫困的特征指标, 下面是我们针对持续支持乡村振兴在一般指导意义下的基本解读和建议.

(1) 农户家庭成员中健康人数少于 3 人时, 脱贫相对较为困难.

(2) 家庭人口少于 3 人时脱贫较为困难, 通常这种情况也面临缺乏劳动力的问题, 进一步增加了脱贫的阻力.

(3) 家庭成员中若有人患有 25 种大病之一时候, 脱贫较为困难, 因病致贫是农村脱贫工作中需要面临的问题.

(4) 现居住房屋鉴定等级为 B 级, 说明农户比较贫困, 无财力保证基本的房屋安全.

(5) 如果脱贫农户享受了 "农改"(即获得 "农村危房改造补助"), 这自然是对 (曾) 处于贫困状态的描述和反映.

(6) 通过 "专项资金解决就业" 和 "灵活就业" 方式脱贫的乡村农户, 其实更容易返贫, 一个主要的原因就是本身的就业是基于 "政府补助" 的形式实现的, 但工作能力不强, 同时面临的选择性也不高; 这其实直接又和当事人的受教育程度紧密相关. 这除了说明基于 "专项资金解决就业" 和 "灵活就业" 不具有可持续性外, 一个最重要的问题是考虑如何通过 "传帮带" 的乡村合作等方式让贫困户拥有能够支持其持续工作的基本技能.

(7) 对于致贫原因为缺资金的农户, 其脱贫工作不存在太大阻力, 需要制定相配套的支持农村振兴的持续政策和落地的能够产生经济收益的解决方案.

正如潘文轩和阎新奇 (2020) 所讨论的, 如何在 2020 年后建立农村贫困新标准, 如何结合相对贫困标准为方向、以多维贫困标准为核心, 包含国家与地方双层标准的体系建设, 如何安排由绝对贫困标准向相对贫困标准转变的渐进方式, 设立过渡性质的一般贫困标准等方面的问题, 是我们国家现在制定政策和配套实施方案用于支持农村振兴持续发展和预防返贫困等方面面临的巨大挑战和问题! 但是我们坚信, 制定农村贫困新标准的最基本的依据是必须要有能力识别以家庭为单位的贫困状态的刻画指标, 因此这也是我们本节工作的目的和动因所在.

提供本节筛选出的刻画乡村贫困的 12 个特征指标, 我们的基本发现是: 第一, "人口不足、劳动力不足、致贫原因 (老弱病残)"(即前面 9 个指标) 是阻碍乡村农户脱贫的主要原因; 第二, "农改政策 (农村住房改造补助)" 对于农户脱贫起到了积极影响, 同时, 实施 "缺乏资金致贫农户" 的政策对脱贫工作是行之有效的; 第三, 尽管 "专项资金支付岗位补贴" 和 "灵活就业" 对农户脱贫有正面的积极推进作用, 但是这两种方式应该不具有持续性: 其原因是通过 "专项资金解决就业" 和 "灵活就业" 方式脱贫的乡村农户, 他们的工作能力不强, 面临的选择性也不高 (这其实直接又和当事人的受教育程度紧密相关), 因此他们的就业工作具有极大的不可持续性! 因此, 在乡村振兴的道路上, 一个可能更加重要的解决思路是考虑如何通过 "传帮带" 的乡村合作等方式让乡村贫困户能够尽快拥有能支持其持续工作的基本技能和就业能力.

最后, 我们希望指出的是, 本节讨论的刻画农户贫困状态特征因子的建立, 将对国家推动乡村振兴持续发展和配套政策的精准制定等方面起到积极的推进作用. 基于人工智能算法大数据方法刻画乡村农户贫困状态的特征因子能够为建立 "信用评价" 来缓解农村小微企业融资难, 支持 "政银企 + N" 资产收益扶贫模式在确定贫困户等方面, 在路径实现上提供具体的思考维度和行动指南.

■ 16.5 本章小结

在本章, 我们以来自国内某省所属地区基于乡村建档立卡 (户/人/地区) 数据库中覆盖 367 个地区的 31116 家农户样本量 (对应 138080 个人) 脱敏后的 18 类数据为出发点, 结合 CART 和吉布斯抽样两种人工智能算法的应用, 筛选出用于刻画乡村农户贫困状态的 11 种高度关联的特征指标, 并进行了对应 11 个特征指标在甄别贫困与非贫困能力的 ROC 曲线和 AUC 数值测试. 我们的分析结果表明, 本章提取 (筛选) 出的 11 个特征 (外加 "农户的教育程度" 这个指标) 能够比较有效地刻画和甄别农村农户贫困状态, 并期待这 12 个特征在推进国家持续振兴农村方案的落地与政策的制定等方面起到积极的作用 (参见袁先智等 (2022) 的细节讨论).

特别地, 基于本章完成的 12 个刻画乡村贫困的特征指标, 我们有下面的基本结论.

第一, "人口不足、劳动力不足、致贫原因 (老弱病残)"(即前面 9 个指标) 是阻碍乡村农户脱贫的主要原因.

第二, "农改政策 (农村住房改造补贴)" 对于农户脱贫起到了积极影响, 同时, 实施 "缺乏资金致贫农户" 的政策对脱贫工作是行之有效的.

第三, 尽管 "专项资金支付岗位补贴" 和 "灵活就业" 对农户脱贫有正面的积极推进作用, 但是这两种方式应该不具有持续性, 其原因是通过 "专项资金解决就业" 和 "灵活就业" 方式脱贫的乡村农户, 他们的工作能力不强, 面临的选择性也不高 (这其实直接又和当事人的教育程度紧密相关), 因此他们的就业工作具有极大的不可持续性.

因此, 在乡村振兴的道路上, 一个可能更加重要的解决思路是考虑如何通过 "传帮带" 的乡村合作等方式让乡村贫困户能够尽快拥有能支持其持续工作的基本技能和就业能力.

附录 IV 描述农户贫困状态特征指标的基本定义和解释

在本附录, 我们对描述农户贫困状态特征的指标进行基本定义和解释, 它们由下面两部分组成.

附录 IV.1 刻画农户贫困状态的基本定义

1) **国家扶贫标准** 农民年人均纯收入 2300 元 (2010 年不变价), 即按照 2010 年购买力计算, 农民年人均纯收入不足 2300 元就属于国家扶贫标准的贫困户.

2) **致贫主因 _ 因病** 指家庭主要因医疗费用指出超过家庭负担能力, 导致家庭实际生活水平低于国家扶贫标准.

3) **致贫主因 _ 缺劳力** 指家庭主要劳动力成员因病、因残丧失劳动力, 或家庭缺少处于成年劳动力年龄阶段的成员导致家庭缺少稳定收入来源.

4) **致贫主因 _ 因残** 指因治疗家庭重大残疾造成花费超过家庭支付能力, 或因家庭主要劳动力残疾导致家庭实际生活水平低于国家扶贫标准.

5) **致贫主因 _ 缺资金** 主要指有意愿发展产业的农户 (如农资、产业启动资金), 因缺少必要资金无法实现有效收入, 导致家庭实际生活水平低于国家扶贫标准.

6) **农改** 指的是农村危房改造补助,指的是农村住房危房改造过程中政府对满足条件的农户家庭给予的补贴.

7) **住房鉴定等级** 分为 4 个等级,它们是

A 级:结构能够满足正常使用要求,未发现危险点,房屋结构安全.

B 级:结构基本能够满足正常使用要求,个别结构件处于危险状态,但不影响主体结构安全,基本满足正常使用要求.

C 级:部分承重结构不能满足正常使用要求,局部出现险情,构成局部危房的房屋.

D 级:承重结构已不能满足正常使用要求,房屋整体出现险情,构成整幢危房.

8) **专项资金支付岗位补贴** 是指由街道(社区)等安排就业困难的成员从事公益性岗位工作,并由当地财政给予用人单位的补贴.

9) **灵活就业** 指的是以非全日制、临时性和弹性工作等灵活方式就业的就业行为.

附录 IV.2 描述农户贫困状态特征的 25 种大病的定义和解释

序号	25 种大病/疾病的分类	序号	25 种大病/疾病的分类
1	恶性肿瘤	7	动脉手术
2	急性心肌梗死	8	急性或亚急性重症肝炎
3	脑卒中后遗症	9	良性脑肿瘤
4	重大器官移植术或造血干细胞移植术	10	慢性肝功能衰竭失代偿期
5	冠状动脉搭桥术	11	脑炎后遗症或脑膜炎后遗症
6	终末期肾病	12	深度昏迷

续表

序号	25 种大病/疾病的分类	序号	25 种大病/疾病的分类
13	双耳失聪	20	严重 III 度烧伤
14	双目失明	21	严重原发性肺动脉高压
15	瘫痪	22	严重运动神经元病
16	心脏瓣膜手术	23	语言丧失能力
17	严重阿尔茨海默病	24	重型再生障碍性贫血
18	严重脑损伤	25	多个肢体缺失
19	严重帕金森病		

练习题

习题 16.1 陈述刻画农村农户贫困状态的基本思想.

习题 16.2

16.2.1 陈述特征指标筛选与分析流程框架的基本思路.

16.2.2 陈述刻画乡村贫困农户特征指标的建模分析与甄别能力的有效性测试.

16.2.3 描述支持特征提取的数据源样本.

习题 16.3

16.3.1 陈述如何利用 CART 方法对初始特征变量如何进行分箱处理.

16.3.2 描述刻画农户贫困状态的 12 个特征指标, 并进行对应的解释.

16.3.3 利用本章乡村农户贫困状态的特征指标数据, 采用 Python 开源代码, 尝试将基准模型由逻辑回归模型更改为随机森林模型、GBDT 模型、XGBoost 模型, 将 AIC/BIC 更改为模型的 LOSS, 将全部数据作为验证集, 回答下面的问题.

将三种模型 (随机森林模型、GBDT 模型、XGBoost 模型) 作为基准模型分别使用吉布斯采样得到的特征, 分别与使用逻辑回归作为基准模型做吉布斯采样得到的特征, 进行对比, 并总结规律.

16.3.4 将模拟次数从 400 分别依次增大至 500, 600, $\cdots$, 1000, 甚至更多时, 观察特征与模拟次数为 400 时的变化, 总结规律.

习题 16.4 基于刻画乡村农户贫困状态的特征因子, 讨论如何建立 "乡村信用评估" 体系来缓解农村小微企业融资难, 支持 "政银企 + N" 资产收益扶贫模式, 支持乡村可持续发展.

参考文献

部慧, 2016. 中国铜期货市场期货价格期限结构研究 [J]. 系统工程学报, 31(2): 192-201.

部慧, 李艺, 汪寿阳, 2008. 国际基金持仓与大豆商品期货价格关系的实证研究 [J]. 管理评论, 5: 3-8.

蔡慧, 华仁海, 2007. 中国商品期货指数与 GDP 指数的关系研究 [J]. 金融理论与实践, 8: 3-6.

陈海鹏, 卢旭旺, 申铉京, 等, 2017. 基于多元线性回归的螺纹钢价格分析及预测模型 [J]. 计算机科学, 44(S2): 61-64.

陈竞辉, 罗宾臣, 2015. 亚洲财务黑洞 [M]. 张鲁明, 译. 北京: 机械工业出版社.

董珊珊, 冯芸, 2015. 基于 FCVAR 模型研究 SHFE 和 LME 铜期货和现货市场价格发现功能 [J]. 现代管理科学, 11: 67-69.

董晓娟, 安海岗, 董志良, 2018. 有色金属国际期货市场价格联动效应演化分析: 以铜、铝、锌为例 [J]. 复杂系统与复杂性科学, 15(4): 50-59.

冯怡琳, 2019. 中国城镇多维贫困状况与影响因素研究 [J]. 调研世界, 4: 3-10.

冯子纯, 李凯杰, 2021. "政银企 +N" 资产收益扶贫模式运行分析: 以牧原生猪养殖产业链为例 [J]. 农村经济, 2: 68-76.

高鹤, 李旻文, 高峰, 2014. 基金经理风险偏好、投资风格与基金业绩: 基于性别个人特征的视角 [J]. 投资研究, 33(5): 82-96.

高辉, 赵进文, 2007. 期货价格收益率与波动性的实证研究: 以中国上海与英国伦敦为例 [J]. 财经问题研究, 2: 54-66.

苟小菊, 2021. 金融科技概论 [M]. 北京: 中国人民大学出版社.

顾秋阳, 周有林, 华秀萍, 等, 2019. 我国螺纹钢期货价格波动的机理研究: 基于 SVAR 模型的实证分析 [J]. 价格理论与实践, 7: 95-98.

顾晓敏, 梁力军, 孙璐, 等, 2019. 金融科技概论 [M]. 上海: 立信会计出版社.

关莉莉, 王霞, 2020. 金融支付体系导论 [M]. 上海: 立信会计出版社.

管同伟, 2020. 金融科技概论 [M]. 北京: 中国金融出版社.

郭君平, 谭清香, 曲颂, 2018. 进城农民工家庭贫困的测量与分析: 基于 "收入-消费-多维" 视角 [J]. 中国农村经济, 9: 94-109.

郭树华, 王华, 高祖博, 等, 2010. 金属期货市场价格联动及其波动关系研究: 以 SHFE 和 LME 的铜铝为例 [J]. 国际金融研究, 4: 79-88.

韩立岩, 尹力博, 2012. 投机行为还是实际需求: 国际大宗商品价格影响因素的广义视角分析 [J]. 经济研究, 12: 83-96.

洪文洲, 王旭霞, 冯海旗, 2014. 基于 Logistic 回归模型的上市公司财务报告舞弊识别研究 [J]. 中国管理科学, 22(S1): 351-356.

胡东滨, 张展英, 2012. 基于 DCC-GARCH 模型的金属期货市场与外汇、货币市场的动态相关性研究 [J]. 数理统计与管理, 31(5): 906-914.

胡建兰, 高瑜, 2019. 基于灰色模型的钢铁价格影响因素研究 [J]. 价值工程, 38(32): 71-72.

胡俊波, 熊若希, 唐张雨青, 2021. "信用评价" 能缓解农村小微企业 "融资难" 吗? [J]. 农村经济, 2: 77-86.

黄健柏, 刘凯, 郭尧琦, 2014. 沪铜期货市场价格发现的动态贡献: 基于状态空间模型的实证研究 [J]. 技术经济与管理研究, 2: 67-72.

黄世忠, 2007. 财务报表分析: 理论·框架·方法与案例 [M]. 北京: 中国财政经济出版社, 2007.

黄世忠, 叶钦华, 徐珊, 等, 2020. 2010～2019 年中国上市公司财务舞弊分析 [J]. 财会月刊, 14: 153-160.

纪守领, 李进锋, 杜天宇, 等, 2019. 机器学习模型可解释性方法、应用与安全研究综述 [J]. 计算机研究与发展, 56(10): 2071-2096.

蒋宏, 2022. 智能风控实践指南: 从模型、特征到决策 [M]. 北京: 人民邮电出版社.

金剑峰, 2019. 钢铁类股票与螺纹钢期货的互动关系研究 [J]. 科技经济市场, 7: 83-85.

李昊源, 崔琪琪, 2015. 农村居民家庭贫困的特征与原因研究: 基于对甘肃省调研数据的分析 [J]. 上海经济研究, 4: 79-86.

李建军, 彭俞超, 2021. 金融科技学 [M]. 北京: 高等教育出版社.

李洁, 杨莉, 2017. 上海和伦敦金属期货市场价格联动性研究: 以铜铝锌期货市场为例 [J]. 价格理论与实践, 8: 100-103.

李清, 任朝阳, 2016. 上市公司会计舞弊风险指数构建及预警研究 [J]. 西安交通大学学报: 社会科学版, 36(1): 36-44.

李志冰, 刘晓宇, 2019. 基金业绩归因与投资者行为 [J]. 金融研究, 2: 188-206.

梁珊, 王正刚, 郭葆春, 2016. 基金规模与业绩关系的再检验: 基于 DGTW 方法的业绩评价 [J]. 投资研究, 35(3): 151-158.

林健武, 袁先智, 马小峰, 等, 2023. 金融科技实务教程 [M]. 北京: 清华大学出版社.

林万龙, 陈蔡春子, 2020. 从满足基本生活需求视角看新时期我国农村扶贫标准 [J]. 西北师大学报 (社会科学版), 57(2): 122-129.

刘京军, 苏楚林, 2016. 传染的资金: 基于网络结构的基金资金流量及业绩影响研究 [J]. 管理世界, 1: 54-65.

刘立霞, 马军海, 2008. 基于 LS-SVM 的石油期货价格预测研究 [J]. 计算机工程与应用, 32: 230-231.

刘姝威, 2013. 上市公司虚假会计报表识别技术 [M]. 北京: 机械工业出版社.

刘轶芳, 迟国泰, 余方平, 等, 2006. 基于 GARCH-EWMA 的期货价格预测模型 [J]. 哈尔滨工业大学学报, 9: 1572-1575.

陆蓉, 陈百助, 徐龙炳, 等, 2007. 基金业绩与投资者的选择: 中国开放式基金赎回异常现象的研究 [J]. 经济研究, 6: 39-50.

毛磊, 王宗军, 王玲玲, 2012. 机构投资者持股偏好、筛选策略与企业社会绩效 [J]. 管理科学, 25(03): 21-33.

梅子行, 毛鑫宇, 2020. 智能风控: Python 金融风险管理与评分卡建模 [M]. 北京: 机械工业出版社.

参考文献

潘文轩, 阎新奇, 2020. 2020 年后制定农村贫困新标准的前瞻性研究 [J]. 农业经济问题, 5: 17-27.

石洪波, 陈雨文, 陈鑫, 2019. SMOTE 过采样及其改进算法研究综述 [J]. 智能系统学报, 14(6): 1073-1083.

田利辉, 谭德凯, 2014. 大宗商品现货定价的金融化和美国化问题: 股票指数与商品现货关系研究 [J]. 中国工业经济, 10: 72-84.

田甜, 李博, 左停, 2021. "懒惰的穷人"的产生: 一种贫困发生的新型解释框架–基于贵州省黔西南州林村实地调研的思考 [J]. 农村经济, 2: 37-47.

汪三贵, 孙俊娜, 2021. 全面建成小康社会后中国的相对贫困标准、测量与瞄准: 基于 2018 年中国住户调查数据的分析 [J]. 中国农村经济, 3: 2-23.

王灏, 盛虎, 张宏伟, 2019. 国际黄金期货价格波动的影响因素（英文）[J]. Transactions of Nonferrous Metals Society of China, 29(11): 2447-2454.

王青天, 孔越, 2022. Python 金融大数据风控建模实战: 基于机器学习 [M]. 北京: 机械工业出版社.

王苏生, 王丽, 李志超, 等, 2010. 基于卡尔曼滤波的期货价格仿射期限结构模型 [J]. 系统工程学报, 25(3): 346-353.

王天思, 2016. 大数据中的因果关系及其哲学内涵 [J]. 中国社会科学, 5: 22-42.

王小林, 冯贺霞, 2020. 2020 年后中国多维相对贫困标准: 国际经验与政策取向 [J]. 中国农村经济, 3: 2-21.

王昱, 杨珊珊, 2021. 考虑多维效率的上市公司财务困境预警研究 [J]. 中国管理科学, 29(2): 32-41.

伍景琼, 蒲云, 伍锦群, 2012. 钢铁企业进口铁矿石价格影响因素强度及对策研究 [J]. 经济问题探索, 3: 93-97.

肖继辉, 彭文平, 2012. 基金经理特征与投资能力、投资风格的关系 [J]. 管理评论, 24(7): 40-48.

肖峻, 石劲, 2011. 基金业绩与资金流量: 我国基金市场存在"赎回异象"吗?[J]. 经济研究, 46(1): 112-125.

徐琼, 赵旭, 2008. 我国基金经理投资行为实证研究 [J]. 金融研究, 8: 145-155.

徐宗本, 2021. 人工智能的 10 个重大数理基础问题 [J]. 中国科学: 信息科学, 51(12): 1967-1978.

杨强, 刘洋, 程勇等, 2020. 联邦学习 [M]. 北京: 电子工业出版社.

杨胜刚, 陈帅立, 王盾, 2014. 中国黄金期货价格影响因素研究 [J]. 财经理论与实践, 35(3): 44-48.

姚前, 林华, 2020. 区块链与资产证券化 [M]. 北京: 中信出版社.

叶金福, 2018. 从报表看舞弊: 财务报表分析与风险识别 [M]. 北京: 机械工业出版社.

尹志超, 郭沛瑶, 2021. 精准扶贫政策效果评估: 家庭消费视角下的实证研究 [J]. 管理世界, 37(4): 64-83.

袁先智, 2021. 构建与国际接轨的适合中国国情的金融行业信用评级体系概述 [R]. 新华财经, 2021 年 12 月 15 日. https://bm.cnfic.com.cn/sharing/share/articleDetail/2603844/.

袁先智, 狄岚, 李祥林, 等, 2021a. 在大数据框架下基于吉布斯 (Gibbs) 抽样的随机搜寻方法在金融中的应用 [J]. 计量经济学报, 1(2): 149-180.

袁先智, 狄岚, 宋冠都, 等, 2021b. 基于随机搜索方法对影响大宗商品期货螺纹钢期货价格趋势变化的关联特征指标研究 [J]. 管理评论, 33(9): 25-37.

袁先智, 刘海洋, 周云鹏, 等, 2020b. 基金关联特征挖掘的大数据随机搜索算法及应用 [J]. 管理科学, 33(6): 41-53.

袁先智, 赵旻, 刘海洋, 等, 2022. 乡村农户贫困状态特征因子筛选与分析框架: 兼论我国乡村振兴路径选择 [J]. 中国管理科学, 30(12): 234-244.

袁先智, 周云鹏, 刘海洋, 等, 2020a. 在金融科技中基于人工智能算法的风险特征因子筛选框架的建立和在期货价格趋势预测相关的特征因子刻画的应用 [J]. 安徽工程大学学报, 35(4): 1-13.

袁先智, 周云鹏, 严诚幸, 等, 2021c. 财务欺诈风险特征筛选框架的建立和应用 [J]. 中国管理科学, 30(3): 43-54.

袁先智, 2022. 运用大数据提升信用评级质量和区分度: "咖啡馆"(CAFE) 全息风险评估体系的探索 [J]. 清华金融评论, 98: 70-74.

袁知柱, 王泽燊, 郝文瀚, 2014. 机构投资者持股与企业应计盈余管理和真实盈余管理行为选择 [J]. 管理科学, 27(5): 104-119.

曾德明, 龙淼, 龚红, 2006. 机构投资者持股对公司绩效的影响研究 [J]. 软科学, 1: 37-39.

张保银, 陈俊, 2012. 基于动态 VECM 的我国铜期货的价格发现功能研究 [J]. 天津大学学报(社会科学版), 14(6): 492-496.

张屹山, 方毅, 黄琨, 2006. 中国期货市场功能及国际影响的实证研究 [J]. 管理世界, 4: 36-42.

赵秀娟, 程刚, 汪寿阳, 2011. 基金经理的运气是否比能力更重要?[J]. 系统工程理论与实践, 31(5): 834-840.

赵秀娟, 汪寿阳, 2010. 基金经理在多大程度上影响了基金业绩? 业绩与个人特征的实证检验 [J]. 管理评论, 22(1): 3-12.

Zheng A, Casari A, 2019. 精通特征工程 [M]. 陈光欣, 译. 北京: 人民邮电出版社.

郑尊信, 徐晓光, 2009. 基差、随机冲击与不对称相关结构下的期货套期保值: 来自亚洲股指期货市场的证据 [J]. 数量经济技术经济研究, 26(3): 91-105.

周力, 2020. 相对贫困标准划定的国际经验与启示 [J]. 人民论坛·学术前沿, 14: 70-79.

周利国, 何卓静, 蒙天成, 2019. 基于动态 Copula 的企业集团信用风险传染效应研究 [J]. 中国管理科学, 27(2): 71-82.

周伟, 王强强, 2016. 贵金属与其他金属期货间的价格交叉影响及其传导效应 [J]. 商业研究, 2: 81-86.

朱晋, 2004. 市场因素影响商品期货价格的多元模型分析 [J]. 数量经济技术经济研究, 1: 75-79.

祝世虎, 郭晶晶, 2021. 银行数智化转型中风险中台建设探索与实践 [J]. 当代金融家, 1: 58-61.

Abbott L J, Park Y, Parker S, 2000. The effects of audit committee activity and independence on corporate fraud[J]. Managerial Finance, 26(11): 55-68.

Abbott L J, Parker S, 2000. Auditor selection and audit committee characteristics[J]. AUDITING: A Journal of Practice & Theory, 19(2): 47-66.

AICPA, 2002. Consideration of Fraud in a Financial Statement Audit: Statements on Auditing Standards No.99[M]. New York: John Wiley & Sons.

Aiube F A L, Faquieri W B, 2019. Can Gaussian factor models of commodity prices capture the financialization phenomenon [J]. The North American Journal of Economics and Finance, 50: 101028.

Akaike H, 1974. A new look at the statistical model identification[J]. IEEE Transactions on Automatic Control, 19(6): 716-723.

Anderson P J A, 1984. An Analysis of the Factors Associated with Lawsuits against Public Accountants[J]. The Accounting Review, 59(2): 242-263.

Barber B M, Odean T, 2001. Boys will be boys: Gender, overconfidence, and common stock investment[J]. The Quarterly Journal of Economics, 116(1): 261-292.

Beasley M, 1996. An empirical analysis of the relation between the Board of Director composition and financial statement fraud[J]. The Accounting Review, 71(4): 443-465.

Beasley M S, Carcello J V, Hermanson R D et al., 2000.Fraudulent Financial Reporting: Consideration of Industry Traits and Corporate Governance Mechanisms[J]. Accounting Horizons, 14(4): 441-454.

Bell T B, Szykowny S, Willingham J J, 1991. Assessing the likelihood of fraudulent financial reporting: A cascaded logit approach[J]. Unpublished Manuscript, April.

Beneish M D, 1999. The Detection of Earnings Manipulation [J]. Financial Analysts Journal, 55(5): 24-36.

Beneish M D, 2012. Detecting GAAP violation: implications for assessing earnings management among firms with extreme financial performance[J]. Journal of Accounting and Public Policy, 16(16): 271-309.

Bernardo J M, Smith A F M, 2009. Bayesian Theory[M]. New York: John Wiley & Sons.

Bhar R, Hamori S, 2004. Information flow between price change and trading volume in gold futures contracts[J]. International Journal of Business and Economics, 3(1): 45-56.

Bishop C M, 2007. Pattern Recognition and Machine Learning[M]. New York: Springer.

Bliss R T, Potter M E, Schwarz C, 2008. Performance characteristics of individually-managed versus team-managed mutual funds[J]. The J. of Portfolio Management, 34(3): 110-119.

Bodie Z, Rosansky V I, 1980. Risk and return in commodity futures[J]. Financial Analysts Journal, 36(3): 27-39.

Brakerski Z, 2012. Fully Homomorphic Encryption without Modulus Switching from Classical GapSVP. Advances in Cryptology-CRYPTO 2012. Springer, Berlin Heidelberg.

Brakerski Z, Gentry C, Vaikuntanathan V, 2012. Fully Homomorphic Encryption without Bootstrapping[C]. Proceedings of the 3rd Innovations in Theoretical Computer Science Conference, 309-325.

Brakerski Z, Vaikuntanathan V, 2014. Efficient Fully Homomorphic Encryption from (Standard) LWE[J]. SAJM Journal on Computing, 43(2): 831-871.

Breiman L, 2001. Random Forests[J]. Machine Learning, 45 (1): 5-32.

Brennan M J, Hughes P J, 1991. Stock prices and the supply of information[J]. The Journal of Finance, 46(5): 1665-1691.

Brennan M J, Schwartz E S, 1985. Evaluating Natural Resource Investments[J]. Journal of Business, 58(2): 135-157.

Casassus J, Collin-Dufresne P, 2005. Stochastic convenience yield implied from commodity futures and interest rates[J]. The Journal of Finance, 60(5): 2283-2331.

Chawla V, Bowyer K W, Hall L O, et al., 2002. SMOTE: synthetic minority over-sampling technique[J]. Journal of Artificial Intelligence Research, 16(1): 321-357.

Chen J, Hong H, Huang M, et al., 2004. Does fund size erode mutual fund performance? The role of liquidity and organization[J]. American Economic Review, 94(5): 1276-1302.

Chen T, Guestrin C, 2016. XGBoost: A scalable tree boosting system[C]. KDD '16: Proceedings of the 22nd ACM SIGKDD International Conference on Knowledge Discovery and Data Mining, Association for Computing Machinery, New York. (https://doi.org/10.1145/2939672.2939785).

Cheon J H, Kim A, Kim M, et al., 2017. Homomorphic Encryption for Arithmetic of Approximate Numbers[C]. International Conference on the Theory and Application of Cryptology and Information Security. Springer Cham.

Chevalier J, Ellison G, 1997. Risk taking by mutual funds as a response to incentives[J]. Journal of Political Economy, 105(6): 1167-1200.

Molnar C. 2019. Interpretable Machine Learning[M], Github 开源书, https://christophm.github.io/interpretable-ml-book/index.html.

Cox D R, 1958. The Regression Analysis of Binary Sequences[J]. Journal of the Royal Statistical Society. Series B: Methodological, 20: 215-242.

Cressey D R, 1953. Other People's Money: A Study in the Social Psychology of Embezzlement[J]. American Sociological Review, 19(3): 159-166.

Datta A, Sen S, Zick Y, 2016. Algorithmic transparency via quantitative input influence: Theory and experiments with learning systems[C]. IEEE Symposium on Security and Privacy (SP), 5: 598-617.

DeAngelo H, DeAngelo L, Skinner D J, 1994. Accounting choice in troubled companies[J]. Journal of Accounting and Economics, 17(1-2): 113-143.

Dechow P M, Ge W, Larson C R, et al., 2011. Predicting material accounting misstatements[J]. Contemporary Accounting Research, 28(1): 17-82.

Dechow P, Sloan R G, Hutton A P, 1998. Causes and consequences of earnings manipulation: an analysis of firms subject to enforcement actions by the Sec[J]. Conternporary Accounting Research, 13(1): 1-3.

Defond M, Zhang J Y, 2014. A Review of Archival Auditing Research[J]. Journal of Accounting and Economics, 58(2): 275-326.

Di, L, Yuan, G X, Zeng T, 2021. The consensus equilibria of mining gap games related to the stability of Blockchain ecosystems[J]. The European Journal of Finance, 27(4-5): 419-440, DOI: 10.1080/1351847X.2020.1776352.

Donovan J, Frankel R, Lee J, et al., 2014. Issues raised by studying DeFond and Zhang: What should audit researchers do [J]. Journal of Accounting and Economics, 58(2-3): 327-338.

Dunn P, 2004. The Impact of Insider Power on Fraudulent Financial Reporting[J]. Journal of Management, 30(3): 397-412.

Elton E J, Gruber M J, Blake C R, 1995. Fundamental economic variables, expected returns, and bond fund performance[J]. The Journal of Finance, 50(4): 1229-1256.

Fawcett T, 2006. An introduction to ROC analysis[J]. Pattern Recognition Letters, 27(8): 861-874.

Frankel J A, 1984. Commodity prices and money: lessons from international finance[J]. American Journal of Agricultural Economics, 1984, 66(5): 560-566.

Friedman J H, 2001. Greedy function approximation: a gradient boosting machine[J]. The Annals of Statistics, 29(5): 1189-1232.

Friedman J H, Olshen R A, Stone C J, 1984. Classification and Regression Trees[M]. Chapman and Hall, London, UK.

Gao S, Wang H Q, Yuan G X, et al., 2020. Cooperative mechanism of SME growth in the mesoscopic structure with strategic and nonstrategic partners[J]. IEEE Intelligent Systems, 35(3): 7-18.

Geman S, Geman D, 1984. Gibbs distribution, and the Bayesian restoration of images[J]. IEEE Proc. Pattern Analysis and Machine Intelligence, 6: 774-778.

Gentry C, 2009. Fully Homomorphic Encryption Using Ideal Lattices. ACM Symposium on Theory of Computing, 169-178.

Gentry C, Sahai A, Waters B. 2013. Homomorphic encryption from learning with errors: conceptually-simpler, asymptotically-faster, attribute-based[C]. Lecture Notes in Computer Science.

Glasserman P, 2013. Monte Carlo Methods in Financial Engineering[M]. New York: Springer Science & Business Media.

Golec J H, 1996. The effects of mutual fund managers' characteristics on their portfolio performance, risk and fees[J]. Financial Services Review, 5(2): 133-147.

Goode S, Lacey D, 2011. Detecting complex account fraud in the enterprise: The role of technical and non-technical controls[J]. Decision Support Systems, 50(4): 702-714.

Gruber M J, 1996. Another puzzle: The growth in actively managed mutual funds[J]. The Journal of Finance, 51(3): 783-810.

Hamilton J D, Susmel R, 1994. Autoregressive conditional heteroskedasticity and changes in regime[J]. Journal of Econometrics, 64(1-2): 307-333.

Hanley J A, McNeil B J, 1982. The meaning and use of the area under a receiver operating characteristic (ROC) curve[J]. Radiology, 143(1): 29-36.

Hanley J A, McNeil B J, 1983. A method of comparing the areas under receiver operating characteristic curves derived from the same cases[J]. Radiology, 148 (3): 839-843.

Hardy S, Henecka W, Ivey-Law H, et al., 2017. Private federated learning on vertically partitioned data via entity resolution and additively homomorphic encryption[J]. arXiv: 1711.10677.

Healy P M, Palepu K G, 2001. Information asymmetry, corporate disclosure, and the capital markets: A review of the empirical disclosure literature[J]. Journal of Accounting and Economics, 31: 405-440.

Hopwood W S, Leiner J J, Young G R, 2011. Forensic Accounting and Fraud Examination [M]. 2nd ed. New York: McGraw-Hill Education.

Hosmer D W, Lemesbow S, 1980. Goodness of Fit Tests for the Multiple Logistic Regression Model[J]. Communication Statist Theor Meth, 9(10): 1043-1069.

Ippolito R A, 1993. On studies of mutual fund performance, 1962–1991[J]. Financial Analysts Journal, 49(1): 42-50.

Jensen M C, 1969. Risk, the pricing of capital assets, and the evaluation of investment portfolios[J]. The Journal of Business, 42(2): 167-247.

Kearns M J, Valiant L G, 1994. Cryptographic Limitations on Learning Boolean Formulae and Finite Automata[J]. Journal of the ACM, 41(1): 67-95.

Kearns M, Valiant L G, 1989. Cryptographic Limitations on Learning Boolean Formulae and Finite Automata[C]. Proceedings of the Twenty-First Annual ACM Symposium on Theory of Computing. New York: ACM Press: 433-444.

Kim A, Song Y, Kim M, et al., 2018. Logistic regression model training based on the approximate homomorphic encryption[J]. BMC Med Genomics, 11(4): 83.

Li H, Cao Y M, Li S W, et al., 2020. XGBoost model and its application to personal credit evaluation[J]. IEEE Intelligent Systems, 35(3): 52–61.

Liu D, Miller T, Sayeed R, et al., 2018. Federated-autonomous deep learning for distributed electronic health record[J]. arXiv: 1811.11400.

Loebbecke J K, Eining M M, Willingham J J, 1989. Auditors experience with material irregularities-frequency, nature, and detectability[J]. Auditing-A Journal of Practice & Theory, 9(1): 1-28.

Loh W Y, 2011. Classification and Regression Trees[J]. Wiley Interdisciplinary Reviews: Data Mining and Knowledge Discovery, 1(1): 14-23.

Lundberg S M, Lee Su-In, 2017. A unified approach to interpreting model predictions[C]. 4768-4777.

Macmillan N A, Creelman C D, 2015. Detection Theory: A User's Guide [M]. 2nd ed. Mahwah, NJ: Lawrence Erlbaum Associates. ISBN 978-1-4106-1114-7.

Massa M, 2003. How do family strategies affect fund performance? When performance-maximization is not the only game in town[J]. Journal of Financial Economics, 67(2): 249-304.

McMahan B, Moore E, Ramage D, et al., 2016. Communication-efficient learning of deep networks from decentralized data[J]. arXiv: 1602.05629.

Metrejean E, Orchard L X, Sneathen D, 2011. The consideration of fraud in a financial statement audit: Some study questions[J]. Journal of Business Case Studies, 3(1): 37-44.

Narisetty N N, Shen J, He X, et al., 2019. A consistent and scalable Gibbs sampler for model selection[J]. Journal of the American Statistical Association, 114(527): 1205-1217.

Niu G, Yu L, Fan G Z, et al., 2019. Corporate fraud, risk avoidance, and housing investment in China[J]. Emerging Markets Review, 39: 18-33.

Nurhayati, 2016. Revealing and building the COSO concept and Khalifatullah Fill Ard philosophy to prevent and detect the occurrence of fraud through forensic accounting[J]. Procedia-Social and Behavioral Sciences, 219: 541-547.

Palepu K G, Healy P M, Bernard V L et al., 2000. Business Analysis& Valuation: Using financial statements[M]. Winfield: South-Western College Publishing.

Pan S J, Yang Q, 2010. A survey on transfer learning[J]. IEEE Transactions on Knowledge and Data Engineering, 22(10): 1345-1359.

Pollet J M, Wilson M, 2008. How does size affect mutual fund behavior [J]. The Journal of Finance, 63(6): 2941-2969.

Qian G Q, Field C, 2000. Using MCMC for logistic regression model selection involving large number of candidate models[C]. Berlin, Heidelberg: Springer, 460-474.

Qian G Q, Rao C R, Sun X Y, et al., 2016. Boosting association rule mining in large datasets via Gibbs sampling[J]. Proceedings of the National Academy of Sciences, 113(18): 4958-4963.

Qian G Q, Wu Y H, Xu M, 2019. Multiple change-points detection by empirical Bayesian information criteria and Gibbs sampling induced stochastic search[J]. Applied Mathematical Modelling, 72: 202-216.

Quinlan J R, 1986. Induction of decision trees[J]. Machine Learning, 1(1): 81-106.

Quinlan J R, 1993. C4.5: Programs for Machine Learning[M]. United States, CA: Morgan Kaufmann, San Mateo.

Raileanu L E, Stoffel. K, 2004. Theoretical comparison between the gini index and information gain criteria[J]. Annals of Mathematics and Artificial Intelligence, 41(1): 77-93.

Ribeiro M T, Singh S, Guestrin C. 2016. Model-agnostic interpretability of machine learning.arXiv preprint arXiv: 1606.05386.

Rivest R L, Adleman L M, Dertouzos M L. 1978. Foundations of Secure Computation[M]. New York: Academic Press, 169-177.

Schwartz E, Smith J E, 2000. Short-term variations and long-term dynamics in commodity prices[J]. Management Science, 46(7): 893-911.

Schwarz G, 1978. Estimating the dimension of a model[J]. The Annals of Statistics, 6(2): 461-464.

Shapley L S, 1952. A Value for N-person Games[R]. Technical Report, Rand Corp Santa Monica CA.

Sharpe W F, 1966. Mutual fund performance[J]. The Journal of Business, 39(1): 119-138.

Skousen C J, Wright C T, 2008. Contemporaneous Risk Factors and the Prediction of Financial Statement Fraud[J]. Social Science Electronic Publishing, 1: 37.

Smith V, Chiang C K, Sanjabi M, et al., 2017. Federated multi-task learning[J]. arXiv: 1705.10467.

Štrumbelj E, Kononenko I, 2014. Explaining prediction models and individual predictions with feature contributions[J]. Knowledge and Information Systems, 41: 647-665.

Sweeney S J T, 1998. Fraudulently Misstated Financial Statements and Insider Trading: An Empirical Analysis[J]. Accounting Review, 73(1): 131-146.

Lee T S, Chih C C, Chou C C, et al., 2004. Mining the Customer Credit Using Classification and Regression Tree and Multivariate Adaptive Regression Splines[J]. Computational Statistics and Data Analysis, 50(4): 1113-1130.

Treynor J L, 1965. How to rate management of investment funds[J]. Harrard Business Review, 43: 63-75.

Tully E, Lucey B M, 2007. A power GARCH examination of the gold market[J]. Research in International Business and Finance, 21(2): 316-325.

Vanhoeyveld J, Martens D, Peeters B, 2019. Value-added tax fraud detection with scalable anomaly detection techniques[J]. Applied Soft Computing, 86, 105895.

Wells J T, 2005. Corporate Fraud Handbook: Prevention and Detection[M]. New York: John Wiley & Sons, Inc.

Wermers R, 2000. Mutual fund performance: An empirical decomposition into stock-picking talent, style, transactions costs, and expenses[J]. The Journal of Finance, 55(4): 1655-1695.

Yang C H, Lee K C, 2020. Developing a strategy map for forensic accounting with fraud risk management: An integrated balanced scorecard-based decision model[J]. Evaluation and Program Planning, 80, 101780.

Yang H, Li E, Cai Y, et al., 2021. The extraction of early warning features for the predicting financial distress based on XGboost model and shap framework[J]. Int.J. of Financial Engineering, 8(3): 2141004.

Yang Q, Liu Y, Chen T, et al., 2019a. Federated machine learning: Concept and aplications[J]. ACM Transactions on Intelligent Systems and Technology, 10(2): 1-19.

Yang K, Fan T, Chen T, et al., 2019b. A quasi-newton method based vertical federated learning framework for logistic regression[J]. arXiv preprint arXiv: 1912.00513.

Young A S, 1987. On a bayesian criterion for choosing predictive sub-models in linear regression[J]. Metrika, 34(1): 325-339.

Yuan G X, 2020. The Framework of Consensus Equilibria for Mining-Pool Games and Related Stability of Gap Games Behaviors in Blockchain Ecosystems. Available at SSRN: https://ssrn.com/abstract=3551829 or http://dx.doi.org/10.2139/ssrn.3551829.

Yuan G X, Wang H, 2019. The general dynamic risk assessment for the enterprise by the hologram approach in financial technology[J]. International Journal of Financial Engineering, 6(1): 1950001.

Yue Y D, Liu D C, Xu S, 2015. Price linkage between Chinese and international nonferrous metals commodity markets based on VAR-DCC-GARCH models[J]. Transactions of Nonferrous Metals Society of China, 25(3): 1020-1026.

Yurdakul B, Naranjo J, 2020. Statistical properties of the population stability index[J]. Journal of Risk Model validation, 14(4): 89-100.

附录 A

基于Python语言对几种典型算法的基本功能代码实现

本章的目的是在前面一般算法解释的基础上, 提供基于 PyTorch 功能软件包来展示算法实现的基本流程, 这部分材料主要参考了林健武等 (2023) 的教程的相关内容. 希望了解更多支持金融科技编程功能实现的 (伪) 代码和操作软件包的读者, 也请参考梅子行和毛鑫宇 (2020), 王青天和孔越 (2020), 林健武等 (2023) 等相关书籍和参考书.

■ A.1 线性回归模型简介

线性模型, 即假设空间是线性函数的模型. 这一节中我们来使用 PyTorch 实现一个线性回归模型, 拟合一个玩具数据.

我们会按照机器学习三要素的方式来拆解问题, 学习均方误差这一损失函数, 以及如何使用梯度下降的方法来拟合模型, 下面我们开始操作.

(1) 库的导入

首先需要导入相关的库.

```
>>> import numpy as np
>>> import torch
>>> import torch.nn as nn
>>> import matplotlib.pyplot as plt
```

在建模的过程中, 有很多时候会用到随机数, 例如在对数据做切分的时候. 为了让实验具有可重复性, 我们要设定随机数种子.

```
>>> torch.manual_seed(31)
```

(2) 数据获取

生成一个数据 (x,y), 满足 $y = 3x + 2$ 的关系, 首先生成 x.

A.1 线性回归模型简介

```
>>> n = 50
>>> x = torch.Tensor(n,1)
>>> x.uniform_(-3,3)
```

我们创建一个 $n \times 1$ 的二维数组 x. 对 x 使用 uniform_, 注意后边有个下划线, 这意味着 x 本身被改变. 这样, x 的元素被初始化为 -3 到 3 之间的均匀分布随机数.

然后, 根据 x 计算 y.

```
>>> y = 3.0*x+2.0
```

(3) 转化为矩阵运算

使用遍历元素的运算方式速度非常慢, 故将运算写成矩阵或者张量的形式来提高效率. 例如把 $3x+2$ 看成两个向量 $[3,2]$ 和 $[x,1]$ 的点积.

我们每个 x 扩展为 $[1,x]$.

```
>>> x = torch.ones(n,2)
>>> x[:,1].uniform_(-3, 3)
```

使用 ones 方法生成全 1 向量. 第一列保持为 1, 然后第二列使用 uniform_ 方法, 像上边一样, 生成均匀分布随机数.

之后, 生成一个用来和它做点积的矩阵 $w0$.

```
>>> w0 = torch.Tensor([2.0, 3.0]).unsqueeze(-1)
```

注意, 如果不使用 unsqueeze 添加维度的话, $w0$ 只是一个向量. 添加了之后, 才成为二维数组, 也就是矩阵. 这样, y 的计算就能够写成矩阵的形式了. 为了让事情更有趣, 我们再添加一些高斯噪声在后边, 其方法是使用 rand 函数.

```
>>> y = torch.mm(x, w0)+torch.rand(n,1)
```

读者会发现, 这里矩阵乘法使用的是 torch.mm 函数, 而非 .matmul 方法.

在 PyTorch 中, 实现某项功能的做法往往不止一种, 我们按照自己喜好选择即可.

我们来看看这几个矩阵的形状.

```
>>> print(x.shape, w0.shape, y.shape,y[:3])
'''
(torch.Size([50, 2]),
 torch.Size([2, 1]),
 torch.Size([50, 1]),
 tensor([[ 9.6193],
        [-4.9695],
        [ 2.9845]]))
'''
```

x 的形状是 $(n,2)$, $w0$ 的形状是 $(2,1)$, 因此 y 的形状是 $(n,1)$. 像这样将运算写成向量化的或者张量化的, 能大大提高运算效率.

(4) 分析数据并设定可能的假设函数

我们将 x,y 的散点图画出来, 如图 A.1 所示.

```
>>> plt.scatter(x[:,1], y)}
```

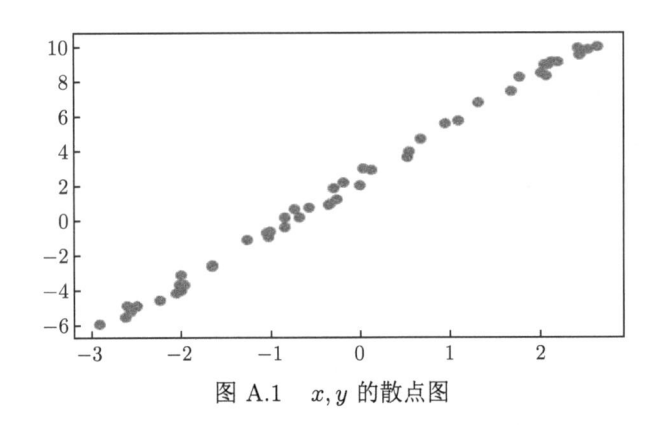

图 A.1 x,y 的散点图

观察图形我们能够想到, 线性模型适合该问题.

(5) 假设函数——线性函数

我们的假设函数选择线性函数. 线性函数的形式如下.

$$h_w(x) = w_0 + w_1x_1 + w_2x_2 + w_3x_3 + \cdots + w_nx_n \tag{A.1}$$

写成矩阵的形式

$$h_w(x) = \begin{bmatrix} x_0 & x_1 & \cdots & x_n \end{bmatrix} \begin{bmatrix} w_0 \\ w_1 \\ \vdots \\ w_n \end{bmatrix} = x^{\mathrm{T}}w \tag{A.2}$$

在这里, 假设函数的形式为 $w_0 + w_1x_1$, 相当于 $x_0 = 1$.

(6) 随机选定权重

拿到数据的时候, 我们是不知道真实的权重 w_0, w_1 是多少的. 因此我们初始化一个随机的权重 w.

```
>>> w = torch.tensor([1.,1.]).unsqueeze(-1)
>>> print(w.shape) # torch.Size([2, 1])
```

(7) 损失函数——平方误差

回归问题常用的损失函数为平方误差, 又叫 L_2 损失. 其定义为预测值和标签值之差的平方.

A.1 线性回归模型简介

$$(\text{观察值} - \text{预测值})^2 = (y - \hat{y})^2 \tag{A.3}$$

对于整个数据集来衡量,我们一般使用均方误差 (MSE) 作为代价函数 (cost function),这样可以避免因为数据数量不同造成的差异.

$$J(\omega_0, \omega_1) = \frac{1}{m}\sum_{i=1}^{m}(\hat{y}_i - y_i)^2 = \frac{1}{m}\sum_{i=1}^{m}(h_w(x_i) - y_i)^2 \tag{A.4}$$

我们实现均方误差如下.

```
>>> def mse(pred, y):
...     return ((pred-y)**2).mean()
```

pred 是预测值向量,y 是真实值向量,两者差的平方的均值即是结果.

要使用 w 为权重做预测,直接矩阵运算即可.

```
>>> y_pred = torch.mm(x, w)
>>> print(mse(y_pred,y))
```

调用 mse 计算当前损失为 13.1581. 模型学习前预测值与实际值的误差比较大. 画图对比真实值和预测值如图 A.2,蓝色是真实值,绿色是预测值,直观来看两者差异很大.

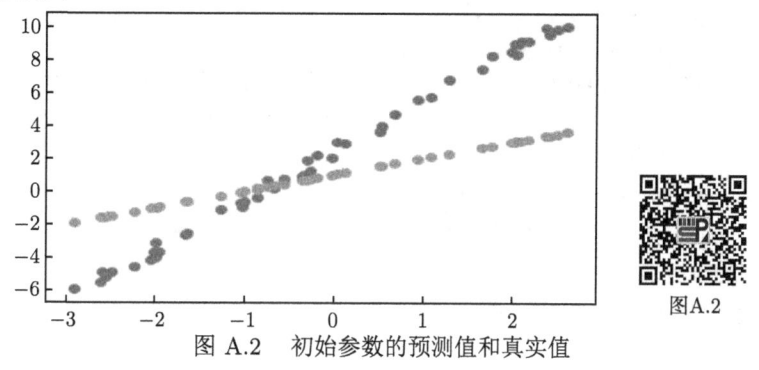

图 A.2 初始参数的预测值和真实值

(8) 优化过程——迭代方法

优化过程有很多,这里使用的线性模型甚至有解析解. 但我们介绍一种通用的优化过程: 迭代方法. 迭代方法是一种广泛用于降低损失的方法,而且使用起来简单有效. 首先,随机初始化权重. 然后不断循环修改权重,让损失函数下降,直到收敛,即损失函数不再发生明显变化.

(9) 优化过程——梯度下降

如果损失函数是可以求导的,那么一个通用方法是让它向梯度方向下降.

$$w_j := w_j - \alpha \frac{\partial}{\partial w_j} J(w_0, w_1) \tag{A.5}$$

在设定线性模型 (A.2)、均方误差 (A.4) 的情况下, 梯度下降算法则是

$$\begin{aligned}&\text{循环至收敛}\{\\&\quad w_0 := w_0 - \alpha\frac{2}{m}\sum_{i=1}^{m}(h_w(x_i) - y_i)\\&\quad w_1 := w_1 - \alpha\frac{2}{m}\sum_{i=1}^{m}((h_w(x_i) - y_i)x_i)\\&\}\end{aligned} \qquad (A.6)$$

使用 PyTorch 计算梯度, 将 w 设为需要计算的梯度.

```
>>> w.requires_grad = True
>>> print(w)
'''
tensor([[1.],
        [1.]], requires_grad=True)
'''
```

定义一个计算梯度的过程如下

```
>>> def gradient():
...     pred = torch.mm(x,w)
...     loss = mse(y, pred)
...     if t % 5 == 0: print(loss) #每5个epoch打印一次损失函数,
                                    确保损失函数减小
...     loss.backward()
...     with torch.no_grad():
...         w.sub_(lr * w.grad)
...         w.grad.zero_()
```

我们来仔细看看上边的函数.

```
pred = torch.mm(x,w)}
```

首先, 进行预测.

```
loss = mse(y, pred)}
```

根据预测值和真实值得到损失 loss.

```
if t % 5 == 0: print(loss)
```

每 5 步打印一次损失.

```
loss.backward()
```

A.1 线性回归模型简介

调用 .backward 方法, 计算梯度.

`with torch.no_grad():`

下边我们要根据梯度来更新权重, 这时不用计算梯度, 因此使用 .no_grad().

`w.sub_(lr * w.grad)`
`w.grad.zero_()`

首先根据梯度来更新权重. lr 是学习速率, lr 与 w.grad 的积便是每一次更新的步长. PyTorch 会累积每次的计算, 因此需要使用 w.grad.zero_() 来将梯度清零, 以备下一次计算.

```
>>> lr = 0.1
>>> for t in range(50):
...     gradient()
'''
tensor(13.1581, grad_fn=<MeanBackward1>)
tensor(0.3680, grad_fn=<MeanBackward1>)
tensor(0.1173, grad_fn=<MeanBackward1>)
tensor(0.0898, grad_fn=<MeanBackward1>)
tensor(0.0867, grad_fn=<MeanBackward1>)
tensor(0.0864, grad_fn=<MeanBackward1>)
tensor(0.0864, grad_fn=<MeanBackward1>)
tensor(0.0864, grad_fn=<MeanBackward1>)
tensor(0.0864, grad_fn=<MeanBackward1>)
tensor(0.0864, grad_fn=<MeanBackward1>)
'''
```

lr 是学习速率, 这里设置为 0.1. 通过学习, w 变化, 损失下降直至稳定在 0.0864. 对比学习好 w 后的预测值和真实值, 如图 A.3.

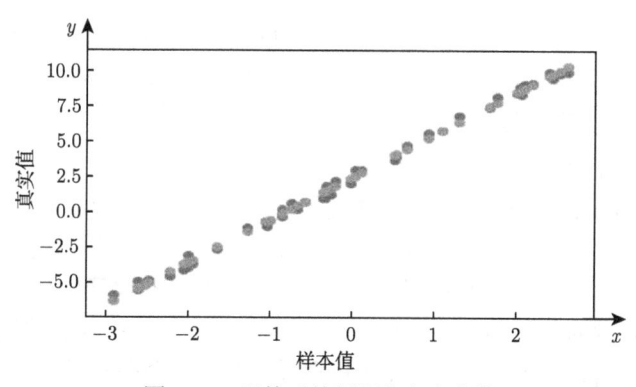

图 A.3 训练后的预测值和真实值

```
>>> y_pred = torch.mm(x, w)
>>> plt.scatter(x[:,1], y)
>>> plt.scatter(x[:,1], y_pred.data)
```

真实值和预测值几乎完全重合, 预测非常好.

■ A.2 线性分类模型简介

监督学习的任务可以分为两类, 回归和分类. 标签是连续型变量时, 对应的任务是回归. 标签是离散型变量时, 对应的任务是分类. 上节实现了线性回归模型, 本节来实现一个线性分类模型.

本节中, 我们要识别图片是不是猫, 在完成这一任务的过程中, 我们将学习如何实现线性分类器. 和上一个线性回归的任务不同, 我们将更多地使用 PyTorch 封装好的功能. 使用 PyTorch Dataset 和 DataLoader 来封装数据并批量输入模型, 而不再手工实现该功能. 在分类问题中, 均方误差不再适用, 我们会学习一个分类问题常用的损失函数——交叉熵. 在优化参数时, 我们也不再自行计算梯度并更新权重, 而是使用 PyTorch 自带的优化器. 另外, 我们会学习如何将数据拆分为训练集和测试集, 用来衡量模型的表现.

(1) 库的导入

```
>>> import numpy as np
>>> import torch
>>> import torch.nn as nn
>>> import matplotlib.pyplot as plt
>>> from torch.utils.data import Dataset, DataLoader
>>> torch.manual_seed(37)
```

这里我们新引入了两个类, Dataset 和 DataLoader, 作用是封装数据, 这样, 我们便不用像上一节一样手动将数据输入模型了. 另外设置一个随机数种子 37 以保证每次试验结果一致.

(2) 图片的张量表示

在本次任务中, 我们会处理图片数据. 计算机无法直接像肉眼一样识别图片, 因此我们需要一个方法用数字来表示图片. 最常用的方法, 是使用 RGB 这 3 个通道 (channel) 来表示图像, R 代表红色, G 代表绿色, B 代表蓝色. 每一个通道都是一个矩阵, 元素的值通常在 0~255 之间, 值越大, 表示对应的颜色越深, 反之则越浅. 这样, 一张图片对应了一个 3 维的张量. 那么一个图片数据集是怎么表示的呢? 图片数据集无外乎是很多张图片, 因此我们通常使用 4 维张量来表示图片数

A.2 线性分类模型简介

据集. 图片集的张量有 4 个维度. tensor.shape = (num_examples, height, width, channel). 其中 num_examples 表示数据集的图片数目, height,width 表示图片的高与宽, channel 表示图片的通道数量, 例如 RGB 图的 channel 就为 3.

引入辅助用库 helper, 用以读取数据.

```
>>> import helper
>>> nx_train, ny_train, nx_test, ny_test, labels =
helper.load_catnoncat()
>>> print(nx_train.shape, ny_train.shape, nx_test.shape,
ny_test.shape, type(nx_train))
'''
((209, 64, 64, 3), (1, 209), (50, 64, 64, 3), (1, 50), numpy.ndarray)
'''
```

nx_train 是训练集的特征, ny_train 是训练集的标签, nx_test 是测试集的特征, ny_test 是测试集的标签. 机器读取的标签 y 是数字, 但我们更习惯看文字类的标签, 因此还读取了 labels 作为 y 的映射, n 这一前缀代表它是一个 numpyarray.

(209, 64, 64, 3) 表示 nx_train 有 209 个数据, 长和宽都是 64, 通道数为 3. 图片的张量表示非常重要, 为了获得直观的印象, 我们来仔细地看看这些图片.

首先, 打印前 9 个数据出来, 如图 A.4.

```
>>> helper.plots_imgs(nx_train[:9], titles=ny_train[:9].
    squeeze())
```

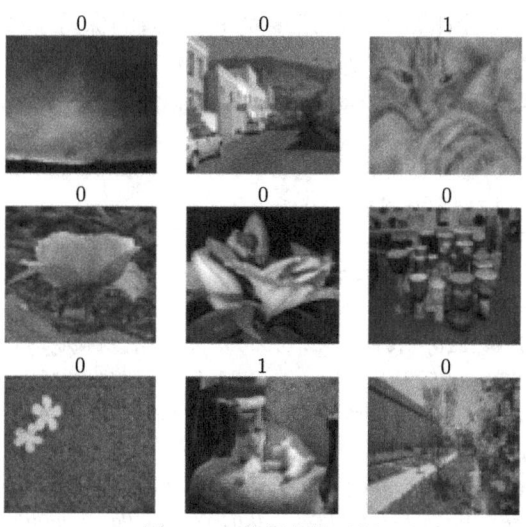

图 A.4 数据集的示例

我们把 title 设为 ny_train, 即标签. 有猫的图片 title 为 1, 反之为 0.

(3) 表示 (Representation)

特征工程是机器学习中非常重要的部分, 它的作用是将原始数据转化成可以输入模型的形式. 这里, 我们把图片转化为 1 维向量, 这样就能顺利地输入模型. 特征工程的方法当然不仅仅于此, 这里我们使用的是最原始并且直接的方式, 我们把所有通道 R、G 和 B 的灰度值, 转化成一个向量, 然后连接到一起. 这样每张图都从 3 维张量变成 1 维向量. 下面实现这个操作, 第一步是把 Numpy Array 转化为 PyTorch Tensor.

```
>>> x_train = torch.FloatTensor(nx_train)
>>> x_test = torch.FloatTensor(nx_test)
>>> y_train = torch.Tensor(ny_train.squeeze())
>>> y_test = torch.Tensor(ny_test.squeeze())
>>> print(x_train.shape, y_train.shape, x_train.dtype)
'''
(torch.Size([209, 64, 64, 3]), torch.Size([209]), torch.float32)
'''
```

灰度值通常默认为整数, 因此我们使用 FloatTensor 来将其变为浮点数, 便于未来输入模型. 从维度的输出结果可以看出, 形状没有改变.

接下来, 我们要将每张图片都变为 1 维的.

```
>>> x_train = x_train.view(x_train.shape[0], -1)
>>> x_test = x_test.view(x_test.shape[0], -1)
```

−1 表示让程序自行计算应有的维度是多少. 我们保留了第一个维度 shape[0], 即图片的数量. 这样每张图片都是一个 1 维向量.

目前 x 的元素是 0~255 的灰度值, 为了优化计算更容易, 我们将其归一化, 即除以 255, 使其变为 0~1 之间.

```
>>> x_train.div_(255.0)
>>> x_test.div_(255.0)
>>> print(x_train, x_test)
'''
(tensor([[0.0667, 0.1216, 0.2196, ..., 0.0000, 0.0000, 0.0000],
         [0.7686, 0.7529, 0.7451, ..., 0.3216, 0.3137, 0.3176],
         [0.3216, 0.2784, 0.2667, ..., 0.5412, 0.5529, 0.5569],
         ...,
         [0.5608, 0.6078, 0.6471, ..., 0.3333, 0.4196, 0.5843],
         [0.0863, 0.0941, 0.0902, ..., 0.0157, 0.0196, 0.0000],
         [0.0314, 0.1098, 0.2078, ..., 0.0000, 0.0000, 0.0000]]),
```

A.2 线性分类模型简介

```
tensor([[[0.6196, 0.4078, 0.3255, ..., 0.6784, 0.5020, 0.4314],
         [0.4510, 0.4314, 0.4353, ..., 0.6706, 0.6902, 0.7294],
         [1.0000, 0.9922, 0.9961, ..., 0.5216, 0.3961, 0.4745],
         ...,
         [0.1608, 0.1843, 0.3294, ..., 0.7176, 0.5529, 0.4549],
         [0.0706, 0.0706, 0.0627, ..., 0.5647, 0.5373, 0.4235],
         [0.5216, 0.6392, 0.2941, ..., 0.0196, 0.0863, 0.0196]]])
'''
```

如上, 每个元素都在 0~1 之间.

(4) 假设空间: 逻辑回归模型

在做分类时, 我们期望的预测值是在 $[0,1]$ 内的概率值. 回顾线性回归模型 $z = xw + b$, 我们想要把线性回归模型转化为一个分类模型, 一般方法是使用 sigmoid 函数.

$$\hat{y} = \frac{1}{1+\mathrm{e}^{-z}} = \frac{1}{1+\mathrm{e}^{-(xw+b)}} \tag{A.7}$$

逻辑回归模型即对线性回归模型做一个 sigmoid 转换.

下面我们来实现逻辑回归模型, 首先, 初始化参数 w, b.

```
>>> w = torch.randn((x_train.shape[-1], 1), requires_grad=True)
>>> b = torch.randn((1,1), requires_grad=True)
```

w 的第一个维度是图片维度, 即被转化成了 1 维向量后矢量的元素数量, 同时, 设定需要计算梯度.

参数的初始值往往决定了模型能否顺利训练, 因此初始化非常重要. 业界常用的初始化是 Xavier 初始化, 这样输出结果比较稳定, 容易优化. 实现方法是调用 xavier_uniform_ 函数.

```
>>> nn.init.xavier_uniform_(w)
>>> nn.init.xavier_uniform_(b)
```

这样, 我们就随机初始化了 w 和 b.

PyTorch 中, 只要定义好计算的过程, 即前向传播, 梯度会被自动计算, 因此我们定义好前向传播即可.

我们首先定义 sigmoid 函数如下.

```
>>> def sigmoid(x):
...     return 1/(1+torch.exp(-x))
```

需要注意的是, 在数值计算时, 如果 x 特别大, 则可能出现不稳定. 但这里仅仅为了演示, 因此我们照搬公式.

有了 sigmoid 函数, 逻辑回归实现起来就很容易了.

```
>>> def logistic_regression(x):
...     h = torch.mm(x, w) + b
...     h = sigmoid(h)
...     return h
```

首先矩阵乘法得到线性回归的输出, 再进行 sigmoid 变换就能得到结果.

(5) 分类问题的损失函数

我们确定了假设函数, 下面需要确定损失函数. 分类问题常用的损失函数是交叉熵 (cross entropy). 交叉熵源于信息论, 用来衡量概率分布之间的差异.

$$H(p,q) = -\sum_x p(x) \log q(x) \tag{A.8}$$

我们把 $p(x)$ 看成实际分布, $q(x)$ 看成预测分布. 以本次任务为例, 如果图片是猫, 那么它的真实分布 $p(x)$ 下, 为猫的概率就是 1, 反之为 0. $q(x)$ 则是我们预测的概率.

交叉熵作为分类损失函数时, 形式如下.

$$J = -\frac{1}{m} \sum_{i=1}^{m} y^{(i)} \log(\hat{y}^{(i)}) \tag{A.9}$$

$y^{(i)}$ 为标签, $\hat{y}^{(i)}$ 为对应该标签的预测值 (概率).

上边公式适用于任意类别数, 当使用二分类时, 公式变为

$$J = -\frac{1}{m} \sum_{i=1}^{m} \left[y^{(i)} \log(\hat{y}^{(i)}) + (1 - y^{(i)}) \log(1 - \hat{y}^{(i)}) \right] \tag{A.10}$$

因为在分类问题上, 如果使用平方误差, 则损失不是凸函数, 优化比较困难, 因此我们不使用平方误差.

接下来, 我们实现二分类的交叉熵.

```
>>> def cross_entropy(pred, y):
...     cost = -(y*torch.log(pred)+(1-y)*torch.log(1-pred)).mean()
...     return cost
```

pred 是预测值, y 是实际值. 需要记住的是, pred 和 y 都是向量, 最后求 mean 即得到交叉熵.

(6) 随机梯度下降法 SGD 和小批量梯度下降法

我们在优化权重的时候, 可以计算整个数据集的梯度, 但事实证明没有必要这样做, 这样不仅计算量大, 实际效果往往也不佳. 有两种代替方法.

第一个是随机梯度下降法, 每一步抽取一个新的随机样本, 只根据该样本的损失来计算梯度并优化. 随机梯度下降法计算慢, 且稳定性不好.

A.2 线性分类模型简介

第二种是小批量梯度下降法,每次取一批数据,通常每批包含 8~512 个样本,根据这一批样本的损失计算梯度并优化.

(7) PyTorch 的 Dataset

下面,我们使用 PyTorch 的 Dataset 来封装数据. Dataset 是加载特定数据集进行模型训练的关键类,它提供了 [ ](索引) 和 len() 的基本操作.

```
class Dataset(object):
    def __getitem__(self, index):
        raise NotImplementedError
    def __add__(self, other):
        return ConcatDataset([self, other])
    def __len__(self)` default?
```

以上是 Dataset 的部分源代码. 第一个方法 _getitem_ 的作用是使得这个 class 能够用方括号 [ ] 进行索引. 第三个方法 _len_ 使得本 class 可以用 .len 方法获取整体数量.

下面,我们把数据封装为 Dataset:

```
>>> train_ds = torch.utils.data.TensorDataset(x_train, y_train)
>>> test_ds = torch.utils.data.TensorDataset(x_test, y_test)
```

TensorDataset 是 Dataset 的一种. x_train, y_train 都是张量, 作为参数传入 TensorDataset 即可, x_test, y_test 同理.

(8) PyTorch 的 DataLoader

我们想要实现批量数据下降,因此我们需要一个方法来将数据批量输入模型,这时就需要使用 DataLoader.

DataLoader 提供了批量读取数据的关键接口,并且支持并行读取,可以大大加快工作进程.

以下是 DataLoader 的部分源代码.

```
def_init_(self, dataset, batch_size=1, shuffle=False, sampler=None,
          batch_sampler=None, num_workers=0, collate_fn=None,
          pin_memory=False, drop_last=False, timeout=0,
          worker_init_fn=None):
    def_iter_(self):
        if self.num_workers == 0:
            return _SingleProcessDataLoaderIter(self)
        else:
            return _MultiProcessingDataLoaderIter(self)
```

ini 的关键参数有两个，第一个是 dataset，代表要放进 DataLoader 的数据；第二个是 batch_size，表示每一批数据的数量。_iter_ 使得本 class 可以用 .next 方法来获取数据。DataLoader 的目的是以批量的形式遍历数据，上边的两个方法便是关键。

我们将 Dataset 封装成 DataLoader。

```
>>> batch_size = 16
>>> train_dl = torch.utils.data.DataLoader(train_ds, batch_size=
    batch_size, shuffle=True)
>>> test_dl = torch.utils.data.DataLoader(test_ds, batch_size=
    batch_size, shuffle=True)
```

传入要封装的 Dataset，设定好每一批的数量，shuffle=True 的意思是每次循环都有"洗牌"，这样带来了随机性，可以让结果更稳定。

```
>>> print(len(train_ds), len(train_dl)) # (209, 14)
```

DataLoader 有 .len 方法，因此我们可以这样获取其长度。

```
>>> x, y = next(iter(train_dl))
>>> print(x.shape, y.shape) # (torch.Size([16, 12288]), torch.Size([16]))
```

我们可以使用 next 方法来获得一个批次的数据，其数量为 16。接下来，我们设定输出值大于 0.5 的是猫，反之不是猫。

```
>>> threshold = 0.5
>>> def predict(pred):
...     return (pred > 0.5).squeeze().int()
```

predict 最后的 .int 方法是将结果变为整数。如果预测和真实值相等，则认为正确。

```
>>> def correct(pred, y):
...     return (predict(pred) == y.int()).sum()
```

pred，y 都是张量，使用 == 判断是否相等，如果相等则返回 1；反之为 0。因此，sum 求和后，就是所有正确的数量。

接下来设定学习速率 lr 和整个数据要循环多少次 epoch。

```
>>> lr = 0.001
>>> epoch = 100
```

这样，我们就能开始训练了。

A.2 线性分类模型简介

```
>>> for t in range(epoch):
...     #注意批量梯度下降每次只获取部分数据, 所以还有一个循环
...     total_loss = 0
...     total_correct = 0
...     for x, y in train_dl:
...         #前向计算计算预测值与损失loss
...         pred = logistic_regression(x).squeeze()
...         loss = cross_entropy(pred, y)
...         total_correct += correct(pred, y).numpy()
...         total_loss += loss
...
...         loss.backward()
...         with torch.no_grad():
...             w.sub_(lr*w.grad)
...             b.sub_(lr*b.grad)
...             w.grad.zero_()
...             b.grad.zero_()
...     total_loss /= len(train_dl)
...     if t % 10 == 0:
...         print("total_loss is {}, total_accuracy is {}".format(total_
                loss, total_correct/len(train_ds)))
```

我们来仔细看看以上代码. 首先, total_loss 记录总的损失, total_correct 记录总共对了多少个.

```
>>> for x, y in train_dl:
```

循环从 DataLoader 中取出特征和标签.

```
>>> pred = logistic_regression(x).squeeze()
>>> loss = cross_entropy(pred, y)
```

使用上边定义好的逻辑回归函数输出预测值后, 调用交叉熵函数计算损失.

```
>>> total_loss 和 total_correct 记录模型的表现.
```

之后, 调用 .backward 方法计算梯度. with torch.no_grad(): 表示下边不计算梯度.

```
>>> w.sub_(lr*w.grad)
>>> b.sub_(lr*b.grad)
>>> w.grad.zero_()
>>> b.grad.zero_()
```

之后, 根据计算好的梯度和学习速率来更新权重. 另外要记住将梯度清零, 否则会一直累积下去. 内部的循环 for x, y in train_dl: 是批次级别上的循环, 外边我们还有一层 for t in range(epoch): , 一个 epoch 代表全体数据循环一次.

从下边的结果可以看出, 损失在下降, 准确度在上升 (展示部分结果).

```
'''
......
total_loss is 0.4313385784626007, total_accuracy is 0.84688995215311
total_loss is 0.3953583538532257, total_accuracy is 0.8325358851674641
Final total_loss is 0.3972006142139435, Final total_accuracy is 0.8373205741626795
'''
```

我们想要简化一下优化过程. 事实上, PyTorch 有一个子模块 optim, 内部包含了很多优化相关的类和函数.

```
>>> from torch import optim
>>> param = (w,b)
>>> optimizer = optim.SGD(param, lr=lr)
```

像这样, 我们导入 optim, 创建梯度下降优化器 SGD, 设定要优化的参数 w, b 和学习速率 lr 即可, 我们会在接下来的优化过程中看到它是如何使用的.

```
>>> for t in range(epoch):
...     total_loss = 0
...     total_correct = 0
...     for x, y in train_dl:
...         pred = logistic_regression(x).squeeze()
...         loss = cross_entropy(pred, y)
...         total_correct += correct(pred, y).numpy()
...         total_loss += loss
...         optimizer.zero_grad()
...         loss.backward()
...         optimizer.step()
...     total_loss /= len(train_dl)
...     if t % 10 == 0:
...         print("total_loss is {}, total_accuracy is {}".format(total_
            loss, total_correct/len(train_ds)))
```

和上边手工更新权重不同, 这里只需要调用 optimizer.step() 就能更新权重了 (展示部分结果).

```
'''
......
total_loss is 0.29816824197769165, total_accuracy is 0.8947368421052632
```

```
total_loss is 0.313797146081924444, total_accuracy is 0.9186602870813397
Final total_loss is 0.30506959557533264, Final total_accuracy is
    0.9282296650717703
'''
```

之前已经训练了 100 个 epoch, 这里又训练了 100 个 epoch, 可见, 损失继续下降, 准确率继续上升.

(9) 如何评价模型表现 —— 泛化能力

模型看上去表现很好, 在训练集上有 93% 的准确率. 但我们是否可以确定模型表现好? 这时就需要检查模型的泛化能力. 我们的目标是对从真实分布中抽取的新数据做出良好预测, 而不是在我们已有的训练数据上表现好. 但问题是, 我们无法了解事实, 我们只能从中抽样.

1) 泛化能力的三项假设

因为我们不得不依赖抽样, 所以我们对泛化能力的评价依赖于以下假设:

第一, 我们从分布中随机抽取独立同分布 (i.i.d.) 的样本.

第二, 分布是平稳的, 即分布不会随时间发生变化.

第三, 我们始终从同一分布中抽取样本, 包括训练集 (训练模型使用的数据)、验证集和测试集.

2) 训练集、验证集和测试集的拆分来衡量泛化能力

首先, 我们要明确训练集的性能指标不能反映真实的模型表现. 相对地, 我们使用测试集来衡量模型的性能指标, 即泛化能力. 另外, 当需要调参的时候, 我们使用验证集来调整参数 (学习速率、初始化参数等). 在训练集上训练模型, 在验证集上调整参数, 在训练集上评价表现. 关键在于, 训练集表现好不一定好, 但测试集表现也好, 那么大概率模型很好.

我们之前将数据集拆分为训练集和测试集.

```
>>> print(nx_train.shape, ny_train.shape, nx_test.shape, ny_test.shape,
        type(nx_train))
((209, 64, 64, 3), (1, 209), (50, 64, 64, 3), (1, 50), numpy.ndarray)
```

测试集有 50 个数据, 首先我们检验模型在测试集上的表现. 由于模型不需要做任何运算, 因此我们使用 with torch.no_grad():, 这里我们循环的是测试集 test_dl, 接下来进行训练.

```
>>> train_losses.clear(); test_losses.clear(); train_accuracies.clear();
    test_accuracies.clear()
>>> nn.init.xavier_uniform_(w)
>>> nn.init.xavier_uniform_(b)
```

```
>>> param = (w,b)
>>> optimizer = optim.SGD(param, lr=lr)
>>> epoch = 200
>>> for t in range(epoch):
...     #注意批量梯度下降每次只获取部分数据，所以还有一个循环
...     total_loss = 0
...     total_correct = 0
...     accuracy = 0.0
...     for x, y in train_dl:
...         #前向计算计算预测值与损失loss
...         pred = logistic_regression(x).squeeze()
...         loss = cross_entropy(pred, y)
...         total_correct += correct(pred, y).numpy()
...         total_loss += loss
...         optimizer.zero_grad()
...         loss.backward()
...         optimizer.step()
...     accuracy = total_correct/len(train_ds)
...     total_loss /= len(train_dl)
...     train_losses.append(total_loss)
...     train_accuracies.append(accuracy)
...     test()
```

初始化参数.

```
nn.init.xavier_uniform_(w)
nn.init.xavier_uniform_(b)
```

设定好优化器.

```
param = (w,b)
optimizer = optim.SGD(param, lr=lr)
```

外循环 for t in range(epoch): 中, 每一次循环都把训练损失、训练准确率、测试损失和测试准确率存在列表里, 这样就能对比训练集和测试集的表现.

我们将其对比, 如图 A.5.

```
>>> plt.plot(train_losses, label='Training loss')
>>> plt.plot(test_losses, label='Test loss')
>>> plt.legend()
```

可见, 训练集的损失远远低于测试集的损失. 我们再对比训练和测试的准确率如图 A.6.

A.3 决策树模型简介

```
>>> plt.plot(train_accuracies, label='Training Accuracy')
>>> plt.plot(test_accuracies, label='Test Accuracy')
>>> plt.legend()
```

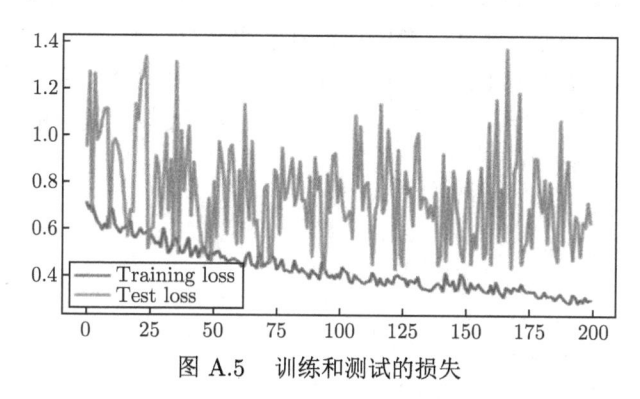

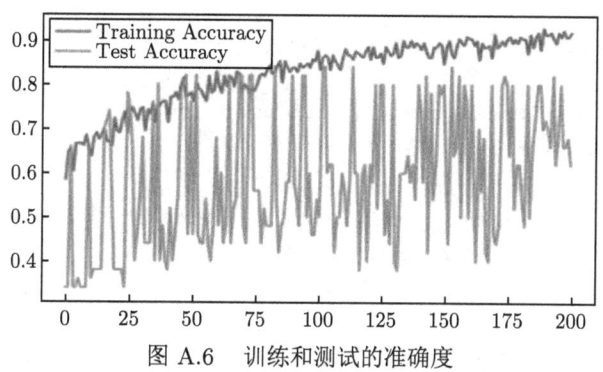

图 A.5　训练和测试的损失

图 A.6　训练和测试的准确度

训练集的表现随着训练越来越好, 但测试集不是这样. 要评价模型的表现, 要看它在测试集上的结果. 测试集结果低于训练集是正常的, 但要衡量它好不好, 需要一个基准. 本任务中, 判断图片中有没有猫, 一个可用的基准便是随机猜测, 准确率为 50%. 如果以此为基准, 可以说本模型表现好.

A.3　决策树模型简介

前边我们学习了线性模型. 线性模型的优点是速度快、简单并且可解释性强. 然而, 现实生活中的问题通常不是线性模型便足以解决的. 解决这一困难的方法有两种, 第一是个线性模型添加非线性的特征, 例如加入 $x_1^2, x_1 \times x_2$. 第二种方法是使用非线性的模型. 决策树便是非线性模型中非常重要的一种.

在本节中, 我们通过 kaggle 比赛, 预测推土机拍卖价格, 来学习决策树回归的使用, 通过另一个比赛, 预测消费者邮件回复状况, 来学习决策树分类的使用. 我们会简单介绍决策树的算法，并手工实现它. 但更重要的是，学会怎么使用 sklearn 库来快速实现决策树.

在这个数据集里，我们会感受到真实数据和玩具数据的差异. 玩具数据几乎不需要清洗、数据量小，并且任意的模型都能表现好. 相反，真实数据往往混乱、有很多缺失值、数据类型不统一、数据量大，通常直接拟合模型会效果很差. 在解决任务的过程中，我们会看到，模型的建立往往是次要的、简单的，而数据的清洗才是工作的主要部分.

(1) 库的导入

首先导入需要的库.

```
>>> import numpy as np
>>> import pandas as pd
>>> import matplotlib.pyplot as plt
```

然后读取数据.

```
>>> data = pd.read_csv('./bulldozer.csv')
>>> print(data.head())
'''
   SalesID       SalePrice    MachineID    ModelID    datasource
   auctioneerID  YearMade  \
0  1139246       66000.0      999089       3157       121
   3.0           2004
1  1139248       57000.0      117657       77         121
   3.0           1996
2  1139249       10000.0      434808       7009       121
   3.0           2001
3  1139251       38500.0      1026470      332        121
   3.0           2001
4  1139253       11000.0      1057373      17311      121
   3.0           2007

   ... Travel_Controls  Differential_Type  Steering_Controls
0  ...     NaN              Standard           Conventional
1  ...     NaN              Standard           Conventional
2  ...     NaN              NaN                NaN
3  ...     NaN              NaN                NaN
4  ...     NaN              NaN                NaN

[5 rows x 53 columns]
'''
```

A.3 决策树模型简介

数据包括了推土机的不同参数, 这些参数之后会作为特征进入模型. 标签列是 SalePrice, 即卖出价格. 我们能看到, 数据类型非常复杂, 有字符串, 有数值, 还有大量空值.

(2) 找出非数值型的数据

像字符串这样的非数值型变量, 模型是不能处理. 对这些变量需要另外的处理, 即将其转化为数值型特征. 首先我们要将这些变量找出来, 使用 pandas 的 is_numeric_dtype 函数可以容易地达到目的.

```
>>> from pandas.api.types import is_numeric_dtype
>>> non_numeric = []
>>> for c in data.columns:
...     if not is_numeric_dtype(data[c]):
...         non_numeric.append(c)
```

首先导入 is_numeric_dtype 函数, 然后建立一个列表 non_numeric, 对数据的列名 data.columns 进行条件判断. 如果这一列不是数值型的, 那么将其添加到列表中. 这样, 我们就找到了所有的非数值型列, 之后, 使用 .isnull 方法判断是否有空值.

```
>>> print(data['Hydraulics'].isnull().any()) # True
```

.any 方法的意思是只要有空值, 则会返回 True. 可见 Hydraulics 是有空值的.

(3) 类别特征的编码

下面我们开始处理上边的非数值型和空值的问题. 这时, 我们便会用到类别特征编码 (categorical encoding). 类别特征编码即将一个类别特征转化为数值型特征的行为. 要实现这个功能, 我们通常使用 pandas 的 Categorical 类.

我们继续以 Hydraulics 列为例.

```
>>> tmp = data[['Hydraulics']].copy()
>>> tmp['coded'] = pd.Categorical(data['Hydraulics']).codes
```

接下来, 我们对所有的非数值型列做同样的事情, 除了 saledate 这个日期列以外, 选出除 saledate 外所有日期列.

```
>>> non_numeric = [i for i in non_numeric if i!='saledate']
>>> print(non_numeric)
```

之后, 循环编码这些列.

```
>>> for c in non_numeric:
...     data[c] = pd.Categorical(data[c]).codes
```

这样，我们就编码好了非数值型的列．

(4) 空值的填充

数据往往会有缺失，而模型是不能自动处理缺失值的，这时我们就需要手工来处理这些缺失值．这里介绍的处理方式，便是将缺失值按照训练集的中位数来填充．使用中位数填充只是处理方式的一种，我们还可以使用均值、众数，甚至直接去掉有空值的观测．

此时计算中位数的时候只能使用训练集的数据．因为我们在建立模型的时候，是不能看到测试集的数据的．如果计算时使用了测试集的数据，那么模型在训练的时候就已经得知了测试集的信息，这样导致模型表现虚高．

(5) 训练测试的拆分

本次比赛预先给定了训练和验证的拆分方法．到 2011 年底为止的数据为训练集，2012 年的数据为测试集．因此我们根据 saledate 列来拆分数据．

```
>>> train = data[data['saledate']<=pd.to_datetime('2011-12-31')].copy()
>>> val = data[data['saledate']>=pd.to_datetime('2012-1-1')].copy()
```

首先检查空值的百分比．使用 .isnull() 判断是否是空值，.sum 后便得出空值的数量，再除以观测数 .shape[0] 便得到百分比．

```
>>> null_pct = train.isnull().sum() / train.shape[0]
>>> null_pct.sort_values(ascending=False,inplace=True)
>>> print(null_pct)
```

把空值百分比从高到低排序，可见还有两个数值型的变量存在空值．
接下来，计算这两列的训练集中位数．

```
>>> print(train['MachineHoursCurrentMeter'].median()) # 0.0
>>> print(train['auctioneerID'].median()) # 2.0
```

下面，使用 .fillna 方法来填充空值．

```
>>> train['MachineHoursCurrentMeter'] = train['MachineHoursCurrentMeter']
    .fillna(0.0)
>>> train['auctioneerID'] = train['auctioneerID'].fillna(2.0)
```

这样，训练集的空值便填充完毕，用同样的方法来检查测试集的空值．

```
>>> null_pct = val.isnull().sum() / val.shape[0]
>>> null_pct.sort_values(ascending=False,inplace=True)
>>> print(null_pct)
```

A.3 决策树模型简介

验证集只有 MachineHoursCurrentMeter 列为空，我们用训练集的 median 来填充.

```
>>> val['MachineHoursCurrentMeter'] = val['MachineHoursCurrentMeter'].
    fillna(0.0)
```

(6) sklearn 回归决策树的使用

数据准备完毕，我们可以开始建模了. 在介绍决策树算法之前，我们直接来使用一下，获得直观的感受. 这时我们要用到 scikit-learn 这个库, scikit-learn 简称为 sklearn, 它封装了几乎所有常用的传统机器学习模型，也包括决策树.

首先，导入回归决策树模型 DecisionTreeRegressor.

```
>>> from sklearn.tree import DecisionTreeRegressor
```

除了标签和日期列，其他的数据全部用作特征. 我们把这些列名放入一个 List, 命名为 features.

```
>>> features = [i for i in train.columns if i not in ['SalePrice',
    'saledate']]
```

准备好训练的特征和标签.

```
>>> train_x = train[features]
>>> train_y = train['SalePrice']
```

创建一个决策树，并拟合 (fit) 数据.

```
>>> model = DecisionTreeRegressor(random_state=42, max_depth=2)
>>> model.fit(train_x, train_y)
```

这样，模型便建立好了. random_state 设置模型的随机数种子, max_depth=2 意味着该决策树有两层，下边会详细解说. 拟合模型非常简单，使用.fit 方法即可. 我们来把该决策树画出来，如图 A.7 所示. 首先需要一个帮助函数.

```
# Fastai 的 helper function
>>> def draw_tree(t, df, size=10, ratio=0.6, precision=2):
...     import IPython
...     import graphviz
...     s=export_graphviz(t, out_file=None, feature_names=df.
    columns, filled=True, special_characters=True, rotate=True,
    precision=precision)
...     IPython.display.display(graphviz.Source(re.sub('Tree {',
    f'Tree {{ size={size}; ratio={ratio}', s)))

... draw_tree(model, train_x)
```

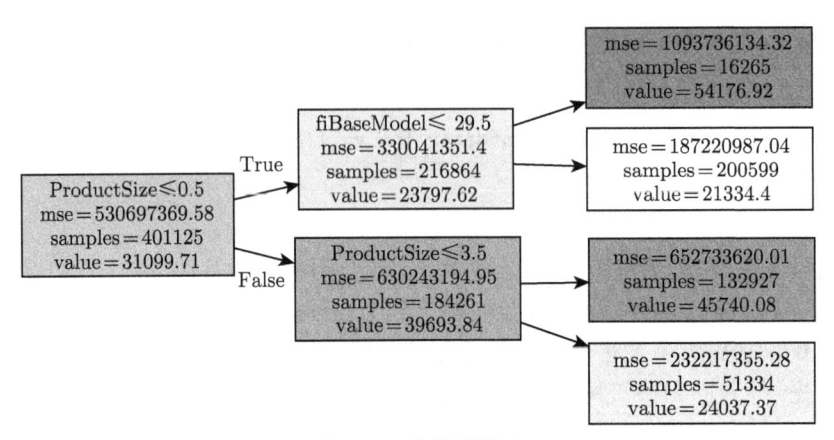

图 A.7 决策树图示

图 A.7 中最左边的方框代表原始状态, value 表示预测值, 预测值是当前数据标签的均值. 因此在起始状态下, 预测值是全部数据的均值. mse 代表以均值为预测值, 其均方误差是 530697369.58, samples 表示总共有 401125 个样本. 接下来, 判断每一个观测的 ProductSize<=0.5 是否为真, 如果为真, 则进入中间列的上方框, 反之进入下方框. 中间列的上方框中, value 表示对这一部分的数据, 预测值是 23797.62, samples 样本数为 216864, 下方框同理. 接下来, 判断 fiBaseModel<=29.5 是否为真, 为真则进入右列第一个方框, 反之则进入右列第二个方框. 右列第一个方框代表即满足 ProductSize<=0.5, 又满足 fiBaseModel<=29.5 的数据. 其余方框同理.

(7) 决策树数回归算法的实现

之前章节介绍过决策树回归算法的理论, 我们以本任务为例, 来实现一下决策树回归的算法. 为了计算简单, 我们限制 x 为 YearMade 和 ProductSize 两个 feature. 另外, 我们限制决策树的层数为 2 层, 也就是说切 3 次. 第一次将数据切为两块, 第二次和第三次将上边的两块数据各自再切一次. 经过这样的切分, 我们将得到 4 块数据.

准备数据的子集, 包含上边两个特征和标签, 作为实现算法的玩具数据.

```
>>> toy_train = train[['YearMade', 'ProductSize', 'SalePrice']].copy()
```

在做任何切分之前, 预测值训练集的 SalePrice 的均值对应的 mse 如下.

```
>>> print(np.mean((toy_train['SalePrice'] - toy_train
    ['SalePrice'].mean())**2))  # 530697369.58409226
```

接下来, 我们定义一个寻找切分点的函数.

```
>>> def get_best_split(dt):
```

A.3 决策树模型简介

best_split 记录最好的切分的特征和其切分值. 外层在特征上循环, 内层找出该特征所有的值, 并在这些值上循环.

```
>>> left = dt[dt[f]<=fv]
>>> right = dt[dt[f]>fv]
```

我们将数据根据特征 f 和切分点 fv 切成两块, 命名为 left 和 right.

```
>>> left_loss = np.sum((left['SalePrice'] - left['SalePrice'].mean())**2)
>>> right_loss = np.sum((right['SalePrice'] - right['SalePrice'].
    mean())**2)
>>> sum_loss = left_loss + right_loss
```

计算两者平方误差之和, 目的是找出最小的. 这样, 我们就得到了切分的方法. 下面调用这个函数, 找到第一个切分点.

```
>>> print(get_best_split(toy_train)) # ('ProductSize', 0)
```

找到切分点后, 我们需要将数据分为两部分, 计算其预测值和均方误差. 我们定义一个辅助函数来完成该任务.

```
>>> def get_cut_pred_mse(dt, cut_feature, cut_value):
...     sub_1 = dt[dt[cut_feature]<=cut_value]
...     sub_2 = dt[dt[cut_feature]>cut_value]
...     pred_sub_1 = sub_1['SalePrice'].mean()
...     pred_sub_2 = sub_2['SalePrice'].mean()
...     mse_sub_1 =np.mean((sub_1['SalePrice'] - pred_sub_1)**2)
...     mse_sub_2 =np.mean((sub_2['SalePrice'] - pred_sub_2)**2)
...     return (pred_sub_1,mse_sub_1), (pred_sub_2, mse_sub_2)
```

cut_feature 是切分的特征, cut_value 是切分的值. 根据这两个参数, 将数据分为两块, 并计算预测值, 即对应数据的均值. 有了预测值后, 再计算均方误差.

使用该函数, 计算第一次切分后, 两部分数据的预测值和误差.

```
>>> print(get_cut_pred_mse(toy_train, 'ProductSize', 0))
>>> sub_1 = toy_train[toy_train['ProductSize']<=0]
>>> sub_2 = toy_train[toy_train['ProductSize']>0]
```

之后, 划分好两个子数据, 命名为 sub_1 和 sub_2. 我们对 sub_1, sub_2 各再做一次切分.

```
>>> print(get_best_split(sub_1)) # ('YearMade', 1987)
>>> print(get_best_split(sub_2)) # ('ProductSize', 3)
```

对应的预测值和均方误差如下.

```
>>> print(get_cut_pred_mse(sub_1, 'YearMade', 1987))
>>> print(get_cut_pred_mse(sub_2, 'ProductSize', 3))
```

这样,我们就建模完毕. 我们把自己的结果和 sklearn 的结果对比一下.

```
>>> model = DecisionTreeRegressor(random_state=0, max_depth=2)
>>> toy_train_x = toy_train[['YearMade', 'ProductSize']]
>>> toy_train_y = toy_train['SalePrice']
>>> model.fit(toy_train_x, toy_train_y)
```

和第一次的区别是, 特征只选了 YearMade 和 ProductSize 两列.

```
>>> draw_tree(model, toy_train_x)
```

(8) 决策树的层数调节与泛化能力

决策树的一个重要参数是树的深度, 也就是层数. 层数越多, 模型越灵活, 越容易拟合好训练集, 也越容易过拟合. 层数越少, 模型越不灵活, 越不容易拟合好训练集, 越容易欠拟合.

我们来建立一个 20 层的决策树, 看看验证集的表现.

```
>>> from sklearn.metrics import mean_squared_error
>>> model = DecisionTreeRegressor(random_state=42, max_depth=20)
>>> model.fit(train_x, train_y)
```

首先导入 sklearn 的 mean_squared_error, 避免手工计算均方误差, 然后建立模型并拟合训练集.

```
>>> train_pred = model.predict(train_x)
```

拟合好后, 给出训练集的预测.

```
>>> val_x = val[features]
>>> val_y = val['SalePrice']
>>> val_pred = model.predict(val_x)
```

取出验证集的特征和标签, 使用特征得出预测值.

```
>>> print(mean_squared_error(train_y, train_pred)) #
    46020305.053431295
>>> print(mean_squared_error(val_y, val_pred)) #
    145215430.31479657
```

计算均方误差, 可见验证集的表现远远差于训练集, 过拟合很严重. 过拟合最常用的解决方法是减少层数, 我们来试试 15 层.

```
>>> model_2 = DecisionTreeRegressor(random_state=42, max_depth=15)
>>> model_2.fit(train_x, train_y)
>>> train_pred = model_2.predict(train_x)
>>> val_pred = model_2.predict(val_x)
```

步骤同上, 得出训练集和验证集的预测值.

```
>>> print(mean_squared_error(train_y, train_pred))
    # 86430803.76341972
>>> print(mean_squared_error(val_y, val_pred))
    # 121211719.66819462
```

层数变少后, 训练集的结果变差, 但验证集的结果变好, 说明过拟合有所改善. 至此, 我们完成了决策树回归的主要步骤.

(9) 决策树分类

决策树不仅可以用于回归, 还可以用于分类. 我们通过完成一个 kaggle 比赛, 预测 Springleaf 公司给消费者发送邮件是否回复, 来学习决策树分类的算法.

首先需要读取数据, 我们导入需要的库, 并且将数据读入为 pandas Data Frame.

```
>>> import numpy as np
>>> import pandas as pd
>>> data = pd.read_csv('./springleaf.csv')
>>> print(data.shape)  # (145231, 1934)
```

(10) 消费者数据的清洗

下面我们开始清洗数据. 数据量少的时候, 我们可以逐列清洗, 但这里数据量非常大, 我们不得不采用一些通用的原则, 批量处理. 首先, 我们去掉没有信息的特征, 所谓没有信息的特征, 就是取值只有一种, 或者说方差为 0(如果它是数值型的话) 的特征. 使用 .nunique 方法, 可以找出每列的独特值有多少种.

```
>>> unique_counts = data.nunique(dropna=False)
>>> print(unique_counts.sort_values())
```

注意, 有时候 "数据为空" 这一事实也包含了信息, 因此我们设置 dropna=False, 不去掉空值. 把独特值数量为 1 的特征命名为 constant_features, 使用 .drop, 设置 axis=1 就能扔掉这些列. 接下来我们找出非数值型的列, 并对其使用类别特征编码, 结合 is_numeric_dtype 函数和 Categorical 类即可.

```
>>> non_numeric = []
>>> for c in data.columns:
...     if not is_numeric_dtype(data[c]):
...         non_numeric.append(c)
>>> for c in non_numeric:
...     data[c] = pd.Categorical(data[c]).codes
```

还有很多列是重复的, 即它们每一行都相等, 我们循环对比每列的值来找出它们. 因为循环对比计算很漫长, 为了演示起见, 我们只选取 100 个特征.

```
>>> features = np.random.choice(features, 100, replace=False)
```

选择好后, 开始寻找重复的列.

```
>>> dup_features = {}
>>> for i in range(len(features)- 1):
...     for j in range(i+1, len(features)):
...         c1 = features[i]
...         c2 = features[j]
...         if (c2 not in dup_features) and (data[c1].equals(data[c2])):
...             dup_features[c2] = c1
```

我们用 dup_features 这个字典来存储重复的列, 对所有 feature, 使用 .equals 方法找出和它完全相等的列, 将两个相等的列存为键值对.

```
>>> print(dup_features) # {'VAR_0202': 'VAR_0044'}
```

结果发现, 有两列是重复的. 我们只保留标签和选取的特征, 并扔掉 VAR_0044 列.

```
>>> data = data[features.tolist() + ['target']].copy()
    # 只保留选择的 feature
>>> data.drop("VAR_0044",axis=1, inplace=True)
```

接下来, 我们要填充空值, 在填充前需要拆分训练集和测试集, 避免信息泄露. 这里取前 100000 个观测值为训练集, 剩余为测试集.

```
>>> train = data.iloc[:100000].copy()
>>> test = data.iloc[100000:].copy()
```

对所有列, 都使用训练集的中位数来填充空值.

```
>>> for c in train.columns:
...     train_median = train[c].median()
...     train[c] = train[c].fillna(train_median)
...     test[c] = test[c].fillna(train_median)
```

A.3 决策树模型简介

至此, 数据清洗完毕, 我们准备建模.

(11) 决策树分类算法

分类和回归一样, 都是每次找到最好的 feature 的最佳切分点, 使得损失函数最小, 不过是使用针对分类的损失函数, 最常用的损失函数是熵 Entropy.

$$\text{Entropy} = -\sum_{j=1}^{c} p_j \log_2(p_j) \tag{A.11}$$

$\log_2$ 是以 2 为底数的对数, p_j 是 j 类的概率, c 是类的数量. 做好切分后, 取对应数据中最多的那一类为预测值. 我们先使用 sklearn 的决策树分类器, DecisionTreeClassifier 来获得直观感受.

```
>>> from sklearn.tree import DecisionTreeClassifier
>>> features = [i for i in train.columns if 'VAR' in i]
>>> train_x = train[features]
>>> train_y = train['target']
>>> tree = DecisionTreeClassifier(max_depth=2, criterion='entropy')
>>> tree.fit(train_x, train_y)
>>> train['y_pred'] = tree.predict(train_x)
```

名称中有 VAR 的列是特征. 分类和回归相同, 首先建立一个分类器实例, 之后调用 .fit 方法即可. 事实上, sklearn 中几乎所有模型都是这样使用的. 最后, 计算出预测值, 存储在 y_pred 列中.

接下来, 我们验证右上角方框的计算. 该部分数据满足 VAR_0145<=0.5 和 VAR_1823<=99.5.

```
>>> part_train = train[(train['VAR_0145']<=0.5) & (train['VAR_1823']<=
    99.5)].copy()
```

这部分数据的标签分布如下.

```
>>> print(part_train['target'].value_counts())
```

和方框中的 values 一致.
接下来我们计算熵.

```
>>> p_0 = (52788)/(52788 + 9450)
>>> p_1 = 1-p_0
>>> entropy = -(p_0*np.log2(p_0)  + p_1*np.log2(p_1))
>>> print(entropy) # 0.6144171251867957
```

p_0 是 0 类的概率, 即 0 类的数量除以总数, p_1 是 1 类的概率, p_1 + p_0 = 1. 计算熵和方框中的结果一致.

A.4 集成模型简介

集成模型, 即是将多个模型以某种方式放到一起, 共同预测. 集成模型往往效果好于单一模型, 在实际工作中运用非常广泛.

我们先来看一个启发式的案例. 假设我们要做一个 0, 1 分类, 并且建立好一个准确率为 70% 的模型. 在只有这一个模型的时候, 准确率当然是 70%. 但假设我们有 3 个独立的模型, 准确率都是 70%. 三个模型同时做预测, 按照多数投票的方式决定预测结果. 也就是说如果假设当前观测的真实标签为 1, 并且有两个模型预测为 1, 那么最终预测就是 1, 预测正确.

预测正确有两种情形:

第一种是 3 个模型都预测正确. 其概率为

$$0.7 \times 0.7 \times 0.7$$

第二种是 2 个模型预测正确. 其概率为

$$0.7 \times 0.7 \times 0.3 + 0.7 \times 0.3 \times 0.7 + 0.3 \times 0.7 \times 0.7$$

因此, 3 个模型集成后, 预测正确的概率为上边两个之和 0.784.

可以看到, 用几个能力较差的模型, 结合起来, 往往能够得到效果更好的模型.

A.4.1 引导聚集

上边的简单例子, 使用了类似引导聚集的思想. 引导聚集, Bagging, 即 Boostrap Aggregation 的简写, 其名称来源是用自己的鞋带把自己拉起来, 比喻一种无中生有的方法.

在机器学习中, Bootstrap 指有放回的抽样, 通过多次抽样, 我们仿佛多了很多数据, 得到很多不同的数据集. 然后使用这些数据集, 建立不同的模型. 最终的集成输出由上边的不同模型共同决定. BaggingRegressor 的使用方法和 sklearn 的其他模型是一样的, 使用 .fit 和 .predict 即可.

```
>>> br.fit(train_x, train_y)
>>> train['pred_br'] = br.predict(train_x)
>>> val['pred_br'] = br.predict(val_x)
```

(1) 决策树的 Bagging

决策树是集成模型的良好基石, 我们来实现一个决策树的 Bagging, 首先导入相关的库.

A.4 集成模型简介

```
>>> import numpy as np
>>> import pandas as pd
>>> import matplotlib.pyplot as plt
>>> from sklearn.tree import DecisionTreeRegressor
>>> from sklearn.metrics import mean_squared_error
```

我们继续使用推土机拍卖价格数据集作为例子,准备好数据和特征.

```
>>> train = pd.read_pickle('./train.pkl')
>>> features = [i for i in train.columns if i not in ['SalePrice',
    'saledate']]
```

接下来,做 3 次有放回的抽样,保存为 3 个数据集,使用 .sample 方法即可.

```
>>> train_1 = train.sample(frac = 0.5, replace=True)
>>> train_2 = train.sample(frac = 0.5, replace=True)
>>> train_3 = train.sample(frac = 0.5, replace=True)
```

frac 代表抽样的百分比, replace=True 设置为有放回.
接下来,用这 3 个子数据,分别建立 3 个决策树.

```
>>> train_1_x = train_1[features]
>>> train_1_y = train_1['SalePrice']

>>> train_2_x = train_2[features]
>>> train_2_y = train_2['SalePrice']

>>> train_3_x = train_3[features]
>>> train_3_y = train_3['SalePrice']

>>> tree_1 = DecisionTreeRegressor()
>>> tree_1.fit(train_1_x, train_1_y)

>>> tree_2 = DecisionTreeRegressor()
>>> tree_2.fit(train_2_x, train_2_y)

>>> tree_3 = DecisionTreeRegressor()
>>> tree_3.fit(train_3_x, train_3_y)

>>> train_x = train[features]
>>> train['pred_1'] = tree_1.predict(train_x)
>>> train['pred_2'] = tree_2.predict(train_x)
>>> train['pred_3'] = tree_3.predict(train_x)
```

使用 3 个决策树做出预测，分别存储在列 pred_1、pred_2、pred_3 中，我们先看看 3 个决策树分别的表现如何.

```
>>> print('tree 1 mse: ', mean_squared_error(train['SalePrice'],
    train['pred_1']))    # tree 1 mse: 114094430.76421565
>>> print('tree 2 mse: ', mean_squared_error(train['SalePrice'],
    train['pred_2']))    # tree 2 mse: 113775282.87463509
>>> print('tree 3 mse: ', mean_squared_error(train['SalePrice'],
    train['pred_3']))    # tree 3 mse: 113611610.01486818
```

我们来集成预测，回归树的集成方法通常是取均值.

```
>>> train['pred_bag'] = train[['pred_1', 'pred_2', 'pred_3']].
    mean(axis=1)
>>> print('bagging mse: ', mean_squared_error
    (train['SalePrice'], train['pred_bag']))
    # bagging mse: 59185694.43033799
```

可见，训练集上均方误差从 1.135×10^8 降低到了 5.9×10^7 左右，误差大大减少了. 我们来查看验证集的表现，先在测试集上做好预测.

```
>>> val = pd.read_pickle('./val.pkl')

>>> val_x = val[features]

>>> val['pred_1'] = tree_1.predict(val_x)
>>> val['pred_2'] = tree_2.predict(val_x)
>>> val['pred_3'] = tree_3.predict(val_x)

>>> val['pred_bag'] = val[['pred_1', 'pred_2', 'pred_3']].mean(axis=1)
```

模型的表现如下

```
>>> print('tree 1 mse: ', mean_squared_error
    (val['SalePrice'], val['pred_1']))  #tree 1 mse: 188751672.36224315
>>> print('tree 2 mse: ', mean_squared_error
    (val['SalePrice'], val['pred_2']))  #tree 2 mse: 194259729.45167547
>>> print('tree 3 mse: ', mean_squared_error
    (val['SalePrice'], val['pred_3']))  #tree 3 mse: 188307270.8047386

>>> print('bagging mse: ', mean_squared_error (val['SalePrice'],
    val['pred_bag']))#bagging mse: 120815026.82301871
```

A.4 集成模型简介

验证集上, 集成预测效果也好得多.

(2) BaggingRegressor 的使用

虽然上边用的决策树, 但 Bagging 可以使用任何模型. 手工做 Bagging 很不方便, sklearn 提供了专门的类.

```
>>> from sklearn.ensemble import BaggingRegressor

>>> br=BaggingRegressor(base_estimator=DecisionTreeRegressor(),
                n_estimators=10,
                max_samples=0.5,
                n_jobs = -1 # 并行运算同时的job数量, -1代
                    表使用所有的处理器
    )
```

导入 BaggingRegressor 即可使用, base_estimator 是用来做 Bagging 的基础模型, n_estimators 代表了使用的基础模型的数量, max_samples=0.5 表示每次取 50% 的数据, n_jobs 设定并行计算的 job 数量, −1 表示使用所有的处理器.

BaggingRegressor 的使用方法和 sklearn 的其他模型是一样的, 使用 .fit 和 .predict 即可.

```
>>> br.fit(train_x, train_y)
>>> train['pred_br'] = br.predict(train_x)
>>> val['pred_br'] = br.predict(val_x)
```

我们看看它的表现.

```
>>> print(mean_squared_error(train['SalePrice'],
    train['pred_br'])) # 72062365.73972039
>>> print(mean_squared_error(val['SalePrice'], val['pred_br']))
    # 97683400.42383431
```

这里使用的模型更多, 效果好于上边手工做的 Bagging.

(3) 随机森林

决策树这种模型非常地灵活, 因此很容易过拟合. 使用随机森林能够很大程度上改善这个问题. sklearn 封装了专门的随机森林类, 其使用如下.

```
>>> from sklearn.ensemble import RandomForestRegressor
>>> rf = RandomForestRegressor(n_estimators=10)
>>> train_y = train['SalePrice']
>>> rf.fit(train_x, train_y)
>>> train['pred_rf'] = rf.predict(train_x)
>>> val['pred_rf'] = rf.predict(val_x)
```

RandomForestRegressor 的使用和其他模型一样, .fit 用于拟合模型, .predict 用于做预测, 其表现如下.

```
>>> print('random forest mse: ', mean_squared_error
    (train['SalePrice'], train['pred_rf']))  # random forest mse:
        63911480.65980385
>>> print('random forest mse: ', mean_squared_error
    (val['SalePrice'], val['pred_rf']))  # random forest mse:
        98115333.25178547
```

A.4.2 梯度提升

另一种常用的集成模型方法是提升算法 (Boosting). Boosting 和 Bagging 的区别在于, Bagging 同时建立很多模型, 而 Boosting 则按次序建立模型, 同时每个模型都想办法纠正上一个模型.

梯度提升 (Gradient Boosting) 是 Boosting 中最具实用价值的一种. 在梯度提升中, 我们每次计算上一个模型的误差, 根据这个误差来计算下一个模型. 梯度提升算法的理论知识已在之前章节中介绍过.

XGBoost, LightGBM 和 sklearn 这三个库可以实现这个算法. 其中, sklearn 实现的效率不如前两个, 因此并不常用. 我们先看看 XGBoost 的使用.

```
>>> from xgboost import XGBRegressor
>>> xgb = XGBRegressor()
>>> xgb.fit(train_x, train_y)
>>> train['xgb'] = xgb.predict(train_x)
>>> val['xgb'] = xgb.predict(val_x)
>>> print('xgb train xgb: ', mean_squared_error(train['SalePrice'],
    train['xgb']))
>>> print('xgb val xgb: ', mean_squared_error(val['SalePrice'],
    val['xgb']))
```

从 xgboost 库中导入 XGBRegressor, 使用方法和 sklearn 的模型相同, 即.fit 拟合模型, .predict 做出预测. 从结果可以看出, 过拟合的程度很小, 这也是 boosting trees 模型的优势之一.

接下来, 我们使用 LightGBM.

```
>>> from lightgbm import LGBMRegressor
>>> lgb = LGBMRegressor()
>>> lgb.fit(train_x, train_y)
>>> train['lgb'] = lgb.predict(train_x)
>>> val['lgb'] = lgb.predict(val_x)
```

A.4 集成模型简介

```
>>> print('lgb train xgb: ', mean_squared_error(train['SalePrice'],
    train['lgb']))
>>> print('lgb val xgb: ', mean_squared_error(val['SalePrice'],
    val['lgb']))
```

可见, LightGBM 的用法也与 sklearn 模型相同. 在该数据集上, LightGBM 表现是目前最好的.

A.4.3 LightGBM 的超参数调整

模型的权重会在优化过程中逐渐学习, 但除了权重外, 模型还有一些参数. 这些参数在创建模型时就设定好, 并且不会改变, 它们被称为超参数, 决策树的深度便是一个例子. 下面我们建立一个 LGBMRegressor

```
>>> model = LGBMRegressor(num_leaves=50,
                max_depth=-1,
                min_data_in_leaf=20,

                learning_rate=0.1,
                num_iterations=200,

                max_bin=500,
                feature_fraction=0.8,
                lambda_l1=0.1,
                lambda_l2=0.1
                )
```

num_leaves, max_depth, ⋯ 都是超参数, 超参数对模型的效果有很大影响. LGBMRegressor 中重要的超参数含义如下.

- num_leaves: 决策树的节点数量.
- max_depth: 决策树的最大深度.
- min_data_in_leaf: 每个节点最小的数据数量.
- learning_rate: 添加模型的学习速度.
- num_iterations: 模型会提升多少次.
- max_bin: 为了提升运算速度, lightgbm 的作者会把 feature 的值用某种方式绑到一起.
- feature_fraction: 每个决策树使用总 feature 的数量.
- lambda_l1: L_1 正则化参数.
- lambda_l2: L_2 正则化参数.

(1) 交叉验证

超参数无法被模型在优化过程中学习, 因此我们需要一个验证集, 来对比不同超参数下模型的表现, 用以确定超参数. 但有时数据没有那么多, 分出一个测试集的话, 训练数据就不够了. 这时我们可以使用交叉验证 (cross validation) 的方法.

首先, 我们将测试集单独留出来. 然后将训练集分为 N 份, 每次用 $N-1$ 份训练, 剩下的 1 份验证模型的好坏, 如图 A.8 所示.

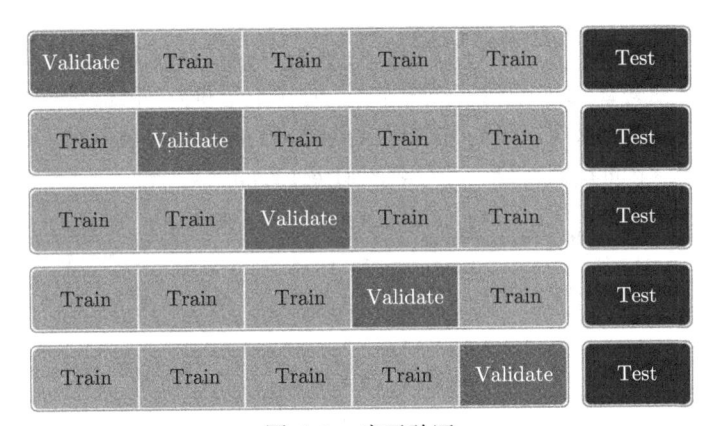

图 A.8 交叉验证

在图 A.8 中我们把所有训练数据分为 5 份, 每次用 4 份数据训练, 1 份数据验证. 循环 5 次, 这样每一份数据都会作为验证集在上图中. 最后, 我们将 5 次的所有验证集 Validate 连接到一起, 评价模型的表现.

通常地说, 我们将训练集分为 K 份 (上图 $K=5$), 进行 K 次循环, 每次将其中 1 份设为验证集, 剩余 $K-1$ 份为训练集. 最后将 K 份验证集合并起来检查模型结果. 要将模型分为 K 份, 我们可以使用 sklearn 中的 KFold, K 折交叉验证类来实现.

```
>>> kf = KFold(n_splits=3)
>>> split = kf.split(train)
>>> for i, (train_idx, val_idx) in enumerate(split):
...     print('fold ', i, train_idx, val_idx)
'''
```

fold 0 [133709 133710 133711 ... 401122 401123 401124] [0 1 2 ... 133706 133707 133708]

fold 1 [0 1 2 ... 401122 401123 401124] [133709 133710 133711 ... 267414 267415 267416]

fold 2 [0 1 2 ... 267414 267415 267416] [267417 267418 267419 ... 401122 401123 401124]

'''

n_splits 设定想要将数据分为多少份, 使用 .split 方法便可以将目标数据做好拆分. 拆分的结果是一系列的索引. 例如 fold 0, 第 1 折, 训练数据的索引是 [133709 133710 133711 ⋯ 401122 401123 401124], 验证集的索引是 [0 1 2 ⋯ 133706 133707 133708].

(2) 交叉验证与超参数调节

所谓超参数调节, 便是建立很多模型, 根据它们交叉验证的表现来选择最后的参数. sklearn 实现了这一功能, 其对应的类是 GridSearchCV, 下面我们来使用它.

```
>>> from sklearn.model_selection import GridSearchCV
>>> params = {'num_leaves': [30, 40, 50],
              'learning_rate': [0.1, 0.2, 0.5],
              'lambda_l1': [0, 0.1, 1]}
>>> cv = GridSearchCV(estimator=LGBMRegressor(), cv=3, param_grid=params)
```

首先导入 GridSearchCV 类. 然后, 设定要搜索的超参数范围, 将其定义为一个字典. 在我们的例子中, 这个字典为 params, 其 key 是参数的名称, 例如 'num_leaves', value 则是其范围, 例如这里设置的是 [30, 40, 50].

将基础模型传入 estimator 参数, 设定好折数 cv, 这里设置的是 3 折, 并将参数范围传入 param_grid 即可.

```
>>> cv.fit(train_x, train_y)
>>> print(cv.best_params_)
    #{'lambda_l1': 0, 'learning_rate': 0.1, 'num_leaves': 40}
```

之后, 使用 cv 来 fit 数据, 运算完成后, 通过 .best_params_ 便能得到最好的超参数.

A.4.4 集成模型用于分类

集成模型不仅仅可以用来回归, 还能用来分类. 最后, 我们简要介绍一下集成模型在分类上的使用. 在分类任务中, 通常也是使用决策树为基础.

例如将 Bagging 算法用于分类, 我们可以使用 BaggingClassifier.

```
>>> from sklearn.ensemble import BaggingClassifier
>>> bc = BaggingClassifier(base_estimator=DecisionTreeClassifier(),
    n_estimators=10, max_samples=0.8)
>>> bc.fit(train_x, train_y)
```

除了是 Classifier 而不是 Regressor 以外, 都和回归是一样的.

同样地, 决策树的 Bagging, 即随机森林, 在分类问题上也有专门的类 RandomForestClassifier.

```
>>> from sklearn.ensemble import RandomForestClassifier
>>> rf = RandomForestClassifier(n_estimators=10)
>>> rf.fit(train_x, train_y)
```

其使用方法和回归一致.

XGBoost 库和 LightGBM 库在分类上的使用方法, 和回归也是相同的.

```
>>> from xgboost import XGBClassifier
>>> from lightgbm import LGBMClassifier
>>> xgb =XGBClassifier()
>>> xgb.fit(train_x, train_y)
>>> lgb = LGBMClassifier()
>>> lgb.fit(train_x, train_y)
```

A.4.5 总结

我们学习了 bagging 和 gradient boosting 两个集成模型的方法. 决策树的集成效果很好, 非常常用, 我们可以用 sklearn、XGBoost 或者 LightGBM 来简单地实现.

验证模型的效果, 除了单独留出一部分测试集外, 还可以使用交叉检验的方法. 结合交叉检验, 以 LightGBM 为例, 我们学习了使用 GridSearch 来调整模型的超参数.

■ A.5 神经网络模型简介

神经网络模型是一种模仿动物神经网络行为特征的模型. 传统机器学习中, 要提高模型的效果, 通常的方法是对特征进行变换. 但神经网络并非如此, 神经网络模型非常灵活, 人们通过改变神经网络的架构来提高表现.

我们通过完成 CIFAR-10 图片分类这一任务来学习神经网络.

神经网络可以自由决定网络的架构. 本节我们学习一种简单的架构, 多层感知器, 并学习神经网络的基本组成单元, 神经元, 我们还会学习神经网络如何实现非线性.

训练神经网络的方法是梯度下降, 而在复杂的神经网络里, 要计算梯度, 则需要用到反向传播算法. 我们会通过一个例子来学习反向传播算法.

CIFAR-10 的数据有 10 个种类, 我们会学习多分类的损失函数. 我们还会学习准确率、精确率、召回率、F_1 和混淆矩阵等等用来评价分类模型的方法. 最后, 我们会学习三个提高模型表现的方法, kaiming 初始化、批处理化和丢弃正则化. kaiming 初始化和批处理化让模型训练更容易, 而丢弃正则化对抗过拟合.

A.5.1 数据读取

首先导入需要的库:

```
>>> import numpy as np
>>> import torch
>>> import torchvision
>>> from torchvision import transforms
>>> import matplotlib.pyplot as plt
>>> import seaborn as sns
>>> import torch.nn as nn
```

CIFAR-10 数据很常用, 因此 torchvision 封装了读取它的函数, 首先看看数据集是什么样的.

```
>>> train_pics = torchvision.datasets.CIFAR10(root='./cifar/',
    download=False, train=True)
```

数据已经下载好, 所以不需要 download. train=True 时, 读取的是训练集, 反之是测试集.

CIFAR-10 中的 batches.meta 文件包含了数据的一些信息, 我们使用 pickle 库读取查看.

```
 1) >>> import pickle
 2)
 3) >>> with open('./cifar/cifar-10-batches-py/batches.meta',
    'rb') as file:
 4)         meta = pickle.load(file, encoding='latin1')
 5)
 6) >>> print(meta['label_names'])
 7) '''
 8) ['airplane',
 9)  'automobile',
10)  'bird',
11)  'cat',
12)  'deer',
13)  'dog',
14)  'frog',
15)  'horse',
16)  'ship',
17)  'truck']
18) '''
```

label_names 表示图片标签的种类, 有 airplane、automobile 等等.
我们取第一个数据, 看看它的形式.

19) >>> sample = train_pics[0]
20) >>> print(sample) # (<PIL.Image.Image image mode=RGB size=32x32
       at 0x7FE6CA19B8D0>, 6)

数据是一个 tuple, 第一个元素是一张 PIL 图, 第二个元素是标签.
我们来看几个图例, 如图 A.9.

21) >>> pic = sample[0]
22) >>> fig,ax=plt.subplots()
23) >>> ax.imshow(pic)

图 A.9 一些图例

将图像转化为数值.

24) >>> pic_data = np.array(pic)
25) >>> print(pic_data)
26) '''
27) array([[[59, 62, 63],
28)   [43, 46, 45],
29)   [50, 48, 43],
30)   ...,

A.5 神经网络模型简介

```
31)
32)         [[ 25,  24,  21],
33)          [ 16,   7,   0],
34)          [ 49,  27,   8],
35)          ...,
36)
37)         [[177, 144, 116],
38)          [168, 129,  94],
39)          [179, 142,  87],
40)          ...,
41)          [216, 184, 140],
42)          [151, 118,  84],
43)          [123,  92,  72]]], dtype=uint8)
44) '''
```

我们重新读取数据如下, 将图片转化为 Tensor.

```
45) >>> train_raw = torchvision.datasets.CIFAR10(root='./cifar/',
        download=False, train=True, transform=transforms.ToTensor())
46) >>> test_raw = torchvision.datasets.CIFAR10(root='./cifar/',
        download=False, train=False,
47) transform=transforms.ToTensor())
```

transforms.ToTensor() 将数据转化为 Tensor.

在处理完毕后, 我们会使用 sklearn 来建模, 因此将数据转化为 numpy Array.

```
48) >>> train_x = [i[0].numpy() for i in train_raw]
49) >>> train_y = [i[1] for i in train_raw]
50) >>> train_x = np.array(train_x)
51) >>> train_y = np.array(train_y)
```

对 train_raw 中每个元素使用 .numpy 转化, 放到一个 List 中. 之后, 再将这个 List 转化成 Array.

接下来, 把特征转化为 1 维向量.

```
52) >>> train_x = train_x.reshape(train_x.shape[0], -1)
53) >>> print(train_x.shape) # (50000, 3072)
```

对测试集做同样的处理.

```
54) >>> test_x = [i[0].numpy() for i in test_raw]
55) >>> test_y = [i[1] for i in test_raw]
```

```
56) >>> test_x = np.array(test_x)
57) >>> test_y = np.array(test_y)
58) >>> test_x = test_x.reshape(test_x.shape[0], -1)
```

A.5.2 多分类逻辑回归

CIFAR-10 有 10 类数据, 因此我们使用多分类的逻辑回归. 和二分类类似, 首先使用线性回归 $z = xw + b$, 然后进行 softmax 变换. 在二分类中, 我们只输出一个值, 代表属于 1 类的概率. 10 个类的时候, 我们输出 10 个值, 分别代表属于该类的概率, 概率加和为 1, 取概率最大的为最终预测值. 多分类问题的损失函数通常是多分类的交叉熵.

下面, 我们使用 sklearn 的逻辑回归来对其建模.

```
59) >>> from sklearn.linear_model import LogisticRegression
60) >>> lr = LogisticRegression(multi_class='multinomial',
        solver='lbfgs')
61) >>> lr.fit(train_x, train_y)
```

multi_class 参数设为 'multinomial', 即使用 softmax 来计算概率, solver 是优化方式.

训练好后, 我们计算预测值.

```
>>> train_pred = lr.predict(train_x)
>>> test_pred = lr.predict(test_x)
```

要衡量模型表现好坏, 我们要知道真假正负例的概念.

真正例 (TP, true positive): 被模型正确地预测为正类别的样本.
假正例 (FP, false positive): 被模型错误地预测为正类别的样本.
真负例 (TN, true negative): 被模型正确地预测为负类别的样本.
假负例 (FN, true negative): 被模型错误地预测为负类别的样本.

表 A.1 真假与正负例

预测	实际为正	实际为负
预测为正	真正例 (TP)	假正例 (FP)
预测为负	假负例 (FN)	真负例 (TN)

以图片是否有猫为例, 设定有猫为正例 (positive). 如果实际有猫, 预测也有猫, 那么就是真正例. 如果实际没有猫, 预测有猫, 那么就是假正例. 如果实际没有猫, 预测也没有猫, 那么就是真负例. 如果实际有猫, 预测没有猫, 那么就是假负例.

A.5.3 分类模型的衡量

(1) 准确率

衡量模型表现的最直观方法便是准确率. 准确率就是正确预测的观测数在总的观测数中的占比.

$$\text{accuracy} = \frac{TP + TN}{TP + FP + FN + TN} \tag{A.12}$$

然而准确率并不是所有时候都适用, 如果一个数据集极度不平衡, 那么便不再适用, 例如一个数据集 99% 都属于同一类, 那么将预测值设为该类, 就能获得 99% 的准确率.

先看看模型的准确率.

```
62) >>> from sklearn.metrics import accuracy_score,confusion_matrix,
        classification_report
63) >>> print(accuracy_score(train_y, train_pred)) # 0.4288
64) >>> print(accuracy_score(test_y, test_pred)) # 0.4051
```

除了准确率, 我们还引入了 confusion_matrix, classification_report 供后边使用.

在 10 分类下, 准确率为 40% 左右, 效果尚可.

在不均衡的情况下, 我们就需要更多的衡量标准. 精确率 (precision) 是在所有的正例中, 预测正确的样本的比例.

$$\text{precision} = \frac{TP}{TP + FP} \tag{A.13}$$

当我们特别关注正样本时, 精确率是最有用的指标之一. 例如衡量一个病人有没有白血病, 我们对有白血病, 也就是正例感兴趣, 这时便需要精确率.

(2) 召回率

召回率 (recall), 指在所有正样本中, 被正确识别的样本比例.

$$\text{recall} = \frac{TP}{TP + FN} \tag{A.14}$$

继续上边的例子, 假如我们有一个精确率很高的模型识别白血病, 但是召回率不高, 1000 个白血病中, 我们只识别出 100 个, 这样的模型也并不令人满意.

(3) 阈值

精确率和召回率往往不可兼得, 因此我们通过调整阈值的方法来获得平衡.

以预测白血病为例, 如果阈值提高, 那么被判断成白血病的就会减少, 假正例减少, 假负例会增加, 精确率增加, 召回率降低.

降低分类阈值则相反, 这样模型会把大量非白血病的判断为白血病, 召回率上升, 精确率下降.

总结如下:

提高分类阈值, 假正例数量会减少, 而假负例数量会增加, 精确率有所增加, 召回率有所降低. 降低分类阈值, 假正例数量会增加, 而假负例数量会减少, 精确率有所降低, 召回率有所上升.

F_1 是结合精确率和召回率的度量方法.

$$F_1 = \frac{2pr}{p+r} \tag{A.15}$$

其中, p 为准确率, r 为召回率.

F_1 兼顾两者, 因此只能用一个指标的时候, 往往会选择 F_1. classification_report 能够打印上边的所有衡量标准.

```
65) >>> print(classification_report(test_y, test_pred))
66) '''
67)                precision    recall   f1-score   support
68)
69)         0        0.43       0.48       0.45       1000
70)         1        0.47       0.49       0.48       1000
71)        ...
72)         9        0.43       0.46       0.44       1000
73)   micro avg      0.41       0.41       0.41      10000
74)   macro avg      0.40       0.41       0.40      10000
75) weighted avg     0.40       0.41       0.40      10000
76) '''
```

每一类的 precition, recall, F_1 都打印出来了, support 代表有多少样本.

(4) 混淆矩阵

混淆矩阵 (confusion matrix) 总结预测值和实际值的关联关系. 混淆矩阵是一种 $N \times N$ 表格, 列表示模型预测的标签, 行表示实际标签.

```
77) >>> cf = confusion_matrix(test_y, test_pred)
78) >>> print(np.array_str(cf))
79) '''
80) [[479  42  59  30  19  38  26  53 184  70]
81)  [ 60 494  21  28  22  41  37  53  78 166]
```

```
82)  ....
83)  [184  67  20  20   9  53   8  19 515 105]
84)  [ 83 190  20  20  17  31  41  48  94 456]]
85)  '''
```

array_str 将矩阵转化为字符串, 方便打印.

A.5.4 拟合不足与过拟合

- 拟合不足指的是模型不能在训练集上表现良好.
- 拟合不足的模型很明显不是一个好模型: 它在训练集上表现都不好.
- 通常是模型的复杂性不足导致的.
- 过拟合指的是模型在训练集上表现得 "太好", 在新的数据上表现不好.
- 学到了噪声, 因此没办法泛化到新的数据集上去.

图 A.10 中, 左上是原始的散点图; 右上模型太简单, 出现欠拟合; 左下模型的复杂度合适, 拟合较好; 右下模型太复杂, 拟合了很多噪声.

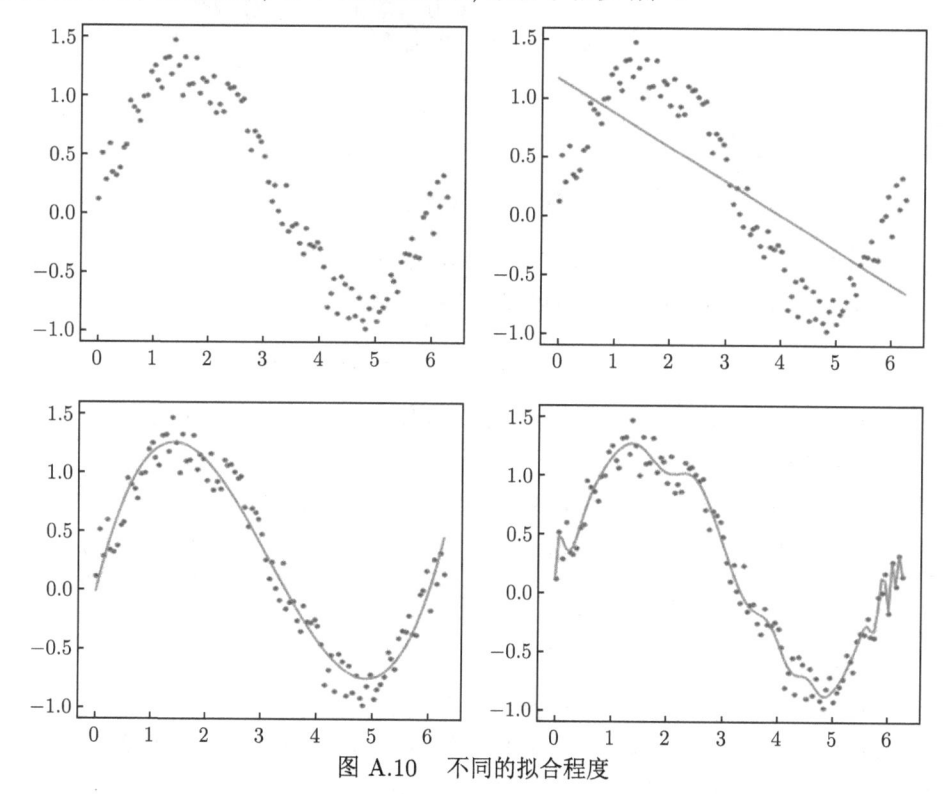

图 A.10 不同的拟合程度

模型太简单会欠拟合, 太复杂会过拟合. 在本次任务中, 逻辑回归作为一个线性模型, 拟合不足, 出现了欠拟合.

应对欠拟合有两种解决办法. 第一, 保持线性模型的话, 我们可以引入非线性特征, 例如特征之间的乘积、特征的平方等多项式运算, 从特征的层面上来提高模型复杂度. 第二, 我们可以直接使用复杂的非线性模型, 例如多层感知器.

(1) 神经元

多层感知器是最简单的神经网络架构. 要学习神经网络模型, 首先需要了解神经元这一概念. 神经元 (neurons) 是神经网络的基本构造单元, 它接收一些输入, 这些输入可以来自其他神经元, 也可以来自外部 (比如特征 X). 每个输入有一个对应的权重 (weight), 神经元将这些权重与输入的乘积加和, 再加上一个偏差 (bias). 最后对上边的加和使用一个激活函数 (activation function), 如图 A.11 所示.

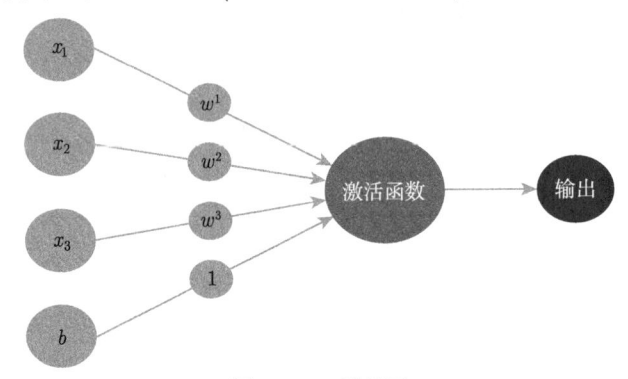

图 A.11 神经元

图 A.11 中, 输入了 x_1, x_2, x_3 三个参数, 它们各自会乘上对应的权重 $w_i, i = 1, 2, 3$, 加上偏差 b, 再经过一个激活函数 f 得到输出:

$$\text{output} = f(w_1 x_1 + w_2 x_2 + w_3 x_3 + b) \tag{A.16}$$

我们稍后会看到什么是激活函数, 以及为什么需要一个激活函数.

(2) 多层感知器

逻辑回归只有一层, 多层感知器可以理解为多个类似逻辑回归的层的叠加.

一个层 (layer) 由多个神经元构成, 神经网络分为输入层 (input layer)、输出层 (output layer) 和隐藏层 (hidden layer). 包含一个或者以上隐藏层的神经网络便是多层感知器, 如图 A.12 所示.

1) 线性变换

要理解为什么神经元需要一个激活函数, 我们先要回顾一下什么是线性变换.

线性变换 (linear transformation), 也被称为线性映射, 是从一个向量空间 V 到另一个向量空间 W 的映射且保持加法运算和数量乘法运算. 连续的线性变换仍然是一个线性变换, 因此如果没有非线性的激活函数的话, 神经元的连接到最后还是一个线性变换, 增加层数没有用处.

A.5 神经网络模型简介

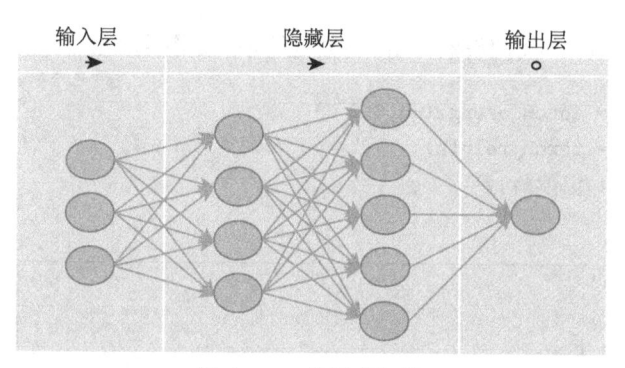

图 A.12 多层感知器

2) sigmoid 激活函数

将输出做一个非线性变换, 这样才能得到非线性的模型, 因此我们需要激活函数. sigmoid 就是一个常用的激活函数, 它将神经元的输入, 通过 sigmoid 函数进行变换得到输出.

$$\Phi(z) = \frac{1}{1+e^{-z}} \tag{A.17}$$

sigmoid 函数如图 A.13.

```
86) >>> x = torch.arange(-6,6,0.1)
87) >>> y = torch.sigmoid(x)
88) >>> plt.plot(x,y)
```

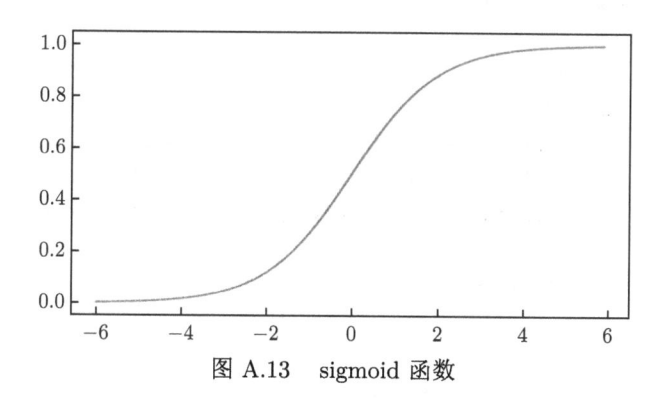

图 A.13 sigmoid 函数

3) relu 激活函数

实际工作中, 最常用的激活函数不是 sigmoid, 而是 relu. 原因是 sigmoid 函数在饱和区间的梯度变化很小, 且求导比较麻烦. 因此, 我们常使用非线性 relu 作为函数.

$$\Phi(x) = \max(0,x) \tag{A.18}$$

使用 torch.relu, 我们看看 relu 函数的形状, 如图 A.14.

```
89) >>> x = torch.arange(-6,6,0.1)
90) >>> y = torch.relu(x)
91) >>> plt.plot(x,y)
```

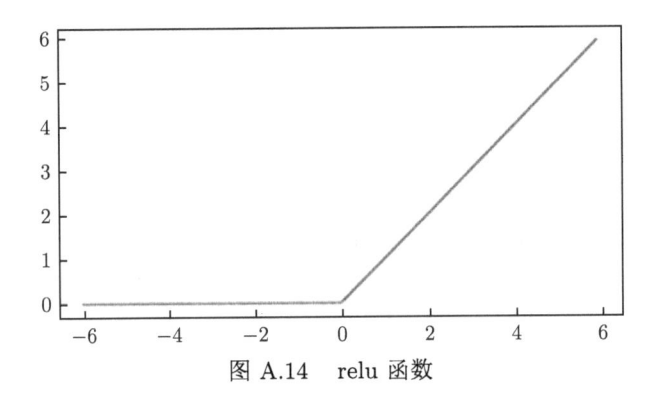

图 A.14 relu 函数

relu 的缺点是在负数区间梯度为 0, 梯度为 0 就没办法优化了. 因此实际工作中, 我们往往在需要 relu 的时候, 确保数据大于 0, 或者使用 relu 的变体, 即在负数部分有梯度的函数: leaky relu.

我们实现一个多层感知器, 代码如下.

```
92) >>> class MLP(nn.Module):
93) ···     def _init_(self):
94) ···         super()._init_()
95)             # 初始化线性层
96) ···         self.fc1 = nn.Linear(in_features=3072, out_features=1024)
97) ···         self.fc2 = nn.Linear(in_features=1024, out_features=256)
98) ···         self.fc3 = nn.Linear(in_features=256, out_features=64)
99) ···         self.fc4 = nn.Linear(in_features=64, out_features=10)
100) ···         self.init_weights()
101)
102)
103) >>>     def forward(self, x):
104) ···         #x = x.view(x.shape[0], -1)
105) ···         x = torch.relu(self.fc1(x))
106) ···         x = torch.relu(self.fc2(x))
107) ···         x = torch.relu(self.fc3(x))
108) ···         out = self.fc4(x)
109) ···         return out
```

■ A.5 神经网络模型简介

```
110)
111) >>>     def init_weights(self):
112) …           # 参数的初始化
113) …           nn.init.kaiming_normal_(self.fc1.weight)
114) …           nn.init.kaiming_normal_(self.fc2.weight)
115) …           nn.init.kaiming_normal_(self.fc3.weight)
116) …           nn.init.kaiming_normal_(self.fc4.weight)
```

class MLP(nn.Module) 定义类名, 要使用 PyTorch 定义模型, 都需要集成 nn.Module 类.

在 _init_ 函数中, self.fc1 = nn.Linear(in_features=3072, out_features= 1024) 等定义线性层. 这里的 fc1 输入维度是 3072, 输出维度是 1024, 其余同理.

权重初始化时, 如果采用聪明的算法, 可以让训练更容易, 这里使用业界常用的 kaiming 初始化算法, nn.init.kaiming_normal_(self.fc1.weight), 在 _init_ 中调用 self.init_weights() 便可以初始化权重, 我们会在后边详细检查 kaiming 初始化算法.

模型需要定义一个前向传播算法, 即实现一个 forward 函数. x = torch.relu (self.fc1(x)), 即将输入经过线性层 fc1, 然后将其经过 relu 进行非线性变换, 最后一步 out = self.fc4(x) 不使用非线性激活.

(3) 反向传播算法

反向传播算法 (back propagation) 是一个计算损失函数对于模型参数的梯度的过程, 这个计算过程依赖于微积分的链式法则.

模型从输入开始, 根据模型层的顺序来做计算, 得到输出并计算损失, 这个过程被称作前向传播, PyTorch 模型中定义的 forward 即是前向传播.

反向传播算法由损失函数开始, 按照模型层 "反向" 来计算针对参数的梯度, 因此被称作反向传播, PyTorch 中由程序自行计算.

我们来看一个案例 (资料来源: https://medium.com), 以一个简单的多层感知器为例. 假设我们有两个输入 i_1, i_2, 隐藏层有两个神经元 h_1, h_2, 满足等式:

$$h_1 = w_1 i_1 + w_2 i_2 \tag{A.19}$$

$$h_2 = w_3 i_1 + w_4 i_2 \tag{A.20}$$

输出层计算如下:

$$\text{Out} = w_5 h_1 + w_6 h_2 \tag{A.21}$$

下面, 我们来推导权重对应的梯度, 使用 $0.5 \times \text{MSE}$ 为损失函数. 首先, 计算 Error 对 Out 的导数.

$$\text{Error} = 0.5 \times (\text{Real} - \text{Out})^2$$

$$\frac{\mathrm{d Error}}{\mathrm{d Out}} = \mathrm{Out} - \mathrm{Real}$$

$$\frac{\mathrm{d Out}}{\mathrm{d} h_1} = w_5, \quad \frac{\mathrm{d Out}}{\mathrm{d} h_2} = w_6$$

$$\frac{\mathrm{d Error}}{\mathrm{d} h_1} = \frac{\mathrm{d Error}}{\mathrm{d Out}} \times w_5, \quad \frac{\mathrm{d Error}}{\mathrm{d} h_2} = \frac{\mathrm{d Error}}{\mathrm{d Out}} \times w_6$$

之后, 计算 Error 对 w_1, w_2 的导数.

$$h_1 = i_1 \times w_1 + i_2 \times w_2$$

$$\frac{\mathrm{d} h_1}{\mathrm{d} w_1} = i_1, \quad \frac{\mathrm{d} h_1}{\mathrm{d} w_2} = i_2$$

$$\frac{\mathrm{d Error}}{\mathrm{d} w_1} = \frac{\mathrm{d Error}}{\mathrm{d} h_1} \times i_1, \quad \frac{\mathrm{d Error}}{\mathrm{d} w_2} = \frac{\mathrm{d Error}}{\mathrm{d} h_1} \times i_2$$

最后, $h_2 = i_1 \times w_3 + i_2 \times w_4$, 计算 Error 对 w_3, w_4 的导数.

$$h_2 = i_1 \times w_3 + i_2 \times w_4$$

$$\frac{\mathrm{d} h_2}{\mathrm{d} w_3} = i_1, \quad \frac{\mathrm{d} h_2}{\mathrm{d} w_4} = i_2$$

$$\frac{\mathrm{d Error}}{\mathrm{d} w_3} = \frac{\mathrm{d Error}}{\mathrm{d} h_2} \times i_1, \quad \frac{\mathrm{d Error}}{\mathrm{d} w_4} = \frac{\mathrm{d Error}}{\mathrm{d} h_2} \times i_2$$

这样, 我们就得到了每个权重的对应梯度.

(4) 数据的封装

接下来, 使用 Dataset 和 DataLoader 来封装数据.

```
117) >>> from torch.utils.data import TensorDataset, DataLoader
118) >>> train_x = torch.Tensor(train_x)
119) >>> train_y = torch.LongTensor(train_y)
120)
121) >>> test_x = torch.Tensor(test_x)
122) >>> test_y = torch.LongTensor(test_y)
123)
124) >>> train_set = TensorDataset(train_x, train_y)
125) >>> test_set = TensorDataset(test_x, test_y)
```

126) sklearn 使用的数据是 Numpy Array, 直接使用 Tensor,LongTensor 转化即可.

A.5 神经网络模型简介

```
127) >>> train_loader = DataLoader(train_raw, batch_size=64, shuffle=
        True, num_workers=2)
128) >>> test_loader = DataLoader(test_raw, batch_size=64, shuffle=
        True, num_workers=2)
```

传入要封装的数据集，batch_size 表示每批数据的数量，shuffle=True 表示每次读取的时候都打乱顺序，num_workers 是并行读取的工作数。

完成了数据加载后，我们开始训练和验证模型。

```
129) >>> def train_cifar_model(model, criterion, optimizer, num_epochs,
            train_loader, device):
130) ...     model.to(device) # 将模型移动到设备上去，默认设备是cpu
131) ...     model.train() # 将模型设置为train模型
132) ...     losses = [] # 记录整个训练过程的损失变化
133) ...     for epoch in range(num_epochs): # 在epoch上循环，一个epoch就
                是循环一次数据
134) ...         for i, (images, labels) in enumerate(train_loader):
                #在数据内部循环，将数据分为很多个batch，在这个batch
                上循环
135) ...             images = images.to(device) # 将数据和模型移动到同样的
                    设备上去(cpu or gpu)
136) ...             labels = labels.to(device)
137) ...             outputs = model(images) # 计算模型的输出
138) ...             loss = criterion(outputs, labels) # 根据模型的输出
                    计算损失
139) ...             losses.append(loss)
140)             # Backward and optimize
141) ...             optimizer.zero_grad() # pytorch的计算中，梯度会累
                    积起来，因此需要清零
142) ...             loss.backward() # 反向传播梯度
143) ...             optimizer.step() # 根据梯度优化参数
144) ...     return model, losses
```

device 可能是 CPU 或者 GPU，首先需要把模型移动到对应的 device 上。model.train() 表示我们要开始训练模型了，这时模型的有些行为会改变，例如以后会讲到的 Dropout。在训练模型时，一定要将其置为 train。

接下来我们外层循环 epoch 数，内层循环 loader。从 loader 中得到的数据也需要移动到对应的 device 上。

使用模型计算输出 outputs，再根据损失函数 criterion 计算损失 loss。使用.backward 计算梯度，之后 optimizer.step() 便能更新权重。我们将 loss 保存在

一个 List losses 中, 以备后来观察.

(5) 模型的训练与评价

使用上边的函数对模型进行训练.

```
145) >>> mlp = MLP()
146) >>> criterion = nn.CrossEntropyLoss() # 使用交叉熵
147) >>> optimizer = torch.optim.Adam(mlp.parameters(), lr=0.001)
148) >>> device = torch.device('cuda:0')
149) >>> mlp, mlp_loss = train_cifar_model(mlp, criterion, optimizer,
            80, train_loader, device)
```

首先创建一个 MLP 实例.

PyTorch 提供了计算交叉熵的类 CrossEntropyLoss, 我们可以直接使用. 这里有一个细节, CrossEntropyLoss 不需要我们自己将输出通过 softmax 函数转化为概率, 只要输出是实数, CrossEntropyLoss 可以自己转化并计算损失.

Adam 是一个特别常用的优化方法, 我们将学习速率设为 0.001.

设备设为 GPU, 'cuda:0' 表示我们使用第一个 GPU.

最后调用函数即可.

训练好模型之后, 我们要来衡量它的表现如何.

```
150) >>> def eval_cifar_model(model, train_loader, test_loader, device):
151) ···     model.to(device)
152) ···     model.eval() # 将模型设置为eval模式
153) ···     with torch.no_grad(): # 评价模型的时候, 不需要优化参数,
                                   因此不用计算梯度
154)         # 初始化一个计数器, 计算判断正确的数量和总的数量
155) ···         train_correct = 0
156) ···         train_total = 0
157)
158) ···         test_correct = 0
159) ···         test_total = 0
160)
161)             # 训练集的判断
162) ···         for images, labels in train_loader:
163) ···             images = images.to(device) # 将数据移动到设备上
164) ···             labels = labels.to(device)
165) ···             outputs = model(images) # 计算模型的输出
166) ···             _, predicted = torch.max(outputs.data, 1) #
167) ···             train_total += labels.size(0) # 计数总的数量
168) ···             train_correct += (predicted == labels).sum().item()
```

```
169) …        # 测试集的判断
170) …        for images, labels in test_loader:
171) …            images = images.to(device)
172) …            labels = labels.to(device)
173) …            outputs = model(images)
174) …            _, predicted = torch.max(outputs.data, 1)
175) …            test_total += labels.size(0)
176) …            test_correct += (predicted == labels).sum().item()
177) …
178) …        train_accuracy = train_correct / train_total
179) …        test_accuracy = test_correct / test_total
180) …    return(train_accuracy, test_accuracy)
```

这时, 模型不需要训练, 因此设置 model.eval(), 在预测的时候都需要设置 model.eval, 预测的时候也不需要优化参数, 因此使用 torch.no_grad() 表示不计算梯度. 之后, 对所有 loader 里的数据, 计算输出 outputs. output 是一个分数的序列, 我们要选择分数最大的为预测值, 因此使用 torch.max. 最后, 计数预测正确的, 并计算准确率.

```
181) >>> mlp_train_acc, mlp_test_acc = eval_cifar_model(mlp,
        train_loader, test_loader, device)
182) >>> print(mlp_train_acc) # 0.79834
183) >>> print(mlp_test_acc) # 0.4967
```

训练集的准确率提高很多, 测试集的结果提高了 9%, 欠拟合得到改善.

(6) 梯度消失与梯度爆炸

优化中, 有两个常见的问题, 即梯度消失和梯度爆炸. 要理解这个问题, 我们先回顾梯度的计算.

$$\frac{h^T}{h^1} = \frac{h^T}{h^{T-1}} \frac{h^{T-1}}{h^{T-2}} \cdots \frac{h^2}{h^1} \qquad (A.22)$$

梯度的反向传播是一连串的乘积. 如果有梯度特别小, 那么乘积就会接近 0, 也就是梯度消失. 如果有梯度特别大, 那么乘积就会非常大, 这就是梯度爆炸.

回顾模型参数训练的过程

$$W_{\text{new}} = W_{\text{old}} - \alpha W_{\text{grad}} \qquad (A.23)$$

如果梯度消失, 那么 W 就几乎没法变动, 如果梯度爆炸, 那么 W 就会变化非常剧烈, 这两种情况都导致模型无法训练.

(7)kaiming 初始化

我们在之前创建模型时使用的 kaiming 初始化便是对抗梯度问题的一个方法. 首先, 一个明显的问题是, 为什么初始化和梯度问题有关? 初始化便是给模型的权重一个随机的起始值, 理论上来说, 任意起始值最终都能够成功优化. 然而, 现实没有这么美好, 因为权重会随着反向传播过程累积, 因此如果我们初始化得太小, 那么梯度容易变得越来越小, 产生梯度消失问题. 反之, 如果初始化得太大, 会产生梯度爆炸的问题.

kaiming 初始化的作用便是使得初始化的参数大小"合适", 让学习更容易. kaiming 初始化是针对使用 relu 激活函数的模型而设计的, 但是实际工作中它也广泛用在使用其他激活函数的模型中. 其公式如下:

$$\text{std} = \sqrt{\frac{2}{(1+a^2) \times \text{fan}_{\text{in}}}} \tag{A.24}$$

其中, a 是激活函数小于 0 部分的斜率, 在 relu 中, $a = 0$. fan_{in} 是输入的维度. kaiming 初始化便是以 0 为均值, 上边公式中的 std 为标准差, 生成随机正态或者均匀分布作为权重的初始值. 这样, 经过 kaiming 初始化后的层输出的方差会接近 1.

要使用 kaiming 初始化, 对层的权重.weight 调用 kaiming_normal_ 或者 kaiming_uniform_ 即可.

```
184) >>> layer = nn.Linear(1000,500)
185) >>> nn.init.kaiming_normal_(layer.weight)
```

(8) 批标准化

第二个方法是使用批标准化 (batch normalization). 数据的输入以批 (batch) 为形式, 批标准化使得该批数据均值为 0, 标准差为 1. 这样理论上来说能够让输入的分布更稳定, 加快模型的训练. 此外, 批标准化还让我们可以用更大的学习速率.

我们来看看批标准化的算法. 首先, 求该批输入的均值和标准差,

$$\mu_b = \frac{1}{m} \sum_{i=1}^{n} x_i \tag{A.25}$$

$$\sigma_b^2 = \frac{1}{m} \sum_{i=1}^{n} (x_i - \mu_b)^2 \tag{A.26}$$

输出减去均值, 除以标准差得到标准化的结果 $\hat{x}_i$, 注意为了避免标准差为 0 的特殊情况, 我们需要给分母加上一个较小的值 ε.

A.5 神经网络模型简介

$$\hat{x}_i = \frac{x_i - \mu_b}{\sqrt{\sigma_b^2 + \varepsilon}} \tag{A.27}$$

为了让模型更灵活，最后 $\hat{x}_i$ 再传入一个线性模型，其参数 γ, β 可学习. 这样其输出既不过分大，也不过分死板地在 0~1 之间.

$$y_i = \gamma \hat{x}_i + \beta$$

要给模型添加批标准化的功能，使用 nn.BatchNorm1d 即可.

```
186) >>> class MLP_BN(nn.Module):
187) ···     def _init_(self):
188) ···         super()._init_()
189) ···         self.fc1 = nn.Linear(in_features=3072, out_features=1024)
190) ···         self.bn1 = nn.BatchNorm1d(1024) # 注意feature的数量
191) ···         self.fc2 = nn.Linear(in_features=1024, out_features=256)
192) ···         self.bn2 = nn.BatchNorm1d(256)
193) ···         self.fc3 = nn.Linear(in_features=256, out_features=64)
194) ···         self.bn3 = nn.BatchNorm1d(64)
195) ···         self.fc4 = nn.Linear(in_features=64, out_features=10)
196)
197) >>>     def forward(self, x):
198) ···         x = torch.relu(self.bn1(self.fc1(x)))
199) ···         x = torch.relu(self.bn2(self.fc2(x)))
200) ···         x = torch.relu(self.bn3(self.fc3(x)))
201) ···         out = self.fc4(x)
202) ···         return out
```

模型和之前的 MLP 架构几乎相同，区别在于添加了 bn1, bn2, bn3, 3 个 BatchNorm 层. 在每个线性层 fc 后，非线性激活 relu 前，使用一次 bn 来批标准化即可.

注意批标准化层的 feature 数量要和 fc 层的输出相匹配.

我们来训练并检验新的模型，方法是使用上边定义的训练函数和评价函数.

```
203) >>> mlp_bn = MLP_BN()
204)
205) >>> criterion = nn.CrossEntropyLoss() # 使用交叉熵
206) >>> optimizer = torch.optim.Adam(mlp_bn.parameters(), lr=0.001)
207)
208) >>> mlp_bn, mlp_bn_loss = train_cifar_model(mlp_bn, criterion,
            optimizer, 100, train_loader, device)
209)
```

```
210) >>> mlp_bn_train_acc, mlp_bn_test_acc = eval_cifar_model
          (mlp_bn, train_loader, test_loader, device)
211) >>> print(mlp_bn_train_acc, mlp_bn_test_acc) # (0.98962, 0.5542)
```

训练集的准确率到了接近 99%, 欠拟合的问题几乎完全消失, 测试集的结果也再度提高.

我们来对比下不添加 batch norm 和添加 batch norm 在训练过程上的区别, 如图 A.15 所示.

```
212) >>> fig,ax=plt.subplots()
213) >>> ax.plot(mlp_loss, label='normal')
214) >>> ax.plot(mlp_bn_loss, label='batch norm')
215) >>> ax.legend()
```

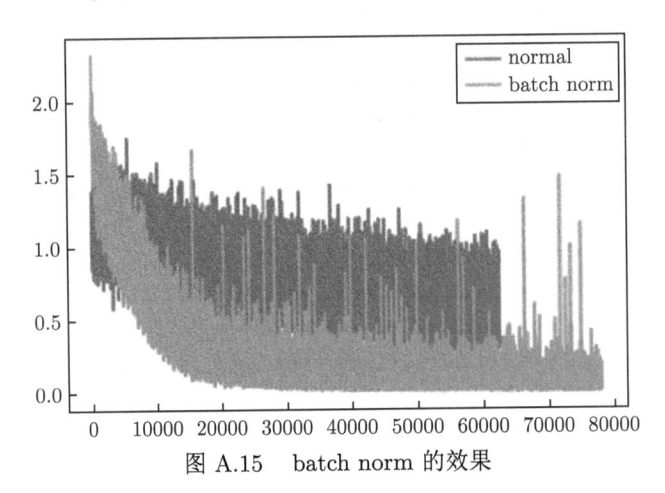

图 A.15 batch norm 的效果

整体来看, 添加 batch norm 后, 损失下降更快, 也更稳定.

(9) 丢弃正则化

添加了 batch norm 后, 训练集几乎全部正确, 不再有欠拟合问题, 因此我们需要解决的是过度拟合的问题.

在神经网络模型中, 常用的解决过度拟合的手段是丢弃正则化 (dropout regularization), 如图 A.16 所示.

丢弃正则化的运作机制是, 在训练中移除从神经网络层中随机选择的固定数量的单元. 丢弃的单元越多, 正则化效果就越强.

图 A.16 左边展示了一个标准的多层感知器, 加入丢弃正则化后, 模型会随机选取一些权重置为 0, 图 A.16 右边的结构.

丢弃正则化让模型的复杂度降低了, 因此可以缓解过拟合. 这个办法很简单, 但实际工作中非常有效.

A.5 神经网络模型简介

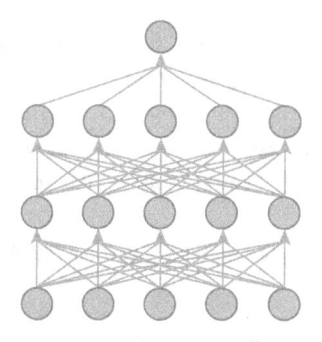

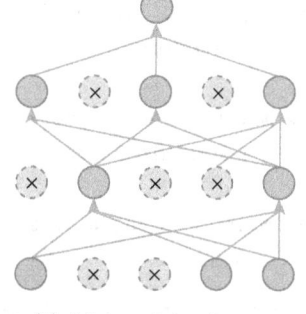

(a) Standard Neural Net (b) After applying dropout

图 A.16 丢弃正则化

以上边 MLP_BN 为基础，再添加 3 个 dropout 层．

```
216) >>> class MLP_BN_DP(nn.Module):
217) ...     def _init_(self):
218) ...         super()._init_()
219) ...         self.fc1 = nn.Linear(in_features=3072, out_features=1024)
220) ...         self.bn1 = nn.BatchNorm1d(1024) # 注意feature的数量
221) ...         self.fc2 = nn.Linear(in_features=1024, out_features=256)
222) ...         self.bn2 = nn.BatchNorm1d(256)
223) ...         self.fc3 = nn.Linear(in_features=256, out_features=64)
224) ...         self.bn3 = nn.BatchNorm1d(64)
225) ...         self.fc4 = nn.Linear(in_features=64, out_features=10)
226) ...         self.dropout1 = nn.Dropout(0.5)
227) ...         self.dropout2 = nn.Dropout(0.5)
228) ...         self.dropout3 = nn.Dropout(0.5)
229)
230) ...     def forward(self, x):
231) ...         x = self.dropout1(torch.relu(self.bn1(self.fc1(x))))
232) ...         x = self.dropout2(torch.relu(self.bn2(self.fc2(x))))
233) ...         x = self.dropout3(torch.relu(self.bn3(self.fc3(x))))
234) ...         out = self.fc4(x)
235) ...         return out
```

在隐藏层输出经过 batch norm 和激活后，使用 dropout 即可．

```
236) >>> mlp_bn_dp = MLP_BN_DP()
237)
238) >>> criterion = nn.CrossEntropyLoss() # 使用交叉熵
239) >>> optimizer = torch.optim.Adam(mlp_bn_dp.parameters(), lr=0.001)
240)
```

```
241) >>> mlp_bn_dp, mlp_bn_dp_loss = train_cifar_model(mlp_bn_dp,
        criterion, optimizer, 100, train_loader, device)
242)
243) >>> mlp_bn_dp_train_acc, mlp_bn_dp_test_acc = eval_cifar_
        model(mlp_bn_dp, train_loader, test_loader, device)
244)
245) >>> print(mlp_bn_dp_train_acc, mlp_bn_dp_test_acc) # (0.87968,
        0.5771)
```

结果, 训练集效果下降, 测试集效果上升, 过拟合得到缓解.

对比训练的过程的损失, 如图 A.17.

```
246) >>> fig,ax=plt.subplots()
247) >>> ax.plot(mlp_loss, label='normal')
248) >>> ax.plot(mlp_bn_loss, label='batch norm and dropout')
249) >>> ax.legend()
```

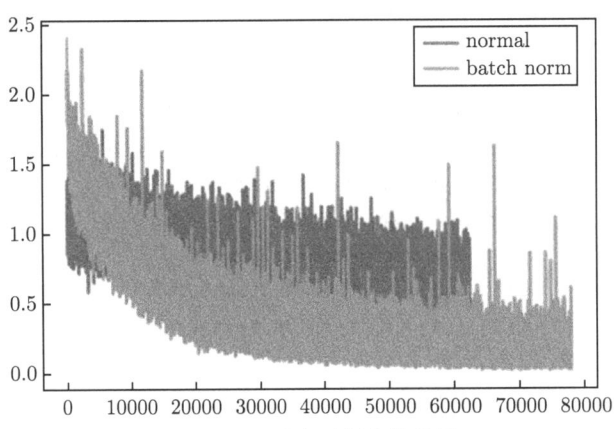

图 A.17 丢弃正则化的效果

(10) 总结

本节中, 我们先使用 sklearn 中的逻辑回归来解决 CIFAR-10 分类问题, 发现模型的复杂度不够, 导致了欠拟合的发生. 之后, 我们建立了一个更复杂的模型, 多层感知器, 其本质是将多个线性变换结合起来, 在中间加上非线性激活函数以达到非线性的效果.

我们还学习了两个训练神经网络的技巧, kaiming 初始化和批标准化. 两者的作用都是让梯度更稳定, 训练更容易.

最后, 我们学习了丢弃正则化, 在神经网络模型中, 丢弃正则化可以说是对抗过拟合最重要的方法.

我们发现，这些复杂的算法，PyTorch 都有对应的实现，我们只需要思考怎么设计神经网络架构即可.

A.6 深度学习介绍

A.6.1 近期人工智能热潮的关键推动力

深度学习是机器学习近年的明星，它使得机器人在模式识别、策略游戏、机器人和自然语言处理领域的很多任务中超越了人类的表现. 其次，在过去标注好的数据很稀缺，而近年，例如斯坦福大学的 ImageNet 数据集完成了百万甚至千万图片的标注，使得深度学习模型能够被训练完成. 最后，GPU 和 TPU 等计算能力的发展也起到了重要作用. 本章将集中讲解如何应用深度学习到金融领域中去. 我们将覆盖卷积神经网络、循环神经网络、序列到序列生成，最后我们会介绍近两年最受关注的注意力机制和 transformer 模型.

(1) 图片生成

图 A.18 对应的算法是 2019 年人工智能的一个关键进展. Google 公司的新算法，可以使用很少量人工标注的图片，生成以假乱真的图片.

图 A.18　图片生成

资料来源：Mario Lucic et al. high-fidelity image generation with fewer labels[J]. arXiv: 1903.02271

(2)StarCraft II 游戏

过去几年，"AlphaGo" 和 "AlphaZero" 等征服了围棋等棋类运动. 但星际争霸这种多人参与和需要探索更多状态空间的策略游戏则有更多的困难. 它的规则并不像围棋一样简单，决策也是连续的而非回合制，另外 Agent 可进入的状态空间和可采取的行动空间也比围棋大很多 (图 A.19). 而 2019 年机器人 "DeepMind" 打败了职业选手.

· 434 ·　　附录 A　基于 Python 语言对几种典型算法的基本功能代码实现

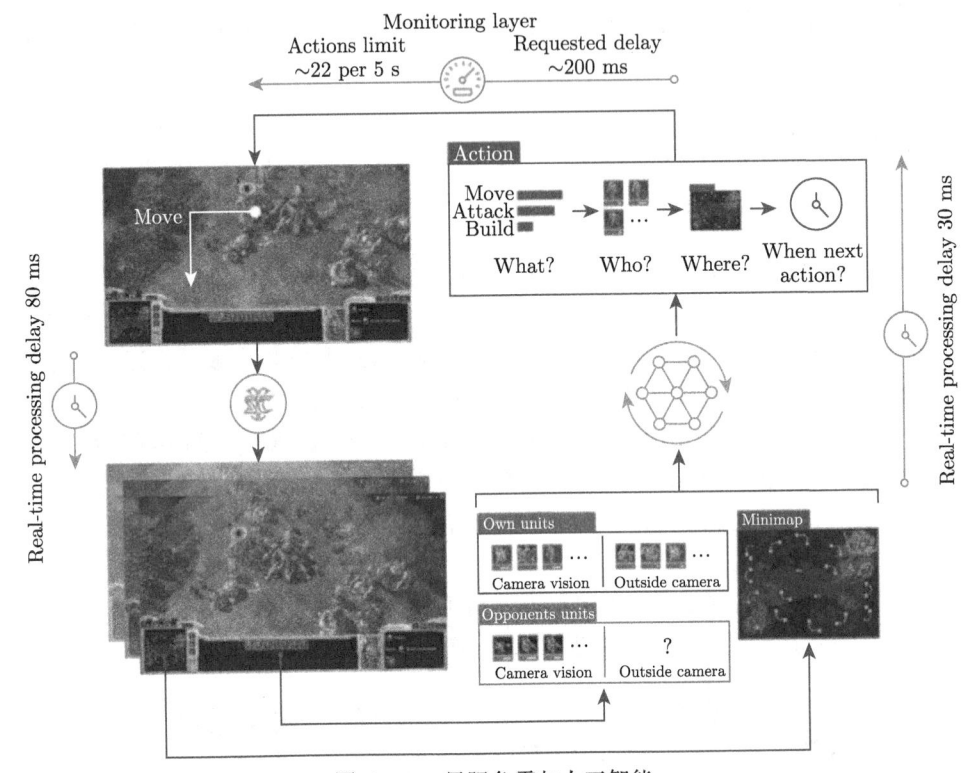

图 A.19　星际争霸与人工智能

资料来源: Vinyals O, Babuschkin I, Czarnecki W M, et al. Grandmaster level in StarCraft II using multi-agent reinforcement learning[J]. Nature, 2019, 575: 350–354

(3) 自学习的机器人

人工智能的另一大领域是与物理世界的交互智能, 例如通过机器手来自动抓取不同形状的物体这个看似简单, 实则挑战很大. 伯克利大学实现了不需要人工演示, 自行探索便能学会抓取并移动摆放物体的机器手.

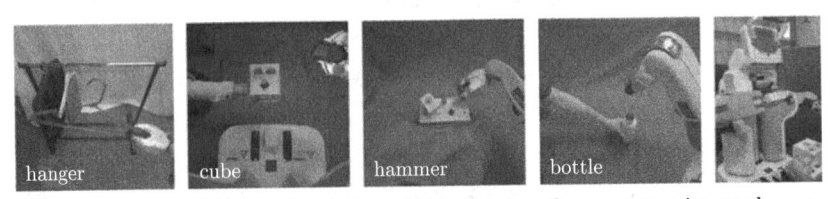

Figure 1: Our method learns visuomotor policies that directly use camera image observations (left) to set motor torques on a PR2 robot (right)

图 A.20　手臂机器人

资料来源: Levine S, et al. End-to-End training of deep visuomotor policies[J]. arXiv:1504.00702

A.6 深度学习介绍

(4) 机器阅读自动构建知识

人类的知识大量来自于阅读,但人类的阅读速度不可能和机器相比. 如图 A.21 所示, 运用人工智能技术, 机器可以从大量阅读材料中建立知识体系.

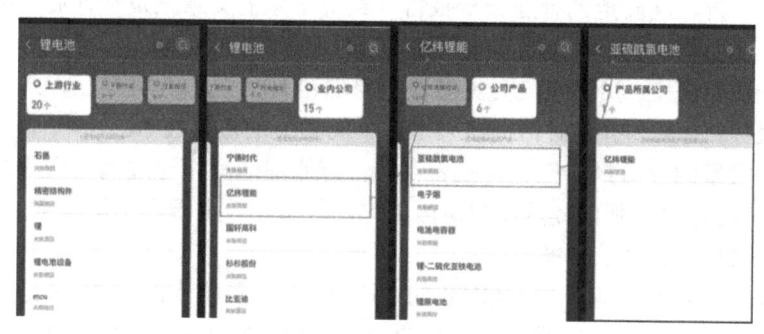

图 A.21 知识构建

A.6.2 金融服务: 工具赋能到知识赋能

我们可以直接应用机器学习到金融的各个领域中去, 将机器学习作为工具直接解决我们工作中的特定任务.

例如金融零售机构的面部识别和情绪识别, 帮助我们确定用户身份, 了解用户的当前情绪在信贷领域我们需要对各类客户进行细分, 通过机器学习模型来预测客户违约的风险; 在产品营销方面, 我们可以使用机器学习来进行产品评级, 预测资产违约风险, 还可以对客户进行分析, 像著名的 Amazon 公司一样, 智能地推荐产品给需要的客户; 在资产管理方面, 机器学习模型用作风险控制、资产配置等; 在量化投资领域, 我们使用机器学习在财务预测、算法交易、量化交易和做市商模型等领域.

然而, 除了解决实现定义好的特定任务外, 我们经常需要面对新的问题, 通过已有的知识来创造性地解决问题. 金融行业实际上包括了几乎所有产业的知识和分析, 源于其投资和服务的对象覆盖了社会的各行各业. 理想情况下, 金融从业人员需要各行各业的知识来完成好的金融投资和金融服务. 然而, 正因为覆盖行业的广博性, 金融从业者很难掌握所有产业的知识, 更多地通过各部门的协调合作来开展工作. 因此, 金融领域对知识服务有强烈的内在需求.

A.6.3 基于深度学习的知识服务

人类学习知识的重要手段是阅读学习, 把文本中的大量文字信息总结为知识存储在大脑中, 并在未来指导时间工作. 然而在信息爆炸的时代, 我们无法阅读完成哪怕很少部分的知识. 因此, 自然语言处理作为机器学习的重要应用方向是未来的发展趋势. 金融领域更迫切需要对海量文本进行知识的抽取、挖掘, 然后使用知识来服务行业内人员和客户.

  知识抽取的一个热门领域是建立知识图谱, 是把金融行业的重要知识点和知识点之间的关系通过机器阅读的方法自动抽取出来. 例如, 我们可以让机器阅读大量公司公告、高质量的行业分析报告、经济学家的文章来发现行业产品的上下游关系, 公司重要产品和重要客户, 帮助投资决策和投资分析.

  在知识服务上, 我们未来会更多使用自然语言交互的人机交互方式来获取这些知识服务. 语义分析和对话机器人是这个场景下的重要技术. 另外, 金融从业者需要撰写大量的分析报告来支持投资决策. 智能辅助写作通过阅读大量的金融文献和专业数据, 可以智能提醒用户下面要书写的数字、来源和常用文字, 大大提高人们查询数据和行文的效率.

  目前正在兴起的基于 chatGPT 的 chatAI 对话机器人的出现, 就是对上述智能知识图谱在推进人类文明进步方面的一个具体表现, 我们期待更有深度智能化的 AI 技术出现.

索　引

A

AICPA, 美国注册会计师协议, 316
artificial intelligence, 人工智能, 11
AIC 准则, 35, 280-281
AUC, 41

B

标签, 14
BIC 准则, 260, 265, 270, 320
悲观错误剪枝 PEP, 71
Bagging, 75-76, 133, 406-412
Boosting, 4, 75, 78, 89, 133, 412
保真度, 136, 145-147, 196-201
标准化, 27, 153-154, 428-432
　　Z-分数标准化, 153
　　最小-最大比例法, 153
表现期, 149

C

操作风险, 18, 22-27
C4.5, 60-62, 73
CART 算法, 64, 74, 353-354
错误率降低剪枝 REP, 71
财务舞弊, 319, 321, 327-336
财务欺诈, 259-260, 317-337
测试集, 43
CKKS 加密方案, 206-207

D

代价复杂度算法, 71, 72
等距分箱, 154

等频分箱, 154
大宗商品期货, 285-289, 293, 300-305
多层感知器, 412-432

F

方差膨胀因子, 30, 158
F_1 分数, 39
FOF, 266-283, 287
泛化能力, 4, 70, 75, 230, 391, 400
反向传播, 412, 423-428
风险特征, 258

G

过拟合, 35, 53, 61, 62
GBDT, 78
GINI 系数, 46
观察期, 150-151
滚动率分析, 151
关联关系, 6, 259-287
关联性, 6, 156-157
　　强相关, 12, 156
　　一般相关, 266-270
　　弱相关, 261, 266-270
公司财务欺诈, 259, 315-336
个人信用贷款, 338
公司治理结构, 326, 336

H

好坏样本比, 339
合规风险, 22-23, 27
后剪枝, 70-73
混淆矩阵, 36
沪铜价格, 287-293

I

ID3, 60
IV 值, 155-156, 168-173, 339

J

监督学习, 14-15, 20, 60, 382
假设函数, 15-17, 378, 386
技术风险, 22-27
决策树, 59
节点, 21, 42, 60-144
    内部节点, 61, 73
    叶子节点, 61-141, 233-248
剪枝, 61-65, 70-73
集成学习, 1-6, 19
精准率, 37
假正率 (FRP), 40, 53
吉布斯抽样方法 (Gibbs 抽样), 257-270
均方误差, 16, 62, 145
基金自身维度, 273-274
基金经理维度, 272-274
基金公司维度, 273-274
激活函数, 420-422, 428, 432
    sigmoid 激活函数, 421
    relu 激活函数, 421, 428

K

咖啡馆 (CAFÉ) 评估方法, 331
卡方分箱, 154, 167, 173
可解释性, 135
KS 曲线, 40-41, 53-54
KS 值, 40-41, 53, 73-89
Kappa 系数, 45
K 折交叉检验, 149, 159-160

L

联邦学习, 5-6, 22, 228-253
横向联邦学习, 228-230
纵向联邦学习, 228-233
联邦迁移学习, 228-230
逻辑回归, 29
LIME 解释法, 137-145, 192-199
联盟链, 211-227
螺纹钢期货, 298-314
正则化, 91
    L_1 正则化, 291-292
    L_2 正则化, 291-292
LightGBM, 409-412

M

密文逻辑回归模型, 205-209
密文评分卡模型, 211-213
马尔可夫链蒙特卡洛模拟, 259, 269
M-Score, 316

N

拟合优度, 35
NP 问题, 259, 269-270, 318, 320
农户贫困状态, 347-364

V

Vintage 账龄分析, 149-151

W

WOE 值, 155, 339, 341, 355

O

OR 值, 264-265, 275-276

P

评分卡, 49
皮尔森相关系数, 157
皮尔森卡方统计量, 157-158
Precision-Recall 曲线, 41-44
贫困特征, 350

Q

全息画像, 21, 316, 319, 330, 335
缺失值, 152
群体稳定性指标 (PSI), 159, 339

索引

R

ROC 曲线, 41-46, 53

S

SAS82 号财务标准, 316
SAS99 号财务标准, 316
深度学习, 12-13, 16-22
损失函数, 15-16
绝对损失函数, 79, 93
Huber 损失函数, 79, 93
Sigmoid 函数, 30-31, 210-211, 385, 421
熵, 62-63
Stacking, 75-76
随机森林, 75-78, 133
随机搜索算法, 259, 269
Shrinkage 策略, 88
SHAP 解释法, 137, 186, 196-199
SHAP 值, 138
斯皮尔曼相关系数, 157
Secureboost, 232, 234, 249, 253
特征提取, 259, 319
神经网络, 412-433

T

梯度下降法, 34-35
随机梯度下降法, 386
同值化, 153, 163-165
同态加密, 205-217
半同态加密, 205
全同态加密, 205-206, 212, 217
CKKS 加密方案, 206-207
梯度消失, 427-428
梯度爆炸, 427-428

W

稳定性, 159
舞弊三角理论, 327-331

X

信息安全风险, 24
信息增益, 61-65
信息增益率, 63-64
学习器, 75-76, 79-89
弱学习器, 79-83
强学习器, 75, 81, 86, 89
XGBoost 极度梯度提升树, 89-133
XGBoost 分类算法, 90
XGBoost 回归算法, 100
乡村农户贫困状态, 347-364
训练集, 52, 53
线性回归模型, 376-377

Y

因果关系, 30, 286
优化过程, 15-17, 379, 390
预剪枝, 70-73
优势比, 264, 266
验证集, 71, 391
预警体系, 26, 324

Z

准确性, 136
准确率, 37, 418
召回率, 38
真正率 (TPP), 40, 53
纵向安全联邦逻辑回归, 230